PARAMAHANSA YOGANANDA
(5 de enero de 1893 – 7 de marzo de 1952)

EL VIAJE A LA ILUMINACIÓN

Cómo percibir a Dios en la vida diaria
Charlas y ensayos
Volumen III

Paramahansa Yogananda

RESEÑA DEL LIBRO: *El viaje a la iluminación* es el tercer volumen de una serie de antologías en las que se recogen las conferencias y escritos de Paramahansa Yogananda. El primero, *La búsqueda eterna*, se publicó en 1975, seguido por *El Amante Cósmico*, en 1986. Estas recopilaciones incluyen conferencias, clases informales y escritos inspirativos, que fueron originalmente publicados por *Self-Realization Fellowship* en la revista que fundó Sri Yogananda en 1925 (conocida desde 1948 como *Self-Realization*). La mayoría de las charlas fueron impartidas en los templos de *Self-Realization Fellowship* que él mismo estableció y en la sede internacional de su sociedad en Los Ángeles. Paramahansaji improvisaba sus charlas y no usaba notas o cualquier otra clase de texto escrito, independientemente de cuál fuese el tema que debiera tratar. El hecho de que sus palabras hayan sido preservadas, tanto para las generaciones actuales como para las futuras, se debe fundamentalmente a los dedicados esfuerzos de una de sus primeras y más fieles discípulas, que le sirvió durante muchos años como secretaria personal y le ayudó a llevar a cabo su obra espiritual y humanitaria. Durante más de dos décadas, Sri Daya Mata (presidenta de *Self-Realization Fellowship* desde 1955 hasta su fallecimiento, en 2010) registró taquigráficamente tanto sus conferencias públicas y clases, como la orientación que él brindaba informalmente cuando se reunía con pequeños grupos de discípulos, además de buena parte de sus consejos personales. *El viaje a la iluminación*, al igual que los dos primeros volúmenes de esta serie, ofrece a los lectores una amplia selección de las palabras pronunciadas y escritas por Paramahansa Yogananda en relación con una extensa gama de temas, además de brindar una vislumbre de la amorosa y dinámica personalidad del gran maestro mundial.

Título de la obra original en inglés publicada por
Self-Realization Fellowship, Los Ángeles (California):
Journey to Self-realization

ISBN 0-87612-255-1 (cartoné)
ISBN 0-87612-256-X (rústica)

Traducción al español: *Self-Realization Fellowship*
Copyright © 2007, 2011 *Self-Realization Fellowship*

Todos los derechos reservados. A excepción de breves citas en reseñas bibliográficas, ninguna porción de la edición en español de «El viaje a la iluminación» *(Journey to Self-Realization)* puede ser reproducida, almacenada, transmitida o difundida en forma alguna, ya sea por medios electrónicos, mecánicos o de cualquier otro tipo conocido en la actualidad o utilizado en el futuro —lo cual incluye fotocopias, grabaciones, sistemas de almacenamiento y recuperación de datos— sin el previo permiso escrito de *Self-Realization Fellowship*, 3880 San Rafael Avenue, Los Angeles, California 90065-3219, EE.UU.

 Esta edición ha sido autorizada
por el Consejo de Publicaciones Internacionales
de *Self-Realization Fellowship*

En todos los libros, grabaciones y demás publicaciones de SRF aparecen el nombre y el emblema de *Self-Realization Fellowship* (tal como se muestran en esta página), los cuales garantizan a las personas interesadas que una determinada obra procede de la sociedad establecida por Paramahansa Yogananda y refleja fielmente sus enseñanzas.

Primera edición en español: 2007
Tercera impresión en rústica: 2011
ISBN-13: 978-0-87612-121-4
ISBN-10: 0-87612-121-0
Impreso en Estados Unidos de América
1647-J1869

Dedicado por *Self-Realization Fellowship*
a nuestra amada presidenta
SRI DAYA MATA
cuya fiel dedicación a la tarea de registrar las
palabras de su gurú para la posteridad ha preservado
para nosotros y para las edades futuras
la sabiduría liberadora y el amor divino
de Paramahansa Yogananda

EL LEGADO ESPIRITUAL DE PARAMAHANSA YOGANANDA

Sus obras completas, conferencias y charlas informales

Paramahansa Yogananda fundó *Self-Realization Fellowship* en 1920 con la finalidad de difundir mundialmente sus enseñanzas y preservar su pureza e integridad para las generaciones futuras. Desde sus primeros años en América, fue un prolífico escritor y conferenciante, y creó un renombrado y vasto volumen de obras sobre la ciencia de la meditación del yoga, el arte de llevar una vida equilibrada y la unidad que constituye el fundamento de todas las grandes religiones. En la actualidad, este extraordinario y trascendente legado espiritual sigue vivo y es fuente de inspiración para millones de buscadores de la verdad en el mundo entero.

De conformidad con el deseo expreso del gran maestro, *Self-Realization Fellowship* continúa llevando a cabo la incesante tarea de publicar permanentemente *Las obras completas de Paramahansa Yogananda*. Éstas incluyen no sólo las ediciones finales de todos los libros que él publicó durante su vida, sino también numerosos títulos nuevos: obras que todavía permanecían inéditas en el momento de su deceso, en 1952, o que a lo largo de los años habían aparecido en series de artículos, de manera incompleta, en la revista de *Self-Realization Fellowship*, así como cientos de charlas informales y conferencias profundamente inspiradoras que se hallaban grabadas o transcritas pero que no se imprimieron antes de su fallecimiento.

Paramahansa Yogananda escogió y entrenó personalmente a varios de sus discípulos más cercanos que dirigen el Consejo de Publicaciones de *Self-Realization Fellowship*, dándoles pautas específicas para la preparación y publicación de sus enseñanzas. Los miembros del Consejo de Publicaciones de SRF (monjes y monjas que han profesado votos perpetuos de renunciación y de servicio desinteresado) se atienen al cumplimiento de tales directrices como un deber sagrado, a fin de que el mensaje universal de este amado maestro mundial perdure con su fuerza y autenticidad originales.

El emblema de *Self-Realization Fellowship* (que se muestra en la parte superior) fue diseñado por Paramahansa Yogananda para identificar la organización sin fines de lucro que él fundó como la fuente autorizada para difundir sus enseñanzas. En todas las publicaciones y grabaciones de SRF aparecen el nombre y el emblema de *Self-Realization Fellowship*, los cuales aseguran al lector que una determinada obra procede de la sociedad fundada por Paramahansa Yogananda y expresa fielmente sus enseñanzas, tal como él deseaba que se impartiesen.

Self-Realization Fellowship

ÍNDICE

Prefacio	XV
Introducción	XXI
Cómo manifestar juventud eterna	**3**
Conoce la razón de tu existencia	4
La juventud es un estado tanto de la mente y del alma como del cuerpo	5
Los cinco estados mentales de la conciencia	6
Aprende a sonreír con sinceridad en toda circunstancia	9
La importancia de la buena disposición y de ser menos egoísta	10
¿Es posible lograr la juventud eterna del cuerpo?	11
Cuanto mayor sea la voluntad, mayor será el flujo de energía	13
Obedece las leyes de Dios materializadas en la naturaleza cósmica	13
La «Fuente de la juventud» se encuentra dentro de tu alma	16
El arte de remodelar tu vida	**18**
La vida procede del molde de la conciencia	20
La tenacidad de los hábitos	20
La «vejez» es un estado mental	22
La fuerza de voluntad es el instrumento del cambio	23
Libertad significa actuar para el logro de tu máxima felicidad	24
Se requiere del discernimiento y de la fuerza de voluntad	25
Aleja los pensamientos indeseables	26
Somos lo que pensamos	27
No permitas que nada debilite la voluntad que existe en los pensamientos positivos	29
Transforma tu conciencia mortal en la de un ser divino	30
Un mundo de entretenimiento cósmico	**32**
El mundo es la lila de Dios	33
Considera la vida como si se tratara de una película	35
Despierta del sueño cósmico	36
La excesiva sensibilidad emocional es la causa del sufrimiento	40
Debes ser como el Señor, tanto activo como inactivo	41
Existe una unidad inherente en la diversidad de la creación	42
Por qué Dios creó el mundo	**46**
El poder del hombre nada es comparado con el de Dios	47
Este mundo es el pasatiempo de Dios	49
Debes ver con los ojos abiertos de la sabiduría y la calma	50
El libre albedrío: el don más grande de Dios	52

Obsérvate desde el palco de la introspección	53
Distingue lo real de lo irreal	55

Cómo Dios nos atrae hacia Él … 56

La superstición religiosa ha enseñado a la gente a temer a Dios	57
La ley de la atracción es inherente a la creación	59
Las fuerzas de atracción y repulsión ejercidas por Dios operan en la Creación Cósmica	60
Cómo se transforman los pensamientos de Dios en materia	63
La evolución frente a la involución	64
Cómo se manifiestan las cualidades divinas inherentes a las cinco etapas del retorno del alma a Dios	65
Los senderos del conocimiento, la devoción y la acción	68
Trabaja para Dios, ama a Dios, sé sabio con Dios y percíbelo mediante la práctica de Kriya Yoga	71

Cómo armonizarse con la fuente del éxito … 73

El éxito significa crear a voluntad lo que necesitas	74
Cultiva la prosperidad a fin de poder ayudar a otros	76
Ten fe en el poder de Dios	77
Al poseer a Dios, lo tenemos todo	79
Procura establecer contacto con Dios y Él te guiará	81
«Como yo le percibo, deseo que tú le percibas»	82

Las actividades diarias, el equilibrio y la paz interior: Cómo restituir la armonía a la semana laboral … 83

Delito y violencia: los frutos amargos de una civilización desequilibrada	84
Espiritualizar la ambición mediante el ideal del servicio	85
Es preciso lograr un equilibrio entre las cualidades de Oriente y de Occidente	87
Aprende el arte de vivir correctamente	88
La necesidad de llevar una vida equilibrada	90

La causa fundamental del nerviosismo … 93

Los nervios saludables son esenciales para la salud del cuerpo	93
Examínate para determinar la causa de tu nerviosidad	94
Aprende a controlar tus emociones	96
Permanecer atrapado en las emociones significa olvidar a Dios	97
El deseo y el apego alimentan el nerviosismo	98
La actitud acertada con respecto a la riqueza	99
El sistema nervioso te conecta con el mundo y con Dios	101
La fisiología espiritual que hace único al ser humano	102
El ojo espiritual: epítome de la creación	103
Cómo surgió del Espíritu el complejo cuerpo humano	105
El color es importante en tu vida	106

La mejor dieta para los nervios.	107
La armonía con Dios: la mejor medicina para el nerviosismo . .	108
Vive como un dios, y atraerás amigos espirituales	109
Kriya Yoga te confiere la auténtica experiencia de la religión . .	109

La armonía divina 111

Vivimos en dos mundos.	111
En medio del caos existe armonía	113
Perseguimos un arco iris	114
La armonía surge del amor y de la sabiduría	115
La armonía interior genera fortaleza	116
Siéntete a gusto contigo.	116
La armonía es el principio secreto de la vida	117
La armonía cósmica es el corazón palpitante de Dios	118

¿Qué es la Verdad?. 119

La verdad es aquello que produce felicidad permanente	119
Tres formas de llegar a la verdad	120
La intuición es el poder omnisciente del alma	121
Conoce, a través de la intuición, el propósito de tu existencia . .	123
La intuición se desarrolla a través de la meditación	124
Adquiere el poder infalible	125

La conciencia omnipresente de Cristo y Krishna 127

El universo está formado por pensamientos materializados . . .	130
Las escrituras hindúes y cristianas concuerdan en el concepto de la Trinidad	132
Expande tu conciencia y conoce al verdadero Cristo	133

El egoísmo espiritual frente al egoísmo nocivo. 136

El concepto de posesión es una noción falsa	137
La familia del mundo es tu Ser Superior	138
Sin el egoísmo nocivo, el mundo sería un paraíso	139
El gozo de ser altruista.	141
El altruismo expande la conciencia	142
Sirve a tus semejantes con la verdad, a través del ejemplo. . . .	144

¿Nos hemos conocido anteriormente? 146

Se requieren numerosas vidas para edificar la mansión de la amistad.	148
Cómo reconocer a quienes conociste anteriormente.	149
Sinceridad más consideración.	150
Conquista la amistad de Dios.	151
Cuando la amistad se transforme en divina, amarás a todos . .	152

El arte de congeniar con los demás	**154**
La importancia de llevarte bien contigo mismo	*155*
Tu conciencia te ayudará a convivir contigo mismo	*157*
La ecuanimidad: el fundamento apropiado	
para nuestra existencia..............................	*157*
El pensamiento profundo: un pasadizo hacia Dios	
y la percepción intuitiva............................	*158*
El sentido común pone en acción el pensamiento profundo ...	*159*
Controla los deseos y el hábito de desperdiciar el tiempo.....	*160*
Llevarse bien con los demás comienza en casa..............	*160*
No sacrifiques tus ideales para complacer a los demás	*161*
Sonríe desde tu alma	*163*
Hay ocasiones en que lo mejor es permanecer callado	
pero firme...	*164*
Actúa con tiento; las personas no son piedras insensibles.....	*164*
Sé sincero, y jamás recurras a la adulación.................	*167*
Acude a mí por la verdad que fluye de mi alma..............	*169*
Pregúntate si tienes una relación armoniosa con Dios........	*170*
Análisis psicológico de la susceptibilidad	**173**
Por qué el amor triunfa donde los celos fracasan	**177**
Todas las relaciones deben cimentarse en la amistad	*178*
Los celos vaticinan el fin de la felicidad	*179*
Los celos provienen de un complejo de inferioridad..........	*179*
«Lo que no sea mío ¡puede irse!»	*180*
Los pensamientos pueden ser más eficaces que las palabras...	*181*
Dios es la respuesta final................................	*182*
Las mentalidades semejantes al diamante reflejan la luz	
de Dios...	*183*
La efectividad de una devoción sincera....................	*184*
Invita a la Conciencia Crística a manifestarse en tu interior ..	**187**
La manera apropiada de observar la Navidad...............	*188*
La justicia de Dios......................................	*189*
La universalidad de la Conciencia Crística.................	*190*
Ama a todos los países y a todas las razas	*193*
Que puedas experimentar la Segunda Venida de Cristo	
en tu interior	*194*
¿En qué consiste la verdadera igualdad humana?	**196**
La necesidad de contar con principios religiosos universales...	**198**
Mahatma Gandhi: apóstol de la paz........................	**213**
El uso del átomo por parte del hombre	*214*

Índice

El tesoro de Gandhi	*215*
Afrontar la muerte	*217*
¿Qué sucederá en el futuro?	*217*

¡Alerta, naciones! **220**
    El patriotismo correcto *221*

Un mundo unido cuyo presidente sea Dios **224**
    Expande tu amor a todas las naciones *225*
    Conviértete en un «millonario en sonrisas» *226*
    Al encontrar a Dios se obtiene gran bienestar y felicidad *228*

¿Es Dios un dictador? **230**
    La historia del liderazgo *231*
    En cierto sentido, Dios es un dictador *234*
    Dios establece la estructura de la creación *234*
    La dictadura espiritual *235*
    Dios rehúsa imponerse a sus hijos *236*
    Al ser humano se le debe enseñar el patriotismo universal *237*
    Algunas ideas útiles de Francis Bacon *238*
    Debemos comenzar en algún punto *240*
    Es Dios quien anima a todos los seres *241*
    Un dictador no nos conferiría el derecho de rechazarle *241*
    Eres potencialmente igual a Dios *243*

Cómo recibir las respuestas de Dios a nuestras oraciones **244**
    De qué manera un hijo dormido de Dios puede convertirse en un despierto hijo de Dios *245*
    De qué forma la creencia de que somos hijos de Dios puede convertirse en una realidad *246*
    La plegaria exigente comparada con la oración común *246*
    La atención profunda y la devoción son necesarias *249*
    Exige incesantemente, y recibirás *250*
    Algunos consejos prácticos *251*
    Las flores que brotan a diario de la planta siempre viva de las oraciones exigentes *252*

El sendero de la sabiduría para superar el karma **254**
    Las influencias que operan sobre la libertad de acción del ser humano *255*
    Recobra la libertad de la que Dios te ha dotado *257*
    Recupera tu libertad por medio de la sabiduría y el discernimiento *259*
    Aprende a actuar sabiamente al armonizarte con un verdadero gurú *260*

De qué modo la disciplina del gurú nos libera de los caprichos
  y hábitos que nos aprisionan 262
La sabiduría destruye la raíz de toda desgracia 263
El verdadero propósito de la religión 265

Toma conciencia de tu inmortalidad en Cristo.............. 268

Cómo incrementar tu magnetismo 275
Comienza por ser amable con todos..................... 276
Es preciso cultivar el ser interior........................ 277
Convierte tus dificultades en triunfos 279
El poder de la buena compañía y de la atención profunda 280
Dios es la Fuerza Magnética Suprema 281

Prepárate para la próxima encarnación 283
Comprende por qué estamos aquí 284
Si mantienes la mente en Dios, serás libre 285
El cumplimiento de tus deberes hacia Dios y el ser humano .. 287
La actitud acertada con respecto al sufrimiento............. 288
Encuentra el amor divino a través del amor humano 289
La amistad: la forma más pura del amor................... 290
Ideales espirituales para un matrimonio satisfactorio 291
El equilibrio entre las cualidades femeninas y las masculinas.. 292
Libérate de la escuela de las dificultades 294

Los verdaderos signos del avance en la meditación 296

Cómo concentrar el poder de la atención para lograr el éxito .. 299
Oriente y Occidente tienen estándares de éxito diferentes 300
La vida es más que la mera existencia 302
Deberíamos simplificar la vida........................... 303
El paraíso está en tu interior, no en las cosas 304
El éxito radica en tus logros interiores.................... 305
Enfoca tus deberes con la perspectiva adecuada............. 306
El amor divino es insuperable........................... 309
El Poder que sustenta todos los poderes 310
La utilidad de buscar a Dios primero...................... 311
La meditación erradica las limitaciones mentales........... 312
Mantén concentrada tu atención 314
Concentrar la atención en el poder de Dios asegura el éxito
  en cualquier empresa 315

Cómo acelerar la evolución humana 316
El propósito de la vida es crecer en conocimiento y sabiduría.. 317
Es posible acelerar la evolución 319
Cómo incrementar la receptividad del cerebro.............. 321

Índice	

    La concentración intensa te hace más receptivo a la sabiduría . . 322
    Cómo un devoto ignorante descubrió que la Divinidad debe
        buscarse en nuestro interior 324
    Kriya Yoga: el método científico para acelerar la evolución
        humana 326
    Puedes lograr todo el conocimiento y todo el éxito en esta vida . . 329

La prueba de la existencia de Dios **331**
    La prueba de la existencia de Dios se percibe
        en la meditación 333

La duda, la creencia y la fe **334**
    Si el hombre no pudiera dudar, sería incapaz de progresar 335
    La duda constructiva nos conduce hacia la verdad 336
    La fe comienza con la creencia constructiva 337
    Los fundamentos de la creencia 338
    Las creencias imprudentes suelen acarrear un desperdicio
        de energía 339
    La génesis de la fe 341
    Ten una fe intrépida a pesar de los enigmas de la vida 342
    La fe es siempre segura: es la percepción directa de la verdad . . 343
    En la calma, la intuición da origen a la fe 345

Visiones de la India: el desarrollo del Ser superior **347**
    Una tierra de grandes contrastes 349
    Visiones de la vitalizante filosofía de la India 350
    El ideal de servicio según lo explican los sabios de la India . . . 351
    Tres tipos de egoísmo: nocivo, bueno y sagrado 352
    El egoísmo sagrado 353

Los milagros del Raja Yoga **355**
    El verdadero sabio espiritual no es un mago ni un adivino 356
    Los milagros físicos y mentales: la necesidad del Raja Yoga . . . 358
    Los milagros que documenta la historia 361
    Mi maestro me mostró el infalible poder de Dios 363
    El conocimiento directo de las leyes de la verdad 365
    La puerta interior hacia el poder y la dicha divinos 366

La resurrección: cómo renovar y transformar tu cuerpo, mente
    y espíritu **368**
    Teoría y práctica 370
    La libertad corporal no es la verdadera libertad 371
    Es preciso ingerir los alimentos apropiados 373
    La sabiduría del ayuno 374
    Resucita de la conciencia de enfermedad 375
    «Deja que los muertos entierren a sus muertos» 376

Dar y olvidar.	378
El regazo de la Inmortalidad.	380
La resurrección espiritual	380
La crucifixión de la autosuficiencia.	383
Jamás admitas la derrota.	383

Unidad en el Cristo Infinito 385

Percibe la Vida Única presente en todo.	387
Esfuérzate por vivir como Cristo.	388
Aprende a guiar tus acciones por la voluntad interior de la conciencia.	389
Mientras aún haya tiempo, ¡medita!	390

«¡Oh, cuánto gozo!». 391

Sé uno con la Conciencia Crística 394

Adopta nuevas resoluciones: ¡Conviértete en lo que deseas! ... 405

El poder del pensamiento	406
Los malos hábitos son tus peores enemigos.	408
La vida se mofa de las obligaciones que te impones	409
Todos los personajes son necesarios en el drama de Dios	410
El gozo de la meditación es tu mejor compañía	411
La vida está saturada de la invisible Presencia Divina	411

«Sólo tu amor basta»: Una tarde en comunión divina 413

Sé un conquistador de corazones 420

Ama a las personas, pero no sus defectos	422
Júzgate ante Dios y tu conciencia.	423
Sólo las relaciones espirituales perduran	425
El amor verdadero en contraposición al amor egoísta	427
El apego no puede crear un lazo espiritual; el amor, sí.	428
Cooperando entre todos para alcanzar el bien común	430
«Cualquier cosa que yo haya dicho, nació de mi corazón».	431

Cómo acelerar tu progreso espiritual 433

Un ciego no puede guiar a otro ciego	434
Dios ya te pertenece.	435
Recupera tu naturaleza divina	436
No aceptes las influencias limitadoras.	437
Nada desees sino a Dios	439
¡Por qué habría Dios de divertirnos con poderes y milagros!	441
Vive en la Inmutable Realidad.	443
La conversación con Dios requiere silencio.	444
Somos almas, no seres de carne y hueso	445

Cómo percibir a Dios en la vida diaria.	**447**
«Aléjate de este océano de sufrimiento»	449
Dios es la mayor necesidad de tu vida	450
Piensa en Dios mientras cumples con tus deberes	451
Dios responde cuando hacemos el esfuerzo.	452
El poder dinámico de los «susurros mentales»	453
No aceptes tu mal karma	454
Cada minuto es precioso	455
Atrapa a Dios en la red del amor incondicional.	456
Nada puede compararse con la experiencia de Dios.	457
Paramahansa Yogananda: un yogui en la vida y en la muerte	460
Sello postal emitido por el gobierno de la India en homenaje a Paramahansa Yogananda	461
Metas e ideales de Self-Realization Fellowship	470
Glosario	471

ÍNDICE DE ILUSTRACIONES

Cubierta: Paramahansa Yogananda, Nueva York, 1926

Página opuesta

Paramahansa Yogananda *(frontispicio)*.	*I*
Bienvenida a Sri Yogananda en Los Ángeles, 1926	36
Conferencia sobre yoga en Detroit, 1926.	36
Banquete en honor de Paramahansa Yogananda, Cincinnati, 1926.	36
Swami Sri Yukteswar y Paramahansa Yogananda, 1935.	37
Sri Yogananda en el Templo de SRF en San Diego (California), 1949	37
Oficio de Pascua celebrado al amanecer en la Sede Internacional de *Self-Realization Fellowship*, 1925	37
Edificio administrativo, Sede Internacional de SRF	356
Centro Ashram de *Self-Realization Fellowship*, Encinitas (California)	356
Paramahansa Yogananda con el presidente de México, 1929	357
Sri Yogananda dando la bienvenida al Embajador de la India en EE.UU., 1952.	357
Paramahansa Yogananda en Nueva York, 1926.	388
Yogoda Math, Sede Central de *Yogoda Satsanga Society of India*	389
Santuario del Lago de *Self-Realization Fellowship*	389

PREFACIO

Las siguientes palabras fueron escritas por Sri Daya Mata (1914-2010), tercer presidente y director espiritual de Self-Realization Fellowship/Yogoda Satsanga Society of India, *para presentar el Volumen I de las Charlas y ensayos de Paramahansa Yogananda, titulado* La búsqueda eterna:

La primera vez que vi a Paramahansa Yogananda, él estaba dando una conferencia ante un público numeroso y fascinado, en Salt Lake City. Era el año 1931. Mientras permanecía yo de pie, al fondo de un auditorio repleto, me sobrecogió un estado de total absorción, en el cual perdí conciencia de todo cuanto me rodeaba, a excepción de la presencia y las palabras del orador. Mi ser entero se sumergió en la sabiduría y el amor divinos que invadieron mi alma, anegando mi mente y corazón. Mi único pensamiento, en ese instante, fue: «Este hombre ama a Dios; le ama de la manera en que siempre he anhelado yo amarle. He aquí alguien que *conoce* a Dios. ¡Le seguiré!». Y desde aquel momento, fue lo que hice.

Durante aquellos primeros días en compañía de Paramahansaji, al sentir el poder transformador de sus palabras en mi propia vida, comprendí intuitivamente la urgente necesidad de preservar su mensaje para todo el mundo, para todos los tiempos. Durante los numerosos años que permanecí con Paramahansa Yogananda, se convirtió en mi sagrado y gozoso privilegio anotar sus conferencias y clases, así como muchas de sus charlas informales y consejos de índole personal: en verdad, un tesoro inmenso de extraordinaria sabiduría y amor por Dios. Cuando nuestro Gurudeva hablaba, el ímpetu de su inspiración se reflejaba a menudo en la velocidad de su discurso; era capaz de hablar sin pausa por varios minutos, e incluso continuar así durante una hora. En tanto que sus oyentes permanecían cautivados, ¡mi pluma volaba! Mientras anotaba taquigráficamente sus charlas, parecía como si una gracia especial hubiese descendido sobre mí y traducido instantáneamente las palabras del Gurú en los caracteres taquigráficos escritos en la página; la transcripción de los mismos ha sido una bendita tarea que continúa hasta hoy. A pesar de que ha transcurrido tanto tiempo —algunas de mis notas tienen más de 40 años—, cuando comienzo a transcribirlas están milagrosamente frescas en mi memoria, como si las hubiera escrito ayer. Puedo incluso escuchar interiormente las inflexiones de la voz de nuestro Gurudeva en cada una de las frases.

El Maestro raramente realizaba siquiera una mínima preparación de sus conferencias; si llegaba a disponer algo, sólo se trataba de una o dos notas sobre datos concretos, escritas a toda prisa. Muy a menudo, cuando íbamos en el automóvil hacia el templo, preguntaba con tono casual a alguno de nosotros: «¿Cuál es el tema de hoy?». Ponía entonces su mente en el asunto, y enseguida daba la conferencia de manera improvisada, recurriendo a la fuente interior de inspiración divina.

Los temas de los sermones que nuestro Gurudeva daba en los templos se programaban y anunciaban con antelación. Pero a veces, cuando comenzaba su charla, se sentía inspirado a hablar de algún asunto completamente diferente. Sin tener en cuenta «el tema del día», el Maestro expresaba las verdades que embargaban su conciencia en esos momentos, en un torrente incesante de inapreciable sabiduría que fluía de la fuente de su propia experiencia espiritual y de su percepción intuitiva. Casi siempre, al final de un oficio religioso como el descrito, muchas personas se aproximaban a él para agradecerle el haberlas iluminado sobre algún problema que les estaba preocupando o, quizá, por haberles explicado algún concepto filosófico en el que estaban particularmente interesadas.

Algunas veces, mientras estaba dando la conferencia, la conciencia del Gurú experimentaba tal estado de elevación que por un momento olvidaba al auditorio y conversaba directamente con Dios; todo su ser rebosaba de gozo divino y de amor embriagador. En esos elevados estados de conciencia, en los que su mente se encontraba unida por completo a la Conciencia Divina, él percibía interiormente la Verdad, describiendo lo que veía. En ocasiones, Dios le revelaba su presencia en la forma de la Madre Divina, o en algún otro aspecto; o uno de nuestros grandes Gurús, u otros santos, se manifestaban en visión ante él. En tales momentos, incluso el auditorio podía sentir las bendiciones especiales que se otorgaban a todos los presentes. Durante una de las visitas de San Francisco de Asís, a quien el Maestro amaba profundamente, se sintió inspirado a componer el hermoso poema «¡Dios! ¡Dios! ¡Dios!».

El *Bhagavad Guita* describe a un maestro iluminado con estas palabras: «El Ser resplandece como un sol en aquellos que han desvanecido la ignorancia mediante la sabiduría» (V:16). Una persona podría haberse sentido sobrecogida por la refulgencia espiritual de Paramahansa Yogananda, de no ser por su calidez, su naturalidad y su serena humildad, que hacían a todos sentirse cómodos al instante. Cada uno de los presentes en el auditorio sentía que la charla estaba dirigida a él personalmente. Una de las atractivas cualidades del Maestro —y no precisamente la menor— era la manera comprensiva y oportuna con que aplicaba su sentido del humor. En efecto, mediante una determinada frase, un gesto o una expresión facial, tenía la habilidad de suscitar la risa sincera y cordial de sus oyentes, justo en el momento adecuado para fijar un concepto o para relajarlos después de un largo período de intensa concentración sobre un tema particularmente profundo.

No es posible comunicar —a través de las páginas de un libro— el carácter singular y universal de la personalidad vital, radiante de amor, de Paramahansa Yogananda. Sin embargo, al ofrecer esta breve semblanza, espero humildemente poder proporcionar al lector un atisbo personal que le ayude a disfrutar, en mayor medida, de las charlas presentadas en este volumen y a apreciar más su valor.

Haber visto a mi Gurudeva en comunión divina; haber escuchado las profundas verdades y las efusivas expresiones devocionales de su alma; haberlas registrado para los siglos venideros; y, ahora, compartirlas con todos: ¡qué inmenso es mi gozo! Puedan las sublimes palabras del Maestro abrir de par en par las puertas de la inquebrantable fe en Dios, y del más profundo amor por Aquel que es nuestro bienamado Padre, Madre y Amigo Eterno.

Daya Mata

Los Ángeles (California)
Mayo de 1975

Han transcurrido ya varias décadas desde que Paramahansa Yogananda impartió las charlas que se presentan en esta serie de antologías, de las cuales *El viaje a la iluminación* constituye el tercer volumen. Los años han traído consigo un reconocimiento del carácter inmarcesible de su sabiduría práctica, cuyo alcance se proyecta hacia el futuro y penetra los reinos más profundos de la espiritualidad, trascendiendo toda frontera y credo y dirigiéndose de manera universal a las necesidades espirituales de una nueva civilización global emergente.

En uno de los discursos publicados en el volumen titulado *La búsqueda eterna* —el primero de esta serie—, Paramahansaji expresó: «El único propósito de *Self-Realization Fellowship* es enseñar a la humanidad el modo de establecer contacto personal con Dios». Esa comunión personal divina, que es la esencia de su legado espiritual, constituye también el tema primordial de esta tercera antología. A medida que nos aproximamos al despertar de un nuevo milenio, se advierte que la verdadera esperanza de la humanidad reside en aquellos que dedican su tiempo a encontrar el inmenso amor y comprensión que esperan ser descubiertos al experimentar la presencia de Dios en nuestras almas, y dirigir ese amor, como un bálsamo sanador, hacia todos los miembros de nuestra familia mundial.

Cuán tangiblemente emanaban de todo su ser las bendiciones de mi reverenciado gurú. En lugares públicos o en la calle, incluso los desconocidos no podían dejar de preguntar respetuosamente: «¿Quién es ese hombre?». Al estar en su presencia durante períodos prolongados de meditación, lo veíamos completamente arrobado en comunión con la Divinidad. El recinto entero quedaba saturado de un aura de amor a Dios. Paramahansaji había logrado el objetivo supremo del viaje de la vida; ahora, su ejemplo y sus palabras iluminan el sendero de millones de personas en el mundo entero.

Todos nos encontramos llevando a cabo ese mismo viaje sagrado, hacia un destino del que, posiblemente, ahora sólo tenemos una somera idea: una travesía de descubrimientos que, de manera gradual, se desplegará ante nuestra vista, revelando a cada paso nuevos dones y gracias del alma. A su debido tiempo, nos llevará a comprender cabalmente lo que en verdad somos: no la forma externa que nos cubre, sino una chispa inmutable del Espíritu Infinito. Oro porque cada lector encuentre en estas páginas una visión de ese destino divino que logre infundirle un inmenso poder y un nuevo entendimiento del gozo inherente al viaje mismo.

DAYA MATA

Los Ángeles (California)
Julio de 1997

INTRODUCCIÓN

En este libro, *El viaje a la iluminación*, Paramahansa Yogananda ofrece esclarecedores consejos para todos aquellos que tratan de comprenderse mejor y entender el verdadero propósito de su vida. Con claridad y compasiva sabiduría descifra la miríada de complejidades de la existencia humana, y nos aporta un panorama más amplio y de gran alcance acerca de lo que somos y hacia dónde nos dirigimos.

Paramahansa Yogananda nos dice: «La realización del Ser consiste en saber —física, mental y espiritualmente— que somos uno con la omnipresencia de Dios; que no necesitamos orar para que ésta venga a nosotros, que no solamente estamos próximos a ella en todo momento, sino que la omnipresencia de Dios es nuestra propia omnipresencia, y nuestro ser es y será invariablemente siempre parte de la Divinidad. Lo único que necesitamos hacer es tomar mayor conciencia de ello».

Esta obra explora *cómo* «tomar mayor conciencia» de esa realidad; es decir, de qué modo podemos experimentar la Presencia Divina dentro de nosotros y en todo aquello dotado de vida, no sólo como una experiencia pasajera sino como una percepción interior constante. A través de esta expansión de nuestra conciencia, recibimos los dones del alma: paz, amor, guía espiritual, gozo siempre renovado; en otras palabras, la comprensión plena de que, en verdad, estamos «hechos a imagen de Dios».

La presente es la tercera antología de charlas y ensayos de Paramahansa Yogananda, y constituye la continuación de *La búsqueda eterna* (1975) y *El Amante Cósmico* (1986). La sabiduría que encierran estos volúmenes no es el fruto del artificioso aprendizaje de un erudito; es el testimonio empírico de una dinámica figura espiritual cuya vida estaba llena de gozo interior y de logros exteriores, un maestro mundial que vivía lo que enseñaba, un *Premavatar* (encarnación del amor) cuyo único deseo era compartir la sabiduría y el amor de Dios con todo el mundo.

Como hombre de Dios y como autoridad en la antigua y divina ciencia del Yoga, Paramahansa Yogananda ha recibido el máximo reconocimiento de sus contemporáneos espirituales y de los lectores de sus obras en todo el mundo, tanto del público general y literario como de sus seguidores. El hecho de que Paramahansaji ha contado también con la absoluta aprobación de la Autoridad Suprema queda ampliamente demostrado por las manifiestas bendiciones que Dios derramó sobre su vida ejemplar; asimismo, por las respuestas infinitamente hermosas y singularmente edificantes que él recibía de Dios por medio de visiones y de su comunión divina.

El siguiente comentario que apareció en *Review of Religions*, publicado por *Columbia University Press*, es un ejemplo típico de los elogios con que fue acogida su obra anterior, *Autobiografía de un yogui*: «Nunca antes se había escrito, ya sea en inglés u otra lengua europea, algo semejante a esta exposición del yoga». El *San Francisco Chronicle* escribió: «Yogananda ofrece una presentación convincente del Yoga, y aquellos que "acudieron a mofarse" muy posiblemente se queden "a rezar"». Y el *Schleswig-Holsteinische Tagespost*, de Alemania: «Debemos atribuir a esta importante biografía el poder de suscitar una revolución espiritual».

Swami Sivananda, fundador de *Divine Life Society*, en Rishikesh (India), dijo de Paramahansa Yogananda: «Una rara gema de incalculable valor, que no tiene par todavía en el mundo. Paramahansa Yogananda ha sido un representante ideal de los antiguos sabios y seres iluminados, la gloria de la India». Su Santidad, el Shankaracharya de Kanchipuram, reverenciado líder espiritual de millones de personas en el sur de la India, escribió sobre Paramahansaji: «La presencia de Paramahansa Yogananda en este mundo fue cual una resplandeciente luz brillando en medio de la oscuridad. Un alma tan grande sólo viene a la Tierra raramente, cuando existe una verdadera necesidad entre los seres humanos. Estamos agradecidos a Yogananda por difundir la filosofía hindú de un modo tan maravilloso en Estados Unidos y en Occidente».

Paramahansa Yogananda nació en Gorakhpur, en la India,

el 5 de enero de 1893. Su infancia fue extraordinaria, e indicaba claramente que su vida había sido escogida para un destino divino. Su madre reconoció este hecho y alentó sus nobles ideales y sus aspiraciones espirituales. Tenía solamente once años cuando falleció su madre, a quien amaba sobre todas las cosas, y esta pérdida fortaleció su íntima resolución de encontrar a Dios y recibir del Creador mismo las respuestas que anhela todo corazón humano.

Se convirtió entonces en discípulo del gran Guianavatar (encarnación de la sabiduría) Swami Sri Yukteswar Giri. Sri Yukteswar pertenecía a una sucesión de excelsos gurús, con la cual Yoganandaji había estado ligado desde su nacimiento: los padres de Sri Yogananda eran discípulos de Lahiri Mahasaya, gurú de Sri Yukteswar. Cuando Yogananda era todavía un niño muy pequeño en los brazos de su madre, Lahiri Mahasaya le dio su bendición y predijo: «Madrecita, tu hijo será un yogui. Como un motor espiritual, él conducirá a muchas almas hasta el Reino de Dios». Lahiri Mahasaya era discípulo de Mahavatar Babaji, el maestro inmortal que resucitó para esta era la antigua ciencia de *Kriya Yoga*. Ensalzada por Krishna en el *Bhagavad Guita* y por Patanjali en los *Yoga Sutras*, *Kriya Yoga* es tanto una técnica trascendente de meditación como un arte de vivir que lleva a la unión del alma con Dios. Mahavatar Babaji reveló la sagrada ciencia de *Kriya* a Lahiri Mahasaya, que se la trasmitió a Sri Yukteswar, quien a su vez se la enseñó a Paramahansa Yogananda.

Después de graduarse en la Universidad de Calcuta en 1915, Sri Yogananda hizo sus votos como monje de la venerable «Orden de los Swamis» de la India. Dos años más tarde inició la obra a la que consagraría su vida entera, con la fundación de una escuela para niños cuyo programa educativo —basado en sus principios de «el arte de vivir»— integraba los temas académicos tradicionales con la disciplina del yoga y la enseñanza de principios espirituales. Desde entonces, el número de escuelas ha aumentado y existen al presente veintiún establecimientos educacionales diseminados por toda la India.

Cuando, en 1920, se consideró que Paramahansa Yogananda estaba preparado para comenzar su misión mundial de diseminar la liberadora ciencia del Yoga, Mahavatar Babaji le indicó cuál sería su responsabilidad divina: «Tú eres el que he escogido para difundir el mensaje de *Kriya Yoga* en Occidente. Hace mucho tiempo me encontré con tu gurú, Yukteswar, en una *Kumbha Mela*; en aquella ocasión le dije que te enviaría para que él te instruyese. *Kriya Yoga*, la técnica científica para alcanzar la unión con Dios, terminará por difundirse en todos los países, y promoverá la armonía entre las naciones a través de la experiencia personal y trascendental que el hombre tendrá del Padre Infinito».

Paramahansa Yogananda comenzó su misión en Estados Unidos como delegado del Congreso Internacional de Religiosos Liberales que se celebró en Boston en 1920. Por más de una década, viajó a lo largo y ancho de Estados Unidos, dando conferencias casi a diario ante públicos que repletaban muchos de los más grandes auditorios del país, desde el Carnegie Hall de Nueva York hasta el Philarmonic Auditorium de Los Ángeles. El 28 de enero de 1925, el diario *Los Angeles Times* informaba: «El Philarmonic Auditorium muestra el extraordinario espectáculo de miles de personas [...] que, una hora antes del comienzo de la conferencia anunciada, han sido informadas de que no podrán entrar, pues la sala con 3.000 asientos ya se encuentra repleta. La atracción es Swami Yogananda: un hindú que invade Estados Unidos para traer a Dios [...] predicando la esencia de la doctrina cristiana». No dejó de ser una importante revelación para Occidente saber que el Yoga —explicado tan elocuentemente e interpretado con tanta claridad por Sri Yogananda— es una ciencia universal y que, como tal, es en realidad la «esencia» de todas las religiones verdaderas.

En 1925, Paramahansa Yogananda fundó en la cima de Mount Washington (en Los Ángeles, California) la sede internacional de *Self-Realization Fellowship*, la sociedad que él había establecido en la India, en 1917, denominada *Yogoda Satsanga Society of India*. A partir de entonces, la dirección de la obra mundial de Sri Yogananda se ejerce desde este lugar *(véase la foto frente a la página 356)*, por medio de la guía y el servicio que prestan los monjes y monjas que pertenecen a la Orden Monástica de *Self-Realization Fellowship*, a quienes Paramahansaji confió la responsabilidad de llevar a cabo su obra y preservar la pureza de sus enseñanzas.

A fines de la década de los años 30, Paramahansaji comenzó

a reducir gradualmente el número de sus conferencias públicas en el ámbito nacional. «No estoy interesado en las multitudes —decía—, sino en las almas que desean sinceramente conocer a Dios». De allí en adelante, concentró sus esfuerzos en las clases para estudiantes realmente interesados, y dio la mayor parte de sus conferencias en los templos de *Self-Realization Fellowship* y en la sede internacional de su organización.

Paramahansa Yogananda había predicho a menudo: «No moriré en un lecho, sino con las botas puestas, hablando de Dios y de la India». El 7 de marzo de 1952 se cumplió su profecía. Paramahansaji era uno de los conferenciantes invitados en un banquete que se celebraba en honor del Embajador de la India, B. R. Sen. Tras pronunciar un discurso conmovedor, concluyó su intervención citando palabras de un poema que había escrito, titulado «Mi India»: «Allí donde el Ganges, los bosques, las grutas del Himalaya y los hombres sueñan con Dios, santificado estoy: ¡mi cuerpo ha tocado ese suelo!». Luego, dirigió su mirada hacia arriba y entró en *mahasamadhi*, la salida consciente de esta Tierra realizada por un yogui avanzado. Murió como había vivido, exhortando a todos a conocer a Dios.

En los primeros años de su ministerio, las charlas del Gurú sólo fueron registradas esporádicamente. Pero cuando Sri Daya Mata se convirtió en discípula de Paramahansa Yogananda, en 1931, asumió la sagrada tarea de registrar fielmente, para las generaciones venideras, todas las charlas y clases de su Gurú, de las que este volumen es tan sólo una muestra. Bajo la dirección de Paramahansa Yogananda, muchas transcripciones —especialmente aquellas que contenían enseñanzas de carácter personal, técnicas de meditación y principios dados a los estudiantes en las clases de *Self-Realization Fellowship*— fueron recopiladas, junto con algunos de sus escritos, para formar la serie de *Lecciones de Self-Realization Fellowship*; otras charlas se publican regularmente en *Self-Realization Magazine*.

Las selecciones que componen el presente libro son, en su mayoría, conferencias y clases impartidas en los oficios de los templos de *Self-Realization Fellowship* o en la Sede Internacional, que se encuentra en Los Ángeles. Algunas de las charlas fueron ofrecidas en reuniones informales, o *satsangas*, a las que concurrían pequeños grupos de discípulos, o bien en servicios de meditación en los que el Gurú experimentaba la comunión extática con Dios, permitiendo que todos los presentes compartieran un atisbo del gozoso romance divino. También se han incluido en el presente volumen algunos escritos inspiradores. Paramahansaji fue un escritor prolífico que, a menudo, empleaba sus ratos libres para componer un nuevo cántico de amor a Dios o un breve artículo que él sentía que podía ayudar a los demás a comprender mejor una cierta faceta de la verdad.

Como la mayoría de estas charlas fueron pronunciadas ante auditorios familiarizados con las enseñanzas de *Self-Realization Fellowship*, algunas aclaraciones sobre la terminología y los conceptos filosóficos pueden resultar útiles para el lector en general. Con esta finalidad se han incluido muchas notas a pie de página y un glosario que explica ciertas palabras sánscritas y otros términos filosóficos, además de ofrecer información sobre acontecimientos, personas y lugares asociados con la vida y la obra de Paramahansa Yogananda. Así pues, siempre que el lector encuentre algún término poco conocido, tendrá la posibilidad, si lo desea, de consultar el Glosario. Cabe señalar aquí que las citas del *Bhagavad Guita* que aparecen en este libro son traducciones de Paramahansaji, que él mismo hizo directamente del sánscrito, a veces en forma literal y a veces en paráfrasis, dependiendo del contexto de su charla. (La traducción exhaustiva del *Guita* que efectuó Paramahansaji, con sus comentarios sobre esta obra, ha sido publicada por *Self-Realization Fellowship*, bajo el título *God Talks With Arjuna—The Bhagavad Gita: Royal Science of God-Realization*).

Paramahansaji honraba a todas las religiones y a sus fundadores, y respetaba a todos los buscadores sinceros de Dios. Parte de su misión mundial es «revelar la completa armonía y la unidad básica que existe entre las enseñanzas del cristianismo y las del yoga, tal como fueron formuladas originalmente por Jesucristo y por Bhagavan Krishna, respectivamente». (Véase *Metas e ideales*, página 470). Lejos de introducir en el mundo un dogma que lo divida, Paramahansaji demostró que la práctica del yoga establece una sintonía interior con Dios que constituye el fundamento universal de todas las religiones. Las abstracciones de una religión teórica palidecen ante la experiencia real de Dios. Nadie puede ofrecerle una prueba completa de la Verdad a ningún buscador; sin embargo, mediante la práctica del yoga, el aspirante espiritual puede comprobar por sí mismo la verdad a través de su propia experiencia. «Todos somos parte del Espíritu Único —expresó Paramahansaji—. Cuando logres experimentar el verdadero significado de la religión, que es conocer a Dios, comprobarás que Dios es tu Ser y que se halla igual e imparcialmente presente en todos los seres [...]. No te conformes con una satisfacción intelectual. Transforma la verdad en experiencia y conocerás a Dios mediante tu propia realización del Ser».

SELF-REALIZATION FELLOWSHIP

Los Ángeles (California)
Julio de 1997

EL VIAJE A LA ILUMINACIÓN

Cómo manifestar juventud eterna

Primer Templo de Self-Realization Fellowship en Encinitas (California)[1],
20 de marzo de 1938

El reino de Dios no se encuentra en las nubes ni en algún punto determinado del espacio; está justamente detrás de la oscuridad que percibes con los ojos cerrados. Dios es Conciencia; Dios es Existencia absoluta; Dios es Gozo eternamente renovado. Dicho Gozo es omnipresente. Percibe tu unidad con ese Gozo, que mora en tu interior y abarca el infinito. Más allá de los burdos límites vibratorios de la materia, reina el Infinito Inmutable en toda su majestad y grandeza. La Eternidad es el reino de Dios; es Bienaventuranza consciente, imperecedera y sin límites. Cuando tu alma se haya expandido y perciba su presencia en todas partes, estarás unido al Espíritu.

Nos inclinamos ante el Infinito en el altar del horizonte donde el cielo toca el océano; y reverenciamos al Infinito trascendental en el altar de la paz que existe dentro de nosotros.

A pesar de todas nuestras demostraciones de ignorancia, Dios continúa dándonos vida gracias a su presencia, que mora en nuestro interior. Él duerme en el césped y sueña en las flores; Él despierta en los pájaros y animales, y sabe que está despierto en el ser humano. En el superhombre, Él se conoce de nuevo a Sí Mismo.

En épocas pasadas, los *rishis* y los maestros de la India, recluidos en sus ermitas, desentrañaron los misterios que ocultan al Espíritu Omnipresente. Su investigación nos ha proporcionado las valiosas técnicas y métodos que armonizan el cuerpo y la mente con la ilimitada Fuente de vida e inteligencia que reside en cada ser humano. Al concentrarte interiormente en el Infinito, podrás recibir este inconmensurable poder.

El conocimiento adquirido mediante el estudio de libros

---

[1] El Templo del Loto Dorado. Véase la nota al pie de la página 288.

o a través de personas eruditas es limitado; sin embargo, es posible obtener del Infinito el poder irrestricto de la sabiduría. ¿Cómo lograrlo? Nosotros enseñamos el método en las *Lecciones* semanales que se envían desde nuestra sede internacional, situada en Mount Washington. Las verdades que se encuentran en dichas *Lecciones* provienen de Dios y de la investigación realizada por los maestros de la India.

Conoce la razón de tu existencia

Nacer, vivir y morir sin conocer la respuesta al misterio de por qué fuiste enviado a la Tierra como ser humano constituye un insulto a tu Ser espiritual. Olvidar a Dios equivale a no comprender en absoluto la razón de la existencia. Aprende a percibir a Dios y a gozar de Él. Haz de esta práctica un hábito y, a su debido tiempo, comprobarás el gran beneficio que te aporta. La adquisición de posesiones materiales y prosperidad no constituye una salvaguardia contra el sufrimiento. Llegará el día en que te sientas totalmente desvalido, como un mero títere del destino. Comenzarás entonces a darte cuenta de que sólo Dios es tu refugio seguro. Él no desea imponerse a nadie. Debes tomar la iniciativa de buscarle a través de tu propio deseo ferviente, prefiriéndole a Él por encima de cualquier otro deseo. De la misma forma que el cisne puede nadar en aguas fangosas y mantener la blancura de su plumaje, así deberías vivir tú. Si recubres tu mente con el aceite del desapego, los deseos materiales no se adherirán a ti.

La gota de rocío que se disocia del lago y flota aislada sobre la hoja de loto acabará secándose a menos que regrese al lago. De igual manera, antes de que la vida se evapore en busca de la satisfacción de deseos materiales, será preferible que te deslices hacia la conciencia de Dios. De ese modo, la gota de rocío de la vida no habrá de sufrir la muerte, sino que será eterna. El nacimiento implica nuestra separación del Infinito; la muerte no es el final de la vida, sino la transición hacia un estado superior de la existencia. Liberarse de la vida y de la muerte significa retornar a Dios. La gota de rocío pertenece al mar. Separada de éste, es vulnerable al sol, al viento y a otros elementos de la naturaleza; pero cuando la gota retorna a su fuente, se expande al recobrar su unidad con el mar. Lo mismo sucede con tu vida: al unirte a Dios, te volverás inmortal.

Mientras estemos aún separados del Mar Eterno, nuestro objetivo debe ser el de manifestar, tanto como nos sea posible, nuestra divina y esencial inmortalidad. En la hoja de loto de la felicidad material, la gota de rocío de la vida debe permanecer intacta e impoluta hasta que se deslice hacia la inmensidad de la presencia de Dios. Cómo expresar nuestra inmortalidad innata, a pesar de las limitaciones adversas, es el objetivo final de nuestro tema de hoy, que se refiere al modo de lograr que la juventud sea más perdurable.

La juventud es un estado tanto de la mente y del alma como del cuerpo

Todos están interesados en conservar la juventud y, de una u otra forma, buscan la legendaria «Fuente de la juventud». Pero ¿qué es la juventud? No todas las personas jóvenes son necesariamente juveniles; algunas ya se hallan tan envejecidas y hastiadas que aparentan muchos más años de los que en verdad tienen. Por el contrario, algunas personas mayores conservan el espíritu jovial a pesar de su avanzada edad, pues mantienen su mente joven. Sus sonrisas fluyen desde el alma hacia el cuerpo y el rostro; su vitalidad palpita con el gozo de existir. Por otra parte, tenemos a esas personas decaídas y carentes de ánimo que están como muertas en vida... y ni siquiera lo saben; son «muertos vivientes». Vemos a mucha gente de esta clase: negativa, crítica, malhumorada y abatida. No hay excusa para mantener ese equivocado estado de ánimo. Debes permanecer siempre alegre, sonriente, vibrante, con una mente positiva. Practica, por todos los medios, esta juventud mental que proviene de lo más profundo de tu ser.

Así pues, la edad del cuerpo no guarda una relación directa con la juventud. El estado de ánimo y la expresión del alma son los que hacen juvenil a una persona. La definición de «juventud» es ese estado del cuerpo, la mente y el alma en el cual sentimos la manifestación suprema —el cenit— del gozo y del poder. Si lo deseas, puedes retener dicho estado para siempre. Por el contrario, si te descuidas, puedes perderlo con gran facilidad.

Abordemos este tema, en primer lugar, desde el punto de vista mental. La mente es el controlador; es decir, se encuentra al mando del cuerpo y, de hecho, éste se halla diseñado por la mente. Somos la suma total de la conciencia que nosotros mismos hemos creado a lo largo de varias encarnaciones[2]. Nuestra mente, o conciencia, es la fuerza suprema que gobierna todas las actividades voluntarias e involuntarias de esta fábrica corporal de múltiples productos.

Los cinco estados mentales de la conciencia

Juzgamos nuestro estado de ánimo como «deseable» o «indeseable» por el grado de felicidad que trae consigo, o por la ausencia de ella. De acuerdo con eso, existen cinco estados mentales: felicidad, sufrimiento, indiferencia, paz y gozo verdadero.

Las embravecidas olas que se producen en medio de una tormenta en el océano alcanzan una gran altura, luego descienden formando una depresión y, después, se elevan de nuevo, una tras otra, hasta que la tormenta cesa y las olas se disuelven en el mar. Lo mismo ocurre con la mente: sus crestas están constituidas por los gozos y los pesares de la vida, que se suceden de manera alternante; y los valles que se encuentran en medio de ellos son la indiferencia o el aburrimiento. Éstos son los tres primeros estados mentales.

De ordinario, es posible reconocer el estado mental de una persona por su rostro. Si a una persona cuya cara exprese felicidad le preguntas cuál es el motivo de su alegría, descubrirás que ha visto cumplido algún deseo: obtuvo un aumento de salario, logró algo que deseaba hacer o recibió alguna otra gratificación. Un deseo cumplido produce regocijo.

Cuando ves a una persona con cara apesadumbrada o llena de amargura, su expresión te indica que alguna decepción se cruzó en su camino. Un deseo frustrado produce infelicidad. El deseo de salud queda malogrado por el dolor; el deseo de dinero resulta defraudado por la pobreza, y así sucesivamente.

Luego, tenemos esas personas que se encuentran en el medio. Pregúntales: «¿Eres feliz?», y te responderán «No»; «¿Estás triste?», y seguirán contestando «No». Se hallan en el medio; ni en la cresta de la ola de la felicidad, ni en la discordante ola de la tristeza. Están en el valle intermedio. Ése es el estado neutral de indiferencia.

---

[2] Véanse *karma* y *reencarnación* en el Glosario.

No podemos permanecer por siempre en las crestas de una luminosa felicidad o de una pena turbulenta, ni en las depresiones del aburrimiento. En este mundo de dualidades en rivalidad, el ser ordinario experimenta altibajos: tan pronto se eleva en una ola de gozo, como se hunde en el seno de la indiferencia o, luego, resulta sacudido por una ola de pesares. Apenas es consciente de que exista algo que se encuentre más allá de tales estados de conciencia. Ser zarandeado de esa forma significa someter su libre albedrío a un destino aparentemente caprichoso.

La ecuanimidad mental es lo que el hombre necesita para disfrutar de una vida exitosa y satisfactoria, y sólo es posible lograrla mediante la concentración y el dominio de las facultades mentales. Incluso la pena más terrible sana con el tiempo; nada se gana reviviéndola cada día. Afligirse por alguien que se ha ido no sirve de ayuda para dicha persona ni para ti, ni mejora esa triste situación. Alimentar un complejo de inferioridad o castigarte por errores o fracasos pasados te hará la vida imposible, y no te llevará a ninguna parte, sino que paralizará tus facultades mentales. Jamás accedas a transitar por esas sendas negativas del pensamiento. Y procura también no aburrirte de la vida. Ése es un estado muy incómodo, porque poco a poco te consumirá. No te destruyas ni destruyas tus potencialidades en el horno de la indiferencia.

Más allá de estas tres condiciones de la mente —felicidad, pesar e indiferencia— se encuentra el estado de paz. Muy poca gente lo alcanza. Los que poseen dinero, salud y relaciones satisfactorias —todo lo que, en verdad, necesitan o desean— tal vez digan: «No soy feliz, ni estoy triste, ni soy indiferente. Estoy satisfecho; estoy en paz». Tras un período de turbulencia, ese estado resulta bienvenido. Pero si, por largo tiempo, dicha paz se debe sólo a la ausencia de alegrías y penalidades, esa persona dirá: «¡Por favor, golpéame en la cabeza para que pueda sentir que aún estoy vivo!». Semejante paz, al ser un estado negativo en el que se ha neutralizado la excitación, no satisface durante mucho tiempo.

El aspecto siguiente es el positivo y constituye el quinto o último estado de conciencia: el logro de un gozo permanentemente renovado. Ese estado se encuentra sólo mediante el contacto con Dios en meditación profunda, a través de la práctica de técnicas como las que nos brindaron los maestros de la India. Ese gozo que satisface por completo jamás se extingue. ¿Cómo describirlo? Si durante diez días no se te permitiera dormir y te forzaran a permanecer despierto, y luego te dejaran dormir, el gozo que sentirías en ese momento, multiplicado un millón de veces, ni siquiera comenzaría a expresar el gozo del que estoy hablando. Jesús y otros seres divinos se refirieron a ese gozo. San Francisco y Sri Chaitanya[3] lo experimentaron. ¿Por qué otro motivo se privarían los santos de las satisfacciones materiales, excepto por el hecho de haber encontrado algo superior? El sendero de *Self-Realization Fellowship* no te indica que abandones todo lo relacionado con este mundo, pero sí te urge a que renuncies a todo aquello de menor importancia y que resulte obstructivo, a fin de lograr el verdadero gozo superior que te satisfaga por siempre.

Ha llegado el momento de que conozcas y comprendas el propósito de la religión: cómo establecer contacto con ese Gozo celestial, que es Dios —el grandioso y eterno Confortador—. Si eres capaz de encontrar ese Gozo, y puedes retenerlo constantemente, sin importar lo que ocurra en tu vida, permanecerás imperturbable aun en medio del estrépito de mundos que se derrumban.

Así pues, ésta es la primera ley para conservar la juventud: debes tener una actitud alegre, un estado de ánimo que pueda permanecer inalterable ante los sucesos de la vida. En ese gozo, ni siquiera la muerte será capaz de afectarte. ¿Cómo podría haber dicho Jesús en medio de su crucifixión: «Padre, perdónalos, porque no saben lo que hacen»[4], si no hubiese contado con un gozo interior que ni siquiera las torturas a las que su cuerpo fue sometido pudieron arrebatarle? Con ese inquebrantable cimiento mental, él pudo, con su último aliento, expresar amor por quienes fueron instrumentos de la muerte de su cuerpo. Ése es el estado invulnerable que debes tratar de alcanzar.

---

[3] Sri Chaitanya, un brillante erudito de la India, experimentó en 1508 un despertar espiritual que encendió su amor por Dios, a quien reverenciaba como el avatar Señor Krishna (véase el Glosario). Su fama como *bhakta* (devoto de Dios) se esparció por toda la India en el siglo dieciséis.

[4] *San Lucas* 23:34.

Aprende a sonreír con sinceridad en toda circunstancia

La búsqueda de Dios a través de la meditación es la forma directa de lograr un estado de ánimo gozoso y pleno de juventud. Existen prácticas adicionales que también ayudan a cultivar la juventud mental. En primer lugar, aprende a sonreír —pero con sinceridad—. Dondequiera que estés, sin importar cuán difíciles sean las circunstancias, sonríe desde las profundidades de tu corazón. No albergues forma alguna de ira o malicia. Procura ofrecer sonrisas genuinas a todo el mundo: amigos, familiares y extraños por igual. En esta práctica reside la mitad del secreto de la juventud. Si tienes una sonrisa contagiosa que brota de tu verdadero ser interior, eres joven. Con frecuencia digo que si no puedes sonreír, debes ponerte frente a un espejo y aprender a sonreír ¡tirando hacia arriba de las comisuras de los labios!

Apenas decidas sonreír, ¡advertirás que todo parece conspirar para hacerte llorar! Así es la vida. En cuanto adoptes la determinación de ser paciente y comprensivo, parecerá como si, repentinamente, los demás se tornaran difíciles de tratar. Pero así es la vida. A menudo, la gente nos crucifica, pero su maldad no debería afectar nuestra decisión de ser amables. Deja que los demás sigan su senda; tú debes ser magnánimo y tratar de aferrarte a tu buen camino. No es la aprobación de los seres humanos la que debes desear, sino la de Dios. Una vez que le complazcas, serás feliz. Trata de dar satisfacción a los demás en la medida que puedas, y procura no ofender a nadie; pero no permitas que eso actúe contra tu deber fundamental de complacer a Dios en primer lugar, pues no vale la pena.

Pon en práctica el sonreír todo el tiempo desde un estado mental de juventud. Comprueba durante cuántas horas seguidas eres capaz de conservar tu equilibrio, a pesar de las dificultades. Cuando puedas mantenerte siempre sereno y alegre, descubrirás que cada célula de tu cuerpo rebosa de vida y se colma de gran gozo.

Dios me ha bendecido durante estos numerosos años. Ya sea que mi sonrisa se perciba exteriormente o no, el gozo divino ahora se encuentra siempre en mí. El gran Río del Gozo fluye bajo las arenas de mi conciencia. Ni los cambios de la vida ni el espectro de la muerte me pueden despojar de él. Supuso un gran esfuerzo lograr que ese estado fuese permanente e inmutable, pero valió la pena.

Muchas personas han desperdiciado un año tras otro, y no han encontrado el gozo. ¿Por qué imitarlas y buscar aquello que promete felicidad pero produce tristeza? Establece contacto con el Espíritu en la meditación, y comprobarás que cuanto he dicho es verdad. Poseerás un gozo que no abandonarás, aunque te ofrezcan el mundo entero a cambio. Ni el dinero, ni el sexo, ni la bebida: nada puede igualar ese gozo supremo, ese resplandor que arde por siempre en tu alma.

La importancia de la buena disposición y de ser menos egoísta

La buena disposición también es importante para conservar la juventud. Cuando te agrada una persona, no supone ninguna molestia cocinar para ella o prestarle algún servicio; pero si tienes que hacerlo para alguien que no es de tu agrado, tu renuencia provoca que te sientas cansado e irritable para llevar a cabo la tarea. Este mismo principio es aplicable a cada situación: si no estás dispuesto a realizar algo, te faltará energía e interés. En cambio, cuando deseas hacerlo, cuentas con toda la vitalidad y el entusiasmo de la juventud.

Otra clave de la juventud mental es aprender a ser menos egoísta y egocéntrico, y convertirse en una persona más abierta y considerada con los demás. Para conservar el gozo que se encuentra al establecer contacto con Dios en la meditación, debes poner en práctica la cualidad divina de amar al prójimo, de ser justo y amable con todos. Perdona a tus enemigos. Sentirás una maravillosa liberación de las esclavizantes ataduras de la ira y los celos. Haz algo por ayudar a los demás cada día, en cualquier forma que puedas; sobre todo, tratando de conducir almas al sendero espiritual para buscar a Dios. Prodiga a todos el mismo amor con el que amas a tu familia y a tus seres queridos. Dios te ha concedido a tus seres amados para que aprendas a expandir el amor que sientes por ti mismo, a fin de que incluya el amor por los demás. Y Él permite que la muerte y otras circunstancias nos arrebaten a nuestros seres queridos, para que no limitemos nuestro amor sólo a unos cuantos seres humanos y aprendamos a ofrecerlo a todos. Cuanto más universal se vuelva tu amor, en mayor grado se llenará tu conciencia expandida con el gozo de su Ser omnipresente. El *Bhagavad Guita* afirma: «Cuando un hombre contempla que todos los seres existen en el Ser Único que se ha expandido hasta manifestarse en muchos, ese hombre se fusiona con Brahman (el Espíritu)»[5].

¿Es posible lograr la juventud eterna del cuerpo?

Por otro lado, tomemos en consideración el aspecto corporal de la juventud. Diversos santos que han permanecido en reclusión secreta, ocultos de la mirada escéptica de un mundo sumido en la ignorancia, han vivido mucho más tiempo que la expectativa normal de vida, logrando mantener la juventud no sólo del espíritu, sino también del cuerpo. Mahavatar Babaji[6] es uno de ellos. Jesús, de una forma diferente, manifestó asimismo su dominio sobre los elementos del cuerpo. Él demostró aquello que previamente dijo: «Destruid este santuario [corporal] y en tres días lo levantaré»[7]. Esos poderes han sido evidenciados por los grandes maestros de la India. La demostración de las leyes superiores no ha experimentado un gran avance en Occidente porque esta cultura se ha concentrado en el desarrollo material externo, mientras que Oriente se ha dedicado a la investigación interior de los reinos del Espíritu.

¿Por qué asombrarse de que algunos maestros, a fin de cumplir con un propósito divino y a instancias de Dios, elijan vivir una vida inusualmente prolongada? Vemos que en la naturaleza hay animales que pueden vivir mucho más tiempo que los seres humanos comunes, aun cuando se supone que el hombre es una criatura superior. ¿Por qué su vida es más corta? Porque los seres humanos hemos recibido el don único del libre albedrío y tenemos el privilegio de hacer lo que deseemos; pero, a causa del mal uso de esta libertad, el hombre elige hacer lo que no debiera. Los hábitos erróneos relacionados con su forma de vivir y de pensar, y su persistencia en alejarse de Dios, pasan de una generación a otra en el proceso evolutivo, lo cual limita en gran medida la expresión de su potencialidad divina, tanto en el plano físico como en el mental y el espiritual.

---

[5] XIII:30.

[6] El maestro perennemente joven, y primero en la sucesión de Gurús de *Self-Realization Fellowship*, que resucitó la antigua ciencia del *Kriya Yoga* en 1861. (Véase el Glosario).

[7] *San Juan* 2:19.

Cuando se encuentra en el vientre materno, el ser humano comienza a crecer a partir de la división de la primera célula —constituida por la unión del espermatozoide y el óvulo—, y a los cuatro días se forma un embrión. Al cuarto día, el potencial íntegro del cuerpo se encuentra allí. Al principio, las células formativas se denominan células germinales, y cada una de ellas es capaz de convertirse en cualquier tipo de tejido corporal. De acuerdo con un diseño específico, misteriosamente comienzan a especializarse a fin de configurar nervios, huesos, piel, sangre y órganos, es decir, todos los componentes del cuerpo. Mientras éstos se forman, las células germinales especializadas se convierten en células somáticas, confinadas a sus funciones específicas y a los condicionamientos que tales funciones les imponen. Eso significa que estas células no siempre obedecen a la mente consciente, porque los hábitos y pensamientos kármicos —tanto evolutivos como individuales— que se han sembrado durante siglos están arraigados profundamente en su composición.

Por ejemplo, el ser humano es capaz de generar dos dentaduras; ¿por qué, entonces, no puede dar origen a una tercera o cuarta dentadura? Porque las propias células de nuestro cuerpo están hipnotizadas por los patrones evolutivos que hemos heredado de multitud de generaciones y que se hallan alojados en nuestro cerebro y en la conformación celular. Cuanto más nos alejemos de la hipnosis subconsciente ligada al estado evolutivo de la civilización, más libres seremos. La manera de convertir de nuevo las células somáticas en células germinales, versátiles y creativas, que puedan reconstruir y rejuvenecer las diferentes partes corporales, constituirá el empeño futuro de la ciencia[8]. Nuestro cuerpo debería ser capaz de cambiar en cualquier forma que queramos.

---

[8] En años recientes, los científicos han comenzado a dar a conocer sus éxitos preliminares en este campo. El doctor Robert Becker, investigador en materia de cirugía ortopédica en Nueva York, ha utilizado la estimulación eléctrica para hacer que las células somáticas cambien al estado no especializado de células germinales, permitiendo así que ranas y ratas vuelvan a desarrollar miembros que habían perdido (a pesar de que, en estos animales, las partes corporales no se regeneran). El Dr. Becker y otros investigadores han usado esta técnica en seres humanos para sanar fracturas de huesos que habían sido diagnosticadas como irreparables. En la actualidad, continúan llevándose a cabo nuevos experimentos e investigaciones.

Cuanto mayor sea la voluntad, mayor será el flujo de energía

Aprende a mantener una voluntad poderosa —calmada y desprovista de nerviosismo— y tu cuerpo permanecerá, de ese modo, lleno de energía. Gracias al poder de la voluntad eres capaz de aportar energía al cuerpo y utilizarla. Cuanto mayor sea la voluntad, mayor será el flujo de energía. Aprende a extraer esa energía no sólo de los alimentos y el oxígeno, sino también del Infinito, porque llegará el día en que, a pesar de las medidas materiales que tomes, tu cuerpo se debilitará. Los alimentos y el oxígeno sólo son útiles para el organismo cuando la corriente vital interna los aprovecha. Si ésta se debilita debido al abuso físico y mental, los medios externos para sustentar la vida se volverán ineficaces. Los métodos que yo enseño muestran cómo recargar cada parte de tu cuerpo con la energía vital que proviene directamente del omnipresente poder vibratorio de Dios, el cual te rodea y se encuentra en tu interior. Ese poder es el que ha creado tu cuerpo y lo sostiene. Mediante la práctica de los Ejercicios Energéticos[9], y sobre todo del *Kriya Yoga*, podrás vivificar todo tu ser con la Vida Divina.

Cada gramo del cuerpo tiene en su interior suficiente energía como para iluminar la ciudad de Chicago durante dos días. En los músculos sientes el calor y la vitalidad generados por esta energía, pero no percibes la inmensa cantidad de energía que se halla dentro de los átomos del cuerpo. Cada átomo es una dinamo de electricidad. Puedes recargar de vitalidad cada célula del cuerpo mediante la meditación del *Kriya Yoga* y ejercitando la voluntad para extraer energía de la fuente cósmica. Si mantienes tu voluntad intacta y la utilizas para llevar a cabo todas tus acciones físicas y mentales con alegría y buena disposición, tu cuerpo y tu mente se mantendrán jóvenes y llenos de vitalidad.

Obedece las leyes de Dios materializadas en la naturaleza cósmica

La Naturaleza —la creación cósmica— es la materialización de las leyes de Dios. Por lo tanto, debes aprender a obedecer esas leyes. La enfermedad, las desarmonías mentales y

---

[9] Creados por Paramahansa Yogananda y descritos en las *Lecciones de Self-Realization Fellowship*. (Véase el Glosario).

todo tipo de sufrimientos son producto de la desobediencia. El mal uso del libre albedrío hace que los seres humanos elijan comportarse erróneamente; como resultado, sus acciones, al oponerse a la ley divina, se vuelven luego en contra del sistema nervioso y la conciencia, creando situaciones inarmónicas en el cuerpo y la mente.

Con respecto al régimen alimenticio, las leyes de la salud se quebrantan de continuo. La mayoría de las personas cavan su propia fosa con el tenedor y el cuchillo. ¡Los animales del zoológico reciben una alimentación más científica que el ser humano común! Aprende a gobernar tus hábitos dietéticos eligiendo lo que debes comer y no sólo aquello que complace al sentido del gusto. La dieta ha de incluir, sobre todo, frutas y verduras frescas, así como cereales y legumbres integrales naturales. Evita el exceso de féculas refinadas y de dulces, y reduce al mínimo imprescindible la ingestión de grasas; todos estos alimentos pueden ser muy dañinos para la salud. Las mejores golosinas son las frutas naturales secadas al sol, a las que no se les haya agregado azufre. Quienes consumen carne en abundancia deberían suspender ese hábito y evitar, sin excepciones, todo tipo de carne de vaca o cerdo; pueden ingerir pescado, aves o cordero, aunque sólo en ocasiones. Cada trozo de carne que se come debe acompañarse de una porción grande de lechuga. Mucho mejor sería una dieta en que la carne esté por completo ausente y que incluya, en cambio, productos lácteos, huevos y alimentos ricos en proteína vegetal. Los cacahuetes y almendras sin sal, o los garbanzos crudos, molidos finamente y mezclados con jugo de naranja, son una buena fuente de proteína para sustituir a la carne. Bebe leche entre comidas, nunca con las comidas.

Evita comer en exceso. Una ingesta mayor que la que el cuerpo necesita puede ser tan dañina como comer alimentos inadecuados. No pienses que debes comer sólo porque suena la campanilla que llama a la mesa; y cuando lo hagas, ingiere una menor cantidad de alimento. Además, aprende a ayunar un día por semana y tres días consecutivos, una vez al mes, comiendo sólo frutas frescas o bebiendo jugos de frutas sin azúcar añadido.

Es importante la adecuada eliminación. Las frutas frescas y las verduras ayudan a descongestionar el cuerpo. Cuando ayunes, es buena práctica tomar un laxante natural, de acción moderada, con jugo de naranja.

La postura también es importante para conservar la salud. Una postura incorrecta dificulta el flujo saludable de la energía vital a las diversas partes del cuerpo y a los órganos vitales. La mejor postura es: el pecho hacia fuera, los hombros hacia atrás, el estómago y el abdomen hacia dentro, y los glúteos contraídos. Cuando estés de pie, no encorves la espina dorsal ni hacia delante ni hacia atrás. Al sentarte, no lo hagas como si te hubieras desplomado, con la columna vertebral fuera de alineación, porque dificultarás la respiración y el libre flujo de energía en la espina dorsal. Desde el punto de vista psicológico, una postura encorvada sugiere una actitud derrotista. Al estar sentado o de pie, permanece siempre erguido. Sé el dueño de ti mismo, con la mente concentrada en el poder infinito que se halla dentro y alrededor de ti.

Haz ejercicio con regularidad; por ejemplo, camina a diario. Aprende a respirar en forma adecuada: con calma y profundidad, llenando los pulmones por completo hasta los lóbulos inferiores. Cuando tu organismo está bien oxigenado gracias a la respiración correcta y al ejercicio, la energía vital allí presente vitaliza todo el cuerpo, incluso el cerebro.

Por último, con relación a los aspectos físicos de la juventud, es en extremo importante conservar la energía sexual. Un exceso en la práctica del sexo y el mal uso de la fuerza creativa de la Naturaleza traerán aparejada la enfermedad y el envejecimiento con mayor rapidez que cualquier otro factor, ya que desvitalizan el cuerpo y debilitan el sistema inmunológico. Las parejas casadas han de practicar la moderación y las personas solteras deben observar la abstinencia.

Mediante la adhesión a las prácticas apropiadas para conservar la buena salud, y procurando no disminuir tu energía vital interior a causa de acciones erróneas, tanto físicas como mentales, aumentarás tu capacidad para conservar la salud y la juventud. Con este método, incluso el karma de la mala salud proveniente de vidas pasadas puede mitigarse en gran medida. Cualquiera que sea tu pasado, nunca es demasiado tarde para tratar de cambiar; jamás es demasiado tarde para corregir tus malos hábitos.

La «Fuente de la juventud» se encuentra dentro de tu alma

En definitiva, puedes encontrar la tan buscada «Fuente de la juventud» en tu alma. Tu verdadero Ser, concebido a imagen de Dios, es inmortal y jamás experimenta los estragos que afectan al cuerpo. «Ningún arma puede herir al alma; ningún fuego puede quemarla, ni el agua humedecerla, ni el viento secarla. [...] El alma es inmutable, serena e inamovible, y todo lo penetra; permanece inalterable por toda la eternidad»[10]. Dentro de tu cuerpo mora esta inmortalidad. Experimentas sueños de debilidad y deterioro, producto del engaño, y por eso no percibes que dentro de tu alma y sustentándote se encuentra el eterno e inmutable poder de Dios. Debes tomar conciencia de esta verdad. Si por una vez pudieras lograr ese entendimiento, ni siquiera la muerte sería capaz de perturbarte. Quienes conocen a Dios poseen ese estado de conciencia. Ellos han penetrado en la ciencia de la estructura atómica de la creación, y comprenden que el origen y esencia de ésta radica en el pensamiento creativo de Dios. Conocerle significa ver el cuerpo físico como parte del Espíritu. Los milagros de este estado de conciencia no tienen por qué ser demostrados ante la atónita curiosidad de la gente; mas, todos los santos que alcanzaron la unión con Dios han manifestado de alguna forma, discretamente, ese poder.

En tus sueños, puedes ser cualquier cosa que desees, puedes llevar a cabo todo objetivo que te propongas. A veces te sentirás enfermo, en ocasiones serás rico, y así sucesivamente. En el estado onírico, la mente es capaz de ejecutar cualquier acción. Cuando aprendas cómo controlarla durante el estado de vigilia —percibiendo que su poder forma parte de la conciencia de Dios—, podrás de igual manera contar con un dominio completo del cuerpo. Meditar en el alma es el método por el cual te será posible lograr que la mente, bajo tu control, obre sus maravillas. Cuando conozcas tu verdadero Ser —el alma—, comprobarás que el cuerpo no es sino una emanación de Dios.

Los buscadores sinceros que sigan este camino con determinación conocerán el misterio de la eternidad del alma. Si eres capaz de permanecer alegre y ecuánime en cualquier circuns-

---

[10] *Bhagavad Guita* II:23-24.

tancia, y emprender todas tus tareas con buena disposición, podrás mantenerte siempre joven mentalmente. Si, además, obedeces las leyes de la salud y utilizas tu voluntad para atraer la energía cósmica infinita, fomentarás la juventud vital en tu cuerpo. Y, sobre todo, si sabes que eres inmortal, creado a imagen de Dios, todo tu ser resplandecerá con la juventud eterna; y si es la voluntad de Dios, no tendrás que experimentar la llamada «muerte» cuando te deshagas del cuerpo mortal[11]. Y aun cuando debas pasar por la transición natural de la muerte, podrás contemplarla como si sólo fuese un sueño pacífico.

Toma la solemne decisión de meditar cada mañana y, antes de irte a dormir, cada noche, afirmando: «Primero, finalmente y siempre, ¡oh Espíritu!, seré fiel al compromiso que tengo contigo en la meditación. Tú me has bendecido para que yo establezca contacto con esta gran verdad que proviene de *Self-Realization Fellowship* y de sus Maestros, de modo tal que, a través de esta puerta, pueda yo hallarte. Bendíceme para que te busque con perseverancia hasta encontrarte».

Siente tu unidad con el Padre. Ora a Dios para que puedas perfeccionar el cuerpo y la mente, con el fin de que su actividad armoniosa te ayude a percibir en tu interior la presencia divina. Que la gloria del Espíritu more en ti. Que su energía recargue tu cuerpo y tu mente, y que su espíritu despierte dentro de tu alma. Siente la gloria de Dios al experimentar su Infinita Inmortalidad en tu cuerpo, mente y alma.

---

[11] En su *Autobiografía de un yogui*, Paramahansaji escribió: «Numerosos yoguis, en efecto, han conservado la conciencia de sí mismos —sin que ésta experimentase interrupción alguna— incluso a través de las dramáticas transiciones entre la "vida" y la "muerte"». Él mismo abandonó conscientemente el cuerpo en el momento de su deceso, en 1952.

El arte de remodelar tu vida

Templo de Self-Realization Fellowship en Hollywood (California),
3 de enero de 1943

El tema de hoy es muy importante. Debes procurar recordar y poner en práctica todo cuanto escuches esta mañana. Es muy fácil recibir una inspiración momentánea y olvidar luego la mayoría de lo que se ha escuchado. Por este motivo, con frecuencia utilizo la repetición; pues a fin de penetrar el rígido núcleo de la conciencia humana, las verdades deben repetirse una y otra vez. Gracias a esa reiteración, se convierten, poco a poco, en parte habitual de nuestros pensamientos.

Es muy diferente escuchar una conferencia que aplicar las verdades expresadas en ella. Todo cuanto mi gurú [Swami Sri Yukteswar[1]] me enseñó lo puse en práctica. Como resultado de su entrenamiento, siempre me he mantenido fiel a mis prioridades espirituales. Jamás olvido estos tres compromisos: meditar por la mañana y por la noche; practicar mis ejercicios[2]; y servir a los demás. Los cumplo sin falta. Respecto a los otros asuntos de menor importancia, me las ingenio de alguna forma para resolverlos.

Al vivir en la conciencia de Dios, compruebo que muchas cosas que alguna vez parecieron imprescindibles se han transformado en innecesarias. Anoche sentí que no necesitaba dormir porque mi percepción de Dios era muy intensa. De vez en cuando veía mi cuerpo dormido, pero ese sueño-*samadhi* subconsciente *(nidra samadhi sthiti)* pronto se desvaneció, y tanto mi mente como mi cuerpo se colmaron sólo con la conciencia de Dios[3].

---

[1] Véase el Glosario.

[2] Los Ejercicios Energéticos.

[3] El proceso inconsciente por el cual la mente se retrae de los sentidos y de su identificación con el cuerpo durante el sueño se denomina *nidra samadhi*

Lo que te estoy exponiendo proviene de mi experiencia directa; y algún día formará parte de tu propia percepción divina. Por la gracia del Señor, a quien siento en mi interior, me es posible transmitir la luz de Dios que hay en mí a aquellos que se encuentran en armonía conmigo. No es a mí a quien elogio, sino a Aquel que mora en mí. Así como un hombre acaudalado puede repartir su fortuna entre sus hijos más dignos, de igual modo es posible que la persona que posee riquezas espirituales las entregue a aquellos discípulos que siguen su ejemplo. Esto ocurre con todos los grandes maestros. Existen muchos casos de esta transmisión de la conciencia espiritual, tales como el «manto» de Elías que cayó sobre Eliseo, y el Espíritu Santo que Cristo hizo descender sobre los once discípulos fieles de entre sus doce discípulos cercanos.

Hay muchas personas que eligen el camino espiritual, pero sólo aquellas que permanecen fieles hasta el fin entran al Reino de los Cielos. Los auténticos devotos —los que comprenden que los sombríos caminos de este mundo conducen inexorablemente a la desilusión— buscan sin cesar a Dios, y jamás dudan de Él, independientemente de que Él responda o no. El devoto ora en su interior: «Señor, Tú sabes que voy en pos de Ti, así que no me importa cuándo me respondas. A pesar de no ser merecedor de tu respuesta, no puedes rechazarme cuando llegue el momento oportuno».

Tan pronto como Dios se convenza de que eres sincero y de que nada podrá apartarte de Él, te concederá la definitiva unión divina por mediación de tu gurú, quien te transmitirá la luz de Dios que fluye a través de él[4]. Posiblemente creyeras que jamás conocerías semejante bendición. Esa experiencia suprema es la que recibí de mi gurú. El contacto con él me dio lo que yo no podía lograr mediante el solo poder y esfuerzo de mis meditaciones.

Al comienzo de este nuevo año, toma firmes resoluciones

---

sthiti. El *samadhi* consciente se logra cuando la persona que medita, el proceso de la meditación (por medio del cual la mente se retrae de los sentidos al recogerse interiormente) y el objeto de la meditación (Dios) se convierten en Uno. (Véase *samadhi* en el Glosario).

[4] Véase *gurú* en el Glosario.

espirituales. Yo mismo he adoptado algunas, y ruego con todo mi corazón que, con la bendición del Padre y de Gurudeva, pueda consumarlas.

La vida procede del molde de la conciencia

Estamos hechos del molde de la conciencia. La vida entera fue extraída de la Fuente única del río de la conciencia. Por consiguiente, tu conciencia individualizada constituye el fundamento mismo de tu vida. Todos tus pensamientos y acciones son burbujas y gotas del río de la conciencia.

El cuerpo, aparentemente sólido, es en realidad una masa de corrientes electromagnéticas. Sus electrones y protones son formas condensadas a partir de los pensamientos proyectados por Dios. A estos pensamientos creadores y relativos —tanto de naturaleza positiva como negativa— los denomino *ideatrones*. Toda la creación se deriva de estos ideatrones, es decir, de la conciencia de Dios.

¿Cuál es la diferencia entre blanco y negro? Se trata simplemente de dos pensamientos contrastantes, cada uno «congelado» dentro de su concepto particular; eso es todo. Por ejemplo, los caballos negros y los caballos blancos que se presentan en un sueño no son más que cristalizaciones diferentes, relatividades que pertenecen a la corriente de pensamientos de quien sueña.

Así pues, en último término, todas las cosas están hechas de conciencia pura, y su apariencia finita no es sino el resultado de la relatividad de la conciencia. Por lo tanto, si deseas transformar algún aspecto tuyo, debes cambiar el proceso mental que causa la materialización de la conciencia en diferentes formas de materia y acciones. Ése es el modo, el único modo, de remodelar tu vida.

La tenacidad de los hábitos

Si doy una orden a mi mente, ésta reaccionará o se comportará de inmediato en consonancia con esa orden. La mayoría de la gente que decide dejar de fumar o de comer demasiados dulces continuará haciéndolo a pesar de sus buenos propósitos. Tales personas no cambian porque sus mentes, cual papel secante, han absorbido hábitos de pensar en cierta forma. El

El arte de remodelar tu vida 21

hábito implica que la mente cree que no puede librarse de un determinado pensamiento.

Los hábitos son, en verdad, tenaces. Una vez que realizas una acción, ésta produce un efecto o huella en la conciencia y, como resultado de ese influjo, probablemente repitas dicha acción. Después de varias repeticiones, esa tendencia se fortalece tanto que la acción se convierte en hábito. En algunas personas, un solo acto basta para formar el hábito respectivo, debido a una predisposición latente que proviene de vidas pasadas. Tal vez la mente te diga que no puedes liberarte de un determinado hábito; sin embargo, los hábitos no son más que repeticiones de tus propios pensamientos, y tú posees la capacidad de cambiar estos últimos.

Puede comprenderse la naturaleza del hábito mediante la siguiente analogía: es posible modelar la arcilla hasta convertirla en un jarrón; y mientras la arcilla aún se encuentre fresca, será fácil cambiar la apariencia de ese jarrón una y otra vez. Pero cuando se ha cocido en el horno, su forma se vuelve permanente. La conciencia opera bajo el mismo principio. Tus pensamientos están moldeando tus acciones; tus convicciones mentales, alimentadas por la repetición de esas acciones, son el fuego que solidifica los pensamientos hasta transformarlos en hábitos permanentes.

¿Por qué los rostros de todos nosotros son diferentes? Porque nuestras mentes son diferentes. Tus pautas de pensamiento habituales no sólo han moldeado tu mente sino también tu cuerpo. Tal vez habrás observado que algunas personas delgadas pueden comer cinco veces al día y, sin embargo, jamás ganan peso. Y algunas personas gruesas comen muy poco y, a pesar de ello, engordan. ¿Por qué? Las primeras, en algún momento de una vida pasada, fijaron en su conciencia el pensamiento de que eran delgadas, y a esta vida trajeron ese pensamiento y tendencia con ellas. Hagan lo que hagan, jamás suben de peso. Lo mismo sucede con las personas obesas. En vidas pasadas, abandonaron este mundo con la conciencia de ser gordas, y trajeron la simiente de ese pensamiento a su existencia presente. Toda la fisiología del cuerpo responde a las semillas de esas tendencias kármicas. Si deseas modificar tu constitución, debes afirmar: «Soy yo quien pienso que soy delgado (o gordo o enfermizo). Ahora, deseo ser robusto (o lo que tú desees)». Si te libras del pensamiento que te obliga a ser distinto de aquello que deseas ser, comprobarás que tu cuerpo cambia. Puedo mantener mi peso o, de igual manera, adelgazar a voluntad. En mi juventud, tenía el problema de ser demasiado delgado. Mi maestro [Swami Sri Yukteswar] sanó mi forma de pensar y, por ello, desde entonces, he preferido tener una complexión robusta.

La «vejez» es un estado mental

La mayoría de las personas son «antigüedades psicológicas»; jamás cambian y, año tras año, continúan siempre igual. Todas tienen idiosincrasias autolimitativas, pero éstas no fueron colocadas en tu naturaleza por Dios sino creadas por ti mismo. Debes cambiar esas idiosincrasias, teniendo presente que tales hábitos, peculiares de tu naturaleza, no son más que manifestaciones de tus propios pensamientos.

Si consideras que tu carácter no es como debería ser, recuerda que fuiste tú mismo —y no otra persona— quien lo modeló. Indudablemente recibió influencias externas, pero la aceptación interna constituye el factor determinante. Si todos afirman que Juan es un mal chico, y Juan acepta ese juicio, posiblemente no hará el esfuerzo de mejorar, sino que adoptará ese pensamiento negativo. Pero si se niega a aceptarlo, él podrá ser diferente.

Nunca se debe perder la esperanza de mejorar. Una persona es vieja sólo cuando rehúsa esforzarse por cambiar. Ese estancamiento es la única «vejez» que yo reconozco. Cuando alguien dice una y otra vez: «No puedo cambiar; ésa es mi manera de ser», no me resta más que decirle: «Muy bien, continúe de esa manera, ya que ha decidido ser así».

Trata de ser más flexible, como un niño. Sin embargo, incluso algunos niños se hallan envejecidos desde temprana edad, porque carecen del debido entrenamiento y no se les ha proporcionado el incentivo adecuado para cambiar las tendencias de vidas pasadas; su arcilla mental ya fue cocida en el horno, y crecen con las mismas inclinaciones que tenían en la infancia. Por otro lado, existen ancianos con quienes he hablado tan sólo una vez y que han logrado transformar y mejorar sus vidas. Dios no hace distinciones de edad, porque el alma es eternamente joven. Quienes están siempre dispuestos a perfeccionarse y a expandirse son como niños receptivos. Quienes crecen en entendimiento se vuelven inocentes como un niño. Así son los grandes maestros.

Tener la inocencia de un niño no significa ser endeble. No temo a nada en el mundo; nadie puede intimidarme. Vivo para Dios y la verdad, y amo a todos. Si alguien me malinterpreta, trato de tender un puente de comprensión. Pero si no puedo hacer que esa persona cambie, tampoco me afecta su conducta errónea. Si una persona poco comprensiva ha decidido estar en tu contra, ¿por qué deberías cambiar tú a fin de complacerla o calmarla? Mantente firme en tus principios cuando te halles en lo cierto, y permanece siempre dispuesto a reformarte si estás errado.

La fuerza de voluntad es el instrumento del cambio

Si has moldeado la arcilla hasta obtener un jarrón y lo has cocido, y ahora deseas convertir ese objeto en una bandeja, no te será posible hacerlo. Pero puedes pulverizar el jarrón y mezclar el polvo con arcilla húmeda y moldearlo en forma de bandeja. De igual modo, cuando un mal hábito se ha fijado en tu mente y deseas cambiarlo, deberás hacer uso de una voluntad poderosa para pulverizar ese hábito y combinarlo con nuevas y dúctiles acciones buenas que puedan remodelarse hasta lograr la imagen deseada. «Voluntad poderosa» significa «firme convicción». En el momento en que te digas completamente en serio: «No soy presa de este hábito», el hábito desaparecerá.

Escudriña en tu interior y determina tus principales características. A algunas personas les agrada escribir, o componer música, o bailar; otras disfrutan con las finanzas y la economía, y así sucesivamente. Por desgracia, algunas adoran las habladurías y a otras les encanta reñir. No trates de cambiar lo bueno que hay en ti. Sin embargo, debes librarte de las acciones que efectúas contra tu voluntad y que, después de realizarlas, te hacen infeliz. ¿Cómo lograrlo? Afirma con convicción, antes de dormir y al despertar por la mañana: «Puedo cambiar. Tengo la voluntad de cambiar. ¡*Voy* a cambiar!». Mantente fiel a ese pensamiento durante todo el día, y llévalo contigo hasta los dominios subconscientes del sueño y al reino supraconsciente de la meditación.

Supongamos que tu problema es que te enojas a menudo y luego lamentas haber perdido la paciencia. Cada noche y cada mañana toma la decisión de evitar el enojo, y luego vigílate cuidadosamente. El primer día tal vez sea difícil cumplir lo que te has propuesto, pero el segundo será un poco más fácil. El tercero será aún más sencillo. Después de algunos días, verás que la victoria es posible. Si perseveras en tus esfuerzos, al cabo de un año serás otra persona. Cuando yo era niño, las injusticias solían encolerizarme. Un día, comprendí cuán absurda resultaba mi actitud: yo no podía cambiar el mundo en un minuto mediante un despliegue de ira. Elevando mis manos prometí solemnemente: «Nunca más volveré a enfadarme». Desde entonces, jamás he albergado ira en mi interior, a pesar de que, exteriormente, pueda mostrarme airado si es necesario.

Cuando llegué a Estados Unidos, hace veinte años, me di cuenta de que todos bebían café, así que lo probé por primera vez y, poco a poco, llegó a gustarme. Para que no se convirtiera en hábito, adopté la regla de que nunca lo bebería sólo por deseo personal. Pero, aun así, recibía tantas invitaciones que advertí que tomaba café con mucha frecuencia. Un día, mientras comía solo en un restaurante, sentí que extrañaba el café. Pensé: «¡Conque me atrapaste! Muy bien: ¡adiós, hábito de tomar café!». Fue el final del hábito; en los últimos veinte años, no volví a probarlo. Precisamente anoche, unos amigos me sirvieron café. Me supo bien, pero jamás me tentará de nuevo.

Libertad significa actuar para el logro de tu máxima felicidad

Debes ser libre: no permitas que te esclavicen los hábitos, o el deseo de complacer a la sociedad, o cualquier otra cosa. Libertad significa ser capaz de hacer no lo que deseas sino lo que debes, para lograr tu máxima felicidad.

Por ejemplo: al individuo temperamental, adicto a sus emociones, le encanta intimidar y aterrorizar a los demás. Yo le digo: «Continúa así, si te empeñas, pero recuerda que sólo *tú* deberás pagar por esa mala conducta —nadie más—». Cada acción errónea que llevamos a cabo se vuelve en contra de nuestro propio bienestar, y no produce la paz y felicidad esperadas. A veces parece difícil ser bueno, mientras que es fácil ser malo;

y pensamos que renunciar a las cosas incorrectas es privarse de algo. Pero yo te digo que, en realidad, de nada te privas, excepto del dolor.

No seas como el niño travieso que desea hacer precisamente lo que se le prohíbe. Todo aquello contra lo cual nos han prevenido los grandes maestros se asemeja a la miel envenenada. Yo te digo: «No la pruebes». Tú podrás argüir: «Pero es dulce». Sin embargo, mi razonamiento es que una vez que pruebes su dulzura ella te destruirá, pues el mal fue hecho dulce para engañarte. Tienes que usar el discernimiento para distinguir entre la miel envenenada y lo que más te beneficiará. Evita todo lo que acabará por hacerte daño, y opta por lo que te aportará libertad y dicha.

En el presente año nuevo, cambia tu conciencia. Observa una conducta apropiada y cultiva buenos hábitos que te conduzcan a la libertad. Cuando puedas decir: «Ya no me entrego a los malos hábitos porque se oponen a mi bienestar, y elijo la bondad por mi propio libre albedrío», eso será libertad, y es lo que deseo para ti.

Se requiere del discernimiento y de la fuerza de voluntad

Remodelar tu conciencia significa ejercitar el libre albedrío guiándote por el discernimiento e impulsándote con la fuerza de voluntad. El discernimiento se asemeja a una aguda capacidad visual, y la voluntad es como el poder de locomoción. Sin voluntad, tal vez sepas, por medio del discernimiento, qué es lo correcto; sin embargo, nada harás para llevarlo a cabo. Lo que te conduce a la meta es la acción guiada por el conocimiento verdadero. Así pues, tanto la voluntad como el discernimiento son necesarios.

Es fácil desarrollar la fuerza de voluntad. Primeramente intenta lograr metas pequeñas. Poco a poco te librarás de las tendencias que creías no poder superar. Observa tu conciencia. Desarrolla el hábito de examinarte, de observar y analizar tus pensamientos y tu conducta. Cuando existan signos reveladores de hábitos o inclinaciones indeseables, será el momento de discernir y oponerte a éstos con la fuerza de voluntad.

La primera vez que sucumbiste a la tentación, no esperabas verte forzado a repetir ese acto. Sin embargo, después de ceder varias veces, el hábito se apoderó de ti y, finalmente, sentiste que no podías librarte de él. Pero puedes hacerlo, si usas el discernimiento y la fuerza de voluntad que Dios te concedió. Los hábitos sólo son pensamientos grabados profundamente en el cerebro. La «aguja» de la mente reproduce esos «discos» de hábitos una y otra vez. Incluso los procesos químicos del cuerpo responden a tal reiteración, como sucede en el caso de las adicciones. Por medio del uso de la mente y la voluntad se pueden modificar esas tendencias. Mas no intentes cambios drásticos de inmediato. Experimenta primero con pequeñas metas, a fin de entrenar tu inherente poder de mando. Sé que muchos de los presentes se librarán de sus malos hábitos al seguir mis sugerencias.

Aleja los pensamientos indeseables

Comienza el nuevo año con la determinación de enfrentarte a tus malos hábitos y vencerlos. Sujeta el toro por los cuernos, por así decirlo, y domínalo. Los malos hábitos son la influencia satánica que ha mantenido a Dios fuera de tu vida.

Podemos comparar los buenos hábitos con las buenas personas. Cuando miran por la ventana de tu mente, advierten que no pueden penetrar en tu vida porque los asientos de tu conciencia están ocupados por los malos hábitos. Desaloja a los ocupantes indeseables y permite la entrada a los virtuosos. No necesitas la ayuda de nada ni de nadie para transformarte; tan sólo tienes que modificar tu conciencia. Simplemente, todo cuanto debes hacer es desechar los pensamientos que deseas eliminar, reemplazándolos por pensamientos constructivos. Ésta es la llave que te abrirá las puertas del cielo, y la tienes en tus manos.

Las personas que se comportan de la misma manera, día tras día, son las que se niegan a reformar sus pensamientos. Eso es todo. Hay un proverbio que dice: «Una mujer que haya sido convencida en contra de su voluntad continuará aferrada a su opinión previa». Pero ¿por qué atribuir esta conducta sólo a las mujeres? Los hombres se comportan igual. Todos deben aprender a eliminar los pensamientos equivocados mediante el uso del incisivo escalpelo de la sabiduría. El pensamiento es una proyección de la omnipotente luz y voluntad de Dios. Si decides que debes cambiar, puedes usar el poder de la mente para transformarte.

Somos lo que pensamos

Somos lo que *pensamos* ser. La tendencia habitual de nuestros pensamientos determina nuestros talentos y habilidades, así como también nuestra personalidad. Por ejemplo, algunos *piensan* que son escritores o artistas, hacendosos u holgazanes, y así sucesivamente. ¿Qué ocurriría si quisieras ser distinto de lo que piensas que actualmente eres? Puede que argumentes que otros nacieron con un talento especial del que tú no dispones, pero que desearías tener, lo cual es cierto. Sin embargo, ellos tuvieron que formar el hábito de esa habilidad alguna vez, ya sea en su vida presente o en una vida anterior. Así pues, no importa lo que desees ser, comienza desde ahora a cultivar el hábito de serlo. Puedes implantar de inmediato en tu conciencia cualquier tendencia, siempre y cuando imprimas en tu mente un potente pensamiento. Entonces tus acciones y todo tu ser obedecerán ese pensamiento. No te conformes con una mentalidad unidireccional. Debes ser capaz de triunfar en cualquier profesión o hacer todo aquello hacia lo cual dirijas tu mente. Cada vez que los demás me decían que no podría llevar a cabo un determinado proyecto, yo tomaba la decisión de que sí podría hacerlo ¡y lo realizaba!

Pocas demostraciones del poder de la mente son tan impresionantes como el poder del pensamiento para sanar o enfermar el cuerpo. Mi gurú me relató que, en cierta ocasión, él había perdido mucho peso como resultado de una grave enfermedad. Durante la convalecencia, visitó a su gurú, Lahiri Mahasaya. El Yogavatar[5] le preguntó acerca de su salud. Sri Yukteswarji explicó la causa de su delicado estado.

—Veo que aceptaste enfermarte —dijo Lahiri Mahasaya— y ahora piensas que estás delgado. Pero estoy seguro de que te sentirás mejor mañana.

A la mañana siguiente, Gurudeva se dirigió lleno de rego-

---

[5] Título otorgado a Lahiri Masaya, quien es reverenciado como avatar (encarnación divina), y cuya vida expresó en forma plena los objetivos del yoga (la ciencia de la unión con Dios). (Véase *Lahiri Mahasaya* y *avatar* en el Glosario).

cijo a Lahiri Mahasaya y exclamó:

—Señor, gracias a sus bendiciones, ¡hoy me siento mucho mejor!

—Tu enfermedad fue en verdad muy grave, y aún estás débil —respondió Lahiri Mahasaya—, ¿quién puede decir cómo te sentirás mañana?

Al día siguiente, Sri Yukteswar se encontraba totalmente debilitado de nuevo. Se lamentó ante su gurú:

—Señor, nuevamente estoy enfermo. Apenas pude arrastrarme para venir a verle.

—Así que una vez más te has indispuesto tú mismo —replicó Lahiri Mahasaya.

Luego de unos días de alternar entre la buena y la mala salud, las cuales seguían exactamente las expectativas de los pensamientos de Sri Yukteswarji —influidos por las sugerencias de Lahiri Mahasaya—, mi gurú comprendió la poderosa lección que Lahiri Mahasaya había intentado enseñarle.

—¿Qué es esto? —le dijo el Yogavatar—. Un día me dices: «Estoy bien», y al siguiente afirmas: «Estoy enfermo». No es que yo haya estado sanándote o enfermándote. Son tus propios pensamientos los que te han hecho sentir débil o fuerte, de manera alternante.

—Entonces —interrogó mi maestro—, si pienso que estoy bien y que he recuperado mi peso anterior, ¿así sucederá?

—Así es —respondió Lahiri Mahasaya.

Guruji señaló: «En ese preciso momento, sentí que mi fuerza y mi peso retornaban. Cuando esa noche llegué a casa de mi madre, se sorprendió al ver cómo había cambiado mi estado de salud, y pensó que tenía yo hidropesía y que me estaba hinchando. Muchos de mis amigos quedaron tan asombrados por mi repentina recuperación que se convirtieron en discípulos de Lahiri Mahasaya»[6].

Estas demostraciones fenoménicas son posibles para quienes poseen el poder de percibir que todo se reduce a pensamientos. Si todavía no has alcanzado ese estado de conciencia, es preciso que te mantengas firme en la aplicación de la voluntad y las afirmaciones positivas hasta lograr que el poder del pensa-

---

[6] Véase también este relato en el capítulo 12 de *Autobiografía de un yogui*.

miento trabaje para ti. *El pensamiento constituye el origen de toda la creación; el pensamiento lo creó todo.* Si te adhieres a esta verdad con voluntad inquebrantable, serás capaz de materializar cualquier pensamiento. Nada hay que pueda refutarla. Fue mediante este tipo de poderoso pensamiento como Cristo reconstruyó su cuerpo crucificado; y se refería a esa verdad cuando expresó: «Por eso os digo: todo cuanto pidáis en la oración, creed que ya lo habéis recibido y lo obtendréis»[7].

No permitas que nada debilite la voluntad que existe en los pensamientos positivos

Una vez que hayas dicho: «Lo lograré», jamás desistas. Si afirmas: «Nunca me resfriaré», y a la mañana siguiente amaneces con un terrible resfriado y te desanimas, estás permitiendo que tu voluntad siga débil. No debes descorazonarte si sucede algo contrario a lo que has afirmado. Continúa creyendo, con la certeza de que se cumplirá. Cuando dices: «Lo lograré», pero en el fondo piensas: «No puedo», neutralizas el poder del pensamiento y mutilas tu voluntad. Si ésta se ha debilitado después de luchar contra la enfermedad y a causa de otros reveses, tienes que aceptar la ayuda de la voluntad de alguna otra persona para que te fortalezca mediante sus plegarias y afirmaciones positivas realizadas en tu nombre. Pero también debes hacer tu parte para transformar tu conciencia; ése es mi consejo. Desarrolla la fuerza de voluntad, piensa en forma positiva y comprobarás que el cuerpo, la mente y el alma laboran para modelar todo en tu vida de acuerdo con tu voluntad.

Puesto que el agente más poderoso en tu vida es el pensamiento —siempre que sepas cómo desarrollarlo y utilizarlo—, jamás permitas que su poder se diluya al relacionarte con personas negativas o cuya mente sea débil, a menos que poseas una mente muy fuerte y puedas, en cambio, fortalecerlas. Los fracasados deben relacionarse con personas exitosas. Los débiles tienen que buscar la compañía de los más fuertes. Las personas que carecen de autocontrol han de asociarse con las que son disciplinadas; quien es presa de la gula, por ejemplo, debe comer con quienes ejercen el autocontrol; al tener tal ejemplo

---

[7] *San Marcos* 11:24.

delante, comenzará a razonar: «Yo también puedo controlar mi apetito».

Transforma tu conciencia mortal en la de un ser divino

Así como a través del poder del pensamiento puedes transformarte en aquello que desees, de igual modo serás capaz de cambiar tu conciencia mortal en la de un ser divino, lo cual es todavía más importante. El hombre mortal es el que piensa: «Ésta es la manera en que vivo y seré de esta forma hasta que muera». Pero el hombre divino afirma: «Soñé que era mortal, pero ahora estoy despierto y sé que soy hijo de Dios, hecho a imagen del Padre». Aunque se requiere de tiempo para percibir por completo esta verdad, es posible lograrlo.

Si cuando llega el momento de meditar por la noche piensas: «Es ya muy tarde para meditar; dormiré ahora, y meditaré mañana», y te sometes a esta idea, seguirás durmiendo hasta el día que llegues a la tumba. Mientras el mundo se abandona a la droga del sueño, permanece tú despierto en Dios. Y a lo largo de las actividades del día, piensa que es Dios quien trabaja a través de ti. Entrégale la responsabilidad de tus labores. Quien piensa en Dios incesantemente ¿acaso puede obrar mal? Aun si llegara a errar, Dios sabe que deseaba hacer lo correcto. Entrégale todo a Dios, y cambiarás, porque de ese modo el ego humano ya no podrá gobernarte.

Sean cuales sean las situaciones que se te presenten, afirma simplemente: «Dios sabe lo que hace. Es Él quien me depara este sufrimiento; es Él quien me hace feliz». Con esta actitud, todas las pesadillas de tu vida se convertirán en un bello sueño de Dios.

La oscuridad es la ausencia de luz. El engaño o ilusión es oscuridad; la Realidad es la luz. Tus ojos de sabiduría están cerrados; por ello, sólo ves la oscuridad y sufres en ese engaño. Transforma tu conciencia; abre tus ojos y verás en las estrellas la chispa de la Luz Divina. En cada átomo del espacio, contemplarás un destello de la resplandeciente risa de Dios. En cada pensamiento, sentirás el océano de su sabiduría.

La danza de la vida y la muerte, la prosperidad y el fracaso, carecen de realidad alguna, excepto la de ser sueños de Dios. Experimenta esta verdad, y comprobarás que se trata de pensamientos materializados, que danzan a tu alrededor, y que tú eres el océano del pensamiento. Nada de eso permanece indefinidamente ni puede dañarte.

Ahora, te pido que cierres los ojos y pienses en un mal hábito del que quieras deshacerte. Si te concentras conmigo mientras pronuncio estas palabras en el Espíritu, y crees en ellas, te liberarás de ese hábito. Desecha la idea de que no puedes abandonar el citado hábito, sea cual sea su naturaleza. Estoy enviando un potente pensamiento a tu conciencia para que, en este preciso momento, puedas librarte de él. Afirma conmigo: «¡Estoy libre de ese hábito *ahora*! ¡Estoy libre!». Aférrate a ese pensamiento de libertad, y olvida el mal hábito. Muchos de los que hayan seguido estas instrucciones comprobarán que el hábito que deseaban eliminar de su vida jamás volverá.

Repite conmigo: «Remodelaré mi conciencia. En este año nuevo, seré una persona nueva. Reformaré mi conciencia una y otra vez, hasta que haya expulsado toda la oscuridad de la ignorancia y logre manifestar la resplandeciente luz del Espíritu, a cuya imagen estoy hecho».

Un mundo de entretenimiento cósmico

Templo de Self-Realization Fellowship en Hollywood (California), 9 de diciembre de 1945

La palabra «mundo» significa —en el contexto de nuestro tema de hoy— no solamente la Tierra sino el universo de la materia en su conjunto, el mundo material, cuyas partes constitutivas han sido puestas en el espacio en armoniosa interrelación gracias al maravilloso funcionamiento de las divinas leyes de Dios. Es arrogante pensar que nuestro pequeño planeta Tierra es el único sitio habitado por vida inteligente. Existen muchos mundos como éste, algunos más altamente desarrollados y otros en etapas más tempranas de evolución. El modo ordenado en que el universo funciona demuestra que está guiado por alguna forma de inteligencia que impregna todas las cosas creadas.

Cuando observamos el mecanismo de un reloj sabemos que hubo un ser inteligente que creó ese instrumento para que funcionara de acuerdo con un plan matemático. Aquel relojero coordinó todos los pequeños engranajes y demás piezas con el objeto de producir un movimiento determinado para la medición del tiempo. Medir el tiempo es esencial en un universo cuya existencia misma depende de las relatividades del tiempo y del espacio.

El cosmos en su conjunto es un gigantesco reloj con miríadas de engranajes de galaxias, estrellas y planetas —suspendidos en el espacio—, que mide el paso del tiempo mediante el movimiento del pasado, el presente y el futuro. Así como un reloj fabricado por el hombre es producto de la inteligencia humana, así también el inmenso reloj universal es la manufactura de una inteligencia superior. Eso es algo que no podemos poner en duda. A pesar de que aquí en la Tierra algunas cosas no sean de nuestro agrado, no podemos negar que en el universo existe una armonía matemática.

La razón por la cual Dios creó esta tierra es siempre un interrogante que incita poderosamente a reflexionar. Desde un punto de vista relativo podemos a su vez hacernos la siguiente pregunta: «¿Por qué usamos reloj?». La respuesta es: para medir el tiempo, para medir los acontecimientos y nuestros movimientos a lo largo del día. El desayuno, el trabajo, el almuerzo, el cuidado del cuerpo, el entretenimiento, el sueño: todo ello consta de determinados movimientos que se desarrollan en el tiempo. De modo que podríamos decir que necesitamos el reloj para medir el paso de nuestro tiempo. Tal medición es necesaria porque este mundo en el que hemos sido colocados se encuentra condicionado por el tiempo. Nuestra existencia y nuestras acciones están sujetas a las divisiones de pasado, presente y futuro. Como seres humanos debemos actuar —de otro modo nos convertiríamos en vegetales humanos— y nuestro comportamiento tiene que desenvolverse de una manera ordenada que se halle en concordancia con el movimiento universal del tiempo y con las limitaciones que el hombre ha establecido para éste. Y el uso de un reloj nos ayuda en tal sentido.

Ahora bien, ¿necesita Dios de este reloj cósmico? ¿Debe también Él estar sujeto a las limitaciones de pasado, presente y futuro? La respuesta es a la vez sí y no. El tiempo, el tictac ordenado del reloj cósmico, es parte integral de *maya*, la ilusión, «la Mágica Medidora»: el único modo en que Dios, a partir de su conciencia única, podía crear una diversidad de formas y acontecimientos, y desplegar en el espacio el desarrollo de éstos para nuestra participación y asombro[1]. Pero no, Dios Mismo no se halla limitado por la relatividad del pasado, el presente y el futuro, ni por los cambios inherentes al paso del tiempo. En Él sólo existe el eterno ahora. Y si bien la ilusión de Él proviene, no está *en* Él.

El mundo es la *lila* de Dios

Si Dios no se encuentra sujeto a las relatividades del mundo como lo está el hombre, ¿no es acaso una paradoja el hecho de

---

[1] Véase *maya* en el Glosario.

que, sin embargo, haya dado origen a la creación? Si Dios necesitaba de este mundo, ¿implicaría esto que Él es imperfecto y que no está completo o satisfecho dentro de Sí Mismo? Y por otra parte, si Dios es perfecto, ¿por qué creó entonces un mundo tan imperfecto?

Los *rishis* de la antigua India, que profundizaron en la comprensión de la Causa Original de la Existencia, declaran que Dios es perfecto, que Él nada necesita, porque todo está contenido dentro de Sí Mismo, y que este mundo es la *lila* de Dios, es decir, su divino juego. Parece que al Señor —como a un niño pequeño— le encanta jugar, y su *lila* consiste en la interminable variedad de la siempre cambiante creación.

Yo solía razonar de este modo: Dios era Bienaventuranza infinita y omnisciente; sin embargo, al estar solo, nadie más que Él podía disfrutar esa Bienaventuranza. Entonces dijo: «Crearé un universo y me dividiré en múltiples almas para que puedan jugar Conmigo en mi drama evolutivo». Mediante el mágico poder divisor de *maya*, Él se volvió dual: Espíritu y Naturaleza, hombre y mujer, positivo y negativo. Pero a pesar de que Dios ha creado un universo basado en la ilusión, Él no sucumbe al engaño de ésta. Él sabe que todas las cosas no son más que una diversificación de su singular Conciencia Cósmica. Las experiencias de los sentidos y las emociones, los dramas de la guerra y la paz, de la salud y la enfermedad, de la vida y la muerte, todos estos acontecimientos están sucediendo en Dios como el Soñador-Creador de todas las cosas, mas no ejercen efecto alguno sobre Él. Una parte de su Ser Infinito permanece por siempre trascendente, más allá de las dualidades vibratorias: allí Dios se encuentra inactivo. Cuando Él hace vibrar su conciencia con pensamientos de diversidad, se vuelve inmanente y omnipresente como el Creador en el finito reino vibratorio de la infinitud: allí Él se encuentra activo. La vibración hace surgir objetos y seres que interactúan en el espacio al compás de los movimientos del tiempo, del mismo modo que las vibraciones de la conciencia del hombre hacen surgir los sueños cuando éste duerme.

Dios creó este universo onírico para entretenerse y entretenernos. Sólo tengo una objeción que hacer con respecto a la *lila* de Dios: «Señor, ¿por qué permitiste que el sufrimiento fuera una parte de este juego?». El dolor es muy desagradable y torturante, y hace que la existencia ya no sea un entretenimiento sino una tragedia. En esa encrucijada es donde entra en juego la intercesión de los santos: ellos nos recuerdan que Dios es todopoderoso y que, si nos unimos a Él, nunca más resultaremos lastimados en esta sala de espectáculos del Señor. Somos nosotros quienes nos infligimos dolor cuando transgredimos las leyes divinas sobre las que Él sustenta todo el universo. Unirnos a Él es nuestra salvación. A menos que sintonicemos nuestra vida con Dios y comprendamos así que este mundo no es más que un entretenimiento cósmico, todavía habremos de sufrir. Parece que el sufrimiento es una disciplina necesaria para recordarnos que debemos buscar la unión con Dios. Desde esa unión, podemos disfrutar, al igual que Él, del entretenimiento de este fantástico drama.

Resulta maravilloso pensar con profundidad acerca de los temas que he mencionado. Constantemente me encuentro ahondando en esos reinos. Incluso mientras hablo, me hallo contemplando tales verdades. Sería realmente terrible que un Ser Todopoderoso nos hubiera arrojado a esta ilusoria existencia terrenal sin una vía de escape o sin proveernos de la capacidad para percibir lo que Él percibe. Pero no es así. Hay una salida. Cada noche, durante el sueño profundo, olvidas inconscientemente este mundo: para ti deja de existir. Y cada vez que meditas con profundidad, trasciendes en forma consciente el mundo: ya no existe para ti. Por eso los santos dicen que la unión con Dios es la única manera de comprender que no se le debe dar demasiada importancia a este mundo.

Considera la vida como si se tratara de una película

Existe en este mundo una repetición constante de la historia, de las guerras y los problemas. Cuando somos objetivos, comenzamos a ver los sucesos como una suerte de película cósmica continuada en la cual el mismo argumento básico se repite una y otra vez, sólo que en diferentes épocas y lugares y con personajes distintos. Nadie se sentaría a ver reiteradamente la misma película, ya que ésta dejaría pronto de interesarnos. De modo que debemos admitir que el Padre Celestial se ha ocupado de que la historia vaya cambiando y que haya contrastes entre el bien y el mal, con el fin de dar variedad al entretenimiento que se proyecta en este cinematógrafo cósmico.

Podríamos decir que Dios jamás debería haber creado un mundo como éste, en el que hay tantos problemas. Pero, por otra parte, los santos afirman que eso no nos afectaría si supiésemos que somos dioses[2]. Cuando ves una película, ¿acaso no prefieres que tenga mucha acción en vez de una trama insípida? Así es como debes disfrutar del mundo: considera la vida como si se tratara de una película; entonces sabrás por qué Dios la ha creado. Nuestro problema es que nos olvidamos de verla como el entretenimiento de Dios.

Dios ha dicho a través de las Escrituras que estamos hechos a su imagen. Desde ese punto de vista, podríamos contemplar este drama universal como una película, tal como Él lo hace, si tan sólo viésemos la perfección del alma que mora en nuestro interior y tomáramos plena conciencia de nuestra unión con la Divinidad. Entonces, esta película cósmica, con sus horrores de enfermedad y pobreza y bombas atómicas, no nos parecería más real que las experiencias inusuales de las que somos espectadores en un cine. Cuando terminamos de ver una película sabemos que nadie ha muerto, que nadie ha estado sufriendo. De hecho, esta verdad es la única explicación que encuentro cuando contemplo el drama de la vida. No se trata sino de un espectáculo eléctrico de siluetas, un juego de luces y sombras. Todo está constituido por la vibración de la conciencia de Dios condensada en imágenes electromagnéticas. La esencia de esas imágenes no puede ser cortada por una espada, ni quemada, ni ahogada, ni sufrir dolor alguno. No nace ni muere. Sólo pasa virtualmente por algunos cambios. Si pudiésemos ver el mundo tal como Dios y los santos lo ven, nos liberaríamos de la aparente realidad de este sueño. En esa conciencia puedo comprender que este mundo ha sido creado como un entretenimiento y que no es necesario ni para Dios ni para nosotros.

Despierta del sueño cósmico

Si analizas las películas oníricas que creas cada noche al

---

[2] «¿No está escrito en vuestra Ley: "Yo he dicho: dioses sois"?» (*San Juan* 10:34).

Desde mediados de los años veinte hasta mediados de los treinta, Sri Yogananda viajó por todo Estados Unidos impartiendo clases y conferencias —ante auditorios repletos en las ciudades más importantes— sobre la ciencia de la meditación yoga y el arte de vivir una vida espiritual equilibrada. *(Arriba)* Es recibido por sus estudiantes al llegar a la estación del ferrocarril en Los Ángeles; *(centro)* una de sus clases en Detroit; *(abajo)* en un banquete que se ofreció en su honor, en Cincinnati.

(Izquierda) Paramahansa Yogananda con su gran gurú, Swami Sri Yukteswar, en 1935. *(Derecha)* En la entrada del Templo de *Self-Realization Fellowship* en San Diego (California), Paramahansaji prodiga una cálida bienvenida; 1949.

En 1925, Paramahansa Yogananda celebra un oficio de Pascua al amanecer, en los jardines de Mount Washington, Los Ángeles (California). Esta propiedad se convirtió al poco tiempo en la sede internacional de su organización mundial: *Self-Realization Fellowship (Yogoda Satsanga Society of India)*.

dormir podrás comprender la vida como una película onírica de Dios. Algunas veces tienes pesadillas y en otras ocasiones sueños maravillosos. ¡Cuán reales te parecen!, y no sólo a ti, sino también a aquellos seres que están en tu sueño. Mas cuando despiertas sabes que no fueron reales y puedes reírte de esa irrealidad. Todos prefieren, por supuesto, los sueños hermosos a las pesadillas. Le pido a Dios que recuerde esto: «Si debemos participar de tus sueños, Señor, preferimos los bellos sueños de la salud y de las sonrisas en vez de las pesadillas de la enfermedad o del sufrimiento mental». Pero el problema es que mientras sigas amando los sueños hermosos y temiendo las pesadillas, tomando las experiencias oníricas como algo real, habrás de sufrir cada vez que las pesadillas lleguen. Por consiguiente, los maestros señalan: «Debes despertar tanto de los sueños bellos como de las pesadillas».

Si estás apegado a la felicidad humana te hallas expuesto a grandes problemas, ya que es inevitable que junto a los sueños hermosos se presenten también las pesadillas. Pero si piensas en cambio que un sueño es un sueño, tanto si se trata de un sueño gozoso como de uno temible, tendrás paz. Una vez que comprendas que la vida es un sueño, recuperarás tu libertad.

Ésta es la filosofía que enseñan los grandes maestros de la India: que este mundo, esta creación, es el sueño de Dios. Del mismo modo que cuando permaneces semidespierto puedes ver un sueño y saber que estás soñando —y discernir sin embargo que eres ajeno a esa experiencia onírica—, así es como Dios siente este universo. Por un lado, Él se halla despierto en el siempre nuevo Gozo y, por otro lado, Él se encuentra soñando este universo. Así es como debes considerar este mundo; de esa manera sabrás por qué Él lo ha creado y no atribuirás sus circunstancias oníricas a tu alma. Si tienes una pesadilla, sabes que sólo se trata de un mal sueño. Si puedes vivir en el mundo en tal estado de conciencia, entonces no sufrirás. Eso es lo que el *Kriya Yoga* te brindará y lo que las *Lecciones de Self-Realization Fellowship* harán por ti si las practicas fielmente. Debes concentrarte en estas enseñanzas y no en mi personalidad o en la personalidad de alguien más. Por otra parte, no se trata simplemente de leer estas verdades, sino de ponerlas en práctica. La lectura no te convertirá en sabio, pero la percepción interior de las verdades sí lo hará.

Por esta razón no leo mucho. Mantengo mi mente en todo momento aquí, en el centro de la conciencia crística[3] *[Kutastha]*. ¡Cuán diferente se ve el mundo a la luz omnipresente de la Inteligencia Cósmica! Algunas veces percibo todas las cosas como imágenes eléctricas; no existe el peso ni la masa en relación con el cuerpo. Leer acerca de las maravillas de la ciencia no te convertirá en un sabio, porque siempre te quedará muchísimo más por conocer. Lee del libro de la vida oculto en tu interior, en la omnisciencia del alma, justo detrás de la oscuridad de los ojos cerrados. Descubre ese reino ilimitado de la Realidad. Considera esta tierra como si se tratara de un sueño y así comprenderás que no hay problema en que te recuestes en su lecho y sueñes el sueño de la vida. Entonces ya no tendrás inconveniente en hacerlo, porque sabrás que estás soñando.

Los instructores religiosos de Occidente predican la prosperidad, la felicidad y la salud, y prometen una vida llena de gloria en el más allá, pero no proporcionan instrucciones sobre cómo experimentar la Bienaventuranza Divina y no resultar afectados por el sufrimiento en el aquí y ahora. Ahí es donde profundizan más las enseñanzas de los grandes *rishis* de la India. Los occidentales han acusado a estos maestros de proponer una filosofía negativa acerca de la vida, es decir: no importa si sufres, no importa si eres feliz o no; niega el mundo. Por el contrario, la pregunta que hacen los maestros de la India es: «¿Qué harás cuando debas afrontar el dolor y el sufrimiento? ¿Llorarás lleno de desesperanza o practicarás en cambio las técnicas que te conferirán ecuanimidad y te ayudarán a trascender el sufrimiento mientras te ocupas de curar la dolencia?». Ellos te urgen a poner en práctica remedios dictados por el sentido común y a controlar simultáneamente las emociones, de modo que si pierdes la salud y sobreviene el dolor no te abandones a la desesperación. En otras palabras, hacen hincapié en la importancia de entronizarnos interiormente en la felicidad pura del alma; una felicidad que no puede ser mancillada ni por los caprichosos vientos de los bellos sueños de la vida ni por las corrosivas tormentas de las pesadillas. Quienes habitualmente

---

[3] Situado en el entrecejo. (Véase *centro crístico* en el Glosario).

se aferran a la conciencia material no desean hacer el esfuerzo que se requiere para alcanzar ese estado de invulnerabilidad. Cuando sobreviene el sufrimiento, no aprenden de él y, por eso, repiten los mismos errores.

Un hombre que vino a verme hacía alarde del dinero que poseía. «No hables con todo el mundo acerca de lo que tienes —le previne—, pues alguien se apropiará de ti y de tu dinero». Poco después, una dama se adueñó de él y, tras un corto período de tiempo, le pidió el divorcio y la mitad de su dinero. Por la gracia de Dios, pude ayudarle a salir de ese problema. Mientras tenía lugar el proceso de divorcio, y conociendo su temperamento, le escribí una carta en la que le instaba a no volver a enredarse. Pero él regresó con una nueva esposa. Yo estaba asombrado de su necedad. Su nueva esposa era una buena mujer y contaba con cierta cantidad de dinero propio. Pero entonces él quiso separarse y ella se opuso a dejarlo en libertad. Siendo un hombre inquieto, había decidido que no deseaba la vida de casado; quería ser libre. Mas tuve que aconsejarle: «Perdiste tu libertad voluntariamente, ahora debes aceptarlo de la mejor manera posible». ¿No es acaso extraña la naturaleza humana?

En la India, si la esposa muere, es muy probable que el marido no se case nuevamente. Por lo general, él honrará su recuerdo. Esa clase de romance es considerada ideal en la India, aunque de vez en cuando sucede lo contrario. En cierta ocasión, un hombre acudió a mí llorando desconsoladamente por su esposa fallecida. Sus sentimientos se habían desbocado por completo y se hallaba sumido en una emoción descontrolada. Me dijo que quería quitarse la vida. Me condolí de su sentimiento de pérdida, pero traté de hacerle razonar: «No puedes traerla de regreso, aunque te comportes de ese modo», le indiqué. Él me respondió sollozando: «Jamás volveré a casarme». Pero yo vi que no ocurriría así y le dije: «Te casarás de aquí a un mes». «¡Jamás!», insistió él. Pues bien, al mes él volvió a casarse, pero no vino a verme porque se sentía avergonzado al recordar el fuerte rechazo que mostró ante mis palabras.

En ocasiones, cuando viajo en automóvil, puedo ver cuánta gente ha vivido antes en las casas por delante de las cuales paso, y cuánta gente residirá en ellas en el futuro. En una oportunidad, el Señor me dijo: «Observa los gallineros humanos y cómo sus ocupantes van y vienen. Así es la vida humana». No le prestes demasiada atención a las escenas cambiantes de la vida. Eres el Ser inmortal y sólo estás viviendo temporalmente en este sueño que algunas veces se torna una pesadilla. De eso trata la filosofía superior de los maestros de la India.

La excesiva sensibilidad emocional es la causa del sufrimiento

No seas excesivamente sensible. La sensibilidad emocional exagerada es la causa silenciosa de todo sufrimiento. Es una necedad involucrarse emocionalmente en la creación, pues de ese modo le estás otorgando poder como si fuese una realidad. El hecho de no meditar, de no sentarte en silencio para experimentar tu verdadera naturaleza divina y permitir, en cambio, que te arrastre el eterno movimiento de la creación como si formaras parte de él, constituye una amenaza constante para tu felicidad. Tal vez algún día tu cuerpo se encuentre terriblemente enfermo y te des cuenta de que aun cuando quieras caminar, o realizar alguna de las cosas que solías hacer cuando eras más joven o saludable, ya no te resulta posible hacerlo; esta experiencia constituye una terrible desilusión para el alma. Antes de que ese día llegue, sé tan libre que puedas contemplar tu cuerpo con desapego y cuidar de él como si se tratara del cuerpo de otra persona.

Una de mis estudiantes padecía de una afección muy dolorosa en la rodilla, por la cual los huesos se iban deteriorando. Ignoro cuántas veces su pierna le fue operada y vuelta a recomponer; sin embargo, ella se refería al tema como si careciera de importancia: «Se trata de una operación menor», solía decir con toda tranquilidad. Pues bien, éste es el modo en que ha de tomarse la vida. Cultiva en tu mente una actitud que te permita vivir con mayor fortaleza mental.

Aun cuando no tengas la posibilidad de meditar en forma profunda y prolongada, piensa en todo momento que estás trabajando para Dios. Cuando tu mente sea capaz de permanecer anclada en Él, dejarás de sufrir; independientemente de cuántos padecimientos o enfermedades debas atravesar, éstos ya no podrán afectarte en tu interior. En ocasiones, cuando este cuerpo causa problemas, miro hacia adentro y todo se desvanece en la luz de Dios. Del mismo modo en que contemplas las imágenes cambiantes sobre una pantalla y disfrutas de la contrastante pugna entre las acciones buenas y malas, así como de los argumentos alegres y trágicos, de igual manera debes percibir este mundo: como un entretenimiento. Entonces dirás: «Señor, cualquier cosa que Tú hagas está bien». Pero en tanto no llegues a percibir conscientemente que todo es un sueño, no comprenderás por qué Dios ha creado este mundo.

Debes ser como el Señor, tanto activo como inactivo

Pienso que Dios creó el universo porque quería mantenerse ocupado. ¡Que esto sea un incentivo para los aspirantes espirituales! Muchos creen que para hallar a Dios y apartarse de este sueño deben abandonar sus responsabilidades y buscar la soledad del Himalaya o de otros lugares similares totalmente solitarios; pero eso no es tan simple. La mente permanecerá todavía inmersa en los estados de ánimo negativos y la inquietud, y el cuerpo habrá de mantenerse muy activo simplemente para conservar el calor y satisfacer el hambre y otras necesidades. Te resultará más fácil encontrar a Dios en la jungla de la civilización, siempre que conserves el equilibrio entre la meditación y la actividad constructiva y responsable. Debes ser como el Señor, tanto activo como inactivo. En la creación, Él se mantiene gozosamente ocupado; más allá de la creación, Él permanece gozosamente sereno en la bienaventuranza divina. Como resultado de haberme esforzado por hallar a Dios en la meditación, disfruto de su divino gozo incluso en medio de la actividad y, por eso, ésta no me afecta en absoluto de un modo adverso. Aun cuando a veces pueda manifestar que no me agrada esto o aquello de las dualidades que me rodean, sin embargo permanezco en calma internamente y soy como el acero: «Calmadamente activo y activamente calmado, un príncipe de la paz sentado en el trono del equilibrio, gobernando el reino de la actividad».

Según todo parece indicar, a partir de la perfección, Dios creó seres imperfectos. Pero de hecho los seres imperfectos son perfectos: almas creadas a imagen de Dios. Todo lo que Dios desea de ti es que separes tus imperfecciones oníricas de tu Ser perfecto. Cuando piensas en tu vida mortal y en todos tus problemas y te identificas con ellos, cometes una gran injusticia contra la imagen de Dios que mora en tu interior. Debes afirmar y percibir la siguiente verdad: «No soy un ser mortal; soy Espíritu».

Dios está tratando en todo momento de atraer a sus hijos de regreso hacia la perfección que es inherente a sus almas. Por esa razón, incluso en la gente malvada existe una búsqueda de Dios, aunque no se exprese como tal. ¿Podrías acaso encontrar alguna persona malvada que quiera obtener sufrimiento de sus acciones? No; lo que dicha persona piensa es que sus actividades le van a proporcionar una gratificación. Quien bebe alcohol o consume drogas cree que obtendrá placer de ello. En todo lugar, las personas, tanto buenas como malas, están buscando —cada una a su modo— la felicidad. Nadie desea dañarse a sí mismo. ¿Por qué entonces la gente se comporta con maldad, lo cual inevitablemente les provoca dolor y sufrimiento? Tales acciones tienen su origen en el mayor de los pecados: la ignorancia. Es más correcto decir «malhechor» que «pecador». Puedes condenar las malas acciones, pero no debes condenar al que las realiza. Los pecados son errores cometidos bajo la influencia de la ignorancia o de la ilusión. Si no fuera porque cuentas con un grado diferente de entendimiento, tú también podrías hallarte en la misma situación. Dijo Jesús: «Aquel de vosotros que esté sin pecado, que le arroje la primera piedra»[4].

Lo que deseo señalar es que en todo cuanto hacemos estamos persiguiendo la felicidad. Nadie puede decir que realmente es un materialista, porque quienquiera que busque la felicidad está buscando a Dios. Por consiguiente, tanto en el bien como en el mal, Dios nos está atrayendo de regreso hacia Él, a través de nuestra búsqueda de la felicidad. El sufrimiento que el mal provoca hará que finalmente el descarriado retorne a los gozos de la virtud. Dado que la vida es de por sí una mezcla del bien y el mal, de bellos sueños y pesadillas, deberíamos buscar sueños hermosos y ayudar a crearlos, en vez de quedar atrapados en las temibles pesadillas.

Existe una unidad inherente en la diversidad de la creación

A partir de su conciencia única, Dios creó lo múltiple. Y ahora Él está tratando de hacer que lo múltiple retorne de

---

[4] *San Juan* 8:7.

nuevo a la Unidad. Cuando la tormenta se abate sobre el océano crea innumerables olas. Una vez que la tormenta amaina, las olas vuelven a hundirse en el océano. Al igual que el océano es la esencia de las olas, en la diversidad de la creación existe una unidad inherente. La conciencia familiar mantiene unidos a grupos de almas. Los países tienen líderes que los aglutinan y los dirigen. Los grupos sociales se cohesionan en torno a una causa común. Cuando encuentres a Dios verás que todas las fuerzas están unidas en Él. «Entonces la vida es dulce y la muerte un sueño, la salud es dulce y la enfermedad un sueño, la alabanza es dulce y la reprobación un sueño: cuando Tu canción fluye a través de mí»[5]. Tendrás un panorama completamente diferente de la vida.

La mayoría de la gente reacciona ante la vida ya sea diciendo «¡Alabemos al Señor!» o bien urgiéndonos a temerle; también hay otros que le culpan o le maldicen. Pienso que esas actitudes son muy absurdas. ¿Qué puedes decirle a Dios que sea realmente una alabanza? Él no se deja conmover ni por las alabanzas ni por la adulación, ya que Él lo posee todo. Las personas con problemas son quienes ofrecen la mayoría de las oraciones. Algunas claman «¡Alabado sea Dios!», esperando recibir por ello algún favor. Puedes maldecir a Dios o alabarle; para Él no habrá diferencia. En cambio para ti sí la habrá: alábale —o mejor aún, *ámale*— y te sentirás mejor. Maldícele y eso será perjudicial para ti mismo. Cuando arremetes contra Dios estás actuando contra tu propia y verdadera naturaleza, contra la imagen divina a partir de la cual Dios te ha creado. Cuando obras en contra de tu naturaleza divina, automáticamente te castigas a ti mismo.

Desde mi niñez sentí rebeldía ante la vida, porque veía muchas injusticias. Pero ahora la única rebeldía que siento en mi interior tiene que ver con el hecho de que la gente no conozca a Dios. El mayor de los pecados es la ignorancia, el no saber en qué consiste la vida. Y la mayor de las virtudes es la sabiduría, conocer el significado y el propósito de la vida y de su Creador. Saber que no somos pequeños seres humanos, sino uno con Él: eso es sabiduría.

---

[5] Citado de «When Thy Song Flows Through Me», del libro *Cosmic Chants*, escrito por Paramahansa Yogananda (publicado por *Self-Realization Fellowship*).

Cada noche, durante el sueño, Dios aleja de ti todos tus problemas para mostrarte que no eres un ser mortal, que eres Espíritu. Dios quiere que recuerdes esta verdad en el estado de vigilia para que ya no te dejes afectar por las dificultades de la vida. Si durante la noche podemos vivir perfectamente en el sueño profundo sin pensar acerca de esta tierra y sus problemas, también podemos perfectamente vivir en el mundo de la actividad creado por Dios sin quedar atrapados en este sueño. Aun cuando los universos oníricos se hallan flotando en la conciencia de Dios, Él permanece siempre despierto y sabe que está soñando. Lo que nos dice es: «No te dejes dominar por el pánico durante este estado de ensoñación; contémplame como la Realidad que se encuentra detrás del sueño». Cuando experimentes salud y gozo, sonríe en tu sueño. Cuando tengas una pesadilla de enfermedad o sufrimiento, di en cambio: «Estoy despierto en Dios, observando simplemente el espectáculo de mi vida». Entonces sabrás que Dios ha creado este universo como un entretenimiento para Sí Mismo y que tú, hecho a su imagen, tienes no sólo el perfecto derecho sino también la capacidad de disfrutar de este espectáculo con sus variados sueños —tal como Él lo hace.

El deseo es lo que te mantiene sujeto al cautiverio de la mortalidad. Si deseas tener una casa grande sobre una colina con un hermoso panorama, abundantes ingresos, un buen matrimonio y una familia estupenda, es posible que te esfuerces hasta el agotamiento por obtener estas cosas y luego ocurra que tu esposa te deje por otro, o te enfermes, o que tu negocio fracase: ésa es la naturaleza de la felicidad humana. Por eso yo le digo a Dios: «Señor, puedes quedarte con todas tus chucherías terrenales. Que en mí se haga sólo tu voluntad. Estoy dispuesto a cumplir tu voluntad, sea cual sea. Sin embargo, Señor, no voy a agradecerte el haberme creado, ya que si no lo hubieras hecho me habría ahorrado un montón de problemas. Pero dado que Tú me has creado, sé que no puedo ser otra cosa que tu hijo». Ésta es la exigencia que debes hacerle a Dios. No más mendigar, porque tú no eres un mendigo. Eres su hijo divino y posees inherentemente todo lo que Él posee. Detrás de la oscuridad de los ojos cerrados, dispones del universo entero girando en tu conciencia. ¿Por qué presentarte ante Dios como un mendigo?

Desecha el fantasma de la enfermedad y la salud, del sufrimiento y el gozo. Elévate por encima de ellos. Identifícate con tu Ser interior. Contempla el espectáculo del universo, pero no dejes que te absorba. Muchas veces he visto a mi cuerpo abandonar este mundo. ¡Me río de la muerte! Estoy listo en todo momento. La muerte no significa nada. La vida eterna me pertenece. Soy el océano de la conciencia. Algunas veces me transformo en la pequeña ola del cuerpo, pero jamás soy únicamente la ola separada del Océano de Dios.

La muerte y la oscuridad no pueden infundirnos temor, porque somos la Conciencia misma a partir de la cual Dios ha creado este universo. En el *Bhagavad Guita*, el Señor dice:

> *Aquel que me percibe como el No Nacido y el Sin Principio, y también como el Señor Soberano de la Creación, ese hombre ha conquistado la ilusión y ha alcanzado el estado libre de pecado, aun cuando todavía se halle revestido por el cuerpo mortal.*
>
> *Yo soy la Fuente de todas las cosas; toda la creación emerge de Mí. Poseedores de esta realización, los sabios —arrobados— me adoran. Con el pensamiento absorto en Mí, con todo el ser entregado a Mí, iluminándose mutuamente, proclamando siempre mi nombre, mis devotos se hallan contentos y gozosos.*
>
> *Por pura compasión, Yo, el Divino Morador, enciendo en ellos la radiante lámpara de la sabiduría, la cual disipa las tinieblas que surgen de la ignorancia.*
>
> Bhagavad Guita X:3, 8-9, 11

Por qué Dios creó el mundo

Templo de Self-Realization Fellowship en San Diego (California),
16 de diciembre de 1945

No importa cuántas veces me oigas hablar sobre este tema —«Por qué Dios creó el mundo»—, invariablemente encontrarás alguna novedad; a través de una incesante concentración, recibimos siempre una visión nueva sobre este enigma.

Por algún motivo, Dios cuenta con todo el poder del universo a su disposición; pero ¿por qué tiene este poder? ¿Por qué Dios es Dios? ¿Por qué tú no eres Dios? Te «estallará» la cabeza si tratas de razonar en esta forma. Si reflexionamos racionalmente, no podemos negar que existe un Dios, un Poder e Inteligencia absoluto. El testimonio de Jesús, Krishna, Buda y los santos no puede cuestionarse. A partir de los ideales que ellos encarnaron y los milagros que llevaron a cabo, sabemos que dijeron la verdad. Ellos nos proporcionaron un testimonio irrefutable de que Dios existe, y de que Él es perfecto y todopoderoso. Nos han dicho que Dios es Gozo y que es Amor. Pero si es así, ¿por qué creó un mundo tan imperfecto y un cuerpo deficiente para el hombre? Creemos que si tuviésemos el poder con que Dios cuenta, crearíamos un cuerpo mucho mejor que éste y un mundo muy superior. Al menos, en nuestra imaginación, consideramos que podríamos hacerlo.

Jesús enseñó: «El que crea en mí, hará él también las obras que yo hago, y hará mayores aún»[1]. ¿Cómo tuvo él conocimiento, veinte siglos atrás, de los «milagros» de la ciencia moderna que son tan comunes en la actualidad? Hoy en día somos testigos de que, a través del radar, el hombre puede determinar la presencia de objetos que se encuentran a miles de kilómetros de distancia y localizarlos. Un soldado me comentó que la primera vez que creyó en Dios fue cuando vio funcionar

---

[1] *San Juan* 14:12.

un radar. Son estas maravillas de la radio, el radar, la televisión y los demás descubrimientos que nos llegarán, a las que Cristo se refería cuando predijo que nosotros realizaríamos obras aún más grandiosas que las que él había mostrado. Por supuesto, si cada persona poseyera ojos y oídos semejantes al radar, nadie tendría paz. Los pensamientos y acciones de los demás, aunque estuvieran ubicados a miles de kilómetros de distancia, irrumpirían en nuestra mente y nadie dispondría de libertad ni intimidad. Dado que, sin duda, hay basura en cada casa, no tenemos derecho a inmiscuirnos en la vida del prójimo ni a ser chismosos sobre lo que descubrimos. Así pues, existe una razón por la cual Dios arrojó el manto de *maya,* el poder limitante del engaño, sobre el ser humano.

El poder del hombre nada es comparado con el de Dios

Todo parece indicar que en cuanto el hombre obtiene poder, lo utiliza erróneamente. La gente ya está hablando acerca de una guerra con armas teledirigidas, en la cual bastará con presionar un botón para que las bombas atómicas aniquilen las naciones. Imagina: una sola bomba puede destruir la ciudad de Nueva York ¡y a todos sus millones de habitantes! Dios ha conferido gran poder al hombre para que lo utilice con rectitud. Aun así, el poder del hombre nada es comparado con el de Dios, porque este mundo es como una bomba atómica que Dios sostiene en sus manos. Si cualquier persona, o el gobernante de alguna nación, cree que puede salir triunfante mediante el uso de bombas, está totalmente equivocado, pues aún perdura la verdad de las palabras de Cristo: «... porque todos los que empuñen espada, a espada perecerán»[2]. Si los países agresores luchan uno contra otro, desaparecerán de la faz de la Tierra y las naciones mansas heredarán el mundo[3]. Debemos emplear la fuerza espiritual —no las bombas atómicas— o todos pereceremos.

Es evidente que en el «arsenal» de la naturaleza se encuentran ocultos muchos secretos. A pesar de que la bomba atómica es un dispositivo terrible, aun así demuestra que el corazón de

---

[2] *San Mateo* 26:52.
[3] *San Mateo* 5:4: «Bienaventurados los mansos, porque ellos poseerán en herencia la tierra».

la naturaleza encierra poderes inconcebibles, poderes que el ser humano todavía habrá de descubrir. Y en el fondo de todos ellos se encuentra Dios. Existe una Inteligencia Infinita que gobierna la creación entera. Esa Inteligencia opera a través de la ley divina que colabora con el bien y castiga el mal. ¿Cómo se explica si no que Hitler, que fue el primero en poseer el secreto para la construcción de la bomba atómica, lo perdiese, y que, sin embargo, cayera en manos de Estados Unidos? A pesar de que este país la utilizó, no creo que lo vuelva a hacer; al menos, eso ruego.

En su ceguera, los políticos inician las conflagraciones mundiales. Pero dado que el hombre no creó este mundo, tampoco tiene derecho a destruirlo. ¿Por qué entonces creó Dios, con su omnipotencia, un mundo tan imperfecto, y le dio al ser humano el poder de destruirlo? Si fueras Dios, sabrías con exactitud qué sucede, y por qué el universo fue creado tal como es.

Cuando estás leyendo una novela muy interesante, ves cómo el bien y el mal se oponen entre sí, y cuando el mal se encuentra ganando la contienda, piensas que es terrible. Por ejemplo, en un capítulo, el héroe está a punto de ser asesinado; pero en el siguiente, la situación se soluciona y el héroe se salva. Debes entender que cada vida es una novela magistral escrita por Dios. No te corresponde tratar de comprenderla, pues te verías derrotado por las limitaciones de tu inteligencia, la cual sufre el engaño de *maya*. Primeramente, vence el engaño y experimenta tu unión con Dios; después, comprenderás por qué creó Él este mundo.

Pero es verdad que tenemos el derecho de preguntarle por qué lo hizo. Y existen muchas, muchas razones. En primer lugar, resultaría inconcebible que el mundo fuese una necesidad para Él, pues, en ese caso, Dios sería imperfecto: tendría algo que lograr a través de éste. Además, contamos con el testimonio de los santos, quienes afirman que Él es perfecto; y yo también doy ese testimonio, a partir de mi propia experiencia, porque he comulgado con Él. A pesar de que tuve visiones y otras experiencias espirituales antes de conocer a mi gurú, Swami Sri Yukteswarji, le dije que no me pondría a disertar acerca de Dios a menos que yo le conociera. Y cuando comprobé que esas visiones que yo había experimentado se convertían en realidad, supe que un Ser me estaba guiando, y comencé a verle en todas las cosas.

Este mundo es el pasatiempo de Dios

Dado que Dios es perfecto y no necesita el mundo para su evolución, éste constituye, por lo tanto, una especie de pasatiempo para Dios. Por ejemplo, existen dos géneros de artistas: uno es el de los artistas comerciales, que obtienen ganancias del arte; y el otro tipo es el de aquellos que crean obras de arte sin pretensiones ni valor comercial alguno, tan sólo para su propio goce. Ahora bien, no podemos pensar que Dios es una entidad comercial, ya que no espera ninguna ganancia de su artística creación. De manera semejante, las personas acaudaladas adoptan, a veces, costosos pasatiempos especiales sólo porque pueden permitírselo. Yo conocí a una persona de esa naturaleza en Cincinnati; su pasatiempo era una enorme granja. Cuando le hice una visita como invitado, comenté: «El producto de su granja no alcanza para sufragar los gastos, ¿verdad?». Él respondió: «Así es. Este huevo que estoy comiendo me costó noventa centavos. Podría comprar uno en el mercado por unos pocos centavos».

De la misma forma, este mundo es un pasatiempo de Dios. Pero no tiene gracia para los que sufren en él. Con frecuencia, le digo al Señor: «Si querías un pasatiempo, ¿por qué creaste el dolor y el cáncer, y las terribles emociones vinculadas a ellos?». Por supuesto, no estoy en este mundo para indicarle al Señor lo que debe hacer. Lo sé, pero humildemente discuto con Él.

Él sonríe, y me responde: «En el último capítulo, todos conocerán las respuestas a estas interrogantes».

Ahora bien, yo conozco la respuesta, pero abogo ante Dios en nombre de los que no la saben: «Tal vez sea una obra de teatro para Ti, Señor, pero significa desgracia y muerte para los que no comprenden que se trata sólo de una obra teatral. Dos personas se casan, y piensan que encontrarán el amor perfecto; luego, una de ellas fallece y ¡qué tragedia! O alguien que ha amasado una gran fortuna cree que es feliz; después se entera de que la bolsa de valores se ha desplomado y, en medio de su desesperación, salta por la ventana. ¡Qué terrible! Y en las trampas para los sentidos que se hallan en el sexo, las bebidas alcohólicas y el dinero acecha la tentación no sólo desde el exterior sino, también, desde el interior de cada una de sus víctimas. ¿Cómo podrá el ser humano justificar todo esto? ¿Y por qué existen los criminales, los alienados y todo tipo de espantosas maquinaciones, Señor? ¿Por qué hay gérmenes que matan a tantas personas cada año? Si amontonáramos los huesos de aquellos que fallecen a causa de enfermedades, esa pila sería tan alta como el Himalaya; y, aun así, significa un entretenimiento para Ti, Señor. ¿Qué me dices de las víctimas de tu pasatiempo?».

Y el Señor responde: «He creado a todos los seres humanos a mi imagen y semejanza. Si tú sabes que eres parte de Mí, puedes vivir en este mundo y disfrutar de él tal como Yo lo hago».

Ésta es la respuesta concluyente. No vemos el mundo como Dios lo ve.

Debes ver con los ojos abiertos de la sabiduría y la calma

Pondré un ejemplo de cómo las cosas fueron estropeándose en la creación. Si en este momento yo cerrase los ojos y comenzara a bailar sin control alguno, olvidando todo lo que está a mi alrededor y las limitaciones de mi ceguera, me llamarías la atención diciéndome: «¡Cuidado! ¡Te vas a caer o a golpear contra algo!». Pero supón que yo insisto: «No, estoy bien». Entonces, tropiezo, me caigo y me fracturo una pierna; luego sollozo y pregunto: «¿Por qué me sucedió esto a mí?». Y tú responderás: «Bien, ¿por qué cerraste los ojos y trataste de bailar a ciegas?». A lo que yo replicaría: «¡Oh, mi Dios! ¿Por qué bailé con los ojos cerrados?».

Dado que tus ojos están cerrados, no puedes sino pensar que el mundo es terrible. Pero si mantienes abiertos los ojos de la sabiduría y la calma, comprobarás que es posible disfrutar mucho en este mundo, como cuando se ve una película.

Cuando vas al cine, te gusta que la película tenga un argumento feliz o que te haga sentir bien, ya que la vida misma es muy problemática. Pero si aplicamos a este drama terrenal la teoría según la cual el cosmos es como una película, encontraremos que tanto las revoluciones y guerras de la historia como los problemas del hombre están justificados, porque si todos los días fueses a ver una película y sólo se exhibieran escenas de amor, te cansarías de ellas. Desearías un poco de acción, algún contraste y estímulos emocionales. Es así como se justifica que Dios crease las dualidades en la Tierra. Él no quería que este drama fuese algo insípido. Si sólo hubiera ángeles, se trataría de una obra muy tediosa; cuando existe un villano y un héroe, la trama se vuelve más entretenida.

Los contrastes se concibieron para ayudarnos a comprender que este drama es sólo una película cósmica y para que, al transformar nuestra conciencia en conciencia divina, pudiéramos contemplar el mundo como Dios lo hace. Pero yo no querría ser el villano, porque no hay delito sin castigo, sobre todo ante la inexorable ley cósmica. Preferiría estar en algún otro sitio, sentado bajo un árbol, meditando y absorto en Dios, u optaría por prestar un servicio a los demás para que disfrutaran de un entorno de verdadera paz y felicidad. Porque si bien la vida está regida por un plan cósmico, tenemos libertad para modificar nuestro papel en este drama.

Lo importante es que si aprendes a ver este mundo como una película, nada malo encontrarás en él. Sólo me quejo de que el dolor hace que la película parezca muy real. No te importaría que te arrancaran una mano si no sintieras ningún dolor y pudieras colocártela en su lugar de nuevo. Algunos santos han demostrado que es posible hacerlo. Por ejemplo, Jesús cumplió su profecía cuando dijo: «Destruid este santuario [mi cuerpo] y en tres días lo levantaré»[4]. Y cuando Pedro cortó la oreja del centurión, Cristo la sanó. Gracias a su conocimiento de Dios, Jesús tenía el poder de rehacer el cuerpo físico.

La ciencia se concentra en generar más artículos para la comodidad material del hombre; pero cuando la enfermedad se presenta y el médico dictamina: «Todo ha terminado», nada puedes hacer al respecto. ¿Cómo te sientes entonces? Totalmente indefenso. Pero los maestros afirman que no tienes por qué sentirte de esa manera. Este mundo te parecerá una creación injusta si mantienes cerrados los ojos de la sabiduría. Debes darte cuenta de que eres un hijo de Dios y, si estás en

---

[4] *San Juan* 2:19.

sintonía con Él, verás este mundo como una película —como el pasatiempo del Señor—. De esta manera, podrás vivir en la Tierra sin sentirte afectado en absoluto. Los que sufren son aquellos que se toman con demasiada seriedad el mundo. Y debido a ese sufrimiento, no comprenden por qué Dios lo creó. Cuando una madre se entera de que alguien ha perdido a su hijo, siente compasión; pero si se trata de su propio hijo, ella sufre una enorme angustia. Cuando transformes tu conciencia en conciencia divina —de modo tal que te preocupes por el bienestar de los demás tanto como por el tuyo propio— y cuando todo el mundo se vuelva parte de tu ser superior, lograrás disociarte por completo de los sufrimientos de tu pequeño cuerpo. Contemplarás la creación como una especie de experiencia teatral en la cual nada puede dañarte.

El libre albedrío: el don más grande de Dios

Podemos afirmar que Dios creó la Tierra no sólo como un pasatiempo, sino también porque Él quería hacer almas perfectas que evolucionaran hasta volver a Él. Las envió aquí bajo el manto del engaño, o *maya*, pero dotadas de libertad. Ése es el mayor don de Dios. Él no ha negado a la humanidad el libre albedrío que Él mismo posee. Y ha concedido al ser humano libertad para ser bueno o malo, y para hacer todo aquello que desee —incluso negar a Dios—. Tanto el bien como el mal existen, pero nadie te obliga a ser malo a menos que elijas practicar el mal; y nadie puede forzarte a ser bueno, a menos que decidas ser bueno. Dios nos creó con la capacidad de hacer uso de sus dones de inteligencia y libre albedrío, mediante los cuales podemos decidir volver a Él. Sin lugar a duda, Dios quiere llevarnos de regreso a Él cuando estemos dispuestos a hacerlo. Somos como el hijo pródigo al que se refiere la Biblia, y Dios se encuentra llamándonos constantemente para que retornemos a Casa.

El ideal de toda vida humana debe ser comportarse bien, ser feliz y encontrar a Dios. Nunca lograrás la felicidad salvo que encuentres a Dios. Por eso dijo Jesús: «Buscad primero el Reino de Dios»[5]. Ése es el propósito de nuestra existencia: que pro-

---

[5] *San Mateo* 6:33.

curemos convertirnos en buenas personas, en seres perfectos, y que utilicemos nuestro libre albedrío para elegir el bien en lugar del mal. Dios nos ha conferido todo el poder necesario para lograrlo. La mente se asemeja a una banda elástica: cuanto más exiges de su capacidad, más se estira. La mente-elástico jamás se rompe. Así pues, cada vez que te sientas limitado, cierra los ojos, y afirma mentalmente: «Soy el Infinito». Comprenderás entonces cuán grande es tu capacidad.

Ni el goce de los sentidos ni el goce de las posesiones pueden igualar el gozo de Dios. A pesar de que Él lo tenía todo, de una eternidad a otra, comenzó a pensar: «Soy todopoderoso, y soy el Gozo mismo, pero no hay nadie más que pueda disfrutarme». Y, mientras comenzaba a crear, pensó: «Haré almas a mi imagen y semejanza, y las vestiré como seres humanos dotados de libre albedrío, a fin de comprobar si buscan mis dones materiales y sucumben a la tentación del dinero, el alcohol y el sexo; o si buscan el gozo de mi conciencia que extasía billones de veces más». El hecho que me produce mayor satisfacción es que Dios es muy justo y equitativo. Él le confirió al ser humano libertad para aceptar su amor y vivir en su gozo, o para rechazar esto y vivir en el engaño, haciendo caso omiso de su divina presencia.

A pesar de que todo lo creado pertenece a Dios, existe sólo una cosa que Él no posee: nuestro amor. Cuando Él nos creó, en verdad tenía algo que lograr, y eso es nuestro amor. Podemos negarle ese amor o prodigárselo; y Él esperará eternamente hasta que estemos dispuestos a ofrecérselo. Cuando lo hagamos, cuando el hijo pródigo regrese a Casa, se sacrificará el ternero cebado de la sabiduría y habrá gran regocijo. Cuando un alma retorna a Dios, existe, en verdad, júbilo entre todos los santos del cielo. Tal es el significado de la parábola del hijo pródigo que narró Jesús.

Obsérvate desde el palco de la introspección

La vida tiene un significado mucho mayor del que crees. Y si todo lo del mundo parece tan real, ¡cuánto más debe serlo la Realidad que ha creado esta realidad irreal! Pero la realidad irreal hace que olvides lo Real. Dios desea que recuerdes que nada te afectaría en este mundo si lo considerases como una película. Incluso si los frágiles huesos del cuerpo se fracturaran, dirías: «Bien, mira todos esos huesos rotos», y no sentirías inquietud alguna ni sufrimiento. Podrás decirlo cuando estés anclado en la Conciencia Divina. Te burlarás de tus hábitos, y te divertirán las características que te distinguen, como si desde el palco de la introspección te observaras actuar en la película de la vida. Yo lo hago todo el tiempo. Cuando sabes que el mundo es la *lila* de Dios —su obra teatral—, no te incomodan los contrastes de este drama en el que actúan el bien y el mal.

En un sueño puedes contemplar a personas ricas y pobres, a individuos robustos y a otros que se lamentan por su enfermedad, a alguien que agoniza y a uno que nace. Pero al despertar, te das cuenta de que sólo fue un sueño. Este universo es el sueño de Dios. Y cuando le pregunto al Señor: «¿Por qué no sueñas sólo sueños hermosos? ¿Por qué tu obra teatral está plagada de pesadillas?». Él replica: «Debes ser capaz de disfrutar tanto de las pesadillas como de las experiencias hermosas, puesto que ambas son sueños —sólo sueños—. Pero si tuvieses sólo sueños bellos, te sumergirías en su belleza y jamás desearías despertar». Ésa es la respuesta. Por consiguiente, no deben atemorizarte las pesadillas cuando se presentan; por el contrario, afirma: «Señor, es un sueño pasajero. No es real». Y toda vez que sonrías porque dispones de abundante salud y felicidad, afirma: «Señor, es un bello sueño, pero haz lo que quieras con los sueños que experimento en mi vida». Cuando no te afecten las pesadillas de la enfermedad, el sufrimiento o las preocupaciones, ni te aten los sueños hermosos, Dios te dirá entonces: «¡Despierta, ahora! ¡Vuelve a Casa!».

Por lo tanto, contempla este universo como si fuese una obra teatral, como lo hacen los maestros que se encuentran despiertos en Dios. Ellos están muy interesados en las almas que tratan de escapar de este sueño. Dios desea que todos los seres humanos se liberen de esta pesadilla, y que observen la película cósmica como un entretenimiento. Él desea que sepas que eres uno con Él. Por eso, a fin de ayudar a la humanidad, Él envía a la Tierra, de tanto en tanto, almas que conocen a Dios. Cuando la gente se siente ofuscada por sus pesadillas, esas almas vienen a despertarnos, y nos sacuden diciendo: «¿Qué te sucede? Estás soñando». Entonces, te lamentas: «No, no, mi pierna está fracturada», o bien, «Sufro por causa de mi enfermedad», o «Estoy sumido en la pobreza». Pero cuando abres los ojos, gracias a las bendiciones de los grandes maestros, adviertes que se trata de un sueño.

Distingue lo real de lo irreal

En mi niñez, solía soñar que un tigre me perseguía; yo gritaba que el tigre me tenía agarrado de una pierna. Mi madre venía y me despertaba del sueño: «Mira, no te ha sucedido nada —me explicaba ella—. No hay ningún tigre. Tu pierna está bien». Como resultado de ese sueño infantil, tuve la primera experiencia maravillosa que Dios me concedió; la última vez que experimenté ese sueño, me dije: «Es un viejo truco. Ningún tigre quiere atrapar mi pierna». Y, de inmediato, salí de aquel sueño, que desapareció y jamás se volvió a repetir. A partir de ese momento, permanecí vigilante, aun en sueños, para poder distinguir lo irreal de lo Real.

Los santos se caracterizan por estar medio despiertos y medio soñando: por un lado, se hallan despiertos en Dios y, por otro lado, sueñan su encarnación. Pero rápidamente pueden salir de ese sueño. Cuando mi cuerpo experimenta algún daño o dolor, concentro la mirada y la mente aquí, en el *Kutastha*, o centro de la conciencia crística, situado en el entrecejo, y entonces dejo de sentir dolor; al poco tiempo, ni siquiera veo ni siento el cuerpo.

Así pues, recuerda que Dios está soñando este mundo. Y si permanecemos en sintonía con Él, llevaremos una vida en la que nos mantendremos divinamente extasiados y nada nos perturbará. Contemplaremos el drama cósmico del mismo modo que observamos las películas en una sala de cine, sin que nos dañen. Dios nos creó para que, absortos en su gozo eterno, pudiéramos soñar como Él lo hace, disfrutando de este sueño con todas sus diversas experiencias, considerándolas como un esparcimiento y sin que nos afecten.

Cómo Dios nos atrae hacia Él

Compilación de dos charlas sobre el mismo tema que se impartieron en los Templos de Self-Realization Fellowship de Hollywood y de San Diego (California), respectivamente, el 4 y 11 de agosto de 1946

Todos los caminos constituyen senderos hacia Dios porque, en última instancia, no existe otro lugar adonde el alma pueda dirigirse. Todo proviene de Dios, y a Él debe volver. Aun inmerso en el mal, el hombre busca la felicidad. La felicidad mundana conduce inevitablemente a la desilusión; pero aquellos que perseveren en su búsqueda, abandonando uno tras otro los relumbrantes trozos de vidrio de los placeres mundanos, finalmente encontrarán el diamante de la auténtica felicidad en Dios. La satisfacción jamás provendrá de algo inferior a Dios. Puesto que en el curso establecido de la evolución los diversos caminos de la vida te conducirán en última instancia a Dios, no hay inconveniente en que tu vida se desenvuelva según el patrón más común de la mayoría de la humanidad, siempre que ejerzas el autocontrol y lleves una vida normal y racional, tratando de obtener la verdadera felicidad. Sin embargo, podrías precisar de un gran número de encarnaciones. Es preferible llevar a cabo un esfuerzo consciente para acelerar tu encuentro con Dios. Los santos y los ascetas no desarrollarían el trabajo tan intenso que realizan, a menos que encontraran inspiración en tales esfuerzos: la inspiración del gozo. «Indiferente a la atracción del mundo sensorial, el yogui experimenta el siempre renovado gozo del Ser. Con su alma absorta en la unión con el Espíritu, alcanza él la bienaventuranza eterna»[1].

La mayoría de las personas no han comprendido que, ante todo, es Dios mismo lo que en verdad desean. «Los hombres de este mundo buscan el pan; pero buscad primero el Reino de Dios». «El pan» significa los placeres y deseos terrenales por

---

[1] *Bhagavad Guita* V:21.

los cuales ora la gente; pero tú, que eres sabio, busca primero a Dios, y todo lo demás vendrá a ti.

Te sorprenderá la forma en que, gracias a la oración constante, cambiará tu vida; mas no se trata del ruego de un pordiosero, sino de la amorosa exigencia de un hijo a su Padre Celestial. Dios es tu Padre y se halla ajeno a las nociones de gratificación y piedad que motivarían a un donante de limosnas. Tú tienes el derecho divino, heredado de Dios, de exigirle humildemente; y Él te responderá porque eres suyo. Si incesantemente le llamas, Él no podrá escapar de la red de tu devoción. Si oras hasta que el éter arda con la llama de tu oración, hallarás a Dios. Pero si mientras rezas para que Dios venga a ti, estás pensando en alguna otra cosa —es decir, si buscas a Dios porque deseas algo de Él— no le encontrarás. Tu propósito de buscar a Dios ha de ser sincero, y tus esfuerzos deben intensificarse mediante el anhelo de Dios que en ti despiertes.

La superstición religiosa ha enseñado a la gente a temer a Dios

Confías más en ti de lo que confías en Dios y, sin embargo, sabes que, en última instancia, no puedes respirar ni caminar ni moverte sin su fuerza directa que te impulsa y que se halla presente en el cerebro, en el corazón y en las células del cuerpo. Sólo porque te has acostumbrado a depender de los alimentos, del aire y de la luz del sol, crees que esos factores externos animan tu vida. Esa noción es un engaño, pues dependes directamente del Poder Único, que es Dios.

Debido a que Él es el Absolutamente Supremo, la superstición religiosa ha enseñado a las personas a temer a Dios. Ésta no es la relación que deseas tener con tu Padre Celestial. Yo no predico el evangelio que afirma que perecerás en el fuego y el azufre. Quiero enseñarte que Dios es tuyo: más querido que lo más querido, más cercano que lo más cercano, más amoroso que todo lo que amamos. ¡Si al menos le tratases de este modo! Si elevaras una mano, Él extendería las dos para levantarte. Si eres constante en procurar asirte a la mano del Espíritu, Él vendrá a ti, con toda certeza.

He sido objeto de las pruebas más arduas por parte de Dios; pero cada vez que sentía que me había abandonado, Él llegaba a mí sacudiéndome enérgicamente para liberarme de las caras largas que le pongo. Aunque hagamos muecas de disgusto con frecuencia, jamás debemos dudar. Y cuando expresemos una rabieta, debemos hacerlo con tanta intensidad que la Madre Divina tenga que venir a velar por nosotros[2]. Por supuesto, ya no le muestro desazón por mis necesidades, sino por las de la organización. Hasta el último momento, Dios no me dice que viene en mi ayuda; pero siempre llega, infaliblemente. Me doy cuenta de que Él está conmigo todo el tiempo; jamás me ha defraudado. Si tienes esa confianza y le amas cada vez más, sentirás que Él te ha amado siempre y que eras tú quien no le buscaba. Por eso creías que Él estaba alejado. El Señor jamás permanece indiferente; somos nosotros quienes demostramos indiferencia hacia Él.

En su gran compasión, Dios sabe que nos ha enviado a este mundo problemático; y si Él se preocupa por los pajarillos que se venden por un céntimo[3], cuánto más se preocupará por nosotros. Lo único que ocurre es que Él desea estar seguro de nuestro amor, y por eso juega a las escondidas con nosotros. Dios tiene cierto complejo de inferioridad: no está seguro de si el devoto le quiere realmente a Él o anhela cualquier otra cosa. Con frecuencia, le digo: «Señor, si supieran cuán maravilloso eres, te buscarían. Pero continúas oculto en las flores, en las nubes, en el éter». Sin embargo, cuando contemplas la belleza y las maravillas de la naturaleza, ¿cómo puedes dudar de Dios? Él opera a través de todas las cosas, y sus herramientas son la vida y la inteligencia. Al igual que las embarcaciones pueden controlarse por radio, nosotros vivimos gracias al control que ejercen sobre nosotros las «ondas de radio» del poder y la inteligencia de Dios. Sin su rayo vital, estaríamos muertos. ¿Por qué no procurar ese Poder que es la fuente de nuestra esencia? ¿Por qué no buscar al Dador en lugar de sus obsequios? En esta búsqueda es donde reside nuestra verdadera libertad. Él trabaja dentro de tus células cerebrales y de tus pensamientos. Si tan siquiera pudieras hacer contacto con Él en tu interior, encontrarías a un Amigo que jamás te decepcionará, un Amante que jamás mentirá. Es sólo Dios quien te persigue con su amor, y quien te busca dentro de ti. Si le buscaras por

---

[2] Véase *Madre Divina* en el Glosario.
[3] *San Mateo* 10:29.

tu propia voluntad, si le persiguieras con afán en tu interior, le encontrarías. Sólo el mal uso de tu libre albedrío y la resistencia de tu karma (los efectos de las malas acciones pasadas) impiden que aceleres tus pasos hacia el Objetivo Divino.

La ley de la atracción es inherente a la creación

Dejando de lado las viejas creencias de índole supersticiosa, tenemos que descubrir por qué razón debemos buscar a Dios. Al examinar los procesos de la naturaleza, comprenderemos esa razón. Por consiguiente, comentaré el tema que hoy nos atañe desde un punto de vista por completo diferente al habitual: el de la ciencia y la metafísica. Descubrirás qué maravillosa analogía existe entre el descenso del universo a partir de Dios y la ascensión del universo de regreso hacia Él.

La ley de la atracción es inherente a la creación. Los cuerpos celestes ejercen una atracción gravitatoria entre ellos; los seres humanos están sujetos a la atracción del bien o del mal. Muchas personas se entregan a la bebida o a otras diversiones perjudiciales de muy variada índole; en contraste, los santos se hallan embriagados de Dios. El individuo que en su camino hacia la iglesia se desvía para detenerse en la taberna del pueblo bebe la infelicidad, la destrucción de su salud y la pérdida de la agudeza mental; pero el que entra en la iglesia que se encuentra en su interior y bebe la inspiración de la bienaventuranza que fluye del barril de vino del silencio permanece siempre feliz. De esta naturaleza es la búsqueda del Infinito. Cuando comprendes la ley de la gravitación, puedes entender cuál es la mejor manera de sintonizarte con la atracción de Dios y, en consecuencia, cuál es la mejor forma de encontrarle.

El efecto de la gravedad se aprecia cuando dos cuerpos tienen libertad de movimiento y se atraen el uno al otro. De acuerdo con la ciencia física, la gravitación es la atracción que existe entre masas de materia, en virtud de la cual cada cuerpo atrae a otro con una fuerza directamente proporcional al producto de sus masas e inversamente proporcional al cuadrado de la distancia que los separa. Es decir, si la distancia existente entre dos masas es un metro, la atracción será relativamente fuerte; pero si la distancia se incrementa a dos metros, la fuerza de atracción se reducirá a un veinticinco por ciento.

La ley de la gravedad es universal; funciona igual en la Tierra que en el Sol o en todos los cuerpos del espacio. El Sol constituye un polo de atracción respecto a la Tierra y los demás planetas del Sistema Solar, a los cuales mantiene girando a su alrededor. La Tierra atrae a la Luna. La atracción de la Tierra sobre los cuerpos que se encuentran en su superficie es la misma que la que ejerce la Tierra sobre la Luna. La única diferencia reside en que el efecto gravitatorio de la Tierra sobre la Luna se ha reducido en proporción al cuadrado de la distancia que existe desde la Luna al centro de la Tierra.

La masa de ambos cuerpos y la distancia entre ellos determinan la fuerza de la gravedad, que no consiste en una atracción unidireccional, sino en la atracción mutua que se produce entre dos cuerpos. Ten presente esta analogía, ya que te ofrecerá un bello entendimiento espiritual.

Imagina, por ejemplo, que tenemos dos cuerpos. Tiras de uno, y éste se dirige hacia ti; pero si ese cuerpo está alejándose de ti con una fuerza igual a la de tu tirón, entonces se produce un equilibrio. En virtud de la fuerza centrífuga, la Luna tiende a alejarse de la Tierra; sin embargo, la atracción gravitatoria de la Tierra sobre la Luna mantiene el equilibrio. Es evidente que la misma fuerza de gravitación ha aportado equilibrio a la totalidad del universo, de suerte que la atracción que ejerce cada cuerpo sobre otro mantiene una ordenada armonía; de lo contrario, todos los cuerpos habrían salido disparados hacia el espacio infinito. Por otra parte, si la gravedad fuese la única fuerza existente en el cosmos, todo se habría fundido en una masa única de materia.

Las fuerzas de atracción y repulsión ejercidas por Dios operan en la Creación Cósmica

Con un telescopio gigante, es posible ver 6.000 estrellas en una pequeña porción del espacio; y si bien parecen diminutos lunares en el cielo, la mayoría de ellas son cientos de veces más grandes que el Sol. Reflexiona sobre la inmensidad de Dios: la totalidad del universo se halla contenida en un solo fragmento de su Ser. Todo indica que el Señor se divierte mucho jugando con estas canicas en el cielo.

La creación surgió por obra y gracia del poder de repulsión

mediante el cual Dios emitió fuerzas creativas desde su Ser. Debido al poder creativo que Dios proyecta, su fuerza de repulsión hace que tanto nosotros como el mundo de la materia nos alejemos de Él y, sin embargo, al mismo tiempo Él ha infundido en su creación la fuerza de su atracción —la cual es de mucho mayor intensidad— para llevarnos de nuevo hacia Sí Mismo. Si Dios no nos atrajera, permaneceríamos en medio de la materia durante interminables encarnaciones.

A partir del estudio de la teogonía, aprendemos que muchas culturas antiguas atribuyen el comienzo de la creación al descenso de los dioses o fuerzas creativas celestiales. En la antigua Persia, por ejemplo, se creía en los dioses Ormuz (o Ahura Mazda) y Ahrimán, que surgieron de la materia primordial y constituyeron las dos deidades que crearon, respectivamente, el bien y el mal. El origen del mundo material se ilustra en la noción egipcia de un huevo cósmico, concebido por el dios Ptah, del cual ha surgido la creación.

De acuerdo con la creencia hindú, Brahma[4] es el eterno Ser que existe por sí mismo —el Espíritu, el Absoluto Inmutable— y que se despliega para producir la creación, al condensar una porción finita de su conciencia en objetos causales, astrales y materiales, a través de la gradación de los sutiles elementos vibratorios creativos: el éter, el aire, el fuego, el agua y la tierra. La conciencia del Espíritu, tan inmanente en la creación como el Creador, es el Alma del mundo de la cual provienen todas las almas. Brahma, la Inteligencia trascendental y siempre existente, genera una jerarquía de inteligencias creativas individuales. En la doctrina Sankhya de la evolución de la materia, seguimos la cadena de causas hasta llegar a la inteligencia creativa principal, la eterna e ilimitada Naturaleza Primordial, también denominada *Maha Prakriti*. De este principio, o Naturaleza Original, han surgido todas las existencias, y a ella

---

[4] La traducción del término sánscrito *Brahma* con una *a* corta al final, como se hace en este contexto, denota la Conciencia Creativa de Dios que lo engloba todo, y no el concepto limitado de «Brahma el Creador» (que se pronuncia con una *ā* larga al final, *Brahmā*) perteneciente a la tríada Brahma-Vishnu-Shiva. Véase *Brahma-Vishnu-Shiva* y *Brahman* en el Glosario.

retornarán[5]. La Naturaleza creativa primordial se encuentra dotada de voluntad propia para llevar a cabo el desarrollo de la creación. Su emanación primera como Naturaleza plástica contenía el Alma original, o deidad, Prajapati, de la cual han surgido todas y cada una de las almas. Los primeros seres físicos se llamaron Swayambhuva Manu («hombre nacido del Creador») y Shatarupa («la que posee cientos de imágenes o formas»), del mismo modo que Adán y Eva son simbólicamente el primer hombre y la primera mujer en la tradición judeo-cristiana.

Si bien el concepto hindú alude a la inteligencia creativa en forma de deidades, debe comprenderse que éstas no son sino aspectos individualizados del único Espíritu. Dios se transforma en esas inteligencias y, luego, en materia y en seres humanos, tal como nuestra conciencia es capaz de convertirse en una tierra onírica donde podemos ver y experimentar todo como si fuese real: seres humanos, escenas terrenales, plantas, animales y mucho más. Pero al despertar, advertimos que todos ellos surgieron de nuestra conciencia onírica.

El poder mágico por el cual Dios disgrega su conciencia infinita en imágenes oníricas finitas, y las dota de una realidad que no es otra cosa que un sueño, se denomina *maya* o ilusión cósmica. Existe una fuerza de atracción gravitatoria entre Dios, *maya* y el hombre. Dios y *maya* atraen al ser humano, y éste es libre de dirigirse hacia uno u otro. Dios y el hombre, Dios y la ilusión cósmica, se atraen mutuamente. Dios atrae a la creación —incluyendo al hombre— hacia Sí; y el hombre material y la naturaleza tienden a alejarse de Dios. Todo lo que ejerza un empuje gravitatorio hacia Dios se considera «bueno», y aquello que aleja a los seres de Dios es «malo». Existe una especie de equilibrio cuando no predominan ni el bien ni el mal; pero,

---

[5] «Soy la Fuente de todo; la creación entera emerge de Mí. Con este conocimiento, me adoran maravillados los sabios» (*Bhagavad Guita* X:8). «Al final de un ciclo *(kalpa)*, ¡oh, Arjuna!, todos los seres retornan al estado no manifestado de mi Naturaleza Cósmica *(Prakriti)*. Al comienzo del siguiente ciclo, de nuevo los arrojo fuera. Al dar nueva vida a *Prakriti* —mi propia emanación—, una y otra vez genero esta miríada de criaturas, todas sujetas a las leyes finitas de la Naturaleza» (*Bhagavad Guita* IX:7-8).

La teoría del «Big Bang» que propugna la ciencia moderna ofrece un interesante paralelo con la cosmología hindú.

algunas veces, ese equilibrio se pierde, como cuando el hombre se vuelca hacia el mal y experimenta un gran alejamiento de Dios, y cada vez siente una menor atracción hacia la Divinidad. Pero nadie puede alejarse por completo de Dios, pues su mayor fuerza gravitatoria atraerá, poco a poco, a esa alma de nuevo hacia Él —aunque este proceso tal vez requiera innumerables encarnaciones.

Cuando disparas una flecha, ésta viaja propulsada por esa fuerza hasta que el impulso se disipa y la gravedad provoca que caiga al suelo. De idéntica forma, fuimos proyectados desde Dios y los deseos constituyen la fuerza que nos mantiene alejándonos de Él, en nuestro tránsito por el cielo de las reencarnaciones. Posiblemente parezca que la gravedad de Dios ha fracasado, pero Él nos atrae continuamente en dirección a un inevitable retorno hacia Él. Cuando nuestros deseos se hayan agotado, nos veremos atraídos de nuevo hacia Dios por el poder de Su gravedad.

Cómo se transforman los pensamientos de Dios en materia

Ahora bien: el pensamiento es la más elástica de las fuerzas, porque consiste en la vibración más sutil de la conciencia. Puedes dividir los pensamientos en unidades cada vez más pequeñas, pero jamás llegarás al final. A la inversa, puedes incrementar el tamaño, por ejemplo, de un concepto mental de la Tierra, expandiéndolo durante toda la eternidad, y aun así nunca lograrás agotar el infinito. Por lo tanto, la primera expresión de la creación de Dios es una conciencia vibratoria: los ideatrones, o diminutas unidades de pensamiento. Estos primeros pensamientos tomaron signo positivo y negativo, porque no era posible generar ninguna creación sin dualidad. Sin el bien y el mal, la luz y las sombras, sólo quedaría la conciencia indiferenciada de Dios.

Entonces, Dios proyectó, desde Sí Mismo, unidades de pensamiento positivas y negativas, a partir de las cuales se creó todo, como se crea un sueño por medio de unidades de pensamiento. En primer lugar, nació un mundo de ideas: el universo causal. Luego, esas unidades de pensamiento se transformaron en vitatrones, la esencia de un mundo astral donde existen fuerzas más sutiles que las atómicas[6]. Posteriormente, los vitatrones se condensaron en la creación material consistente en protones y electrones —positivos y negativos respectivamente—, átomos, moléculas, células, etc. La física atómica demuestra que todo cuanto existe en el cosmos material está formado por átomos de diferente peso, densidad, energía, tamaño y configuración, que tienen en sí mismos las cualidades necesarias para crear las infinitas variedades de materia y vida. Pero la ciencia habrá de descubrir el poder de los vitatrones y la inteligencia ideatrónica que se encuentran detrás de los átomos y que —de acuerdo con las leyes cósmicas de Dios operadas por *Maha Prakriti*, la Naturaleza Primordial— combinan estos componentes básicos de la materia para producir formas minerales, vegetales, animales y humanas.

La evolución frente a la involución

Cuando Dios comprobó que había alejado de Sí esos elementos de la creación que Él mismo concibió —desde las formas más sutiles hasta las más densas—, el proceso de involución comenzó a operar. Desde el punto de vista del tema que hoy nos ocupa, piensa que la evolución consiste en alejarse de Dios y que la involución significa regresar a Dios. Por cada proceso de evolución existe un proceso de involución. Cuando los pensamientos creativos de Dios adoptaron su forma más burda en la materia, se dio inicio a la involución. El proceso de involución tiene lugar todo el tiempo. La conciencia onírica de Dios se manifiesta, en primer lugar, en las piedras o minerales inertes. Luego, comienza a agitarse en la sensibilidad de las plantas, pero carece de conciencia de sí misma. Después, aparecen todas las formas de vida sensible en el reino animal. Posteriormente, la vitalidad y conciencia innatas encuentran expresión en el hombre, dotado de un poder superior e inteligente para razonar y discernir. Finalmente, la supraconciencia de Dios se refleja plenamente en el superhombre. De esta forma la creación se aleja de Dios y, luego, vuelve de nuevo a Él. Dios concederá la salvación no sólo al ser humano, sino también a los planetas, a la Tierra, a las estrellas y, en definitiva, a todo lo que ha traba-

---

[6] Véase *astral (mundo)* y *causal (mundo)* en el Glosario.

jado tan arduamente durante billones de años con la finalidad de proporcionar un escenario para el onírico drama cósmico.

Regresar a Dios a través del procedimiento de involución de la Naturaleza constituye un proceso demasiado lento. Pero el hombre que hace uso de su discernimiento, finalmente, se pregunta: «¿Por qué esperar millones de años para volver a Dios?». Él concluye que, en primer lugar, no pidió ser creado; que Dios lo creó sin su consentimiento y, por lo tanto, debe liberarlo; no acepta esperar más. En el momento en que ese deseo se presenta, el hombre ha dado el primer paso definitivo de regreso a Dios.

Cuando en verdad desees la liberación de este sueño terrenal, no habrá poder que te impida lograrla. ¡Jamás lo dudes! La salvación no es algo que debas alcanzar: ya es tuya, puesto que has sido creado a imagen de Dios. Pero tienes que *saberlo*, pues lo has olvidado. Por todas partes, el ciervo almizclero busca con pasión el fragante almizcle; y en su frenética búsqueda, descuidadamente se desliza hacia su muerte, desde los altos riscos de la montaña. Si el torpe ciervo hubiera tan sólo vuelto su nariz hacia la bolsa de almizcle que se halla en él, habría encontrado lo que buscaba. De forma similar, sólo tenemos que volvernos hacia nuestro interior para encontrar la salvación, al tomar plena conciencia de que nuestro verdadero Ser, el alma, está hecha a imagen de Dios.

Cómo se manifiestan las cualidades divinas inherentes a las cinco etapas del retorno del alma a Dios

El ser humano ha evolucionado a lo largo de eones. A fin de acelerar esta evolución —la involución que le hará regresar a Dios—, debe realizar un esfuerzo por estimular el proceso de la evolución natural. Externamente ya lo hace para mejorar su existencia física. Por ejemplo, el hombre fue dotado por la naturaleza para utilizar los pies como medio de locomoción. El procedimiento era demasiado lento y limitado para las grandes distancias, así que empleó animales como montura. Luego inventó el automóvil y el aeroplano, entre otros. Ahora bien: ¿por qué no podríamos, de igual manera, acelerar la evolución de nuestra alma? El alma del hombre tiene que ascender por los cinco estados, o etapas de la evolución, que se describieron anteriormente, antes de volver a Dios: mineral, planta, animal, hombre y superhombre. De ese modo, debe acumular en sí mismo las cualidades divinas inherentes a cada etapa.

1. Debe ser diáfano como las gemas, sin las imperfecciones de la percepción defectuosa. Es preciso que desarrolle un carácter cristalino mediante la eliminación de las imperfecciones mentales que opacan su mentalidad refulgente. Su pensamiento y percepción han de poseer la claridad de una gema que refleja, sin distorsión alguna, la Mente Divina, lo cual significa que sus sensaciones deben ser puras. El mal uso o la excesiva gratificación de cualquiera de sus sentidos crea defectos en la sensibilidad. Pero si la gema de la mentalidad perceptiva es límpida, se desarrolla entonces la sensibilidad espiritual.
2. El hombre que avanza espiritualmente es sensitivo, en forma consciente, hacia la vida y el entorno, de manera semejante a la respuesta sensible de las plantas a su medio ambiente. Pero así como la sensibilidad de las plantas aborrece la tosquedad, el ser espiritualmente sensible evita la dimensión grosera de las cosas materiales y se siente atraído hacia Dios, de igual modo que las plantas se orientan hacia el Sol.
3. Posteriormente, tenemos la vitalidad de los animales. Si bien pueden contar con gran vigor y fuerza de voluntad, no saben cómo utilizar esas energías de manera inteligente. El hombre que progresa debe estar lleno de vitalidad como los animales, y debe emplear la poderosa voluntad de éstos, mas no por avaricia sino para gobernar su actividad mediante el autocontrol y para tener dominio sobre la energía vital. Cuando la fuerza vital se encuentra continuamente ocupada en alguna acción buena y digna de mérito, y no se disipa en malos hábitos o por el abuso del sexo, el hombre avanza entonces hacia Dios. Pero apenas se entrega sin discernimiento alguno a sus instintos animales, se dirige a la materia. Esto es lo que vemos que ocurre en todas partes. El yogui, por el contrario, aprende cómo utilizar la vitalidad y su voluntad con sabiduría. No es débil; ejerce un completo control de sí mismo. Conoce la forma de relajarse y dirigir

el faro de la vitalidad hacia su interior a fin de descubrir la presencia del Espíritu. Invertir el curso de la energía vital, de la materia hacia el Espíritu, se denomina *pranayama*. Al retirar la corriente vital del exterior, mediante la práctica del *Kriya Yoga*, la conciencia comienza a despertar interiormente a su naturaleza más elevada en Dios.

4. El hombre racional se convierte así en un ser reflexivo y capaz de discernir, cuyo poder para pensar y razonar con claridad avanza sin cesar. Desarrolla la razón pura, o discernimiento, en el cual su raciocinio ya no se deja confundir por la duda y las concepciones erróneas. Aprende a razonar con los hombres sabios y a comprender las verdades que ellos expresan y ejemplifican.

Si razonas con las personas que siempre están sumidas en la duda y la confusión —sobre todo si tu conciencia no se encuentra aún firmemente afianzada en el verdadero entendimiento—, tu cerebro también quedará afectado por la duda y la confusión. Muchas personas tratan de que sus puntos de vista triunfen mediante la disputa, pero yo les dejo enseguida que tengan una sensación de victoria. No tiene sentido hablar con ellas. «Los necios pelean, los sabios dialogan». Cuando conversábamos con mi maestro [Swami Sri Yukteswar], se trataba de una comunicación moldeada por la razón pura y bendecida por su sabiduría. Los maestros se adhieren a la verdad, no a las teorías. Pero la mayoría de las personas se hallan esclavizadas por la emoción y limitadas por sus propias opiniones. Si dos personas desean sinceramente encontrar la verdad, pueden ponerse de acuerdo con gran rapidez.

Sólo mediante el desarrollo del raciocinio y el sentimiento puros puedes llegar a Dios y a la verdad. En el hombre común, el raciocinio es prioritario y el sentimiento está oculto; en la mujer común, el sentimiento es primordial y la razón permanece escondida. Si el sentimiento predomina demasiado, se convertirá en emoción y te llevará a los embrollos de la materia; y un exceso de raciocinio se convierte en un medio para sólo racionalizar, lo cual también te conducirá al engaño de la materia. Cuando, a través de la meditación, establezcas un equilibrio entre la facultad de razonar y el sentimiento, llegarás a Dios y a la percepción de la verdad. Mediante un intercambio de estas cualidades, el hombre y la mujer pueden contribuir a equilibrar, en cada uno, el raciocinio y el sentimiento puros, y se ayudarán mutuamente a lograr la unión con Dios. Pero el matrimonio no es la única vía. Mediante una exitosa meditación se logra este equilibrio dentro del hombre o de la mujer, puesto que ya se encuentra allí, oculto en el alma.

5. Después de equilibrar el raciocinio y el sentimiento en el estado de discernimiento, ha de lograrse la última etapa de la involución: la intuición pura y la omnisciencia del superhombre. Éste avanza intuitivamente en su capacidad de percibir su alma y el Espíritu. Debe luego elevar por completo su conciencia, por encima del cuerpo y la materialidad, hasta alcanzar su original estado omnipresente. El alma liberada vuelve, una vez más, a Dios.

Puedes desarrollar en ti todas estas cualidades sutiles mediante las cuales Dios está convirtiendo la materia de nuevo en Espíritu. Te será posible acelerar este proceso en tu propio cuerpo al elevar su nivel espiritual mediante la meditación y la práctica de *Kriya Yoga*. Comprobarás que tu cuerpo se transforma, convirtiéndose en una masa de luz, en átomos de energía electromagnética condensada. Cuando avances hacia Dios, te darás cuenta de que esos átomos luminosos no son sino los pensamientos vibratorios de Dios —la conciencia del Espíritu que se ha condensado.

Los senderos del conocimiento, la devoción y la acción

Por lo que respecta a las diferentes vías fundamentales que conducen a Dios, te mostraré la forma en que se aplica la ley de la gravitación espiritual a los senderos del conocimiento, de la devoción y de la acción. De acuerdo con la forma en que apliques los principios correspondientes a estos caminos, te verás atraído hacia el Espíritu o hacia la materia.

El sendero del conocimiento o raciocinio. Si te instruyes sólo con conocimientos teóricos, te volverás un fonógrafo ambulante, capaz de repetir pomposas frases y de ser considerado un ser culto, pero tu conocimiento carecerá del soporte de tu propia percepción o logro espiritual. Tal manera de intelectualizar mantiene al ego atado a las facultades físicas de la mente y su relación con la materia. El conocimiento teórico no puede aportarte la experiencia de Dios. Así pues, no desperdicies tu tiempo concentrándote demasiado en la teoría. Quienes así lo hacen se extravían en la jungla del raciocinio y jamás van más allá de las meras teorías. En el proceso del razonamiento interminable, no pueden percibir la verdad, porque la verdad se encuentra más allá de toda reflexión. La mayor parte de los intelectualistas permanecen atrapados en sus propias conclusiones.

Si utilizas tu poder de razonamiento sólo para ganar dinero y procurar el lucro material, también te dirigirás hacia la materia.

Por lo tanto, los maestros enseñan que el poder de razonar que Dios te ha conferido no debes utilizarlo para involucrarte cada vez más en el laberinto de la materia y en las limitaciones egoístas del intelecto; con el poder del discernimiento, debes estudiar y aplicar la verdad hasta que se convierta en tu propia percepción intuitiva. Cuando desarrolles la intuición, sentirás la presencia de Dios y su omnisciencia dentro de ti —es lo que se denomina raciocinio esotérico o *Guiana Yoga*.

El sendero de la devoción. Si cuentas con devoción pura, sentirás la atracción de Dios y le encontrarás. Pero este camino tiene también dos polos, dos fuerzas que ejercen su poder de atracción sobre ti: la devoción a Dios y la devoción a la materia. Incluso la muerte trata de recordarnos que es absurdo ser seducido por las atracciones materiales. El hombre miserable se consagra a los objetos de la materia, y permanece aferrado a ellos hasta el último momento, a pesar de que finalmente deberá abandonarlo todo en este mundo; aun así, hasta su aliento postrero, se encuentra tan concentrado en los objetos materiales como el yogui lo está en Dios. Sin embargo, el yogui razona: «La materia es de origen externo, y la posesión de objetos materiales es efímera. ¿Por qué habría yo de concentrarme en los insignificantes objetos temporales y excluir la eternidad? Ofrecer devoción sólo a Dios es la única forma de lograr la satisfacción perdurable».

La conciencia del hombre terrenal está restringida; se dedica a su cuerpo, a su entorno y a su familia. Su apego le susurra: «Nosotros cuatro y nadie más». En lugar de esta actitud, debería utilizar el afecto familiar como una lección para aprender a expandir su amor. En cuanto ames no sólo a tu familia, sino a todas las personas con ese mismo amor, te dirigirás hacia Dios. Por eso Jesús señaló: «Ama a tu prójimo como a ti mismo». Prodigar el afecto familiar a todos, y ofrecer al mundo el mismo amor que sientes por ti y tu familia, significa acercarte a Dios. Aminora el sentido de identidad con la familia y los bienes, así como todo apego material; comienza a expresar de nuevo la omnipresencia que has perdido.

Al amar a Dios, no pierdas tu devoción en las emociones, lo cual a veces puede ocurrir en el sendero de la adoración. En este país me sorprendió encontrar personas que expresan su fervor religioso mediante movimientos frenéticos del cuerpo y gritos. Esta práctica comenzó en ciertas sectas en la India. Pero cuando la devoción se manifiesta como emoción física, la cualidad pura del amor se pierde en el gasto externo de la energía vital que se opera en los músculos. Cuando el cuerpo y la mente graviten hacia Dios, se tornarán serenos y silenciosos. La conciencia y la fuerza vital se recogen dentro de nuestro ser cuando estamos interiormente con Dios. La verdadera devoción es como una plomada que se hunde en el fondo del océano de la percepción de Dios. Esto es *Bhakti Yoga*.

El sendero de la acción. Algunas personas poseen una inclinación natural hacia la actividad; aman el movimiento relacionado con el trabajo y el servicio. Si trabajas para ti mismo, significa que la materia te atrae. Pero si al trabajar te guía el pensamiento de hacerlo todo para Dios, te hallas atraído hacia Dios. Cuando tu actividad se centra sólo en ganar dinero con el propósito de adquirir comodidades materiales para ti y tus seres queridos, o te concentras en cualquier actividad que tenga una finalidad egoísta, te estás alejando de Dios. De esta forma, la mayor parte de las personas consagran sus energías a los apegos y deseos por más y más objetos materiales. Pero en cuanto uses tu energía activa para encontrar a Dios, estarás avanzando hacia Él. Como habrás advertido, existe también una atracción constante, tanto de Dios como de la materia. Un lado dice: «Gana dinero para tu satisfacción material»; mientras el otro afirma: «Encuentra satisfacción en buscar y servir a Dios, y en adquirir éxito monetario para ayudar a la obra divina que consiste en elevar espiritual, mental y físicamente a los demás».

Cuando tus actos tienen como objetivo los logros materiales, te rindes a la atracción gravitacional de la materia. Cuando actúas para Dios, estás sujeto a su divina atracción. Si tu deseo de objetos materiales y de Dios es el mismo, te encontrarás, más o menos, estacionario. Si el anhelo por Dios aumenta, tu deseo de objetos materiales disminuirá.

Dedicarse a una actividad espiritual en la que meditas y trabajas pensando que todo lo que haces es para Dios se denomina *Karma Yoga*. Cuando al meditar percibas la eterna dicha de Dios, ya no te sentirás atado al cuerpo, y trabajarás con extraordinario entusiasmo para Él. No se puede amar a Dios y ser perezoso. La persona que medita y ama a Dios está siempre activa para Él y para los demás.

Trabaja para Dios, ama a Dios, sé sabio con Dios y percíbelo mediante la práctica de *Kriya Yoga*

Buscar la unión con Dios por medio de la sabiduría únicamente, o sólo por la devoción, o a través de la acción de manera exclusiva, constituye un enfoque unilateral. Un camino muy superior a éste consiste en tomar la mente, las fuerzas vitales, todos tus deseos, toda tu devoción, sabiduría y servicio, y fundirlos todos ellos en Dios. Cuando mediante la práctica de *Kriya Yoga* seas capaz de retirar tu energía vital y la conciencia de los cinco teléfonos de los sentidos, cuando puedas recoger la vitalidad de tu cuerpo y mente, y enfocar el faro de tu atención en Dios, éste será el sendero más elevado hacia Dios. Mediante *Kriya Yoga*, desconectas tus sentidos a voluntad, y aprovechas la mente, la vida, la vitalidad y la sensibilidad para sumergirte en el Infinito. La persona dentro de la cual danza la aurora boreal del Espíritu —ya sea que desde el punto de vista material posea mucho encanto o carezca de él— se ha convertido en el alma verdadera.

Por lo tanto, el camino más sencillo y mejor hacia Dios consiste en no estar limitado sólo a *Guiana Yoga*, *Bhakti Yoga* o *Karma Yoga*, sino combinarlos. Trabaja para Dios, ama sólo a Dios, y sé sabio con Dios. Utiliza tu raciocinio, mas no para convertirte en un intelectual atestado de conocimientos, sino para encontrar a Dios; para ello, sumérgete en la sabiduría intuitiva que se obtiene en la meditación, evitando el mero conocimiento teórico y los razonamientos materialistas. Utiliza tu devoción, mas no para desarrollar el apego mundano a las cosas o a la gente, sino para encontrar al Señor, para lo cual debes permanecer absorto en la devoción y en el éxtasis con Dios. Y no trabajes para ti bajo ninguna circunstancia, sino para Dios y para ayudar a los demás. La culminación de este proceso consiste en viajar por la autopista directa hacia Dios a través de la práctica de *Kriya Yoga*, lo cual implica escuchar el sonido cósmico de la voz de Dios, que es *Om*[7], aquietar el corazón y la respiración —pues te atraen hacia la conciencia corporal— y contemplar la grandiosa luz divina de la omnipresencia.

Adorar al Señor en la iglesia o en el templo es un buen hábito, siempre y cuando a partir de esa inspiración aprendas a entrar en tu propio templo de la meditación y a experimentar el éxtasis interior. En las horas más profundas de la noche y en la quietud del amanecer, entra en tu catedral interior y háblale a la congregación de tus pensamientos, exhortándolos a todos ellos a consagrarse al Infinito. Y en el grandioso órgano de tu templo de paz, sonará el majestuoso *Om*.

Comienza esta noche a meditar diligentemente. No camines sin rumbo; avanza directamente hacia Dios. Has cerrado las puertas del Cielo al dirigirte hacia la materia y el cuerpo. Impúlsate ahora hacia Él, que siempre te está atrayendo. Regresa a Dios. Recuerda: el reino de Dios se encuentra dentro ti. Si meditas y le buscas con sabiduría, devoción y buenas acciones, le encontrarás infaliblemente.

---

[7] *Om* o Amén es el sonido que todo lo penetra y que emana del Espíritu Santo (la Vibración Cósmica Invisible o Dios en su aspecto de Creador); es la voz de la creación que testifica la Presencia Divina en cada átomo. La práctica de las técnicas de *pranayama*, tal como *Kriya Yoga*, produce un estado de profunda calma en el corazón, la respiración y otras funciones fisiológicas. Liberada de las distracciones de la conciencia corporal, la mente puede percibir en su interior la presencia de Dios en su aspecto de *Om*, y comulgar con ella. (Véase *Om* en el Glosario).

Cómo armonizarse con la fuente del éxito

Templo de Self-Realization Fellowship[1], Los Ángeles (California), 13 de enero de 1935

Muy pocas personas se dan cuenta de que la ley divina gobierna todas las acciones y determina sus efectos. Así, el destino de cada persona, lejos de ser fruto del azar, se encuentra dirigido por las causas que ella misma pone en movimiento. Mediante la comunión divina puede determinarse científicamente que toda circunstancia que se produce en nuestra vida obedece a una causa concreta o un conjunto de causas. Dado que el ser humano común no percibe la forma en que la ley de acción y reacción rige su vida, cree que lo que se le presenta es, en gran medida, una cuestión de casualidad y destino. Con frecuencia afirma: «Tuve buena suerte» o «Es mi mala fortuna». No existe suerte que no nos hayamos creado con anterioridad, en ésta o en otras encarnaciones, y no existe la fatalidad excepto la que ha sido «predestinada» por nuestros propios actos, aquí en el presente o bastante tiempo atrás —en ocasiones, muchas vidas antes de entrar a los portales de nuestra existencia actual—. Estas causas que uno mismo genera constituyen la razón por la cual algunas personas han nacido en la pobreza y otras en la opulencia, unas saludables y otras enfermas, y así sucesivamente. De lo contrario, ¿dónde estaría la justicia de Dios si Él hubiera concebido a todos sus hijos iguales y, luego, decretase que unos vivieran bajo condiciones favorables y otros en circunstancias adversas?

---

[1] En este templo, situado en el número 711 de la calle Seventeenth, de Los Ángeles, se celebraron los oficios de *Self-Realization Fellowship* desde diciembre de 1934 hasta septiembre de 1939. Tiempo después, la municipalidad local expropió el templo para construir una autopista que pasaría por ese terreno. Años más tarde, dicho templo fue reemplazado por otro, ubicado en Hollywood (California).

La ley de causa y efecto que gobierna nuestras vidas es lo que denominamos *karma*. *Karma* significa acción; y también implica los frutos o efectos de nuestras acciones. Esos efectos, para bien o para mal, son los que hacen tan difícil que las personas operen cambios en sí mismas o en sus circunstancias. Cualquier otra explicación negaría la justicia de Dios con respecto a las desigualdades que se dan entre los seres humanos. Y sin justicia, yo diría que la vida carece de sentido.

Así pues, si tus éxitos o fracasos han sido determinados básicamente por ti mismo en el pasado, ¿existe algún remedio con el cual puedas corregir la situación actual de tu vida? Por supuesto que lo hay. Razona, y te será dado. No existe dificultad que no pueda resolverse, a condición de que tengas fe en que albergas un poder superior al de tus problemas y emplees ese poder para acabar con tus impedimentos. Debes realizar el esfuerzo científico necesario para obtener el éxito.

El éxito significa crear a voluntad lo que necesitas

El concepto típico del éxito se centra en poseer dinero en abundancia. Pero el auténtico éxito consiste en ser dueño del poder de crear a voluntad lo que necesitas, el poder de adquirir lo que en verdad es necesario para tu existencia y felicidad absoluta. Es importante, por lo tanto, comprender en qué consiste la necesidad real y conocer la diferencia entre necesidades y deseos. Si el concepto de «necesidad» se reduce a su verdadero significado, puedes satisfacer fácilmente las necesidades que hay que tomar en cuenta para lograr la felicidad en la vida.

El ideal de una existencia equilibrada consiste en un camino intermedio entre las ideas de Oriente y de Occidente. En Oriente se dice: «Medita en Dios y nunca te preocupes de lo que careces»; creo que se trata de un razonamiento exagerado. En el otro extremo, en Occidente se afirma: «Debes tener un hermoso auto y una bella casa, ropas nuevas y todo lo que te proporcione comodidades y te mantenga entretenido; no importa si puedes costeártelo o no». El lujo es el objetivo en Occidente; se trata de un hábito, y la ley del hábito nos ata a sus dictados.

Vivir en forma sencilla no significa penuria ni conciencia de pobreza. La vida de algunas personas pobres está plagada de sufrimientos; no es éste el ideal de una vida simple. La «simplicidad» consiste en hallarse libre de deseos y apegos, y disfrutar interiormente de una felicidad suprema. Dicho estado requiere de una mente con discernimiento y una voluntad muy poderosa para vivir de manera sencilla, y no trae aparejado ni estrecheces ni privaciones, sino la sabiduría para esforzarse por obtener lo que realmente necesitas y estar satisfecho con ello. Gastar dinero en tonterías, aun cuando tengas los medios para hacerlo, denota debilidad. Practica el autocontrol y limita tus deseos a las auténticas necesidades. No lleves un estilo de vida que exceda tus posibilidades económicas; ésta es la primera lección que debes aprender si deseas lograr la prosperidad. Gasta menos de lo que ganas; de lo contrario, jamás encontrarás la satisfacción ni la felicidad. Sobre todo, mantente fiel al principio que afirma: «Mi felicidad es incondicional; puedo prescindir de los bienes materiales. Pero puesto que Dios me ha concedido un cuerpo del cual cuidar, haré todo lo posible por satisfacer sus verdaderas necesidades».

Los santos de la India llevan una vida sublime y simple. Poseen pocos bienes materiales, pero su opulencia es superior a las riquezas de los reyes. La naturaleza entera tiende a sincronizarse con ellos. La completa satisfacción interior que disfrutan es el estado que debes crear dentro de ti: aprende a ser feliz con lo que poseas. Por supuesto, en la vida moderna se requieren más objetos de primera necesidad que si residieras en la sencilla choza de un ermitaño. Pero en lugar de llevar contigo, durante toda tu vida, el apego a innumerables posesiones, debes cultivar el poder de adquirir lo que necesites cuando lo necesites. Si careces de esa capacidad, eres pobre, sin importar cuánto poseas. Puede afirmarse, incluso, que Henry Ford o Rockefeller son pobres según ese principio, pues las verdaderas necesidades no se satisfacen solamente con bienes de naturaleza física. Ninguna cantidad de dinero es capaz de asegurarte la salud o la felicidad. La prosperidad significa satisfacer, de manera uniforme, el cuerpo, la mente y el alma.

Considera el caso de George Eastman, inventor de la cámara fotográfica Kodak; él poseía todos los bienes materiales que cualquiera podría desear. ¡Piensa en esto por un momento! Disponía de todo género de lujos; pero había algo errado en su prosperidad y, por esa razón, la existencia le resultaba intolerable. En consecuencia, puso fin a su vida atravesando su cabeza con una bala. La felicidad jamás puede provenir sólo de las riquezas y las posesiones. Jesucristo carecía de dinero, pero tenía a su disposición la ilimitada prosperidad de Dios. Él demostró esta capacidad en numerosas ocasiones, como, por ejemplo, cuando alimentó a cinco mil personas con cinco hogazas de pan. Ni siquiera la crueldad de su muerte pudo arrebatarle lo que poseía en su interior; hasta el final, él pensó primeramente en los demás: «Padre, perdónalos porque no saben lo que hacen».

A fin de ser próspero en todos los aspectos, debes seguir el ejemplo de Jesús y no el de los empresarios inescrupulosos. Si aprendes a aplicar la ley divina de la prosperidad, ésta obrará en tu favor. Ése es el camino seguro, el único modo en que puedes sentirte realmente a salvo en este mundo. Se trata de una abundancia de la cual ningún ladrón podrá despojarte; es la seguridad que todos necesitan.

Cultiva la prosperidad a fin de poder ayudar a otros

La ley de la prosperidad no puede ser manipulada por el hombre para su propio provecho egoísta. El funcionamiento de esa ley está gobernado por Dios, y Él no permite que se tuerzan o se rompan arbitrariamente sus normas divinas. Si el ser humano trabaja en armonía con la ley divina del éxito, recibe abundancia; si, debido a sus acciones incorrectas, perturba ese flujo generoso hacia su vida, se castiga a sí mismo.

¿Cómo trabajar en armonía con los principios de esa divina ley? En primer lugar, como dije, olvida todo deseo y apego por el lujo; desarrolla el poder mental para encontrar satisfacción en las cosas sencillas. Luego, afirma: «Bien, mis necesidades son sólo una parte de mis responsabilidades. Hay personas que dependen de mí, y debo también cumplir mis obligaciones hacia ellas». Bríndale a tu familia los bienes materiales necesarios, pero nunca malcríes a tus hijos poniendo a su disposición demasiado dinero.

A menos que incluyas el bienestar de los demás en tu propia felicidad, jamás alcanzarás la prosperidad ideal. No me refiero tan sólo al mero hecho de dar dinero en forma desinteresada a los necesitados, sino a tender sinceramente la mano a los demás para propiciar que se ayuden a sí mismos. De esa manera verás operar en tu propia vida la colosal ley de la provisión. Sea cual sea tu situación, la ley que consiste en cosechar el bien que se siembra te acompañará siempre para socorrerte.

La mayor parte de la gente piensa primero en sí misma y en la manera de ganar dinero para satisfacer sus propios deseos. Si procedes de este modo, tarde o temprano acabarás defraudado. En lugar de ello, deberías comenzar por adherirte al siguiente pensamiento: «La tarea de mi vida consiste en lograr que los demás sean felices». Siéntete motivado por la forma en que tus acciones y planes puedan resultar beneficiosos para los demás; luego, concibe los medios para conseguir tus objetivos. A fin de servir al prójimo, debes contar con los recursos necesarios. Si ordeñas la vaca, debes alimentarla. La ambición de vivir bien y ser próspero se eleva a un nivel espiritual si su objetivo es el de servir mejor a los demás, al incluirlos en tu prosperidad. Si prestas un buen servicio, con certeza obtendrás grandes recompensas; y con ellas podrás mejorar tu propio nivel de vida para ayudar aún más a tus semejantes. Así es como funciona la ley divina.

Ten fe en el poder de Dios

Vives directamente por el poder de Dios y no por la prosperidad humana. Tal vez argumentes que no podrás alimentarte a menos que tengas un trabajo. Es cierto; pero aun cuando yo colocara abundancia de alimentos y dinero ante ti, si repentinamente tu corazón se detuviera, ¿acaso podrían ayudarte esos medios? No, en absoluto. Es sólo Dios quien te ha concedido la vida y el poder de trabajar, crecer y ser el artífice de tus logros. Tu existencia misma constituye una manifestación de su voluntad; entonces, ¿por qué no confiar directamente en Él? Debes recordar esta verdad en todo momento.

Si surge una necesidad, yo digo: «He de poner manos a la obra». Pero jamás deseo nada ni emprendo acción alguna sin procurar primeramente la orientación de Dios: «Padre Celestial, yo razonaré, ejerceré mi voluntad y actuaré; pero guía Tú mi razón, mi voluntad y mis acciones hacia la meta correcta». De esa manera, todas las fuerzas que solucionarán el problema trabajan conmigo. He comprobado el funcionamiento del Poder Divino tanto en las pequeñas cosas como en las grandes empresas.

Trabajo sólo para Dios, pues he abandonado todo lo demás por su causa. Soy su hijo. Si vives consciente de que tú eres su hijo y de que Él es tu Padre, y con firme resolución decides hacer siempre todo cuanto esté a tu alcance, entonces, a pesar de los obstáculos y de los errores que pudieras cometer, su poder estará presente para ayudarte. Yo vivo de acuerdo con esa ley. De ese modo me fue posible adquirir la sede central de *Self-Realization Fellowship*, a pesar de que no disponía de los medios materiales necesarios para hacerlo. Y como puedes comprobar, adquirí este templo, a pesar de los tiempos de depresión económica en que vivimos. Obré conforme a la ley divina y el resultado fue este templo. A menos que tú también actúes según dicha ley, no podrás conocer el Poder al que me refiero.

Si logras pasar tus pruebas con una sonrisa colmada de fe en el Señor y sin albergar duda alguna, verás cómo opera la ley de Dios. En San Francisco, yo contaba sólo con doscientos dólares en el banco, y estaba a punto de iniciar una campaña de conferencias. No disponía de suficiente dinero, ni siquiera para comenzar, y debía abonar numerosas deudas de considerable cuantía. Pensé: «Dios está conmigo. Él me ha presentado este problema y velará por mí. Estoy trabajando para el Señor, y sé que me ayudará». Si todo el mundo te olvida, pero tú *sabes* que Dios está contigo, su ley obrará maravillas para auxiliarte.

Cuando mi secretario se presentó y le comuniqué cuánto dinero teníamos en el banco, se cayó literalmente al piso.

—Levántate —le dije.

—¡Vamos a ir a la cárcel por no pagar nuestras deudas! —exclamó él, temblando.

—No vamos a ir a la cárcel —repliqué—. Dentro de siete días contaremos con todo el dinero necesario para la campaña.

Mientras él se mostraba escéptico como Santo Tomás, yo abrigaba fe. No necesitaba el dinero para mi propio beneficio, sino para difundir la obra de Dios. No tenía miedo, ni siquiera ante la enormidad de mis problemas. El miedo me teme a mí. ¿Por qué debería sentir aprensión? Nada debe atemorizarte. Afronta todos tus problemas con fe en Dios, y vencerás.

En el *Bhagavad Guita* se afirma: «Con el corazón absorto en Mí, y por mi gracia, superarás todos los obstáculos»[2]. ¡Reflexiona

---

[2] XVIII:58.

en esta verdad! Posteriormente, pasaba yo frente al Hotel Palace y una mujer mayor se acercó a mí:

—¿Puedo hablar con usted? —me preguntó. Intercambiamos algunas palabras y, luego, cuando menos lo esperaba, me dijo—: Tengo dinero de sobra, ¿puedo ayudarle?

—No necesito su dinero —le respondí—. ¿Por qué habría usted de ofrecérmelo, si ni siquiera me conoce?

—Sí le conozco —replicó ella—; he oído hablar muchísimo de usted.

Y en ese preciso momento y lugar emitió un cheque por veintisiete mil dólares. En aquel acto, vi la mano de Dios.

Al poseer a Dios, lo tenemos todo

Pero mi mayor victoria tuvo lugar en Phoenix. Si todos pudieran sentir la gracia de Dios como yo la sentí, sabrían, como yo lo sé, que en Él lo tienen todo. Ésta fue mi experiencia en Phoenix. Yo oraba y meditaba de manera muy profunda, porque tenía que solventar una gran necesidad por la mañana, y una persona había faltado a sus obligaciones. Mi oración no se refería al dinero, sino a la libertad. Le dije a la Madre Divina: «¿Por qué me veo en medio de semejantes problemas? ¿Por qué debo afrontar una crisis tan grande?». Pero no me detuve ahí. Continué meditando, y luego oré a la Madre: «Háblame. Si me dices que lo haga, abandonaré todo y, cantando tu nombre, dejaré la organización. No necesito nada, sólo a Ti. Nada pido para mí. Sométeme a prueba. Si así lo deseas, abandonaré todo en este momento y en tu Luz me alejaré».

Cuando la Divina Madre vio que yo hablaba en serio, me respondió: «Te he liberado hace tiempo, pero debido a que crees que no eres libre, no lo eres en verdad. Has de saber que tanto la danza de la vida como la danza de la muerte provienen de Mí; regocíjate por ello. ¿Qué otra cosa puedes desear si me tienes a Mí?». A partir de ese día, encontré la libertad.

Si albergas en tu conciencia el deseo de complacer a Dios más que a nadie en el mundo, Él velará por ti. «... ¿Qué otra cosa puedes desear si me tienes a Mí?». ¿Lo recordarás? ¿Lo recordarán todos? No es difícil. Si meditas y oras con sinceridad a Dios, le encontrarás; y Él te brindará toda la prosperidad que necesites.

Emplea la ley de la meditación, que es una ley superior a cualquier otra, porque atrae una respuesta del divino Poder que se encuentra oculto en todo poder. Yo sabía, cuando la Madre Divina me dirigió esas palabras, que todo marcharía bien. Pude solventar la necesidad, y me libré de una catástrofe.

Ese Poder también trabajará para ti como siempre ha trabajado para mí. Te ofrezco estas verdades que proceden de mi propia experiencia. Yo sería incapaz de hablar sobre ellas si no las hubiese verificado en mi propia vida. Vivo gracias a mi fe en Dios. Mi poder proviene de Dios. No creo en ningún otro poder. Al concentrarme en ese Poder, él opera a través de mí.

Se ha dicho que soy uno de los conferenciantes más exitosos de este país. He impartido enseñanza a miles de personas. Y no es que me enorgullezca de mí mismo por ese logro. Mi éxito se debe a que he creído únicamente en el poder de Dios. Finalmente dejé de dar conferencias al público general; ahora mismo, estoy abandonando todo por Dios. Considero que he cumplido esa parte del propósito de mi vida, cuyo objetivo era rescatar almas de entre las multitudes y ayudarlas a conocer a Dios. He encontrado tales almas por todo el país, y ahora les doy entrenamiento espiritual[3].

Mis actos los llevo a cabo impulsado por el poder del Espíritu; en mí no existe afán de lucro, sino de servicio a la huma-

---

[3] Cuando Paramahansaji ofreció esta charla, en 1935, había atraído a muchos de los discípulos directos que estaban destinados a desempeñar importantes papeles en su misión mundial, entre los cuales se contaban las dos personas a las que designó para ser sus sucesores espirituales con el fin de dirigir su obra como presidentes de *Self-Realization Fellowship:* Rajarsi Janakananda (véase el Glosario), que conoció al Gurú en Kansas City, en 1932, y Sri Daya Mata, que había asistido a sus clases en Salt Lake City el año anterior. Algunas otras personas a las que atrajo de entre las multitudes que lo seguían en sus campañas de conferencias, y que se comprometieron a dedicar su vida a la obra de Paramahansaji y recibieron su entrenamiento espiritual personal, fueron: el doctor M. W. Lewis y su esposa, quienes le conocieron en Boston, en 1920; Gyanamata (Seattle, 1924); Tara Mata (San Francisco, 1924); Durga Mata (Detroit, 1929); Ananda Mata (Salt Lake City, 1931); Sraddha Mata (Tacoma, 1933); y Sailasuta Mata (Santa Bárbara, 1933). Tras retirarse de dar conferencias de ámbito nacional a mediados de la década de los treinta, Paramahansaji concentró sus esfuerzos en impartir clases a los estudiantes que se interesaban con seriedad en sus enseñanzas, y ofreció principalmente sus disertaciones en los propios templos de *Self-Realization Fellowship* y en la sede internacional.

nidad; y debido a ello, el Señor ha abierto todos los canales para sustentar mi existencia y la de esta obra que es *Self-Realization Fellowship*. Deseo servirte; eso es todo. Por eso estoy aquí.

En cuanto preciso ayuda, ésta se presenta, procedente de Dios. Por ejemplo, necesitábamos dinero para la Navidad, y ¿qué sucedió? Un estudiante envió una carta donde expresaba: «Tiene usted un saldo acreedor en un banco de Detroit. ¿Qué desea que se haga con él?». A lo cual respondí: «Envíamelo de inmediato». Mi necesidad se vio satisfecha en el momento preciso.

Ese poder de Dios opera también para ti. Podrás comprobarlo si tienes fe y sabes que la prosperidad no proviene de las fuentes materiales sino de Dios.

Procura establecer contacto con Dios y Él te guiará

El Señor nunca te dirá que no debes pensar por ti mismo o que no necesitas emplear tu iniciativa; es preciso que hagas tu parte. La cuestión fundamental es que si te apartas de la Fuente debido a las malas acciones, los deseos erróneos y la falta de fe y comunión divina, no podrás recibir entonces la todopoderosa ayuda del Señor. Pero si te guía tu sintonía con Dios, Él te ayudará a hacer lo correcto y a evitar equivocaciones.

La forma de comenzar consiste en meditar profunda y regularmente por la mañana y por la noche. Cuanto más medites, más te darás cuenta de que existe Algo detrás del reino de la conciencia ordinaria, y que allí prevalece una gran paz y felicidad. Procura sentir la presencia de esta paz y felicidad, porque es la primera prueba del contacto con Dios. Se trata de la percepción consciente de la Verdad dentro de ti, y eso es lo que necesitas. Ésa es la manera de adorar la Verdad, pues sólo podemos venerar lo que conocemos[4]. La mayor parte de la gente adora a Dios como Algo intangible; pero cuando comiences a adorarle como algo real, a través de tu propia percepción interna, sentirás la creciente presencia de su poder en tu vida. No importa qué otras cosas puedas hacer; ninguna de ellas generará el contacto con Dios que proviene de la meditación profunda. Esforzarse fervientemente por incrementar la paz y la felicidad

---

[4] «Dios es Espíritu, y los que le adoran, deben adorar en espíritu y verdad» (*San Juan* 4:24).

interiores que surgen de la meditación es la única forma de lograr la comunión con Dios.

El momento de orar a Dios en busca de orientación es después de haber meditado y sentido la paz y el gozo interiores, pues entonces has hecho el contacto divino. Si consideras que tienes una necesidad, puedes, en ese momento, depositarla ante Dios y preguntarle si se trata de una oración legítima. Si sientes interiormente que tu necesidad es justa, ora entonces de esta manera: «Señor, tú sabes que tengo esta necesidad. Razonaré, seré creativo, haré cuanto sea necesario. Sólo te pido que guíes mi voluntad y mis capacidades creativas hacia las acciones correctas que deba yo emprender».

Sé sincero con Dios. Probablemente Él tiene reservado para ti algo mejor que aquello por lo cual estás orando. Es un hecho comprobado que, a veces, tus oraciones y deseos más fervientes son tu peor enemigo. Conversa con Dios con una actitud sincera e imparcial y permite que Él decida lo que es acertado para ti. Si eres receptivo, Él te conducirá y trabajará contigo. Aunque cometas errores, no temas. Ten fe. Debes saber que Dios se encuentra a tu lado. Deja que su Poder te guíe siempre, pues es infalible. Esta verdad se aplica a todas las personas.

Mediante la práctica cada vez más profunda de la meditación, podrás finalmente alcanzar el estado interior supraconsciente de comunión divina y permanecer allí mientras llevas a cabo todas tus actividades en el plano consciente. Cuando aprendas a trabajar desde el estado de supraconciencia, percibiendo la felicidad divina dentro de ti, sin importar lo que hagas, siempre sentirás contigo la presencia y el poder de Dios.

«Como yo le percibo, deseo que tú le percibas»

Te he ofrecido su mensaje, y veo su grandiosa luz en todos los presentes. En esa Luz te bendigo. El etéreo poder de Dios fluye a través de mí: por mis palabras, por mi cerebro, por mis células y por cada partícula de mi conciencia; cada pensamiento constituye un canal a través del cual pasa su divina luz. Abre tu corazón y toma plena conciencia de que la Luz Divina también pasa a través de ti. Como yo le percibo, deseo que tú le percibas; como yo le contemplo, deseo que le contemples tú.

Las actividades diarias, el equilibrio y la paz interior

Cómo restituir la armonía a la semana laboral

En la década de los veinte, Henry Ford, industrial estadounidense, introdujo la idea de una semana laboral de cinco días. La propuesta, respaldada efusivamente por Paramahansaji, suscitó el comentario que aparece en el presente artículo.

El término inglés *holiday* [que en español se traduce como «vacaciones»] se compone de otras dos palabras, *holy* y *day* [que significan, respectivamente, «sagrado» y «día»]. El día festivo o de asueto debería ser un período de tiempo dedicado a la introspección y al desarrollo de las sagradas cualidades del alma. Uno de los Diez Mandamientos prescribe lo siguiente: «Recuerda el día del sábado para santificarlo»; es decir, debe ser un día de descanso y renovación espiritual. Los cristianos celebran el «sábado» en domingo, como un día para deleitarse con la luz del sol de la sabiduría. Los hindúes dedican un cierto número de días durante el año a propósitos espirituales. La Pascua, el Día de Acción de Gracias [en Estados Unidos] y la Navidad tienen correspondencia con algunos de los días sagrados de los hindúes. El festival de *Durga Puja* se celebra ampliamente en la India, tal como la Navidad en Occidente.

El hombre es un ser espiritual a la vez que material. Debe desarrollarse desde el punto de vista espiritual, por medio de la disciplina interior, y también convertirse en un ser eficiente en el aspecto material, mediante el desarrollo de las facultades relacionadas con sus ocupaciones diarias. El hombre primitivo empleaba todas sus facultades mentales para satisfacer las necesidades de la vida material. Destinaba su tiempo a cazar, comer y dormir. El hombre moderno procura afrontar de manera científica las actuales condiciones materiales de la existencia.

Lo que el hombre primitivo hacía sin método, el hombre moderno lo realiza metódicamente. Este procedimiento que guía los esfuerzos del hombre moderno para lograr el éxito material ha mejorado, de manera indirecta, sus facultades interiores.

Los maestros de la India aconsejan el desarrollo directo de las facultades interiores, tales como la fuerza de voluntad capaz de combatir la tentación, el anhelo de servir al prójimo y el poder de la intuición para experimentar la verdad en forma directa.

Delito y violencia: los frutos amargos de una civilización desequilibrada

Si bien ganar dinero para obtener bienestar material es una necesidad del ser humano, el logro de la felicidad constituye una necesidad suprema. Poseer riquezas materiales mientras se carece de paz interior es como bañarse en un lago y, al mismo tiempo, morirse de sed.

La gente anhela diferentes cosas —dinero, fama o espiritualidad— como resultado de los hábitos tempranos y de las influencias ambientales. Por este motivo, tanto los habitantes de Oriente como los de Occidente limitan sus vidas a un solo aspecto de la existencia. Por lo general, en Oriente poseen una disposición más espiritual, mientras que en Occidente su inclinación es primordialmente material. Sin embargo, no podemos vivir felices sólo al amparo de las doctrinas espirituales o de las riquezas. Para introducir el equilibrio tanto en la vida de los orientales como de los occidentales, ambos deben adoptar un método para desarrollar una existencia armoniosa.

En general, las personas destinan seis días de la semana a ganar dinero, e incluso dedican el séptimo día para pensar en esta labor, y apenas consagran algún tiempo al desarrollo de sí mismos. Una razón por la cual en Occidente se cometen tantos delitos, tantos asesinatos y robos, a pesar de su avanzada civilización, es que las personas están demasiado ocupadas obteniendo los bienes que representan la comodidad material y carecen de tiempo para reflexionar sobre el valor práctico que entraña seguir los principios morales y espirituales.

Si bien hay que evitar la pobreza material, la indigencia espiritual ha de aborrecerse, pues se trata de la causa fundamental de todo sufrimiento humano. El hombre espiritual y

Las actividades diarias, el equilibrio y la paz interior 85

práctico es feliz, y sólo el hombre feliz es una persona exitosa. Aunque la prosperidad material alcance al cien por ciento de los habitantes de una ciudad, eso no evitará los asesinatos ni los delitos. Para lograr una vida armoniosa, feliz, saludable y próspera en toda comunidad es absolutamente necesario seguir los principios universales del servicio mutuo, de la cooperación espontánea, del amor por la vida espiritual y de la disciplina de los apetitos sensoriales.

Año tras año, los registros oficiales muestran que hombres y mujeres jóvenes cuyas edades fluctúan entre los quince y los treinta años cometen robos que suman casi mil millones de dólares. Los periódicos neoyorquinos señalan que durante el año actual se sirvieron en las cárceles 400.000 comidas más que en el anterior. ¿A qué se debe todo esto? A que la atención del hombre común todavía no se encuentra centrada en los problemas esenciales del arte de vivir. ¿Por qué no emplear parte del dinero invertido en construir y mantener cárceles con la finalidad de crear escuelas que enseñen el arte de vivir, y evitar así que los niños se transformen en delincuentes? Los delincuentes empeoran en las propias cárceles y luego, al dejarlos en libertad en una sociedad sana, difunden aún más las bacterias del delito.

Muchas personas comentarán: «¡Oh!, estoy demasiado ocupado con mis obligaciones como para pensar en el arte de vivir. Todos tenemos conocimientos de este tema, y algún día los pondremos en práctica; pero ahora en lo que estamos interesados es en el dinero». Mas ¿cuál es el propósito del dinero, si el éxito que conseguimos ganando millones nos cuesta un completo colapso nervioso y la pérdida de nuestra ecuanimidad y felicidad?

Espiritualizar la ambición mediante el ideal del servicio

Puesto que Dios nos ha dado el hambre y tenemos un cuerpo físico del cual cuidar, debemos disponer de dinero y hemos de ganarlo en forma honesta y científica, sirviendo a las necesidades genuinas de nuestro prójimo. Dedicarse a los negocios no tiene por qué implicar necesariamente una vida material. La ambición comercial puede ser espiritualizada. La actividad empresarial no debiera consistir en otra cosa que ayudar a los demás, de la mejor manera posible, en el aspecto material. Las tiendas que se abren con la única finalidad de ganar dinero no tardan en ser reconocidas como antros comerciales dedicados a amasar fortunas. Pero los negocios que se concentran en proveer a sus clientes de los mejores artículos y a un costo mínimo serán coronados por el éxito y contribuirán también al avance moral del mundo.

Jamás olvidé el comentario que me hizo el gentil vendedor de un gran establecimiento, cuando me encontraba eligiendo un abrigo para mí. «Señor —me dijo—, no intento sólo venderle algo; procuro descubrir qué es exactamente lo que desea usted». No trató de que yo le comprara el abrigo más caro; me mostró uno más barato y que me sentaba muy bien. Me complació adquirir lo que necesitaba a un precio razonable. De ese modo, obtuvo en mí un cliente fijo para su negocio.

La gente debería espiritualizar sus ambiciones comerciales, y para ello tiene que comenzar por asimilar el concepto de que es preciso satisfacer las necesidades apropiadas del prójimo. El hombre no sólo ha de ganar dinero mediante el servicio y, de ese modo, percibir algo para él mismo en retribución, sino que también debería trabajar para obtener dinero que pudiera emplearse en la creación de instituciones que ayuden a satisfacer las necesidades de la comunidad. Cuando una persona ha amasado una gran fortuna, y al mismo tiempo ha contribuido a que sus empleados y asociados sean más prósperos, y posteriormente emplea su riqueza para ayudar a que los demás se ayuden a sí mismos, su ambición se ha espiritualizado. Los padres acaudalados que dejan en herencia demasiado dinero a sus hijos frenan el desarrollo evolutivo del éxito que éstos deberían crear y ganarse por sus propios méritos. Incluso el hombre con una inteligencia «excepcional» ha de ejercitar la ambición o, de lo contrario, cometería una injusticia consigo mismo, ya que estaría paralizando sus facultades; al perjudicarse, ofrece un mal ejemplo y entorpece así el progreso de la humanidad.

Por esa razón, concuerdo con Henry Ford en que a las personas se las debe ayudar a que se ayuden a sí mismas, y estoy en desacuerdo con la caridad humillante que esclaviza a quienes la reciben. Sólo al poseer anhelos y coronarlos con el ideal de servicio a los demás, las personas que tienen ambiciones en el aspecto material encontrarán una razón espiritual para ganar dinero.

Es preciso lograr un equilibrio entre las cualidades de Oriente y de Occidente

Normalmente, los pueblos orientales suelen tener una inclinación espiritual, consideran la vida con filosofía y cultivan una tendencia natural hacia la contemplación. Por supuesto, muchos orientales emplean sus períodos de descanso para abandonarse a la pereza en lugar de trabajar por el logro de la realización espiritual; pero, en general, cuentan con una percepción espiritual desarrollada.

Nuestros hermanos occidentales suelen consagrar su tiempo principalmente al desarrollo del aspecto material e intelectual de la vida. Sin embargo, con frecuencia, están demasiado ocupados para disfrutar, incluso, de los resultados de su trabajo, o de conocer el sabor de la paz, de la relajación y de la dicha que proporciona la meditación. Se convierten en esclavos de compromisos de menor trascendencia, y olvidan su obligación primordial con la vida ideal y plena de dicha que florece al contacto con Dios.

Debido al difundido uso de la maquinaria, los occidentales cuentan con una ventaja sobre sus hermanos orientales: pueden emplear el tiempo ahorrado para avanzar más en el estudio profundo de la vida. Las actividades comerciales y el dinero tienen por objeto la comodidad y el perfeccionamiento del ser humano; nunca deberíamos permitir que la codicia ciega nos prive de la felicidad y del logro de propósitos más elevados.

Llevar una existencia mecánica durante seis días completos, con sus noches, y dedicar sólo parte de un día (el domingo) al cultivo del propio ser interior no constituye un estilo de vida equilibrado. La semana debe distribuirse entre el trabajo, la diversión y el cultivo del espíritu: cinco días para trabajar remuneradamente, un día para el descanso y la diversión, y al menos un día para la introspección y la realización interior[1]. En el mundo occidental, la vida es muy agitada en todos los as-

---

[1] A las personas espiritualmente sinceras y entusiastas, Paramahansaji les recomendaba una rutina diaria de meditación matutina y vespertina (antes y después de los deberes cotidianos), así como un día a la semana dedicado al silencio, a la introspección, al estudio espiritual y a meditar, al menos, durante un período de cuatro horas o más.

pectos; Oriente tiende a dirigirse al extremo opuesto. Es preciso lograr un equilibrio. Cada ser humano debe contar con algún tiempo libre para encontrarse a sí mismo. Un día a la semana, el domingo, no es suficiente, porque se trata de su único día de asueto —de su único «día sagrado»— y lo desea para descansar, al tiempo que se encuentra exhausto como para dedicarlo a la meditación.

Al disponer de una semana de cinco días laborables, como propuso Henry Ford, las personas podrían emplear el viernes por la noche, el sábado y el domingo para alejarse del ruidoso entorno urbano y, de ese modo, incrementar su longevidad. El jefe de policía de la ciudad de Chicago dio a conocer un estudio en el cual se afirmaba que la longevidad del ser humano podría incrementarse once años si se eliminaran los ruidos de la ciudad, con lo cual el sistema nervioso del hombre recobraría la calma. Casi todas las familias estadounidenses pueden permitirse la adquisición de un automóvil de algún tipo, y con él tienen la posibilidad de salir de la ciudad en los fines de semana para reponer sus fuerzas en los tranquilos retiros de la naturaleza, viviendo la doble vida de un ermitaño en los bosques y la de un guerrero en el campo de la actividad mundana.

Aprende el arte de vivir correctamente

Dado que la sabiduría suprema —que consiste en ahondar en todo lo que puede conocerse mediante el empleo concienzudo del raciocinio humano— es el objetivo del hombre, ¿por qué no aprender, entonces, el arte de vivir correctamente?

Las personas pierden el equilibrio y sufren de locura por el dinero y de obsesión por los negocios debido tan sólo a que jamás han tenido la oportunidad de cultivar los hábitos que crean una vida equilibrada. No son nuestras ideas brillantes ni los pensamientos pasajeros los que ejercen control sobre nuestra vida, sino los hábitos cotidianos. Existen algunos hombres de negocios muy escrupulosos que logran ganar millones sin ser malintencionados o nerviosos; pero también los hay que desean hacer dinero con tanta vehemencia que son incapaces de pensar en ninguna otra cosa y no llegan a despertar de su obsesión hasta que algo terrible les ocurre, como una enfermedad o la pérdida de toda felicidad.

Las actividades diarias, el equilibrio y la paz interior 89

Debemos comenzar a impartir esta educación tanto a los niños como a los adultos. La mente dúctil de los niños puede moldearse fácilmente con la ayuda de adultos reformados y con dominio de sí mismos. En los niños, es posible crear hábitos deseables sin dificultad alguna, porque su voluntad para ejecutar acciones se encuentra generalmente en libertad, excepto por la existencia de algunas tendencias innatas. Los adultos deben luchar y desalojar sus antiguos hábitos a fin de albergar las buenas costumbres nuevas. Pero todos los hábitos, tanto en niños como en adultos, deben cultivarse a través de un deseo espontáneo. Al capacitar a los niños para lograr una vida equilibrada o desarrollar el hábito de prestar igual atención a ganar dinero y a adquirir la felicidad espiritual, es preciso tomar en consideración el tiempo y el método de enseñanza.

Numerosos psicólogos sostienen que las etapas ulteriores de la vida no son sino repeticiones del entrenamiento que hemos recibido entre los dos y los diez o quince años de edad.

Los sermones espirituales inspiran las mentes de los niños a llevar a cabo mejores acciones, pero eso es todo. Es preciso contar con una disciplina efectiva y práctica que destruya las semillas de los hábitos prenatales provenientes de vidas anteriores; tales semillas se hallan alojadas en las mentes subconsciente y supraconsciente. Para ello es necesario dirigir hacia el interior la «electricidad» de la concentración con su poder cauterizante.

Debería inculcarse a los niños la ambición espiritual de ganar dinero sólo con fines de servicio. En la actualidad, se educa mayoritariamente a los niños en una atmósfera errónea, en la cual el objetivo es el dinero, de forma tal que tratan de «enriquecerse sin demora», incluso recurriendo al hurto. Argumentan que si el objetivo es ganar dinero por cualquier medio, entonces ¿por qué no habría de imperar el método de apropiarse de lo ajeno?

La tarea de elevar el nivel moral de los ciudadanos del mañana, enseñando a los niños cómo llevar una vida equilibrada, corresponde a los adultos de hoy. Por tanto tiempo como los adultos permanezcan cautivados por una vida exclusivamente material, los niños seguirán ese ejemplo y sus esperanzas se verán insatisfechas. Para proteger el futuro del mundo mediante la salvación de los niños, el adulto actual debe despertar y cultivar una vida en la que mantenga el equilibrio entre sus hábitos espirituales y materiales.

La necesidad de llevar una vida equilibrada

Muchos dueños de empresas logran trabajar sólo cinco días a la semana, desde las nueve de la mañana hasta las tres de la tarde y, por lo general, se toman el sábado y el domingo libres. Ellos gozan de cierta tranquilidad y de mayor vida familiar; sin embargo, dedican la mayor parte de su tiempo libre a jugar al golf, ir al cine o a bailar, en lugar de destinar algún tiempo al cultivo del espíritu.

A fin de llevar una vida equilibrada, los adultos deben educarse de forma tal que comprendan que las ambiciones relacionadas con los negocios deben tener como único objetivo el lograr felicidad para sí mismos y para los demás. Si este ideal está ausente, la actividad empresarial agotadora produce nerviosismo, carencia de armonía en las cualidades sociales, mezquindad, codicia y falta de respeto por todo buen principio. Al darnos cuenta del auténtico propósito de la actividad comercial —prestar servicio con el fin de beneficiar tanto a los demás como a nosotros mismos—, la vida puede llegar a ser verdaderamente feliz.

Creo que Henry Ford ha dado inicio a una nueva era en la espiritualización de los negocios al proponer la semana laboral de cinco días. «El sábado ha sido instituido para el hombre y no el hombre para el sábado. De suerte que el Hijo del hombre también es señor del sábado»[2]. Jesús deseaba que la gente considerara el domingo como el día del Hijo, o día de la sabiduría, en el cual se cultivase el conocimiento del alma; pero cuando las personas están demasiado ocupadas durante toda la semana, desean reservar los domingos para relajarse y divertirse, en lugar de ofrendarlo a Dios y dedicarlo a la introspección. Los clérigos y sacerdotes que se oponen al disfrute de películas y esparcimiento en domingo deberían ser más comprensivos y colaborar con el plan de Henry Ford. La persona que ha trabajado arduamente debería utilizar el sábado para relajarse, cuidar el

---

[2] *San Marcos* 2:27-28.

Las actividades diarias, el equilibrio y la paz interior 91

jardín y divertirse de manera sana; de ese modo, se sentiría libre y gustosa de poder emplear el domingo entero exclusivamente para asistir a oficios religiosos y para disciplinarse espiritualmente por medio de la práctica de las técnicas de concentración y meditación que le permitan lograr la paz interior y la comunión con Dios[3].

Conozco muchos hombres de negocios inteligentes y de renombre que, en lo profundo de su corazón, están descontentos y ansían encontrar a Dios y obtener sabiduría, pero no pueden evitar que sus hábitos laborales y un exceso de compromisos sociales los absorban. Su compromiso primordial con Dios, con la Verdad, con los estudios elevados y con una mayor dedicación a la vida familiar se ve sacrificado por la obtención de riquezas o por reuniones sociales carentes de provecho alguno.

Así pues, es en extremo necesario que los auténticos patriotas mundiales amantes de la verdad colaboren para hacer del sábado un día de esparcimiento y descanso, y del domingo un período dedicado exclusivamente a cultivar el hábito de la meditación, a asociarse con buenas personas y a concentrarse en los rectos principios y el bien más elevado: la Dicha interior que proviene de Dios.

Así como se necesita un cierto entrenamiento para dedicarse al arte de la guerra, también se precisa una preparación para afrontar las batallas que nos plantean las actividades de la vida. Los guerreros que carecen de entrenamiento mueren muy pronto en el campo de batalla; de igual modo, las personas que no están entrenadas en el arte de preservar su paz interior son rápidamente abatidas por las balas de la preocupación y la inquietud de la vida activa[4].

---

[3] Aquellas personas cuya tradición espiritual indica que ha de observarse el sábado como día sagrado podrían emplear, en cambio, el domingo como día de descanso y relajación.

[4] Sesenta y cinco años después de que Paramahansa Yogananda publicara este artículo, un estudio realizado en 1991 por Juliet B. Schor, economista graduada en Harvard, demostró que los principios a favor de los cuales había abogado Paramahansaji son tan oportunos ahora como en la década de los veinte. La profesora Schor descubrió que el estadounidense medio trabaja en la actualidad el equivalente a un mes más por año de lo que era habitual en 1970. El estadounidense de hoy, según sus conclusiones, trabaja más horas que las

La gran necesidad del ser humano consiste en encontrar más tiempo para disfrutar de la naturaleza, simplificar su vida y sus necesidades imaginarias, satisfacer las verdaderas necesidades de la existencia, aprender a conocer mejor a los hijos y a los amigos y, sobre todo, conocerse *a sí mismo* y al Dios que le creó.

---

personas de cualquier otro momento de la historia —exceptuando el período de la Revolución Industrial—, ¡y dedica mucho más tiempo a sus ocupaciones que los siervos medievales!

La eficiencia superior en la producción puede originar mayores ganancias o más tiempo para el esparcimiento, afirma Schor. Desde que Henry Ford y otros industriales revolucionaron los hábitos de la fuerza de trabajo en las dos primeras décadas del siglo XX, Estados Unidos en su conjunto ha optado de manera prioritaria por el dinero, lo cual ha dado como resultado mayores ingresos y un nivel de vida excepcionalmente elevado. Aun así, pese a la capacidad de gran parte de los estadounidenses de adquirir casas y autos lujosos, rebosantes de una amplísima gama de comodidades, la profesora Schor llegó a la conclusión de que con todo ello no son más felices. Tal como ella escribe en *The Overworked American: The Unexpected Decline of Leisure* (Basic Books, Nueva York, 1991): «Si nuestros deseos se mantienen a la par de nuestros ingresos [...] hacernos más ricos no nos aporta mayor satisfacción [...]. De acuerdo con una revisión reciente de las conclusiones con que contamos, los estadounidenses literalmente trabajan hasta morir, debido a que sus labores contribuyen a que sufran enfermedades coronarias, hipertensión, problemas gástricos, depresión, agotamiento [...]. Los estudios señalan un "déficit de sueño" entre los estadounidenses, la mayoría de los cuales cada noche duerme de 60 a 90 minutos menos de lo necesario para mantener una salud y rendimiento óptimos [...]. Los padres dedican menor atención a sus hijos. El estrés aumenta, en parte debido a los "malabarismos" que aquéllos necesitan hacer para conciliar las exigencias de la vida laboral y familiar.

»Si queremos tener la oportunidad de disfrutar del esparcimiento —concluye la profesora Schor—, será preciso hacer resurgir el debate público que finalizó en la década de los veinte».

La causa fundamental del nerviosismo

*Templo de Self-Realization Fellowship en San Diego (California),
15 de junio de 1947*

En ocasiones, toda persona ha experimentado —en mayor o menor grado— un estado de nerviosismo, sin saber por qué. Puedo sacudir este trozo de tela y decir que se estremece, pero ¿qué ocasiona que la tela se mueva? Cuando ceso de agitar mi mano, la tela permanece inmóvil. Siempre culpas a factores externos del origen de tu nerviosidad, pero jamás la atribuyes a ti mismo. Sin embargo, eres tú el que te pones nervioso; el noventa y nueve por ciento de la responsabilidad es tuya. La inquietud y la excitación emocional concentran demasiada energía en los nervios y, como consecuencia, éstos comienzan a desgastarse. Con el paso de los años, los efectos perniciosos de ese nerviosismo empiezan a manifestarse. Los nervios son muy resistentes —Dios los hizo así porque tienen que durar toda la vida—, pero es necesario brindarles los cuidados adecuados. Cuando cesas de sobrecargar tu sistema nervioso, tal como sucede cuando te encuentras en el sueño profundo o cuando experimentas el estado de calma de la meditación, el nerviosismo no puede importunarte en absoluto. En el éxtasis meditativo, los nervios experimentan un enorme descanso y rejuvenecimiento.

Los nervios saludables son esenciales para la salud del cuerpo

Los nervios son semejantes a cables que conectan todas las secciones de una fábrica. Si éstos se gastan o se destruyen, la fábrica —ya sea en su totalidad o en ciertas áreas afectadas— no podrá funcionar. De igual forma, el sistema nervioso abastece de vitalidad a todas las partes del cuerpo, lo cual incluye las funciones perceptivas, cognitivas y de respuesta de los cinco sentidos. Si los nervios quedan destrozados, la relación con el mundo corre entonces la misma suerte.

Existen dos sistemas de nervios: el sistema nervioso central, ubicado en el cerebro, en el bulbo raquídeo y en la médula espinal; y partiendo de él, se encuentra el sistema periférico, que conecta los centros nerviosos con los diferentes órganos del cuerpo, a los cuales suministra energía. El sistema nervioso envía sensaciones al cerebro, le permite a éste que las procese y, luego, reacciona basándose en la interpretación que el cerebro realiza de tales estímulos.

Durante el desarrollo primigenio del cerebro embrionario, en la etapa inicial de la formación de los nervios, éstos se asemejan a un líquido que posteriormente se irá transformando, poco a poco, en fibras que se convertirán en nervios: extraordinarias autopistas de gran resistencia que conducen la energía desde el cerebro a todos los rincones del cuerpo. El cerebro es la sede del gobierno; los veintisiete billones de células son los súbditos. El sistema nervioso que las conecta debe mantenerse en adecuado estado de funcionamiento. Tal vez recuerdes el efecto paralizante de la reciente huelga telefónica. Eso mismo puede suceder en tu cuerpo. Cuando se paralizan los nervios «telefónicos», no pueden transmitir sus mensajes vitales. Por ejemplo, si el centro óptico ubicado en el cerebro se encuentra dañado, debido a una dieta errónea, a una enfermedad o a la tensión, los nervios oculares quedarán afectados y los ojos comenzarán a debilitarse.

Examínate para determinar la causa de tu nerviosidad

La mayoría de las enfermedades nerviosas se deben a una sobreexcitación de la mente, que puede originarse por diversas causas. Examínate para saber si eres nervioso y luego determina cuál es el motivo de tu nerviosidad. Cuando te encolerizas, por ejemplo, envías una enorme cantidad de energía al cerebro y al corazón. Emociones como la ira y el miedo pueden sobrecargar de tal forma los nervios que se produzca un mal funcionamiento del cuerpo; en ocasiones, hasta logran que el corazón se detenga, causando la muerte. Si haces pasar un millón de voltios de energía eléctrica a través de un cable delgado, que puede soportar sólo unos pocos voltios, éste se quemará. La excitación significa que estás dirigiendo demasiada energía a una cierta área y privando a otros nervios de esa fuerza vital. El hombre calmado,

La causa fundamental del nerviosismo

por el contrario, mantiene sus nervios bien abastecidos con un flujo equilibrado de energía, de manera que ninguna parte del cuerpo sufra de sobrecarga o agotamiento.

El nerviosismo es la enfermedad de la civilización. Recuerdo una ocasión en la que subíamos en automóvil por la pendiente del Monte Pikes, en el estado de Colorado. Los demás autos nos pasaban a gran velocidad en esa cuesta escarpada y llena de curvas. Pensé que se apuraban para llegar a la cima de la montaña a tiempo para ver la salida del sol. Sin embargo, mi sorpresa fue mayúscula cuando, al llegar allí, comprobé que éramos los únicos que disfrutábamos al aire libre de aquella panorámica. Los demás se encontraban en el restaurante, bebiendo café y comiendo rosquillas. ¡Imagínatelo! Se dieron prisa para llegar a la cima y luego se apresuraron en bajar, movidos únicamente por la excitación de poder decir, al volver a sus hogares, que habían estado allí y que habían tomado café con rosquillas en el Monte Pikes. Ésas son las consecuencias del nerviosismo. Debemos tomarnos el tiempo necesario para disfrutar de las cosas —las bellezas de la creación de Dios, las muchas bendiciones de la vida—, pero hay que evitar la excitación indebida, la inquietud y los sobresaltos emocionales, que agotan el sistema nervioso.

Charlar demasiado —lo cual incluye el hábito de sostener largas conversaciones telefónicas— genera nerviosismo. Los movimientos inquietos que se repiten casi involuntariamente —por ejemplo, repiquetear con los dedos de las manos o mover los dedos de los pies— consumen la energía de los nervios. Otra causa del nerviosismo, a pesar de que no lo adviertas, es el ruido de la radio o de la televisión que se prolonga durante horas. Todos los sonidos provocan una reacción de los nervios[1]. Un estudio llevado a cabo por el departamento de policía de

---

[1] Muchos investigadores han descrito los efectos nocivos del ruido sobre la salud humana, entre ellos el Dr. Samuel Rosen, profesor de clínica otorrinolaringológica de la Universidad de Columbia, que escribió: «Se sabe que los ruidos fuertes provocan efectos que el sujeto receptor no puede controlar. Los vasos sanguíneos se contraen, la piel palidece, se tensan los músculos voluntarios e involuntarios, y sube repentinamente el nivel de adrenalina en la sangre, lo que incrementa la tensión neuromuscular, el nerviosismo, la irritabilidad y la ansiedad».

Chicago demostró que si los seres humanos no se encontraran sujetos al bombardeo de sonidos de la vida moderna, que son particularmente intensos en las ciudades, podrían vivir varios años más. Aprende a disfrutar del silencio; no escuches la radio o la televisión durante horas interminables, ni tengas estos aparatos funcionando constantemente como sonido de fondo. Circula por el cosmos tanta «televisión» de santos y música de las esferas, que no necesitas escuchar música grabada ni ver imágenes procedentes de una «caja». A través de la serenidad del silencio interior, aprende a sintonizarte con los maravillosos programas cósmicos de Dios.

Aprende a controlar tus emociones

Otra causa importante del nerviosismo son los comentarios despiadados. Jamás difundas chismes ni desacredites a los demás. Ocúpate de reformarte a ti mismo. Pon en práctica la conversación amable. No seas pendenciero. Si tu esposo o esposa se enoja y despierta tu ira, ve a dar un paseo y tranquilízate antes de responder. Si él o ella te habla rudamente, no repliques de la misma forma. Es mejor permanecer en silencio hasta que los ánimos se hayan calmado. Evita las actitudes testarudas o desdeñosas; pero, al mismo tiempo, refrena el impulso de involucrarte en discusiones hostiles. Espera hasta que ambos —tanto tú como tu interlocutor— hayan recobrado la calma y el raciocinio. Jamás permitas que nadie te arrebate la paz, y no usurpes la paz de los demás con una conducta verbal inadecuada. El lenguaje áspero es una de las armas que más lastiman. Cuando te hallas inmerso en un estado de ira o de emoción violenta, es probable que digas algo que no sientas en verdad, y luego lo lamentes; pero la otra persona lo recordará durante veinte años o más. (En este aspecto, la memoria es mala consejera. El poder de recordar es una bendición si lo empleas de la manera apropiada, pero es dañino si lo utilizas como un «almacén» de los agravios que has sufrido). Si tu esposa te chilla y tú le respondes a gritos, sufrirás el doble: una vez, por sus rudas palabras y, otra vez, por las tuyas. De ese modo, el principal perjudicado eres tú. Para cuando terminen con ese mutuo maltrato, sentirás que no queda nada de ti. Por este motivo hay tantos divorcios.

Francamente, las personas no deberían casarse hasta que hayan aprendido a tener cierto control sobre sus emociones. Las escuelas deberían educar a los jóvenes estudiantes en este arte, así como en la forma de desarrollar la calma y la concentración. El hogar norteamericano está destruyéndose porque no se enseñan estas cosas, ni en la familia ni en las escuelas. ¿Cómo pueden vivir juntas dos personas habituadas a comportarse de manera nerviosa y no llegar prácticamente a la destrucción mutua a causa de su nerviosismo? En el comienzo del matrimonio, los recién casados se dejan llevar por emociones tales como el entusiasmo y la pasión. Pero, después de un tiempo, cuando éstas inevitablemente comienzan a diluirse, empieza a aflorar la verdadera naturaleza de cada uno de los integrantes de la pareja, y las peleas y las desilusiones se apoderan del matrimonio.

El corazón requiere verdadero amor, amistad y, sobre todo, paz. Cuando las emociones destruyen la paz, se profana el templo del cuerpo. Un sistema nervioso saludable es lo que mantendrá en correcto funcionamiento tanto los órganos corporales como los sentimientos. Y para mantener saludable el sistema nervioso, es importante permanecer libre de emociones devastadoras tales como el miedo, la ira, la codicia y los celos.

Destierra el miedo. ¿Qué hay que temer? Incluso un pequeño miedo, tal como la injustificada aprensión a la oscuridad o la preocupación por aquello que «podría» pasar, altera los nervios más de lo que puedas imaginar. ¿Por qué habríamos de temer a la muerte? Dios permite que le ocurra a todos los seres humanos, por lo tanto no puede ser algo perjudicial. Éste es un pensamiento muy consolador, así que aférrate a él. La muerte es sólo un sueño reconfortante; y tú no tienes miedo de dormir, ¿verdad? La muerte es el descanso completo. Dios te la concede para liberarte de todos tus problemas en este mundo y, además, para ofrecerte la oportunidad de un comienzo renovado en la siguiente encarnación.

Permanecer atrapado en las emociones significa olvidar a Dios

Permanecer atrapado en el miedo, la ira, la codicia o en cualquier emoción violenta o impulsiva significa olvidar a Dios. Si logras tener bajo control tus sentidos, que gobiernan a las emociones, eres un santo. Nadie sabe tan bien como tú mismo si eres el amo de tus sentidos o su esclavo. Recuerda: todo aquello que aniquile tu autocontrol llevará a tu sistema nervioso a la destrucción. El hombre dominado por la gula come, y lo mismo hace el que posee autocontrol. Sin embargo, éste ingiere alimentos para el bienestar de su cuerpo, mientras que el otro come en exceso para gratificar sus sentidos. Si tu amor está más concentrado en Dios y menos en los sentidos, superarás entonces todo mal uso de éstos. Cuando te veas ante una tentación, ora así: «Señor, hazte Tú más tentador que la tentación. No importa a qué pruebas me sometas, yo me aferraré a Ti». Cuando el sistema nervioso se encuentra colmado de pensamientos serenos y amorosos centrados en Dios, los nervios se recargan con su poder divino. Krishna afirmó: «Cuando el sentimiento *(chitta)* está por completo bajo control y calmadamente afianzado en el Ser (el alma), se habla del yogui —desprovisto así del apego a todos los deseos— como de "aquel que se halla unido a Dios"»[2].

Se considera que las estrellas de cine y otros artistas del espectáculo son la gente más admirada de Estados Unidos. Pero ¿por qué sus vidas personales son, con tanta frecuencia, un caos de infelicidad y múltiples divorcios? Muchos de ellos viven con la energía nerviosa demasiado enfocada en los sentidos. El exceso de comida, la promiscuidad sexual o la embriaguez producida por las bebidas alcohólicas y las drogas sólo generan una falsa felicidad. Únicamente en Dios encontramos la satisfacción de todos nuestros deseos. Solamente en Dios hallamos un gozo siempre renovado, que jamás puede lograrse por intermedio de ninguno de los sentidos. Si te encuentras atrapado por alguno de tus sentidos —lo cual significa cualquiera de ellos—, afirma tu libertad continuamente: «Este hábito no me esclaviza; mi amor por Dios es supremo y está por encima del amor hacia cualquier otra cosa».

El deseo y el apego alimentan el nerviosismo

El deseo y el apego alimentan la enfermedad del nerviosismo. Cuando hayas adquirido los objetos materiales que deseas, te encontrarás agotado. Lograr el desapego exento de

---

[2] *Bhagavad Guita* VI:18.

deseos equivale a liberarse de la tiranía que ejerce sobre nosotros la esclavitud a las posesiones. Todas las personas me comentan lo bello que es Encinitas[3]. A mí me gusta porque en el altar del horizonte, donde el océano se une al cielo azul, veo a Dios. Cuando se me confió la Ermita, durante siete días estuve deleitándome con aquel regalo. Luego, la consagré a Dios, y me liberé interiormente de todo sentimiento de posesión. Ahora la disfruto a través del gozo de los demás.

Todas las cosas de las que la India carecía, y que yo había deseado que tuviera, veo que se poseen en Estados Unidos; y, sin embargo, sus habitantes no son felices. En la actualidad, oro para que la India no experimente demasiada influencia de Occidente. Tanto la India como Estados Unidos representan polos extremos. Es preciso lograr el equilibrio: la civilización estadounidense moderada por la espiritualidad de la India. Todas las naciones desean las ventajas materiales con que cuenta Estados Unidos. Pero la conciencia espiritual que cada nación necesita se halla en la India. Creo que la vida en Estados Unidos tiende a volverse más sencilla, lo cual es provechoso. Mantener en buen estado excesivas posesiones requiere demasiado tiempo y energía. La verdad de esta cuestión es que cuantas más «necesidades» innecesarias albergues, menos paz tendrás, y cuanto menos atrapado estés por las posesiones, mayor será tu felicidad. El camino para desarrollar la espiritualidad radica en vivir con sencillez y sosiego, estudiar buenos libros (jamás leas novelas baratas), practicar la calma mediante el control de los sentidos y de las emociones, y meditar la mayor parte del tiempo que te sea posible. California, con su agradable clima y sus bellezas naturales, es un lugar ideal para llevar una vida sencilla; aquí tendrá lugar un gran resurgimiento espiritual.

La actitud acertada con respecto a la riqueza

La gente rehuye la idea de la renunciación y, sin embargo, se priva de muchas cosas de auténtico valor —nada menos que de la paz mental y, a veces, hasta de la vida misma— en pos del dinero, que es un bien efímero. Las riquezas materiales son

---

[3] Alusión al Ashram de SRF situado en Encinitas (California). Véase *Encinitas* en el Glosario.

susceptibles de serte arrebatadas, o la muerte puede separarte de ellas, pues no es posible llevarlas contigo. El único valor del dinero consiste en que contribuya a lograr el bienestar y la verdadera felicidad de uno mismo y de los demás. Las personas que piensan sólo en su propia seguridad y comodidad, olvidando a aquellos que se encuentran necesitados, están cortejando a la pobreza; ésta se cernirá sobre ellos en algún momento. Quienes se apegan con egoísmo a sus riquezas en lugar de hacer el bien con ellas no atraerán la prosperidad en su próxima vida. Nacerán pobres, pero con todos los deseos propios de la opulencia. Sin embargo, quienes comparten su buena fortuna atraerán la riqueza y la abundancia dondequiera que vayan. Jesús se refirió a este principio cuando expresó: «Vende todo cuanto tienes y repártelo entre los pobres, y tendrás un tesoro en los cielos»[4].

Si aprendes a compartir con los demás, comprobarás que Dios siempre está contigo; Él jamás te abandonará, y tú nunca te hallarás en la indigencia. Procura depender del Señor, y Él velará por ti. No olvides que tu propia vida se sustenta directamente por el poder de Dios. Cuando recuerdes que tu raciocinio, voluntad y actividad dependen de Él, sentirás la guía de Dios y te darás cuenta de que tu vida se encuentra unida a su Infinita Vida.

Quien está motivado por deseos egoístas olvida el papel que se le ha asignado para colaborar en el drama de la creación de Dios. El que vive sólo para sí mismo, creando telarañas con sus deseos, queda atrapado en ellas. Pero aquel que actúa y trabaja para Dios es libre. No sabes por qué te encuentras aquí en la Tierra, ni por qué naciste hombre o mujer, ni por qué eres como eres. No te hallas aquí sólo para hacerlo todo a tu manera. Estás aquí para cumplir la voluntad de Dios. Trabajar para ti mismo implica ser esclavo de la vida. Trabajar para Dios significa ser libre.

Aprende a estar muy activo en este mundo, haciendo trabajos constructivos; pero cuando hayas concluido tus deberes, apaga tu motor nervioso. Retírate al centro de tu ser, que es la calma. Afirma mentalmente para ti: «Estoy calmado. No soy un mero mecanismo nervioso; soy Espíritu. Aunque vivo en este cuerpo, éste no puede perturbarme». Si tu sistema nervioso

---

[4] *San Lucas* 18:22.

permanece en calma, lograrás el éxito en cualquier actividad que emprendas y, sobre todo, tendrás éxito con Dios.

El sistema nervioso te conecta con el mundo y con Dios

El sistema nervioso posee dos funciones. Por un lado, los nervios te permiten interactuar con el mundo y, por otro lado, tal como descubrieron los yoguis de tiempos remotos, los nervios sirven también para establecer contacto con Dios. La energía vital presente en el cuerpo humano fluye ordinariamente hacia el exterior, desde el cerebro y la columna vertebral —pasando a través de los nervios— hasta desembocar en los sentidos y sus experiencias externas. Cuando por medio de la meditación yóguica se invierte el flujo de la energía y se dirige al interior, la conciencia es atraída hacia los sutiles centros espirituales del eje cerebroespinal donde se experimenta la percepción divina y la unión con Dios[5].

El nerviosismo —la estimulación excesiva de los nervios— mantiene la conciencia atada al cuerpo; la calma conduce a la comunión con Dios. Cuando desconectas la energía nerviosa externa y te sumerges en la calma de la meditación, de manera que la energía vital se retira de los sentidos hacia los centros cerebroespinales de percepción espiritual, tu sistema nervioso se conecta con la supraconciencia y experimentas a Dios. Te encuentras entonces en la región de la luz, ubicada más allá de los dominios subconscientes del sueño. Dormir es la forma inconsciente de desconectar la energía vital de los nervios; por ello obtienes cierto grado de reposo al dormir, pero no percibes conscientemente la bienaventuranza que produce el estado su-

---

[5] El yoga enseña que dentro del cerebro y la columna vertebral del ser humano se encuentran siete centros sutiles de vida y conciencia. Los tratados de yoga se refieren a estos centros con los siguientes nombres: *muladhara* (coccígeo), *svadhisthana* (sacro), *manipura* (lumbar), *anahata* (dorsal), *vishuddha* (cervical), *ajna* (el bulbo raquídeo y el centro crístico, que se encuentra en el entrecejo) y *sahasrara* (el loto con mil pétalos que se halla en el cerebro). Sin los poderes especializados que se alojan en ellos y que fluyen hacia el exterior hasta abarcar los órganos y sentidos físicos, el cuerpo no sería sino una masa inerte de arcilla. A la inversa, cuando la energía y la conciencia se concentran en el interior, se revela la asombrosa fuente del poder que sustenta la vida, el cual emerge de la conciencia suprema del alma y del Espíritu. (Véase *chakras* en el Glosario).

praconsciente. Cuando despiertas, eres la misma persona que cuando comenzaste a dormir. Pero si eres capaz de cruzar el reino subconsciente y dirigirte hacia la región supraconsciente de la luz, obtendrás las más maravillosas experiencias, que producirán a su vez cambios espirituales duraderos en tu conciencia. Cuanto más puedas permanecer en ese estado interiorizado de dicha durante la meditación, en mayor grado sentirás ese gozo dentro de ti, de manera continua, aun en medio de la intensa actividad.

La fisiología espiritual que hace único al ser humano

Existe una fisiología espiritual oculta en el sistema nervioso, la cual convierte al ser humano en un vehículo singular capaz de alcanzar las etapas más elevadas de la evolución de la conciencia. El cerebro del hombre, al ser más grande que el de la generalidad de los animales —con excepción del elefante y la ballena— y gracias a su mayor complejidad, posee una capacidad superior para pensar. Esta característica hace del cerebro humano un instrumento idóneo para el hombre, cuya conciencia es la más evolucionada de todas las criaturas. Sólo el hombre es capaz de alcanzar avanzados niveles de discernimiento y, finalmente, conocer a Dios. Cuanto mayor sea la cantidad de pensamientos procesados por el cerebro (por ejemplo, los del hombre en comparación con los animales), mayor será la complejidad de sus circunvoluciones. Los surcos de estas circunvoluciones tienen aproximadamente dos centímetros y medio de profundidad en el cerebro del adulto. La materia gris de la sinuosa e intrincada superficie del cerebro es el lugar donde se alojan nuestros procesos cognitivos sensoriales y motores. En las etapas tempranas del desarrollo del feto, el cerebro parece tan liso como una cúpula de mármol. La percepción y las respuestas del feto se incrementan conforme evoluciona la complejidad de las circunvoluciones. La mente, fuente de toda idea y discernimiento, es un proceso de la conciencia y no de la fisiología; de hecho, da origen a la actividad fisiológica[6].

---

[6] En la ciencia del yoga, la mente se concibe como un conglomerado de componentes en interacción: *chitta* (la conciencia; el sentimiento intuitivo), *manas* (la mente sensorial), *buddhi* (la inteligencia que discierne) y *ahamkara* (el ego). El yoga enseña que el cuerpo físico —incluyendo el cerebro— es un producto

Ahora bien, es muy interesante conocer la forma en que Dios creó el cuerpo físico. Se trata de un tema vasto y profundo; por eso, sólo trataré algunos puntos. La materia gris ubicada en la superficie del cerebro es el receptáculo de los impulsos nerviosos. Es allí donde se encuentran todas las células nerviosas y las vibraciones eléctricas. Cuando decides mover una parte de tu cuerpo —las manos, los dedos o los ojos, por ejemplo— se generan impulsos eléctricos en las células de la materia gris que se transmiten a través de los nervios motores hacia la parte corporal que deseas accionar. Cuando esa parte se mueve, se envía otra corriente eléctrica que regresa hacia el cerebro a través de los nervios sensoriales. Estos impulsos eléctricos estimulan las células nerviosas existentes en la materia gris, y se extrae más oxígeno (el cual proporciona energía) de los vasos sanguíneos que se encuentran en la membrana que rodea al cerebro. Un ejercicio muy provechoso para estimular la energía del cerebro consiste en dar golpecitos en la cabeza, suaves pero firmes, con los nudillos. Es muy útil si lo practicas por la mañana, cuando comienzas el día, o en cualquier momento que sientas que tu cerebro reacciona con lentitud.

El ojo espiritual: epítome de la creación

Bajo la materia gris del cerebro se encuentra la materia blanca, considerada habitualmente como «pasiva». La conformación del cerebro observa una correspondencia con el ojo único o espiritual[7] del hombre. En verdad, este ojo de luz astral que puede verse en la meditación es un epítome de la energía creativa y la conciencia de las que está formado el cuerpo del ser humano y a través de las cuales obtiene la vida. Jesús dijo: «La lámpara del cuerpo es el ojo. Si tu ojo es único, todo tu

---

de la conciencia, y no a la inversa como sostienen algunos teóricos occidentales. El yoga señala sin embargo que, en el estado normal de conciencia del hombre, la mente se encuentra tan identificada con el cuerpo físico que los cambios bioquímicos ejercen una enorme influencia en la mente. Ésta, a su vez, reacciona sobre el cuerpo por medio de los sistemas endocrino y nervioso. Esta compleja y recíproca interacción entre el cuerpo y la mente constituye el factor principal de la salud física y mental del ser humano.

[7] Véase el Glosario.

cuerpo estará luminoso»[8]. El ojo espiritual se percibe como un aura dorada alrededor de una esfera azul, en el centro de la cual se encuentra una estrella de cinco puntas de luz blanca.

Si observas tus ojos en el espejo, podrás advertir que están hechos a semejanza del ojo espiritual: el «aura» externa o parte blanca; el círculo interior o iris; y la «estrella» central o pupila. El punto de origen del ojo único se encuentra en un sutil centro espiritual ubicado en el bulbo raquídeo (situado en la base del cerebro, donde éste se une a la espina dorsal)[9]. La energía proveniente de este ojo único se divide a la altura del bulbo raquídeo y atraviesa el cerebro hasta llegar a los dos ojos físicos, mediante los cuales se percibe el mundo de la dualidad. El ojo espiritual, con sus tres luces o rayos diferentes —uno dentro del otro, como la lente extensible de un telescopio—, cuenta con visión esférica capaz de verlo todo. A través del rayo dorado, el yogui que se encuentra sumido en meditación profunda contempla toda la materia y la inmensidad de la radiación (la energía cósmica vibratoria) que impregna el universo. Al penetrar en la luz azul, el yogui percibirá la Conciencia del Cristo o de Krishna —*Kutastha* o la inteligencia infinita de Dios, el «Hijo unigénito» o reflejo de Dios—, que se halla presente en toda la creación. Al penetrar por la diminuta estrella blanca de cinco puntas, el yogui experimenta la Conciencia Cósmica, es decir, la conciencia trascendente de Dios, que existe en toda la creación y que, además, se encuentra en la Infinitud, más allá de los dominios de lo creado. Al sumergirse en la Conciencia Cósmica, el yogui percibe que toda la creación, incluyendo el microcosmos de su cuerpo, es una proyección de los cinco rayos de la Conciencia Cósmica de Dios[10].

---

[8] *San Mateo* 6:22.

[9] Véase *bulbo raquídeo* en el Glosario.

[10] El yoga define las cinco vibraciones elementales de la materia como tierra, agua, fuego, aire y éter; es decir, pensamientos de Dios que se manifiestan como el universo y sus seres a través de las intrincadas leyes de la naturaleza formuladas por Dios. Estas vibraciones elementales se desarrollan a partir de las cinco fuerzas magnéticas originales del Espíritu. El libro *La ciencia sagrada*, de Swami Sri Yukteswar, publicado por *Self-Realization Fellowship*, incluye una disertación sobre este tema. (Véase *elementos* en el Glosario).

La Conciencia Cósmica del Divino Creador, su inteligencia pura reflejada en la creación como la Conciencia Crística o de Krishna, y su activo poder creativo en forma de Vibración Cósmica constituyen de ese modo la Esencia misma de todas las manifestaciones[11]. Dorado, azul y blanco —los colores de las radiaciones de esta Santísima Trinidad de Dios en la creación— son, por lo tanto, los más espirituales de todos los colores: el blanco refleja la Conciencia trascendental de Dios; el azul manifiesta la Conciencia Crística o de Krishna; y el color dorado (o rojo, que es una transformación del color dorado) representa la radiación o energía presente en el cosmos. A lo largo de la historia, el hombre ha asociado instintivamente el color blanco con la pureza y la espiritualidad; el azul con la tranquila omnipresencia —como la del cielo—; y el dorado o el rojo con la energía.

Cómo surgió del Espíritu el complejo cuerpo humano

Los rayos tricolores del ojo espiritual, mediante una compleja transformación conocida por los yoguis, modelan el cuerpo físico del hombre o microcosmos. Los rayos dorados de energía cósmica, por ejemplo, se hallan estrechamente vinculados a la vitalidad de la sangre roja y se manifiestan en la corriente eléctrica que fluye a través de los nervios. Los rayos azules constituyen un factor predominante en la materia gris del cerebro, que provee el medio para la expresión de pensamientos a través de la actividad sensitiva y motora, de igual modo que a escala universal la Conciencia Crística aporta el medio que sustenta todas las actividades de la naturaleza. Finalmente, los rayos blancos son el factor predominante en la materia blanca del cerebro, en la cual se halla replegada la Conciencia Cósmica trascendental de Dios.

Los tejidos nerviosos tienen forma cilíndrica. Al ver un diagrama del sistema nervioso, éste se asemeja a una red de rayos que se proyectan hacia afuera y que conforman los senderos de la energía eléctrica, sin la cual no existe vida en el cuerpo. La fisiología espiritual oculta en el interior de los nervios se halla directamente vinculada con los pensamientos de Dios. La primera manifestación de Dios el Creador es el pensamiento, la Inteligencia

---

[11] Véase *Trinidad* en el Glosario.

misma. Cuando Dios comenzó a «idear» el cuerpo humano, produjo «tentáculos» de pensamiento (pues todo pensamiento es una proyección lineal). Éstos se convirtieron en rayos; los rayos se transformaron en fibras; y las fibras se volvieron nervios a través de los cuales viaja la energía por la totalidad del sistema nervioso hacia los veintisiete billones de células corporales.

Descubrí estos diversos corolarios cuando leía un poco de fisiología, al mismo tiempo que Dios me mostraba su ciencia trascendental. ¡Es tan interesante ver la maravillosa evolución de la compleja materia a partir de la conciencia singular del Espíritu! ¡Qué intrincada y, a la vez, simple resulta esta realidad, cuando percibimos que todo es Dios! Todas las cosas se sustentan por el poder de su pensamiento. «En una pequeña porción de pensamiento reside el destino del cosmos».

El color es importante en tu vida

Al crear el cuerpo del ser humano, los rayos del ojo espiritual formaron, en primer lugar, el cuerpo astral: el cuerpo de energía vital —dotado de todas las tonalidades del arco iris— que constituye el esbozo del cuerpo material y es el poder que lo anima. Dado que el cuerpo físico es una condensación de los rayos multicolores de luz del cuerpo astral —que es el que imparte la vida—, el color es importante en tu existencia. El hecho es que el color influye en ti, porque los colores son una manifestación de vibraciones específicas. Trata siempre de vestirte con colores que armonicen con tu naturaleza, y rodéate de ellos. Y, por las razones que ya he expuesto, el color dorado, el azul y el blanco son beneficiosos para el sistema nervioso. Por supuesto, si deseas variedad, también puedes utilizar otros colores. Pero, en general, es conveniente tener a tu alrededor alguno de esos colores, que son especialmente provechosos. Advertirás que tu sistema nervioso estará mucho más calmado. Aunque con el fin de variar sea aceptable diversificar de vez en cuando los colores que sueles emplear y con los que te sientes en armonía, los cambios radicales pueden perjudicarte. No sería aconsejable, por ejemplo, pintar las habitaciones de tu casa de color negro[12].

---

[12] La ciencia moderna ha encontrado una interesante confirmación de este antiguo descubrimiento yóguico. Una investigación realizada por el Dr. Roger Ulrich en la Universidad de Delaware demostró que los colores predominan-

La mejor dieta para los nervios

Incluso los alimentos, que también son condensaciones materiales de los rayos astrales vitales, tienen efectos que se hallan vinculados al color. Diversos tipos de alimentos que en su estado natural son blancos favorecen al sistema nervioso porque benefician la materia blanca del cerebro. Los frutos violáceos, tales como los arándanos y zarzamoras, son favorables para la materia gris del cerebro. La mayoría de las frutas son de color dorado (o variantes de éste, tal como rojo o anaranjado). Dado que la energía creativa vibratoria en la materia es dorada, las frutas de este color ayudan a los músculos, a la sangre y a los tejidos. La leche de cabra, las almendras crudas con piel y las pasas son muy beneficiosas para el sistema nervioso. Pero todos los tipos de carne de animales superiores, sobre todo de vaca y de cerdo, resultan dañinos para el sistema nervioso, pues provocan sobreexcitación y agresividad.

Evita ingerir demasiados almidones, sobre todo los de aquellos alimentos elaborados con harina refinada. Incluye en tus comidas granos enteros, queso fresco y mucha fruta, así como jugos de frutas y vegetales frescos; todos estos alimentos son muy importantes. Huelga decir que las bebidas alcohólicas y las drogas destruyen el sistema nervioso; mantente alejado de ellas.

Una bebida yóguica que es muy buena para el sistema nervioso se prepara agregando azúcar molido y jugo fresco de lima a un vaso de agua. Debe mezclarse cuidadosamente y en las proporciones adecuadas para que el sabor sea dulce y ácido por igual. He recomendado a muchas personas esta bebida, con excelentes resultados.

Otra práctica provechosa cuando estés muy nervioso consiste en tomar un baño de agua fría. En una ocasión se lo comenté a un periodista. Él respondió: «Bien, si tuviera que hacer eso cada vez que estoy nervioso, ¡tendría que llevar siempre

---

tes en nuestro entorno ejercen una influencia sustancial y mesurable sobre la frecuencia e intensidad de las ondas cerebrales. «Los estudios muestran que los colores azul y verde ejercen una influencia tranquilizadora —afirma el Dr. Ulrich—. Los colores naranja y rojo activan o incrementan la capacidad para permanecer alerta».

conmigo una tina de baño!». Le aclaré: «No necesariamente. Tome un trozo grande de hielo y frótese con él todo el cuerpo, especialmente los orificios corporales. Con esta técnica del yoga, comprobará que sus nervios se calman».

La armonía con Dios: la mejor medicina para el nerviosismo

Recuerda que la mejor medicina para el nerviosismo consiste en armonizar nuestra vida con Dios. Los mandamientos más elevados que ha recibido el ser humano son: amarás a Dios con todo tu corazón, con toda tu alma, con toda tu mente y con todas tus fuerzas; y, en segundo lugar, amarás a tu prójimo como a ti mismo[13]. Si guardas esos preceptos, todos los acontecimientos ocurrirán a su manera, pero en la forma correcta. No basta ser un moralista estricto: las cabras y las piedras no infringen las leyes morales; aun así, no conocen a Dios. Pero cuando amas al Señor con la suficiente intensidad —aunque seas el más grande de los pecadores—, te verás transformado y redimido. La gran santa Mirabai[14] decía: «Para encontrar a Dios, lo único indispensable es el amor». Esa verdad me impresionó profundamente.

Todos los profetas observan estos dos mandamientos esenciales. Amar a Dios con todo tu corazón significa amarle con el amor que sientes por la persona más querida: con el amor de la madre o del padre por su hijo, o con el amor que se profesan los amantes. Ofrécele a Dios esta clase de amor incondicional. Amar a Dios con toda tu alma significa que puedes verdaderamente amarle, cuando —por medio de la meditación profunda— te reconoces como un alma, un hijo de Dios, hecho a su imagen y semejanza. Amar a Dios con toda tu mente significa que cuando estás orando, toda tu atención está puesta en Él, sin que la distraigan los pensamientos inquietos. Durante la meditación, piensa sólo en Dios; no dejes que tu mente se fije en otra cosa que no sea Dios. Por eso es importante el yoga: porque te permite concentrarte. Cuando, por medio del yoga,

---

[13] *San Marcos* 12:28-31.

[14] Princesa medieval de Rajputana que renunció a su trono y se convirtió en una renombrada devota de Dios. Compuso numerosos cantos devocionales que constituyen un tesoro de la tradición espiritual de la India.

retiras la inquieta fuerza vital de los nervios sensoriales y logras interiorizarte con el pensamiento absorto en Dios, puedes en verdad asegurar que le estás amando con todas tus fuerzas, pues tu ser entero está concentrado en Él.

Vive como un dios, y atraerás amigos espirituales

Por último, aprende a amar a tu prójimo como a ti mismo. Recuerda: en esta vida te encuentras en la Tierra por un lapso muy breve. Has venido aquí anteriormente, en numerosas encarnaciones, y te relacionaste con muchas almas diferentes. ¿Quiénes son tus verdaderos consanguíneos? Para el hombre dotado de sabiduría, todos son sus allegados; todos son su «prójimo». Por supuesto, el hombre sabio llega a comprender que, aun cuando el sol brilla tanto sobre el diamante como sobre el carbón, es aquél el que bellamente refleja la luz del astro rey. Debemos buscar las mentalidades más elevadas —aquellas que se asemejan a diamantes— y hacer amistad con ellas. Dedica tiempo para encontrar verdaderos amigos. Las almas buenas atraen almas semejantes. Vive como un dios, y atraerás amigos espirituales. Vive como los animales, en el plano sensual, y atraerás compañías parecidas a los animales. No tengas trato íntimo con quienes puedan degradar tus ideales y producir nerviosismo materialista en ti; pero, al mismo tiempo, no excluyas a nadie de tu amor.

Además, no te transformes sólo en alguien que da amor sino también en un pacificador, de forma tal que, allá donde vayas, aportes armonía, calma e inspiración. Nadie desea estar cerca de una mofeta: todos la evitan. De igual modo, el hombre nervioso causa repulsa en los demás, pues siempre está inquieto, irritable y exaltado. No queremos ser mofetas humanas. Aspiramos a ser como la rosa que, aun cuando se la estruje, exuda una dulce fragancia. Sé como una rosa humana y esparce la esencia de la paz dondequiera que vayas.

Kriya Yoga te confiere la auténtica experiencia de la religión

Si meditas, tu vida reflejará la conciencia espiritual. Desde la publicación de mi libro *[Autobiografía de un yogui]*, todo el mundo pregunta sobre *Kriya Yoga*. En esta técnica se resume mi propósito. No he venido a ofrecer abstracciones teológicas, sino un método por medio del cual las personas sinceras puedan conocer verdaderamente a Dios, y no sólo teorizar acerca de Él. Quiero que progreses en el sendero de *Self-Realization Fellowship*, y que atraigas a otros a la autopista de *Kriya Yoga*. La práctica de *Kriya* te confiere la auténtica experiencia de la religión, que no podrás obtener tan sólo conversando acerca de Dios. Jesús dijo: «¿Por qué me llamáis: "Señor, Señor" y no hacéis lo que digo?»[15].

Cuando por medio de *Kriya Yoga* abro mi ojo espiritual, el mundo entero desaparece de mi conciencia, y Dios está conmigo. Y ¿por qué no? Soy su hijo. San Ignacio afirmó: «Dios busca corazones dispuestos para que Él pueda concederles su herencia...»[16]. Esto es muy hermoso, y es en lo que yo creo. Dios busca corazones dispuestos para prodigarles sus dones. Él desea darnos todo, pero no nos decidimos a hacer el esfuerzo de ser receptivos. Él observa nuestros corazones, y si están llenos de otras cosas, no viene a nosotros. Pero cuando en verdad puedas decirle: «Señor, nada hay en mi corazón, excepto Tú», Él vendrá a ti. Durante un tiempo, jugará a las escondidas contigo; pero si eres persistente, comenzarás a percibir que, de modo misterioso, te suceden cosas maravillosas que sabes que provienen de Dios. A su debido tiempo, recibirás su inequívoca manifestación en la forma de respuestas directas a tus oraciones, o a través de visiones de santos. Por fin, Él llegará a ti abiertamente. Podrás hablarle y comulgar con Él. Y una vez que estés anclado permanentemente en la percepción de la Presencia de Dios, el nerviosismo jamás podrá afectarte de nuevo.

---

[15] *San Lucas* 6:46.
[16] Parafraseado de la *Epístola de San Pablo a los colosenses* 3:23-24.

La armonía divina

Escrito en la década de los veinte o a principios de la década de los treinta

Cada mañana, cuando el sol jubiloso penetra con sigilo en mi habitación y me despierta mediante el suave toque de sus rayos, me froto los ojos todavía somnolientos y miro hacia el cielo bañado en resplandor diciendo: «¡Oh, Dios de luz!, que tus dedos de iluminación toquen cada tecla de mi vida, de forma tal que todas sus notas puedan crear un canto de armonía y amor. Que ningún sonido hostil perjudique la concordia de esta melodía; que no haya compás discordante que estropee la composición musical que escribo con mi vida».

Mis oraciones a Dios no tienen el propósito de obtener bienes temporales, sino aquello que es perdurable. La fama, que desaparece como las gotas de rocío bajo el sol, o la riqueza, que se esfuma como una ráfaga de viento, carecen de interés para mí. Busco una vida de humilde servicio y una abundancia superior a las riquezas materiales. ¿Qué más podría desearse que vivir una vida plena y armoniosa, que todo lo abarca y que ofrece todo a los demás? La desarmonía significa desdicha y muerte; la armonía es el gozo de la vida.

Vivimos en dos mundos

Este mundo no supone lo mismo para todos los seres humanos. Cada cual vive en su propio y reducido dominio. Una persona puede residir en un estético reino de poesía y música; otra, en una tosca región de clamores de la carne y suspiros que ansían la materia. Puede que la paz y la armonía reinen en el mundo de una persona, mientras que las disputas y la guerra rigen en el de otra. Pero cualesquiera que sean las circunstancias de tu entorno, éste se compone de un mundo interior y de un mundo exterior: el mundo exterior es aquel en el cual tu vida se compromete en la acción y la interacción; el mundo que albergas en tu interior determina tu felicidad o infelicidad, y también tu aptitud o incapacidad, las cuales se expresan en el mundo externo. La mano del Ser Único que creó esos mundos hizo que pudieran armonizarse entre sí, y que esa característica —la armonía— fuese su naturaleza intrínseca. Si parecen discordantes, la culpa es de quienes abusan o hacen mal uso del potencial de estas creaciones divinas.

En una de sus obras, Mark Twain narra una historia en la que dos turistas salieron de la cama, envueltos en cobertores, y se apresuraron a ver la salida del sol sobre los Alpes. Pero su reloj mental estaba trastornado. Mientras se deleitaban con el glorioso despliegue de luz y coloreadas nubes, para su desazón ¡el sol se ocultaba en lugar de salir! Fatigados por el viaje, habían dormido todo el día. La gente está convencida de que sus percepciones personales son «los hechos», hasta que la evidencia que revela lo contrario finalmente les muestra cuál es la verdad. ¿Quién puede convencer a seres humanos llenos de prejuicios de que la totalidad del universo se mueve con un ritmo cósmico eterno, y que todas las irregularidades son concepciones erróneas provenientes de una visión limitada o distorsionada? Los que *pueden* oír, oyen; los que *pueden* ver, ven; los que cuentan con un corazón perceptivo captan la divina armonía que se extiende por la creación entera.

Para numerosos filósofos y pensadores occidentales, que observan el mundo sólo a través de la información que procede de sus sentidos, la naturaleza parece estar plagada de conflictos y discordia. En la tormenta, leen una narración de furia; en el terremoto, un relato que versa sobre la desgracia que la Tierra ha de soportar. Para el entendimiento sensible de estas personas, la batalla que libra toda la naturaleza en busca de alimento es una nota discordante y ofensiva dentro del canto del Creador. «¿Es armonía —preguntan tales pensadores— que la vida de los animales signifique la muerte de las plantas, y que la sangre y los huesos de los animales sean el alimento del hombre?». En toda la naturaleza existe una rivalidad por el dominio y la supervivencia: una especie lucha contra otra; una raza se enfrenta a otra; una nación batalla en contra de otra. ¿Dónde está la armonía?

Para el oído poco entrenado, cierta música puede sonar como una mezcla desordenada de ruidos. Al ojo que no ha sido educado, una obra de arte puede parecerle un conjunto de pinceladas caprichosas del pintor. La mente que no se ha sintonizado con el amor de Dios no ve el significado de las aparentes anomalías que existen en la creación. Incluso un hombre como Nietzsche, a pesar de los brillantes destellos de su percepción e intuición, era incapaz de distinguir la armonía interna que conforma el corazón mismo de todas las manifestaciones. No debe sorprendernos, entonces, que mentes menos capacitadas no comprendan esta verdad. Para penetrar en el alma de la creación, se requiere del discernimiento que aporta el yoga.

En medio del caos existe armonía

Las cosas no son lo que aparentan. Cuando lo único que ves de un objeto es un mero corte transversal, esa percepción no parece tener demasiado significado. Pero si observas la totalidad del objeto, repentinamente emerge una imagen plena de significado. De igual forma, la magnífica pintura de la creación se extiende por el infinito lienzo del tiempo y del espacio. Cada objeto y suceso de la naturaleza constituye una genial pincelada del Grandioso Artista. Pero la persona común ve sólo fragmentos y piezas confusas de esas representaciones.

Debes considerar todo cuanto ocurre como una nota de la sinfonía del Director Cósmico. Cada una de esas notas individuales parece carente de sentido hasta que oyes la composición completa. En la cósmica obra magna que el Creador ha ejecutado a lo largo de los tiempos, todo desempeña su papel en el «popurrí»: la tormenta, la muerte, el amor, la vida. Todo se une en un ritmo universal de armonía, que se escucha sólo cuando el alma se sintoniza con Dios en la meditación. En la «Visión de visiones» que se relata en el *Bhagavad Guita*[1], Sri Krishna concedió a Arjuna la percepción de la unidad universal que existe en medio de la diversidad aparente —la Inmutable Armonía que se halla en el corazón mismo del fluctuante caos de la creación—. «El Señor afirmó: "Contémplame como el Ídolo Cósmico que se encuentra en el Templo de la Omnipresencia: ¡la totalidad del cosmos integrado por los dioses, los hombres y la naturaleza!"».

¡Cuán limitada es la capacidad de la percepción humana!

---

[1] Capítulo XI.

Tienes oídos, pero ¿realmente oyes? Tienes ojos, pero ¿en verdad ves? Posees un corazón, mas ¿son acertados sus sentimientos? Estás dotado de alma, pero ¿es tu conciencia la expresión pura de esa divinidad? Quienes son hijos de la noche, habitan en la oscuridad; los que provienen del día, viven en la luz. Sólo aquellos que saborean la armonía que mora en su alma conocen la armonía que satura la naturaleza. Quienes carecen de armonía en su interior también perciben esa carencia en el mundo. Una mente caótica halla el caos a su alrededor. ¿Cómo podría alguien saber qué es la paz si jamás la ha probado? Pero quien posee paz interior puede permanecer en ese estado aun en medio de los conflictos exteriores.

Había en la India un yogui y padre de familia cuya esposa era la viva encarnación del mal genio, más malhumorada aún que la mujer del pobre Sócrates. Nada de lo que el yogui hacía lograba complacer a su esposa, ni a ésta le parecía lo apropiado. Incluso los vecinos se quejaban con frecuencia de su disposición poco amigable. El yogui, en su natural bondad, y seguro de su propia calma interior, recurrió a toda su paciencia y la dejó en paz, esperando que el tiempo la reformara. Pero ella no tenía paciencia con él, y estaba firmemente resuelta a poner fin a lo que consideraba la espiritualidad poco práctica de su marido. Habiendo fracasado en la totalidad de sus argucias diabólicas, decidió quemar todos los libros de su cónyuge y, para ello, resolvió incendiar también la casa. Al ver lo que ocurría, el yogui se acercó a su esposa y le dijo: «Amada mía, te amo más que nunca. Has sido para mí un regalo providencial de Dios. Todo este tiempo me has enseñado a ser paciente. Ahora, me has sanado de mi última dolencia: el amor y apego a los libros y al hogar». ¿Quién o qué puede perturbar la entrenada y serena mente de un auténtico yogui?

Perseguimos un arco iris

No siempre percibimos aquello que se encuentra más próximo a nosotros. Dejamos de lado las riquezas que están al alcance de nuestra mano y, en cambio, perseguimos un arco iris. Buscamos la seguridad en las tinieblas, cuando, en realidad, añoramos la luz. Bebemos sueños dorados insaciables, aunque nuestras almas están sedientas de la Realidad Absoluta. Corremos tras la sombra del espejismo, en busca de un refugio inexistente,

La armonía divina

pero la verdad es que anhelamos el oasis de la paz y la armonía que reside en nuestras almas. La desordenada diversidad que nos llama desde afuera es un mero espectáculo de sombras comparado con los tesoros reales que se encuentran en el interior. Apacigua cualquier inquietud mental que surja de ti y enfoca la mente en tu interior. Armoniza tus pensamientos y deseos con las realidades que satisfacen todo anhelo y que ya posees en el alma. Entonces, serás testigo de la armonía que subyace en tu vida y en toda la naturaleza. Si armonizas tus esperanzas y expectativas con esa armonía intrínseca, flotarás por la vida sobre etéreas alas de paz. La belleza y profundidad del yoga reside en su capacidad de conferir esta tranquilidad imperturbable.

La armonía surge del amor y de la sabiduría

La armonía surge del amor y de la sabiduría, los cuales, a su vez, son el producto de un corazón puro y generoso. Un corazón inmaculado es el resultado de pensamientos puros. La pureza mental proviene de un proceso selectivo mediante el cual la mente distingue los pensamientos buenos de los malos, rechaza los últimos y se concentra siempre en los primeros. Por medio de la repetición y del refuerzo que supone la acción diligente, el discernimiento se convierte en un hábito virtuoso. Cuando cesa el conflicto mental de los pensamientos divergentes, debido a que se ha eliminado el discurrir erróneo, surge en la existencia una armonía tanto interna como externa. Por lo tanto, cuando tus pensamientos emprendan una riña familiar entre ellos, resuelve sus diferencias con sabiduría y comprobarás que los conflictos que tanto te atribulan dejarán de perturbarte. Tal es la experiencia y el testimonio de quienes practican yoga.

La mente es un incinerador que te brinda la naturaleza donde puedes reducir a cenizas todo desecho intelectual que no valga la pena conservar: tus pensamientos y deseos carentes de valor, tus concepciones erróneas y tus quejas, además de tus discordias concernientes a las relaciones humanas. No existe una sola persona, por alejada que esté, con la cual no puedas reconciliarte, con tal de que primero lo hagas en tu mente. No hay ningún problema en la vida que no puedas resolver, siempre y cuando lo soluciones primero en tu mundo interior: su lugar de origen. Que no te intimiden las consecuencias, aun cuando puedan ser drásticas. Si antes de actuar, armonizas primero esa situación con la sabiduría de tu discernimiento mental, el resultado surgirá por sí solo. Una mente armoniosa genera armonía en este mundo de aparente discordia.

La armonía interior genera fortaleza

La armonía interior es una abundante fuente de poder que genera fortaleza. No sólo posees la facultad de soportar lo que te crees incapaz de sobrellevar, sino que, además, puedes transformarlo y perfeccionarlo. Te ha sido concedido un poder capaz de mover el mundo y alterar el rostro del destino a pesar de las circunstancias externas discordantes. Cervantes escribió su famosa obra *Don Quijote* en la celda de una prisión, como hiciera también Sir Walter Raleigh con su tratado de historia. La armonía preserva la energía mental, en tanto que la discordia la dilapida. Si la mente es un campo de batalla de pensamientos que luchan entre sí, en permanente indecisión y desacuerdo, se consume una energía que hubiera sido suficiente para forjar una vida ideal. Mantén la armonía de tus pensamientos, y se te concederá más poder. Si permites que las fuerzas de signo opuesto tiren de ti en diferentes direcciones, tu avance será casi nulo. Sé sabio y utiliza en forma constructiva la energía que Dios te ha conferido, tanto en el aspecto mental como en el físico.

Siéntete a gusto contigo

La armonía se manifiesta como bondad natural. Una persona que no puede llevarse bien con las demás tampoco puede fraternizar consigo misma; su estado interior es el de perpetua lucha, y se halla a disgusto con su propia naturaleza. ¿Cómo podría esa persona estar cómoda con los demás? En primer lugar, debe sentirse a gusto consigo misma; luego, deberá encontrar la armonía en su interacción con todos aquellos con quienes entre en contacto. La persona que encuentra defectos en los demás es porque, en general, tampoco se tiene en alta estima. Dichas personas no conocen el centro de armonía que se encuentra en su interior. Se cansan de todo; en ocasiones, hasta de la vida misma. No es de extrañar que dichas personas vean sólo inarmonía dondequiera que estén. Por este motivo, incluso algunos millonarios se suicidan, a pesar de todo su poder material y las posesiones con que cuentan. No hay felicidad en la riqueza ni en ninguna otra cosa, a menos que exista en la mente una armonía que genere serenidad. Quienes no pueden encontrar la paz en su propio corazón tampoco la encontrarán afuera.

La armonía es el principio secreto de la vida

El buen juicio es una expresión natural de la sabiduría, pero depende directamente de la armonía interior, es decir, del equilibrio mental. Cuando la mente carece de armonía, no tiene paz; y sin paz, carece tanto de juicio como de sabiduría. La vida está llena de tropiezos y reveses. En los momentos de prueba, que requieren tu juicio más lúcido, lograrás la victoria si preservas tu equilibrio mental. La armonía interior es tu mayor apoyo para sobrellevar el peso de la vida.

En el mundo abundan los males, pero ¿sabías que son necesarios? Ellos constituyen la inarmonía, la oscuridad en el centro mismo de la luz que crea lo diverso y lo dual, sin los cuales sólo existiría la Divina Singularidad. Esto no significa que hayas de abrazar la maldad y la discordia, ni que no las resistas o las combatas. Eres el alma, una expresión individualizada de Dios, cuyo objetivo es contemplar la creación como Él lo hace. Debes encontrar la armonía fundamental que subyace en medio del caos y conservarla dentro de tu ser.

La armonía es el principio secreto que controla la vida y que impide su desintegración. Tu aliento fluye y tu salud es vibrante siempre y cuando tus órganos corporales trabajen armoniosamente. Pero si existe discordia, las enfermedades no tardan en presentarse y, finalmente, el aliento cesa dejando una carcasa de carne y huesos. Este principio también es válido para cualquier tipo de organización, para toda estructura compuesta por partes que actúen recíprocamente, desde la naturaleza en su conjunto hasta las relaciones humanas, las empresas mercantiles y las asociaciones espirituales. La armonía es el alma de la organización; la inarmonía es su ruina.

La armonía es el fruto del entendimiento: «[...] con todos tus medios, adquiere entendimiento»[2]. Todo esfuerzo tendente

---

[2] *Proverbios* 4:7. «La sabiduría es lo más importante; por consiguiente, adquiérela: con todos tus medios, adquiere entendimiento».

a establecer la armonía entre los seres humanos o las naciones que se base sólo en la igualdad económica o en la paridad de recursos militares fracasará con certeza. Jamás podrá haber entendimiento si la atención se encuentra fija en objetos tan efímeros como los lingotes de oro, los ejércitos o las armas. En ninguna forma traerán paz al hombre y a este mundo la igualdad de fortunas materiales, ni una cantidad idéntica de bombas o barcos de guerra; sólo lo hará la armonía interior de cada una de las almas que integran las diversas naciones y las estructuras sociales que componen cada país. Lo que se requiere es comprender las necesidades comunes más elevadas de las que dependen la preservación y la verdadera felicidad del cuerpo, la mente y el alma de cada ser humano.

La armonía cósmica es el corazón palpitante de Dios

El amor y la tolerancia son esenciales para el desarrollo de la armonía. El amor alimenta todas las cosas que crecen; armoniza todo y lo une. El odio agita y separa; la indiferencia destruye lo que pudo haber sido bueno y beneficioso. El amor es armonía, y la armonía es amor. Los corazones que nunca aman no reciben jamás la visita de los ángeles de la armonía. El amor es el principio más elevado, espléndido, inspirador y sublime de la creación. Todas las almas, el mundo y el universo entero se encuentran en sintonía con la eterna armonía cósmica del amor. La inarmonía surge cuando no reconocemos esta unidad divina, que es el corazón de Dios que palpita en todo lo que Él ha creado. Él es el amor que fluye a través de los corazones bondadosos y la bienaventuranza que se expresa como gozo en todas las almas.

Un sabio hindú afirmó: «Las personas disponen de tiempo para preocuparse y sufrir, pero creen que carecen de tiempo para meditar y esforzarse por aquello que las hará verdaderamente felices». Desecha la indiferencia y cultiva el amor, la tolerancia y la sabiduría. Erige tu gozo sobre el firme basamento de la armonía interior. No abrigues pensamiento alguno que no esté en consonancia con el amor y los justos ideales de Dios. De este modo, toda tu vida rebosará con la luz y la dicha de la Armonía Divina.

¿Qué es la Verdad?

Primer Templo de Self-Realization Fellowship en Encinitas (California), 13 de febrero de 1938

El significado de la palabra «verdad» es muy ambiguo; se trata de un concepto difícil de explicar. Todos tienen convicciones que consideran verdaderas. Pero entre las diferentes e innumerables ideas, ¿cuál es realmente la verdad?

La verdad es relativa y, por otra parte, es absoluta; evoluciona a través de numerosas etapas relativas, antes de alcanzar el estado absoluto. Por ejemplo, dos personas comentan los detalles de un negocio. Una hace cierta propuesta de la cual no duda que conducirá al éxito, y la otra persona efectúa una contrapropuesta a través de la cual se lograría el mismo objetivo, pero con ventajas adicionales. Más tarde, se presenta una tercera persona que aporta una idea aún mejor. Cada método era «verdadero» en su propio planteamiento, pero sólo en un sentido relativo.

La verdad es aquello que produce felicidad permanente

En un sentido absoluto, todo aquello que se oponga a la auténtica felicidad es falso; y lo que aporte felicidad permanente es verdadero. La felicidad permanente no se refiere a la emoción efímera que proviene del éxito material y de los placeres, sino al gozo que se experimenta cuando el alma se sintoniza con Dios. Mediante este criterio, puedes juzgar toda acción que lleves a cabo según el resultado final previsto: es decir, si esa acción contribuirá o no a lograr una felicidad perdurable.

La Verdad Suprema es Dios; y Dios es la Suprema Verdad. El universo mantiene su existencia gracias a esta Verdad, que opera a través de las leyes cósmicas del Señor. Estas leyes constituyen verdades básicas que son eternas y no están sujetas a la manipulación del hombre. Por ejemplo, la verdad absoluta establece que, puesto que todas las criaturas son un templo de la presencia de Dios, es incorrecto matar o lastimar a cualquiera de ellas. En su sentido relativo, sin embargo, constituye un mal menor emplear la fuerza para proteger a un inocente de una persona perversa, o matar a una forma inferior de vida para salvar otra más elevada. Pero destruir una vida sólo por el gusto de matar es incorrecto. La ley universal se basa en la unidad a través del amor, y requiere de la práctica de la tolerancia y la concordia. Si deseas encontrar la verdad, tus pensamientos y acciones deben ser veraces —física, moral y espiritualmente, de acuerdo con los eternos principios divinos.

La verdad es la Sustancia primordial. Explicaré, en primer lugar, dónde ha de encontrarse la presencia de esa Sustancia. Todo se halla enlazado con la Inteligencia Cósmica: los árboles, el cielo, un ave, el hombre. Ese vínculo se denomina Sustancia, la naturaleza esencial de todos los fenómenos. Se trata del eslabón conectivo que hace de todas las manifestaciones una sola Esencia. Esta Sustancia o Verdad se encuentra oculta; lo que ves son sólo imágenes fenoménicas que surgen de la Sustancia mediante el poder de la ilusión cósmica o *maya*.

Tres formas de llegar a la verdad

Ahora bien, existen tres formas de llegar a la verdad: a través de la percepción de los sentidos, de la inferencia y de la intuición.

Si tu percepción sensorial es errónea, tu deducción también lo será. Si miras al horizonte, tal vez creas que hay un incendio porque divisas humo; pero conforme te acercas al lugar, adviertes que sólo se trataba de una nube de polvo. A fin de percibir la realidad de cualquier cosa, te vales de los sentidos —vista, oído, olfato, gusto y tacto—, además del poder de la mente. Éstos, sin embargo, podrían no aportar la prueba definitiva de la verdad, pues si los sentidos mienten, la mente estará errada. La mente deriva sus conclusiones de acuerdo con las percepciones de los sentidos, y éstos son extremadamente limitados. Por esta razón, Jesús hizo llegar la verdad a las multitudes en forma de parábolas, «... porque viendo no ven, y oyendo no oyen ni entienden»[1].

---

[1] *San Mateo* 13:13.

¿Qué es la Verdad?

El oído capta sólo un cierto intervalo de vibración. Tu aparato auditivo no puede percibir los sonidos más agudos ni los más graves. Si el alcance de tu audición se incrementara lo suficiente, percibirías el extraordinario sonido que el universo emite conforme se desplaza por el espacio. Todo se encuentra en movimiento, y ese movimiento está acompañado de sonido. Nada permanece en reposo, salvo en la esfera trascendental del Espíritu, donde no existe vibración. En el centro mismo de tu ser, puedes oír esos sonidos vibratorios de la creación que son manifestaciones del *Om* o Amén omnipresente. Pero debido a que pertenecen a un rango vibratorio superior, esos sonidos más sutiles sólo se captan con el oído astral: el poder sutil que proporciona el denso sentido auditivo a tu cuerpo físico.

De forma similar, si se incrementara el poder de tus ojos, verías todo tipo de luces diferentes. Los ojos físicos te muestran sólo un espectro limitado de la luz, pero el ojo espiritual (astral) puede contemplar la auténtica naturaleza de todas las cosas en forma de imágenes constituidas por la luz creativa de Dios. Todo tu cuerpo, que percibes como carne sólida, no es otra cosa que ondas electromagnéticas. El doctor Crile ha demostrado que tanto el cerebro de un ternero muerto como el de un ser humano sin vida emanan una gran cantidad de radiaciones eléctricas[2]. Normalmente, al cerrar los ojos, ves sólo oscuridad; pero si poseyeras suficiente desarrollo espiritual, verías luces maravillosas. La Biblia dice: «Y la luz brilla en las tinieblas, y las tinieblas no la vencieron»[3]. Éstas son verdades fundamentales que no percibes porque tus sentidos están sintonizados sólo a un intervalo limitado de ciertas vibraciones más densas.

La intuición es el poder omnisciente del alma

¿Cómo encontrarás entonces la verdad, la realidad que yace más allá de lo que captan los sentidos? No podrás lograrlo

---

[2] El Dr. George Washington Crile (1864-1943) fue un cirujano militar que dedicó su vida profesional a obtener un mayor conocimiento de los fenómenos concernientes a la vida. Insatisfecho con las explicaciones convencionales que por entonces ofrecían la fisiología y la bioquímica, fundó una institución denominada Cleveland Clinic Foundation, donde durante veintidós años dirigió investigaciones biofísicas que le llevaron a formular, en 1936, su teoría «radio-eléctrica» de los procesos vitales.

[3] *San Juan* 1:5.

si recurres a tu mente racional, porque ésta es víctima de los sentidos y únicamente efectúa deducciones con la información proveniente de ellos. La mente, por lo tanto, no es capaz de percibir las fuerzas infinitas que danzan por doquier. Sólo a través del desarrollo de la intuición podrás conocer qué es la verdad. La intuición es percepción directa, y consiste en la comprensión pura y omnisciente del alma.

Tienes una vislumbre de la naturaleza de la intuición en esos sentimientos imposibles de explicar que llamamos «corazonadas». Una corazonada es la intuición en estado embrionario, algo que no sabes por intermedio de los sentidos ni la inferencia; se trata de una verdad que se manifiesta por sí misma. Tal vez, mientras estás tranquilamente sentado y, sin razón alguna, piensas en alguien a quien no has visto o con quien no has tenido contacto en mucho tiempo; luego, sin previo aviso, esta persona se presenta o recibes noticias de ella. Ahora bien, ¿cómo lo supiste? A través de un destello momentáneo de intuición. Todos han experimentado en alguna ocasión este tipo de intuición espontánea.

Los errores de criterio son consecuencia de no haber desarrollado la intuición. La mayoría de las personas han sentido que podrían ser extraordinarias o realizar grandes obras; pero, dado que carecen del poder de la intuición, ese potencial ha permanecido latente en su mayor parte. Para progresar y evitar la desdicha que conllevan los errores, debes conocer la verdad que existe en todo, lo cual sólo es posible si desarrollas la intuición. Éste es el aspecto práctico del tema. Por tal motivo, espero que cultives y uses el poder intuitivo en todas tus acciones; en las relaciones con los demás, en el trabajo, en la convivencia marital, en cada aspecto de tu vida, la intuición es esencial.

Mientras no desarrolles la facultad de la intuición, tomarás decisiones equivocadas, elegirás socios comerciales inapropiados y quedarás atrapado en relaciones personales inadecuadas. Debido a que el buen juicio de tu mente se encuentra condicionado por la información que suministran tus sentidos, si éstos son víctimas del engaño tal vez pienses que una persona es maravillosa sin saber cómo es verdaderamente en su interior. Quizá creas que has encontrado a tu alma gemela, y contraigas un matrimonio que finalice en un divorcio ante los tribunales.

Pero la intuición jamás te hará cometer tales errores. No fijará su atención en el poder magnético de los ojos ni en el atractivo rostro o el encanto de una persona, sino que te hará sentir en el corazón y percibir de manera precisa cómo es ella en verdad.

Gracias al poder de la intuición, que aprendí a desarrollar mediante las enseñanzas de mi gurú, Sri Yukteswarji, jamás cometí errores sobre la naturaleza humana. La intuición me ha sido muy útil en ese aspecto. Sin embargo, no trato de ver la faceta negativa de la gente; para ayudar a los demás, les prodigo amor incondicional, aun cuando sepa que podrían defraudar mi confianza.

Muchas personas que carecen de intuición arriesgan grandes sumas de dinero en propuestas financieras que no conducen a ningún buen resultado y, en consecuencia, lo pierden todo. Yo he tenido éxito en toda decisión que he tomado basándome en el poder de la intuición, pues ésta nunca fracasa.

A medida que avances en tu desarrollo, la intuición se presentará como un cierto sentimiento o una voz interior. Puesto que las mujeres son más receptivas a los sentimientos que los hombres, ellas tienen, por lo general, más intuición, salvo cuando se encuentran bajo el dominio de las emociones. En general, los hombres se rigen más por la razón que por el sentimiento; pero si cuentan con una aguda inteligencia equilibrada con el sentimiento, eso les conduce a la intuición.

Conoce, a través de la intuición, el propósito de tu existencia

Si empleas la intuición, conocerás el propósito por el cual existes en este mundo; y cuando lo descubras, encontrarás la felicidad. Nuestro planeta es un escenario, y Dios es el Director de escena. Si todos insistieran en ser reyes y reinas, sería imposible la representación del drama. El sirviente y el héroe, así como la realeza, deben desempeñar sus papeles de la mejor manera posible para que la obra teatral se desenvuelva con éxito. Los villanos son aquellos que perturban el drama de justicia del Señor. Los que eligen dicho papel deben pagar muy caro su grave error de hacer caso omiso a la dirección divina. Sea cual sea la situación material en que se encuentre una persona, o la fortuna que haya amasado, ella no puede recibir el calificativo de «exitosa» si obtuvo su riqueza por medios reprobables.

La verdadera felicidad sólo es posible cuando desempeñamos nuestro papel *con rectitud,* y no de otra manera. Tanto el que representa el papel de millonario como el que cumple la función de pequeño empresario son iguales ante los ojos de Dios. En el día postrero, Dios despojará a todas las personas de sus posesiones y títulos. Lo que hayas adquirido en tu alma es lo único que llevarás contigo.

Los seres iluminados, como Jesús, conocen la Verdad gracias al poder intuitivo. Su percepción no tiene lugar sólo a través de los ojos y la mente sino mediante la intuición, que está tan desarrollada que les permite saberlo todo. Jesús llevó una vida pura, y sabía que, a pesar de ello, sería traicionado y crucificado. Mas también sabía que, al final, se encontraría en los brazos del Dios inmortal. De la misma forma, todos somos hijos de Dios, y hemos sido enviados para desempeñar nuestro papel; pero no es el personaje que interpretemos lo que Dios tomará en cuenta, sino la forma de representarlo. Jamás caigas presa del desaliento cuando tu papel resulte difícil. En el momento en que lo hayas concluido, serás recibido como hijo de Dios. Hasta entonces, no lograrás ser totalmente libre.

La intuición se desarrolla a través de la meditación

La única forma de conocer la verdad y de vivir conforme a ella consiste en desarrollar el poder de la intuición. Descubrirás así que la vida tiene un significado y que, independientemente de lo que hagas, la voz interior te guía: esa voz que ha estado ahogada durante tanto tiempo en el fango de los pensamientos engañosos. El modo más seguro de lograr que se exprese la intuición consiste en meditar por las mañanas y antes de retirarse a dormir en la noche. De la misma manera que cumples con tus compromisos, ya sean de trabajo o de cualquier otro asunto que consideres de importancia, nunca debes olvidar tu cita con Dios. Posiblemente pienses que te hallas sumamente ocupado, pero ¿qué ocurriría si Dios estuviese demasiado atareado y no pudiese darte la vida? ¡Caerías desplomado! Para mantener tu cita diaria con Dios, debes reservar el tiempo necesario para Él. Medita y ora con profundidad, y espera su respuesta. Si le invocas una y otra vez con concentración siempre creciente, Él responderá tus plegarias. El gozo y la paz llamarán a las puertas de tu corazón. Cuando ese estado se presente, sabrás que te encuentras en comunión con Dios. Si te esfuerzas, harás contacto con su Poder. Concédete esa oportunidad. No hay posibilidad de éxito a menos que hagas el esfuerzo.

Si pasas tu vida en un estado de excitación constante, jamás conocerás la verdadera felicidad. Vive con sencillez y tómate la vida con mayor tranquilidad. La felicidad reside en darte tiempo para pensar y practicar la introspección. Recógete en soledad, de vez en cuando, y permanece más tiempo en silencio. Si la radio está encendida continuamente, o bombardeas sin cesar tus sentidos con otros estímulos, tus nervios se verán afectados y te provocarás nerviosismo.

Y no pienses tanto en reformar a los demás; refórmate tú primero. El campo más importante para lograr la victoria es tu propio hogar. Si eres un ángel en casa, podrás serlo dondequiera que te encuentres. La dulzura de tu voz y la paz de tu conducta son necesarias en tu vida familiar más que en ninguna otra parte.

Adquiere el poder infalible

Cuando comulgues con Dios, la percepción intuitiva de la verdad te orientará en todo cuanto emprendas. Hace siete años, llegué en una casa rodante a este paraje frente al océano [Encinitas] y señalé: «Siento que un día tendremos un grandioso lugar aquí». En la actualidad, disponemos ya de un templo y una ermita que constituyen el núcleo de un centro ideal para buscar a Dios.

El objeto de este centro es contar con un lugar donde puedas comulgar con Dios y sentir su presencia. ¿Por qué no adquirir de forma consciente ese Poder que jamás te defraudará? Percibe ese Poder que se halla dentro de ti. Cultiva el hábito de venir a este sitio con regularidad. No deseo atraer a quienes únicamente quieren satisfacer su curiosidad. Yo mantengo mi compromiso con Dios, y tan sólo busco a esos auténticos devotos de Dios que llegarán aquí, a este hermoso paraje, para recargarse con Su poder.

Te darás cuenta de que ese Poder opera en todas las cosas para hacer que tu vida sea completa, que tu salud vibre con energía cósmica y que tu mente esté alerta con la profunda claridad de la concentración. Advertirás que tu alma es un receptáculo de la verdad y la sabiduría infalibles de Dios, las cuales te guiarán siempre.

Dios es la Fuente de la salud, la prosperidad, la sabiduría y el gozo eterno. Nuestra vida se torna completa al estar en comunión con Él. Sin el Señor, la existencia se halla truncada. Concede tu atención al Todopoderoso que te da la vida, la fortaleza y la sabiduría. Ora para que la verdad fluya sin cesar a tu mente, para que la energía recargue continuamente tu cuerpo y para que el gozo interminable inunde tu alma. Detrás de la oscuridad de los ojos cerrados se encuentran las prodigiosas fuerzas del universo y todos los grandes santos, así como la vastedad del Infinito. Medita y percibirás la Verdad Absoluta omnipresente, y verás la misteriosa forma en que opera en tu vida y en todas las glorias de la creación. «¡Oh Arjuna!, comprende que es sáttvico (verdad pura) aquel conocimiento por el cual se percibe en todos los seres al indestructible Espíritu, el cual permanece indiviso en lo dividido»[4].

---

[4] *Bhagavad Guita* XVIII:20.

La conciencia omnipresente de Cristo y Krishna

Primer Templo de Self-Realization Fellowship en Encinitas (California), 18 de diciembre de 1939

Con el advenimiento de la Navidad y del Año Nuevo, toma la decisión de adoptar un nuevo modo de vida. Procura la comunión con el Señor cada día. La mejor forma de encontrar a Dios es a través de una técnica. Existe un método que podemos aplicar a todo lo que estudiemos, y la religión es una disciplina tan científica como la medicina y las matemáticas. Asimismo el yoga (cuyo significado es «unión» con Dios) es una ciencia que se basa en técnicas espirituales. Las enseñanzas divinas de la India fueron enviadas a nuestro continente por maestros iluminados, que se encuentran en comunión con los grandes santos y con Cristo. En el sendero universal de *Self-Realization Fellowship*, no hay lugar para los prejuicios y las divisiones, porque al experimentar nuestro propio Ser interior llegamos a saber que existe sólo un Dios y que todos somos sus hijos.

La guerra que se avecina atestiguará cada vez más la insensatez del hombre. Oremos para que todas las naciones depongan sus armas en esta guerra inútil y carente de sentido y para que trabajen, en cambio, con el fin de allanar el camino hacia un Mundo Unido. Sólo si practicas la espiritualidad podrás salvar a tu país; y a ti mismo podrás salvarte sobre todo mediante la meditación. De vez en cuando debes apartarte del mundo y meditar. Emplea tu tiempo para buscar a Dios. Hoy me referiré a la conciencia omnipresente de Cristo y Krishna a través de la cual puedes encontrar al Señor.

La persona común es consciente de manera primordial de sus impresiones sensoriales. Ella ve a través de los ojos y oye por medio de los oídos; al tratar de interpretar la información que le brindan los sentidos, su mente se expande gradualmente.

El ser humano cuenta con grandes poderes mentales, pero debe desarrollarlos. Aunque se encuentre atado al cuerpo, gracias a la inteligencia es capaz de extender su imaginación hasta el cielo y, por ejemplo, puede descubrir que la luz de una estrella que murió hace millones de años aún se halla en camino a la Tierra.

Sin embargo, por más que se desarrolle mentalmente, el hombre está todavía sujeto a las limitaciones que le impone su cuerpo físico. Si le golpea una piedra, ésta podría matarle. Jesús demostró, mediante el desarrollo espiritual, una gran verdad científica: el cuerpo no es el objeto material que aparenta ser, sino energía indestructible[1].

Las definiciones modernas sostienen que el vehículo físico del hombre es, en esencia, una onda electromagnética. Si el cuerpo de un hombre de 80 kilos de peso se sumergiera en ciertos ácidos, se disolvería por completo. ¿Adónde se habría ido? En apariencia desaparecería, mas ese cuerpo se habría convertido en una masa de gases. El peso total de todos sus átomos seguiría siendo 80 kilos. La única diferencia, cuando un cuerpo ha sido reducido a sus componentes elementales, es que ya no puede verse con los ojos físicos; sólo los instrumentos científicos pueden detectar su presencia como vapores atómicos. La desaparición del cuerpo no implica que éste haya dejado de existir; únicamente ha cambiado de forma y permanece oculto en algún lugar del éter.

Desde el punto de vista metafísico, el cuerpo puede considerarse como un pensamiento de la mente de Dios. Existe en la conciencia del Señor de una manera muy parecida a como existe en nuestra conciencia cuando lo contemplamos durante el sueño. Nuestra conciencia onírica crea una forma física a partir del pensamiento concentrado y de la energía; dicha forma se desvanece cuando nuestra conciencia regresa al turbulento estado de vigilia.

Jesús había alcanzado un nivel de conciencia que le permitió saber, por medio de su percepción directa, que el cuerpo es sólo una masa de energía. Su experiencia de esta verdad —no el imaginar comprenderla— hizo posible que resucitara

---

[1] Esta verdad también ha sido demostrada a lo largo de las edades por los grandes yoguis de la India.

su cuerpo después de ser crucificado. Previamente, cuando uno de sus seguidores le había cortado una oreja al sirviente del sumo sacerdote, Jesús posó su mano sobre la herida y le sanó[2]. La ciencia moderna no ha descubierto aún el modo de efectuar semejante curación. El objetivo final consiste en comprender que el cuerpo humano —y todo lo demás en el universo— es, en esencia, Espíritu. El hombre común no es consciente de este hecho, pero Jesús el Cristo sí lo era.

Resulta preciso comprender a Jesús a la luz de su experiencia espiritual de la Conciencia Cósmica del Padre Celestial presente en toda la creación. Su nombre era Jesús y su título, «Cristo» —un antiguo término que equivale a la palabra sánscrita *kutastha* («la conciencia que se encuentra en cada átomo»)—. Él era Jesús el Cristo.

Hace más de tres mil años, antes de los tiempos de Jesús, nació en la India un gran avatar cuyo nombre era Jadava. «Krishna» (o «Crist-na») era su título espiritual, cuyo significado equivale al de la palabra «Cristo»: la divina conciencia que es omnipresente en la creación. Él era Jadava el Krishna[3].

Las escrituras nos hablan de los maravillosos poderes de Cristo y Krishna, mostrándonos que sus conciencias no se encontraban atadas al cuerpo como sucede con la conciencia del hombre común. Jesús y Jadava habían expandido sus conciencias —más allá de los confines de la forma carnal humana— hasta incluir el universo, el cual percibían como su cuerpo cósmico. Ellos se hallaban en armonía con la divina conciencia que se encuentra presente de manera simultánea en cada átomo. No lo estaban imaginando; se habían vuelto uno, en conciencia, con el Padre Celestial, que es omnipresente y omnisciente. Jesús y Jadava habían aprendido a experimentar esa expansión de la conciencia. De igual modo, todos los seres humanos pueden expandir su conciencia hasta el infinito, a través de la devoción y la meditación científica en el Señor. «Dios es Espíritu, y los que le adoran deben adorar en espíritu y verdad»[4].

---

[2] «Pero Jesús dijo: "¡Dejad! ¡Basta ya!". Y tocando la oreja le curó» (*San Lucas* 22:51).
[3] Llamado reverentemente Bhagavan («Señor») Krishna.
[4] *San Juan* 4:24.

Así pues, «Jesucristo» significa «Jesús, el ser cuya conciencia impregna el universo entero». Cuando su amigo Lázaro falleció en Betania, y Jesús, hallándose en otro lugar, dijo a sus discípulos: «Lázaro duerme»[5], no lo supo porque alguien se lo comunicara; fue la Conciencia Crística universal, que se manifestó en él, la que le permitió sentirse presente no sólo en su propio cuerpo sino en el de Lázaro. Se refirió a esta Inteligencia omnipresente cuando señaló: «¿No se venden dos pajarillos por un as? Pues bien, ni uno de ellos caerá en tierra sin el consentimiento de vuestro Padre»[6].

Si cierras los ojos y pides a diez personas que te toquen, sabes con precisión cuándo y dónde se produce cada contacto. De la misma manera, Dios siente y ve cada rincón de su vasto cosmos. Jesucristo y Jadava Krishna habían logrado esa conciencia omnipresente. De ese modo, Jesús percibió que su cuerpo era una creación de la mente de Dios y, puesto que estaba en sintonía con esa Conciencia Cósmica, fue capaz de volver a crear su cuerpo tres días después de que éste fuera crucificado y depositado en un sepulcro. Krishna tenía el mismo poder y realizó muchas hazañas espirituales similares. En cierta ocasión, sostuvo en alto una montaña sobre la aldea donde se encontraba. Muchos de tales milagros se consideran meras leyendas, pero la mayoría son verdaderos. Krishna fue uno de los yoguis más grandiosos de la India. El yoga nos enseña a controlar el cuerpo hasta poder comprender que éste es sólo energía condensada. ¿Y qué es la energía, sino el producto del pensamiento de Dios? Él se concentró —o pensó— y así creó la energía.

El universo está formado por pensamientos materializados

Supongamos que sueño que he creado el agua, la tierra y al hombre, y cuando despierto descubro que no he concebido otra cosa más que ideas. De igual forma, la diferencia entre sólidos, líquidos y gases es sólo una distinción en el pensamiento de Dios. Jesús comprendió este principio y, dado que estaba armonizado con la conciencia divina, pudo caminar sobre el agua y transformar el agua en vino. Contempló el cuerpo y el

---

[5] *San Juan* 11:11.
[6] *San Mateo* 10:29.

agua como pensamientos proyectados de Dios, y tomó plena conciencia de lo sencillo que resultaba para un pensamiento (el agua) sostener a otro pensamiento (su cuerpo).

Si te duermes y sueñas, podrías verte caminando sobre el agua como hizo Jesús. ¿Por qué el cuerpo que aparece en el sueño no se ahoga en el océano onírico? Porque ambos son meros pensamientos. Así pues, una vez que comprendas, como Jesús hizo, que en esencia nada existe en el universo salvo la mente o la conciencia, podrás hacer cualquier cosa. Tanto el cuerpo como el océano son pensamientos materializados y, teniendo en cuenta esa verdad, es posible situar un pensamiento encima del otro.

Jesús y Krishna pueden presentarse ante ti en respuesta al sincero llamado de tu devoción. Lo invisible se volverá visible, al igual que el vapor de agua puede condensarse y solidificarse, transformándose en un trozo de hielo. De modo similar, el intangible Dios puede «solidificarse» por medio de la devoción y adoptar la forma visible de Krishna o de Jesús, o de cualquier santo que ansíes contemplar.

No es indispensable ver la forma de Cristo cuando meditas en él, aunque ciertamente podrías contemplarle de esa manera. El tema que estoy abordando hoy es el Cristo espiritual. A fin de conocer ese aspecto de Jesús, debes familiarizarte con su espíritu. Su cuerpo era como el de cualquier otro ser humano, pero su espíritu se encontraba en todo el universo. Si no eres capaz de imaginar eso, cierra por un momento los ojos: ya no verás tu cuerpo y, sin embargo, mentalmente podrás viajar millones de kilómetros en cualquier dirección sin utilizar tu cuerpo. La mente es la creadora de todo; cuando conozcas su naturaleza, adquirirás control sobre todas las cosas, pues ellas se originan en la mente. Estos hermosos edificios y jardines surgieron del pensamiento. Nada existe que no provenga de la Mente Cósmica. Por lo tanto, recuerda que Cristo es la conciencia universal que nos contempla desde las estrellas y que conoce hasta el más diminuto grano de arena que existe en la playa. Oigo su canción en el trinar de los pájaros y en el aullido del viento; veo su hermosa figura en el cielo, en las montañas y en el océano. Todos mis pensamientos provienen de la conciencia de Cristo.

Durante cada ciclo cósmico de la creación, el Espíritu se divide en la Trinidad. En el papel del Padre, el Espíritu es el Creador del universo. Su pensamiento engendró los electrones y los átomos, y éstos comenzaron a condensarse para formar vapor; el vapor se convirtió en agua, y ésta se transformó en sólidos. Fue así como el Espíritu proyectó de Sí Mismo la creación cósmica. Ésta es su forma, su cuerpo.

La Inteligencia inmanente en el cosmos se denomina Inteligencia Crística o *Kutastha Chaitanya*. Éste es «el Hijo unigénito»[7] o el reflejo de la Inteligencia del Padre presente en toda la creación. Jesús y Krishna se encontraban en armonía con esa Conciencia.

Las escrituras hindúes y cristianas concuerdan en el concepto de la Trinidad

El concepto de la Santísima Trinidad de las escrituras cristianas —Padre, Hijo y Espíritu Santo— concuerda con la Trinidad de las escrituras hindúes: *Om, Tat, Sat*. Dios Padre es *Sat*, el Espíritu que yace más allá de la creación; el Hijo es *Tat*, la Inteligencia Crística o *Kutastha Chaitanya* presente en toda la creación; y el Espíritu Santo es *Om*, o Amén, la Palabra o Vibración Cósmica que estructura la creación.

Al final de un ciclo de la creación, cuando Dios disuelve todo en su seno, sólo un principio se conserva: el Espíritu, que es Gozo siempre existente, siempre consciente y eternamente renovado. Pero en cada nuevo ciclo, el Espíritu vuelve a proyectarse como la Trinidad: el Padre, el Hijo y el Espíritu Santo[8].

El ser humano es un epítome de toda la creación. El universo material constituye el vasto cuerpo de Dios, la energía eléctrica cósmica es su forma astral, y el alma o vida que se encuentra en todas las cosas es la esencia de Dios. Todo posee vida; incluso una piedra es capaz de sentir dolor. La conciencia presente en un trozo de hojalata puede insensibilizarse con cloroformo. Estos objetos, aparentemente inanimados, sienten

---

[7] *San Juan* 1:18.
[8] Véase *Trinidad* en el Glosario.

placer y dolor, y la vida que mora en ellos puede aniquilarse[9].

Expande tu conciencia y conoce al verdadero Cristo

Para encontrar al verdadero Cristo debes expandir tu conciencia, como hizo Jesús. Cuando aprendas a sentir por los demás lo que sientes por ti mismo, crecerás en espiritualidad. Si compartes con todas las familias un espíritu fraternal idéntico al que sientes por la familia en la que naciste, te hallarás creciendo; y lo mismo sucederá en el momento en que te enorgullezcas de todas las naciones como lo haces por tu propio país. Y cuando te encuentres dispuesto a sacrificar el amor por ti mismo en pos de un amor más elevado hacia la humanidad entera, habrás madurado. Eso es lo que Dios quiere que hagas. Cada nación que se oponga al principio del amor a la humanidad sufrirá terriblemente. El Padre trata de establecer la unidad en el universo, y ésta sólo podrá manifestarse a través del amor al prójimo. Debemos crecer en espiritualidad y amar a todas las naciones como si fueran la nuestra.

Siento a los habitantes de este país como miembros de mi propia familia, y haría por ellos tanto como estaría dispuesto a hacer por la India; incluso, si fuese necesario, lucharía para defenderlos en una guerra lícita. Debes desechar de tu mente cualquier prejuicio. Recuerda: Dios ha adoptado la forma de cada raza y nacionalidad. Él se encuentra en los negros, hindúes, judíos: en la humanidad entera. El verdadero cristianismo significa volverse como Cristo y amar a todos con imparcialidad.

Que la Navidad venidera sea la mejor que hayas vivido. Conviértela en una Navidad religiosa. Así lo hacemos en *Self-Realization Fellowship*, cuyos miembros esparcidos por todo el mundo dedican el 24 de diciembre[10] a la meditación y la comunión con Cristo. Apártate del resto de las personas y ora con toda tu alma. Observa qué te ocurre cuando profundizas y prolongas tu meditación. Ésa es la forma de venerar a Jesús en espíritu.

---

[9] Estas verdades fueron demostradas de manera concluyente por el gran científico de la India, Jagadis Chandra Bose, como se describe en el capítulo 8 de *Autobiografía de un yogui*.

[10] O alguno de los días que preceden a la Navidad.

La manera física de practicar las enseñanzas de Cristo supone tratar a todas las personas como hijos de tu propio Padre, y la manera espiritual consiste en meditar hasta sentir el vasto gozo de Dios a través de la Conciencia Crística. La hermandad universal no se manifestará hasta que, por medio de tu concentración y devoción más profundas, te alejes de todos los pensamientos y sentimientos perturbadores, entres en el templo de tu alma —donde el infinito gozo de Dios se expande hasta envolver el mundo— y comprendas que ese Gozo es la única realidad existente. Entonces dirás: «Soy uno con la eterna luz de Dios, con el imperecedero gozo de Cristo. Todas las olas de la creación se agitan en mi interior. He disuelto la ola de mi cuerpo en el océano del Espíritu. Ya no soy el cuerpo; soy el océano del Espíritu. Mi espíritu duerme en las piedras, sueña en las flores y canta a través de los pájaros. Manifiesto el pensamiento en el hombre, y en el superhombre sé que *yo soy*». En este estado tomas plena conciencia de que el fuego no puede destruirte; que la tierra, el césped y el cielo son tus consanguíneos; y así, como espíritu, caminas sobre la Tierra sin temer ya a las turbulentas olas de la creación.

Éste es mi mensaje para ti: cada noche, medita hasta que puedas eliminar todos tus deseos y pensamientos mundanos. «¿No sabéis que sois templo de Dios y que el Espíritu de Dios habita en vosotros?»[11]. Has olvidado que Dios te creó a su bendita imagen, y te has identificado con el cuerpo. Pero Jesús vino para decirle a todo ser humano: «No te preocupes por la fragilidad de tu cuerpo. Elévate por encima de la conciencia corporal, por medio de la meditación, y sé uno con el Espíritu».

Mi mayor deseo para ti es que el amor y la percepción de Cristo entren en tu conciencia. Él espera recibir sólo un presente de Navidad: el obsequio de tu amor. Átalo con las cintas doradas de tu devoción y, en el día de Navidad, descubrirás que Cristo mismo viene a recibirlo de tus manos. Una vez que él acepte tu amor, se entregará a ti. Ese regalo te acompañará eternamente. Y si le recibes como la Conciencia Crística, aun cuando todos los obsequios de este mundo se hayan desvanecido, serás inmortal y estarás a salvo en el regazo de Cristo y Krishna.

---

[11] *I Corintios* 3:16.

[Después de meditar brevemente, Paramahansaji pidió a la congregación repetir después de él la siguiente plegaria:]

«Ornamentaré el árbol de la vida con las estrellas de mis buenos pensamientos, y ofrendaré a los pies de Cristo mi mejor presente de amor atado con los hilos dorados de la devoción. Que Cristo lo reciba, y que yo reciba su amor en esta Navidad. Me esforzaré al máximo para preparar mi conciencia, a fin de que Cristo pueda nacer en ella. Durante esta Navidad y en el Año Nuevo, tomo la solemne determinación de cambiar mi vida, de forma tal que me asemeje más a Cristo. Trataré de elevarme por encima de todo prejuicio, y de amar a las personas de todas las naciones al igual que Cristo y Krishna las amaron —como hijos de Dios.

»Padre Celestial, bendice mi vida y bendice a todas las naciones. Que desistan de la guerra y se agrupen para formar un Mundo Unido, guiado por la Verdad.

»Padre Celestial, Jesucristo, Jadava Krishna, Mahavatar Babaji, Lahiri Mahasaya, Swami Sri Yukteswarji, Gurú Preceptor, os entrego mi cuerpo, mente y alma. Hacedme semejante a Cristo. *Om.* Paz. Amén».

El egoísmo espiritual frente al egoísmo nocivo

Ermita de Self-Realization Fellowship en Encinitas (California), 15 de junio de 1937

El alma es el verdadero Ser, la manifestación pura del Espíritu en tu interior. El yo es el seudo-ser, la respuesta del alma al mundo de la dualidad mientras se encuentra en un estado de identificación con los limitados instrumentos del cuerpo físico y la mente. A fin de aclarar los conceptos básicos de esta charla, digamos que todo lo que hagas en beneficio propio, bien sea para el alma o el ego, puede denominarse «egoísmo». En este sentido, el egoísmo nocivo es aquello que piensas que haces para tu propio bien, pero que redunda en contra del bienestar de tu verdadero Ser interior. El egoísmo sano o espiritual está conformado por aquellas acciones mediante las cuales puedes experimentar al Ser puro dentro de ti, y te ayuda continuamente a manifestar la perfección de esa imagen innata del Espíritu.

El egoísmo se manifiesta en diferentes grados. Un niño efectúa sus acciones de manera más o menos irreflexiva: al advertir que otro niño tiene juguetes diferentes, desea poseerlos; quiere comer esto o hacer aquello, porque ve que los demás están disfrutando de tales cosas. Se trata de un egoísmo inconsciente. Observé esta reacción en mi propia niñez. Cuando era muy pequeño y veía que otros niños jugaban con algún objeto, mi primer deseo era poseerlo. Pronto me di cuenta de que, cada vez que quería algo, siempre había alguien que trataba de obtenerlo o de aferrarse a aquello. Comencé entonces a ejercer mi voluntad férrea para poseer lo que quería. Sin embargo, cuando esta conducta me ocasionaba disputas con los demás, me preguntaba si era correcto asumir dicha actitud.

Mi madre solía decir, cuando me obsequiaba con algún alimento especial: «Compártelo con otra persona». Al principio, mi reacción fue pensar que ella trataba de darme una cantidad menor, pero inmediatamente comencé a reflexionar: «Bueno, si me gusta tanto este alimento, tal vez también le guste a otras personas». Entonces, decidí que debía compartirlo. Luego, razoné: «Si comparto con todo el mundo, no quedará nada en absoluto para mí». Esta situación empezó a preocuparme. Pero la experiencia me indicaba que cuando compartía con mis semejantes, yo disfrutaba más: el gozo proveniente de compartir era aún mayor que el gozo derivado de aquello que había compartido. Por este motivo, siempre me desprendí de cualquier cosa que apreciase. Cada vez que alguien deseaba o necesitaba alguna de mis posesiones, mi mente repetía: «Muy bien: él está "enfermo" por este deseo; tú ya has sanado del anhelo por ese objeto, así que deja ahora que él disfrute de ese beneficio». Una a una, fui regalando todas las cosas que llegaban a mí, y mi gozo se vio multiplicado. Cuando quise algo y lo obtuve, lo disfruté; y cuando lo obsequié a otra persona, volví a disfrutar. Jamás consentí que un deseo se apoderara de mi alma; tal conducta sería contraria al ideal del egoísmo espiritual que procura el bienestar de mi verdadero Ser interior. Nunca ames ningún objeto hasta el punto de que éste logre poseerte.

El concepto de posesión es una noción falsa

Todo aquello que des a lo demás, de alguna manera regresará a ti. Tu naturaleza interior se reflejará en tu rostro y en tus acciones, y quienes te rodean sentirán la vibración que yace en el fondo de ti, y reaccionarán conforme a ella. Si das un ejemplo de egoísmo nocivo, los demás desearán arrebatarte todo. Pero si adoptas la actitud opuesta, advertirás que todo el mundo se inclinará a ser generoso contigo. Imagina que me obsequias con tu bastón favorito y, a cambio, quiero ofrecerte algo. Sin embargo, mi mente dice: «No puedes desprenderte de tu paraguas, a pesar de que sabes que a él le gusta». Luego razono: «A él le encanta su bastón y, sin embargo, me lo regaló; por ello, deseo darle algo que aprecio». Ésta es la actitud que predomina cuando una persona demuestra altruismo.

No puedes tenerlo todo. Sólo te es dado usar temporalmente las cosas de este mundo. En algún momento, tendrás que abandonarlas, bien sea debido a un accidente, a un robo, al deterioro o a causa de la muerte. Por lo tanto, cuando tratas de aferrarte a algo o pretendes conservarlo sólo con el objeto de poseerlo, te estás engañando.

Un día también tendrás que abandonar la casa corporal en la que has vivido durante tantos años. Por eso, te hallas en un error si impones al alma la convicción de que posees algo que jamás puedes retener. Cuando se te proporcione algún objeto, debes saber que te pertenece sólo por un breve lapso, y es preciso que estés dispuesto a compartirlo con los demás.

El codiciar más de lo necesario acarrea grandes problemas. El *Guita* enseña: «Un ser humano comprende qué es la paz cuando, habiendo abandonado todo deseo, vive sin ansiar nada, y no está identificado con el ego mortal y su peculiar sentido de *"lo mío"*»[1]. No hay duda de que debes tener cubiertas tus «necesidades necesarias» tales como el alimento, el vestido y cierta seguridad material; pero al aspirar a estos bienes, omite las «necesidades innecesarias» —esos deseos persistentes que te hacen anhelar cada vez más cosas.

La familia del mundo es tu Ser Superior

En todo momento ten presente este ideal: mientras trabajas para satisfacer tus propias necesidades, ayuda a los demás a adquirir lo necesario y comparte con los menos favorecidos lo que recibas. Recuerda que eres parte de la familia del mundo, y no puedes existir sin ella. ¿Cómo sería la vida sin el carpintero, el inventor o el granjero? Por medio del intercambio, Dios desea que pensemos en los demás. Es un grave error vivir sólo para uno mismo.

Al tomar en cuenta tu propia felicidad, piensa también en brindar alegría a otros. No se te pide desprenderte de todas las cosas para lograr el bienestar de tu familia mundial, ya que eso sería imposible. Pero debes tener consideración por los demás, del mismo modo que la tienes por ti mismo.

Así pues, era la intención de Dios que el hombre fuese, en verdad, espiritualmente egoísta, y que sirviera a su Ser Superior en sus semejantes. Mas el primer pensamiento del ser humano común —y con frecuencia también el último— es el bienestar

---

[1] *Bhagavad Guita* II:71.

de sí mismo. El instinto de conservación es muy poderoso. El mundo crea en nosotros el engaño del instinto de conservación, por el cual nos limitamos a nuestro propio cuerpo y a todo aquello que consideramos de nuestra propiedad. Sin embargo, todos nos pertenecen; porque Dios es nuestro Padre y nosotros somos sus hijos.

Dios concedió inteligencia e imaginación al ser humano para que pudiera recordar, cuando tuviese frío o hambre, que hay otros a su alrededor que también padecen frío o hambre. Por lo tanto, cuando trabajes por tu propio bienestar, ayuda también a los demás. Dado que a ti no te agrada el sufrimiento, debes contribuir también a aliviarlo en quienes te rodean. Ellos padecen igual que tú; y, en ocasiones, más aún. Si con relación a tu familia y tus amigos íntimos piensas: «Pues bien, estas personas pertenecen a mi círculo, y los incluyo en mi felicidad sólo a ellos y a nadie más», entonces estarás limitándote, y tu desdicha comenzará a incrementarse.

Permanece siempre dispuesto a ayudar a los demás, y sé feliz al prodigar felicidad a toda persona que se cruce en tu camino. No consideres este principio como la obligación de conducirte con altruismo, porque entonces se tornará una práctica difícil de llevar a cabo. En lugar de ello, siente que lo que haces es por tu propia satisfacción, por el gozo que hallas al eliminar la infelicidad de los demás, en los planos físico, mental o espiritual.

Sin el egoísmo nocivo, el mundo sería un paraíso

Todo el mundo sería hoy un paraíso si hubiera abandonado el egoísmo nocivo y se hubiese adherido al egoísmo espiritual. En el errado egoísmo nocivo reside la causa de todas las guerras. Primero, aparecieron los garrotes de piedra; luego, los arcos y las flechas, destinados a proteger nuestro propio egoísmo contra el de los demás. Después, se inventaron las armas de fuego; más tarde, las ametralladoras y, ahora, tenemos bombas y gases venenosos, todo ello para proteger la mezquindad de un grupo de personas contra la de otro grupo. El potencial del poder destructivo del hombre ha crecido mucho más que su fuerza constructiva. La efervescencia del egoísmo nocivo llegará, en algún momento, a su punto crítico. Pero será preciso que se destruyan más cuerpos antes de que el ser humano advierta que el egoísmo nacional es tan perjudicial como el egoísmo personal. Toda nación se construye a partir de pequeñas comunidades, y éstas se componen de individuos. Los ideales nobles deben fraguarse en primer lugar en el seno de cada persona; y tú debes comenzar contigo mismo.

Mira lo que ocurrió debido a la proliferación del egoísmo nocivo: guerras en España y China, y la Depresión. Estados Unidos padeció primero de egoísmo nacional, inmerso en el cual disfrutó de prosperidad durante años. De igual forma, la India, en su edad de oro, gozó de extrema abundancia. Pero las consecuencias kármicas del egoísmo y del orgullo dieron como resultado el mal uso del sistema de castas, lo cual causó que la India perdiera su libertad[2]. Estados Unidos no debe abusar de su libertad ni olvidar sus ideales espirituales de igualdad o podría sufrir un destino kármico similar. El prejuicio basado en la raza y el color de la piel es una de las peores formas de egoísmo. Las condiciones climáticas cambiarán de tal forma que, en un futuro lejano, la piel de gran parte de la población occidental bien podría volverse oscura, y los orientales podrían convertirse en los miembros de la «raza blanca».

Las fronteras y los gobiernos del mundo se encuentran permanentemente sujetos a cambios. El territorio de Estados Unidos, por ejemplo, pertenecía a los indios nativos; y en eras futuras, muchos otros tendrán la titularidad sobre él. Tiempo atrás, Gran Bretaña estuvo bajo el dominio del Imperio Romano. Genghis Khan conquistó la mayor parte de Asia, pero ¿dónde se encuentra él ahora? La paradoja del drama terrenal es que ésta es la creación de Dios y ¡nada poseemos en ella! Qué enorme error es propagar sufrimiento a través del egoísmo nocivo proveniente de un falso sentido de posesión.

El egoísmo que busca la felicidad sin considerar la de los demás, o que mancilla y destruye los derechos de los demás en aras de sus propios fines, esparce la desdicha. Eso es lo que prevalece en Estados Unidos en la actualidad. Todas las personas

---

[2] Se hace referencia al prolongado período de dominación extranjera que finalizó diez años después de que se ofreciera esta charla, cuando la India obtuvo su independencia en 1947.

tienen buenos empleos y hay abundancia para todos. Pero hoy en día, las grandes industrias arrebatan la prosperidad de las pequeñas y, a su vez, estas últimas tratan de debilitar a las grandes. La especulación es un gran error. Por otro lado, el comunismo, que en apariencia tanto habla a favor de las masas, fracasará porque se basa en la supresión y en la fuerza. Pero lo que enseñan Jesús y todos los seres verdaderamente grandes es el altruismo basado en la buena disposición espiritual a compartir. Este método evita el egoísmo nocivo individual en las relaciones comerciales y en las comunidades. Cuando el prójimo y tu nación se conviertan en tu propio ser, experimentarás el egoísmo espiritual.

Si sólo procuras el bienestar de las manos y los pies, y descuidas la cabeza, tu cerebro no funcionará como corresponde para guiar tus habilidades motrices. Debes armonizar el funcionamiento de todo el cuerpo. De igual manera, los cerebros (los dirigentes) de las naciones deben trabajar en armonía con las manos y los pies (la mano de obra). Si sus intereses son divergentes, es probable que se produzca el desorden y el sufrimiento.

No es conveniente que la mano de obra tome el mando, pues entonces imperará el comunismo; tampoco debe permitirse que los capitalistas sean la única fuerza rectora, porque se fomentará una dictadura. Debe existir un equilibrio, que jamás será perfecto sin el altruismo individual.

El gozo de ser altruista

Jesucristo ofreció su cuerpo por todos, pero él disfruta ahora de vida eterna. Al ser altruista, ejercía el egoísmo espiritual. También tú debes ser capaz de renunciar al egoísmo nocivo por un egoísmo más elevado. ¡Usa tu imaginación! En el plano material, no perderás nada; en el aspecto mental, tampoco; mas por obra del egoísmo nocivo, lo perderás todo.

En el mundo hay dos maestros. Si adoptas a Dios como tu mentor, pasarás muy buenos momentos; pero si eliges al diablo como tu guía, recibirás proyectiles de aflicción. Al transitar por la vida, la palabra clave para la mayoría de la gente es «yo». En cambio, el ser humano espiritual piensa también en los demás. Los que piensan sólo en sí mismos atraen la enemistad de su entorno. Sin embargo, las personas consideradas se dan cuenta de que los demás les responden de igual forma. Si hay cien habitantes en un poblado, y cada uno trata de aprovecharse de los demás, cada uno tendrá noventa y nueve enemigos. Pero si toda persona trata de ayudar al prójimo, cada individuo se habrá forjado noventa y nueve amistades.

Yo he vivido de esa forma, y nada he perdido al darlo todo. Por el contrario, he ganado. Las palabras de Jesús son maravillosas: «Y todo aquel que haya dejado todo por mi nombre, recibirá el ciento por uno y heredará vida eterna»[3]. No importa a qué haya yo renunciado, pues lo que he recibido es mucho más valioso. Ahora no deseo nada, porque lo que poseo es incomparablemente mejor que cualquier cosa que el mundo pueda ofrecerme. Todo lo que el ser humano desea tiene el propósito de lograr la felicidad; mas, cuando poseas permanentemente la felicidad dentro de tu ser, ya no anhelarás ni necesitarás las condiciones que presuponen la obtención de la felicidad.

En lo que se refiere a bienes materiales, no tengo cuenta bancaria propia. Mi seguridad en este mundo reside en la buena voluntad de los seres humanos. No creo en ninguna otra seguridad terrenal. Si uno se encuentra entronizado en el corazón de sus semejantes, ya es soberano del reino más fabuloso.

Si eres altruista y totalmente desapegado, serás en verdad feliz. Y si das ese ejemplo, los miembros de tu familia o de tu entorno o de tu lugar de trabajo lo seguirán. Comienza a expresar ese egoísmo espiritual en tu vida; elimina el egoísmo nocivo, el cual es el causante de todo problema, tanto individual como nacional.

El altruismo expande la conciencia

Cuando pienses con bondad en otra persona, tu conciencia se habrá expandido. Al pensar en tu prójimo, una parte de tu ser acompañará ese pensamiento. Y no sólo es necesario pensar sino, también, estar preparados para actuar conforme a ese pensamiento. Incluso si tienes un enemigo, él es tu prójimo. No excluyas la felicidad de nadie de la visión que albergas en tu mente.

---

[3] Parafraseado de *San Mateo* 19:29.

Hay en el matrimonio una lección sobre altruismo: dos personas aprenden a compartir mutuamente; luego, llegan los hijos y los padres comparten con ellos. Pero la situación puede derivar de nuevo en egoísmo, si ellos sólo piensan en ese reducido núcleo: «Nosotros cuatro y nadie más». A su debido tiempo, los seres queridos se irán; lo cual es un recordatorio de que el objetivo de las relaciones humanas es ampliar la conciencia, mediante el sacrificio por los demás y la actitud de compartir con el prójimo.

¡Existe tanta felicidad en ser altruista! Se trata de la mayor felicidad, porque con el altruismo salvaguardas tu propia felicidad. Mi objetivo es contribuir a la felicidad de los demás, pues con ello consigo la mía. Nunca conocerás el gozo de ese logro a menos que, gracias al altruismo, incluyas a los demás cuando pienses en tu propia felicidad —mas no sólo a tus familiares y amigos, sino a todos.

Observa el ejemplo de Gandhi. Tenía una buena posición económica y social; pero renunció a todo. Y su esposa siguió su ejemplo, sin exigir ningún beneficio económico para la seguridad de ella y de sus hijos. Ellos lo abandonaron todo y vivieron para los demás; sin tener nada, lo poseían todo. Gandhi ha dado un ejemplo supremo de humildad y altruismo en esta era.

Jesús afirmó: «Pues el que se ensalce, será humillado»[4]. La mezquindad y el egoísmo deben destruirse por completo. Ambos males unidos han alejado al planeta Tierra del reino de Dios. El mundo se ha apartado del egoísmo espiritual, capaz de velar adecuadamente por el género humano, y ha sucumbido al egoísmo nocivo. Pero tú puedes ayudar a restablecer el reino divino una vez más, siempre y cuando hagas el esfuerzo. Cada uno debe comenzar por aplicar la norma del altruismo. Es preciso vivirla. No temas lo que pueda ocurrirte. Sufre un poco, si es necesario; pero no abandones el ideal del altruismo. Vive para los demás; no pienses sólo en ti. Debes dar ejemplo ayudando al prójimo. Esto no implica que hayas de reducirte a un estado de pobreza; significa que te preocupes por los demás y compartas con ellos.

---

[4] *San Mateo* 23:12.

Sirve a tus semejantes con la verdad, a través del ejemplo

Pon en práctica los principios de la verdad en tu vida y, mediante tu ejemplo y tus actos, comparte esos ideales. No puedes enseñar el altruismo si tú mismo careces de esa cualidad. Comienza por ti, y otros seguirán tu ejemplo.

He dedicado mi vida a servir a los demás con la verdad. Hace algunos años, solía viajar y hablar ante enormes auditorios. Pero sé que puedo ser de mayor utilidad a través de mis escritos. Me es posible atraer multitudes, pero éstas no vienen necesariamente a encontrar a Dios; más bien acuden en busca de un período de relajación e inspiración espiritual. Yo busco almas que sientan un auténtico deseo de Dios. Por este motivo, siempre he hecho énfasis en la necesidad de comulgar con Dios, una experiencia sumamente importante. Todos los que pertenezcan al sendero de *Self-Realization* y que busquen a Dios con sinceridad, con atención plena y constante devoción, y que mediten con regularidad, le encontrarán. ¡Medita, medita y medita! Ésa es la consigna. Que Dios elimine a *Self-Realization* si llegara a transformarse en una organización que sólo ansiara llenar estadios y atraer multitudes sin tener, en primer lugar, el deseo de ofrecerles la comunión con Dios. Emprendí esta obra organizativa porque era el deseo de los Maestros[5]. En el plano personal, no ambiciono obtener nada de nadie. Cuando abandone esta Tierra y este cuerpo, nada me pertenecerá ya. Por lo tanto, he renunciado mental y físicamente a todo por Dios. Lo único que deseo es que vivas para Dios.

Aprende a amar a Dios con todo tu corazón, tu mente, tu alma y tus fuerzas; y ama a tu prójimo como a ti mismo. No necesitas ningún otro mandamiento si cumples estos dos. ¿Cuál es el significado de amar a Dios con todo tu corazón, y con toda tu mente, tu alma y tus fuerzas? El corazón encarna

---

[5] En su *Autobiografía de un yogui,* Paramahansa Yogananda escribió: «La tarea de fundar la organización de *Self-Realization Fellowship* en Occidente —"una colmena para la miel del espíritu"— me fue encomendada por Sri Yukteswar y Mahavatar Babaji». En los capítulos 27 y 36 de dicho libro, Paramahansa Yogananda narra los sucesos que condujeron a la creación de *Self-Realization Fellowship/Yogoda Satsanga Society of India.* (Véase también *Gurús* en el Glosario).

lo que sientes; la mente implica concentración; el alma connota la comunión divina en la meditación; y «con todas tus fuerzas» significa emplear toda tu energía en Dios. Por lo tanto, ama a Dios con todo tu sentimiento y con la totalidad de tu concentración en la meditación, invirtiendo los faros de tu energía y atención de modo tal que ya no se orienten hacia el cuerpo y el mundo sino que se dirijan hacia Dios. No puedes amar realmente a Dios sin meditación, porque sólo gracias a ella puedes reconocerte como alma, donde reside tu verdadera y eterna relación con el Señor.

Crea en tu corazón un trono de amor supremo a Dios. No existe ninguna otra cosa por la cual yo viva, ninguna otra ambición sino la de amarle, hablar con Él y enseñar a los demás el sendero para conocerle. Nada quiero; nada más pido de ti. Cuando Dios me trae a estas reuniones, es un privilegio para mí estar aquí, hablar de Él y amarle en compañía de los devotos.

Es tan hermoso amar a Dios y amar a todos como parte de Dios. Para encontrarle, debes sentir su amor en todas las personas. No existe fuerza mayor que ésta. Si, en algún momento, te encuentras en conflicto con otras personas, envíales amor mentalmente. Yo amo a mis enemigos porque los considero mis amigos. Al conocer a Dios, no puedes odiar a nadie. ¿Qué nos sucedería si Dios se enfadara por nuestros errores? Si permaneces en calma cuando los demás tratan de herirte, entonces serás un dios.

El Gran Dios al que venero en el altar de los cielos y del océano, y en el de mi propia conciencia, se manifiesta en todas partes y en todas las personas. A Él abrazo en todas sus infinitas formas.

¿Nos hemos conocido anteriormente?

Templo de Self-Realization Fellowship en Hollywood (California), 10 de enero de 1943

¿Nos hemos conocido anteriormente? Por supuesto que sí. Hace mucho tiempo, en el regazo del éter, donde fuimos creados como almas, todos dormíamos bajo el manto de la sabiduría de Dios. Cuando Él nos despertó, nos alejamos de Él, como el hijo pródigo de la parábola bíblica, y olvidamos el parentesco divino que a todos nos une; nos convertimos en extraños. Habiendo abandonado nuestro hogar en Dios, nos hemos transformado en solitarios viajeros del destino en esta Tierra. ¿Te das cuenta de cuán lejos has llegado en tu vagar y que has deambulado por numerosas encarnaciones? ¿Cuántas? Es difícil saberlo. Sin embargo, en ocasiones, ciertas experiencias, lugares y rostros despiertan en ti un sentimiento interior de familiaridad que te sugiere haberlos conocido en el pasado.

Cada alma es omnisciente; pero su identificación con el cuerpo físico y el ego la limita a su actual nombre, familia y entorno. Cuando llegue el día en que tu alma recuerde su origen divino, tu conciencia vivirá de nuevo en la espléndida mansión del Espíritu, y percibirás todo lo que reside en el Espíritu, de la misma forma en que ahora conoces tu pequeño hogar y a tu familia en el plano terrenal.

Una de las experiencias más maravillosas de esta vida consiste en encontrar y reconocer a alguna persona a la que frecuentaste en el pasado y con la cual transitaste el mismo sendero en encarnaciones anteriores. A todos los miembros de mi familia los conocí en vidas pasadas. Y cada cierto tiempo, encuentro a personas a las que conocí en encarnaciones previas, como por ejemplo amigos de mi infancia. A pesar de que no tienen nada en común con mi vida presente, he conocido a esas almas con anterioridad.

Incluso antes de abandonar la India para viajar a Estados Unidos y, más tarde, apenas llegué a Boston, sabía que habría muchos amigos verdaderos de vidas pasadas a los que vería otra vez aquí. Cuando los encuentro en esta vida, reconozco sin duda alguna a aquellos que he conocido con anterioridad. A algunos les dije: «Al fin te hallé de nuevo, pues hemos estado juntos antes. ¿Por qué esperaste tanto tiempo?». Busco a quienes han sido destinados a estar aquí conmigo, en la obra de Dios. Cada día los llamo: «¿Dónde estáis, aquellos que caminasteis conmigo tiempo atrás?». Repentinamente, veo un rostro en la multitud, y me digo: «He aquí una persona que ha escuchado mi llamada».

Aun ahora, cuando miro los rostros de cada uno de los aquí presentes, no puedo menos que pensar que en algún momento, en algún lugar, en el oscuro y distante pasado, oyeron mi voz. Y el llamado de esa voz los ha traído hasta aquí. ¿Por qué otro motivo, de entre millones de personas, te habrías sentido impulsado a venir, a no ser que Dios te hubiese elegido?[1] Algunas almas —las de quienes hayan despertado levemente del sopor de la ignorancia que les oculta los recuerdos de vidas pasadas— se detendrán y pensarán: «Sí, sé de qué habla él. En algún lugar oí antes esa voz. Me resulta familiar».

Nunca vi tan emocionado a mi habitualmente reservado gurú, Swami Sri Yukteswarji, como cuando nos conocimos. Él percibió que yo intuí inmediatamente quién era él; y él sabía aún más que yo. Como señaló Krishna a su amado discípulo: «¡Oh, Arjuna!, tú y yo hemos experimentado muchos nacimientos. No obstante, yo los conozco todos, mientras que tú no los recuerdas»[2]. Jamás podré olvidar el gozo que sentí al reconocer a mi maestro en ese primer encuentro. Nunca en mi vida había tenido contacto con una persona tan extraordinaria como él, que vivía en el espíritu de Dios.

---

[1] Alusión a la ley divina por la cual Dios decreta el gurú y el sendero que deberá seguir el devoto para regresar a Él. Una vez que, gracias a la bendición de Dios, se ha establecido la relación entre gurú y discípulo, ésta continúa durante todas las encarnaciones que sean necesarias hasta que el devoto encuentre a Dios. (Véase *gurú* en el Glosario).

[2] *Bhagavad Guita* IV:5.

Sri Yukteswarji era sumamente humilde y, también, muy serio. Si se llegaba ante su presencia en calidad de amigo, jamás había motivo para sentir timidez. Pero cuando te acercabas a él como su discípulo, ¡ay de ti si no eras capaz de aceptar una disciplina inflexible! Él nunca se enfocaba en tus palabras, sino directamente en tus pensamientos. Muchas personas no pudieron soportar su rigurosidad. Pero yo me regocijé al comprobar que desalojaba de mi mente todos los pensamientos erróneos y la llenaba con sabiduría divina. Él era un maravilloso manantial de sabiduría; pues cuando amas auténticamente a Dios, conoces todo lo que Él conoce. El Maestro era un verdadero amante de Dios.

Se requieren numerosas vidas para edificar la mansión de la amistad

Así pues, en cierto sentido, eres un extranjero que viaja completamente solo por el mundo. Ninguna de las personas que consideras tus seres queridos te pertenece. ¿No es verdad? Nadie posee a nadie. Cada uno de nuestros destinos kármicos sigue su curso individual, y nadie puede ser dueño de otra persona ni controlarla.

Sin embargo, desde otro punto de vista, no estás solo en el mundo. Algunas amistades íntimas perduran, las cuales nos prodigan apoyo y gozo. ¿Quiénes son esas almas a las que tanto aprecias? No siempre son las que nacen en el seno de tu familia, sino aquellas por las que sientes un vínculo interior de profunda amistad; por ejemplo, las personas que se encuentran a mi alrededor en los *ashrams* han sido receptivas a mis ideales, y reflejan mis pensamientos y percepciones. Ellas me expresan consideración, y yo les correspondo de igual manera. He establecido mi vida en ellas, y la amistad divina que compartimos es un lazo eterno en Dios.

Los cimientos de la amistad no se consolidan con firmeza en una sola vida; se requieren numerosas vidas para edificar la mansión de la amistad, la cual se construye entre las almas que se han conocido con anterioridad, vida tras vida. Por este motivo, de entre las multitudes, Jesús llamó a su lado a sus discípulos —a quienes había conocido antes—, uno a uno, y se reunieron de nuevo en el seno de la amistad eterna.

Cómo reconocer a quienes conociste anteriormente

¿Cómo puedes reconocer a quienes conociste anteriormente? En una multitud de extraños, a veces hay una persona que, al primer encuentro, sientes que la conoces desde hace mucho tiempo. Con otras jamás percibes esa afinidad, a pesar de que puedas tener una gran relación con ellas. Si estás libre de prejuicios y no permites que te engañe la atracción sexual, cuando encuentres almas cuyos rostros y personalidades te atraigan con mucha más fuerza que otras es muy probable que hayas conocido a esas almas en el pasado.

Una pequeña prueba ayudará también a determinar cuáles son las verdaderas amistades del pasado. Tal vez tengas muchos supuestos «amigos», que te dirán que eres maravilloso y estarán de acuerdo con todo lo que digas. Tales individuos te necesitan porque quieren obtener algo de ti para su propio beneficio. Los verdaderos amigos no desean más que disfrutar de tu presencia. A veces, la prueba que distingue a los amigos reside en la forma en que se comportan contigo cuando has hecho algo que les provoca o contradice. Quienes en verdad te aman nunca tomarán represalias ni te abandonarán, a pesar de que puedan existir desacuerdos. Tus auténticas amistades de otras vidas te brindarán un amor sin condiciones. Hagas lo que hagas, ellos siempre te ofrecerán su amistad. Cualquiera que te ame de manera incondicional es alguien a quien ya conociste con anterioridad. Ésa es la clase de amistad que igualmente tú debes prodigar.

Al analizar quiénes son tus amigos de vidas pasadas, un rasgo que también te resultará revelador es el grado de afinidad que sientas con ellos. Conforme concentres gradualmente tu conciencia en el desarrollo de una amistad verdadera con otra persona, advertirás que comienzas a conocer lo que esa persona sentirá o cómo responderá, aun antes de que reaccione. Si puedes hacerlo poco tiempo después de haber iniciado la relación, con seguridad conociste a esa persona en vidas pretéritas. Éstos son algunos de los signos por los cuales sabemos quiénes fueron nuestros amigos del pasado.

Sé cordial con todos, mas no esperes que ellos sean tus amigos, a menos que hayan pasado estas pruebas. A quienes no las pasen, prodígales amor y consideración, pero recuerda que no están preparados para recibir tu amistad. No debes permitir que tu corazón o tus sentimientos resulten afectados. La mansión de la amistad debe edificarse sobre cimientos sólidos. Si disientes de lo que piensan tus amigos y pierdes su estimación debido a eso, sabrás entonces que no eran, en verdad, tus amigos. No debes tratar de edificar la mansión de la amistad sobre las arenas de tales relaciones.

La mayoría de las personas son egoístas; desean complacer a los demás por lo que puedan obtener de ellos. Dichas personas dicen «sí» indiscriminadamente, impulsados por la conveniencia del momento. Nunca renuncies a tu libre albedrío ni comprometas tu conciencia e ideales para obtener algún provecho. Mantente fiel a los más nobles principios.

Sinceridad más consideración

Sé veraz, sé sincero, y la amistad se tornará cada vez más sólida. Recuerdo una conversación con Sri Yukteswar acerca de la sinceridad.

—La sinceridad lo es todo —comencé diciendo yo.

—No —respondió él—, la sinceridad más la consideración lo es todo. —Y continuó—: Supongamos que estás sentado en la sala de tu casa, cuyo piso tiene una hermosa alfombra nueva. Llueve a cántaros. Un amigo, a quien no has visto desde hace muchos años, abre la puerta de golpe y entra corriendo a saludarte.

—Eso está bien —dije yo. Pero mi gurú aún no había terminado de exponer su razonamiento.

—Ambos estaban sinceramente contentos de verse —prosiguió—, pero ¿no habrías preferido que él hubiese tenido la consideración de sacarse las botas llenas de barro antes de entrar y arruinar la alfombra?

Tuve que admitir que estaba en lo cierto.

Por muy buena opinión que tengas de una persona, o por muy íntima que sea tu amistad con ella, es importante endulzar esa relación con buenos modales y consideración. Entonces, la amistad se convierte en algo verdaderamente maravilloso y perdurable. La familiaridad que te induce a comportarte en forma desconsiderada es sumamente perjudicial para la amistad.

La sinceridad es una de las cualidades que más aprecio. No

te relaciones con personas que te adulen, pues un día te retirarán su amistad y advertirás entonces que has desperdiciado tu tiempo con ellas. Mantente siempre alerta frente a las lisonjas. Es bueno alentar a los demás con elogios sinceros y gratitud, pero la falsedad de la adulación es un veneno que destruye el alma de quien la expresa y del que la recibe. Si alguna persona prefiere los halagos al amor, no merece la amistad. Los que prodigan amor no ofrecen adulación. Y los que sólo lisonjean no brindan amor.

Si al relacionarte con las personas lo haces con verdadera sinceridad, consideración y amor, atraerás a aquellos que conociste en vidas anteriores. De lo contrario, jamás encontrarás a tus verdaderos amigos. Tienes que librarte de toda hipocresía e insinceridad. Y nunca hieras intencionalmente a los demás. No provoques la discordia con tus amigos ni les des motivos para enfadarse. Jamás abuses ni te aproveches de un amigo. No des consejos a menos que te lo soliciten; y cuando ofrezcas tu parecer, hazlo con sinceridad y amabilidad, sin temer a las consecuencias. Los amigos se ayudan mutuamente mediante una crítica constructiva.

Ser capaz de tolerar las críticas es una de las más grandes virtudes que aprendí de mi gurú. Siempre he apreciado la crítica constructiva. Jamás he buscado vengarme de quienes me han criticado injustamente, ni he abrigado resentimiento contra ellos, pues me doy cuenta de que, incluso a través de nuestros enemigos, Dios nos somete a prueba. ¿No es verdad? Cuando Jesús afirmó: «Padre, perdónalos porque no saben lo que hacen», él estaba poniendo en práctica la compasión y el entendimiento divinos. Mediante su vida y ejemplo sabemos cuán bondadoso y amante es el Padre Celestial. Los seres espiritualmente elevados reflejan la naturaleza de Dios.

Conquista la amistad de Dios

El hombre grandioso no piensa que lo es. Los que afirman ser eminentes no lo son. Y quienes realmente son notables están demasiado ocupados en sus obras como para pensar en su grandeza. Además, con independencia de cuán maravilloso pienses que eres, apenas lo proclames, todo el mundo querrá demostrarte lo contrario. Lo importante es ser sincero. Aplica esta virtud en tu vida. Nunca trates de engañar a otros. Una rosa sintética jamás podrá compararse con la flor natural. Y una rosa fresca desprenderá su fragancia sin importar cuánto sea estrujada. Así pues, nunca aparentes ser lo que no eres. Si te comportas de modo egoísta ante los demás, tarde o temprano el mundo te rechazará. Y en ninguna forma trates de mentirle a Dios, porque con la falsa creencia de que puedes ocultarle la verdad sólo estarás engañándote. Él se encuentra en el fondo de tus pensamientos. Si no eres sincero con Él, se alejará de tu lado. Él permanece sólo con quienes son humildes y sinceros devotos. Cuando le ames, le conocerás; y sabrás que se halla plenamente presente en cada alma. No importa si esa alma está cubierta por una personalidad semejante al carbón o al diamante; Dios mora por igual en ambas. Pero la mentalidad diamantina del santo refleja con mayor fidelidad a Dios.

No existe gozo comparable al que proviene de conquistar la amistad de Dios. Y compartir ese gozo con los demás es lo más maravilloso. Si viertes leche en una taza llena, no podrás evitar que rebose.

Cuando la amistad se transforme en divina, amarás a todos

Cuando ames a Dios, podrás amar realmente a los demás. Tu percepción de las almas será pura, como en un límpido espejo. Quienquiera que llegue a ti se verá reflejado allí tal como en verdad es.

Hace muchos años, conocí a George Eastman, el fundador de Kodak. Exteriormente aparentaba frialdad —como el acero—. Era famoso por su filantropía y, al igual que otros hombres acaudalados, tenía buenas razones para preguntarse cuáles serían los motivos que impulsaban a las personas a buscar su amistad; de hecho, él no conocía mis intenciones. Sin rodeos, me preguntó: «¿Acepta mi invitación para venir a mi casa?». A lo que respondí: «Me encantaría, si usted también acepta la mía». Él estuvo de acuerdo.

Posteriormente, cuando vino a mi apartamento y vio que yo cocinaba diferentes *curris* para la comida, él señaló: «¿Sabe? A mí también me gusta cocinar». Se creó entonces una atmósfera algo más cordial entre nosotros. Luego, sin darle mucha importancia comenté: «Señor Eastman, ¿es verdad que la mayor parte de los ricos no tienen verdaderos amigos? Quiero considerarlo como tal y no como a un hombre acaudalado». Él sonrió.

Desde ese momento, y durante el resto de nuestra reunión —que duró dos horas—, vi a un George Eastman diferente, el verdadero Eastman[3], porque le comprendí y me relacioné con él en el ámbito de una amistad sincera. Al día siguiente, me envió una cámara que aún conservo.

Al amar incondicionalmente a tus amigos, compruebas que existe esa amistad divina en ellos. En mi padre terrenal, y en tantas almas que he conocido en este sendero, encontré esa amistad. Cuando desarrollemos una relación con almas sinceras, un día el Amigo de todos vendrá para habitar en esa mansión de la amistad. Y conforme desarrolles la verdadera amistad divina, llegará el día en que ames a todos tus semejantes de la misma manera que Cristo fue amigo de todos.

Ora conmigo: «¡Oh Señor!, en el noble carácter de los amigos sinceros se encuentra tu sabiduría. En su sonrisa se encuentra tu gran sonrisa. En el resplandor de sus ojos, Tú me miras. En sus voces, Tú me hablas. Y a través de su amor, Tú me amas. *Om.* Paz. Amén».

---

[3] «Detrás de una austera apariencia se oculta cuidadosamente una naturaleza emotiva y espiritual, sin duda al servicio de su fuerza de voluntad». Carl W. Ackerman, en *George Eastman* (Houghton Mifflin, Boston, 1930).

El arte de congeniar con los demás

Primer Templo de Self-Realization Fellowship en Encinitas (California), 3 de noviembre de 1940

Con el albor de cada experiencia que se suscita conforme transitamos por el sendero de la vida, debemos aprender a vivir con mayor conciencia y comprensión, si deseamos tener una convivencia más grata en este mundo.

Al examinar las civilizaciones del mundo y explorar los escondrijos más profundos de las culturas del pasado, se nos presenta un panorama muy amplio. Nos damos cuenta de que el hombre es, a la vez, un animal individual y gregario. Cada ser humano está dotado del deseo de una vida personal y de una vida social; tiene tendencias individualistas, así como impulsos por formar parte de una comunidad; incluso en los más primitivos salvajes imperaba la idea de unirse y formar grupos. En la vida cotidiana, la excesiva interacción social no aporta gran felicidad, y tampoco lo hace el desmesurado predominio de una existencia meramente individual. Dios desea que mantengamos un equilibrio entre los aspectos individuales y sociales de nuestra vida.

Las raíces individualistas y colectivas del ser humano provienen de Dios. Él es el epítome de la singularidad: apartado de las estrellas, los universos y los pensamientos de los hombres, más allá de todos los sueños y sensaciones, trascendiendo toda percepción de la materia, el Señor existe por Sí Mismo, solo, sin compañía alguna; completo y satisfecho en su propio Ser. «Donde ni el sol ni la luna ni el fuego resplandecen, allí se encuentra mi Suprema Morada»[1]. Se afirma que el omnipotente Dios ama de tal forma su eterno silencio que no desea que ni siquiera un imperceptible rayo de luz o la oscilación de una

---

[1] *Bhagavad Guita* XV:6.

vibración le perturben allí. En la región de la oscuridad sin oscuridad y del sonido sin sonido, en la nada no creada, en la Esencia Absoluta de todo, Él existe por Sí Mismo y es autosuficiente. No hay duda de que le resulta sencillo llevarse bien Consigo Mismo, pues no tiene con quién disentir.

Pero, al mismo tiempo, hay una parte de Dios que no es solitaria en absoluto: Él se implica colectivamente a través de su actividad en las flores, en las aves, en los peces y en todas las formas de vida que habitan nuestro planeta —en los millones de seres humanos y en cada criatura— y se halla sumamente activo en el funcionamiento de las leyes electromagnéticas del universo y las incontables leyes que ha dispuesto para regir la esfera de la manifestación. Por lo tanto, en este sentido, Dios no es individualista, y debe convivir con la diversidad que puebla su creación, esta inmensa variedad en la cual Él Mismo se contradice. Él es lo No Creado y lo Creado, a quien los hindúes invocan en sus cantos como Brahma.

En última instancia, no existe diferencia alguna entre las diversas creaciones de Dios. A pesar de que aparentemente hay diferencias opuestas, como por ejemplo, entre el hombre y la bestia, o el tigre y su presa, Dios es capaz de congeniar con todas las experiencias del panorama material e ilusorio de este mundo. Él es armonía tanto en su actividad ecléctica como en Sí Mismo, en su aspecto individual. Él desea, de manera similar, que aprendamos a tener buenas relaciones con nuestro propio ser y con los demás.

La importancia de llevarte bien contigo mismo

Ser capaz de sentirse bien con uno mismo es maravilloso. La mayoría de las personas sabe cuán difícil es poder tener una buena relación con los demás. Pero ¿alguna vez has reflexionado sobre el arte de congeniar contigo mismo? Es lo más difícil. Analízate psicológicamente, con una percepción desapegada, y comprobarás que de continuo pugnas contra tu propia persona. Nada ni nadie te gustará si tú mismo no te gustas. Si te desagrada tu ser, ¿cómo puedes esperar que los demás te agraden? Tener una relación armoniosa con uno mismo es la cualidad más importante para poder conducirse bien en este mundo. Así pues, ante todo, debes aprender a valorarte y amarte de verdad. Pero cuando digo que te ames, no quiero decir que sientas afecto por tu vanidad, egoísmo e interés propio. (Naturalmente, es parte del instinto del hombre el tratar de salvarse ante la inminencia del peligro; el instinto de conservación es una ley de la vida). Ámate porque eres un hijo de Dios dotado de potencialidades divinas; es tu amor e interés por este potencial lo que inspira y anima el desarrollo de la verdadera naturaleza de tu alma.

No puedes escapar de ti, aunque huyas de la civilización hacia el rincón más alejado de la Tierra. Por este motivo, Dios desea que te perfecciones allí donde te encuentres. Algunas personas viven en las peores circunstancias y, sin embargo, resulta asombrosa su capacidad para llevarse bien consigo mismas. Otras son bendecidas con todas las oportunidades del mundo, pero no pueden congeniar con su propia naturaleza; viven en constante lucha interior.

No debes esperar a que tus circunstancias cambien. Si aguardas a que eso ocurra, jamás experimentarás progreso alguno. Afirma: «Estoy bien aunque mi entorno no sea favorable. Si deseo meditar, encontraré la forma de hacerlo, a pesar del ambiente que me rodea. Si deseo estudiar para perfeccionarme, lo haré sin que influyan en mí las condiciones externas». En la India conocí a un hombre notable, versado en dieciocho idiomas; sin embargo, era tan pobre que ni siquiera podía costearse una lámpara que le permitiera leer. Por consiguiente, solía ir a la esquina de su casa y se valía de la luz del alumbrado público. «Querer es poder». No hay pretexto para no perfeccionarse, sean cuales sean las condiciones externas.

Tú eres el único que sabe si puedes llevarte bien contigo mismo, ya que te ocultas con gran astucia de los demás. Por eso, depende de ti esforzarte cada día para descubrir si te encuentras en paz con tu propio ser.

Mi maestro [Swami Sri Yukteswar] solía decir: «Aprende a comportarte». En esa verdad reside una gran paz interior y felicidad. Cuando aprendas a tener una buena relación contigo mismo, sabrás cómo hacerlo con los demás. Eso es lo que aprendí y, también, lo que demostró Jesús. Él fue capaz de pronunciar aquellas palabras, «Padre, perdónalos», porque había encontrado esa paz en su interior.

Tu conciencia te ayudará a convivir contigo mismo

Varias son las prácticas necesarias que te permitirán convivir contigo mismo. Primero: cualquier persona que es extremadamente emotiva o inquieta debido a sus malos hábitos jamás se aprecia a sí misma. Si tu conciencia te dice permanentemente que obras mal, ¿cómo esperas estar en armonía contigo? Y cuando te relaciones con los demás, advertirás que ellos no te prodigarán su confianza ni su benevolencia, porque una persona que actúa en contra de su conciencia no se fía de sí misma, y esa actitud se refleja en su carácter. La conciencia del hombre le habla continuamente y le impulsa con persistencia a transformarse y adoptar un buen comportamiento. Es verdad, por supuesto, que puedes insensibilizar tu conciencia, pero ésta no se mantendrá en ese estado para siempre. En última instancia, si no se hace nada por mejorar, las leyes de cada país se encargarán de sacudir el sentimiento de satisfacción de aquellos cuya conciencia se halla totalmente adormecida a causa del mal uso del libre albedrío. De ese modo, los delincuentes se dan cuenta de que sus actos carentes de moral les acarrean un castigo.

Así pues, escucha siempre a tu conciencia, que es la voz de tu ser interior, y está ahí para ayudarte a tener una relación armoniosa contigo.

La ecuanimidad: el fundamento apropiado para nuestra existencia

En segundo lugar, es preciso practicar la ecuanimidad mental. Sea cual sea la experiencia que afrontes en la vida, hazlo con una actitud equilibrada. La ecuanimidad mental y la disposición serena aportan gran felicidad, no sólo para ti sino para los demás. Esto no significa que debas ser una persona sin carácter o desprovista de entusiasmo, sino que has de practicar la calma. Es apropiado disfrutar de las cosas agradables de este mundo, pero no te dejes deslumbrar por ellas. Y cuando el pesar se presente, acéptalo con entereza y piensa en cómo superarlo, en lugar de entregarte a la aflicción, la inquietud y la pérdida de tu calma interior. Algunas personas están siempre inquietas; sólo unas pocas permanecen la mayor parte del tiempo tranquilas y con la mente ecuánime, a pesar de las circunstancias. Pero la ecuanimidad debe ser una cualidad que expreses constantemente a fin de que sirva como fundamento de tu existencia. Esto fue lo que enseñó Swami Shankara[2]: «Mantén siempre tu mente en paz si deseas que el ecuánime Señor engalane el altar de tu alma». Sin esa actitud equilibrada, jamás podrás encontrar a Dios.

Detente un momento para reflexionar sobre la excelente relación que Jesucristo tenía consigo mismo. Esa armonía interior hizo posible que él se aviniera de manera tan maravillosa con la gran diversidad de personas que había entre las multitudes. Se comportaba con todo el mundo y en toda circunstancia con la misma ecuanimidad mental, incluso durante la inmensa prueba de su crucifixión. «Las relatividades de la existencia (nacimiento y muerte, placer y dolor) han sido superadas, incluso aquí en este mundo, por aquellos que se han establecido en la ecuanimidad. En verdad, ellos están entronizados en el inmaculado y perfectamente equilibrado Espíritu»[3]. Deberíamos estudiar las vidas de los seres auténticamente elevados; cuando las comprendamos, sabremos cómo conducir nuestras vidas de modo similar.

El pensamiento profundo: un pasadizo hacia Dios y la percepción intuitiva

El siguiente paso para llevarte bien contigo mismo consiste en controlar los pensamientos. Aprende a pensar profundamente. Aprende el arte de la concentración para que, al enfocar tu mente en un pensamiento en particular, tu atención no se inquiete ni se precipite de una idea a otra. La mayoría de las personas vive en la superficie de la vida. Pero sólo podrás encontrar las perlas del conocimiento si te sumerges en la profundidad del océano del pensamiento. Quienes piensan con profunda concentración son felices, porque pueden apartarse mentalmente de las perturbaciones del medio que les rodea. En cambio, la persona común carece de escapatoria, pues habita siempre en la superficie, como el pez que el pescador atrapa con facilidad.

---

[2] Considerado como el filósofo más relevante de la India; reorganizó la antigua Orden de los Swamis. (Véase *Shankara* y *swami* en el Glosario).
[3] *Bhagavad Guita* V:19.

Por medio de la práctica, cultiva el hábito de pensar profundamente. Elige un problema difícil y examínalo con detenimiento. Ahonda en ese tema tanto como puedas. Si profundizas lo suficiente, surgirá una solución y, en esa profundidad interior, una sensación de paz envolverá tu alma. ¿Por qué? Porque en el estado de pensamiento profundo existe un pasadizo que conduce al reino de Dios. Sin esa intensa reflexión y concentración mental, jamás encontrarás el sendero hacia Dios. Incluso los pensadores profundos que no conocen a Dios sienten de todos modos felicidad en su interior, debido a que en ocasiones logran adentrarse en la percepción intuitiva y se aproximan a Dios, aun cuando éste no haya sido conscientemente su objetivo. Quienes son capaces de reflexionar profundamente sobre diferentes temas, y sin embargo no llegan a establecer contacto deliberado con Dios, pueden carecer de percepción divina porque se mantienen aferrados a su modo de pensar. Nadie puede encontrar a Dios sin buscarle de manera consciente. Pero, al menos, los pensadores profundos se encuentran más cerca de Dios que quienes viven superficialmente y en medio de la ignorancia. No hay pecado más grave que la ignorancia. Por este motivo te exhorto a que tu tiempo no transcurra en la ociosidad. Haz algo útil en la vida —algo valioso y constructivo— que amplíe y profundice tu conciencia; de ese modo te acercarás a Dios.

Las personas que piensan profundamente se llevan mejor consigo mismas y con los demás; debido a su capacidad de explorar las sutilezas del pensamiento, saben cómo actuar cuando afrontan una situación difícil. La reflexión profunda constituye una preparación mental que te capacitará para superar las circunstancias de manera divina.

El sentido común pone en acción el pensamiento profundo

Unido al pensamiento profundo, debes desarrollar el sentido común; es decir, el sentido que es común a todas las personas: el sentido intuitivo. «Bien, mi esposo estaba muy enfermo, así que comencé a considerar detenidamente esa circunstancia. Cuando hube concluido mi penetrante reflexión y decidí llamar al médico, mi esposo ya había fallecido». ¡Este tipo de razonamiento no aporta ayuda! Debemos emplear el sentido común. Es esencial que sepas cómo poner en acción tu pensamiento profundo. Y nadie puede enseñarte a utilizar el sentido común. Se trata de un sentimiento intuitivo que, sin intermediarios, te dice qué debes hacer. El sentido común está presente en cada alma, pero pocas personas saben cómo desarrollar la capacidad para aprovechar esa fuente de discernimiento. Necesitas cultivar ese poder mediante el cual se puede conocer el curso adecuado de acción en cualquier circunstancia.

Controla los deseos y el hábito de desperdiciar el tiempo

Por último, a fin de llevarte bien contigo mismo, debes controlar tus deseos. Lo que habitualmente se considera «jolgorio» no es más que un completo despilfarro de energía. No es necesario que nadie mortifique a esas personas, pues se castigan a sí mismas por el desenfreno en que incurren, el cual les ocasiona nerviosismo, ira y malhumor. Nada les aporta gozo, porque se hallan controladas por sus insaciables sentidos. El verdadero maestro es aquel que gobierna sus deseos. Cuando dice *no* a las tentaciones, es *no*. Y cuando dice *sí* a la acción apropiada, significa *sí*.

Nunca pierdas el tiempo. Es demasiado valioso para desperdiciarlo en actividades inútiles. Jamás aprendí a jugar a las cartas, ni a las damas, ni a ninguno de esos juegos, porque me di cuenta de que se trata sólo de medios para matar el tiempo. La vida es demasiado preciosa para desaprovecharla. Aprende a morar en la conciencia de Dios. Debes permanecer siempre ocupado en Dios y, de ese modo, nada ni nadie te distraerán. Es maravilloso vivir con sencillez. Vivir afianzado en la satisfacción interior constituye un paraíso que desconoces. Incluso cuando voy al cine ocasionalmente para apartarme de las exigencias de la organización, no me embeleso con las secuencias que veo en la pantalla, sino que me extasío con la percepción de Dios. No veo la película, sino las escenas cósmicas que están en mi interior.

El propósito supremo de la vida es encontrar a Dios. Por lo tanto, no malgastes tu tiempo en actividades inútiles.

Llevarse bien con los demás comienza en casa

A la vez que aprendes a llevarte bien contigo mismo, debes practicar también el noble y difícil arte de la buena convivencia con los demás.

Comienza en tu propio hogar, con las personas junto a las que vives. Hay un dicho significativo con respecto a este punto: «Un ángel en la calle y un demonio en su casa». Si aprendes a tener una buena relación con quienes comparten tu hogar, estarás mejor preparado para convivir con el resto del mundo. Necesitas corregir tu conducta y tus actitudes. Si en lugar de enmendarte tratas de escapar de las personas que te exasperan, no lograrás transformar tu carácter y tus pasiones, que continuarán aferrándose a ti. Dondequiera que vayas, seguirás experimentando dificultades. ¿Por qué no remediar tus problemas aquí mismo y ahora?

En primer lugar, cada vez que tengas problemas con los demás, analízate; y reconoce tu culpa, si es en ti donde reside la imperfección. Reflexiona profundamente y comprueba si tu conducta es la correcta; pregúntate si mereces la crítica de los demás. Y recuerda: el ejemplo es más elocuente que las palabras. Si deseas cambiar a otra persona, refórmate tú primero. Si deseas enseñar a alguien a llevarse bien con los demás, sé tú el ejemplo. Vivir en armonía con los seres humanos (aun cuando no siempre sea posible si te tratan injustamente) implica tener una buena relación con Dios. Jesús fue perseguido injustamente. Pero si las personas te critican *con razón,* significa que aún debes realizar un esfuerzo mayor para corregirte.

No sacrifiques tus ideales para complacer a los demás

Vivir en armonía con la gente no significa estar de acuerdo con todos; y tampoco implica que debas sacrificar tus ideales por este motivo. No es éste el tipo de convivencia armoniosa al que me refiero. Por otro lado, puedes mantener tus ideales sin resultar ofensivo. Desde ese punto de vista, es cierto que Jesucristo no tuvo la mejor de las relaciones con algunas personas durante su vida; sin embargo, mantuvo sus ideales sin recurrir a la hostilidad. Por supuesto, él se llevaba bien consigo mismo, pues sabía que estaba haciendo lo correcto. Además, dijo: «Yo para esto he nacido y para esto he venido al mundo: para dar testimonio de la verdad»[4].

Así pues, por encima de todo, complace a Dios y sé fiel

---

[4] *San Juan* 18:37.

a tus propios ideales; nunca los sacrifiques, y jamás albergues mala intención. Si vives amando a Dios y no pretendes perjudicar a nadie, y a pesar de ello el mundo desea lastimarte, no te preocupes. Es preferible que el mundo entero te maldiga y seas uno de los hijos predilectos de Dios, que recibir el amor de todos pero que el Señor te abandone. Tener una buena relación con los demás significa, en primer lugar, llevarte bien con tu conciencia y con Dios y, luego, con el prójimo.

Esa verdad es una de las enormes bendiciones que recibí de mi maestro. Nada hay en el mundo que se equipare al gozo que obtuve con su compañía. Cuando se cuenta con la seguridad del gozo auténtico, se posee todo y ya no se precisa del mundo.

En cierta ocasión, durante mis primeros años en este país, fui invitado como huésped de honor a una gran fiesta. Yo no sabía en que consistía un «cóctel de la élite», así que ignoraba de qué clase de reunión se trataba; nunca antes había concurrido a un acontecimiento de este tipo, y jamás volví a hacerlo. Todos los asistentes bebían en abundancia. Ya entrada la noche, me solicitaron que hablara; entonces, les dirigí unas palabras que, según creo, jamás olvidaron. No hablé disgustado, sino con la verdad: «¿Es éste el modo de vida normal de ustedes? ¿Se sienten realmente felices al «embalsamarse» con la bebida? No es nada divertido emborracharse hasta perder el sentido y decir groserías. ¿Cuál es el propósito?». Sé que muchos de los allí presentes se hicieron la secreta promesa de jamás volver a asistir a ese tipo de reuniones. Yo no estaba alterado, pues en mi interior había desapego. De esa forma, puedo mantener una buena relación con los demás. No tengo que comportarme como ellos; prefiero más bien tratar de influirlos con gentileza para que se conduzcan según mis consejos. Con Dios en tu seno, el gozo en tu corazón, la sabiduría en tu mente y todo el poder de los cielos en tu alma, te hallas en la gracia del Padre Eterno. Ése es el poder que veo y siento permanentemente.

Compórtate con sinceridad y sin lastimar a los demás. Si no puedes congeniar con otros individuos debido a tus ideales, entonces es preferible que te alejes de esas personas negativas. Si tu bondad es motivo de tortura para otras personas, mantente fuera de su alcance. No sientas que debes golpear a otros con un garrote para lograr que te sigan. Si no lo desean, deja que continúen su camino. Pero permanece siempre dispuesto a compartir tu conocimiento con aquellos que busquen la verdad y con quienes estén sedientos del néctar del alma. Trata de hacerlos felices.

Sonríe desde tu alma

Desarrolla el hábito de ser agradable. No quiero decir que siempre debas sonreír de oreja a oreja. Un gesto como ese nada significa, pues carece de sentimiento. Pero la sonrisa que surge de lo más profundo del corazón y que se expresa en el rostro es maravillosa, pues procede de la sinceridad. En ocasiones, las personas que tienen mucho contacto con el público muestran una sonrisa artificial y sin vida, en tanto que interiormente están pensando en otra cosa. No hay nada en ellas que haga que esa sonrisa sea real. En cambio, la sonrisa que proviene del alma es muy atractiva; pocas personas pueden resistirse a alguien con un gesto tan sincero.

Hay quienes sufren de amargura crónica. Y muchos de ellos son insensibles, rígidos en sus reacciones hacia sus semejantes. ¿Cómo tener una relación buena con tales personas? En primer lugar, asegúrate de que, sea cual sea la magnitud de la provocación, nadie logrará hacerte perder la paciencia. Éste es uno de los pasos iniciales para aprender a convivir armónicamente con los demás. Pase lo que pase, no permitas que nadie te exaspere. Es una norma difícil de cumplir para quienes carecen del control de sí mismos, pero es sumamente fácil si decides mantenerte imperturbable. No hagas alarde de que nunca te enojas; simplemente ponlo en práctica de la mejor forma que te sea posible. Si lo pregonas, la gente sentirá el impulso de aprovecharse de ti. Tampoco vale que te comportes de manera dócil de cara al exterior cuando en realidad estás peligrosamente enfurecido por dentro. En ningún caso permitas que nadie te encolerice al grado de que hagas algo que más tarde puedas lamentar. La mayor parte de quienes pierden los estribos se arrepienten de lo que hicieron. Afirma con convicción: «Tengo perfecto dominio de mis emociones». La persona que no controla sus impulsos es su peor enemigo; cada deseo frustrado incita su ira. Cuando alguien te irrita, se debe a que ha contrariado alguno de tus deseos. De otra manera, nadie sería capaz de enojarte.

Hay ocasiones en que lo mejor es permanecer callado pero firme

En tus esfuerzos por llevarte bien con los demás, no te comportes como un felpudo o, de lo contrario, todo el mundo querrá gobernar tu vida. Si no pueden dominarte, se indignarán; si los escuchas y obedeces ciegamente, te volverás una persona desprovista de carácter. Entonces, ¿cómo debes comportarte? Cuando encuentres resistencia a tus ideales, la mejor forma de actuar consiste en mantenerse callado pero firme. No digas nada ni te enfades. Tal vez recibas una paliza verbal tras otra, pero no permitas que eso te provoque. Rehúsa reñir. Finalmente, esas personas comprenderán que no tienes la intención de irritarlas y, al mismo tiempo, tú seguirás manteniendo tus nobles razones para no desear hacer lo que te piden.

Cuando las personas pierdan los estribos, aléjate de su presencia hasta que recuperen la calma. Si puedes reunirte con ellas y hablar abiertamente sobre los problemas suscitados, será maravilloso, pues la comunicación es vital. Pero si hay alguien que sólo quiere alimentar la confrontación, limítate a decir: «Voy a dar una caminata». Luego, retorna y ve preparado para dialogar. Pero si esa persona aún desea el enfrentamiento, sal de nuevo y da un paseo aún más prolongado. Bajo ningún concepto cedas a la riña. Nadie puede discutir contigo si rehúsas cooperar con su actitud hostil. Jamás suministres combustible al enojo de los demás. La persona iracunda sólo queda satisfecha cuando logra contagiarte su ira.

Puedo trabajar con cualquier individuo, y no me importa estar con aquellos que no saben vivir armoniosamente. Cuando alguna persona haya tomado la decisión de ganar una discusión, déjala obtener la victoria; se tratará de un triunfo vano. No riñas. Los grandes hombres rara vez discuten; se limitan a sonreír y dicen: «No lo creo», pero no buscan altercados.

Actúa con tiento; las personas no son piedras insensibles

Aprende a actuar con tiento. Esto no significa que debas comportarte con hipocresía, sino que has de ser considerado con los demás. No eres una piedra sino un ser racional y consciente, y no deseas tratar a los demás como si fuesen rocas insensibles. No te opongas abiertamente a los deseos de tus semejantes. La persona que está siempre pendiente de los asuntos de los demás es tanto causa como objeto de dificultades. Si una persona puede aceptarlo, y si en verdad le aportará algún bien, coméntale sus errores. Pero en ocasiones no le gustará oírlos y, a manera de desafío, hará exactamente lo que tú no quieras que haga.

Si puedes congeniar con los demás, serás como una flor fragante. Al pasar por un jardín, a veces percibes el perfume de las rosas o del azahar y piensas: «¡Oh, qué dulce aroma!». Así son también las grandes almas. Cuando estás en su compañía, la fragancia de sus vidas te rodea; se trata de un aroma que eleva tu alma. Pero si te rondasen los hedores, no desearías permanecer en ese lugar. Cuando alguien padece la maloliente predisposición al enfado y a la riña, no deseas estar cerca de esa persona. Quienes viven siempre en la inarmonía son de ese tipo de individuos: se asemejan a mofetas humanas que exudan un olor repugnante.

En toda organización religiosa, se distinguen con claridad dos tipos de personas: las que tratan de perfeccionarse y las «buscapleitos». Éstas crean problemas, pues intentan cambiar a todo el mundo en vez de cambiarse a sí mismas; parecen deleitarse en procurar que los demás se sientan incómodos.

Recuerdo que al principio, cuando me encontraba en Boston, estábamos planificando un banquete. Había dos damas de mediana edad que eran verdaderas campeonas del chismorreo. Sin reparar en ese defecto, yo les había asignado responsabilidades en el festejo; pero una persona me dijo: «Tenga cuidado con esas dos; les han causado grandes problemas a otros instructores». Eso me alertó para vigilar su conducta. Conforme avanzaban los preparativos de la comida, mi secretario colocó tarjetas en la mesa principal, para indicar que ciertos invitados habrían de sentarse allí. Estas dos señoras arremetieron de inmediato: «¿Por qué han de estar ellos en el estrado y nosotras no?». A fin de que la paz retornara, se sentó a esos invitados en otras mesas.

Un día, estas dos señoras comenzaron a perturbar los planes organizativos del centro. Su intención era la de ser directoras de la agrupación en Boston. Entonces, las llamé aparte:

—¿Me aceptan como su maestro espiritual? —les pregunté.
—Por supuesto —dijeron ellas.
—¿Me harán caso? —proseguí.
—Desde luego —fue su respuesta.

Ambas creyeron que las iba a colocar en puestos de relevancia. Poco tiempo después, las entrevisté por separado, y le dije a cada una de ellas algo que yo califiqué de «secreto», y les pedí que me prometieran no divulgar esa información, a lo cual consintieron. Pasados unos días, cada una había compartido con muchas otras personas, «confidencialmente», lo que yo les había contado. Cuando se dieron cuenta de lo que sucedía, se suscitó una enemistad entre las dos. Entonces, me distancié de ellas; pero me buscaron. Yo me encontraba en el Hotel Boston Plaza cuando me llamaron por teléfono, pues querían verme y hablar conmigo. Mi contestación fue la siguiente:

—Acepto verlas a condición de que hablen con mucha calma; apenas levanten el tono de voz, me retiraré.

Cuando bajé al vestíbulo, advertí que apenas podían controlarse.

—¿Cuál era su intención al decirnos el «secreto» a cada una de nosotras? —me increparon.

—Demostrarles que no es posible confiar en ustedes; que son desleales, y que les gusta reñir y chismorrear —respondí yo—. Por este medio las he convencido de que se comportan mal. Les comuniqué algo que no revestía la menor importancia, sólo para saber si eran capaces de mantener una confidencia o si se entregarían al hábito de crear dificultades con sus chismes. El defecto no se encuentra en los instructores que han venido a este lugar, y a quienes ustedes tanto criticaron. La imperfección está en la naturaleza de cada una de ustedes. Les pedí sólo una cosa, y no pudieron cumplir su promesa. ¿Se dan cuenta de cuán desagradables las hace esa reputación en esta ciudad? Los problemas que les ocasionaron a los demás se han vuelto ahora en contra de ustedes. Si no son capaces de cumplir una promesa de discreción que ofrecen a su maestro espiritual, ¿cómo pueden esperar que los demás confíen en ustedes? Si no tienen fe en mí, en nadie más la tendrán. ¿Se sienten en su interior realmente en paz y felices?

Fui sincero con ellas, y ese día les ofrecí una evaluación muy franca y seria de su conducta. Después de eso les dije:

—Ahora bien: no les voy a negar su asistencia a mis clases. Pero deben prometerme que no hablarán en contra de nadie durante el ciclo de clases. No se consideren instructoras. En tanto prevalezca en ustedes el orgullo y el deseo de enseñar, no estarán capacitadas para hacerlo. Primeramente deben poner en práctica las enseñanzas. Si lo hacen, los demás seguirán su ejemplo.

Y debo decir que, hora tras hora, asistieron a las clases, y en ningún momento molestaron a nadie. Eran las estudiantes más dóciles. Como se puede apreciar, pude avenirme con ellas porque no me enojé. Actué con tiento para que por fin se dieran cuenta de sus debilidades mentales.

Pero la buena convivencia con los demás no se logra sólo mediante el tacto. También se requiere de ejemplo, calma, ecuanimidad mental, sinceridad, gozo y recto comportamiento, sin apegarse al orgullo ni al egoísmo, y sin permitir que tus acciones se rijan por lo que los demás hacen, sino por la conducta que complace a Dios. Encuentra tu paz en la meditación diaria y profunda, y te sorprenderá ver la forma en que mejoran tus relaciones con los demás.

Desarrolla también el poder de ser útil al prójimo: eso es amor. Reflexiona sobre esta verdad. Aprende a servir a tu prójimo: sé útil con pensamientos positivos, con tus palabras, con sugerencias constructivas. Mas no des consejos a quienes no los desean; si tus sugerencias no son bienvenidas, contrólate y permanece callado. Y cuando hagas el bien a los demás y, en ocasiones, ya no puedas seguir ayudándolos en el plano material, no te preocupes si se vuelven hostiles contigo porque siguen esperando tu socorro; continúa haciendo lo que es correcto. Haz cuanto esté dentro de tus posibilidades y olvídalo.

Sé sincero, y jamás recurras a la adulación

Sé sincero con todo el mundo. Puedes tener una agradable convivencia con la mayor parte de la gente si la adulas; pero esa conducta destruye tanto el carácter de quien ofrece la lisonja como del que la recibe. La alabanza no es dañina si la mueve un propósito sincero. A todos nos agrada el incentivo y recibir elogio por las buenas cualidades y acciones, si tal reconocimiento es sincero. Pero es erróneo valerse de la adulación para obtener algo a cambio. Si mi amor no es suficiente, no sobornaré a nadie con lisonjas.

En cierta ocasión, el señor R., un acaudalado estudiante de Milwaukee, vino a residir en Mount Washington, durante un difícil período inicial en el que contábamos con escasos recursos para sostener la obra. Él venía a aprender, pero no pasó mucho tiempo hasta que comenzó a desarrollar el hábito de tratar de enseñar a los demás. Le llamé a mi estudio, y le dije:

—Desde ahora te prohíbo que aportes más dinero a la organización. Te ofrecí mi amor, pero sólo deseas que te adule. Viniste aquí a aprender, pero ahora quieres darnos lecciones a nosotros. —Él se encolerizó, pero continué diciéndole—: No creas que me has engañado porque me he mantenido en silencio. Lo único que necesitas es una buena dosis de adulación para creer que eres perfecto. Pero yo no te la proporcionaré.

Los ojos se le llenaron de lágrimas.

—Pero todo se derrumbará —me dijo—. La revista[5] ya no se publicará, y la organización no podrá subsistir a menos que obtenga dinero de mí.

—Eso no importa —le respondí.

Él permaneció enfurecido durante mucho tiempo, mientras vaticinaba que todo fracasaría sin su presencia.

—Tal vez no sea así —le dije yo. Luego le previne—: Ten cuidado, estás haciendo sombrías predicciones; quiero avisarte de que, si continúas con esa actitud, serás desposeído de todo tu dinero.

Este estudiante abandonó Mount Washington y, tiempo después, se afilió a otra sociedad. Le lisonjearon, le dieron un importante puesto y, luego, le despojaron de toda su fortuna. Tuvo que regresar a su punto de partida. ¿Qué habría sucedido en caso de aceptar dinero de esa persona? Que yo hubiese tenido que cerrar los ojos a sus malévolas intenciones, lo cual es algo que de ningún modo podría yo haber consentido.

Poco después de esa experiencia, llegó a la organización uno de los mejores amigos y más grandes devotos que he conocido.

---

[5] Revista *Self-Realization* (véase el Glosario).

El arte de congeniar con los demás

Me refiero a San Lynn[6].

He visto cosas extraordinarias en mi vida. Todo lo que abandonas por Dios, Él lo sabe. ¿De qué sirve ganar amigos y seguidores mediante la adulación, si Dios no se encuentra entre ellos? La insinceridad hará que tanto el mundo como Dios te abandonen; a tu muerte, te hundirás en las profundidades del mundo astral sin que tu conciencia se sienta tranquila y sin recibir ninguna seguridad por parte de Dios o del hombre.

Las relaciones que se basan en el intercambio de sinceridad y respeto son maravillosas. No mancilles la amistad comportándote con familiaridad excesiva; tomarse demasiadas confianzas desemboca en el desdén. Nadie ha podido excederse en su trato amistoso conmigo. La falta de respeto y subestimar a la otra persona hacen peligrar en gran medida toda relación amistosa. Cuando establezcas lazos con otras personas, hazlo con respeto, amor y sinceridad.

En el momento en que sientas el deseo de estar a solas, aléjate de la gente; permanece en soledad. No te mantengas en compañía de otras personas a menos que te encuentres preparado para ofrecerles la totalidad de tu atención. En este aspecto, cuando me relaciono con los demás, me uno a ellos con concentración, una actitud atenta y amor. Pero cuando estoy a solas, me hallo solo con mi Dios. No conviertas en un hábito el reunirte con otras personas sin un propósito definido. Cuando vale la pena hacerlo, está muy bien. Me gusta unirme a los demás en actividades provechosas y en intercambios amistosos que eleven el espíritu; pero no en aquello que sea fuente de discordia. Mantén las distancias con cualquier cosa o persona que genere desarmonía.

Acude a mí por la verdad que fluye de mi alma

Quisiera que estas verdades se enseñaran en la niñez.

---

[6] Se refiere al Sr. James J. Lynn, más tarde conocido como Rajarsi Janakananda (véase el Glosario). Cuando conoció a Paramahansaji en 1932, era un exitoso magnate de los negocios. Logró un estado sumamente elevado de iluminación divina mediante la práctica de las enseñanzas de *Self-Realization Fellowship*. A lo largo de los años, se convirtió en una influencia espiritual ejemplar; además, fue un benefactor en lo relativo al sustento y crecimiento de la obra de Paramahansaji.

Deberían inculcarse profundamente en los niños. Las lecciones que se aprenden en los primeros años de vida dejan una huella indeleble. En mi propia infancia, un día decidí que jamás me enfadaría; y nunca me he apartado de aquella promesa. A veces he hablado con gran severidad, pero en mi interior no me disgusto con nadie. No quiero que mis palabras suenen duras; sin embargo, a veces utilizo un lenguaje contundente porque algunas personas recuerdan mejor lo que se les dice con firmeza. Siento una gran paz en mi interior. Si eres partidario de la serenidad, nadie puede arrebatarte la tranquilidad a menos que tú descuidadamente decidas renunciar a ella. Desde mi centro interior de paz, enseño con una disposición de amor y bondad, pues es la mejor manera de hacerlo. Y si esa actitud es malentendida por alguna persona, me alejo de ella y permanezco en silencio.

Has venido aquí a escuchar la verdad genuina que fluye de mi alma. Si una sola persona recibe esta verdad y la pone en práctica en su vida, habré hecho un bien mayor que si miles de individuos experimentasen un estremecimiento de emoción.

Nada deseo de ti, salvo tu gozo en Dios. Y tú nada buscas de mí excepto la sabiduría y la dicha divina. El hombre espiritual se llevará bien con sus semejantes —aun cuando éstos no siempre se hallen en armonía con él—, porque es compasivo, los comprende y trata de conducirlos a Dios.

Jesús dijo: «El cielo y la tierra pasarán, pero mis palabras no pasarán»[7]. Prepárate ahora para ser instrumento de la verdad. Yo solía aconsejar a los estudiantes de mi escuela de la India que no sólo era preciso decir la verdad y esperar el perdón, sino que al expresar la verdad debían aceptar con buena disposición toda consecuencia desagradable. Haz el esfuerzo de congeniar con los demás a través de la bondad, el amor y la compasión; pero si la falsedad se presenta, enfréntate con todo valor a ella y jamás te conviertas en su aliado.

Pregúntate si tienes una relación armoniosa con Dios

Mi maestro fue un alma muy elevada; podrás leer la biografía de ésta y otras almas cuando yo haya concluido de escribir

---

[7] *San Lucas* 21:33.

mi libro[8]. Él jamás hizo descender sus ideales para que se acomodasen al nivel de sus discípulos; en este punto era firme e inflexible. Sin embargo, solía decirme que mi manera de ser era más afable que la suya. Yo comprendía su actitud. Es imposible describir con palabras lo que él hizo por mí. Preferiría verme arrollado por sus reprimendas antes que ser el rey de un castillo donde no poseyera a Dios. Siempre le dije que mi anhelo ferviente era vivir en sintonía con el Señor.

Cada día debes preguntarte: «¿He tenido una relación armoniosa con Dios?». ¿Conoces los signos que indican que no la has tenido? Inquietud, infelicidad y conciencia intranquila son los síntomas. Pero si convives armoniosamente con Dios, tu conciencia estará en paz y te embriagarás sin cesar con la felicidad y la satisfacción interiores. No deseo otra cosa que permanecer en esa felicidad y ofrecer esas vivientes aguas de gozo a quienquiera que venga a mí.

Cuanto mejor sea tu relación con Dios, tanto mayor será tu capacidad para convivir con tus semejantes. Los demás podrán abandonarte durante algún tiempo, pero volverán a ti. Y cuando hayas partido de esta tierra, quienes se alejaron de ti dirán: «Ha dejado huellas y, al seguirlas, nosotros también llegaremos a nuestro hogar de eterna y plena satisfacción».

Por consiguiente, procura siempre sintonizar tus pensamientos con el Absoluto. En ninguna meta existe felicidad comparable a la dicha que se encuentra al buscar a Dios. Rodéate de buenos pensamientos, a fin de que te ayuden a estar más próximo a Dios.

Esta verdad ha llegado aquí para perdurar por siempre, porque ha sido implantada en algunas almas elevadas. Lo que edificamos en las almas de los seres humanos es eterno. Seguir esta verdad redunda en tu provecho, porque encontrarás en ella tal libertad que no existen palabras para describirla. Los temas espirituales son intangibles al principio, pero conforme avanzas en el camino se vuelven más palpables que todas las demás cosas.

Estoy interesado en tu alma; y si tratas de desarrollarte, encontrarás aquí el tesoro infinito de la verdad. Si estudias estas

---

[8] *Autobiografía de un yogui* (publicada por *Self-Realization Fellowship*).

enseñanzas, comprenderás que no son el resultado de la imaginación, sino que provienen de la percepción directa de la verdad, que ha llegado a través de mí y de mis elevados gurús. Procura difundir este mensaje dondequiera que vayas; la mejor manera de hacerlo es mediante tu ejemplo. Luego, ayuda a los demás con buenos pensamientos centrados en la verdad. Los que perseveren hasta el final encontrarán su libertad en Dios.

Encontrar a Dios al final del sendero constituye un gran consuelo. No importa que se nos someta a prueba o que experimentemos desilusiones en la vida, si todos al fin encontramos al Señor. Pertenecemos a Él, y en Él hallaremos la realización de todos nuestros sueños. Por lo tanto, jamás debemos descorazonarnos, pese a la forma en que la vida nos pueda tratar. Repite conmigo: «Señor, sólo poseo tu gozo; sólo eso poseo».

Oremos juntos: «Padre Celestial, enséñame a estar en armonía contigo. Y que con tu sabiduría, pueda yo convivir con los demás. Bendíceme para que, dondequiera que me encuentre, sea yo un ejemplo de tu mensaje. Enséñame a llevar a cabo diariamente —con sinceridad y estricta adhesión a tus leyes— las acciones que te complazcan y que ayuden a los demás por medio de tu paz, armonía y comprensión. *Om*. Paz. Amén».

Análisis psicológico de la susceptibilidad

Sede Internacional de Self-Realization Fellowship, Los Ángeles (California), 4 de agosto de 1934

Para desarrollar la conciencia espiritual es importante dominar el arte de no ser susceptible, de evitar la hipersensibilidad. El análisis psicológico muestra que la susceptibilidad es el resultado del malentendido, de un complejo de inferioridad y de un ego descontrolado. La sensibilidad exacerbada se manifiesta como una falta de control sobre el sistema nervioso. La idea de haber sido ofendido recorre la mente, y los nervios se rebelan ante esta situación. Al reaccionar, el enfado o los sentimientos heridos hacen que algunas personas ardan de cólera en su interior, sin mostrar exteriormente irritación alguna. Otras expresan sus emociones con una reacción obvia e instantánea en los músculos de los ojos y del rostro... con frecuencia, acompañada de una venenosa respuesta verbal. En cualquier caso, ser susceptible equivale a forjarse una vida desgraciada y a crear una vibración negativa que, además, afecta al entorno. Poder emitir siempre un aura de bondad y paz debe ser la intención que anime nuestra vida. Aun cuando exista una razón justificada para hallarse alterado debido al maltrato, quien se controla en tal situación es dueño de sí mismo.

La susceptibilidad es un rasgo común de los seres humanos. Y cuando aparece esta emoción irracional, ciega los ojos de la sabiduría. Pese a que la persona susceptible pueda estar inmersa en la equivocación, considera que su manera de pensar es la acertada, al igual que su proceder y sus sentimientos. Cuando las escamas de la ignorancia desaparecen de la visión interior, podemos juzgar con exactitud las virtudes y los defectos de nosotros mismos y de los demás, sin los prejuicios y la intolerancia del ego emocional. De ese modo, reverenciamos sólo lo que es bueno y permanecemos trascendentalmente indiferentes a lo que es perjudicial en el aspecto psicológico.

Muchas personas consideran que deben sentir compasión de sí mismas cuando se las critica, y esa actitud les aporta cierto alivio. Pero tales individuos son como los adictos al opio: cada vez que toman la droga, se apegan más al hábito. Sé firme como el acero al luchar contra la sensibilidad excesiva. Jamás seas susceptible o sientas compasión de ti mismo.

Toda persona hipersensible, a menudo, sufre en vano: por lo general, nadie tiene idea de que ella abriga un resentimiento, y mucho menos en qué consiste. De esa manera, se siente aún más herida en el aislamiento que se ha creado. Nada se logra con obsesionarse silenciosamente por alguna posible ofensa. Es preferible ejercer el dominio propio y eliminar así la causa que produce tal sensibilidad desmesurada.

En mi juventud, yo era muy sensible; en consecuencia, era yo quien más sufría. Se trataba de un proceso de autotortura. Por ser tan sensible, los demás parecían deleitarse en «sacarme de quicio». Tu «quicio» es tu paz; no permitas que nadie te despoje de ella. Mi indignación no se debía por completo a la provocación de los demás; también era producto de mi propia sensibilidad con relación a sus comentarios. Me di cuenta de que cuanto más discutía con las personas que me criticaban, mayor era su satisfacción. Finalmente, tomé la determinación de que nadie tendría el poder de perturbar mi paz. Me dije: «Que me critiquen todo lo que quieran». Permanecí indiferente a sus injustas provocaciones, y tan impávido como si estuviera muerto. Al poco tiempo advertí que habían perdido el entusiasmo de convertirme en su víctima; muchos se hicieron mis amigos y siguieron mis enseñanzas. Es absurdo exigir bondad y respeto de los demás; en lugar de ello, debes merecerlos. Si eres de verdad bueno y respetuoso con los demás, y correspondes a toda cortesía que te demuestren, siempre serás tratado consideradamente. No paralices la benevolencia de los demás mostrándote susceptible cuando te ofrezcan su crítica constructiva. Colabora cuando alguien trate de ayudarte.

Mi maestro, Swami Sri Yukteswarji, era muy estricto conmigo. Vigilaba cada matiz de mis pensamientos y me corregía a discreción. En ocasiones era muy severo, pero siempre lo hacía por mi propio bien. No hubo muchas personas que soportaran su estricta disciplina; pero yo sí, y no existen palabras para agradecerle lo suficiente el haber emprendido la tarea de moldear mi vida con su sabiduría. Quienes cuentan con una espiritualidad muy desarrollada pueden ver con claridad los defectos de los demás. Cuando una persona bienintencionada y con una visión inteligente trata de ayudarte de forma sincera, no debes considerar que desea sojuzgarte, sino que intenta ofrecerte su comprensión y estímulo para que abras los ojos y superes tus debilidades. Es tu deber cooperar con ella. Sé cortés y amable; y si comienzas a caer en el mal hábito de la susceptibilidad, contrólate de inmediato. Los seres inteligentes, que poseen comprensión verdadera, siempre se alejan de las personas cerradas al entendimiento. No desean desperdiciar su tiempo y esfuerzo en disimular con quienes no tienen ni oídos ni voluntad para escuchar.

Desde lo más profundo de mi corazón, jamás me he permitido ser hipersensible. Estoy en paz conmigo. Cuando no estás en paz contigo te vuelves susceptible. Eso es un signo de mediocridad. Ser grande implica ser generoso, sin importar cuánto te hieran los demás. Ésa es la forma en que se ha de vivir. Mas no esperes a mañana; comienza hoy mismo.

Debes ser capaz de dominar tus emociones al instante. Si aceptas que el fuego de la sensibilidad exacerbada destruya tu corazón, y permites que continúe consumiéndolo, incinerará las fibras de la paz interior hasta hacerlas desaparecer. Toda persona sabia controla la susceptibilidad, pues comprende que ésta no es más que un agente del Satán[1] metafísico que trata de destruir la paz del alma.

Cuando algún suceso te perturbe, y con independencia de cómo justifiques tu infelicidad, has de saber que estás sucumbiendo a una sensibilidad indebida, y que no debes entregarte a ella. La susceptibilidad no es un hábito espiritual, es un hábito nervioso que destruye la paz, te arrebata el control sobre ti mismo y te roba la felicidad. Cuando un estado de ánimo de excesiva sensibilidad se filtre en tu corazón, su estática impedirá que oigas la divina canción de paz sanadora que suena en tu interior a través de la radio del alma. Cuando

---

[1] Véase el Glosario.

aparezca la susceptibilidad, trata de dominar inmediatamente esa emoción.

Existe una diferencia entre la sensibilidad emocional y la espiritual. Las personas que tienen un espíritu sensitivo son conscientes de sus propios sentimientos y sumamente perceptivas de los sentimientos de los demás; sin embargo, permanecen indiferentes ante las perturbaciones de los impulsos psicológicos, de igual manera que la mantequilla puede flotar en el agua, sin diluirse, y no resulta alterada por el medio que la rodea. Pero la susceptibilidad extrema es como un fantasma que te acosa, tortura tu sistema nervioso y te hace sentir que el mundo entero está lleno de enemigos. La persona que padece de exagerada sensibilidad, con frecuencia culpa torpemente a los demás de la ofensa que experimenta; esa persona debe tratar de comprender que su dolor se lo ha impuesto ella misma. Es preferible culparse a uno mismo por ser hipersensible que permanecer disgustado con los demás.

Nadie debe sorprenderte en un estado de ánimo negativo. Corrígete en silencio; y si fuese necesario, permanece oculto en una habitación, lejos de los demás, hasta que la fiebre de la hipersensibilidad haya desaparecido. El rostro es como un reflector de tu ser interno; el corazón —la fuente de los sentimientos— es el origen de ese fulgor. Tu cara debe traslucir un estado de ánimo inspirador. Tu faz debe ser una luz que los demás sigan, un faro que guíe a las almas que han naufragado, para que puedan encontrar el camino hacia la seguridad en el puerto de la paz.

Tu rostro debe ser un altar donde la paz y Dios reinen; donde todos los partidarios interiores de la bondad psicológica se reúnan con el fin de invocar al Dios todopoderoso de la paz y el amor: «Padre celestial, bendícenos para que podamos fundar el templo de la pureza en nosotros mismos —dentro de nuestros corazones, pensamientos y sentimientos—, de modo que nuestra faz se convierta en un resplandeciente altar de tu paz y amor».

Por qué el amor triunfa donde los celos fracasan

Primer Templo de Self-Realization Fellowship en Encinitas (California), 10 de abril de 1938

¿De dónde provienen los celos, la ira, el temor y todos los impulsos negativos, físicos y mentales, que inducen a los seres humanos a hacer el mal? Muchos aseguran que son de origen psicológico. Pero yo afirmo que provienen de la Fuerza Maligna. Existen dos fuerzas en este mundo: el bien y el mal. Dondequiera que haya bien, igualmente existirá el mal. El ser humano, dotado de independencia y libre albedrío, sufre las consecuencias de sus acciones equivocadas, pero no es el creador de las circunstancias que ocasionaron esos errores. Las plantas no cometen actos reprochables y, sin embargo, sucumben a las enfermedades. Los animales, gobernados por el instinto y carentes de la conciencia del mal, también sufren. Al lado del bien se encuentra el mal correspondiente. Dios crea la luz del Sol y la Fuerza Maligna crea tormentas y sequías destructivas. Los hermosos capullos florecen y los insectos los atacan. Dios dice que ames; la Fuerza Maligna dice que seas celoso y te incita a lastimar y debilitar al oponente. No escuches a ese poder oscuro que no es parte de tu ser. Los celos, la ira y el temor son creaciones de la Fuerza Maligna. Cuando Jesús identificó a esta fuerza como un poder consciente, él dijo: «Apártate, Satanás»[1].

En cualquier momento que hable la voz de los celos, el temor o la ira, recuerda que no es tu voz y ordénale que se retire. Pero no podrás expulsar ese mal, por más que lo intentes, mientras concedas a ese sentimiento negativo un refugio seguro en tu mente. Erradica los celos, el temor y la ira de tu ser, de modo tal que cada vez que un impulso maligno te instigue a

---

[1] *San Mateo* 4:10.

odiar y lastimar, una voz más potente que surja de tu interior te exhorte a amar y perdonar. Escucha *esa* voz.

Imagínate si pudiésemos eliminar del mundo el egoísmo, los celos y la ira: entonces no existirían las guerras. Pero esos destructivos malhechores son tenaces y luchan incesantemente contra la bondad para obtener la supremacía. Dios habla de paz, en tanto que la Fuerza Maligna urge a la inquietud y a la discordia. Dios trata de inducirte a emprender acciones de amor; la Fuerza Maligna intenta hacerte pelear. Tú eres un ser libre; puedes elegir lo que te plazca. Cuando te dejas atrapar por los celos, te adhieres al engaño cósmico de Satán. Siempre que te enfadas, es Satán quien te guía. La voz del temor es su voz maligna. Pero toda vez que prodigues amor y perdón, Dios estará a tu lado. Ayúdale a actuar a través de ti, pues Él no puede hacerlo a menos que tú colabores con Él.

Todas las relaciones deben cimentarse en la amistad

Los adeptos de Satán sólo tienen una recompensa: la amargura. Los seguidores de Dios obtienen una paz gozosa. «Halla la paz quien me conoce [...] como el Infinito Señor de la Creación y como el Buen Amigo de todas las criaturas»[2]. Escucha la voz interior del Amor. Vive el amor; practícalo interior y exteriormente; dondequiera que vayas, ofrece amor y comprensión. Sé como una flor cuya fragancia ahogue los vapores nocivos de los celos, el temor y la ira. Esparce la fragancia de la amistad y del amor divinos hacia todas aquellas personas que crucen tu camino.

Quienes perfeccionen su sensibilidad espiritual sentirán el despertar de la Conciencia Crística universal a medida que su amor se expanda. Cultívalo, en primer lugar, practicando la bondad con quienes se encuentren a tu alrededor. Piensa siempre en los demás antes que en ti. Sé un amigo incondicional de todos: de tu cónyuge, de tus hijos, de tus amigos íntimos, de quienquiera que conozcas. Un requisito de la amistad consiste en aceptar la individualidad de cada uno: dos almas, de diferente carácter, que unidas conducen el carro de la vida

---

[2] *Bhagavad Guita* V:29.

hacia un objetivo común[3]. La verdad debe ser la norma que rija toda relación. Todo lo que uno diga, bien sea para disciplinar o disentir, debe expresarse con amor y nunca con rudeza o crueldad. El deber de los amigos es ayudarse mutuamente en todo momento a impulsar su desarrollo. Cuando las almas unidas buscan progresar espiritualmente, florece la amistad divina. Si las cualidades del corazón se espiritualizan y perfeccionan con amigos sinceros, y ese círculo de amor se expande hasta abarcar a todos, entonces encontramos al Amigo de todos los amigos, el Amigo Divino, en el seno de todas las relaciones.

Los celos vaticinan el fin de la felicidad

Mientras que el amor de Dios une, los impulsos negativos de la Fuerza Maligna dividen y destruyen. Los celos y sus secuaces —el temor, la ira y el odio— ocasionan grandes perjuicios. Las relaciones humanas quedan dañadas, los hogares destrozados y las vidas arruinadas. Los celos vaticinan el fin de la felicidad: primero, en la persona que los alberga y, luego, en quienes constituyen el objeto de sus represalias, e incluso en otras almas inocentes que se encuentren involucradas —como por ejemplo los niños de hogares destrozados.

Los celos existen en todas partes; son un peligro permanente en cualquier relación humana. Los he visto actuar tantas veces en este mundo. Todos desean una «buena posición», pero pocos están dispuestos a hacer el esfuerzo de merecerla o de asumir la responsabilidad inherente. Los celos causan disensión por su propia naturaleza y transforman un firmamento de armonía en un infierno de discordia. Una persona celosa puede generar ¡tantos problemas! En lo posible, trata de evitar ser motivo de celos. Haz todos los esfuerzos que sean necesarios con el fin de generar comprensión.

Los celos provienen de un complejo de inferioridad

Los celos provienen de un complejo de inferioridad, y se expresan a través de la suspicacia y del temor. Tener celos significa que la persona teme no poder mantener sus relaciones con los

---

[3] Véase «Friendship» en *Songs of the Soul*, de Paramahansa Yogananda (publicado por *Self-Realization Fellowship*).

demás, sean éstas conyugales, filiales o sociales. Si estimas que existe una razón para tener celos de alguien —por ejemplo, si tienes miedo de que la persona a quien amas prefiera a otra— trata primeramente de entender si algo está fallando en ti. Supérate. Perfecciona tu carácter. La única manera de conservar el afecto o el respeto de otra persona consiste en aplicar la ley del amor y merecer ese reconocimiento mediante la autosuperación.

El amor y sus equivalentes jamás se pueden adquirir o conservar a través de exigencias, ruegos o sobornos. He observado la forma en que se conducen quienes se hallan alrededor de las personas acaudaladas o influyentes. Una vez le dije a un príncipe de la India: «¿Crees que quienes te adulan te aman realmente?». Él replicó: «Sí». Pero yo los había visto bajo una luz diferente, y le previne: «Deja de darles dinero y obsequios, y descubrirás que no son sinceros. Se mofan de ti cuando te alaban».

El verdadero amor no puede comprarse. Para recibir amor, es preciso prodigarlo desinteresadamente y sin condiciones. Sin embargo, en lugar de seguir esta norma, la persona insegura recurre a los celos, los cuales hacen que el ser amado se enfurezca y malogran el propósito mismo de éstos. Luego, los celos responden ante el enojo con un deseo de venganza. Pero siempre que una persona desea perjudicar a otra, finalmente resultará ella misma más lastimada todavía. Los actos perversos tienen su origen en pensamientos de igual índole; estos cáusticos parásitos mentales carcomen la propia fibra de quien los abriga: calcinan y destruyen la paz interior, que es nuestra más preciada riqueza.

«Lo que no sea mío ¡puede irse!»

¿Por qué ser celoso? Si le das a alguien tu amor y no lo aprecia, si esa persona no te ama, o le ofrece a otra el reconocimiento que crees merecer tú, ciertamente los celos no garantizarán su fidelidad ni aliviarán el conflicto existente en esa relación. El convertirse en prisioneros el uno del otro, a causa de los celos y las exigencias, ciertamente no producirá felicidad. Una relación exitosa sólo puede desarrollarse donde hay confianza y amor; y este último sobrevive en un clima de respeto y servicio, libre de toda actitud posesiva.

Así pues, ¿cuál es el remedio? Cuando los celos traten de

poseerte, repite poderosas afirmaciones: «Estoy libre de la esclavitud que representan los celos y el temor. Lo que es mío será mío; lo que no, ¡puede irse!». Cuando te liberes de los celos y del temor, tu vida será maravillosa. *Está en ti* ser libre. Lo que te pertenezca será tuyo, y lo que no esté concebido para ti no te hará feliz. La satisfacción reside en lograr tu perfeccionamiento constante a fin de que, en lugar de buscar a los demás, los demás te busquen a ti. Prodiga amor y amistad sin pretender o exigir nada a cambio. Si esperas ser correspondido te convertirás en una víctima del sufrimiento.

Aun mientras estás esforzándote por perfeccionarte, aprende a mantener tu individualidad, confiando en tus propias virtudes y en tus méritos personales. Si deseas que los demás crean en ti, recuerda esta verdad: no son sólo tus palabras las que producen un efecto, sino lo que eres y lo que sientes interiormente, es decir, lo que existe en tu alma. Independientemente de cómo se comporten los demás, procura siempre ser un ángel en tu interior. Sé sincero, amable, afectuoso y comprensivo. La persona que no responde a la bondad no merece tu atención. Aun cuando tengas que perder a un ser querido, es preferible dejar que se marche con el pensamiento de que eres un ángel y no un monstruo celoso. Deja en esa persona un hermoso recuerdo de tu amor, y ese amor permanecerá por siempre en su corazón.

Los pensamientos pueden ser más eficaces que las palabras

Jamás te expreses con dureza cuando te halles bajo la influencia de la ira provocada por los celos. La boca puede ser como un cañón, y las palabras más dañinas que un explosivo. Aplica el discernimiento al emplear las palabras. A nadie le agrada que le señalen sus faltas. Si la orientación o la crítica constructiva no es bienvenida, guárdate tus palabras. De lo contrario, cuanto más digas, peor se tornará la situación.

En ocasiones, los pensamientos pueden ser más eficaces que las palabras. La mente humana es la emisora más potente que existe. Si emites constantemente pensamientos positivos cargados de amor, esos pensamientos producirán un efecto en los demás. (Análogamente, si transmites celos u odio, otras personas recibirán esos pensamientos y los corresponderán). Pide al Señor que apoye tus esfuerzos con su Poder. Así por ejemplo, si es el esposo quien se ha descarriado, la esposa debería orar a Dios: «Ayúdame, Señor, a ayudar a mi marido. No permitas que entre en mi corazón ni la menor traza de celos y resentimiento. Sólo pido que él comprenda su error y cambie. Señor, permanece junto a él, y a mí bendíceme para que pueda hacer mi parte». Si tu comunión con Dios es profunda, verás cambiar a esa persona. Cuanto más se haya descarriado, más bondadosamente debes comportarte. En lugar de sucumbir a los celos y al temor de perder al ser amado, procura adoptar la actitud y el comportamiento adecuados, mantener una apariencia atractiva y ser fuerte en los planos mental y espiritual.

Dios es la respuesta final

En ningún momento olvides que Dios es la respuesta a todas las interrogantes que la vida le plantea a tu alma. Dios es amor, y el amor es la panacea para el sufrimiento humano. Nada hay más sublime que el amor: la cualidad divina de atracción y unidad que se manifiesta en el alma de cada ser. Cuando el amor se expresa en toda circunstancia —en la vida familiar y en los ámbitos social y nacional— se expande hasta abarcar el mundo entero. Este amor universal es el amor puro de Dios. Cuando lo poseas, entonces y sólo entonces te habrás convertido en ciudadano del reino de Dios. Enorgullécete siempre de ser hijo de Dios, porque únicamente durante un breve lapso has sido un extraño en el reino de la materia. Cultiva el amor de Dios que yace en ti, y podrás recuperar tu ciudadanía en su reino de la omnipresencia.

Cuando aprendas a recoger la mente en tu interior al meditar, hallarás el reino del Señor, que se halla dentro de ti. Dios está en ti. Es su poder el que actúa tras tu capacidad de hablar, moverte y sentir. Sin Él, nada puedes hacer. A pesar de que Él es trascendente y se encuentra más allá de todas las cosas, Él también es inmanente; puedes comulgar con Él dentro de tu ser. Si eliminas el polvo de la inquietud del espejo del silencio interior, le verás reflejado allí.

Jamás faltes a tu cita diaria con Dios en la meditación. Quienes son sabios toman muy en serio su deber de comulgar con Él. Si eres sincero, conocerás a Dios en esta vida; y conocerle significa ser libre.

Las mentalidades semejantes al diamante reflejan la luz de Dios

En tu corazón sabes que no eres feliz a causa del estado actual en que se encuentra tu vida. Sólo existe una ruta directa a la felicidad, la cual consiste en comulgar con Dios. «En nada encontrarás cobijo, tú que no me das cobijo a Mí»[4]. Dios es el único que nunca te abandonará. La forma de encontrarle consiste en seguir a alguien que le conozca. Sintonízate con los seres elevados que comulgan con él; sólo ellos pueden mostrarte a Dios. Yo busqué durante muchos años en la India, donde se especializan en la ciencia de cómo comulgar con Dios, hasta que finalmente encontré a mi gurú [Swami Sri Yukteswar], quien había logrado el contacto con Dios.

La ley de causa y efecto rige a todos los seres humanos. Observa cuánto cambias mediante el simple hecho de asistir a estos oficios. Estudia las *Lecciones* [de *Self-Realization Fellowship*], y encontrarás las respuestas que buscas. Esa renovada comprensión te ayudará a mejorar tu vida en todos los aspectos. Los que aún no se encuentren en el sendero, pero deseen ahondar más, deben solicitar estas instrucciones y aprender a meditar. Luego, deben meditar regularmente, con la determinación y perseverancia de seguir el sendero de *Self-Realization Fellowship* en forma absoluta y completa. Quien así lo haga, encontrará su libertad; y la influencia de su vida mostrará a los demás el modo de liberarse. Todos los días, haz algo para ayudar a otra persona en el aspecto material, mental y espiritual; y procura despertar a algún alma para que siga el sendero hacia Dios.

Cada uno de los que asisten a estas reuniones debe tomar la decisión de no faltar jamás a su meditación diaria. En cualquier momento podrías abandonar la Tierra. Emplea el tiempo de que dispones para hacer el esfuerzo de conocer a Dios: Él es el único que estará contigo siempre. «Pero a todos los que le recibieron les dio poder de hacerse hijos de Dios»[5]. El sol brilla por igual sobre un trozo de carbón y un diamante colocados uno al lado del otro a la luz del sol; pero el diamante refleja la luz, mientras que el carbón no lo hace. Los que se han convertido en diamantes

---

[4] *The Hound of Heaven,* de Francis Thompson.
[5] *San Juan* 1:12.

espirituales reflejan el esplendor del sol de la conciencia de Dios; se convierten en hijos de Dios. Los Grandes Maestros[6] son las mentalidades diamantinas cuyo ejemplo debemos adoptar para guiar nuestras vidas. Seguirlos significa encontrar una salida rápida y directa hacia la liberación divina.

La efectividad de una devoción sincera

La mayoría de los que hoy se encuentran aquí nacieron en Estados Unidos, y no saben qué fueron antes de esta encarnación ni qué nacionalidad tendrán en su próxima vida; pero siempre han sido y serán hijos de Dios. Ha llegado el momento de desvanecer nuestras diferencias y unirnos en Dios. Rompe las murallas de su silencio. Él permanece oculto porque sabe que la mayor parte de las personas no le desean. Pero si tomas la decisión de establecer contacto con Él, te responderá. Si has adoptado la determinación de encontrarle, le conocerás. Nadie puede dártelo, de la misma forma en que nadie podría comer por ti. Debes hacer el esfuerzo. Jesús dijo: «La mies es mucha y los obreros pocos»[7].

Temprano, por la mañana, y antes de retirarte a dormir, por la noche, habla con Dios una y otra vez, en el lenguaje de tu corazón: «Ven a mí, ven a mí. ¿Por qué te ocultas de mí?». Sigue orando, con determinación y devoción, hasta que te pierdas en el pensamiento de Dios. No permitas que el desaliento o la impaciencia se apoderen de ti. Después, durante las actividades del día, piensa en Él en las profundidades de tu conciencia. Tú ya sabes que, a veces, independientemente de lo que hagas, existe un pensamiento que gira en tu mente como una dinamo, y su poder genera el resultado deseado. Ésta es la forma en que debes pensar incesantemente en Dios. Como afirma el Señor Krishna en el *Bhagavad Guita*: «Me encuentra sin dificultad el yogui que es leal, que me recuerda a diario, en todo momento, con la mente profundamente concentrada en Mí»[8].

Muy temprano en mi vida aprendí la efectividad de esa lealtad. Cuando era pequeño, escribí una carta a Dios y la deposité

---

[6] Referencia a los Gurús de *Self-Realization Fellowship* (véase el Glosario).
[7] *San Mateo* 9:37.
[8] VIII:14.

en el buzón. Todos los días esperaba su respuesta con ansiedad y con los ojos llenos de lágrimas. No llegaba ninguna contestación a través del correo; pero jamás dejé de pensar que Él habría de responder esa carta. Tiempo después, una noche, recibí su respuesta escrita en letras de oro, en medio de una brillante luz, diciéndome que Él me protegería y estaría siempre conmigo.

Cuando te comuniques con Dios, comprobarás que un Amigo silencioso te ayuda en todos los aspectos de tu vida. Demostramos afecto a quienes nos son de utilidad; por lo tanto, debemos amar ante todo a Dios, porque Él es más útil que nadie. Queremos a nuestros padres y amigos por todo lo que hacen por nosotros. Pero nadie puede sernos más útil que Dios, porque Él puede hacer resucitar nuestras almas y liberarnos de toda esclavitud humana.

[Con las siguientes palabras, Paramahansaji dirigió a la congregación en un período de cantos y meditación:]

Llama mentalmente al Señor con todo el fervor y sinceridad de tu corazón. Invócale conscientemente en el templo del silencio y, cuando alcances mayor profundidad en tu meditación, encuéntrale en el templo del éxtasis y de la bienaventuranza[9]. A través de tus pensamientos y sentimientos, envíale tu amor con todo tu corazón, mente, alma y fuerza. Mediante la intuición de tu alma, siente la manifestación de Dios que irrumpe entre las nubes de la inquietud en forma de gran paz y gozo. La paz y el gozo son las voces de Dios que han permanecido adormecidas durante mucho tiempo bajo el manto de tu ignorancia, desatendidas y olvidadas en medio del estrépito de las pasiones humanas.

El reino de Dios se encuentra justamente detrás de la oscuridad de los ojos cerrados, y la primera puerta que conduce hacia él es tu paz. Exhala y relájate, y siente cómo esta paz se extiende por todas partes, dentro y fuera de ti. Sumérgete en esa paz.

Inhala profundamente. Exhala. Ahora, olvida tu respiración. Repite después de mí:

«Padre, los sonidos del mundo y de los cielos han enmudecido. Me encuentro en el templo de la quietud. El eterno reino

---

[9] Referencia al canto titulado «En el templo del silencio», en el libro *Cosmic Chants*, de Paramahansa Yogananda (publicado por *Self-Realization Fellowship*).

de tu paz se despliega en ondas sucesivas ante mi mirada. Pueda ese reino infinito, tanto tiempo velado por la oscuridad, manifestarse por siempre en mi interior. La paz llena mi cuerpo; la paz llena mi corazón y habita en mi amor; paz dentro y fuera, paz en todas partes. Dios es paz. Soy su hijo. Soy paz. Dios y yo somos uno. La paz infinita rodea mi vida e impregna todos los momentos de mi existencia. Paz para mí, paz para mi familia, paz para mi país, paz para mi mundo, paz para mi cosmos. Buena voluntad hacia todas las naciones, buena voluntad hacia todas las criaturas, porque todos somos hermanos y Dios es nuestro Padre. Vivamos en los Estados Unidos del Mundo, con Dios y la Verdad como nuestros guías. Padre celestial, que tu reino de paz se establezca en la Tierra al igual que lo está en el cielo, para que todos seamos liberados de las desarmonías que nos dividen y nos convirtamos en perfectos ciudadanos —en cuerpo, mente y alma— de tu mundo. *Om.* Amén».

Invita a la Conciencia Crística a manifestarse en tu interior

Sede Internacional de Self-Realization Fellowship,
Los Ángeles (California), 23 de diciembre de 1934

«Padre Celestial, bendícenos esta mañana con la conciencia de Jesús, para que también podamos experimentar tu presencia universal en su aspecto de Conciencia Crística innata en cada poro y átomo del espacio. ¡Oh Padre!, te agradecemos habernos enviado a tu gran hijo Jesús —una luz resplandeciente, una luminaria que guía al mundo en el camino de la espiritualidad—. Nos inclinamos ante Cristo Jesús. Que podamos conservarle por siempre en el altar de nuestros corazones. Que su espíritu se manifieste dentro de nosotros.

»Invocamos el espíritu de Jesús, la Conciencia Crística omnipresente, para que descienda sobre nuestra conciencia y nos conceda percibir la presencia del Infinito. Que ese Infinito Cristo, que reside en el espacio, en las flores, en todos los seres y en nuestros corazones —por doquier— se nos revele eternamente. *Om, Om, Om*».

Inflama tu corazón con el fuego del fervor, para que la luz de Cristo pueda brillar en tu interior. Pureza, paz y una felicidad superior a la de los sueños resplandecen y danzan dentro de tu alma. Que esa paz interior se una a la paz exterior, trascendente e infinita. Tú estás inmerso en esa luz eterna. Todo tu ser se encuentra colmado del bendito resplandor omnipresente de Cristo. Más allá del cuerpo y el aliento, tú eres la luz siempre viviente de la paz y el gozo crísticos.

Ésta es una venturosa mañana, porque precede a las celebraciones espirituales y festivas del nacimiento de Jesús[1] que en

---

[1] Muchos años atrás, Paramahansaji dio inicio a la costumbre de celebrar el nacimiento de Cristo mediante una meditación de un día completo, uno o

breve se llevarán a cabo. En el homenaje a su natalicio, no imagines a Cristo como una persona limitada al pequeño cuerpo de un indefenso bebé. El espíritu de Cristo nació en la Tierra, en el vehículo físico del niño Jesús; y dentro de su conciencia se encontraba el Dios omnipresente. En el seno del cerebro incipiente de ese pequeño infante se encontraba la sabiduría del Espíritu. ¿De qué otra manera pudo él, siendo un niño, dejar atónitos a hombres sabios y eruditos con sus precoces palabras? Aun cuando el espíritu de Dios se encarna en el nacimiento de las grandes almas, incluso esos seres divinos representan el drama de la infancia, de la juventud y de todas las demás fases de la vida y la muerte. Pero ha de tenerse presente que, en el fondo de la conciencia mortal de todos ellos, se encuentra la Conciencia Crística inmutable, el reflejo siempre puro del Espíritu, que los sabios de la India denominan *Kutastha Chaitanya* o Conciencia de Krishna. Muy pocas personas conciben a Jesús de esta manera. Si en verdad conoces a Cristo, sabrás la forma de atraer su espíritu universal a tu propia conciencia.

La manera apropiada de observar la Navidad

¿Cuál es la significación de celebrar el sagrado natalicio de Cristo en un día determinado? No se trata sólo de disponer de una oportunidad para disfrutar de una festividad e intercambiar regalos. Es una fecha concebida expresamente para revivir en nuestros pensamientos la inspiración de las perfectas cualidades de Cristo. Si sostienes ante ti un retrato, la imagen te recordará las características sobresalientes de esa persona. Así pues, se trata de un día de evocación, cuando se lo observa de la manera apropiada.

Es triste comprobar que mucha gente olvida el propósito de la Navidad. Millones de personas piensan sólo en el aspecto material de esta sagrada época. Nosotros no estaremos entre ellas. Mañana tendremos nuestro día de meditación. Desde las diez hasta las seis de la tarde estaremos meditando en Cristo. Nuestro propósito es sentir su presencia y su conciencia. Cristo ha permanecido desconocido para los hombres. Ellos han mantenido

---

dos días antes de Navidad, a continuación de lo cual tenía lugar la celebración festiva del 25 de diciembre.

cerrados los portales de su devoción, trabados por los deseos materiales, para que Cristo no pueda entrar. Cuando esas compuertas se abran mediante el amor a Cristo, él llegará. Quiero que todos consideren seriamente la celebración espiritual de la Navidad. Nuestro objetivo es nada menos que traer a Cristo a nuestra conciencia.

La justicia de Dios

San Juan afirmó: «Pero a todos los que le recibieron les dio poder de hacerse hijos de Dios, a los que creen en su nombre; los cuales no nacieron de sangre, ni de deseo de carne, ni de deseo de hombre sino que nacieron de Dios»[2]. Estas sagradas palabras revelan la justicia de Dios. ¿Cuál sería nuestra situación y nuestra esperanza si el Señor hubiese concebido sólo a un hombre —a Jesucristo— dotado de la lucidez y el poder de voluntad necesarios para vencer la tentación y lograr la unión con Dios? Jesús fue, a un tiempo, humano y divino, al igual que todos nosotros. De no haber sido así, las pruebas y el dolor que soportó en la crucifixión habrían resultado sólo una farsa. En lugar de ello, él fue el modelo ideal y perfecto que todos los buscadores de Dios pueden seguir para soportar sus propias cruces. ¿Cómo podría esperarse que combatiésemos la miríada de tentaciones de *maya* a menos que, también nosotros, estuviéramos hechos a imagen de Dios y fuésemos tan elegidos y amados por Él como lo fue Jesús? La principal diferencia entre Jesús y la mayor parte de los demás seres es que él pasó las pruebas que ellos aún deben superar. Él logró la divinidad de la Conciencia Crística gracias a sus continuos esfuerzos y al poder de voluntad para superar toda tentación y apego mortales. El hecho de que Jesús haya sido igual a nosotros nos aporta valor y el deseo de ser como él.

¡Qué formidable prueba afrontó Jesús al aceptar ser crucificado! Patanjali señala que incluso los grandes santos sienten en el último día apego al cuerpo, y son reacios a abandonarlo. Mi gurú [Swami Sri Yukteswar] explicó que la indecisión de dejar el cuerpo a la hora de la muerte es comparable con la experiencia de un pájaro que, encerrado durante largo tiempo en

---

[2] *San Juan* 1:12-13.

su jaula, teme levantar el vuelo desde su prisión y remontarse hacia la vastedad del firmamento. Con las palabras que pronunció en la Cruz, Jesús reveló que tenía que luchar para destruir el último atisbo de apego al cuerpo[3]. Él luchó contra su naturaleza humana y logró la victoria; por este motivo, le considero un ejemplo ideal para todo el género humano.

Millones de personas en este mundo tienen una mentalidad semejante al carbón, incapaz de reflejar la conciencia divina que se encuentra en sus almas. Debes volverte como el diamante, que resplandece con el fulgor solar de la Conciencia Crística. Si tan sólo un alma de todos los aquí reunidos se iluminara, eso sería mucho mejor que si yo fuese a disertar ante auditorios formados por miles de personas que hubiesen venido sólo a escuchar un inspirado discurso. Sé que algunos de los aquí presentes se encuentran en verdadera comunión con Cristo, lo cual me complace sobremanera.

Existe una enorme diferencia entre imaginar y percibir a Dios. Si sólo empleas la imaginación, puede que tengas sueños subconscientes y «visiones» internas de Cristo cada día. Pero eso no significa que estés auténticamente en contacto con él. La visitación real de Jesús es la comunión con la Conciencia Crística. Si te encuentras en sintonía con ese Cristo, toda tu vida cambiará.

La universalidad de la Conciencia Crística

El amor de Dios nos eleva y nos engrandece. Ya no puedo considerarme solamente como este cuerpo físico: siento que estoy presente en todos los cuerpos. No hago distinciones de raza ni establezco otras diferencias. De igual manera que percibo mi propia conciencia en cada parte de mi forma física, así siento que todos los que están aquí presentes forman parte de mí. Todo lo que vive lo siento dentro de mi cuerpo. Conozco las sensaciones de todos. No es imaginación; se trata de la unión con Dios. Esta conciencia va mucho más allá de la telepatía. Consiste en establecer contacto con las percepciones de cada ser. Ése es el significado de la Conciencia Crística.

---

[3] «¡Dios mío, Dios mío!, ¿por qué me has abandonado?» (*San Mateo* 27:46). «"Padre, en tus manos pongo mi espíritu". Y, dicho esto, expiró» (*San Lucas* 23:46).

Cuando Cristo llegue a ti, perderás tu ego, el «yo» quedará demolido. En la humildad, encontrarás un valle de ensueños, fragante de capullos de la percepción de Dios y alimentado por las aguas del Cristo Infinito que allí confluyen e inundan todas las fronteras áridas de tu interior. Sentirás que todas las cosas están impregnadas de Una Vida.

La Unidad Infinita: eso es Dios; eso es Cristo. Si deseas ser como Cristo, debes seguir su ejemplo. Dios podría ser cruel y aniquilar a los malhechores; en un instante, podría destruir el mundo entero. En cambio, Él emplea el amor para atraer a la descarriada creación nuevamente a su redil. Por eso, Jesús enseñó: «Amad a vuestros enemigos», porque Dios «hace salir su sol sobre malos y buenos, y llover sobre justos e injustos»[4]. Con una intención similar, Bhagavan Krishna preconizó: «Es un yogui supremo aquel que contempla en forma ecuánime [...] a los amigos, a los enemigos, [...] a los virtuosos y a los impíos»[5].

¿Por qué habrías de odiar a alguien? Hacerlo va en contra de tu propio interés. Aun cuando alguna persona te odiara, si le prodigas amor a cambio, te sentirás maravillosamente. Yo soy amigo de todos. Si tratase de disgustar a alguien, me calcinaría interiormente. No aborrezcas a tus enemigos; amarlos es la mejor manera de ganarte su aprecio. Si adviertes que la infección del odio se está diseminando a tu alrededor, ¿por qué incrementar esa epidemia contrayendo la enfermedad? Vuélvete inmune mediante el antídoto del afecto.

Recuerda: tus enemigos también son hijos de Dios, y Él los ama con tanta ternura como a ti. El Señor es como una madre, a la que no le importa cómo se comporte su hijo: ella siempre le ama. Quienes hacen el mal se han extraviado, y Dios desea intensamente traerlos de vuelta a su regazo.

Otra razón por la que debes amar a tus enemigos es que los transgresores, en su mayor parte, desconocen lo erróneo de su proceder y sienten que su conducta está plenamente justificada. Ninguna persona dotada de raciocinio *desea* hacer el mal; la mayoría de ellas no logran darse cuenta de que obran erróneamente. Actúan por impulso, sin una visión clara y sin

---

[4] *San Mateo* 5:44, 45.
[5] *Bhagavad Guita* VI:9.

reflexionar. Por este motivo «no saben lo que hacen»[6]. Tales personas, en realidad, se infligen un enorme daño a sí mismas y, en consecuencia, deberían ser objeto de nuestra compasión.

Por lo general, para amar se requiere mucha más fortaleza y pureza mental que para odiar. Pero un sabio considera que es más fácil la primera opción que la segunda, pues «contempla su Ser (unido al Espíritu) en todas las criaturas, y a todas las criaturas en el Espíritu»[7]. Él ve a todos los seres como una parte de su Ser superior, unidos indisolublemente por medio de la Conciencia Crística universal.

Para llevar el despertar divino a nuestra conciencia humana, debemos superar el limitado concepto convencional de Cristo. Para mí, la Navidad es un estado de esplendor espiritual: la percepción de que nuestra mente es un altar de Cristo, la Inteligencia Universal presente en toda la creación.

¿Cuál es el devoto que en verdad sabe lo que Cristo representa? Ante la visión humana, él es el pequeño bebé que nació en Belén, además del salvador que sanó a los enfermos y resucitó a los difuntos. Para la visión divina, él significa la presencia de Cristo en todo el espacio y en cada átomo. Debes aspirar a conocer a Cristo dentro de ti. Despréndete por completo de prejuicios y ama a todos los seres. Ve a Cristo en ellos, porque son una parte de tu verdadero Ser interior. ¿Cómo puedes odiar a tu propio Ser que habita en otras formas? Si lo haces, demuestras que no conoces a Cristo, es decir, la Conciencia Crística que se encuentra en el seno de tu mente y de tus sentimientos. Cuando albergas un pensamiento erróneo sobre cualquier persona, suprimes a Cristo de tu visión interna.

Cristo ha nacido en la cuna del cariño. Más grande que la fuerza destructiva del odio es el poder compasivo del amor. Lo que digas o hagas al prójimo, hazlo con amor. Nunca dañes ni juzgues a los demás. No odies a nadie; ama a todos. Contempla a Cristo en todos los seres. Cualquier bendición que tú recibas, desea también que todos los demás la disfruten.

Los bienes que posees no son tuyos en realidad. Se te han concedido para usarlos durante cierto tiempo y, cuando la

---

[6] *San Lucas* 23:34.
[7] *Bhagavad Guita* VI:29.

muerte llegue, te serán arrebatados. Destierra la conciencia de posesión. Comparte con todos; entonces atraerás el bien a tu vida —sin esfuerzo alguno—. Da y recibirás. Muchas veces me he quedado sin un centavo, pero siempre confié en el Banco de Dios; su prosperidad y su poder me acompañan. Ésa es la garantía más grande. En primer lugar, debes preparar cuidadosamente tu conciencia a fin de atraer a Cristo al templo de tu cuerpo. De ese modo, dondequiera que vayas y cualquiera que sea tu necesidad, la ley universal trabajará para ti.

Ama a todos los países y a todas las razas

Considéralo todo desde el punto de vista universal. Que tu interés no se restrinja sólo a tu propio país. Ama a todos los países. El género humano no puede darse el lujo de que sus miembros hagan la guerra y luchen unos contra otros; establecer la conciencia del amor a Cristo y la unidad en los corazones de todos debe ser una aspiración común. Es una insensatez crear divisiones entre las nacionalidades, las razas y las religiones. Cada iglesia es un refugio de Dios, cada lugar de adoración es un templo de Dios y cada ser humano es un hijo de Dios. Si crees en Cristo y en lo que él representó, ¿cómo puedes sentir de otro modo?

A través de la meditación devocional, tienes que invitar a Cristo a la catedral del silencio interior. La Conciencia Crística que ha nacido debe despertar en la cuna de cada corazón. Así pues, en lugar de considerar la Navidad venidera como una simple ocasión para disfrutar de la felicidad material, haz de tu propio corazón un refugio donde Cristo pueda nacer.

Si en verdad deseas sentir a Cristo y conocerlo, medita. Cristo se encuentra en tu interior, y puedes materializar esta verdad mediante el uso de las antiguas técnicas yóguicas de meditación. Aparte de la meditación profunda, no existe otro instrumento que sea capaz de detectar la presencia de esa todopoderosa Gracia en nuestro interior. Aquieta el cuerpo, retira la energía desde los sentidos hacia el cerebro y calma el corazón: Cristo estará allí, y podrás sentir el gozo divino del Cristo Infinito. Si no experimentas tal gozo, existe algún problema espiritual en tu estado mental que debes resolver. Esfuérzate por solucionarlo.

¡Ten mayor fervor! Buda se sentó durante ocho años bajo una higuera hasta que recibió la Conciencia Universal, la cual puede se alcanzada por todo aquel que lleve a cabo el esfuerzo. Buda, Cristo, Krishna, los grandes profetas de todas las regiones y épocas, poseían esa conciencia. Todos los que aspiren a ella, la lograrán. *Self-Realization Fellowship* ha venido para mostrar el camino. Se trata de la verdadera Segunda Venida de Cristo. Reclúyete por las noches y, en silencio, haz uso de las técnicas espirituales; practica *Kriya Yoga.* ¡Medita! ¿A qué esperas? Trae a Cristo al altar de tu conciencia ahora, para que puedas tenerlo todavía cuando pases de este mundo al siguiente. No te demores más en compañía de aquellos que aún se preguntan: «¿Dónde está Cristo ahora?».

Que puedas experimentar la Segunda Venida de Cristo en tu interior

¡Que puedas experimentar la Segunda Venida de Cristo dentro de tu propia conciencia! Ésta es hoy mi humilde plegaria para ti. Y yo dispenso esta bendición especial a todos los aquí presentes para que, si meditan profundamente durante el período de Navidad, puedan sentir la presencia de Cristo. La percepción de Cristo en tu corazón es el mayor obsequio que puedo ofrecerte. Pero es preciso que tengas las manos abiertas para recibirlo: debes meditar.

En esta época, los ángeles en el éter celebran la Navidad. Una Luz Infinita brilló sobre la Tierra en ese primer día de Navidad, y cada año, en este momento sagrado, el éter se llena de esa Luz. Honrar a Cristo en meditación constituye la verdadera celebración. ¡Comencemos una nueva era sobre la Tierra conmemorando la Navidad espiritual en todas partes! Dondequiera que vayas, invita a tus amigos, durante todo el lapso de tu vida, a dedicar un día a la meditación durante la Navidad. De ese modo, el 25 de diciembre tendrá lugar el verdadero nacimiento de Cristo dentro de sus corazones.

Cristo *es* el gozo de la meditación. Es su percepción la que sientes en las horas más profundas del silencio. Y éste es mi deseo para ti: que diariamente y en cada hora del día puedas atraer a Cristo a tu corazón.

Medita cada vez que te sea posible, y practica *Kriya Yoga*. En cualquier momento libre y cuando puedas estar en calma, medita. Jesús dijo que enviaría al Consolador: el Espíritu Santo. Cuando te halles en sintonía con su vibración —el *Om* o Amén—, sentirás un gran gozo, la dicha de Dios como Conciencia Crística omnipresente.

La conciencia eterna que se encuentra en el seno de toda la creación es la de Dios Padre. El Hijo o Inteligencia Crística (*Kutastha Chaitanya* o Conciencia de Krishna, como se la denomina en la India) se oculta en el vientre de la Madre Naturaleza, del Espíritu Santo o poder creativo invisible de *Om*. Cada vez que tu conciencia esté en sintonía con la Divinidad, Cristo renacerá una vez más en la cuna de las lúcidas percepciones de tu alma. Emergiendo del secreto refugio de la Naturaleza, el Cristo Omnipresente te revelará las maravillas de la sabiduría y el amor infinitos.

Difunde este mensaje de la verdadera unión con Cristo —la auténtica Segunda Venida—. Dondequiera que vayamos, fundaremos templos de Dios, mas no simples edificios de piedra, sino santuarios vivientes de percepciones divinas en las almas de los seres humanos.

En este momento, percibo la luz del Cristo Infinito, la luz del Espíritu Eterno. En esa luz, te bendigo y te bautizo. Que tu vida, despierta para siempre en la Conciencia Crística, sea un verdadero mensajero de esa Luz.

«Señor, oramos para que la Conciencia Universal de Cristo se manifieste en las mentes de todas las personas. Padre Celestial, haznos uno contigo. Permite que cada miembro de *Self-Realization Fellowship*, que cada morador de la Tierra y que cada uno de los seres vivientes que habite en cualquier planeta del cosmos sea una cuna perfecta para albergar la Conciencia Crística. Que la dicha celestial que se percibe al ser conscientes de Ti se despierte en el corazón de todos nuestros hermanos. ¡Oh Cristo, haznos diamantes espirituales que resplandezcan en el ornamento de tu Ser!».

¿En qué consiste la verdadera igualdad humana?

Fecha aproximada: 1938

La verdad no pertenece ni a Oriente ni a Occidente: se trata de la propiedad inalienable de toda alma que respira el aliento de la vida. Asimismo, la verdadera igualdad humana no es la igualdad social, política o económica —la cual imaginan muchas personas equivocadamente que llegará algún día—, sino la igualdad de cada alma ante Dios y su idéntico derecho a buscarle y conocerle.

Sin inteligencia, no es posible entender adecuadamente nada. Todo se debe juzgar de manera inteligente, de acuerdo con sus propios méritos y no según aserciones infundadas ni opiniones de segunda mano. Si no realizamos el esfuerzo de descubrir la verdad, que se halla oculta bajo muchos y desconcertantes velos, entonces ni siquiera conoceremos nuestra auténtica naturaleza, y continuaremos siendo víctimas de las fuerzas externas y esclavos de las circunstancias. Despreciar cualquier cosa sin llegar a investigarla es el signo de un hombre engañado y abocado al fracaso.

Una máxima de las enseñanzas orientales que debe subrayarse es que las instrucciones iluminadoras sólo se pueden comprender plenamente si se practican con regularidad en la vida diaria tras haberlas recibido de un auténtico gurú, es decir, alguien que posee verdadero conocimiento de Dios. La maravillosa luz de la verdad, que nos guía desde el oscuro mundo de la materia hasta los poderes celestiales de la divinidad, no se otorga con ligereza ni se abraza sin esfuerzo; y ningún afán debería considerarse demasiado arduo para encontrar esa luz y seguirla.

Todas las grandes religiones del mundo se basan en verdades comunes universales, que se refuerzan unas a otras en lugar de contraponerse. Casi todas las formas de religión y los sistemas básicos de filosofía existentes en el mundo se han inspirado en las escrituras antiguas. Cada mensaje espiritual moderno de cualquier poder o vitalidad es una repetición, bajo una nueva forma, de las verdades que enunciaron hace muchísimo tiempo los sabios de la India conocedores de Dios. Estos *rishis* iluminados se dedicaron exclusivamente a investigar las leyes espirituales y las potencialidades más elevadas del ser humano, y a trazar senderos de disciplina adecuados para que pudieran seguirlos las diversas naturalezas a fin de despertar la divinidad de sus almas y lograr una armonía recíproca con las fuerzas cósmicas del universo.

El género humano sólo tiene un auténtico enemigo: la ignorancia. Trabajemos todos juntos para aniquilarla, ayudándonos y alentándonos los unos a los otros a lo largo de este camino. Liberadas de la ignorancia, todas las almas gozan de la misma bienaventuranza ante nuestro Único Padre-Madre-Amigo-Amado Dios.

La necesidad de contar con principios religiosos universales

Respuesta a las preguntas de un buscador de la verdad

Las siguientes preguntas fueron formuladas a Paramahansa Yogananda en 1951 por el Profesor Bhagwat S. Upadhyaya de la Universidad Rajputana del Estado de Rajasthan, distinguido autor e historiador de la cultura india. El profesor se reunió con Paramahansaji en la Sede Internacional de *Self-Realization Fellowship*, en Los Ángeles (California).

Paramahansaji, ¿pertenece a alguna orden espiritual en particular?

Sí, a la antigua Orden de los Swamis de la India, reorganizada hace siglos hasta alcanzar su forma actual por Swami Shankara, Adi Shankaracharya. Pertenezco a la rama Giri («montaña»), una de las diez subdivisiones de la Orden, al igual que mi gurú Swami Sri Yukteswar, de quien recibí la iniciación.

Usted es un hombre de religión, pero ¿no cree que la religión ha ocasionado divisiones, derramamiento de sangre y mal en el mundo?

La existencia del oro de imitación no disminuye el valor del oro puro. De igual forma, la religión falsa no hace decrecer el mérito de la religión verdadera. Quienes usan mal el poder de la religión o los que sólo pretenden seguir prácticas religiosas para satisfacer sus ambiciones egoístas se convierten en hipócritas y son, a veces, perpetradores del mal; ellos son los malvados, no la religión. Todos los que hacen de su vida un ejemplo de la verdadera religión, o *dharma*[1], constituyen una fuente de inspiración para el mundo; y ellos mismos se liberan por siempre del pesar. La verdadera religión se compone de aquellos principios mediante los cuales el cuerpo, la mente y el alma pueden experimentar la unión con Dios. Ella es, en última instancia, la única vía de salvación capaz de rescatar al hombre de todos los males de la Tierra.

¿Es la religión realmente necesaria para el mejoramiento del ser humano? Cuando una persona adopta una fe o ingresa en una orden en particular, ¿acaso no se limita y, por lo tanto, crea barreras entre sí mismo y los que pertenecen a otros credos?

Las religiones dogmáticas son sendas desviadas y, a veces, callejones sin salida que no llevan a ninguna parte; pero aun así, una religión dogmática cuyo fondo sea bueno puede guiar al buscador sincero hacia la autopista de la verdadera religión, es decir, aquella que conduce a Dios. Esa autopista es el yoga, el proceso científico mediante el cual cada alma vuelve a experimentar su unión con el Espíritu. En el *Bhagavad Guita*, se proclama que el yoga es el más grande de todos los caminos, mayor aún que los de la devoción, la sabiduría y la recta conducta. El Yoga es la ciencia que explica cómo el hombre descendió del Espíritu hasta encarnarse —y se identificó con el cuerpo, sus sentidos y sus posesiones— y la manera en que puede volver a ascender hasta Dios. La experiencia o conocimiento directo de la verdad que proviene de la práctica del yoga prueba la unidad subyacente a todas las religiones mediante la percepción de su único denominador común: Dios.

¿Es necesario que la religión adopte la forma de una entidad organizada, como el budismo o el cristianismo, o debería más bien centrarse en el plano individual de la fe intuitiva?

La religión organizada es un panal; la realización espiritual es la miel. Ambas son necesarias. Pero con frecuencia sucede que, cuando la religión organizada se concentra en los postulados externos y en los aspectos ceremoniales, se convierte en un panal vacío y dogmático. En el extremo opuesto, algunos yoguis

---

[1] Véase el Glosario.

del Himalaya cosechan la miel de la comunión con Dios en sus corazones sin ofrecer panales de religión organizada a través de los cuales compartir ese néctar divino. Se trata de una actitud egoísta. Si la religión organizada se apoya en grandes sabios, hace mucho bien al mundo. Pero si la promueven sólo personas egoístas, intolerantes o imbuidas de materialismo, poco es el provecho que brinda y, con frecuencia, hace mucho daño a la gente en general.

Si la fe es intuitiva, ¿se necesita entonces un gurú?

Dios no habla abiertamente a los buscadores espirituales novicios, pues la intuición de éstos no se encuentra aún desarrollada y, en consecuencia, la orientación interior que perciben no es infalible. Por lo tanto, Dios guía a través de las instrucciones de un gurú que comulgue con Él. El preceptor debe encontrarse en esa sintonía divina, o nos hallaremos en el caso del «ciego que guía a otro ciego».

Cuando la religión se organiza y se define mediante símbolos y convenciones, ¿acaso no adopta una forma dogmática?

Tal como la nuez se halla escondida dentro de la cáscara, así se encuentra oculta la verdadera religión entre las tergiversadoras formalidades dogmáticas de carácter religioso. Pero al igual que la cáscara de la nuez se puede abrir mediante un cascanueces y eso nos permite encontrar el fruto en su interior, así los buscadores espirituales cuyo esfuerzo es profundo pueden, gracias al «cascanueces» de la meditación intuitiva en los ideales religiosos, romper la cáscara dogmática y acceder a la verdad escondida en su interior. Un cuervo puede picotear en vano una cáscara de nuez y jamás llegar al fruto; de forma similar, los buscadores espirituales cuyo esfuerzo es superficial muerden la cáscara dogmática de la religión sin alcanzar jamás la semilla de la verdad.

Usted cree que existe una unidad fundamental de todas las religiones. Si así fuera, ¿por qué hay celos y conflictos entre los seguidores de un credo y los de otras confesiones?

Se pueden leer referencias a esos conflictos incluso en

La necesidad de contar con principios religiosos universales 201

las escrituras antiguas. Los discípulos del gran dios Shiva lo exaltan como supremo; los vaisnavas consideran que Vishnu y sus encarnaciones como Rama o Krishna son los seres más excelsos[2]. Los fieles anclados en las divisiones religiosas tienen escaso conocimiento de aquellos cuyas vidas han inspirado los verdaderos caminos espirituales. Muchas veces he dicho que si Jesús, Krishna, Buda y otros emisarios auténticos de Dios se reunieran, no discutirían sino que beberían de la misma copa de la comunión divina.

Los distintos puntos de vista de los creyentes ortodoxos de cada religión se parecen al relato que se cuenta en la India sobre seis hermanos ciegos que se hallaban lavando a un elefante. El primer hermano proclamó que el elefante era como una gran pared; había estado limpiando los costados del paquidermo. Al escuchar esto, el segundo hermano disintió, y afirmó que el elefante semejaba un palo flexible de bambú; había estado ocupándose de la trompa. El tercero, convencido de que sus dos hermanos eran unos necios, insistió en que el elefante se parecía mucho a dos hojas de banano; se había centrado en asearle las orejas. Al oír estos absurdos pronunciamientos, el cuarto hermano los corrigió con su definición de que un elefante se parecía a un gran techo carnoso sustentado por dos pilares; había estado bañando las patas. El quinto hermano se rió con desprecio, porque el elefante, según él, consistía tan sólo en dos trozos de hueso; había estado lavando los colmillos. Ahora bien, el sexto hermano infirió que estaban todos locos, y declaró sin la menor duda que un elefante era únicamente un trozo de soga que cuelga del cielo; se había encargado de la higiene del rabo y, como era el hermano más joven y bajito y no llegaba a tocar el origen de ese apéndice, dio por sentado que descendía de las divinas regiones celestes. En el clímax de la discusión, llegó el padre de estos hermanos, que no era ciego, y explicó: «Todos tienen razón y, a la vez, todos se hallan equivocados. Se encuentran en lo cierto porque describieron bien lo que experimentaron, pero están errados porque cada uno de ustedes captó sólo una parte del todo. El elefante es un conjunto de todas esas partes».

---

[2] Véase *Brahma-Vishnu-Shiva* en el Glosario.

La conciencia del hombre evoluciona de manera gradual a lo largo de las encarnaciones y va adquiriendo una experiencia creciente del océano de néctar de la verdad. Cada persona puede comprender sólo lo que le permite su grado de experiencia individual. Estas diferencias en la percepción son la causa de discusiones y controversias, donde cada cual ve sólo una parte de toda la verdad. Resulta constructivo realizar un intercambio de puntos de vista diferentes, si se hace con franqueza y respeto; pero es destructivo, y acaba en conflicto, si lo guía la intolerancia y el fanatismo.

¿Encuentra similitudes entre la fe hindú y la cristiana?

Considero que el *Bhagavad Guita* y la Biblia cristiana, particularmente el Nuevo Testamento, son las más elevadas de todas las escrituras, porque ambas muestran el mismo camino yóguico hacia Dios. El *Bhagavad Guita* enseña: «El hombre de conciencia divina ve al Espíritu por igual en todos los seres»[3]. Y la Biblia afirma: «¿No sabéis que sois templo de Dios y que el Espíritu de Dios habita en vosotros?»[4]. El *Apocalipsis* de San Juan en la Biblia es una alegoría de los mismos principios del yoga citados en el *Guita*. Mi gurú me envió a Occidente sobre todo para mostrar la autopista yóguica hacia Dios que se encuentra subyacente tanto en la Biblia como en el *Bhagavad Guita*.

¿Piensa que los estadounidenses son personas temerosas de Dios? Teniendo en cuenta su énfasis en la vida material, ¿pueden realmente tener fe en Dios, el Infinito desconocido?

Considero que los estadounidenses, que han alcanzado mayores logros materiales que cualquier otra nación, están interesándose cada vez más por los auténticos ideales del espíritu; mientras que en algunos países europeos y asiáticos, debido a las hambrunas, la enfermedad y la falta de bienes de primera necesidad, las personas se están inclinando más hacia el materialismo.

---

[3] «Posee verdadera visión quien percibe al Supremo Señor presente por igual en todas las criaturas, el Imperecedero entre lo perecedero» (*Bhagavad Guita* XIII:27).

[4] *I Corintios* 3:16.

¿Realmente comprenden los occidentales la filosofía de la India que usted enseña? ¿Por qué razón eligió Estados Unidos, entre todos los lugares, como la base de sus actividades organizativas?

El yoga es una disciplina científica, y los estadounidenses son receptivos a ese enfoque de Dios. Ya han tenido suficiente materialismo y doctrinas dogmáticas. Estados Unidos y otros países occidentales se encuentran preparados para recibir estas enseñanzas y están deseosos de conocer métodos probados que brinden una experiencia práctica de Dios. Cuando conocí a mi gurú en Benarés, él me dijo que mi destino era mostrar a los occidentales la unidad de su religión con la de la India. Mi misión en la India también se halla progresando.

¿Promueve usted el sistema yóguico de Patanjali[5] o el del Bhagavad Guita?

Si tuviéramos tiempo ahora, podría mostrarle que los guerreros mencionados en el *Bhagavad Guita* son representaciones alegóricas de los mismos principios yóguicos consignados en los *Yoga Sutras* de Patanjali. Por ejemplo, los gemelos Pandavas, Nakula y Sahadeva, personifican el *yama* y el *niyama* (las reglas proscriptivas y prescriptivas que deben guiar la conducta). Arjuna representa el valeroso control de uno mismo. Bhima encarna el *pranayama* (el control de la vida y del aliento), y Yudhisthira («el que permanece calmado en la batalla») simboliza la calma o el discernimiento intuitivo. Sus enemigos, los Kurus, que robaron el reino de los virtuosos Pandavas, personifican las fuerzas y cualidades negativas que habrá de vencer el aspirante a yogui. Las verdades del *Guita*, escritas con anterioridad, fueron elucidadas en los concisos *sutras* de Patanjali, cuya obra constituye un magistral resumen de la ciencia yóguica[6].

---

[5] Antiguo exponente del Yoga, cuyos *Yoga Sutras* delinean los principios del sendero yóguico. (Véase el Glosario).

[6] Los puntos precedentes se encuentran desarrollados de manera extensa y detallada en el capítulo 1 de *God Talks With Arjuna*, la obra de Paramahansaji que recoge sus comentarios sobre el *Bhagavad Guita*.

¿Piensa usted que, en el proceso de alcanzar la Meta Suprema, el Hatha Yoga *desempeña un papel importante? ¿Recomienda usted la práctica del* Hatha Yoga*?*

Las posturas del *Hatha Yoga*, o *asanas*, son muy beneficiosas para los jóvenes. Si comienzan a una edad temprana, cuando crezcan podrán sentarse en una postura y meditar con profundidad de manera prolongada sin que su cuerpo les produzca incomodidad o molestias. Sin embargo, no todas las contorsiones que requieren las posturas pueden ser practicadas por la mayor parte de los adultos, cuyos cuerpos ya no son tan flexibles. Las personas mayores que carezcan de discernimiento pueden lastimarse al tratar de practicar las *asanas*; y si intentan meditar en una postura difícil y dolorosa, su mente estará más centrada en el dolor que en Dios. Así pues, en lo que respecta a las *asanas* en sí, las recomiendo particularmente para los jóvenes. Las *asanas* los ayudarán a mantenerse excepcionalmente saludables y llenos de vigor, como se puede comprobar en los muchachos y en los monjes y monjas jóvenes que residen en nuestros *ashrams*. Pero se les enseña, además, el *Kriya Yoga* para lograr la comunión con Dios. El *Kriya Yoga*, introducido en la era actual por Sri Shyamacharan Lahiri Mahasaya, es la más elevada de todas las técnicas del *Raja Yoga*[7]. Puede usted leer sobre el *Kriya Yoga* en mi libro *Autobiografía de un yogui*, donde lo he explicado con algún detalle.

¿Piensa usted que la práctica del Hatha Yoga *en sí misma engendra poderes y realización espirituales?*

No; el *Hatha Yoga* sólo disciplina el cuerpo y lo mantiene saludable y listo para el avance espiritual que proporciona el *Raja Yoga*, es decir, la meditación que conduce a la comunión con Dios.

¿Aprueba usted las diversas órdenes de saktas *y* tantrikas *(o cualquiera de ellas)*[8]*?*

---

[7] El camino «de los reyes» o el más elevado para la unión con Dios. (Véase el Glosario).

[8] Los *saktas (shaktas)* son quienes adoran a Dios en su aspecto de Shakti, la energía manifiesta o poder del Espíritu que se halla activo en la creación. Los

La necesidad de contar con principios religiosos universales

En su origen, cuando su forma escritural pura era correctamente comprendida, todas ellas contenían algo de bueno; pero tal como se las practica en la actualidad, son nocivas en general, porque recomiendan métodos extravagantes que resultan inadecuados para el hombre común. Hay algunos *tantrikas* excelentes, que conocen las palabras-simiente espirituales, los mantras vibratorios, mediante los cuales pueden sintonizar su conciencia para obtener visiones de deidades (personificaciones de los divinos poderes de Dios) y, a partir de ahí, lograr el objetivo último de comulgar con Dios; pero los *tantrikas* que abusan del sexo, el alcohol y las prácticas perjudiciales no son buena compañía[9].

Los tantrikas *afirman que no es la supresión de los sentidos sino su saciedad lo que conduce a la dicha. ¿Concuerda usted con esta idea?*

Los *tantrikas* no afirman eso. Ciertos seguidores del *Tantra* intentan desarrollar el dominio de sí mismos involucrándose en prácticas sexuales y consumiendo carne y bebidas alcohólicas, al tiempo que permanecen mentalmente desapegados de esas acciones. Las personas de hábitos libertinos pueden encontrar algún bien en los aspectos básicos de practicar la moderación y el control de la mente. Pero los yoguis condenan generalmente este sendero, debido a que la mayor parte de los seguidores sólo encuentran en él un pretexto para dar rienda suelta a sus más bajos instintos y apetitos, lejos de lograr el control de sí mismos.

---

tantrikas son aquellos que siguen las diversas prácticas descritas en los *Tantras*, una de las principales categorías de *shastras* o escrituras del hinduismo.

El *Tantra* versa fundamentalmente sobre la adoración ritualista y el uso de mantras. Su objetivo es reconciliar a cada alma con el Espíritu, el Creador, mediante la obtención del conocimiento y del dominio de las fuerzas que actúan en la creación. Sus escrituras exponen profundas verdades bajo el velo de un detallado simbolismo esotérico; el *Tantra*, en su forma pura, sólo es comprendido por unos pocos iluminados. Ha habido varias ramificaciones degeneradas del *Tantra*; por ejemplo, la de los seguidores que buscan poderes y experiencias fenoménicas, o la de quienes emplean equivocadamente diversas prácticas sensuales.

[9] Paramahansaji se refiere aquí a *Vamachara*, los rituales tántricos del «sendero de la mano izquierda» que fueron prohibidos en la India cuando su práctica se vio pervertida hasta convertirse en hedonismo. (El *Tantra* del «sendero de la mano derecha» preconiza muchas formas de práctica yóguica sistemática y autodisciplina).

El sendero de la renuncia interior y de la meditación científica para tomar contacto con Dios en su forma de Dicha, propugnado por el *Bhagavad Guita*, es el camino supremo. Permite al buscador de la verdad —incluso al que es débil— apartarse de las tentadoras escenas de su fragilidad y le ofrece un atisbo de la divina Dicha interior que, en comparación, encontrará más satisfactoria que los placeres derivados de los lujos materiales.

¿Existe en verdad un Dios, personal o infinito, que crea y destruye el universo? ¿No cree usted que fue el hombre, impulsado por su miedo y codicia, quien creó dicho Ser a su propia imagen, en lugar de que un Creador Divino haya formado al hombre a su imagen? La presencia de tanta maldad y sufrimiento en el mundo parecen sustentar este punto de vista.

El punto de vista del ser humano acerca del universo se halla perversamente restringido a causa de las limitaciones de su mente y sus sentidos. Por eso, ve las cosas que están creadas pero no su esencia ni a su Creador. En una película, contemplamos al villano y al héroe proyectados sobre la pantalla gracias al mismo haz de luz. El villano del filme fue creado para que, por contraste, podamos amar al héroe y recibir su inspiración. Al analizar la película, en el sentido de que tanto el «malo» como el «bueno» y los sucesos que giran en torno a ellos han sido creados por el mismo principio, entendemos que nadie ha sufrido ningún daño; todo era tan sólo una representación de luces y sombras. Lo mismo sucede con la película siempre cambiante de la creación de Dios.

Los sabios que perciben su unidad con Dios ven la creación como una película de fuerzas que emanan de Él. El hombre, aunque creado a imagen de Dios (un alma que es una parte individualizada de Él), se ha identificado con las relatividades de luz y sombra inherentes al engaño cósmico, o *maya*. Cuando el ser humano emplea su libertad de elección para adoptar esas acciones que le permiten emanciparse del apego a *maya*, comprende la verdadera naturaleza de la creación y del Creador. En su estado de engaño, sin embargo, la conciencia de Dios que posee el hombre se ve limitada o expandida de acuerdo con su mayor o menor grado de embaucamiento. El ser humano que ha alcanzado la realización total sabe que Dios es la Dicha siempre existente, siempre consciente y siempre renovada; y que todas las ilusiones contrastantes proceden en última instancia de esta única Conciencia Cósmica subyacente.

Dios creó diversos tipos de facultades y potencialidades que operan en el hombre y en toda la creación; pero el ser humano, como parte individualizada de Dios a la que se ha dotado de libre albedrío, se regodea en el engaño a través del mal uso de esas facultades. Al hacerlo, él mismo crea el papel bueno o malo que desempeña en el drama cósmico y, de ese modo, influye en el curso favorable o desfavorable de los acontecimientos. Cuando un hombre deja de identificarse con el cuerpo y la materia —y no antes—, se da cuenta de que está hecho a imagen de Dios. El ser humano iluminado trabaja junto a Dios para el fortalecimiento del bien en el mundo y la elevación espiritual de los demás.

¿Es esencial que exista un Dios?

El mundo no puede salir de la nada. Tiene que haber Algo que sea la causa y la fuente de la existencia. Ese Algo es el Espíritu, la Conciencia Eterna, Dios el Padre-Madre de la Creación. Al igual que las olas del océano no pueden existir sin éste, de la misma forma las almas, que son olas o expresiones individualizadas del ser, no podrían existir sin el océano de la presencia de Dios. La ola del alma se agita con la tormenta del engaño: emerge del mar, se golpea y se rompe. Por este motivo, es esencial retornar a las pacíficas profundidades del regazo oceánico de Dios.

¿Qué es la Dicha, la emancipación final? ¿No es verdad que el hombre nace una sola vez y pierde su individualidad para siempre al morir?

El ser humano vive en un cierto cuerpo y con un determinado nombre tan sólo una vez y nada más. Nunca se reencarna de nuevo bajo la misma forma e identidad. Una persona puede llevar un atuendo durante algún tiempo y, luego, desecharlo y no ponérselo más. De igual forma, el alma viste un cuerpo diferente en cada una de sus muchas vidas hasta que, mediante la reencarnación y la evolución espiritual, asciende y se reúne con el Espíritu. Por lo tanto, vives sólo una vez bajo la forma de un individuo en particular, pero el alma, tu ser eterno, vive a lo largo de numerosas reencarnaciones y lleva consigo la personalidad acumulativa y las tendencias kármicas de sus existencias pasadas.

La mente, o conciencia sensible del hombre, se encuentra sujeta a las alternantes olas que agitan el alma y la mantienen separada de Dios: la ola del pesar, la del placer y la de la indiferencia o aburrimiento. Cuando estas olas, creadas por la tormenta del engaño, se disipan gracias a la práctica del yoga, el ser humano experimenta el estado negativo de paz, es decir, la ausencia de esa agitación. Mediante una práctica más profunda del yoga y la meditación, el alma va más allá de ese valle de paz y experimenta el estado positivo de la siempre renovada Dicha. El pesar, el placer y la indiferencia constituyen experiencias transitorias del alma encarnada; pero el estado de Dicha forma parte integrante del Ser y, como tal, es eterno y siempre nuevo: nunca pierde frescura. Una vez que se alcanza esa Dicha, el ser humano jamás reincide en buscar otra cosa. Al volver a identificarse con su alma como Dicha individualizada, siempre existente, siempre consciente y siempre nueva, se fundirá con la Dicha del Espíritu que es omnipresente e imperecedera, siempre consciente y siempre nueva, al igual que una gota que retorna al mar. Aun así, su singularidad nunca se pierde; esa porción de Espíritu retiene eternamente su «memoria» de aquella existencia individualizada.

Por lo que he observado de su obra, me da la impresión de que cuenta usted con buenos y fieles discípulos. ¿Ha tenido que esforzarse para que vinieran a usted?

¿Tiene el imán que hacer un esfuerzo para atraer al hierro? Existe una atracción natural que se deriva de la afinidad entre el hierro y el poder del imán. Por supuesto, el hierro tiene que encontrarse lo bastante cerca del imán para que el magnetismo de éste lo influya de manera visible. Así es la relación que se establece entre gurú y discípulo. Se trata de un vínculo que depende tanto de la receptividad del discípulo como del poder espiritual del preceptor para inspirarle y acercarle a Dios.

Jesús dijo: «Nadie puede venir a mí, si el Padre que me ha

enviado no lo atrae»[10]. El omnisciente Dios pone a los buscadores superficiales en contacto con enseñanzas y libros espirituales menores, con el fin de que reciban algún beneficio acorde con su grado de comprensión y anhelo espiritual. Pero quienes buscan con profundidad a Dios toman contacto —gracias a Él— con gurús plenamente realizados, que comulgan con Dios y pueden servir como canales para impartir orientación divina. El deber del gurú es guiar al devoto hasta Dios. Por lo tanto, en última instancia, es el Señor quien une al gurú y al discípulo, pero también existe un deseo por parte de ellos de estar juntos. A través de un afán espiritual sincero, el discípulo, tal vez sin mucho discernimiento al principio, busca un gurú, es decir, alguien que pueda conducirle hasta Dios. Y el verdadero gurú, cuando conoce, por medio de su intuición, a un discípulo enviado por Dios, realiza un esfuerzo con el fin de atraerlo y hace cuanto sea necesario para ayudarlo. Cuando el discípulo auténtico encuentra al verdadero gurú, queda magnéticamente atraído hacia él y lo reconoce como a un enviado de Dios. Ésta es la ley.

Tal vez estará de acuerdo en que el mundo afronta una crisis. ¿Cuál es su causa, y cuál el remedio?

Todas las naciones se hallan bajo la influencia de los *yugas*[11] ascendentes y descendentes. La crisis del mundo actual se debe a la cuesta ascendente del *Dwapara Yuga;* a fin de que el mundo mejore, es preciso purgar el mal. Las fuerzas maléficas provocarán su propia destrucción, asegurando así la supervivencia de las naciones de recto proceder. El conflicto entre el bien y el mal ha tenido lugar desde los albores de la historia. Pero conforme el mundo avanza hacia etapas superiores a través del *Dwapara Yuga* —la edad eléctrica o atómica—, existe un

---

[10] *San Juan* 6:44.

[11] Las escrituras hindúes enseñan que la Tierra atraviesa ciclos repetidos de evolución e involución. Estos ciclos mundiales constan de 24.000 años cada uno y se dividen en cuatro *yugas* o edades: 12.000 años de ascenso a través de estos *yugas* hacia una iluminación creciente y, luego, 12.000 años de descenso a través de los *yugas* hacia una ignorancia y materialismo crecientes. Cada mitad de ciclo se compone de: *Kali Yuga*, la edad oscura o materialista; *Dwapara Yuga*, la edad eléctrica o atómica; *Treta Yuga*, la edad mental; y *Satya Yuga*, la edad de la verdad o iluminación. (Véase *yuga* en el Glosario).

mayor potencial no sólo para que se manifieste el bien, sino igualmente para la destrucción derivada del mal uso de la tecnología por parte de quienes persiguen con avidez el poder. En consonancia con la influencia del *Dwapara Yuga*, la tecnología está elevando rápidamente el nivel de comodidades de las que disfruta la población en general. Pero este progreso también genera una brecha más grande entre quienes poseen y quienes carecen, lo cual fomenta la envidia y los conflictos sociales, económicos y políticos.

¿Piensa usted, entonces, que el comunismo, con su filosofía de igualdad y su política de equiparar los estratos de la sociedad hasta un nivel homogéneo, realiza una labor humanitaria y que, en cierto sentido, está en sintonía con el interés de Dios de satisfacer las necesidades de todos sus hijos?

Creo en la hermandad del hombre generada por el amor mutuo, la comprensión y la cooperación. Todos los ideales y metas nobles deberían introducirse en el mundo mediante el ejemplo espiritual y métodos buenos, pero no por la fuerza bruta y la guerra. El poder político vacío de principios espirituales es peligroso. Al decir «principios espirituales» no me refiero a las doctrinas particulares de las religiones —que también pueden ocasionar divisiones—, sino al *dharma* o a los principios universales de la rectitud aplicables al bienestar de toda la humanidad. A fin de evitar la propagación del mal, a veces es necesaria alguna guerra justa. No puedes predicar la no violencia y la cooperación a un tigre salvaje, porque éste te destruirá incluso antes de que pudieras explicarle tu filosofía. Algunos seres humanos que perpetran el mal son igualmente insensibles a la razón. Los promotores de guerras ofensivas, como Hitler, perderán. Quienes se vean obligados a librar una guerra justa contra el mal emergerán vencedores. Corresponde a Dios enjuiciar si una guerra es justa o no.

¿Piensa usted que Estados Unidos necesita cambiar su carácter?

Estados Unidos representa en la actualidad el grado máximo de desarrollo material, que es muy necesario en el mundo; y la India representa, gracias a sus grandes maestros y profetas, la cima de la

La necesidad de contar con principios religiosos universales 211

realización espiritual. En el curso del progreso de la civilización, Dios ha puesto sobre la Tierra estos ejemplos para indicar que en el término medio entre ambas antípodas se halla la civilización ideal: un equilibrio entre la materialidad y la espiritualidad. Todo el mundo necesita adoptar algunos de los mejores aspectos del progreso material de Estados Unidos y, también, del idealismo espiritual de la India. Estados Unidos ya está asumiendo una gran parte de la civilización espiritual de la India, como lo prueba el extraordinario crecimiento de *Self-Realization Fellowship* y el difundido interés por el pensamiento hindú en general. La India, por otro lado, tiene una gran necesidad del conocimiento científico especializado que posee Estados Unidos, con el fin de combatir las enfermedades, la pobreza y el provincianismo que constituyen manchas en la reputación de la elevada herencia espiritual de la India. Oriente debería adoptar los mejores métodos constructivos de Occidente, y Occidente debería impregnarse del énfasis que pone Oriente en Dios como supremo objetivo de la vida.

¿Le gustaría brindar un mensaje al mundo?

Mis hermanos y hermanas del mundo: les ruego que tengan presente que Dios es nuestro Padre y que Él es Uno. Todos nosotros somos sus hijos y, como tales, debemos adoptar medios constructivos para ayudarnos, los unos a los otros, a convertirnos en ciudadanos ideales —en los aspectos físico, mental, financiero y espiritual— de los Estados Unidos del Mundo. Si en una comunidad de mil personas, todos sus miembros intentan enriquecerse a expensas de los demás, mediante negocios sucios, peleas y argucias, cada persona tendrá novecientos noventa y nueve enemigos; en tanto que si toda persona coopera con las demás —en los planos físico, mental, financiero y espiritual— cada una de ellas tendrá novecientos noventa y nueve amigos. Si todas las naciones se ayudaran mutuamente a través del amor, el mundo entero viviría en paz y gozaría de amplias oportunidades para promover el bienestar de sus habitantes, sin exclusiones.

El ser humano parece olvidar su naturaleza espiritual y, en cambio, recae en sus primitivos instintos animales. Dios creó al hombre como un ser potencialmente espiritual; en la medida en que dé rienda suelta a su naturaleza animal, padecerá problemas, guerras, hambre, pobreza y enfermedad. Cuando comprenda plenamente que necesita la hermandad universal, creará un mundo de enorme prosperidad y dicha.

Es triste comprobar que los líderes de las naciones promueven desgracias inenarrables debido a la avidez y al odio, en lugar de unirse con buena voluntad y armonía para limar sus diferencias. Debido a políticos malvados y ambiciosos, la Tierra ha sufrido dos guerras mundiales y afronta la perspectiva de una tercera conflagración generalizada. Si el dinero que se gasta en destrucción se recogiera, en cambio, en un fondo internacional, se podrían eliminar los barrios misérrimos del mundo, erradicar el hambre e impulsar un gran avance de la ciencia médica, de modo que se brindaría a cada hombre, mujer y niño una mejor oportunidad de vivir en la paz de una existencia centrada en Dios.

La historia muestra que, desde los albores mismos de la civilización, el odio y el egoísmo del hombre han dado lugar a innumerables guerras, con su siempre creciente bola de nieve de dolor. Una tercera guerra mundial incrementaría el volumen de esa terrible bola hasta helar la Tierra con el sufrimiento, la pobreza y la muerte. La única forma de derretir ese alud de aflicción es a través de la hermandad, el amor y la sintonía divina que proviene de los métodos de meditación cuya práctica permite alcanzar la unión con Dios. Cuando cada alma se eleve por encima de las divisiones mezquinas hasta morar en la verdadera comprensión espiritual, la pesadumbre del mundo se consumirá en el fuego de percibir la universalidad de Dios y la fraternidad humana.

Los medios de comunicación y transporte —por ejemplo, la radio, la televisión y los viajes aéreos— nos han unido a todos como nunca antes se había conocido. Debemos aprender que ya no es factible que Asia sea para los asiáticos, Europa para los europeos, Estados Unidos para los estadounidenses, y así sucesivamente, sino que es preciso crear los Estados Unidos del Mundo al amparo de Dios, en los cuales cada ser humano pueda erigirse en un ciudadano ideal del globo, que disponga de todas las oportunidades para el pleno desarrollo del cuerpo, la mente y el alma.

Ése sería mi mensaje, mi ruego, para el mundo.

Mahatma Gandhi: apóstol de la paz

En 1935, Paramahansaji visitó a Mahatma Gandhi en su ermita de Wardha (India). En aquella ocasión, el Mahatma solicitó ser iniciado en *Kriya Yoga*. Diez años antes, Gandhiji había visitado la escuela de Yogoda Satsanga para niños que Paramahansaji tenía en Ranchi y dejó escrito, en el libro de visitantes, un gentil elogio expresando un sincero interés en el equilibrado plan de estudios de Yogoda.

Esta charla se dio en 1948, con motivo de una cena patrocinada por la Sociedad de Cultura China en honor de Mahatma Gandhi, la libertad de la India y la causa de la paz. En dicho acto, Paramahansaji y el Dr. Hugh E. MacBeth fueron los oradores. A continuación, se ofrecen pasajes destacados del homenaje rendido por Paramahansaji.

Al mundo llegan dos tipos de profetas: los profetas cualitativos, que moldean a sus discípulos fieles hasta convertirlos en almas elevadas, y los profetas cuantitativos, que influyen en las masas y cuya presencia inspira a vastas multitudes de modo que éstas reciban un poco de luz. Algunos maestros reúnen ambos aspectos; pero mediante estos dos estándares, el cualitativo y el cuantitativo, podemos juzgar a todos los profetas del mundo.

Si hablamos en términos cualitativos, he conocido a numerosos grandes maestros, semejantes a Cristo, con los cuales he vivido y sobre los que he escrito en mi libro, *Autobiografía de un yogui*. Pero en términos cuantitativos, creo que, desde los tiempos de Cristo, no ha habido una sola persona cuya vida e ideales hayan influido tanto en las masas como los de Mahatma Gandhi. La enseñanza de Cristo que predica el amor hacia los enemigos jamás obtuvo mejor demostración en la vida de una persona de estos tiempos modernos que en la existencia de Mahatma Gandhi.

Medido por los criterios ordinarios, se le consideraba muy hogareño, pero cuando le mirabas a los ojos podías ver la universalidad de su alma[1] y, en ese momento, una vasta oleada de pensamientos espirituales te subyugaba. Era perspicaz y gozoso; tenía gran fe en Dios. A pesar de que no desarrolló almas con una elevación semejante a la de Cristo como hicieron algunos de los maestros de la India, Dios le envió a la Tierra como un profeta que, por vez primera (a diferencia de otros grandes líderes espirituales del mundo), fue más allá de su rebaño e influyó políticamente en enormes masas de personas —incluso en políticos pomposos que habían siempre creído que la violencia y la fuerza bruta pueden triunfar.

La fuerza bruta se destruye a sí misma. En su origen, el enfrentamiento de unos hombres contra otros se debía a que un clan poseía más que el vecino y, entonces, luchaban por arrebatarse los bienes. De esta manera, desde la prehistoria hasta la era cristiana, el karma de miles de guerras se acumuló como una bola de nieve hasta desembocar en la Primera Guerra Mundial. ¿Y qué se logró? Tan sólo dejar una estela de más problemas y desastres. Luego llegó la Segunda Guerra Mundial; y ahora, cuando analizamos los resultados, ¿acaso no deseamos estar en el mundo que teníamos antes de que sucediera esta devastación? Como dijeron Jesucristo y Gandhi: «Si usas la espada, morirás por la espada»[2].

El uso del átomo por parte del hombre

La bola de nieve del mal karma crece cada vez más, y ahora ¡los políticos hablan nuevamente de guerra! ¿Por qué? Ellos deberían saber muy bien que no estarán seguros en ningún lugar —ni siquiera en la Casa Blanca o en el Kremlin—, puesto que la bomba atómica ha extendido la amenaza de devastación a todos los confines de la Tierra, lo cual afecta por igual tanto a los combatientes como a quienes no estén involucrados en el conflicto. Por otro lado, vemos que el Señor ha concedido al ser humano —a través de los grandes científicos— la facultad de usar el átomo; y sabemos ahora que el poder latente en unas gotas de

---

[1] «En aquellos que han desvanecido la ignorancia mediante el conocimiento del Ser, la sabiduría, como el refulgente sol, pone de manifiesto el Ser Supremo» (*Bhagavad Guita* V:16).
[2] Paráfrasis de *San Mateo* 26:52.

agua es capaz de suministrar a la ciudad de Chicago suficiente electricidad ¡para mantenerla en funcionamiento durante tres días! Si se utilizara en forma constructiva, la energía atómica podría dar lugar a una era de felicidad y prosperidad: sería posible erradicar todos los barrios miserables del mundo; el hombre no tendría que trabajar más de dos horas al día. Pero recuerda: nada logrará que se haga realidad ese empleo constructivo del poder atómico a menos que el ser humano se dé cuenta de que no es una bestia, con derecho a utilizar la brutalidad y la violencia, y se concentre, por el contrario, en cultivar la fraternidad humana.

Sólo el reconocimiento de que todos somos hermanos, sólo la cálida cordialidad de la relación fraterna, puede derretir la inmensa bola de nieve del karma bélico que crece sin cesar. Así pues, éste es el momento de predicar la fraternidad. Sin importar cuán oscuro veas el panorama, no caigas presa del desánimo. Sé que existe un Dios que brinda a las naciones del mundo lo que redunda en su mayor bien. Ellas cosechan buenos o malos resultados de acuerdo con su karma; y muy pocas se dan cuenta de que el buen karma de Estados Unidos y el de la India se encuentran en ascenso. Permítaseme recordar que ningún poder sobre la Tierra puede destruir el idealismo de la India ni la democracia espiritual de Estados Unidos. Sé que la bomba atómica es algo horrible; pero también sé que resulta preferible que esté en manos de Estados Unidos a que caiga en poder de cualquier otro. Mi deseo y oración es que Estados Unidos no vuelva a utilizar nunca la bomba atómica, sino que pueda eliminarse la necesidad de emplear cualquier clase de bombas y se detenga así la creciente bola de nieve de mal karma —el karma bélico— que está destruyendo el afecto fraternal en el mundo. Esto sólo puede lograrse mediante el amor y la adhesión a los principios de Cristo y de Mahatma Gandhi.

El tesoro de Gandhi

Mahatma Gandhi soportó la burla de sus enemigos, que se mofaran de él los ignorantes o que se dibujaran numerosas viñetas para ridiculizarle. Aun así, él puso de manifiesto en su vida que el mal viaja con el viento, pero que el poder de la Verdad se abre camino a contracorriente —Gandhi lo demostró con su ejemplo.

En cierta ocasión, me encontraba yo hablándole a un grupo de estudiantes que criticaban a Mahatma Gandhi porque no había provisto a su esposa e hijos de ninguna seguridad financiera en forma de bonos. Además, su hijo declaró recientemente: «Padre no nos ha dejado nada». Yo voy a escribirle lo siguiente: «Tu padre te ha legado y nos ha legado, a los millones de personas de la India y a cada nación, las riquezas de la verdad espiritual que él demostró: esa libertad política puede llegar a cuatrocientos millones de personas no por la espada, ni por el disparo de un solo tiro, sino por el poder del amor». El hijo de Mahatma Gandhi ha recibido la libertad, al igual que la totalidad de la India, gracias a los medios espirituales que Gandhi puso en acción.

Mahatma Gandhi nos ha dejado un mundo más rico, un planeta en el que estas verdades espirituales de amor y comprensión —de las cuales muchos se rieron tiempo atrás— han demostrado eficazmente su poder práctico ante las bocas de los cañones.

Una vez, en Bombay, se produjo una sublevación de los soldados nativos del ejército indio, que dispararon y mataron a ciudadanos ingleses. Al parecer, Churchill amenazó con enviar un ejército para bombardear la India hasta hacerla desaparecer. Entonces, Mahatma Gandhi le escribió lo siguiente: «No necesita hacer eso. Yo los detendré». Y se acercó hasta ellos, entre los disparos. El fuego cesó y él les dijo: «La paz sea con vosotros. No obtendrán la libertad por matar a unos pocos británicos. Conquístenlos con la fuerza del amor, que es más grande». Ellos permanecieron en calma, y Mahatma Gandhi logró, gracias a su llamamiento, que los británicos perdonaran a los nativos insurrectos.

Afirmé que, tras la guerra, la India sería libre; lo predije en nuestra revista, *East-West*[3]. Se rieron de mí por anunciarlo, y por declarar que esta Segunda Guerra Mundial estaba siendo librada por la libertad de la India y de las naciones sojuzgadas. No obstante, la predicción se ha hecho realidad. La India jamás habría sido libre de no haber estallado esta guerra. *Dios* no provocó la guerra; pero la guerra existe, porque la gente cree en ella y la

---

[3] En 1948, Paramahansaji cambió el nombre de la revista y la llamó *Self-Realization* (véase el Glosario).

alimenta con causas kármicas. Dios no necesita recurrir a bombas atómicas ni a milagros para destruir al demonio. Los demonios se matan a sí mismos debido al uso equivocado de su poder. Sin embargo, hemos comprobado que Mahatma Gandhi venció por la aplicación literal de los métodos que enseñó Jesucristo.

Afrontar la muerte

Jamás un líder político o religioso ha sido tan ensalzado a la hora de su muerte como Gandhi. Él es aún más poderoso hoy en día que cuando estaba vivo. Conservó el dominio de sus facultades y ejemplificó sus enseñanzas hasta el fin. Sólo una semana antes de su muerte, fue el blanco de una bomba, que casi le alcanza, ¡pero pidió a sus seguidores que no tratasen con dureza a quienes le habían traicionado! Él afirmó que Dios le estaba manteniendo allí para trabajar un poco más; y que, cuando su tarea hubiese concluido, Dios se lo llevaría. La noche anterior a su muerte, le dijo a su sobrina nieta: «Abha, Abha, trae las cartas importantes. Las firmaré. Mañana tal vez sea demasiado tarde». Sabía que su hora había llegado.

Así era Gandhi, el hombre que liberó a la India, que puso en práctica el método no violento ante los políticos obstinados y que demostró la efectividad de dicho método.

Mahatma Gandhi era un hombre de Dios. Puede que no haya sido tan grande como Cristo o como los maestros que yo conocí, pero sabía quién era Dios. Cuando le dispararon, tenía una sonrisa en los labios e hizo una señal de perdón con la mano. Con ese gesto, Gandhi solicitaba el perdón del Padre para su asesino. Esta actitud fue tan inspiradora como las palabras de Jesús en la cruz: «Padre, perdónalos porque no saben lo que hacen».

¿Qué sucederá en el futuro?

Gandhi vive hoy en día en los corazones de los seres humanos para recordarles que la violencia es la ley de la brutalidad. Cuando bestias como el gran tigre dientes de sable infestaron la Tierra, no la *gobernaban*. El hombre, gracias a su mayor poder intelectual, venció a las criaturas más grandes y poderosas, aun sin estar equipado con ametralladoras. El Presidente de EE.UU. y Stalin deberían recordar que si los fuertes se aniquilan entre sí, los mansos heredarán la Tierra. Los mansos de espíritu jamás desaparecerán. Su arma es el método de Cristo: prodigar amor al enemigo y conquistarlo por el amor.

Ésta es una época en la que Dios está escarmentando a los dirigentes del comunismo, del imperialismo y del capitalismo, y de todos los «ismos» que creen en el poder de la fuerza. No obstante, yo predigo: *el mundo no se dirige hacia su destrucción*. Por lo tanto, no tengas miedo. Cree en tu Padre. Él te protegerá si observas sus ideales y mantienes la fe en Él. Nos encontramos en una fase ascendente. Los mil doscientos años del ciclo material han pasado, y ya hemos dejado atrás trescientos de los dos mil cuatrocientos años de la era atómica. Después de ésta, vendrán la era mental y la espiritual[4]. No estamos descendiendo. Suceda lo que suceda, el Espíritu prevalecerá. Esto es lo que predigo; y, además, que la democracia de Estados Unidos y su poder material práctico, combinados con la potencia espiritual de la India, serán hegemónicos y conquistarán el mundo. Cualquiera que emplee la bomba, motivado por la agresión, morirá por los efectos de la bomba; pero sé que los corazones de Estados Unidos y la India no quieren la violencia. De la misma forma en que Hitler cayó, pese a todo su poder, cualquier dictador, dondequiera que se encuentre, será derribado. Eso es lo que predigo.

Nota del editor

Las siguientes palabras de Paramahansa Yogananda, escritas en 1951, pusieron en perspectiva el punto de vista que el Maestro tenía acerca de la guerra:

Las guerras de agresión y exterminio constituyen crímenes atroces contra el derecho inalienable a la libertad que a los seres humanos les corresponde como hijos de Dios. Toda guerra con tales motivaciones es una acción perversa por parte del agresor, y no es incorrecto defendernos de ese mal. Proteger la propia nación y a sus indefensos ciudadanos contra la maldad constituye una acción justa. El poder espiritual es la fuerza suprema y ha de ser el baluarte de cada forma de resistencia y de defensa. La primera línea de acción debería ser la de emplear todo el

---

[4] Véase *yuga* en el Glosario.

poder espiritual y moral posible para contrarrestar la maldad, y procurar cambiar la inclinación del mundo hacia la guerra y la violencia eliminando las causas que fortalecen el mal: la pobreza y el hambre, la enfermedad, la injusticia, la codicia y los intereses egoístas. Si, finalmente, es preciso enfrentarse a la violencia del mal con el uso justo de la fuerza, el *Bhagavad Guita* aconseja al *kshatriya*, el soldado, que no flaquee sino que lleve a cabo con valor el deber encomendado por Dios.

¡Alerta, naciones!

1937

¿A qué se debe la aparición del sufrimiento y la desgracia en el mundo? Cuando las personas de todo el planeta son felices y prósperas, se hallan en sintonía con Dios, y la totalidad de las vibraciones de la Tierra en relación con los demás cuerpos celestes se encuentran en estado de armonía. Pero apenas una nación comienza a combatir contra otra, o cuando los industriales insaciables y egoístas tratan de devorar toda prosperidad y apropiársela, se avecina la depresión. Y cuando ésta se desencadena en un cierto lugar, empieza a difundirse por todas partes, debido a las vibraciones que viajan a través del éter. La última guerra mundial [la Primera Guerra Mundial] generó vibraciones malignas en Europa, en primer lugar, que luego se esparcieron por toda la Tierra; y donde no había contienda, apareció la gripe. La agonía de la gente que murió en la guerra mundial produjo la causa sutil de la epidemia de gripe española, que siguió inmediatamente a la guerra y se cobró la vida de 20 millones de personas, mientras que la lucha en sí había matado sólo a unos 10 millones.

En la actual Guerra Civil Española, las vibraciones de los combates a muerte en que se ven involucrados miles de hombres, mujeres y niños flotan en el éter, lo cual provoca inundaciones en Estados Unidos, tormentas en Inglaterra y Portugal, y terremotos en la India. Así pues, los pueblos del mundo, en lugar de provocar más conflictos e intervenir en enfrentamientos bélicos, deberían realizar el máximo esfuerzo posible por emplear métodos pacíficos y de no cooperación —por ejemplo, los bloqueos— para detener la guerra.

El asesinato de miles de etíopes[1] (que no deseaban la guerra) y las vibraciones de las injusticias infligidas sobre ellos han

---

[1] Referencia a la invasión italiana de Etiopía en 1936.

trastornado el equilibrio del mundo. Nadie que perturbe una parte del mundo puede evitar que esa alteración se expanda, a través de las ondas del éter, hacia otras partes de la Tierra. Si se molesta a las personas que se encuentran en cualquier zona de una casa, entonces el hogar entero se verá finalmente conturbado. Después de la conquista de Etiopía, se ha desvanecido el miedo a la guerra que la última conflagración mundial había dejado como secuela. Numerosas naciones se hallan de nuevo enardecidas con las guerras de agresión, como la de Etiopía o, también, la de España. De acuerdo con la Liga de las Naciones, toda guerra de agresión es insostenible. Pero desde que el mundo hizo caso omiso del mandato divino de desterrar los conflictos de agresión (una gran lección que deparó la última guerra mundial), la humanidad se encamina de nuevo hacia la posibilidad —generada por ella misma e influida por Satán— de una contienda mundial aún mayor y más destructiva que la anterior.

La Depresión fue provocada por los pecados de la última guerra; y si se iniciara otra conflagración mundial, habría muy pocos alimentos para dar de comer a la población del planeta. Conviene que las naciones de Europa hagan todo lo posible por rehuir cualquier conflicto bélico[2].

El patriotismo correcto

Por otro lado, es preciso decir que el patriotismo puede ser pernicioso si trata de sobrepasar su propio ámbito. Cuando, en lugar de utilizarse para mantener intacta la prosperidad y la felicidad de su nación de origen, se involucra en complicaciones internacionales por querer expandir su influencia territorial, destruye el propio bienestar de su país, que es la razón misma de ser del patriotismo. Además, tales patriotas incurren en la necedad de pensar que sus países perderían ventajas si apoyan el patriotismo internacional, pues el bien del mundo entero

---

[2] La década de 1940 fue testigo del cumplimiento de la advertencia formulada por Paramahansaji. Durante la Segunda Guerra Mundial, y después de ella, se produjo escasez de alimentos en la mayor parte del mundo, debido a las circunstancias propias de los tiempos de guerra y a una gran disminución de las cosechas provocada por enfermedades en las plantas, irrigación inadecuada, inundaciones y fuertes tormentas. Millones de personas, sobre todo en Europa y Asia, perecieron de hambre durante esta infortunada década.

incluye el de cada territorio en particular y, por lo tanto, debería sacrificarse la ventaja nacional parcial en pro del bien de todo el planeta. Pero si el beneficio nacional conspira contra el bien de todas las naciones, ese tipo de patriotismo hará fracasar su propio objetivo. El egoísmo nacional que no tiene en cuenta el bienestar internacional provoca el desastre tanto en su territorio como en el resto del globo.

¡Alerta, naciones del mundo! Empleen el patriotismo para proteger su propio país y no se asocien con ningún estado que sea partidario de la agresión. Todos los países deben unirse para cesar la colaboración de cualquier índole con esas naciones que desean iniciar conflictos de agresión. Las naciones de la Tierra han de reunirse para encontrar maneras de mitigar las causas y los efectos de las calamidades creadas por la naturaleza, como las enfermedades, las inundaciones, las sequías y los terremotos. El ser humano no debe propiciar las catástrofes naturales mediante las tragedias evitables y generadas por él mismo, como la pobreza, la escasez, el sufrimiento y la muerte ocasionados por las guerras; porque es evidente que los desastres creados por nosotros mismos, las malignas vibraciones de la guerra y el egoísmo industrial provocan calamidades naturales[3]. El estado de Texas, en Estados Unidos, podría producir suficiente trigo y maíz para abastecer al mundo entero; ¿por qué hay entonces hambre en el mundo hoy en día? Debido al egoísmo político e industrial del hombre, que contraviene las leyes divinas de la

---

[3] «Los súbitos cataclismos que se producen en la naturaleza, causando estragos y daños masivos, no constituyen "actos de Dios". Tales desastres son el producto de los pensamientos y las acciones humanas. En efecto, dondequiera que, como resultado de los pensamientos y acciones erradas del hombre, el equilibrio vibratorio entre el bien y el mal de esta Tierra se vea perturbado por la acumulación de vibraciones nocivas, se producirá una devastación [...].
»Mientras los hombres no corrijan sus pensamientos y conductas equivocados, los conflictos bélicos y las calamidades naturales continuarán existiendo en el mundo. [...] Cuando predomina el materialismo en la conciencia del hombre, éste emite sutiles rayos negativos, los cuales, al acumularse, acaban por perturbar el equilibrio eléctrico de la naturaleza; es entonces cuando se presentan los terremotos, las inundaciones y otros desastres. ¡A Dios no le cabe responsabilidad alguna en su gestación! Antes de que le sea posible controlar la naturaleza, el hombre debe controlar sus pensamientos» (Paramahansa Yogananda, *La búsqueda eterna*).

cooperación, el servicio mutuo y el reparto justo de la prosperidad otorgada por Dios entre las naciones del mundo. Si las personas siguieran las leyes establecidas por Cristo, «Ama a tu prójimo» y «Da todo lo que tienes», entonces no existiría hoy en la Tierra sufrimiento originado por la pobreza.

Los políticos se encuentran cegados por el patriotismo, la mezquindad y la atracción por la fama. Al hacer caso omiso de las divinas leyes prescritas por Dios y expresadas por los grandes santos, provocan que se cierna una avalancha de pesares sobre las naciones de la Tierra. Obedece las máximas de los santos que sean auténticos hijos de Dios, pero jamás los dictados de Satán. Queremos que cada verdadero hijo de Dios de cada nación se niegue a cooperar con Satán y la guerra, y trabaje en todos los sentidos para instaurar mundialmente una paz y prosperidad constructivas, así como la felicidad espiritual en su propia nación y en todas las demás. Ojalá erradiquemos todo sentido de equivocado y falso patriotismo —que sólo genera desgracia— y establezcamos en cada ciudadano del mundo el verdadero patriotismo internacional basado en la hermandad, la paz, la buena voluntad mutua y el progreso y la felicidad recíprocos en los planos mental, sanitario, industrial, social, científico, filosófico, moral y espiritual.

Un mundo unido cuyo presidente sea Dios

Condensado de una charla ofrecida durante las ceremonias de inauguración que se celebraron en India Hall, una de las varias construcciones que recientemente se habían edificado en el terreno adyacente al Templo de Self-Realization Fellowship en Hollywood (California), el 8 de abril de 1951

Me siento muy feliz de que hoy todos ustedes se encuentren aquí. Ojalá que el escenario fuese suficientemente amplio para cuantos han colaborado a fin de que India House[1] se convirtiera en una realidad pudiésemos estar aquí reunidos. Es un día de regocijo, que ha sido posible gracias a mis muchachos [los monjes de *Self-Realization Fellowship*], que han construido este lugar. Las gentes de Oriente y Occidente pueden mantener aquí un intercambio cultural de experiencias intelectuales y filosóficas.

Meditaremos ahora al estilo de Oriente. Siéntate erguido; exhala dos veces y permanece calmado. No te concentres en la respiración ni en el movimiento muscular; relájate por completo. Di adiós al mundo de las sensaciones —vista, oído, olfato, gusto y tacto— y penetra en tu interior, donde el alma se expresa genuinamente. Desde la fábrica del alma emergen todas las experiencias de nuestra vida interior. El cuerpo nada significa cuando el alma, el intelecto y la vida se han ido. Concentrémonos, pues, en Aquello de lo cual emerge nuestro ser: conoce tu alma.

No prestes atención a ninguna sensación corporal; desecha todo pensamiento de inquietud. Concéntrate en el pensamiento de paz y gozo. Detrás de los ojos cerrados, contemplas una

---

[1] Posteriormente, se le cambió el nombre por el de India Hall, al saber que una empresa de San Francisco había adquirido los derechos sobre el uso de la denominación «India House».

masa oscura, una esfera de oscuridad. Expande dicha esfera de oscuridad hasta que rodee este salón. Continúa expandiéndola cada vez más, hasta que abarque tu ciudad y todo el territorio de tu amado país. Observa que el mundo entero flota como una burbuja en esta esfera. Sigue visualizando ese globo en expansión, que ahora brilla trémulamente con una luz y un gozo subyugadores. En este radiante gozo, contempla el sistema planetario, la Vía Láctea, los universos errantes y los océanos de electrones y protones que los rodean: todos ellos flotan en esta gran esfera de luz y gozo. Tú eres esta esfera ilimitada de luz y gozo. Afirma en tu interior: «En mí, los mundos flotan como burbujas». Digamos juntos: «En mí, los mundos flotan como burbujas».

Medita pensando que en esta esfera de luz y gozo se encuentran todas las iglesias, templos y mezquitas —todas las naciones de la Tierra, todos los mundos de Dios—. En esa conciencia universal, queremos que Dios nos guíe a fin de establecer en la Tierra los Estados Unidos del Mundo, por medio de la hermandad y la paz, de modo que tanto aquí como en el más allá nos percatemos de que somos uno con Dios y estamos hechos a su imagen. No somos ya los pequeños seres humanos que percibimos mediante los ojos físicos; nuestro ojo interior de la intuición se encuentra abierto.

«Padre Celestial, en esta meditación encontramos tu Omnipresencia. A pesar de que Tú nos has limitado en esta jaula corporal, aun así, con los ojos cerrados contemplamos, gracias al ojo de la intuición, la infinitud que existe arriba, abajo, a la izquierda, a la derecha y en todas partes. Ahí sabemos que estamos hechos a tu imagen, tal como Jesucristo y los grandes maestros lo experimentaron».

Expande tu amor a todas las naciones

Todos los grandes maestros constituyen modelos. A pesar de que el cuerpo de cada uno de ellos era finito, tomaron plena conciencia en su interior de que formaban parte del Océano Infinito, de que todas las formas individualizadas son las olas del Mar Cósmico. En este mundo, nos circunscribimos a una reducida familia. Al amar a nuestros vecinos, nos tornamos más grandes. Si sentimos afecto por nuestro país, crecemos todavía más. Cuando amamos a todas las naciones nos volvemos aún más grandes. Y al unirnos a Dios, después de esta vida, o mediante la meditación profunda mientras aún estamos aquí en el cuerpo, percibimos en verdad que el Océano es la ola y que la ola es el Océano.

Amo a la India, porque allí aprendí a amar a Dios y todas las cosas hermosas. Pero no reservo ese amor sólo para una nación, porque ahora el mundo entero es mi India. Amo a Estados Unidos como amo a la India, porque ha sido mi segundo hogar. La India y Estados Unidos representan lo mejor de Oriente y Occidente. Creo que un intercambio cultural entre la India y Estados Unidos aportará una solución a los problemas no resueltos del mundo; todos los seres humanos se convertirán en verdaderos ciudadanos del globo, y en cada uno de sus corazones se habrán afianzado los Estados Unidos del Mundo, teniendo a Dios como Presidente. Esta afirmación tal vez sea utópica, pero ¿qué han hecho la mayoría de los políticos? Han generado guerras, guerras y más guerras. No concibo fronteras. Sé que Dios es nuestro Padre y que todos somos sus hijos. El auténtico espíritu de Estados Unidos —la verdadera democracia— implica que todas las naciones encuentren la unidad, tal como en la India descubrieron su unidad todas las religiones.

Poco tiempo después de haber llegado a Estados Unidos, le pregunté a un estudiante universitario hindú: «¿Qué piensas de los estadounidenses?». Era evidente que se consideraba muy superior a ellos, porque me contestó: «¿Sabe? Creo que son como niños pequeños». Yo repliqué: «¡Oh!, entonces voy a llevarme bien con ellos; porque de ellos es el reino de Dios, como afirmó Jesús».

Conviértete en un «millonario en sonrisas»

Creo en Estados Unidos porque sé que esta nación no inicia una guerra sólo por egoísmo. Este país se ha brindado con generosidad a todo el mundo; he sido un testigo atento de esa cualidad. Comprobé que el pueblo estadounidense posee todas las cosas que yo deseaba para la India. Pero me di cuenta de algo: aun en los barrios más pobres de mi tierra natal —donde la gente tal vez sólo tenía un puñado de arroz para comer—, sus habitantes poseían sonrisas de las que carecen muchos estadounidenses millonarios. Al transitar por las calles de Estados Unidos, leo los pensamientos de las personas, y lo único que veo son dólares que se agitan en sus cerebros: «Si tuviera más dinero, sería feliz». El dinero es necesario; no ha existido ningún santo que no lo empleara de alguna forma, para satisfacer las necesidades de la vida o para el bienestar de los demás. Pero el dinero, por sí mismo, no es suficiente.

He conocido a muchos millonarios, pero descubrí que no eran felices. La felicidad reside, en primer lugar, en transformarse en un «millonario en sonrisas». Ante toda adversidad, debes tratar de sonreír desde el fondo de tu ser. ¡Eso te hará bien! No sólo es oportuno sonreír cuando todo marcha bien, sino también cuando todo sale mal. Ésa es la enseñanza de Oriente. Y si no puedes sonreír, mírate al espejo y estira las mejillas con los dedos para que las comisuras de la boca vayan hacia arriba y dibujen una sonrisa. Cuando oigo: «¡Oh!, era millonario y muy exitoso, pero murió de un ataque al corazón», quiero ser oriental y sentarme en la ribera del Ganges a meditar. Pero cuando veo la pobreza que padece la India, entonces deseo ser estadounidense, y dedicarme con ahínco al estudio de la ciencia y las tecnologías que alivien el sufrimiento humano. Habiendo sido hechos a imagen de Dios, tenemos el poder de emplear nuestra individualidad y voluntad para emprender grandes obras; es una maravillosa capacidad que Dios nos ha otorgado.

Cada vez que miras tu cuerpo, hecho de carne y hueso, te ves diminuto y limitado. Si tu cuerpo sufre la más mínima afección —si comienzas a estornudar o te golpeas la mano y ésta se fractura—, te das cuenta de tu pequeñez. Pero cuando cierres los ojos en meditación, contemplarás la vastedad de tu conciencia: verás que te encuentras en el centro de la eternidad. Concéntrate allí; dedica un poco de tiempo por la mañana y por la noche para cerrar los ojos y decir: «Soy el Infinito; soy hijo de Dios. La ola es una prominencia del océano; mi conciencia es una ondulación de la inmensa Conciencia Cósmica. Nada temo; soy Espíritu». Ésta es la enseñanza de Oriente. Necesitas alcanzar tal comprensión.

Al encontrar a Dios se obtiene gran bienestar y felicidad

Si reservas cierto tiempo para Dios, obtendrás gran bienestar y felicidad. Por eso Jesús afirmó: «Amarás al Señor, tu Dios, con todo tu corazón»[2]. Si recitas el Padrenuestro, pero estás pensando en el pollo que vas a cenar o en un pato asado, el Señor sabrá que no le quieres y no vendrá. Concéntrate sólo en Dios, sin cuyo poder no puedes moverte. Así como los barcos en altamar pueden ser dirigidos a distancia mediante el poder de la radio, de igual forma Dios nos mueve mediante su poder, que fluye a través del bulbo raquídeo[3]. Cuando el poder divino abandone el cuerpo, habrás muerto. ¿Por qué no piensas en la Fuente de esa energía? Dios no te niega las comodidades. Jesús dijo: «Buscad primero el Reino de Dios...»[4]. ¿Por qué? Porque la fuente de toda felicidad se encuentra allí: «... y todas esas cosas se os darán por añadidura»[5]; «... y no estéis inquietos»[6].

Nada poseo y, sin embargo, lo tengo todo. A veces, he regalado hasta mi último dólar. Pero jamás me quedé desamparado: Dios siempre se ocupó de proveerme. Soy muy rico en ese aspecto, aun cuando sea exteriormente pobre —no por coerción de las circunstancias, sino por mi propia voluntad—. Mi Padre está conmigo; ¿qué más riquezas puedo anhelar? Ésta es la enseñanza de Oriente, y es lo que todos los estadounidenses necesitan recordar. Detrás del dinero y de todos tus esfuerzos, se encuentra ese gran Poder. Y si ese Poder desea que tengas el empleo más adecuado o cualquier otro logro óptimo, lo conseguirás mañana mismo, si te hallas en sintonía con Dios. Todo me fue concedido de esa manera. Y yo lo entregué todo a esta obra, para no ser esclavo de nada ni de nadie.

Jamás me llamo «preceptor», ni «maestro», ni «gurú». Sólo sé que he aniquilado a mi «yo», y que ninguna otra cosa encuentro en mí salvo al Padre Celestial. Cuando extermines a tu ego, encontrarás a ese mismo Ser en tu interior. Al igual que todas las

---

[2] *San Mateo* 22:37.

[3] La «boca de Dios». «No sólo de pan vive el hombre sino de toda palabra que sale de la boca de Dios» (*San Mateo* 4:4). (Véase *bulbo raquídeo* en el Glosario).

[4] *San Mateo* 6:33.

[5] Ibíd.

[6] *San Lucas* 12:29.

lámparas de una ciudad se iluminan gracias a una dinamo, todos nosotros estamos iluminados por Dios. «¿No sabéis que sois templo de Dios y que el Espíritu de Dios habita en vosotros?»[7]. ¿Por qué crees que Jesucristo fue reconocido como hijo de Dios? Porque se convirtió en un ejemplo para nosotros, al igual que los grandes maestros. A menos que te vuelvas semejante a Cristo, las siguientes palabras no tendrán sentido: «Pero a todos los que le recibieron les dio poder de hacerse hijos de Dios»[8].

Tanto el diamante como el carbón están constituidos de carbono; pero el diamante recibe la luz y la refleja, mientras que el carbón no lo hace. Las mentalidades semejantes al carbón son aquellas que siempre se quejan: «El mundo es malo, me duele la cabeza, quiero esto, carezco de aquello, no tengo éxito»; siempre tienen una actitud negativa. Pero la refulgente mentalidad diamantina afirma: «No importa lo que me suceda; avanzaré en mi camino, porque Dios está a mi lado». Tal persona recibe la luz; y, finalmente, por medio de su evolución material, mental y espiritual, se vuelve semejante al Padre.

No subestimes, en forma alguna, el poder de la pequeña ola que ha sido sacudida por las olas grandes. Alguien necesita decirle: «Pequeña ola, ¿qué te sucede? ¿No ves que todo el océano se encuentra debajo de ti? Eres una prominencia del inmenso océano». No mires tu cuerpecito; mira tu interior. La meditación que te he enseñado es de suma importancia. Verás cuán inmenso eres, pues estás en todas partes en Espíritu.

Así pues, amigo mío, recuerda: Oriente debería ser tu preceptor en materia espiritual, y no las supersticiones. Y todo oriental debe darse cuenta de que aun cuando Oriente posee gran espiritualidad, Dios no le ha evitado el sufrimiento. Los orientales deben considerar como sus preceptores en el plano material a los admirables estadounidenses, que han tenido éxito en la erradicación de la malaria y de muchas otras enfermedades. Gracias al intercambio constructivo de lo mejor de Oriente y Occidente, erigiremos los Estados Unidos del Mundo y Dios será nuestro Presidente.

---

[7] *I Corintios* 3:16.
[8] *San Juan* 1:12.

¿Es Dios un dictador?

Sede Internacional de Self-Realization Fellowship,
Los Ángeles (California), 20 de abril de 1941

Es probable que la pregunta que constituye el tema de la charla de hoy jamás haya sido el asunto básico de una conferencia de índole espiritual. Yo le formulo a Dios todo tipo de preguntas; Él jamás se inmuta. Y sea cual sea la pregunta, el Ser Divino siempre me prodiga la más maravillosa respuesta. Tú también puedes hablarle a Dios sin rodeos. Si recuerdas este consejo, sentirás gran satisfacción cuando Él te esclarezca las anomalías de la vida que te intrigan.

El ser humano llegó a la Tierra dotado, como ningún otro ser, de individualidad y libre albedrío. Fue puesto aquí para que desarrollara su inteligencia, con la cual podría descubrir de nuevo su verdadera naturaleza y expresarla: el alma, un reflejo del Espíritu. Había de acrecentar gradualmente su inteligencia innata, no sólo por medio de libros, conferencias o sermones sino, también, a través de sus propios esfuerzos por ejercitar la mente y perfeccionar la naturaleza de sus pensamientos y acciones.

La Biblia nos dice que estamos hechos a imagen de Dios[1]. Pero es obvio que esa imagen no se hace patente en todos los individuos. A pesar de que la luz de Dios se encuentra en todos por igual, no podemos negar que se expresa con mayor claridad en unos que en otros. Si la luz de Dios se manifestase plenamente en todas las personas, los seres humanos permanecerían siempre en su estado primigenio de perfección. Pero constatamos que la mayoría de las personas todavía pueden perfeccionarse: deben aún evolucionar hasta lograr un nivel más elevado de inteligencia.

La flexibilidad de la vida humana demuestra que todos los seres humanos albergan un poder divino. El hecho de que

---

[1] *Génesis* 1:26-27.

algunos muestren un desarrollo mayor que otros sólo indica que han realizado un esfuerzo superior. Tal vez te preguntes: «Muy bien: si la inteligencia divina se encuentra en todos, ¿por qué algunos seres nacen con retraso mental?». Para responder en forma cabal, tendríamos que investigar sus encarnaciones anteriores y encontrar aquellas acciones imprudentes que desembocaron en un resultado tan adverso. Pero no hay duda de que cada ser humano está hecho a imagen del omnisciente Dios. Y si se corrigiera el estado supuestamente «incurable» del cerebro de un retrasado, su alma sería capaz de manifestar en mayor grado su inteligencia innata.

La historia del liderazgo

Al mirar hacia el pasado, comprobamos que algunas personas desarrollaron más inteligencia que otras, destacaron sobre la multitud y se transformaron en líderes. Lograban su liderazgo a través de la demostración de habilidad física; el más fuerte y astuto de la tribu se convertía en el caudillo. De esta manera, se formaron numerosos clanes. Poco a poco, para adquirir fortaleza y lograr propósitos comunes, varios clanes se unieron bajo el mando de un solo jefe. Estos líderes se convirtieron en reyes, elegidos de acuerdo con su demostración de poder físico e inteligencia. Pero algunos de ellos hicieron mal uso de su puesto y se transformaron en tiranos. Además, establecieron que sus descendientes serían los sucesores a la corona. El derecho a gobernar en virtud de su cuna —y no de su capacidad— vició esta forma de liderazgo. El mal se introdujo sigilosamente en el poder, pues aunque el descendiente real fuera un inepto en el aspecto físico, mental u otro, heredaba de todas maneras el trono y, con frecuencia, no escatimaba recursos para ejercer el derecho a gobernar. En algunos casos, los herederos incompetentes eran manipulados por ministros intrigantes que estaban a su servicio.

Así pues, vemos que el sistema basado en la herencia tenía sus defectos. Finalmente, algunas naciones se cansaron de este tipo de tiranía y se rebelaron contra sus gobernantes. Muchos reyes fueron asesinados; otros, derrocados.

Luego llegó la idea de la república. Países como Francia y Estados Unidos decidieron que los ciudadanos elegirían a sus presidentes. George Washington reunía los méritos necesarios para ocupar este puesto, gracias a todo lo que hizo para ayudar a instaurar la libertad en esta tierra. Él amaba este país y tenía siempre presente el más elevado interés de la nación; fue un auténtico presidente. Bajo su inteligente dirección, este gran territorio dio sus primeros pasos importantes como nación recién fundada. Lincoln fue también un líder excepcional.

Pero ¿qué obstruyó el perfecto ideal del «gobierno del pueblo, por el pueblo y para el pueblo»? A pesar de que los presidentes son elegidos por el voto de los ciudadanos, el sistema falla a causa de la corrupción y las injusticias. Con frecuencia, quien se expresa mejor es el que resulta elegido: ¡y ya sabemos cómo le gusta a la gente ensalzar sus propias cualidades! Un candidato así puede también criticar a los demás durante horas, sin pensar en el tiempo; pero no pondrá sobre la mesa sus propias deficiencias y no querrá que se las recuerden. Quienes se consideran capacitados para castigar a los demás por sus errores deberían estar igualmente dispuestos a ponerse de pie y confesar sus propios defectos. Pero los políticos saben que no resultarían elegidos con semejante metodología. Por lo tanto, en ocasiones obtienen votos sólo debido a su sagacidad para colocarse en una posición más prominente gracias a sus discursos. Pero una vez que llegan a la cima, hacen lo que les place, a pesar de lo que prometieran al pueblo.

Los votantes no conocen realmente al candidato. Por lo general, no se encuentran en condiciones de emitir un juicio propio sobre su personalidad. Ellos sólo saben lo que leen o escuchan acerca de él. Si se afirma que un cierto candidato es competente y agradable, se sienten inclinados a votar por él. Pero ¿cuál es el fundamento de ese juicio? ¿Dónde se encuentra el patrón de referencia de la verdad con el cual medir a cada político? No se ha establecido ninguna norma. De ese modo se maneja a las masas con propaganda política y sentimentalismo, sin que éstas lleguen a conocer realmente lo que ocurre. Incluso un candidato sin valía alguna puede obtener votos si cuenta con el dinero suficiente para una buena campaña de publicidad. Pero no es correcto promocionar lo bueno que es tal candidato, si en realidad carece de las cualidades para respaldar dicha aseveración. El sistema de votación de candidatos fracasa cuando el dinero, y no los méritos, son los que logran que alguien sea elegido presidente; y, lamentablemente, los políticos se han ganado la reputación de procurar que la gente adinerada los ayude. Tal vez, los candidatos de valía que no tienen esas relaciones permanezcan en el olvido, imposibilitados para atraer votantes. Por supuesto, ser acaudalado no significa necesariamente dedicarse a influir en el electorado. Siempre he admirado a Henry Ford porque ha hecho mucho bien con el dinero que ha donado para causas nobles, tanto en este país como en el resto del mundo. Uno de los criterios para elegir a los líderes debería ser el mérito demostrado en la consecución de buenas obras.

En gran medida, los votantes confían en lo que se publica en los periódicos y, por lo tanto, se ven controlados por éstos; pero yo creo que la gente está comenzando a apartarse de ese tipo de influencia. En la India, solía ser una actitud común que si alguien decía: «Lo leí en el periódico», los demás de inmediato dieran por sentado que debía ser falso. Con gran frecuencia, los diarios distan de ser imparciales y eso hace que la gente se vuelva escéptica. La verdad y la justicia compasiva, y no la conveniencia del momento ni la explotación, devolverán la integridad al periodismo y restablecerán la confianza de la opinión pública.

Así pues, nos damos cuenta de que a pesar de que la democracia constituye el mejor de los ideales, el actual sistema de votación es en extremo ineficiente, porque a menudo hay que tomar una decisión basada en lo que el candidato dice de sí mismo o en contra de sus oponentes en la contienda electoral. Se presta muy poca atención a la verdadera personalidad de los candidatos. Si únicamente los santos y otras personas auténticamente capaces de analizar el carácter fuesen a votar a nuestros líderes, tendríamos la certeza de contar con un buen presidente en la Casa Blanca; siempre se elegirían individuos valiosos para guiarnos. Un auténtico presidente es aquel que contempla primero el bien de la nación, e incluye en él la prosperidad del mundo entero.

De esta manera, debido a las imperfecciones del sistema de votación, hemos obtenido algunos buenos presidentes y otros que no lo han sido. Pero aun así, este sistema democrático es, por cierto, muy superior a cualquiera de las otras alternativas actuales. Los reyes ineptos y los que ejercen el poder por la fuerza no pueden ser destituidos sin violencia, pero el pueblo tiene la potestad de reemplazar legalmente a los presidentes que demuestran incapacidad.

Ahora analicemos la forma moderna de dictadura. Los dictadores constituyen un clásico ejemplo de políticos que efectúan promesas y luego no las cumplen cuando alcanzan el poder. Los dictadores suelen comenzar con el deseo de ayudar a su gente, pero si bien es posible que sean fieles a su propio país, el interés egoísta los hace muy desleales con las demás naciones. Debido a los celos y a un exceso de fervor patriótico, crean problemas en todo el mundo cuando llegan al poder. Una vez que alcanzan la cima, comienzan a gobernar por la fuerza para evitar que ninguna otra persona ocupe su puesto. Ya sea correcta o equivocada, su palabra es ley. Ése es el problema de las dictaduras. Al comienzo, el dictador obtiene el poder mediante la consecución de algún beneficio para su gente. Esto aviva en los suyos la fe en él, porque gobierna gracias al mérito. Pero cuando llega a la cumbre, gobierna por la fuerza.

En cierto sentido, Dios es un dictador

Y ahora viene la pregunta: ¿es Dios un dictador? Por supuesto que no, en el contexto que acabo de exponer; pero en cierto sentido sí lo es, porque Él nos creó en contra de nuestra voluntad, ¿no es verdad? No pedimos ser creados. ¿Quién le sugirió que nos diera la vida? Éste es un interrogante que Dios no responde. Con frecuencia le digo que no debió crearnos y ponernos en un cuerpo tan susceptible a la enfermedad y al sufrimiento. Incluso los autos poseen partes que pueden reemplazarse con facilidad de vez en cuando, pero no ocurre lo mismo con la maquinaria humana. Tienes el derecho de decirle a Dios: «Señor, puesto que Tú me creaste, redímeme». Ésta es la forma en que le debes orar. Tú eres su responsabilidad.

Dios establece la estructura de la creación

¿Por qué Dios creó a las mujeres, a los hombres y a los animales, e identificó al alma con las limitaciones particulares de la conciencia típicas del cuerpo en que se halla confinada? Es en este sentido que Dios puede considerarse un dictador. Los animales no tienen oportunidad alguna de perfeccionarse, sino que permanecen tal cual son, atados a su instinto. Y los seres humanos se aprovechan de estas pobres criaturas. No calzamos zapatos hechos de piel humana porque la gente se opondría a dicha idea. Pero nos sentimos en todo nuestro derecho de apropiarnos de la carne y la piel de los animales porque, en el orden creado por Dios en el mundo, no pueden defenderse del hombre. Yo digo que, en estos aspectos, Dios es un dictador. Pero, al mismo tiempo, Él es responsable de nosotros, porque hemos sido arrojados a este mundo sin que se nos pregunte si queremos venir a él, y sin que se nos diga por qué estamos aquí.

Sin embargo, vemos que su propósito debe de ser bueno. La creación entera demuestra que es la obra de una gran Inteligencia. Contamos con los sentidos, a través de los cuales percibimos este mundo y nos relacionamos con él. Tenemos alimentos para satisfacer nuestro apetito, y se nos ha otorgado la capacidad de cuidar este cuerpo y satisfacer sus demás necesidades. Cada forma de vida sigue un patrón más o menos fijo. La vida media de un ser humano dura menos de cien años; la secuoya vive hasta cuatro mil años. Una planta doméstica común fallece dentro de un plazo relativamente corto, sin importar cuántos cuidados se le prodiguen. Algunos insectos viven sólo unas horas. Todo esto muestra que existe un Dictador que ha ordenado cómo deberían ser las cosas. Él ha establecido las normas mediante las cuales todas las cosas han de ser gobernadas.

La dictadura espiritual

Ahora bien, la diferencia entre el liderazgo de José Stalin y el de Mahatma Gandhi es importante. Ambos tienen influencia sobre millones de personas, pero Gandhi es un dictador espiritual. Él dirige a los demás por medio del amor y no de la fuerza; la gente le sigue por amor, no por miedo. De igual forma, pienso que puede decirse que Dios es un dictador espiritual. Si Él viniese a la Tierra en forma humana, con todas sus maravillosas cualidades al descubierto —lo cual Él bien podría hacer—, todos le seguiríamos sin cuestionarlo. A decir verdad, el Señor viene bajo la apariencia de sus avatares, en quienes Él mantiene sus poderes parcialmente ocultos a fin de poder desempeñar un papel humano específico para el bien de la humanidad.

De esta manera, Dios nació como Jesús, quien permitió que lo crucificaran a pesar de que podría haber destruido el mundo con una sola mirada. Jesús, que era capaz de resucitar a los muertos, sin duda pudo haber aniquilado a sus enemigos si se lo hubiese ordenado el Espíritu que moraba en su interior. Los seguidores de Jesús esperaban que él se erigiera emperador de este mundo. Pero, en lugar de ello, él portó una corona de espinas y, al hacerlo, se transformó en un verdadero monarca, que ha reinado en los corazones de millones de personas de todas las épocas históricas. ¿Dónde se encuentran hoy Napoleón y Genghis Khan? Quedaron reducidos a meros capítulos de los libros de historia. Pero en toda nación hay personas que aman y siguen a Jesús.

La vida de Jesús muestra que Dios no se parece a los dictadores comunes. Él es todopoderoso y, sin embargo, no emplea su poder para destruir a sus enemigos. Puedes maldecir a Dios, negarle e imprecar en su contra; Él jamás te castigará por esos insultos. Pero al llenar tu mente con malos pensamientos, no estarás en paz contigo mismo.

Dios rehúsa imponerse a sus hijos

Dios creó este universo para que funcionara de acuerdo con la ley; si quebrantamos uno de los principios cósmicos, nos castigamos a nosotros mismos. Salta desde el último piso de un edificio alto, y se te quebrarán los huesos. No puedes hacer caso omiso de la ley de la gravedad sin sufrir sus consecuencias. Así pues, en este mundo el hombre puede actuar con libertad sólo dentro de ciertos límites. Si contraviene las leyes divinas, se castigará o destruirá a sí mismo. Dios ha establecido leyes inexorables y, en tal sentido, parece un dictador. Pero el hecho de que Él mismo permanezca absolutamente silente, y que nos llame sólo a través del amor, demuestra que no le agrada ese papel. Si Dios nos hablara directamente, en ese mismo instante perderíamos nuestro libre albedrío, pues de inmediato nos sentiríamos impulsados a obedecerle; no podríamos resistir su sabia y amorosa influencia.

Por la misma razón, Dios no le ha permitido a ningún santo que ejerza la fuerza espiritual para transformar el mundo. Los grandes santos cuentan con un enorme poder. Mi maestro podía resucitar a los muertos, pero jamás empleó su poder para forzar al mundo a cambiar. Si se muestran milagros a las personas, éstas se verán cautivadas por los fenómenos, en lugar de ser atraídas hacia Dios por medio del amor espontáneo que el alma siente por Él. Por eso, Dios no permite que ningún santo atraiga almas hacia Él mediante un uso del poder espiritual que signifique imponerse sobre el libre albedrío de esas almas.

A lo largo de los tiempos, en ardientes discursos, los profetas han advertido que Dios mismo saldrá de las nubes para aniquilar a los malvados. Pero Dios jamás lo ha hecho. Cuando la gente es malvada —es decir, cuando quebranta las leyes divinas—, pone en acción las fuerzas cósmicas que producen las inevitables consecuencias de sus acciones erróneas; de este modo, se castiga a sí misma. No creo que Dios mismo haya descendido jamás hasta aquí para reprender a alguien. Si ése fuera su camino, castigaría a los malhechores en este preciso momento, porque Él sabe quién se encuentra en la buena senda y quién se halla errado en esta espantosa guerra[2] que se está librando ahora.

Dios es humilde y se ha ocultado. Él no desea llegar y decirle al género humano: «Yo soy Dios. Debes obedecerme». Pero, al hablarnos a través de sus leyes y de las grandes almas, Él trata de evitar que nos lastimemos a nosotros mismos. Cristo afirmó: «Pues el más pequeño de entre vosotros, ése es mayor»[3]. El que sea verdaderamente humilde a los ojos de Dios es como Dios mismo.

Al ser humano se le debe enseñar el patriotismo universal

A causa del mal uso de nuestra libertad, hemos hecho de la Tierra lo que actualmente es[4]. Una vez que comprendamos esta verdad, hallaremos la explicación de todos los acontecimientos que tienen lugar aquí. Siempre hay suficiente dinero disponible para la guerra, pero jamás lo hay para erradicar los barrios pobres del mundo. ¿Te das cuenta de este razonamiento erróneo?

---

[2] La Segunda Guerra Mundial.

[3] *San Lucas* 9:48.

[4] Las acciones acumulativas de los seres humanos dentro de las comunidades, las naciones o el mundo entero constituyen el karma masivo, el cual produce efectos locales o de mayor alcance de acuerdo con el grado y preponderancia del bien o del mal. Los pensamientos y acciones de cada ser humano, por lo tanto, contribuyen al bienestar o infortunio de este mundo y de los pueblos que lo habitan. (Véase la nota al pie de la página 222).

Si todos los líderes del mundo hubieran sido educados para ser como Gandhi, como Lincoln o como Cristo, no existirían más guerras. Por esta razón, yo planteo que un importante avance hacia la paz sería la creación de ciudades mundiales donde pudiera criarse a los huérfanos de todas las naciones. Se les debería proporcionar no sólo instrucción académica sino, también, la más elevada educación que les permitiera cultivar las cualidades del alma y difundir, mediante el ejemplo, la confraternidad humana.

El patriotismo nacional basado en el egoísmo ha sido la causa de numerosos desastres y de indecible sufrimiento en toda la Tierra. Por lo tanto, debemos enseñar, junto con el patriotismo, como poner en práctica la hermandad de los seres humanos. Las guerras cesarán cuando se arraiguen las semillas del amor fraterno en los corazones de la gente.

Considera cuánta discriminación existe en el mundo; tenemos un ejemplo en las leyes estadounidenses para obtener la ciudadanía. Las personas procedentes de países europeos pueden convertirse en ciudadanos de este país, a pesar de que, en ocasiones, resulten ser miembros de bandas criminales organizadas; en cambio, almas como Mahatma Gandhi y otros grandes hombres no podrían adoptar la ciudadanía estadounidense porque provienen de naciones desfavorecidas[5]. Yo jamás me preocupo por esas leyes; dondequiera que Dios me coloque, ése es mi país. Y en el amor a esa nación incluyo la totalidad del mundo. Éste es el ideal que ha de enseñarse a todos.

Algunas ideas útiles de Francis Bacon

Francis Bacon escribió un ingenioso tratado[6] que nos ofrece alimento estimulante para reflexionar. Él relata que un grupo de viajeros, tras desviarse de su rumbo de navegación debido a los fuertes vientos, llegaron a una nueva región que desconocían. Se trataba de una maravillosa isla, en la cual estaba enclavada una bella ciudad. Un funcionario, vestido con un traje de seda azul

---

[5] Finalmente, por iniciativa del presidente Truman, se aprobó en 1964 una ley que posibilitó a los emigrantes de la India convertirse en ciudadanos de Estados Unidos.

[6] *La nueva Atlántida.*

intenso, se acercó a la embarcación e invitó a los viajeros perdidos a permanecer por un tiempo con los oriundos del lugar. La ciudad era una utopía científica. Se difundían maravillosos descubrimientos e invenciones entre los ciudadanos, desde un lugar llamado la «Casa de Salomón», cuyos miembros eran hombres excepcionalmente eruditos: las «estrellas fugaces» de las artes y las ciencias. Todos poseían mentes nobles y científicas, y se hallaban interesados sólo en la verdad. El propósito dominante de su investigación consistía en revelar, para beneficio del ser humano, las maravillas inmanentes a la creación de Dios. El progreso y bienestar de esta utopía dependía, por lo tanto, de los seres más selectos de la comunidad y era guiado por ellos.

La India, en su Edad de Oro, profundizó aún más en este sentido, ya que abrazó el ideal de que los líderes del pueblo no deberían ser únicamente científicos, sino santos; porque los científicos que carecen de realización espiritual pueden estar ciegos al verdadero bien supremo de la gente. En aquellos tiempos antiguos de la India, los santos sabios eran los consejeros de los monarcas reinantes. Los líderes de los pueblos *deberían* ser guiados por grandes almas. Los problemas de la Tierra se verían así resueltos, porque los santos que aman a Dios procuran el bien de todos y no instituirían en ningún país leyes injustas que fomentaran dificultades. Los grandes santos consideran el mundo entero como su reino. Por lo tanto, siempre han aconsejado a los reyes que mantengan la armonía no sólo en su propio país, sino que además ayuden a promoverla en otras naciones. Esta conducta requiere de un patriotismo espiritual universal, que abra las fronteras de la nacionalidad para abarcar a todos. Gandhi ha dicho que su India está formada no sólo por indios, sino por todo aquel que ame a la India y siga la Verdad, sea cual sea su nacionalidad o religión.

Y al pensar en Lincoln, nos encontramos ante otro hombre sabio y comprensivo. Tal vez haya más personas como él hoy en día: «Muchas flores nacen para abrirse sin ser vistas»[7]. La valía individual y el deseo de un liderazgo digno de confianza deben estar presentes para alentar a esas almas nobles, de modo que, poco a poco, se vayan manifestando.

---

[7] *Elegy in a Country Churchyard*, de Gray.

Volviendo a la narración de Francis Bacon sobre su utopía (¡él tenía una imaginación magnífica!), los habitantes de ese país llevaban a cabo una excelente práctica: cada doce años enviaban representantes científicos a diferentes países de todo el mundo. La misión que se les encomendaba era la de aprender el idioma y estudiar las leyes constructivas, los más recientes descubrimientos y las mejores costumbres de esas naciones. Cuando retornaban a su isla, lo más elevado de lo que habían aprendido se introducía en su propia cultura. Todos vivían en paz y armonía, acatando voluntariamente las leyes justas de aquella tierra.

Debemos comenzar en algún punto

La gente no ha sido educada en este tipo de pensamiento altruista. Por ello, aún no es posible disfrutar de semejante utopía en la Tierra. La verdadera felicidad de todos sólo puede lograrse bajo el gobierno espiritual del alma.

Debemos comenzar en algún punto. En los gobiernos, se ha de promover la sabiduría más elevada y su intercambio. Este movimiento está en sus inicios. En el gobierno de la India, existen ciertos puestos para filósofos; pero eso no es suficiente. El intercambio comercial ordinario entre los gobiernos ha generado guerras. Sin embargo, los «exportadores e importadores» de sabiduría contribuirán a tal entendimiento entre las naciones que todos los países participantes aprenderán la forma de intercambiar y compartir los bienes materiales sin recurrir a la lucha. Este ideal debe hacerse realidad; poco a poco llegaremos a ese estado. No pienses que el mundo se halla retrocediendo. La guerra ayudará a purificar la política y pondrá en evidencia muchas de las causas de los males del mundo. ¡Imagínate!: en tiempos de paz, cualquiera que bombardee una casa es enviado a prisión; sin embargo, durante la guerra, aquel que destruye un abundante número de hogares obtiene una medalla. ¡Qué «maravilloso» concepto!

Debemos empezar ahora a poner en marcha nuevos conceptos de índole espiritual. No subestimes tu capacidad, ya que el Padre todopoderoso se encuentra en tu interior. En cuanto reconozcas ese Poder dentro de ti, serás capaz de realizar grandes proezas. El océano está formado por gotas de agua: si las retirásemos, no habría océano. De modo semejante, sin nosotros tampoco existirían en este mundo obras de Dios. Piensa en el mundo entero cuando reflexiones sobre el servicio que puedas prestar. Estás hecho a imagen de Dios, y no debes considerarte como un frágil ser humano.

Desarrolla tu amor, para que puedas ofrecerlo a tu país y a todas las naciones del mundo. Dios desea que sepas que fuiste enviado a la Tierra para desarrollar el amor por tu familia universal. En cada encarnación, una tras otra, la muerte te lleva para que no te apegues al sentimiento de pertenecer a un grupo ni te identifiques demasiado con una sola nacionalidad o con un círculo reducido de seres amados. Jesús nos mostró el camino. Él amó a su madre con todo su corazón, pero también amó a los demás moradores del mundo.

Es Dios quien anima a todos los seres

Dos muchachos observaban cómo unas papas hervían en una marmita. Uno de ellos señaló: «Mira, amigo, las papas saltan y vuelven a hundirse». El muchacho más inteligente dijo: «Pero es el fuego lo que las hace saltar». Dios es el fuego que anima a todos los seres. Tú crees que eres el artífice de todo lo que haces, pero olvidas que es Dios el que actúa a través de ti. Es Dios quien ama por medio de ti; es sólo su amor el que se expresa a través de todas las formas de amor que existen sobre la Tierra. La amistad constituye el afecto más puro de todos; en ese amor reside la potencialidad de querer a todo el mundo, porque la verdadera amistad es incondicional. Amar a tu familia es sólo la primera lección para aprender a amar a toda la humanidad.

El mundo ha llegado a una situación en la cual es de suma importancia que se nos instruya no sólo acerca del patriotismo, sino también sobre la confraternidad divina. Jesús dijo: «Amarás a tu prójimo como a ti mismo»[8]. Todas las naciones deben considerar a las demás como su prójimo y amarlas como tal.

Un dictador no nos conferiría el derecho de rechazarle

Así pues, podemos decir que, al crearnos sin nuestro consentimiento, Dios es un dictador. Pero por otra parte no lo es, porque nos ha concedido completa libertad para rechazarle y no pensar

---

[8] *San Mateo* 22:39.

jamás en Él. Por este motivo, algunas personas que ni siquiera reparan en Dios parecen arreglárselas bien en la vida. Si Dios fuese un dictador, diría: «¡Oh!, allí está ese hombre. Lo transformaré de tal modo que tenga que pensar en Mí». Pero Dios no lo hace. En la medida en que cumplas sus leyes, no sufrirás, a pesar de que le hayas olvidado por completo. Sólo cuando infringes sus normas te castigas a ti mismo con el sufrimiento. Pero las leyes de Dios son sutiles: es difícil evitar violarlas sin recurrir a su ayuda. Así, a pesar de que Dios cuenta con todo el poder físico, mental y espiritual, no lo emplea cuando nos volvemos en su contra. Puedes imprecar contra Dios cada día del año, y Él no te castigará por eso. Pero ámale, y vendrá a ti. Él trabaja a través del amor para atraerte hacia Él.

Si bien Dios nos ha dotado de libertad, también es consciente de que aún estamos muy atrapados en las limitaciones que nosotros mismos nos hemos impuesto. Por eso Él nos ha provisto de inteligencia, mediante la cual podemos salir del embrollo. Si no empleamos esa inteligencia en la forma acertada, a nadie debemos culpar excepto a nosotros mismos. Ni siquiera Dios puede ayudarnos si quebrantamos sus leyes y precipitamos el sufrimiento sobre nosotros.

Algunas personas caminan por la vida como si tuviesen la mente embotada: comen y duermen, disfrutan de algunos placeres y muy raramente reflexionan con profundidad. Hay muchas personas que en verdad no piensan. Tienen la noción de que la vida material lo es todo. Pero esta vida no es más que un sueño pasajero. Así pues, ¿por qué habrías de vivir intentando complacer al mundo? Más vale que trates de complacer a Dios primero y, entonces, estarás en mejor disposición de agradar a tus semejantes.

Finalmente, Dios habrá de conceder la libertad a todos, pero no la obtendrás hasta que hayas utilizado de manera correcta tu poder de libre elección. De lo contrario, no tendría sentido el hecho de que nos haya dotado de libre albedrío. Los animales carecen de libertad; Dios los limitó a regirse por sus instintos. Pero en el hombre, Él implantó la sabiduría. Los seres humanos pueden elegir a voluntad elevarse o degradarse, ser mejores o peores. Y dado que el Señor nos ha otorgado esta libertad, Él permanece silente; pues sabe que si nos hablara, nos resultaría imposible resistir su influencia. Él podría convencernos al instante de no hacer el mal. Y si obrara de este modo, sería ciertamente un dictador. Por lo tanto, a pesar de ser todopoderoso, no puede hacer nada por nosotros, a fin de no interferir con nuestra libre elección. ¿Te das cuenta? Él no es un dictador, puesto que procura no influir en nuestras decisiones, permaneciendo callado y ocultando su poder. Sabe que tenemos problemas, pero no existe forma en que Él pueda redimirnos, a menos que le ayudemos a través de nuestro propio esfuerzo. Sólo nosotros decidimos, mediante nuestro libre albedrío, si hemos de aceptarle o rechazarle.

Eres potencialmente igual a Dios

Otro argumento: los dictadores comunes jamás desean que ninguna persona sea como ellos. Son hostiles entre sí porque quieren ser singulares y supremos. Pero Dios no actúa de esa manera. Él te hizo a su imagen; eres potencialmente igual a Dios dado que formas parte de Él. Cada uno de nosotros tiene la capacidad de convertirse en un ser divino, si desechamos la oscuridad de la ignorancia. Nada necesitas adquirir, pues ya lo tienes. El oro del alma se encuentra en tu interior, cubierto por el barro del engaño. Lo único que debes hacer es limpiar el fango.

Como podemos ver, por una parte, Dios es un dictador porque nos creó en contra de nuestra voluntad. Pero con toda seguridad, Él trata de corregir ese estado de cosas, para lo cual se comporta como un dictador espiritual. Dios habla únicamente a través de sus leyes y nos atrae sólo mediante el amor. Pero dado que Él no se manifiesta sobre la Tierra ni exige ser elegido gobernante todopoderoso, no es un dictador. El Señor no hace campaña para que votemos por Él, excepto en la elección individual de tu corazón. Cuando tu corazón resplandezca con la luz del amor de tu alma por el Espíritu, cuando ese amor destruya todas las prisiones psicológicas que han confinado tu libre albedrío, Él vendrá sin que se lo pidas, y te dirá: «Tu amor es tan deslumbrante, tan irresistible, que desearía venir a ti, si me lo permites».

En conclusión: Dios, en su calidad de dictador espiritual, jamás empleará la fuerza ni se presentará ante el mundo proclamando: «Soy el Señor del Universo». Sólo cuando tu alma llame a Dios y tu corazón se colme de amor por Él, le conocerás.

Cómo recibir las respuestas de Dios a nuestras oraciones

El presente artículo está formado por un conjunto de textos introductorios escritos por Paramahansa Yogananda para las primeras ediciones de su libro *Susurros de la Madre Eterna*. Cuando Paramahansaji revisó esta obra para publicar la que sería entonces la octava edición, le escribió una introducción prácticamente nueva.

Si bien las instrucciones que se presentan en este artículo se refieren en especial a las invocaciones que pueden encontrarse en *Susurros de la Madre Eterna*, los principios expresados dilucidan una ciencia de la oración que es aplicable a todas las personas que buscan el auxilio divino al tratar de perfeccionar sus vidas mediante el poder de la plegaria.

Dios hizo al hombre a su imagen. Al expandir sus poderes mentales, todos aquellos que saben cómo tornarse receptivos a la Presencia Divina pueden tomar plena conciencia de la divinidad que yace adormecida en su interior. Por ser hijos de Dios, tenemos, al igual que Él, la capacidad potencial de dominar todas las cosas de su universo.

Mas surge la pregunta: ¿por qué muchos de nuestros deseos no se ven cumplidos, y a qué se debe que tantos hijos de Dios sufran intensamente? Dios, con su divina imparcialidad, no pudo hacer a un hijo mejor que a otro. Originalmente, Él creó a todas las almas iguales y a su imagen. Ellas también recibieron el mayor de los dones de Dios: el libre albedrío, y el poder de razonar y de actuar conforme a esa imagen divina.

En algún lugar, en algún momento del pasado, los seres humanos han infringido las diversas leyes de Dios y, en consecuencia, han provocado los resultados negativos correspondientes.

A todos los seres humanos se les ha dotado de absoluta libertad para emplear la razón de manera errónea o acertada. Usar mal el raciocinio que Dios nos ha conferido conduce al pecado, que es la causa del sufrimiento; utilizarlo correctamente nos encauza hacia la virtud, que es precursora de la felicidad. Dios, en su infinita nobleza, no nos castigaría; somos nosotros mismos quienes nos castigamos a través de nuestras acciones poco razonables, y nos recompensamos mediante nuestra buena conducta. Sólo este principio explica por qué la responsabilidad de Dios concluyó cuando dotó al hombre de razón y libre albedrío.

El ser humano ha empleado mal esta independencia otorgada por Dios y, así, ha precipitado sobre sí la ignorancia, el sufrimiento físico, la muerte prematura y otros males; él cosecha lo que ha sembrado. La ley de causa y efecto opera en todas las vidas. Todos los «hoy» de nuestra vida están determinados por las acciones de todos los «ayeres», y todos los «mañanas» de nuestra existencia dependen de la forma en la cual administremos y vivamos nuestros «hoy».

Por eso el hombre, si bien creado a imagen de Dios y potencialmente dotado de los poderes divinos, pierde su legítimo derecho de nacimiento a dominar el universo de su Padre, debido a sus propios errores y a las limitaciones que se ha impuesto. El mal uso de la razón y la identificación del alma con el cuerpo transitorio, o con las influencias ambientales, hereditarias o mundanas, son responsables de las angustias y desgracias del ser humano.

De qué manera un hijo dormido de Dios puede convertirse en un despierto hijo de Dios

Pese a todo lo que pueda decirse, resulta incontrovertible el hecho de que cada ser humano, aunque actúe de manera equivocada, es potencialmente un hijo de Dios. Incluso el más grande de los pecadores no es otra cosa que un hijo de Dios que todavía no ha despertado, un inmortal dormido, que rehúsa recibir la luz divina a través de la purificación de su conciencia. En el Evangelio de San Juan está escrito: «Pero a todos los que le *recibieron*, les dio poder de hacerse hijos de Dios, a los que creen en su nombre» (*San Juan* 1:12).

El océano no puede ser contenido en una copa, a menos que ésta se haga tan grande como aquél. Del mismo modo, la copa de la concentración y de las facultades humanas debe ensancharse para contener a Dios. *La facultad de recibir* revela la capacidad adquirida mediante el desarrollo personal y es muy distinta de la simple creencia.

De qué forma la creencia de que somos hijos de Dios puede convertirse en una realidad

El significado de las palabras de San Juan es que esos hijos dormidos de Dios que han despertado —gracias a que siguieron la ley de la disciplina espiritual— reciben o sienten al Señor mediante su intuición desarrollada y, así, recobran los poderes latentes que poseen por ser hijos de Dios. Es la ignorancia la que impulsa al ser humano a imaginar su pequeñez y sus limitaciones. *La ignorancia es el mayor de todos los pecados.*

El hombre dormido en el engaño admite y enfatiza su sueño de debilidades humanas. Para un alma (que desempeña el papel de ego) es incorrecto creerse limitada por el cuerpo, en lugar de *conocerse* como una parte del Espíritu ilimitado. Es bueno y correcto tener la convicción de que somos hijos de Dios, en lugar de creer que sólo somos la descendencia de un mortal, pues la verdad —desde el punto de vista metafísico— es que el ser humano está hecho en esencia a imagen de Dios. Por lo tanto, constituye un error imaginar que somos criaturas perecederas. Incluso mediante la mera creencia, uno puede cultivar poco a poco su conocimiento intuitivo y, algún día, darse cuenta de que la verdadera naturaleza de su alma es la de hijo de Dios. Así pues, el hijo descarriado debe comenzar por creer esta verdad, dado que la creencia es la condición inicial para someter a prueba una verdad y conocerla.

Al encontrarse en dificultades, el ser humano ora automáticamente a un Dios desconocido y espera recibir ayuda. Si se libera del problema, aun cuando sea de forma casual, cree que sus oraciones fueron escuchadas por Dios y que Él les dio una respuesta. Pero si la petición contenida en su plegaria no ha sido concedida, queda confundido y comienza a perder la fe en Dios.

La plegaria exigente comparada con la oración común

Mi objetivo al presentar estas peticiones sagradas [en *Susurros de la Madre Eterna*][1], que recibí en el curso de diversos y fructíferos estados de comunión con el Padre, es el de ayudar a

---

[1] Pueden encontrarse similares oraciones exigentes en *Afirmaciones científicas para la curación* y *Meditaciones metafísicas*, escritos también por Paramahansa Yogananda (publicados por *Self-Realization Fellowship*).

mis semejantes a establecer contacto con Él de modo efectivo. Yo prefiero la palabra «exigencia» a «súplica», porque el primer término está desprovisto de la rudimentaria idea medieval de un Dios que se comporta como un tirano, a quien deberíamos suplicar y adular como si fuéramos mendigos.

En la oración común, hay grandes dosis de actitud mendicante e ignorancia. La gente reza en forma caótica. Pocos saben cómo orar y conmover a Dios con sus ruegos, y tampoco saben si sus plegarias reciben respuesta o no, o si los acontecimientos tuvieron lugar sin la intervención de las oraciones. Además, no distinguen entre lo que necesitan y lo que desean. A veces, es muy provechoso no recibir lo que creemos precisar. Un niño puede querer tocar una llama, pero a fin de salvarlo de un daño seguro, la madre no le permite al pequeño cumplir su deseo.

A pesar de ser todopoderoso, Dios no actúa en contra de sus leyes o de manera arbitraria sólo porque recemos. Él le ha concedido independencia al ser humano, quien hace con ella lo que le place. Perdonar los defectos humanos de forma tal que el hombre pudiera continuar con su mala conducta sin consecuencias significaría que Dios se contradice a sí mismo —hace caso omiso de la ley de causa y efecto que se aplica a la ley de la acción— y que maneja las vidas humanas de acuerdo con su capricho y no conforme a las normas creadas por Él. Tampoco es posible conmover a Dios mediante la adulación o las alabanzas a fin de cambiar el curso de sus normas inmutables. ¿Debemos, entonces, vivir sin la intercesión de la gracia y la misericordia de Dios, y permanecer víctimas indefensas de las flaquezas humanas? ¿Acaso hemos de afrontar inevitablemente los frutos de nuestras acciones como si estuviesen predeterminadas o fueran producto de lo que se llama «destino»?

¡No! El Señor es, a la vez, *ley y amor*. El devoto que con adoración pura y fe ansía el amor incondicional de Dios, y que *además* armoniza sus acciones con la ley divina, recibirá, con certeza, el alivio y la ayuda purificadora de Dios. Cualquier pecado —y sus consecuencias— puede serle perdonado al devoto arrepentido cuyo amor a Dios es suficientemente profundo y que, por lo tanto, sintoniza su vida con el Señor todo misericordioso.

La mejor forma de actuar no consiste en suplicar favores

o la absolución de los resultados adversos, ni en resignarse y sentarse ociosamente, ya que esta actitud invita a la ley de la acción a tomar su curso. Lo que hacemos por nuestra cuenta también podemos deshacerlo nosotros mismos. Debemos adoptar los antídotos adecuados para nuestras acciones venenosas. Por ejemplo: con frecuencia es posible superar las dolencias físicas mediante la obediencia a las leyes de la buena salud. Cuando no se encuentra solución alguna a la enfermedad y al sufrimiento crónicos, cuando fracasa la capacidad de los limitados métodos humanos para curar las enfermedades físicas o mentales, debemos pedir ayuda a Dios: Aquel cuyo poder es ilimitado. Y amorosamente hemos de solicitar esa ayuda en nuestra condición de hijos de Dios y no como pordioseros.

Cada plegaria que se realiza con una actitud mendicante, sin importar cuán sincera sea, limita al alma. Como hijos de Dios debemos creer firmemente que todo lo que nuestro Padre Celestial tiene, también lo *poseemos* nosotros: ése es nuestro derecho de nacimiento. Jesús logró la realización de esta verdad y lo manifestó al decir: «Mi Padre y yo somos uno»; por ello, al igual que el Padre Celestial, tuvo dominio sobre todas las cosas. La mayoría de nosotros pedimos y oramos sin estar primeramente convencidos de nuestro derecho divino de nacimiento y debido a ello estamos limitados por la ley de la pobreza. No tenemos que mendigar, sino *reclamar* y *exigir* a nuestro Padre lo que —imaginariamente— creemos haber perdido.

Llegados a este punto, resulta indispensable destruir el errado pensamiento, afianzado durante siglos y siglos, de que tan sólo somos frágiles criaturas humanas. A diario, debemos pensar, meditar, afirmar, creer y tomar conciencia de que somos hijos de Dios ¡y actuar en consecuencia! La realización de esta verdad posiblemente requiera tiempo, pero debemos empezar con el método correcto, en lugar de arriesgarnos con el de las súplicas anticientíficas, propias de mendigos, y estar expuestos, por tanto, a los peligros dc la incrcdulidad, las dudas o las trampas de la superstición. Sólo cuando el somnoliento ego deje de percibirse como un cuerpo y tome conciencia, en cambio, de que es un alma libre, un hijo de Dios, que reside en un cuerpo y actúa valiéndose del mismo, podrá legítimamente exigir sus derechos divinos.

La atención profunda y la devoción son necesarias

Estas exigencias sagradas revelan algunas de las actitudes del alma que han encontrado una respuesta satisfactoria de Dios. Sin embargo, no es suficiente canalizar nuestras demandas tan sólo a través de las expresiones de otro. No tenemos que depender de un libro de amor cuando nos encontramos con el ser amado, sino que deberíamos emplear el lenguaje espontáneo del corazón. Si en las exigencias que dirigimos a Dios recurrimos a un lenguaje de amor ajeno, hemos de hacer propias esas palabras, comprender y abrazar por completo su significado, y aplicar sus verdades con la más profunda concentración y amor —de igual modo que resulta perfectamente adecuado que una persona se dirija al ser amado con las palabras de un gran poeta, y dé vida a esas palabras con su propio afecto y sentimiento.

La repetición mecánica de peticiones o afirmaciones, sin la devoción ni el amor espontáneo que deben acompañarlas, sólo logrará hacernos semejantes a un «gramófono que reza» y que no sabe lo que significa su oración. Mascullar oraciones mecánicamente, mientras que en el interior se está pensando en cualquier otra cosa, no atrae la respuesta de Dios. Una repetición ciega, tomando el nombre de Dios en vano, es estéril. Sin embargo, repetir una petición o una oración, una y otra vez —bien sea mental o verbalmente—, con atención y devoción cada vez más profundas, espiritualiza la oración y es capaz de transformar la repetición consciente y llena de fe, en una experiencia supraconsciente.

El Divino Ser no puede ser engañado por un remedo de plegaria, porque Él es la fuente de todo pensamiento. A Él nunca le podrás sobornar, pero es fácil conmoverle con tu sinceridad, persistencia, concentración, devoción, determinación y fe. Además, repetir una plegaria larga e intelectual con la mente ausente estimula la hipocresía; y rezar o exigir sin entender el contenido fomenta la ignorancia, el fanatismo y la superstición. Reiterar una exigencia con concentración y fe cada vez más profundas no es una repetición mecánica, sino una fuerza transformadora y progresiva que constituye una preparación mental para alcanzar a Dios de manera científica y gradual.

Estas profundas exigencias sagradas brotan del alma y están impregnadas de lógica y devoción. Si preparamos la mente a través de la concentración profunda y, luego, con fe y ardor siempre crecientes, afirmamos mentalmente (o en voz alta, en una congregación) estas científicas exigencias divinas, con seguridad recibiremos los resultados deseados. Establecer de nuevo tu unidad con el Padre Divino, ya que eres hijo de Dios, es tu imperativo más importante. Toma plena conciencia de esta verdad, y recibirás todo.

Exige incesantemente, y recibirás

Después de sembrar la semilla de tu exigencia en el suelo de la fe, no la extraigas de la tierra una y otra vez para revisarla, porque en tal caso jamás germinará para convertirse en una realidad. Planta tu semilla en la tierra de la fe, y riégala apropiadamente mediante la práctica diaria y repetida de tu exigencia. Nunca caigas presa del desaliento si los resultados no se presentan de inmediato. Adopta una firme determinación en tus peticiones, y recuperarás tu perdida herencia divina; después —y sólo entonces— la Gran Satisfacción visitará tu ser. Exige hasta recuperar tu divino legado. Exige sin cesar lo que te pertenece, y lo recibirás.

Al exigir en la forma apropiada, no hay lugar para la superstición, el desaliento o la duda. Cuando aprendas a operar la correcta cadena de causas y efectos que induce a Dios a responder, sabrás que Él no se ha escondido de ti, sino que tú te ocultabas de Él tras la sombra de las tinieblas creadas por ti. Una vez que percibas, a través del *conocimiento* intuitivo, que eres un hijo de Dios, adquirirás dominio sobre todas las cosas a través de la constante disciplina mental y la meditación practicada con devoción.

Si tu petición permanece insatisfecha o sin respuesta, encuentra la culpa en ti mismo y en tus acciones pasadas. No te desalientes; no digas que te has resignado a tu destino o a las órdenes preestablecidas por un Dios caprichoso. Después de cada fracaso realiza un esfuerzo mayor para obtener lo que no tienes; es decir, aquello que no recibiste debido a tu propio error, pero que ya te pertenece en Espíritu. Exige con devoción sagrada el reconocimiento de tu linaje divino, puesto que eres hijo de Dios.

Saber exactamente cómo y cuándo orar, según la naturaleza de nuestras necesidades, es lo que produce los resultados deseados. La aplicación del método correcto pone en acción las leyes pertinentes de Dios, cuya operación produce científicamente los resultados deseados.

Algunos consejos prácticos

Elige en el índice una oración, una exigencia, que esté de acuerdo con tu necesidad. Siéntate inmóvil en una silla de respaldo recto, con la columna vertebral erguida, y calma tu mente; pues así como no puede encenderse un fósforo húmedo, una mente saturada de dudas e inquietudes es incapaz de generar el fuego de la concentración, aun cuando se desplieguen esfuerzos prodigiosos para lograr la chispa cósmica.

La llama de la inspiración se encuentra oculta en las líneas de las oraciones exigentes que se presentan en este libro; pero dado que éstas se han expuesto por intermedio de la muda tinta impresa, el papel y los significados intelectuales, es preciso usar la intuición personal y la devoción para hacer surgir su iluminadora llama interior. Mediante la orden crística de tu profunda percepción intuitiva, resucita la esencia de las palabras que se hallan en el sepulcro de los conceptos intelectuales y vacíos.

Al leer una plegaria, es posible que diversas mentes la interpreten de forma diferente. El vasto océano de la verdad puede medirse y percibirse sólo de acuerdo con la capacidad de la inteligencia y la percepción del individuo. De igual modo, sentirás la inspiración oculta en estas oraciones exigentes, según la profundidad de tu intuición y sentimiento.

A fin de obtener el beneficio completo de la cálida presencia de Dios oculta en estas oraciones exigentes, debemos elegir sólo un párrafo de cualquier petición, imaginar el significado, visualizar la representación de la figura retórica y meditar profundamente en ella, hasta que surja la ardiente esencia, libre de las limitaciones de la palabra.

Posiblemente deseemos leer una oración exigente en su totalidad para obtener un rápido panorama de su significado completo. Mas, si luego la repasamos muchas veces y, acto seguido, con los ojos cerrados, intentamos repetidas veces *sentir* la inspiración profunda que se encuentra en el seno de ella, dotaremos a esa plegaria de espiritualidad; es decir, haremos surgir la inspiración que duerme bajo el grueso y sedoso manto de las palabras.

Con los ojos cerrados y la mirada elevada hacia el punto de concentración espiritual situado en el entrecejo, medita en el significado de la exigente petición que has elegido, hasta que llegue a convertirse en parte de tu ser. Satura esa exigencia con tu devoción mientras meditas en ella. A medida que tu meditación se profundice, aumenta tu devoción y ofrece mentalmente tu exigencia a Dios, cual una efusión de tu corazón. Cólmate de la fe de que el Señor percibe tu más hondo anhelo, expresado a través de esta exigencia específica.

Siente que en el trasfondo mismo de tus devotas exigencias, Dios está escuchando las palabras silenciosas de tu alma. ¡Debes sentirlo! *Identifícate* con la exigencia de tu corazón y ten la más absoluta convicción de que Él te ha escuchado. Dedícate luego a tus deberes, sin tratar de saber si Dios concederá tu insistente solicitud. Confía por completo en que tu exigencia ha sido escuchada, y en que tú sabrás que lo que es de Dios también es tuyo. Medita incesantemente en Dios; y cuando *sientas* su presencia, obtendrás tu legítima herencia como hijo suyo.

Las flores que brotan a diario de la planta siempre viva de las oraciones exigentes

El Padre Universal me ha inspirado estas exigencias; no son mías. Yo sólo las percibí y les di forma a través de las palabras para poderlas compartir con todos. En ellas se halla mi bendición, y ruego para que puedan hacer sonar una nota de respuesta en el arpa viviente de tu corazón, a fin de que logres percibirlas tal como yo las he sentido.

Las oraciones exigentes son semejantes a plantas siempre vivas que, sin cesar, producen nuevos brotes. Cada planta de oración conserva las mismas ramas de palabras, pero diariamente hará surgir nuevas rosas de inspiración y sentimiento divino, si con regularidad la riegas con la meditación. Además, la planta de la plegaria debe protegerse de la devastación ocasionada por la duda, la distracción, la pereza mental, la tendencia a dejar la meditación para mañana (¡ese día que jamás llega!), la distracción mental y el pensar en otra cosa mientras uno imagina que la mente se encuentra concentrada en la fuerza espiritual que posee la oración.

Tales parásitos que tratan de marchitar las plantas de la oración deben destruirse mediante la fe, la devoción a Dios, el dominio de sí mismo, la determinación y la lealtad a una enseñanza. Sólo entonces, las rosas de la inspiración inmortal podrán recogerse a diario de las plantas de estas plegarias exigentes.

¡Oh, buscador del despertar de tu alma! Aquiétate y permite que Dios te responda a través de tu alma sintonizada con la intuición. Aprende a conocer a Dios al percibir tu verdadero Ser interior.

El sendero de la sabiduría para superar el karma

Templo de Self-Realization Fellowship en Hollywood (California), 6 de junio de 1943

Mucho se ha escrito sobre la ley del karma. Pero me temo que la teoría del karma, explicada sabiamente por los maestros de la India, ha sido objeto de tanta tergiversación —obra de mentes obtusas— que los pueblos occidentales han concebido un concepto equivocado de este elevado principio cósmico de causa y efecto. Se ha relegado la palabra «karma» a un sentido limitado que hace referencia sólo al pasado, lo cual constituye un error. Por lo general, la voz «karma» significa «acción» —y no tan sólo los efectos de los acontecimientos pasados— y con ella puede hacerse alusión a la actividad llevada a cabo en el pasado o en el presente, o a la que pueda tener lugar en el futuro. Cuando dices «agua», puedes estar aludiendo al agua en general, o tal vez te refieras específicamente al «agua dulce», o al «agua salada», o a cualquier otro tipo de agua. De manera similar, el verdadero sentido de la palabra «karma» implica cualquier acción que realices, y concierne a la suma total de todo lo que emprendas, tanto lo bueno como malo, lo presente y lo pasado. Los actos que llevas a cabo en este momento se llaman «karma actual»; los que ya han sido realizados se denominan «karma pasado»; y al referirte a los *efectos* de las acciones pasadas, deberías decir: «Éste es el resultado de mi karma pasado», aun cuando no aclares de qué tipo de karma se trata, benéfico o doloroso.

Luego, se plantean las siguientes preguntas: ¿Qué es lo que impulsa a la acción? ¿Qué influye para que actúes y te conduzcas de cierta manera? Ahora iremos al fondo mismo del tema.

Hoy te comportas de cierta forma, y afirmas: «He actuado de esta manera toda mi vida». Pero profundizaremos más en este asunto si te pido que consideres las influencias que operan

El sendero de la sabiduría para superar el karma 255

sobre tales acciones. Actúas de dos maneras: impulsado por tu propio libre albedrío y por las influencias externas. Son tantas las fuerzas sutiles que se entretejen con tus decisiones que te resultará muy difícil juzgar qué acciones realizas de acuerdo con tu libre albedrío y cuáles llevas a cabo bajo el impulso del karma pasado o de cualquier otro influjo.

Es poco frecuente ver un ser humano que en verdad sea «libre». La mayor parte de las personas piensan que lo son, pero sus mentes están por completo inmovilizadas mediante cadenas psicológicas. Cuesta más deshacerse de éstas que de las cadenas ordinarias, porque, dada su sutileza, son incluso difíciles de detectar, ¡y ni qué decir de lo arduo que es destruirlas! Se requiere un gran caudal de conocimiento para cortar esas ataduras psicológicas.

Tal vez las acciones que ejecutaste en un millón de años de vidas pasadas te persigan. Ésa es la razón por la cual la persona común se encuentra tan indefensa para destruir los efectos de su karma que la mantienen encadenada. Se siente inmovilizada por esas cadenas invisibles, sin posibilidad de escapar; se trata de influencias que provienen de todas las acciones que decidió realizar en vidas pasadas, debido al libre albedrío o a los influjos predominantes.

Las acciones que has llevado a cabo en el pasado se hallan presentes en el cerebro en forma de tendencias condensadas. Diagnosticar estas influencias kármicas no es sencillo; pero de acuerdo con tus peculiaridades, inclinaciones y estados de ánimo predominantes, puedes descubrir qué tendencias se han apoderado de ti y cuán poderosa es su influencia en tu vida y en tus acciones presentes.

Las influencias que operan sobre la libertad de acción del ser humano

Ahora bien, además de tu karma proveniente del pasado, ¿cuáles son las influencias que operan en tu actual existencia? La civilización mundial es una de ellas. Cualquiera que sea la era en que nazca un ser humano, se ve influido por la civilización de ese período. Si hubieras llegado al mundo en el siglo VIII, seguirías los dictados de ese momento histórico. Ahora te vistes, por ejemplo, conforme a la cultura actual. Tienes más tejidos para elegir que en eras pasadas. Piensas más en la comodidad y en el estilo que sólo en la necesidad de protegerte del frío. De idéntica forma, comes según las pautas de esta etapa de la civilización; por ejemplo, en el siglo VI no se hablaba de las vitaminas. Así pues, la conciencia y tus acciones presentes o la conducta que adoptes se ven influidas por la sociedad de nuestros días.

Además, otro factor importante que tiende a condicionar al ser humano es la nacionalidad. El alma se identifica con el cuerpo y afirma: «Soy estadounidense» o «soy hindú», por ejemplo. No es sencillo librarse de esa influencia o identificación. Pero ¿por qué debes pensar que eres estadounidense, o indio, o francés? ¿Por qué solía yo pensar que era hindú? Como observarás, he dicho que *solía* pensar de ese modo, porque ahora soy uno con toda la humanidad. Me he entrenado de esa forma, para no verme sujeto al prejuicio de la nacionalidad, la raza o cualquier otro factor que limite la universalidad del alma. Te estoy explicando con sutileza cómo tú también puedes superar el karma: mantén siempre un enfoque universal en tus actitudes y hábitos de vida. De este modo te liberarás.

El alma ha estado ataviada con numerosos atuendos: hoy eres estadounidense, pero en tu próxima vida tal vez serás chino, y así sucesivamente. Por este motivo es imprudente odiar cualquier nacionalidad, porque la aversión ejerce el mismo poder de atracción que el amor. Aquello que odies lo atraerás hacia ti, a fin de que puedas aprender a superar ese prejuicio. Así opera la ley. Por ejemplo, aquellos que aborrecen la raza oscura nacerán indefectiblemente en ella. Cuanto mayor sea el sentimiento de aversión, más poderosa será la atracción kármica hacia el objeto odiado. El origen de las razas de piel clara o de piel oscura se debe a las condiciones climáticas. Un día, el clima cambiará de forma tal que será natural ver razas blancas en Oriente y oscuras en Occidente. Así sucederá; pero habrán de transcurrir muchos años para ello.

El ser humano también se ve influido por la comunidad en que vive; por ejemplo, por sus vecinos. Si vive en un vecindario aristocrático, tenderá a comportarse de forma que no desentone. Si vive entre empresarios, se conducirá como ellos. Los diferentes tipos de personas tienen diversas clases de hábitos que ejercen influencia sobre ti. Comienza a frecuentar artistas, y pensarás que el estilo de vida de ellos es el único que existe. (No critico a los artistas, pero necesitan ser más prácticos. No se puede vivir sólo de la belleza. «Yo dormía, y soñaba que la vida era Belleza; desperté, y descubrí que la vida era Servicio»[1]. Es preciso ver la belleza en el servicio). Permanece en compañía de personas espirituales, y tendrás pensamientos de esa índole. El entorno es más poderoso que la fuerza de voluntad. Si deseas impregnarte de espiritualidad, busca buena compañía y no te acerques a aquellos cuyos malos hábitos puedan influir perniciosamente en ti.

Otro poderoso influjo es el de tu familia. Piensas que perteneces a un grupo particular de personas: el núcleo familiar. Éste te ha marcado con su sello distintivo, y sus hábitos suponen una carga.

Por último, todas las personas son intensamente adictas a algunos hábitos. A veces, el ser humano se enloquece por el dinero y, en otras ocasiones, por el amor, la fama, etc.: se halla constantemente azotado e intimidado por la influencia de sus propias acciones habituales del pasado, tanto las emprendidas en esta vida como en las anteriores. Ésa es la hipnosis que proviene del karma.

Recobra la libertad de la que Dios te ha dotado

¿Dónde está tu libertad? ¡Cuán poca te queda! Por ser su amado hijo, Dios te ha concedido libertad ¡para que toques la Vía Láctea y sientas tu presencia en las flores y en las estrellas!, pero esa libertad ha desaparecido por completo debido a las numerosas influencias que pesan sobre ti.

La mayor parte de las personas se comportan como frágiles antigüedades psicológicas, llenas de ideas rígidas e influencias anquilosadas. Apenas se coloca una carga sobre ellas ¡se rompen! Por este motivo, nuestros astrólogos de la India afirman que todos somos marionetas. Pero yo no lo creo así. Yo considero que es posible destruir cualquier karma que desees. Si cierras todas las puertas y las ventanas de un recinto, la oscuridad predominará. Pero si permites que entre la luz, cualquier tiniebla se desvanecerá al instante. Incluso las sombras que

---

[1] Citado de *Beauty and Duty*, de Ellen Sturgis Hooper (1816-1841).

han permanecido en una cueva durante miles de años quedan de inmediato aniquiladas cuando se deja que la luz penetre. ¿Crees que la luz necesitará cien años para destruir esos eones de oscuridad? Ésa es una idea ridícula.

Es posible que llevemos a cuestas el karma de vidas pasadas, de acuerdo con la civilización, nacionalidad, comunidad y familia en que hayamos vivido; así como el karma de la vida presente, debido a las influencias de nuestra civilización, nacionalidad, comunidad y familia actuales. No obstante, si *tomamos plena conciencia* de que somos dioses, nos veremos libres de ese karma ahora. Todos los seres humanos están hechos a imagen de Dios. Si encuentras esa imagen dentro de ti, ¿cómo puedes tener karma alguno? Dios, por ser el Dueño de este universo, carece de karma; si sabes que eres uno con Él, no puede haber karma para ti.

Una serpiente venenosa no se ve afectada por la ponzoña que lleva en sí. También es verdad que aun cuando el engaño, o *maya*, se encuentra en la manifestación de Dios en la creación, y a nosotros nos afecta, a Él no le afecta. Esta situación es injusta, ¿verdad? Por este motivo, Él tiene que proporcionarnos la salvación; pero no nos la concederá hasta que se la exijamos.

Puesto que estamos hechos a imagen de Dios, podemos liberarnos del karma, siempre y cuando le reclamemos nuestra herencia divina. Has sido conducido a creer exactamente lo opuesto. Admitir el karma significa fortalecer esta falacia. ¿Por qué habrías de creer que eres esclavo? Debes pensar: «No soy un ser mortal; soy un hijo de Dios». De ese modo, cortarás de raíz el karma: «Carezco de forma, más allá de toda fantasía, e impregno toda ramificación de la vida entera. No ansío libertad alguna, ni temo a ninguna atadura, porque soy libre —siempre consciente, eterna y nueva Dicha—. Soy libre. Yo soy Él, yo soy Él, Espíritu Bendito, yo soy Él»[2]. Pero apenas te entregues al engaño de que eres un ser humano, habrás permitido que todo el karma del pasado te envuelva.

Esta vida es una cueva de ladrones; su influencia te despoja de tu herencia divina. Cuando digas: «Éste no es mi hogar», y hagas un esfuerzo por salir, ya no serás un cautivo involuntario.

---

[2] Paráfrasis de un canto sánscrito muy conocido de Swami Shankara.

Recupera tu libertad por medio de la sabiduría y el discernimiento

Debes recuperar tu libertad. Cuando has tomado ciertas decisiones, ¿logras llevarlas a cabo? Si no es así, estás atado por el karma. Pero si has sido capaz de hacer aquello que querías, guiado por tu discernimiento —y no debido a las influencias de tu karma pasado o presente, o a los condicionamientos del ámbito nacional, social o familiar—, has actuado con libertad. Juzga todo desde el punto de vista del discernimiento y la sabiduría. No permitas que tus acciones se vean gobernadas por los hábitos o por la obediencia ciega a costumbres sociales establecidas según lo que otras personas piensan. ¡Sé libre!

De vez en cuando, ves a un hombre libre; es decir, alguien que no transita el camino de lo trillado, sino que es independiente, porque sus acciones no están influenciadas por nada salvo la sabiduría. Eso es lo que caracteriza la grandeza de Mahatma Gandhi. Cuando él llegó a Inglaterra y visitó al rey y a la reina, no se vistió con traje, como era la costumbre; lo recibieron vestido con su simple y rústico atuendo: un taparrabos y un chal. Él disfruta de gran libertad porque vive conforme a sus ideales y no se encuentra atado a las costumbres sociales.

Cada vez que hagas algo, pregúntate si lo emprendes motivado por lo que los demás pensarán de ti, o porque sigues tu sabio discernimiento. Yo actúo basado en ese criterio. A pesar de que seas un occidental nacido en un país libre, no sabes qué es la verdadera libertad. Muchas personas creen que pueden emprender cualquier actividad que se les ocurra, y consideran que eso es libertad. Sin embargo, la verdadera libertad consiste en hacer lo que debes hacer cuando debas hacerlo. De otra manera, serás un esclavo; deja que solamente la sabiduría te guíe. Si eres incapaz de obrar así, permanecerás esclavizado durante siglos de encarnaciones.

Ahora bien, seguir la verdad no significa que debas intimidar a los demás con tus convicciones. Comparte la verdad sólo cuando ésta sea bienvenida o solicitada. De lo contrario, aprende a estar callado, y guárdate tus consejos. Pero cuando sientas que debes hablar, hazlo. Enfréntate al mundo, si es necesario. Galileo afirmó que la Tierra giraba alrededor del Sol, y lo crucificaron por eso. Más tarde, se supo que estaba en lo cierto. Pero jamás hagas nada por orgullo, pues hacerlo equivale a ser derrotado.

Aprende a actuar sabiamente al armonizarte con un verdadero gurú

En cada acción, guíate por la sabiduría; jamás por el deseo de lastimar a nadie. Pero no temas si alguien se siente herido debido a que hiciste lo que debías; tienes que responder ante ti mismo y ante nadie más. Ni siquiera Dios es tu juez; tú eres tu único juez. Si actúas mal, te castigarás, y si actúas bien, te liberarás. Ésa es la justicia de la ley del karma. El veredicto no proviene de Dios ni de sus ángeles, sino de la ley de la acción: lo que siembres, recogerás. Cuando sobrevenga el infortunio, no culpes a Dios. La culpa es tuya, como consecuencia de tus acciones pasadas.

Si careces de la sabiduría para discernir lo que es correcto, armonízate interiormente con la sabiduría de alguien sabio. Con frecuencia, lo que consideras sabiduría no lo es en absoluto, sino que se trata de tus propios deseos e inclinaciones kármicas. Por este motivo, debes contar con un gurú. Él es un ser enviado por Dios para liberarte. Al «sintonizarte» con su sabiduría, encuentras la libertad. De otra manera, permaneces esclavo de tus caprichos. El camino hacia la libertad consiste en seguir a quienes ya son libres. Cuando conocí a mi gurú, Swami Sri Yukteswar, él me pidió que armonizara mi voluntad con la suya. Él dijo que mi voluntad era poderosa, pero que aún estaba gobernada por mis instintos; pero cuando mi voluntad y la suya estuvieron armonizadas, me encontré regido por la sabiduría.

Nadie puede incitarme a hacer algo que yo sepa que no debo hacer. Sé lo que hago, pues me guío en todo momento por la sabiduría. Soy cabalmente responsable de mis acciones, y a nadie culpo del resultado de mi conducta. Y jamás he dilapidado esa libertad que el Maestro me confirió.

«¡Comprende esto! Mediante tu entrega (al gurú), buscando las respuestas (del gurú y de tu percepción interior) y por medio del servicio (al gurú), los sabios que han alcanzado el conocimiento supremo te comunicarán esa sabiduría. Al comprender esa sabiduría que viene de un gurú, no caerás de nuevo en el engaño»[3]. Es muy difícil progresar por tu propia cuenta en el camino espiritual, pero es muy fácil si posees un verdadero gurú a quien entregarte, pues su interés es sólo tu bienestar espiritual. Yo me ofrecí por completo a mi maestro, y advertí que él se brindó sin reservas a mí. Y a través de esa entrega encontré la libertad —la que toda alma desea—. Ésta es la forma de superar tu karma.

El único interés de un gurú es el de ayudar a tu progreso espiritual. Si un instructor desea obtener algo del discípulo, entonces no es un maestro. El único deseo de un maestro es el de dar y no el de recibir. Pero si el discípulo siente el deseo de ayudar a la obra del maestro, eso irá en beneficio del discípulo, ya que recibirá ayuda espiritual al colaborar con la causa de Dios.

Los maestros eligen y forman a unos cuantos discípulos que continuarán su obra. Los maestros se interesan por las almas más que por las multitudes —almas que los seguirán y que en verdad están dispuestas a disciplinarse—. Un auténtico discípulo es alguien que busca la liberación aceptando la disciplina impartida por el gurú y que se disciplina a sí mismo mediante las instrucciones de su maestro, las cuales están guiadas por la sabiduría. Pero los discípulos, en su mayoría, ¡quieren ser gurús!

Aquí, en Occidente, los miembros de la iglesia esperan que el ministro satisfaga sus deseos, y éste se convierte en esclavo de ellos. Pero yo jamás pido nada para mí. En ciertas ocasiones, he solicitado ayuda para la obra, pero he evitado esclavizarme a las personas. Aun cuando fui sometido a extremas dificultades financieras relativas a la obra, nunca me prosterné ante nadie ni comprometí mis ideales. Me mantuve libre. Si me viera privado de Mount Washington[4], no me importaría; y si me es dado tenerlo, con gozo llevaré el peso de esta responsabilidad hasta mi último día. Ésos son mis principios. Dondequiera que Dios me coloque, allí continuaré sirviéndole, porque la voluntad de mi Padre es la mía propia.

---

[3] *Bhagavad Guita* IV:34-35.
[4] Referencia a la Sede Internacional de *Self-Realization Fellowship*, ubicada en la cima de Mount Washington, en Los Ángeles (California).

De qué modo la disciplina del gurú nos libera de los caprichos y hábitos que nos aprisionan

Toda tu vida has sido un esclavo, atado a tus propios caprichos. Recuerdo que, en mi juventud, yo me negaba a comer determinados alimentos; pero cuando comencé a recibir la instrucción de mi maestro, él eliminó todos esos pensamientos errados. Primero descubrió lo que no me gustaba comer. «Así que no te gusta ni esto ni aquello otro...», me dijo. Después de siete días, me preguntó si me gustaban los alimentos que había estado comiendo en el *ashram*. Le dije que eran deliciosos. Él me explicó, entonces, que yo había estado ingiriendo, en las diversas preparaciones, ¡los mismos alimentos que yo creía no poder comer! Mediante esa disciplina, él me ayudó a vencer gustos y aversiones.

La mayoría de los occidentales piensan sólo en la comodidad. El Maestro jamás se preocupó por el lugar en el que yo durmiera; y si yo intentaba lograr una mayor comodidad —lo cual es un deseo humano bastante común—, me criticaba. Gracias a esas observaciones constructivas y a su entrenamiento, quedé por entero liberado de la identificación con la comida, la vestimenta, las convenciones sociales y el cuerpo. Yo me sentía muy feliz, libre de la prisión que yo mismo me había creado. Mediante su guía, mi maestro me liberó de los hábitos, los estados de ánimo negativos y los pensamientos limitadores.

Así pues, impide que tu voluntad sea prisionera de tus hábitos y caprichos; eso no implica que debas abstenerte de emplear tu fuerza de voluntad. Aprende a hacer uso de tu discernimiento, porque, de ese modo, estarás utilizando la voluntad de tu Padre.

Aprende a comparar tu discernimiento en evolución con el sabio discernimiento del gurú; porque sólo entonces podrás tener la certeza de estar o no en lo correcto. Apreciamos demasiado nuestros propios pensamientos. Cualquiera que sea nuestra opinión, deseamos hacer gala de justificaciones tan copiosas como las escrituras a fin de sustentarla. Pero cuando compares tu voluntad con la del maestro, y te guíes por la suya, sabrás si te rige la sapiencia o si te gobiernan los instintos y tu karma pasado.

Las escrituras afirman que debes contar con un maestro visible; es decir, uno que haya vivido en la Tierra. Seguir el consejo de un auténtico gurú constituye la única manera segura de que tus acciones te conduzcan a librarte del karma. El sabio no abriga deseos personales de que le obedezcas; pero si voluntariamente obedeces su guía, con toda certeza te ofrecerá la verdad. Te señalará qué es lo mejor para ti; y sin importar cuántas veces flaquees o le abandones, él siempre te hará saber la verdad, para tu propio bien. No hay forma de sobornarle; así era mi maestro. Él fue uno de los numerosos sabios que jamás dudaron en indicarme mis defectos. Solía decir: «Allí está la puerta; cuando desees marcharte, eres libre de hacerlo». Muchos huyeron; pero yo no. Yo sabía que él no pretendía nada de mí, pero yo sí deseaba ese Algo que él poseía. El Maestro me adelantó que su disciplina, en alguna ocasión, me dolería; pero si yo había prometido obedecerle, debía honrar ese compromiso. Y así lo hice. Aquí, en Estados Unidos, al instructor se le obliga a sentir que debe tratar con guantes de seda a los miembros de su iglesia. Pero el Maestro tenía un estilo categórico. Él me confió: «Tus métodos serán mucho más moderados que los míos. Pero ésta es mi forma de actuar: tómala o déjala». ¡Y acepté con gusto, porque hizo de mí una persona libre!

No obstante, nadie puede redimirte a menos que tú mismo hagas el esfuerzo. Dios desea que seas libre. Él te ha dotado de libre albedrío para seguir el camino de la sabiduría o el del karma. Intenta emprender toda actividad con sabiduría; y, por las noches, examínate y comprueba si has tenido éxito. Procura disciplinarte. Si puedes obedecer los consejos de tu gurú, acordarte de hacer todo lo que él indica y ejercer siempre una atenta introspección, advertirás de pronto que eres libre. Entonces, sentirás la libertad cada día.

La sabiduría destruye la raíz de toda desgracia

Imagina cuánta libertad sientes al emanciparte de las influencias de este mundo, o de tu pasado, o de tu familia y vecinos, o de tus hábitos. Entonces te das cuenta de que eres Espíritu puro. No perteneces a grupo alguno, ni a ninguna nacionalidad o familia, ni tampoco a los hábitos. El karma forma parte de la cueva de ladrones donde vive la gente presa de sus cadenas kármicas. Piensa siempre: «Mi Padre y yo somos uno. No tengo karma; soy libre».

«Así como el fuego reduce cualquier madera a cenizas, también —¡Oh, Arjuna!— la llama de la sabiduría consume todo karma. Nada en verdad existe en la Tierra más santificador que la sabiduría. A su debido tiempo, el devoto que tiene éxito en la práctica del yoga [meditación] espontáneamente tomará plena conciencia de esta verdad en lo más profundo de su Ser»[5]. Cuando aniquiles las causas del karma, habrás destruido las raíces y las futuras semillas de todo sufrimiento y desgracia. Te convertirás en un verdadero hijo de Dios; habrás recobrado tu auténtica naturaleza. No importará, entonces, qué le suceda al cuerpo. Quienes se hallan inmersos en la sabiduría comprenden que nada puede lastimarlos. Jesús supo que sería crucificado, pero no le afectó saberlo. Reconstruyó el templo del cuerpo tras su muerte, y demostró que estaba exento de karma.

Admitir el karma denota aceptarte como ser mortal. No admitas que eres un mortal indefenso gobernado por el karma. Afirma: «Soy hijo de Dios. Soy suyo», pues ésta es la verdad. ¿Por qué no habrías de proclamarla? Apenas te des cuenta de ella, tu condición espiritual cambiará. Pero cuando admites que eres mortal, te atas con las cadenas del ser mortal. Somos hijos de Dios; somos dioses. ¿Cómo puede influirte el karma? Rehúsa las ligaduras del karma; creer que no puedes cambiar tu destino es una antigua superstición propia de los ignorantes.

Jamás digas que eres un pecador. ¿Cómo podrías serlo? Dios es tu Padre. Si Él creó este mundo con tantas vías potenciales para el mal, podrías decir que Él también debe de ser pecador. Ésta es la forma en que yo le hablo a Dios. Nunca nos perjudica decirle la verdad. Si Dios puede mantenerse alejado del mal de su creación, también nosotros podemos. Así como Él es libre, nosotros también podemos serlo. Jamás vuelvas a identificarte con el mal. Tal vez hayas cometido un error, pero éste no te pertenece si no vuelves a cometerlo. Destruye tu karma mediante la sabiduría. Vive en la conciencia del Espíritu.

Hoy dices «soy Espíritu» y mañana haces algo erróneo y quieres desistir. No aceptes tus debilidades. Cuando Jesús se

---

[5] *Bhagavad Guita* IV:37-38.

encontraba en la cruz, no se desalentó. Aun en medio de la mayor de las torturas o de la tentación, si puedes retener tu percepción de la sabiduría, estarás libre al instante siguiente. Los sabios conservan esa libertad incluso cuando se enfrentan a la muerte; pero el ignorante cae de nuevo en sus viejos hábitos mortales. Si te das por vencido y crees que careces de oportunidad alguna, habrás pronunciado tu propia y fatal sentencia. Tú eres el único que ha creado tanto tu buen karma como el malo; y si te repites que no existe esperanza, habrás fracasado. Por el contrario, cuando pienses: «Soy libre, y soy fuerte; a pesar de que el mal karma me golpee, no me rendiré», verás cómo aparece tu buen karma. Sin importar cuán malo sea tu karma, intenta analizar tu vida y esfuérzate por hacer el bien y lo correcto, de acuerdo con tu sabiduría. Tu karma se transformará, y comprobarás que el mal karma se trocará en bueno.

Cada noche lleva un diario mental. Comprueba si tus hábitos te han abatido. Cuando una persona hace el mal y asegura que no puede evitarlo, es un esclavo. Debería admitir, por el contrario, que actuó mal y, luego, intentar enmendarse. Tal vez reincida; pero debe afirmar: «¡Haré un esfuerzo mayor!». Ésa es la forma de superar el mal. No te des por vencido. No eres pecador; y quien te llame «pecador» lo es él mismo.

El verdadero propósito de la religión

¿Ves hasta qué punto el movimiento eclesiástico necesita de una reforma? Los clérigos esperan que la gente profese la religión a través de un intermediario. Pero la verdad precisa ser vivida directamente; debe percibirse como parte de nuestro propio ser. El movimiento eclesiástico ha hecho mucho bien, pero en realidad debe reformar a cada persona. La luna da más luz a este mundo que todas las estrellas; lo mismo sucede con las personas que realmente se han reformado. Para mantener tu mente en Dios, rara vez recurro a acontecimientos sociales en nuestras iglesias. Sólo te hablo de sabiduría. No te aparto del verdadero propósito de la religión: conocer a Dios.

Ésa es la razón por la que *Self-Realization Fellowship* crea iglesias de todas las religiones[6]: para que todas las personas

---

[6] Paramahansaji concibió los templos de *Self-Realization Fellowship* como

puedan sentir que las barreras espirituales han desaparecido y tengan la oportunidad de reunirse para buscar verdaderamente a Dios. Jesús afirmó: «Porque donde están dos o tres reunidos en mi nombre, allí estoy yo en medio de ellos»[7]. El objetivo primordial de la iglesia no debe ser el de construir más templos o reunir más conversos, sino facilitar la percepción de Dios. Los panales que carecen de la miel de la comunión con Dios no aportan nada. Jesús advirtió que «el ciego no puede conducir al ciego». Si no tienes a Dios, no puedes ofrecérselo a los demás. Le dije a mi maestro que jamás me pondría frente a una congregación para hablar sobre Dios a menos que él me concediera la experiencia de conocer al Señor. Eso es lo importante: poseer esa sublime experiencia de la Divinidad.

Dios nos ha proporcionado los métodos para destruir el karma: guía tus acciones mediante la sabiduría y no a través de influencias externas; disciplínate y sigue la sabia orientación de

---

santuarios destinados a perpetuar los ideales de la verdadera comunión con Dios y la hermandad espiritual universal. «*Self-Realization Fellowship* —explicó el Gurú— simboliza la confraternidad con Dios a través de la percepción del Ser, y la amistad con todas las almas que buscan la Verdad». Él incluyó en las invocaciones de sus plegarias no sólo a Dios y a los Gurús del sendero de SRF, sino también a los «santos de todas las religiones». Con ese mismo espíritu, cuando fundó sus templos de *Self-Realization Fellowship* en Hollywood y San Diego (California), a principios de la década de los cuarenta, se refirió a cada uno de ellos como «Iglesia de todas las religiones».

Al emplear términos como la «unidad de todas las religiones» y «unir todas las religiones», él explicó que no estaba insinuando fusionar las distintas creencias y prácticas de cada una de las religiones en un híbrido homogéneo, lo cual sería, por cierto, muy ilógico e innecesario, tomando en cuenta la gran diversidad cultural y psicológica de la raza humana. En verdad, cada expresión religiosa tiene un lugar, aun cuando él haya definido su obra de *Self-Realization Fellowship* como un «designio divino especial». En su libro *La ciencia de la religión* (publicado por *Self-Realization Fellowship*), se refiere a la verdadera base de la unidad religiosa:

«Si la religión implica *principalmente* experimentar la conciencia divina —la percepción de la divinidad tanto dentro como fuera de nosotros—, y sólo *secundariamente* consiste en un conjunto de creencias, rituales y dogmas, en tal caso no puede haber, hablando con propiedad, sino una sola religión pues no existe más que un único Dios. [...] Solamente si enfocamos la religión desde este punto de vista, es posible afirmar su universalidad. Las costumbres y convenciones particulares jamás podrán ser universalizadas».

[7] *San Mateo* 18:20.

un verdadero gurú; cree en tu divina herencia como hijo de Dios hecho a su imagen; rodéate de buenas compañías, como la que puedes encontrar al venir a esta iglesia regularmente; y practica las técnicas que te aporten la verdadera experiencia personal de Dios. «Escucha la sabiduría del Yoga, y equipado con ella, ¡oh Arjuna!, harás añicos los lazos del karma»[8].

SRF te enseña qué debes hacer en el silencio de la meditación y, sobre todo, la práctica de *Kriya Yoga,* para que puedas vivir en verdad la comunión con Dios. Por este motivo, *Self-Realization Fellowship* se está extendiendo por todo el mundo. Algunos de los más elevados maestros de la India han enviado este sendero para devolver el verdadero espíritu de Cristo a las iglesias y para mostrar que el auténtico significado de la religión consiste en conocer a Dios. A través del ejemplo de tu vida, debes convertirte en un mensajero de esta luz.

---

[8] *Bhagavad Guita* II:39.

Toma conciencia de tu inmortalidad en Cristo

Escrito a mediados de la década de 1930

Sobre la pantalla del tiempo se representa el drama de la vida en la sala de cine del mundo. El Director del Cinematógrafo Cósmico ha estado proyectando en la pantalla las múltiples y variadas secuencias de las épocas antigua, medieval y moderna. Él filma películas de guerra, hambruna, pobreza y tragedia, al igual que comedias de bondad y maldad, para mantener a su audiencia entretenida por toda la eternidad. Dado el voraz apetito de las mentes que adoran el entretenimiento, el Director del Cinematógrafo Cósmico intenta filmar y proyectar un sinnúmero de películas.

La Tierra fue creada para que fuese un lugar de regocijo, una morada temporal y placentera para los inmortales. Mas al olvidar este hecho, nos identificamos con el drama terrenal y por ello sufrimos. Es preciso recordar que nuestro verdadero hogar se encuentra en la mansión de la Inmortalidad omnipresente, plena de dicha, siempre nueva e inmutable.

Las almas carentes de sabiduría que desempeñan el papel de villanas, y que se embriagan con deseos y engaños mundanos, desean distraerse en este cine terrenal experimentando la emoción del placer y del dolor, la salud y la enfermedad, la vida y la muerte.

La creación surgió de un desapegado deseo del Espíritu. El Señor era uno y estaba solo, y no contaba con nadie más que disfrutara su divino gozo. Ésta fue la razón por la que deseó expresar su bienaventuranza en incontables seres. Él envió inmortales a la Tierra; es decir, imágenes individualizadas de Él mismo, para que contemplasen los breves y siempre cambiantes dramas de la vida y la muerte. Sin embargo, mientras los inmortales disfrutaban de su individualidad, cayeron en la trampa de la dualidad. Al identificarse con los personajes que representaban en esta película terrenal, las divinas almas inmortales sucumbieron a la enfermedad del engaño: la conciencia mortal del cambio[1].

Un opulento príncipe creyó que era un miserable pordiosero mientras se encontraba ebrio en los barrios bajos; de igual manera, los inmortales imaginan que están enfermos o que gozan de buena salud, que están vivos o muertos, que son felices o desdichados, cuando se embriagan con el engaño del cambio en el espectáculo mortal de este mundo. Preferiría incluso aburrirme con mi inmortalidad antes que sufrir la pesadilla de una muerte onírica terrena causada por una grave enfermedad.

Mientras representan en la Tierra una tragedia, los seres inmortales carentes de sabiduría se identifican con ese papel temporal. Al tomarlo demasiado en serio, comienzan a afligirse si en la representación les toca morir en la pobreza. Si un inmortal se desmaya de miedo al creer que muere de una herida de bala —la cual era sólo una lesión onírica que tuvo lugar en un drama onírico—, entonces es un insensato. Los inmortales desconcertados se infligen una gran cantidad de ridículas torturas mentales.

Algunos hombres ricos, que mueren al soñar colapsos nerviosos en este mundo onírico, se dicen: «Si tan solo pudiera vivir en la Tierra teniendo un cuerpo sano, con gusto viviría sin

---

[1] Referencia al concepto hindú de *maya*, el engaño cósmico, y a *avidya*, la ignorancia. En *Autobiografía de un yogui*, Paramahansa Yogananda escribió: «Aquellos que se aferran a la ilusión cósmica deben aceptar la esencial ley de polaridad de ésta: ley de flujo y reflujo, elevación y caída, día y noche, placer y dolor, bien y mal, nacimiento y muerte. [...] La ilusión del mundo, *maya*, al manifestarse en el individuo se denomina *avidya*, que literalmente significa "ausencia de conocimiento", ignorancia, ilusión. Maya o *avidya* no pueden ser destruidas por medio de la convicción intelectual o del análisis, sino únicamente al alcanzar el estado interior de *nirbikalpa samadhi*».

En otra ocasión afirmó: «El alma ha descendido de la universalidad del Espíritu y se ha identificado con las limitaciones del cuerpo y la conciencia de los sentidos. [...] El alma se mantiene esencialmente intacta e inmutable aunque esté sometida al confinamiento en el cuerpo. Sin embargo, mediante *maya* o el engaño, se identifica subjetivamente con el cambio y la mortalidad, hasta que la conciencia evoluciona y, mediante la unión con Dios, vuelve a despertar en su estado inmortal». (Véase *maya* en el Glosario).

un centavo». De ese modo, reencarnan como personas saludables pero pobres. Luego luchan desesperadamente para obtener dinero y, cuando están a punto de morir de inanición, suspiran: «Ojalá tuviese salud y dinero; ¡cuán feliz sería!». Así pues, vuelven a encarnar, en esta ocasión acaudalados y saludables, pero son infelices. En su lecho de muerte, piensan: «¡Cómo me gustaría ser feliz! Renunciaría a toda salud y riqueza para lograrlo». En la siguiente vida, regresan a la Tierra muy felices pero sin salud ni posesiones materiales, por lo cual pronto se dan cuenta de que tienen otra necesidad... y así continúa sucesivamente el ciclo de vidas y muertes.

De esta forma, las almas inmortales se castigan reiteradamente, porque en ningún momento lograrán encontrar la satisfacción completa en la Tierra. Morir con el corazón destrozado e ir a la tumba con deseos que quedaron insatisfechos en tu paso por el escenario terrenal es totalmente absurdo, porque el drama del mundo jamás podrá aportar la felicidad absoluta del Espíritu.

Algunos individuos mueren ansiando el amor humano perfecto; otros fallecen soñando con obtener la felicidad suprema a través de la riqueza y la fama; mas todos ellos se engañan, porque poseer la Tierra entera y ser adorados por todos sus habitantes es muy poco en comparación con lo que se han perdido al permanecer confinados en el estado de mortales pródigos. Experimentar la Omnipresencia implica ser dueño del cosmos entero, con todo su entretenimiento, y gozar de la inmortalidad siempre renovada. En comparación, poseer la Tierra no significa nada: sería una situación colmada de pesares y, en el momento de la muerte, el engaño que se pondría de manifiesto cuando todo te fuera arrebatado constituiría una tortura para el alma.

No es posible poseer las cosas materiales porque, a la hora de la muerte, es preciso dejarlas atrás y en manos de otros. Sólo se nos permite utilizar los objetos de este mundo. Por lo tanto, es una torpeza dejarse atrapar por las posesiones materiales. Ora sólo para que se te conceda el uso de lo que necesites, y el poder de crearlo a voluntad.

Dado que la muerte nos obliga a abandonarlo todo, incluso el millonario muere pobre. Es preferible ser como Jesús: era materialmente pobre, pero rico en Dios. No poseía nada material, mas, al tener a Dios, lo tenía todo, incluso después de la muerte. Las personas acaudaladas cuya mente sólo se enfoca en lo mundano poseen todo en esta vida y nada en el más allá.

Recuerda: no importa quién seas o en qué situación te encuentres, nunca pienses que tu problema es el peor del mundo. Aunque estés representando un papel de extrema pobreza o enfermedad, hay otras personas que desempeñan un papel mucho peor que el tuyo. Con el entendimiento adecuado, comprenderías que no hay diferencia entre ser millonario o pobre en la vida terrena. Si te consideras como un actor del cinematógrafo terrenal, lo único que debes recordar es representar tu papel —bien sea importante o insignificante— a la perfección y con alegría. Eso es todo.

Durante el desempeño de tu papel, sea o no agradable, no desees ocupar el lugar de otra persona. Cumple con tu tarea o tendrás que pasar eones representando papeles humanos imperfectos, y cambiando de uno a otro de acuerdo con el vaivén de tus deseos. Sal de esa trampa. El único camino para librarse de las decepciones producidas por la prosperidad, la fama y la felicidad terrenal —todas ellas evanescentes— consiste en no lamentar que se te niegue aquello que crees desear. Naturalmente, argumentarás: «Nuestros deseos están condicionados por nuestras necesidades. Deseamos alimentos porque se nos ha dado el hambre». Lo admito; pero en este caso me refiero a una libertad aun mayor de la mente y del alma. Al alcanzar esa libertad, ni los vestidos hechos andrajos ni la muerte por inanición podrán despertar en tu interior un ápice de infelicidad.

Cuando alcances la omniabarcante conciencia de Dios, lo tendrás todo, incluso si careces por completo de posesiones materiales. Quienes en verdad comulgan con Dios jamás se sienten pobres o abandonados; tampoco consideran que el acaudalado sea más afortunado que ellos. En lugar de eso, el individuo embriagado con la dicha de Dios siente compasión por los demás.

Cuando Jesús afirmó: «Las zorras tienen guaridas, y las aves del cielo, nidos; pero el Hijo del hombre no tiene dónde reclinar la cabeza»[2], no se lamentaba de su pobreza. Por el contrario, quería decir que era dueño del cosmos, que era uno con

---

[2] *San Lucas* 9:58.

la Omnipresencia. De ese modo, no podía permanecer confinado en un pequeño sitio, como las criaturas terrenales.

Jesús no tenía cuenta bancaria; tampoco exhortaba a las personas a que primero mostrasen signos de prosperidad, como sucede con algunas organizaciones religiosas modernas, que enseñan a sus miembros a orar a Dios o a entrar en el silencio con ambos ojos fijos en la concesión de deseos materiales. Jesús advirtió: «Los hombres del mundo (amantes de la materia y cortos de vista) se afanan para obtener el pan de cada día; mas buscad primero el reino de Dios, y todas esas cosas (prosperidad, sabiduría, felicidad, riquezas) se os darán por añadidura», sin tener que implorar por ellas.

El que encuentra a Dios es dueño del cosmos; y poseer el cosmos significa tener todo lo que en éste existe. Jesús tomó conciencia plena de su unidad con el Padre. Por eso, él podía realizar muchos actos que los seres mortales, en su estado de engaño, no eran capaces de hacer. Él resucitó a los muertos y reconstruyó su cuerpo lacerado. Compara a un millonario en su lecho de muerte, forzado a tener que abandonar su hogar y fortuna sin poder llevarse un centavo, con Jesucristo después de su muerte, que era dueño del Reino de la Omnipresencia. Así pues, no ansíes ser millonario; es una pérdida de tiempo engañarte con deseos materiales. En lugar de ello, anhela ser un Cristo y esfuérzate por lograrlo. Invierte tu tiempo en la meditación diaria, haciéndola cada vez más prolongada y profunda; ésta es la forma más rápida de convertirte en un Cristo.

¿Qué sucedería si te convirtieras en millonario? Desearías aún más; y, tal vez, morirías de un paro cardíaco en tu afán de obtener otro millón. Tratar de lograr el contacto con Dios en la meditación constituye gozo puro. Sentirás felicidad cuando medites; y serás todavía más feliz cuando llegues al final del sendero de la meditación y encuentres a Dios, el Rey del gozo eternamente renovado.

Durante tu permanencia en la Tierra, recuerda que sólo eres un actor de cine. Bien sea que se te llame para interpretar un papel trágico o uno cómico, tu actuación debe ser impecable, de forma tal que, cuando observes tus escenas de infortunio, seas capaz de decir: «Ésta fue una magnífica película de tristeza, y desempeñé bien mi papel». De igual forma, si puedes decir: «Señor, representé con destreza los papeles de nacimiento y muerte; lo mismo ocurrió con las partes tristes y alegres. Mis actuaciones me proporcionaron gran satisfacción y gozo, y me entretuvieron mucho tus maravillosas películas terrenales; pero, Señor, no generé ningún nuevo deseo de encarnar otros papeles». Entonces, Él quizá te diga: «Muy bien, no necesitas permanecer más en la colonia fílmica de la Tierra. Vuelve a mi Hogar de Eternidad, a mi Hogar de Gozo Siempre Nuevo».

A cada inmortal pródigo, Dios le dice: «Hijo, debes saber que, bueno o malo, en la Tierra o en el cielo, eres mi hijo por toda la eternidad. Pero al olvidar que tu Hogar se encuentra en mi Reino e identificarte con mis espectáculos terrenales, labras tu desdicha. Cuando tomes plena conciencia de que eres inmortal y que estás hecho a mi gozosa imagen, podrás permanecer en la Tierra disfrutando de los dramas terrenales con la actitud de un inmortal; o podrás volver al Hogar y regocijarte con el siempre nuevo, ameno y gozoso entretenimiento de mi eterna Naturaleza, colmada de Dicha».

Lava tus manos de todo deseo ahora, y lleva a cabo tus obligaciones terrenales con una creciente ambición de complacer a Dios y de hacer felices a los demás. De esa manera, cuando la muerte abra la puerta, tu espíritu reirá, danzará y gritará: «Ahora, a través de este portal, avanzaré velozmente hacia mi Hogar de Dicha Inmortal». Vence todas las adversidades asociadas a los apegos terrenales para que no te hagan regresar a este planeta; libre ya de tales grilletes, corre sin demora hacia tu hogar en Dios.

Una vez que hayas obtenido todas las cosas materiales, te hartarás pronto de ellas. Y te aburrirás aún más pronto si obtienes cada objeto material que desees. Mas existe algo que jamás te hastiará, ni en esta vida ni por la eternidad: el Gozo siempre nuevo que se experimenta en la comunión con Dios. El gozo que permanece siempre igual puede causar tedio, mas cuando constantemente se renueva y es continuo, te deleitará por siempre. Semejante gozo sólo puede experimentarse en los estados de meditación profunda.

Los inmortales que son víctimas del engaño viajan a lo largo de los numerosos corredores de las encarnaciones; allí descienden, se elevan, anhelan, se regocijan, lloran... La naturaleza mantiene entretenidas a las personas amantes de la emoción por medio de una variada combinación de aflicciones y placeres. Las almas semejantes a Cristo están constantemente disfrutando del Gozo siempre renovado, continuo e inmutable que se encuentra en todas las cosas, y que proviene de Dios.

Siendo uno con la conciencia omnipresente de Dios, Cristo sopla en el viento, ríe en los arroyuelos, titila en las estrellas, se ruboriza en los atardeceres y dulcemente sonríe en las flores con su fragante presencia. Cristo danza en el mar de las emociones y pensamientos humanos. Cristo es gozo en todos los corazones y en todas las cosas. Quienes mantienen cerrados sus ojos de sabiduría perciben las tenebrosas calamidades del sufrimiento, la muerte, la enfermedad, el pesar y el fugaz placer. Con los ojos abiertos, Cristo contempla solamente la luz, la dicha y la belleza; y él ora para que éstas se manifiesten en las almas terrenas, cuando, por medio de la devoción, también abran sus ojos de sabiduría —que todo lo ven— y de nuevo despierte en ellas su gozosa inmortalidad.

Cómo incrementar tu magnetismo

Primer Templo de Self-Realization Fellowship en Encinitas (California), 28 de julio de 1940

El pensamiento es infinito. Cualquiera que sea el campo de estudio al que te dediques, una vez que hayas concentrado la mente en un tema determinado, tu raciocinio puede avanzar sin límites en esa dirección. No hay fin para la sabiduría o la información que eres capaz de obtener. ¿Sabes que cada uno de los que están aquí presentes interpreta mis palabras de una forma ligeramente distinta? Cada persona experimenta un proceso mental que difiere del de las demás. ¿Cuál es ese proceso mental?

Supongamos que alguien te pellizca. Primero, lo sientes en tu cuerpo. De esos estímulos de la sensación proviene la percepción. Luego, una vez que percibes la sensación, tu mente conforma un pensamiento: «Me han pellizcado». Esto es una concepción. El proceso que se inicia en la sensación, pasa por la percepción y termina en la concepción constituye una respuesta individualizada. Dado que la forma de ser y funcionar de cada persona en su interior es única e irrepetible, la suma total de sus reacciones ante una experiencia será distinta de la de cualquier otra persona. Esta totalidad de lo que eres por dentro —tus pensamientos, sentimientos, reacciones y motivaciones— determina la calidad de tu magnetismo, tu poder de atracción.

El magnetismo es la fuerza más potente mediante la cual puedes atraer hacia ti amigos y la buena voluntad de tus semejantes. A todos nos gusta que nos presten atención; nadie desea sentirse ignorado o caer en el olvido. Incluso los niños actúan a propósito para no pasar inadvertidos. También nos agrada que piensen bien de nosotros; deseamos gustar a los demás. Pero

¿cuántos de nosotros brindamos a los demás la comprensión y la consideración que —según nuestro criterio— merecemos de ellos? Expresamos la mayor compasión y perdón hacia nuestras propias flaquezas, mientras que sin el menor reparo criticamos y condenamos al prójimo por sus errores. ¿Acaso podemos presentarnos con la misma facilidad ante los demás y confesarles las faltas que hemos cometido desde la niñez? No. Sin embargo, a menos que aprendamos a comportarnos, no podremos enseñar a otras personas cómo conducirse, ni tendremos derecho a ser intolerantes con sus errores. El mundo está lleno de quienes desean reformar a sus semejantes pero no a sí mismos. A menos que desarrollemos un juicio crítico y constructivo acerca de nosotros, seguiremos incapaces de cambiar año tras año. Lo importante es reformarse uno mismo: si lo hacemos, influiremos positivamente en miles de personas gracias a nuestro ejemplo. El ejemplo es más elocuente que las palabras.

Comienza por ser amable con todos

¿Cómo puedes transformarte en un rey de corazones que sea amado por todos? Vuélvete más santo, para que, como un auténtico rey, te sientes en el trono del amor que se halla en el corazón de tus semejantes. Comienza por ser amable con todos. La falta de amabilidad es una enfermedad espiritual. Si das rienda suelta a actos y sentimientos desconsiderados, conviertes tu vida en una tortura y dañas tu sistema nervioso. Cuando veas que los demás se comportan con rudeza, deberías tomar una decisión aun más firme de ser amable. Yo practico esa actitud todo el tiempo. Da igual lo hiriente que sea la conducta de los otros, ellos no pueden hacerme reaccionar con maldad. Cuanto más descortés se muestra la gente hacia mí, más comprensión les prodigo. En ocasiones, a fin de enfatizar una lección importante, hablo muy enérgicamente a los que han venido a mí en busca de instrucción. Pero jamás estoy enojado ni trato mal a nadie. Aquellos que reciben tal disciplina han comprobado que, en el punto máximo de la reprimenda, cuando doy toda la impresión de que mi desagrado ha llegado a su límite, puedo neutralizar esa exaltación verbal y usar las más tiernas palabras. Ese dominio de uno mismo tiene un poder arrollador. Nunca permitas que tu voz suene áspera debido al enojo o al deseo de venganza. Como una flor, deja caer pétalos de bondad cuando los demás te agravien o sufras el ataque del mal que se alberga en ellos. A través del autocontrol y de la conducta recta, finalmente tomarás plena conciencia de que eres parte del Bien Eterno; ya no estarás atado a los perniciosos hábitos de este mundo.

Es preciso cultivar el ser interior

Para ser auténticamente atractivo, debes mostrar esa cualidad en el plano mental y en el espiritual, y no tan sólo en el físico. La generación actual vincula el encanto de una persona con las tiendas de moda y los salones de belleza. Pero la hermosura tiene que ser algo más que una fachada. Tal vez contemples al hombre más apuesto y a la mujer más bella del mundo; sin embargo, debajo de ese aspecto agradable, es probable que descubras mucha fealdad oculta. Se asemejan a los magníficos sarcófagos de las tumbas del Antiguo Egipto: ¡qué belleza!, ¡qué perfectas son sus imágenes talladas! Pero cuando levantas la cubierta, no encuentras la menor hermosura en la figura muerta que ellos cobijan. Si las cualidades espirituales de nuestra verdadera naturaleza —el alma— están muertas, un cuerpo físico atractivo es poco más que un féretro que retiene marchita la conciencia interior.

Es una fortuna, por supuesto, que la fealdad de nuestros huesos, tendones y órganos internos esté cubierta por algún atractivo físico. Pero ¿por qué preocuparse tanto, año tras año, de engalanar sólo la forma externa? Estados Unidos da la clara impresión de ser un lugar donde la gente se concentra en cuidar su imagen exterior para ocultar la edad. He visto a muchas personas que aparentaban cuarenta años y en realidad tenían sesenta. Eso es bueno. ¿Por qué no habrías de mantener el cuerpo en buena forma y atractivo? Puedes hacer de tu cuerpo lo que quieras que éste sea. ¿Por qué incurrir en el descuido y permitir que se vuelva una «ruina», como suele decirse? Controla tu peso. Si tu figura es desproporcionada, lo más probable es que se deba a la pereza o los excesos en la comida. Algunas personas hacen dieta o ayuno durante un día y, al día siguiente, lo compensan con creces. Haz mucho ejercicio y aprende a ser más cuidadoso con tu alimentación.

Pero el infinito potencial de la vida es tal —hay tanto para aprender y llevar a cabo— que si tu intención primordial es la de realzar tu cuerpo físico, no tendrás tiempo de hacer algo para mejorarte internamente. Hermosearse ante el espejo —maquillar el rostro, teñir el pelo— puede ayudar a no pasar desapercibido en el mundo empresarial o social, y nada hay de malo en ello; pero no mejorará la personalidad profunda, el ser interior. Lo que quiero decir es que tienes que dedicar algo de tiempo también al ser interior.

En Oriente, se pone mayor énfasis en el atractivo interno; en Occidente, se hace más hincapié en la seducción física. Es preciso contar con una combinación de ambos. Prefiero ser encantador en el plano mental antes que en el físico. Pero si puedo reunir ambos atributos, mucho mejor. Debemos aprender a simplificar el cuidado externo de nuestra vida y concedernos el tiempo suficiente para embellecer nuestro ser interior. De esa forma, desarrollaremos el verdadero magnetismo.

Puede que, en el primer encuentro, te parezca que alguien carece por completo de encanto, pero que luego te percates de que su personalidad interior es muy atractiva y magnética. Sócrates era así, y también Lincoln. Poseían un magnetismo que se origina en las bellas cualidades internas y que atraía a los demás. Cuando se tiene ese tipo de atractivo divino, los rasgos físicos son secundarios.

Tu apariencia física —sobre todo los ojos— muestra más o menos lo que fuiste en vidas pasadas; es increíble con cuánta profundidad el ser interior incide en la forma externa. Los ojos son el rasgo físico más significativo que tenemos. Debes aprender a embellecerlos. ¿De qué manera? Ellos reflejan con claridad lo que eres por dentro. Por consiguiente, existe sólo un método a través del cual puedes hermosear la vitalidad y la expresión de los ojos: el cultivo íntimo de pensamientos y sentimientos sublimes.

Algunos ojos son muy crueles; otros reflejan maldad o egoísmo. A pesar de lo dulces que sean las palabras o acciones de una persona, podrás verla cómo es en verdad a través de la expresión de sus ojos. Ella no logrará esconderse detrás de esas dos ventanas abiertas. Así pues, abriga pensamientos enaltecedores y constructivos. Eres un ser al que se le ha otorgado el privilegio de haber sido concebido a imagen de Dios y, como tal, no tienes derecho a desfigurar tu vida interior.

Haz que tus ojos irradien paz, calma, fortaleza y amor divino, mediante el cultivo de esas cualidades interiores. Sólo a través de este método podrás desarrollar un atractivo interior que trascienda por completo las limitaciones de la apariencia física.

Convierte tus dificultades en triunfos

Jamás es tarde para mejorar. Observa tus pensamientos, sentimientos y acciones, y guíalos por el buen camino. Al final de cada día, analízate: ¿cómo has vivido esta jornada? Estar verdaderamente vivo significa procurar de continuo el mejoramiento de uno mismo, en los planos físico, mental, moral y espiritual. Una persona que no se ha estancado, sino que sigue cambiando para mejor —día tras día, año tras año—, desarrolla el magnetismo.

Aprovecha cada contratiempo como una oportunidad para superarte. Cuando atraviesas por períodos de dificultades y pruebas en la vida, generalmente piensas con rebeldía: «¿Por qué tiene que sucederme esto a mí?». En lugar de ello, debes considerar cada tribulación como un zapapico, con el cual puedes cavar el suelo de tu conciencia y hacer brotar el manantial de energía espiritual que yace en tu interior. Cada una de las pruebas que afrontes ha de servirte para poner de manifiesto el poder oculto que existe en ti, puesto que eres hijo de Dios, hecho a su imagen. Nuestros retos no tienen por objeto destruirnos. Sólo los cobardes y los que no reconocen la perfecta imagen de Dios en su interior se rebelan y se rinden ante la adversidad, como si esos desafíos constituyeran fuerzas destructivas invencibles. Es una injusticia para tu potencial como ser humano considerar de esa forma las pruebas. La actitud que deberías adoptar es la de emplear cada problema como un estímulo para reforzar tu ser interior. Si el luchador no combate con oponentes más robustos, él mismo no se fortalecerá. Entonces, cuando afrontes todas tus dificultades con valentía y vigor espiritual, te tornarás aun más fuerte y poderoso. Al vencer en las pruebas, revivirás la olvidada imagen de Dios que mora en tu interior y volverás a unirte conscientemente con el Padre. Por lo tanto, debemos recordar hacer uso de la fuerza con la que

Dios nos ha dotado para superar los obstáculos; de ese modo, robustecemos nuestra vida interna. Esa divina fuerza interior es la fuente de nuestro magnetismo.

El poder de la buena compañía y de la atención profunda

Otra ayuda para desarrollar tu magnetismo es la atención profunda: gracias a este poder, serás capaz de aprovechar el magnetismo de los demás. Aprende a depositar la totalidad de tu atención en todo lo que hagas. Cuando estés con alguien, sé un buen escuchador. A través de la concentración, sintonízate con las personas que tienen esas cualidades atractivas que tú deseas fomentar. Si deseas fortaleza, únete a los que son fuertes. Si ansías perfeccionar tu olfato para los negocios, frecuenta la compañía de empresarios. Si tu objetivo es desarrollar un magnetismo divino y todopoderoso, rodéate de quienes aman a Dios. Progresarás mucho más rápidamente de esta forma que si sólo lees libros sobre esos temas.

Los santos y otros seres que lograron numerosas metas en este mundo poseían gran magnetismo. Si piensas con profundidad en los grandes hombres, podrás absorber sus vibraciones. De ordinario, recibimos conocimiento a través de los sentidos de la vista y del oído, al leer libros o escuchar discursos. Pero más importante que estos métodos es el contacto directo con un hombre de sabiduría, porque a través de su compañía obtienes conocimiento con mucha mayor rapidez. Aun en el caso de que esa alma elevada viviera a 20.000 kilómetros de distancia de ti, si piensas y te concentras en ella con profunda atención, lograrás captar sus vibraciones. Comenzará a llegar a ti algo que trasciende las meras palabras: podrás recibir el magnetismo del otro a través del canal mental del pensamiento.

Krishna, Buda y Jesús manifestaron la calidad más alta de magnetismo. Cada vez que contemplo una imagen de alguno de estos seres excelsos, o pienso en ellos, comulgo con sus vibraciones. Cuando hago contacto con Jesús, siento la conciencia de Dios como Padre. Cuando recuerdo a Ramprasad[1], percibo la vibración de Dios en su aspecto de Madre. Esta sintonía con los

---

[1] Ramprasad (1718-1775) fue un santo bengalí que compuso numerosos cantos de alabanza a Kali, uno de los aspectos de la Madre Divina.

seres divinos no proviene del mero hecho de pensar en ellos durante unos instantes. Sólo si meditas día tras día en un gran santo comenzarás a recibir las vibraciones espirituales de ese ser.

También es de enorme valor visitar lugares donde hayan vivido los santos. Asís, la morada de San Francisco; Bodh Gaya, donde Buda logró la iluminación; Jerusalén, el sitio donde predicó Jesús: esos lugares han quedado impregnados para siempre de las vibraciones que dejaron las almas divinas que transitaron por allí. Sus vibraciones permanecerán hasta que la Tierra se disuelva. Allá donde las almas hayan comulgado con Dios, experimentarás una comunión más profunda con el Señor y una respuesta más intensa de Él. A menudo, esos peregrinajes cambian por entero nuestra vida para mejor.

La relación directa con un sabio que ha alcanzado la realización divina puede lograrse a través del contacto personal o de la meditación profunda. La cuestión fundamental reside en sintonizar tu conciencia con la de él. Cuando estés armonizado con un alma elevada que ama a Dios, esa conexión cambiará poco a poco tu vida de la manera más maravillosa. Tu voluntad no quedará esclavizada sino que se expandirá. Ésta es la diferencia existente entre sintonizarse con una persona centrada en el ego y armonizarse con un auténtico gurú. El magnetismo de un alma que comulga plenamente con la Divinidad te pone en contacto con el propio magnetismo de Dios.

Dios es la Fuerza Magnética Suprema

Jesús dijo: «Buscad primero el Reino de Dios [...] y todas esas cosas se os darán por añadidura». Dios constituye el Poder Supremo que sustenta todos los poderes, el Amor Supremo que florece en todos los amores, el Artista Supremo que se expresa a través de todo arte. Cuando concentras tu mente en Dios, la Fuerza Magnética Suprema, te recargas con magnetismo divino, y puedes atraer hacia ti todas las cosas. Si durante la meditación profunda piensas sólo en Dios, si le amas con todo tu corazón y te sientes completamente en paz en su presencia —sin desear ninguna otra cosa—, su divino magnetismo atraerá hacia ti todo lo que alguna vez hayas soñado e incluso mucho más. En cada aspecto de mi vida he demostrado esta verdad: si amas a Dios por Él mismo y no por lo que pueda darte, si te entregas plenamente a la atracción de su magnetismo divino, ese poder suyo fluirá de tu propio corazón y de tu mente, y entonces tu más mínimo deseo bastará para que atraigas la satisfacción de ese anhelo. Si amas a Dios incondicionalmente, Él sugerirá pensamientos en otras personas, y ellas se convertirán en instrumentos para la realización de tus deseos, incluso de aquellos que ni siquiera has llegado a expresar.

Así pues, el magnetismo divino —por medio del cual puedes atraer hacia ti cualquier cosa que te propongas— es la clase de atractivo que quieres desarrollar. Anhela siempre lo que es bueno, noble y puro. Luego, como ser humano que ha alcanzado la realización divina y se halla colmado del magnetismo de Dios, jamás podrás dejar de atraer cualquier cosa que desees.

Medita profundamente, y envía el llamado de tu alma a Dios: «Señor, debes acudir al templo de mi cuerpo. No importa si éste se encuentra quebrantado por la enfermedad, la vejez o cualquier otra imperfección: sea cual sea el estado en que se halle mi templo, sé que Tú entrarás en él apenas sepas que en verdad te amo y yo comprenda que Tú me amas».

Cuando alcances esta realización, el cuerpo que tanto apreciabas ya no te interesará demasiado, porque desearás otorgarle más importancia a tu vida interior que a los vanos afanes materiales. El ser humano que ha alcanzado la realización divina y ama a Dios más que a sí mismo descubre que el atractivo que mora en su interior es Dios; en consecuencia, pierde el apego al burdo cuerpo: «¡Oh, Señor!, bien sea que mi cuerpo transite por los caminos de la Tierra cantando tu nombre, o caiga rendido en el océano de la muerte, estoy siempre contigo. La vida y la muerte podrán entonar sus cánticos, mas yo soy uno con la Canción de la Eternidad. No puedo morir, porque soy el Aliento de la Vida Eterna».

Ora conmigo: «Padre, me he librado de todo pensamiento negativo. Yo me hallaba atado por las férreas cadenas del materialismo, pero tu presencia magnética me está transformando. Ahora comprendo que he sido hecho a tu imagen. Soy un imán divino. Tu corriente magnética circula por mis manos; el magnetismo de tu sabiduría discurre a través de mi cerebro; el magnetismo de tu amor corre por mi corazón; el magnetismo de tu gozo fluye a través de mi alma. *Om*. Paz. Amén».

Prepárate para la próxima encarnación

Templo de Self-Realization Fellowship en San Diego (California), 11 de junio de 1944

A fin de que puedas liberarte de futuras encarnaciones obligatorias, el tema de hoy tiene por objeto ayudarte a comprender por qué motivo estás aquí, en el planeta Tierra. La reencarnación no entraña un imperativo, a menos que tú así lo dispongas.

La vida es una gran escuela, y de todo lo que ocurre puede obtenerse una enseñanza. En la edad escolar, los niños traviesos se embarcan en diabluras, intentan distraer a los compañeros, no prestan atención al maestro y, en consecuencia, no aprueban sus materias y tienen que repetirlas. Lo mismo sucede con la mayoría de los adultos, los «chicos malos» de la escuela de la vida, que siempre están metidos en problemas porque no hacen caso al profesor. La existencia es una enseñanza continua; y si no prestas atención, serás un mal alumno. Reflexiona en esta verdad; es la síntesis de lo que deseo exponer.

Los «chicos malos» que no aprueban sus exámenes tienen que volver una y otra vez, avergonzados, para enfrentarse con las mismas lecciones. Los buenos alumnos, por el contrario, se convierten en hombres sabios. Cristo, Krishna, Buda y todos los iluminados finalizaron su entrenamiento, se graduaron con honores y retornaron a Dios. No necesitan volver más a esta escuela de la vida, a menos que su propio libre albedrío les dicte regresar como maestros, «salvadores», para ayudar a los demás.

Reencarnar significa que no concluiste tu escolaridad; aún tienes que aprobar todas las asignaturas de la evolución física, mental y espiritual, que te harán merecedor de un diploma de perfección y libertad. ¿Cuál es la causa del fracaso?

Comprende por qué estamos aquí

En primer lugar, no comprendemos por qué estamos aquí. La mayor parte de las personas piensa que la vida sólo ha sido concebida para atender necesidades y apetitos, para procurarse placer y amor humano, y para rendirse, en el instante postrero, a la muerte. Al inicio de la vida, los seres humanos están ya programados con tendencias fijas y deseos insatisfechos del pasado. Luego, con lo poco que les resta de libre albedrío, imitan los deseos y las acciones de sus semejantes. Si se unen a hombres de negocios, quieren ser como ellos; si se rodean de artistas, el arte se transforma en el tema dominante. Dios tuvo en mente que fuésemos prácticos en este mundo —Él nos ha dotado de hambre, que debe ser satisfecha—, pero procurarse sólo alimentos, refugio, dinero y posesiones significa olvidar la auténtica Fuente de la felicidad. Satisface tus necesidades, persigue los objetivos que tú consideres valiosos en la vida, pero entrégate primero a Dios. En esa forma, tu educación quedará bajo su sabia y amorosa tutela. Él conoce todo el karma que has acumulado y lo que es mejor para ti. No te opongas a Él.

Los deseos insatisfechos constituyen la causa fundamental de la reencarnación. No es preciso que seas un rey para disfrutar de una completa satisfacción. Tampoco hace falta que abandones todo y te conviertas en un pordiosero, para poner fin a tus deseos. Tienes un destino creado por ti mismo, con ciertas enseñanzas que has de asimilar, y debes representar bien ese papel para el cual fuiste enviado aquí. Si todos los intérpretes que se encuentran sobre el escenario desearan ser el rey o la reina, no sería posible llevar a cabo obra teatral alguna. Cualquier actor, a pesar de representar un personaje de menor relevancia, puede estropear todo el montaje debido a su deficiente actuación. Cada uno de los papeles es importante; todos deben interactuar en armonía, para contribuir al éxito de la obra teatral. El Señor ha intentado hacer un buen drama de su creación, pero mucho me temo que la mayor parte de los actores lo han malogrado.

Lo ideal es que hagas cuanto esté a tu alcance, pero sé objetivo y permanece desapegado. Presta atención a las experiencias que la vida te presenta, porque contienen las enseñanzas que debes asimilar. No vivas de modo irracional, y no generes nuevos e interminables deseos. Las escrituras hindúes afirman que para convertirnos en seres humanos necesitamos aproximadamente ocho millones de encarnaciones (al ascender por la escala de la evolución). Y ahora, tras conseguir la forma humana, ¿cómo puedes desperdiciar tanto tiempo en deseos infructuosos? El tiempo es un bien muy precioso. Finalmente, tu alma cuenta con un vehículo idóneo para expresar con plenitud la divinidad y manifestar «la imagen de Dios» conforme a la cual estás hecho.

Todas las mañanas, pregúntate: «¿Qué quiero?». «Nada, nada sino a Ti, Señor. Si deseas llevarme de este mundo ahora, estoy listo para partir». Ésa es la actitud que debes adoptar. Pero no es sencillo aferrarse a ella, porque llegarán a tu sendero mil tentaciones para comprobar si has terminado con todos tus deseos.

En cierta ocasión, conversaba yo con Amelita Galli-Curci, la famosa prima donna que tenía una voz angelical:

—¿Ha satisfecho usted todos sus deseos? —le pregunté.

—Por supuesto —respondió ella.

Yo continué conversando acerca de otros temas y, luego, repentinamente, le pregunté:

—¿Cuáles son sus sentimientos respecto a la música?

—Me encanta —respondió ella—, ¡me gustaría cantar en el cielo!

—Entonces, tendrá que retornar a la Tierra otra vez —respondí—; su deseo no está aún satisfecho. —Y ella comprendió.

Cuando inicié la búsqueda de Dios, mi familia intentó desviar mi interés hacia otras actividades. Me ofrecieron un importante cargo, y yo oré a Dios en busca de orientación. Él me dijo: «¿Realmente deseas ese puesto? Busca primero la felicidad suprema». Mi primo [Prabhas Chandra Ghosh] obtuvo ese empleo y, además, la que hubiese sido mi esposa. ¡Por la gracia de Dios, me vi libre de tales compromisos!

Si mantienes la mente en Dios, serás libre

Cuando los deseos se presenten, busca la guía de la sabiduría y no la del capricho ni la de la obstinación. Si puedes controlar tus sentidos y mantener la mente en Dios, serás libre. Pero si, en el último día, cuando llegue el momento de encontrarte con el Padre Celestial, los ángeles te preguntan: «¿Deseas pastel de frutas?», y tú respondes: «¡Oh, claro! ¡Qué rico es!», ellos te dirán: «Entonces, tienes que volver a Estados Unidos». O tal vez te pregunten: «¿Te gustan los platillos condimentados con *curry*?». «Sí, Señor». «Entonces, vuelve a la India. No puedes permanecer con el Padre porque tus deseos terrenales no han sido satisfechos».

El hombre divino disfruta de todo, pero no está atado a nada; aprecia el uso de los objetos existentes en la creación de Dios, pero, una vez que ha terminado de utilizarlos, no ocupan más su mente. Vive en este mundo trabajando sólo para llevar a cabo la voluntad de Dios. Dile al Señor: «No te pedí este cuerpo; pero me lo diste, así que lo cuidaré, satisfaré sus necesidades y lo emplearé como instrumento para cumplir tu voluntad en la Tierra». Cuando te comportas de esta manera, con una disposición impersonal hacia el cuerpo, tu actitud con respecto a Dios se transforma en personal. Yo deseo que alcances ese estado; pero no lo lograrás mediante la lectura de libros ni desperdiciando el tiempo en diversiones. Medita; sumérgete en la meditación. Esta mañana, apenas pude recordar si dormí anoche; y cuando elevé la mirada, los ojos permanecieron fijos en el estado de *samadhi*. El mundo, al igual que un océano, se mecía en mi interior. Sentí que todo el universo palpitaba dentro de mí.

Capta la enseñanza de que no eres ni hombre ni mujer, sino un alma hecha a imagen de Dios. De lo contrario, Dios se verá en la obligación de enviarte aquí de nuevo hasta que superes la ignorancia y percibas tu verdadero ser. Vuélvete tan consciente de Dios que sepas que Él es la única Realidad. Cuanto más medites, mayor importancia cobrará ese pensamiento. Por mucho que lo intente, el mundo no podrá arrebatarte esa conciencia que mora en tu interior.

Cuando comencé mi búsqueda de Dios, yo evitaba todo lo que desviara mi mente de Él, como si eso fuera a envenenarme. Incluso eludía un excesivo contacto con la gente que no compartiera mis ideales, pues no quería verme influido por ella. La leche no flota sobre el agua, ya que se mezcla y se diluye. Pero cuando la leche se convierte en mantequilla, ésta puede flotar sobre el agua. De igual manera, para buscar la verdad en serio, has de fijar tu conciencia en Dios. Libérate primero. En esta forma, nadie podrá ejercer ninguna influencia errónea sobre ti;

tú los transformarás a ellos. De lo contrario, si tu voluntad es débil y alguien te sugiere alguna atractiva tentación, correrás tras ella. Pero cuando estés convencido de que la verdadera felicidad se encuentra dentro de ti, en tu relación con Dios, nadie podrá entonces separarte de esa certeza; por el contrario, los demás seguirán tu ejemplo.

Dios está al alcance de todos los que le busquen. Ofrécele tus noches. Los días pertenecen al demonio, porque él nos mantiene ocupados e involucrados en las relatividades y en el engaño de esta existencia. Pero si le concedes tus noches a Dios, y procuras, durante el día, recordarle en medio de tus actividades, estarás embriagado con Él todo el tiempo. El hombre divino siempre se encuentra en esa embriaguez con el Señor. El trabajo no desvía mi conciencia de Él, sino que constituye el más grande de los placeres. Apenas he dormido estos últimos días. Siento el mayor de los gozos y la mayor de las bendiciones de Dios que haya yo tenido. Ésta es mi razón de vivir. Mi vida gira en torno a estas dos acciones: estar con Él y materializar sus deseos.

El cumplimiento de tus deberes hacia Dios y el ser humano

Incluso un hombre materialista que se encuentre ocupado en alguna actividad constructiva es preferible al hombre «espiritual» ocioso. Ser perezoso y no prestar ningún servicio terrenal induce a que Dios y el hombre te olviden. Mas quien cumple con sus deberes hacia el ser humano pero no lo hace con Dios es como la mula que carga una bolsa de oro en su lomo: si bien conoce su peso, ignora su valor. Las acciones que se llevan a cabo sin pensar en Dios son, a la vez, una carga y una atadura; la actividad realizada con la conciencia en Dios es liberadora. Renunciar a las obligaciones materiales con el fin de servir sólo a Dios es muy acertado, porque a Él debemos nuestra lealtad primordial; no podríamos ejecutar ninguna tarea sin contar con el poder que de Él proviene. A quienes olviden todo lo demás por Dios[1], el Señor les perdonará cualquier pecado que se derive de la falta de realización de los deberes menores. La

---

[1] «Abandonando todos los otros *dharmas* (deberes), concéntrate sólo en Mí. Yo te liberaré de todos los pecados (que hayas podido cometer debido al incumplimiento de aquellos deberes menores)» (*Bhagavad Guita* XVIII:66).

renunciación significa poner a Dios en primer lugar, bien sea que se siga el sendero del mundo o el de la vida monástica.

Mi hermano me dijo: «Primero, el dinero; luego, Dios». Él falleció antes de que tuviera la oportunidad de encontrar a Dios o de emplear su dinero. Recuerda las palabras de Cristo: «Buscad primero el Reino de Dios y su justicia, y todas esas cosas se os darán por añadidura»[2]. Cuando halles a Dios, todo vendrá a ti. Cuando Él te sostenga, jamás podrás caer. Se corregirán tus errores y se transformarán en sabiduría. Ésa es la conclusión a la que he llegado.

La actitud acertada con respecto al sufrimiento

Hay dos tipos de buscadores: los que se parecen a un monito y los que se asemejan a un gatito. El monito se cuelga de la madre; pero cuando ella salta, él puede caerse. La mamá gata lleva a su gatito de un lado a otro, y éste se siente satisfecho en cualquier lugar donde ella lo coloque. El gatito confía plenamente en su madre. Yo pertenezco a este último grupo; entrego toda la responsabilidad a la Madre Divina. Sin embargo, mantener esa actitud requiere una gran voluntad. En cualquier circunstancia —salud o enfermedad, riqueza o pobreza, cielo soleado o cubierto de nubes grises— tu forma de sentir debe permanecer inalterable. A pesar de que te encuentres en el atolladero del sufrimiento, no te preguntes por qué la Madre te situó allí. Ten fe en que Ella sabe qué es lo que más te conviene. A veces, un aparente desastre se convierte en una bendición para ti.

Cuando desapareció el Templo del Loto Dorado[3], al principio creí que se trataba de una terrible catástrofe; pero resultó lo contrario, porque me ayudó a fundar otros templos y *ashrams*.

Cada vez que el desaliento se abata sobre ti, recuerda que no es más que la sombra de la mano de la Madre Divina extendida para acariciarte. No lo olvides. En ocasiones, cuando

---

[2] *San Mateo* 6:33.

[3] El primer templo de *Self-Realization Fellowship*, inaugurado en 1938 en terrenos de la Ermita de SRF en Encinitas, se encontraba sobre un acantilado y miraba al Océano Pacífico. Este templo se perdió debido a la erosión gradual de la línea costera; tiempo después, fue reemplazado por otro templo de SRF en Encinitas.

la Madre va a prodigarte una caricia, su mano proyecta una sombra antes de tocarte. Así pues, en el momento en que se te presenten dificultades, no pienses que Ella te está castigando. Existe una bendición [oculta] en la sombra de su mano que se extiende para acercarte más a Ella.

Para quienes están prontos y dispuestos a aprender del sufrimiento, éste es un buen maestro. Sin embargo, para aquellos que le oponen resistencia y se resienten, se convierte en un tirano. El sufrimiento puede enseñarnos casi todo. Sus lecciones nos urgen a desarrollar el discernimiento, el autocontrol, el desapego, la moralidad y la conciencia espiritual trascendente. Así por ejemplo, un dolor de estómago nos enseña a no comer demasiado y a tener cuidado con el tipo de alimento que ingerimos. El dolor causado por la pérdida de posesiones o de seres queridos nos recuerda la naturaleza temporal de todas las cosas de este mundo engañoso. Las consecuencias de las acciones erróneas nos impulsan a practicar el discernimiento. ¿Por qué no aprender, mejor, a través de la sabiduría? Así no tendrás que someterte innecesariamente a la dolorosa disciplina del severo maestro que es el sufrimiento.

Encuentra el amor divino a través del amor humano

Existe un sufrimiento intrínseco incluso en la satisfacción que se obtiene del amor humano. Desprovisto de la cualidad del amor divino, el afecto humano es un callejón sin salida que nos enreda y nos limita. Yo me di cuenta de esta realidad cuando a mi madre se la llevó la muerte. Cuánta desilusión han sufrido los millones de personas que creyeron que el amor humano era la única razón para vivir. Se engañaron y, de ese modo, cometieron consigo mismas una gran injusticia. ¿Dónde están los seres queridos que ellas amaron y perdieron? ¿Cuál es la enseñanza que ha de aprenderse de todo esto? Que debemos amar el Amor que se encuentra en el fondo del amor humano.

¿Quién es tu padre o tu madre sino el Padre-Madre Divino que ha tomado forma humana para amarte y velar por ti? ¿Por qué motivo el padre de otra persona no siente por ti de la misma forma que el tuyo propio? Porque la Divinidad se interesa de manera personal en ti y plantó ese sentimiento paternal en un ser humano en especial, hacia quien fuiste atraído kármicamente.

Dios también se transformó en madre para amarte sin condiciones; el amor de la madre es ciego a menos que esté saturado de la conciencia divina. El amor del padre se halla más templado por la razón y la ley.

La Biblia nos enseña: «Honra a tu padre y a tu madre...»[4]. Pero, además, ordena: «Amarás a Yahvé tu Dios con todo tu corazón, con toda tu alma y con todas tus fuerzas»[5]. Cuando ahora pronuncio las palabras «padre» o «madre», tienen un sentido por completo diferente para mí. He tomado plena conciencia del Padre-Madre que reside en mis padres —el Ser que me amaba a través de su amor parental.

Si recordaras a todos los padres y madres que has tenido en la suma de tus encarnaciones, no sabrías a cuáles amar y considerar como tuyos. Supones que tu hogar actual es el lugar al que perteneces. Pero si hubieras de morir y nacer en la casa contigua a la de tus anteriores padres, éstos no te amarían tan profundamente como lo hicieron antes. ¿Quién te ama sino Dios? Es a Él a quien debes buscar. En cierta ocasión, tuve una visión en la cual comprendí que, en muchas vidas pasadas, era la Divina Madre la que había tomado la forma de mis madres para amarme y orientarme. Ahora, en cada mujer, contemplo la cualidad maternal de la Divina Madre. De igual manera, debemos aprender a ver a la Madre en todas las madres, al Padre en todos los padres y al Amigo en todos los amigos.

La amistad: la forma más pura del amor

La amistad es la manifestación más pura del amor de Dios, ya que nace de la libre elección del corazón y no se nos impone por el instinto propio de las relaciones familiares. La amistad ideal jamás se rompe; nada puede malograr esa relación fraternal. Jamás perdí a un verdadero amigo. A pesar de que dos amigos a quienes prodigué amor sincero se volvieron hostiles, aún guardo un sentimiento fraternal hacia ellos. Para ser un amigo verdadero e incondicional, tu amor debe estar firmemente establecido en el amor de Dios. Tu vida en comunión con el Señor inspirará la amistad divina que brindes a todos. Los verdaderos

---

[4] *Éxodo* 20:12.
[5] *Deuteronomio* 6:5.

amigos se ayudan mutuamente a avanzar.

La relación entre gurú y discípulo constituye la expresión más elevada de amistad, porque se basa en el amor divino e incondicional y en la sabiduría. Es la relación más sagrada y noble que existe. Cristo y sus discípulos fueron todos uno en espíritu, como lo somos mi maestro [Swami Sri Yukteswar] y yo, y cuantos se encuentran en sintonía conmigo, gracias al lazo común del amor de Dios. Beber juntos su divino amor del cáliz de los corazones sinceros constituye el sacramento unificador de esta relación.

En la amistad humana, es preciso evitar la familiaridad porque, después de un tiempo, los amigos podrían aprovecharse uno del otro. Pero en la amistad divina, existe un respeto siempre creciente; cada uno piensa sólo en el máximo bienestar de la otra persona. Ésa es la naturaleza de la amistad divina entre el gurú y el discípulo. Quien participe de esta relación se encuentra en el camino que conduce a la sabiduría y la libertad.

Cuando hablo a los demás, como en estos oficios, una forma aparece delante de mí: la de mi gurú. Su influencia es primordial en mi vida. Aun ahora, a pesar de que ya no se encuentra en este plano terrenal, él está siempre conmigo.

Ideales espirituales para un matrimonio satisfactorio

Si buscas al Único Amigo en todos los amigos, puede establecerse una verdadera amistad en todas tus relaciones, bien sean familiares, fraternales, maritales o espirituales.

La amistad es de la mayor importancia en las relaciones conyugales. El sexo, por sí mismo, no unirá a la pareja; en realidad, la dividirá rápidamente si no predomina el instinto más elevado del verdadero amor y la amistad. Cuando el sexo se convierte en la parte más importante del matrimonio, la pareja pierde el interés mutuo en el momento en que el fuego inicial de la gratificación de los sentidos se apaga. Los que no disciernen entre el verdadero amor y la atracción sensual se desilusionan una y otra vez.

Quienes desean contraer matrimonio deberían aprender primeramente a controlar sus emociones. ¡Si carecen de tal entrenamiento, dos personas enfrentadas en la arena del matrimonio disputarán peor que contrincantes en una Guerra Mundial!

Las guerras al menos terminan después de un tiempo, pero hay cónyuges que se traban en combate de por vida. Podría pensarse que en una sociedad civilizada la gente debería saber cómo llevarse bien con los demás, pero pocos son los que han aprendido este arte. Para constituir una unión feliz y de beneficio mutuo, un matrimonio debe nutrirse de elevados ideales y del vino de la inspiración divina.

En cierta ocasión, en Boston, fui invitado a hablar en la celebración de las bodas de plata de una pareja cuyo matrimonio se suponía que era idealmente feliz. Apenas entré a la casa, sentí que algo no marchaba bien. Solicité a dos estudiantes de mi confianza que observaran con discreción a la pareja durante toda la velada. Ellos me dijeron que cuando el marido y la mujer se hallaban delante de los demás, sonreían y se decían con dulzura: «Sí, querido» o «Por supuesto, cielo»; pero cuando estaban solos en la cocina o la despensa, peleaban constantemente.

Así que hablé con ellos: «¿Por qué se comportan de esta forma? Siento una enorme falta de armonía en este hogar. Hay mucho "hierro" en estas bodas de plata». Al principio, se ofendieron. Pero yo seguí adelante con el tema: «¿Qué ganan con discutir todo el tiempo?». Les di una provechosa charla. Luego, se acercaron a mí y me pidieron que los perdonara. Les respondí: «Ustedes permanecen juntos sólo porque tienen fama de ser una pareja ideal, pero quiero que en verdad vivan de esa forma, por su propia felicidad».

Cada uno debe vivir conforme a sus propios ideales, de manera que éstos impregnen sus pensamientos, palabras y obras. Si dos personas se unen y se dejan llevar por el mal temperamento, ambas se volverán insinceras. Cuando la falsedad se apodera de esa relación, el matrimonio naufraga. ¿A qué se debe esta hipocresía? Deberían evitarse tales errores desde el principio.

El equilibrio entre las cualidades femeninas y las masculinas

Aparentemente siempre ha existido una rivalidad entre el hombre y la mujer. Sin embargo, ambos son iguales; ninguno es superior. Debes sentirte orgulloso de lo que eres en esta vida. Eres un alma que ha estado tanto en cuerpos masculinos como femeninos en diferentes encarnaciones pasadas. Si eres mujer y envidias a los hombres, reencarnarás como hombre. Y presta atención: si ahora eres hombre y te sientes superior a la mujer, puede que hayas de nacer como mujer. El hombre argumenta que la mujer es emotiva e incapaz de razonar; y la mujer se queja de la ineptitud del hombre para sentir. Ambos tienen una apreciación errada. La mujer puede razonar, pero los sentimientos son preponderantes en su naturaleza; el hombre es capaz de sentir, pero en él predomina el raciocinio. El ideal consiste en equilibrar la razón y el sentimiento en nuestra naturaleza. Las personas en las que prevalecen exageradamente las características femeninas no encuentran la liberación de su alma, y lo mismo sucede con quienes tienen el aspecto masculino demasiado desarrollado. Las personas tanto del sexo masculino como femenino deben esforzarse por lograr un equilibrio [de sus respectivas cualidades], aprendiendo unas de las otras por medio de la amistad y del entendimiento. En los grandes santos se puede apreciar esa armoniosa combinación de las cualidades ideales masculinas y femeninas. Jesús fue un ejemplo de ello, al igual que todos los maestros. Cuando hayas alcanzado ese perfecto equilibrio entre la razón y el sentimiento, habrás asimilado una de las principales lecciones para cuyo aprendizaje fuiste enviado aquí.

La vida tiene por objeto conocer a Dios. No vivas de manera preponderantemente materialista. Ten control de ti mismo, domina todos tus sentidos, actúa con sabiduría, conquista la vida y encuentra la libertad. La expectativa media de vida es de setenta años de «escolaridad». Cuando la muerte llegue, no habrás concluido tu educación y tendrás que retornar a esta escuela de nuevo, a menos que hayas encontrado a Dios, adquirido toda su sabiduría y expresado todas sus cualidades en tu vida.

Avanza diligentemente en este sendero de aprendizaje. Desde el principio, satúrate de Dios. Ámale más que a sus dones. Él lo posee todo, excepto tu amor. Él nos creó para comprobar si acaso utilizaríamos su don del libre albedrío para buscarle. La única razón por la cual estamos aquí es para encontrar a Dios y volver a Él. Ama primero a Dios y convierte tu cuerpo en un templo del Señor. Haz todo con el pensamiento centrado en Él. Busca la Felicidad Suprema, y comparte a Dios con los demás. Perfecciona tu amor en el amor de Dios, e incluye a toda la humanidad en tu amor.

Si tienes hijos, edúcalos en los ideales apropiados a fin de ayudarlos a volver a Dios. Cada una de las personas que se encuentra aquí tiene una enorme tarea por delante: encauzar a los demás hacia Dios por medio de su ejemplo espiritual. Ayudar a tus semejantes a encontrar a Dios es el presente más elevado que puedas ofrendar.

Por lo tanto, recuerda: ¡Dios primero! Comienza hoy, no mañana. «Y si tu mano te es ocasión de pecado, córtatela»[6]. Necesitas fuerza de voluntad y una orientación acertada para tener éxito. Ejerce tu voluntad guiándola con la sabiduría de tu gurú, y superarás todos los impedimentos que se interpongan en tu camino.

Libérate de la escuela de las dificultades

No esperes encontrar aquí la perfección o la felicidad permanente, pues no la hallarás. El mundo siempre estará lleno de problemas. ¿Por qué interesarse en esta escuela de disciplina? Aprueba tus lecciones para siempre, de modo que no seas enviado aquí una y otra vez, en contra de tu voluntad. Libérate de esta escuela. Vence todos los obstáculos. Vive para Dios, trabaja para Él, piensa y ejerce tu voluntad para Él. Cuerpo, mente, alma, voluntad y sentidos: todo debe estar al servicio de Dios. De esa manera, serás libre y te hallarás preparado para el viaje de regreso a tu Hogar. Y no tendrás que volver a padecer los problemas, las dificultades y las guerras de este mundo.

Cuando hayas acabado tu instrucción y llegue el final, y la gente llore por tu fallecimiento, podrás regocijarte y decir: «Amado Mío, la Dama de la Muerte me abre la puerta que conduce a la libertad. Ya he recibido suficiente entrenamiento. Seré una columna de tu templo, y ya no volveré a salir[7], a menos que Tú desees que yo lo haga. Si ésa es tu voluntad, vendré una y otra vez para ayudar a la liberación de los demás».

Mi encarnación es voluntaria. He concluido mi aprendizaje, pero no quiero volver a Dios hasta que los demás hayan sido liberados. Mientras exista un hermano llorando a la vera del camino, yo vendré a enjugar sus lágrimas y llevarlo conmigo a Dios.

---

[6] *San Marcos* 9:43.
[7] *Apocalipsis* 3:12.

Muchas personas se lastiman y destruyen debido a la ignorancia y los deseos erróneos. Yo he venido a ayudarlos, a instruirlos y a llevarlos conmigo a la Ribera Infinita, en la cual no existe el regreso obligatorio. Es maravilloso aprender todas las lecciones de la vida y, luego, enseñar a otros cómo pueden concluirlas. De ese modo, cuando se presente el último día, no habrá miedo ni arrepentimiento. Como dijo el divino joven que fallecía: «Ustedes que aún deben quedarse en esta ribera desolada, gimiendo y lamentándose, no lloren por mí; soy yo quien los compadece. Mi Amado llega en la resplandeciente carroza de la muerte para llevarme al Reino de la Inmortalidad, al Palacio de los Sueños de Gozo. ¡Oh amados míos, regocíjense con mi dicha!»[8].

---

[8] Citado de «The Dying Youth's Divine Reply», que aparece en *Songs of the Soul*, de Paramahansa Yogananda (publicado por *Self-Realization Fellowship*).

Los verdaderos signos del avance en la meditación

Fecha aproximada: 1930

Conforme avanzamos por el sendero de la existencia, nos damos cuenta, a través de un examen más profundo del alma, de que en la vida buscamos la respuesta al siguiente interrogante: «¿Quién soy?; ¿por qué estoy aquí?». Los animales no pueden analizar su condición ni su entorno; sólo el hombre tiene capacidad de raciocinio. Como tal, se supone que el hombre ha de emplear ese poder para mejorarse y obtener el máximo provecho de la vida. La inteligencia superior no se le dio al ser humano con el fin de emplearla sólo para desayunar, almorzar y cenar, casarse y engendrar hijos, sino para que pudiera entender el significado de la vida y hallase la libertad de su alma.

Más allá de todos los libros que se han escrito, se encuentra el Libro de la Naturaleza —cuyo autor es Dios—, que sigue siendo el más difícil de comprender. Sin embargo, es factible entender la totalidad de la creación, incluido el capítulo de la existencia humana, cuando Dios se convierte en tu maestro. A través de los métodos adecuados de meditación, la India ha mostrado la forma en que puede alcanzarse la comunión divina. El contacto con Dios resulta posible cuando, por medio de la meditación, se ha logrado dominar la inquietud de la mente. Nadie es capaz de meditar si sus pensamientos corren descontrolados en todas direcciones. Una mente que no te pertenece, que se encuentra por completo bajo el dominio de los sentidos, no puede ofrecerse a Dios ni ser recibida por Él. Dondequiera que se halle tu corazón, allí estará también tu mente. Si eres capaz de controlar tus sentimientos y sensaciones, te será

Los verdaderos signos del avance en la meditación

posible enfocar la atención en Dios[1]. Si tienes a Dios, poseerás todo lo demás. Por este motivo, Jesús dijo: «Buscad primero el Reino de Dios y su justicia, y todas esas cosas se os darán por añadidura»[2].

Cuando comulgues con Dios a través de la meditación, descubrirás que has resucitado en su Ser. Sólo su espíritu puede corregir todos los males del mundo y los que padecemos nosotros. Pero el ser humano debe hacer el esfuerzo de experimentar esa Conciencia Divina y manifestar la infinita bondad del Señor. El devoto que busca a Dios con intensidad sabe que la virtud es más encantadora que el vicio, y que actuar bajo la influencia de los buenos hábitos es mucho más placentero que hacerlo bajo el poder engañosamente benigno de los malos hábitos. Las buenas costumbres aportan gozo; las malas, sólo pesar. El hábito de ceder ante las pasiones da como resultado el sufrimiento. El hábito de entregarse a la mecánica rutina de la vida mundana engendra monotonía, indiferencia, irritación, preocupaciones, miedo, hastío y desilusión.

El hábito de asistir a la iglesia y a conferencias sobre temas sagrados hace que se sienta una inspiración pasajera y un deseo momentáneo por Dios. Pero el hábito de la meditación devocional y la concentración produce la plena realización de la divinidad.

La meditación puede parecer uno de los hábitos más difíciles de establecer, porque el principiante se encuentra sujeto a un sinnúmero de pensamientos engañosos sobre la obtención de resultados rápidos. Los resultados de la meditación son lentos, pero seguros. Numerosos novicios desean alguna forma de «entretenimiento» espiritual. Otros esperan que la recompensa a sus esfuerzos se presente de inmediato, a través de la manifestación de luces celestiales, santos y deidades; pero esta expectativa es prematura. Las visiones reales llegan por medio

---

[1] El sendero de *Kriya Yoga*, enseñado por Paramahansa Yogananda en las *Lecciones de Self-Realization Fellowship*, incluye técnicas científicas para alcanzar un estado de recogimiento de la conciencia y liberar la mente de las distracciones de los sentidos, a fin de posibilitar una concentración absoluta en la divina comunión interna.

[2] *San Mateo* 6:33.

del progreso espiritual prolongado y constante. Las experiencias tempranas de fenómenos son, por lo general, alucinaciones. A fin de evitar la intrusión de esa falsa imaginería de la mente subconsciente, es útil, durante la meditación, mantener los ojos semiabiertos y fijar la mirada con firmeza en el entrecejo, que es el asiento de la concentración y la percepción supraconsciente. Sobre todo, no ames las visiones ni las desees más que a Dios.

Los verdaderos signos del avance en la meditación son los siguientes:

- Una creciente sensación de paz durante la meditación.
- Una experiencia consciente de calma interior al meditar, la cual se torna en una dicha cada vez más intensa.
- Un entendimiento cada vez más profundo, y hallar respuestas a las propias preguntas por medio de un intuitivo y apacible estado de percepción interna.
- Una mayor eficiencia mental y física para desarrollar las actividades cotidianas.
- Amor por la meditación y preferir aferrarse a la paz y al gozo del estado meditativo, antes que dejarse atraer por las cosas del mundo.
- Ser cada vez más consciente de amar a todos con el afecto incondicional que se siente hacia los propios seres queridos.
- El contacto real con Dios, y adorarle como la siempre renovada Bienaventuranza que se percibe en la meditación y en Sus omnipresentes manifestaciones dentro de la creación y más allá de ella.

Cómo concentrar el poder de la atención para lograr el éxito

*Sede Internacional de Self-Realization Fellowship,
Los Ángeles (California), 11 de julio de 1940*

El éxito está relacionado con la satisfacción del alma en el contexto de las circunstancias en las que vivimos; es el resultado de acciones basadas en los ideales de la verdad, e incluye la felicidad y el bienestar de los demás como parte de nuestra propia realización. Aplica esta ley a tu vida material, mental, moral y espiritual, y te darás cuenta de que constituye una definición completa y exhaustiva del éxito.

Las personas tienen diferentes concepciones del éxito, según sea el objetivo que persigan en la vida. Incluso se lo asocia con el robo: «¡Fue un ladrón exitoso!». Esto demuestra que no todas las clases de éxito son deseables. Nuestro triunfo no debe herir a los demás. Otra condición del éxito es que no sólo obtengamos armoniosos y benéficos resultados para nosotros mismos, sino que también compartamos esos beneficios con los demás. Supongamos que una esposa adopta la práctica espiritual de mantener prolongados períodos de silencio y que, en dichos momentos, se niegue a hablar incluso con su esposo y sus hijos. A pesar de que consiga permanecer callada y, a través de esta conducta, obtenga una cierta paz interior, su comportamiento es egoísta y perjudicial para la felicidad de su familia. No será verdaderamente exitosa a menos que el logro de su buena intención también beneficie a quienes están a su cuidado.

De igual forma, alcanzar el éxito material significa más que tener el derecho a disfrutar de la prosperidad individual; implica también que estamos obligados, desde un plano moral, a ayudar a crear una vida mejor para los demás. Cualquiera que tenga suficiente inteligencia puede ganar dinero; pero si, además, alberga amor en su corazón, será incapaz de emplear esos fondos movido por el egoísmo, sino que siempre los compartirá con sus semejantes. El dinero se transforma en una maldición para los mezquinos, mas es una bendición para quienes poseen un corazón generoso. Por ejemplo, Henry Ford gana mucho dinero pero, al mismo tiempo, no cree en una caridad que sólo aliente a las personas a entregarse a la holgazanería. En lugar de eso, ofrece trabajo y un medio de vida a muchos individuos. Si Henry Ford gana dinero al posibilitar también a los demás el acceso a la prosperidad, tiene éxito en la forma correcta. Se trata de un hombre que ha ayudado a las masas; la civilización estadounidense se encuentra en deuda con él.

Incluso los santos más elevados no se redimen por completo hasta que han compartido su éxito —las experiencias cumbre de la percepción de Dios—, ayudando al prójimo a lograr la realización divina. Por este motivo, aquellos que han alcanzado esa meta se dedican a brindar entendimiento a quienes carecen de él.

Así pues, si encuentras gozo y placer en el cultivo de tu mente para lograr el verdadero éxito, aseguras no sólo tu propia felicidad sino, también, la de los demás.

Oriente y Occidente tienen estándares de éxito diferentes

Los estándares de éxito de Oriente y Occidente difieren entre sí. Sin embargo, Oriente está imitando con gran celeridad lo peor de lo que ve en las películas que provienen de Occidente. El ideal de felicidad descrito en los cuentos y reflejado en las películas aporta algún solaz al corazón; pero, cuando miramos la vida real, comprobamos que el éxito no es tan simple de obtener. Con frecuencia, la vida muestra sus aristas crueles; hay que luchar incluso para subsistir. Piensa en todo lo que debes hacer sólo para alimentar el cuerpo y mantenerlo fuerte y libre de enfermedades. Aun si tienes éxito, éste es sólo temporal porque, en última instancia, el cuerpo habrá de regresar al polvo de la tierra. Para triunfar en esta existencia, has de luchar contra numerosas fuerzas —interiores y exteriores— que pugnan por privarte de logros valiosos.

Occidente se concentra en el éxito parcial o temporal que pertenece a esta vida presente. Oriente se concentra en el éxito completo que pertenece a la eternidad. A los que han logrado el éxito eterno los llamamos *siddhas*[1], lo cual significa «aquellos a quienes el Señor del Universo ha considerado exitosos». Tales seres gozan de felicidad plena en cuerpo, mente y alma. Puede que carezcan de posesiones o tengan muy pocas; sin embargo, cuentan con una inmensa fortuna: la satisfacción mental y el entendimiento espiritual que provienen de la conexión entre el alma y el Espíritu, así como del cuerpo y su relación esencial con la Vida Cósmica. Ése es el triunfo verdadero. En Oriente, se promueve en la mente infantil el deseo de esta clase de éxito. En Occidente, se les regala a los niños una pequeña alcancía y se les enseña a buscar satisfacción en el dinero. Procurarse suficientes medios materiales es bueno, pero también debería inculcarse en los niños el valor del éxito que jamás se desvanecerá. La fortuna del alma dura para siempre en el banco de la eternidad, y puedes extraer felicidad de él en cualquier momento.

Sin embargo, incluso el éxito espiritual puede ser unilateral, si tienes responsabilidades materiales y eres incapaz de cumplirlas. Sólo un gran yogui que se haya liberado de las leyes de la naturaleza puede prescindir por completo de los asuntos materiales. En Oriente, se cultivó la doctrina de la felicidad espiritual, pero se descuidó, en cierta medida, la suficiencia material. En Occidente, se cuenta con algunas comodidades físicas pero con muy poca felicidad mental. Lo que se necesita es un equilibrio entre ambas posturas. Si sólo procuras una cosa en la vida —sea cual sea— te volverás unilateral. Por ejemplo, un artista puede concentrarse en su arte hasta el punto de excluir otras consideraciones importantes. El resultado de este desequilibrio es que le invadirá el nerviosismo y la infelicidad. Pero el arte y Dios juntos constituyen una combinación maravillosa. Los negocios y Dios, la ciencia y Dios, el servicio y Dios: todas esas combinaciones conducen hacia el éxito y la felicidad plenos.

Por un lado, la riqueza y, por el otro, la enfermedad y los problemas presentan numerosas facetas. La limpieza de Occidente es hermosa. Aquí, los mosquitos y las chinches no tienen

---

[1] Palabra sánscrita que significa «aquel que ha tenido éxito»; es decir, aquel que ha logrado la realización del Ser, la unión con Dios.

muchas posibilidades de sobrevivir, mientras que en Oriente abundan. Pero no te felicites demasiado por eso, ya que en Occidente hay males peores —como las cuentas pendientes de pago y las tribulaciones financieras provenientes de vivir a fuerza de planes de crédito— que carcomen la paz.

La vida es más que la mera existencia

Dios no creó esta tierra como un lugar en el que sólo nos limitáramos a comer, dormir y morir, sino para que descubriésemos Su propósito. Unos pocos sabios han contemplado el esquema divino, pero son muchas las personas que están ciegas y no lo ven. La Tierra se convierte en una cámara de torturas para los que viven ignorantes del plan divino. Pero cuando consideras las experiencias de la vida como tu maestro —aprendiendo de ellas a conocer cuál es la verdadera naturaleza del mundo y el papel que te corresponde desempeñar en él—, tales experiencias constituyen una guía valiosa para ayudarte a alcanzar la plenitud y la felicidad eternas.

¡El Señor ha construido un engaño tan potente! Vivimos inmersos en la confusión. Piensas que el dinero es sinónimo de felicidad, pero cuando lo obtienes te das cuenta de que continúas siendo infeliz. Tal vez posees dinero y tu salud se resiente; o gozas de excelente salud y pierdes tu dinero; quizá tengas dinero y salud, pero también montones de problemas con las personas; puede que hagas el bien a los demás, y ellos te respondan con odio. Sin Dios, nada en este mundo te satisfará. Y es significativo que Dios haga el intento de distraernos y alejarnos de Él con espejismos materiales; Él desea saber si buscamos al Dador o sólo sus presentes.

Si Dios hubiese querido que viviéramos tan sólo en la conciencia terrenal, estaríamos plenamente satisfechos con las cosas del mundo y con obedecer la forma en que éste se conduce. ¿Alguna vez has observado una manada de ovejas? Una salta y las demás la imitan. La mayoría de las personas se comportan de esa manera: alguien da inicio a una moda o establece un patrón de conducta, y el resto le sigue. A lo largo de los tiempos ha sido así. Cada nación tiene sus propias costumbres; y no podemos afirmar que todas ellas sean perfectas. Pero ¿quién ha de opinar sobre si cierto estilo de vida o determinada costumbre son ridículos? Una forma de juzgarlo consiste en recordar que, al principio, todos los usos están respaldados por alguna razón. Si esa razón se revela aún válida, entonces la costumbre alberga un propósito útil; pero es una insensatez obedecer ciegamente algo por el mero hecho de que sea una tradición. Tenemos que dilucidar qué es verdad y qué brinda felicidad auténtica, y aferrarnos a ello.

Deberíamos simplificar la vida

Si analizaras con objetividad la idiosincrasia de la conducta humana, comprobarías cuán cómicos son algunos de nuestros hábitos y costumbres. Aquí, en Estados Unidos, ¡se observan muchísimas reglas! Por ejemplo, con la vestimenta: chaquetas especiales para la cena, chaquetas de tarde para salir, chaquetas deportivas para el tiempo libre... ¡incluso vi un anuncio de chaquetas para fumar! Y las esposas se preguntan por qué a los hombres les gusta ir de vacaciones al campo, donde no tienen que ponerse calcetines ni corbata. De vez en cuando es bueno romper la rutina de un programa monótono. Es encomiable ser metódico y eficiente, pero volverse excesivamente organizado es perjudicial para la felicidad.

En la India, los hogares y la vestimenta son simples. Aquí, la vida es tan compleja que la felicidad se esfuma mientras tratas de hacer las cosas de un cierto modo. ¿Por qué complicar la existencia insistiendo en que la mesa debe estar puesta de determinada manera, o que la vivienda debe ser de una u otra forma? En la India, invitar a personas a nuestro hogar constituye un motivo de regocijo; todos esperan con alegría tales ocasiones. En Estados Unidos, antes de que los convidados acudan a la casa, los anfitriones pasan horas frenéticas efectuando los preparativos, a fin de asegurarse de que todo esté en perfecto orden; pero cuando llegan los invitados, ¡no ven la hora de que se vayan!

La vida debería ser sencilla, al igual que la vestimenta y las comidas. Antes pensaba que no era económico comer en restaurantes, pero de vez en cuando vale la pena. No te puedes permitir el dedicar tanto tiempo a la cocina a costa de privarte de otras actividades más importantes. Cuando yo viajaba y enseñaba, solía simplificar mi dieta y me bastaba con tener una botella de leche, algo de lechuga y un poco de queso en el alféizar de la ventana. ¡Todo era tan sencillo!

El paraíso está en tu interior, no en las cosas

En la India, nuestro entrenamiento en el *ashram* era riguroso. Aprendíamos a controlar los deseos y a no buscar la complacencia de nuestros gustos y aversiones, ni a tener preferencias. Estábamos agradecidos por todo cuanto recibíamos. Aun con todo lo que tienen en este país, muchos se sienten tan desgraciados con sus posesiones como lo estarían sin ellas. Sus necesidades son interminables. Por la mañana, después de que el esposo se afeita y se viste, lo primero que desea es el desayuno. En la mesa, espera que su esposa haya preparado algo diferente, y ella ansía tener una vajilla mejor. Día tras día, anhelan sin cesar esto y aquello, hasta que nada los satisface, ¡ni siquiera su matrimonio, ni los niños! No son felices en absoluto. Y dado que están insatisfechos, se enojan con quienes se hallan más próximos: la esposa regaña al esposo, el esposo les grita a los niños, y los niños se rebelan y se meten en problemas con amigos inadecuados. La cuestión es: no está mal tener posesiones, sino el ser poseído por ellas. Debes permanecer libre de todo apego.

Mi paraíso yace dentro de mí; así pues, cuando disfruto de nuestro hermoso predio en Encinitas, mi edén interior lo hace todavía más celestial. Sin esa satisfacción interna, incluso un paraíso sobre la Tierra puede convertirse en el infierno[2]. Compruebo que si no fuese por el gozo que siento en mi interior, los problemas asociados con las enormes responsabilidades que he asumido aquí podrían hacerme tan desdichado que querría escapar. En este país, el mayor enemigo de la felicidad son las cuentas por pagar. Hay muchos elementos de la vida en Estados Unidos que me gustan —sobre todo su gente—, pero la idea de que has de poseer determinadas cosas a fin de ser feliz constituye un engaño. Aunque las obtengas, ¡no serás feliz! ¿Cuál es el sentido de perseguir la quimera de la felicidad material? Vive con sencillez.

---

[2] «A los desunidos (aquellos que no están establecidos en el Ser) no les pertenece la sabiduría, y tampoco la meditación. Para los que no meditan, no existe tranquilidad. A quienes no tienen paz, ¿cómo les llega la felicidad?» (*Bhagavad Guita* II:66).

No acumules demasiadas cosas que debas cuidar. Te sientes de maravilla cuando compras algo nuevo; pero, en breve, la novedad se esfuma y no tienes tiempo para ese objeto, o te olvidas de él y deseas otra cosa. ¡Pero las deudas no te olvidan!

Controla tu vida; simplifícala tanto como puedas. Guarda dinero en el banco para los momentos de apremio y las emergencias. Ahorra más que lo que gastes en «necesidades» innecesarias. E incluye siempre a otra persona en tu felicidad. Cuando haces algo por los demás, tus propias carencias quedarán satisfechas. Sé bien que si me fuera hoy mismo de este lugar, jamás lo extrañaría. Y nunca pasaría hambre; todo lo que me hiciera falta vendría a mí. No lo digo para vanagloriarme de eso; he visto cómo funciona esa fuerza en mi vida. Bien sea que flote en la superficie de la vida o me sumerja en las profundidades del mar, sé que estoy con Dios y nada puede afectarme. Esa comprensión me ha proporcionado una felicidad suprema. Si no contase con el entendimiento y la experiencia que he adquirido a través de esta enseñanza de la India, yo habría sido la persona más desgraciada del mundo. A pesar de haber ganado mucho dinero, me negué a permitir que éste me esclavizara. Jamás me he apegado al dinero; lo di todo a la obra de Dios con el fin de ayudar a los demás. Mi felicidad interior es el bien más preciado que poseo; esa riqueza está más allá de lo que cualquier rey pudiera llegar a imaginar.

El éxito radica en tus logros interiores

El ver que las masas carecen de felicidad o éxito reales no debe inducirte a pensar que la vida ha de ser necesariamente así. Puedes hacer de ti mismo lo que quieras. Lo que determina tu éxito es lo que hayas conseguido en tu interior. Si careces de logros interiores, no poseerás felicidad. Y si no tienes ninguna posesión exterior, pero eres feliz por dentro, habrás triunfado plenamente. Por consiguiente, no debes juzgar a los demás basándote en las circunstancias externas. Entre la multitud que te rodea, tal vez exista alguien de elevada estatura espiritual que haya alcanzado en su interior la auténtica paz y felicidad del alma.

He aquí la razón de que el éxito moral —ser libre de los dictados de los malos hábitos e impulsos— brinde más felicidad que el éxito material. En el éxito moral existe una felicidad psicológica que ninguna enfermedad física puede arrebatarnos. Quizá dediques todo tu tiempo a ganar dinero, pero éste no generará el confort y la seguridad duraderos que buscas. En realidad, te traerá más desgracia, porque la paz y la felicidad se encuentran en la mente, no en las cosas. Si no consagras tiempo a disciplinar tu mente, ninguna prosperidad material te satisfará. Esta disciplina no constituye un proceso de tortura, sino el entrenamiento al que debe someterse la conciencia a fin de adoptar los pensamientos y las acciones que conducen a la felicidad.

Tu dicha es tu éxito; por lo tanto, no permitas que nadie te la arrebate. Protégete de los que intenten hacerte desgraciado. Cuando yo era joven, solía sentir mucha irritación si alguien difundía alguna infamia acerca de mí. Tiempo después, sin embargo, me di cuenta de que era mucho mejor lograr la satisfacción de mi conciencia que la aprobación de los demás. La conciencia es el razonamiento intuitivo que te revela la verdad sobre ti mismo y tus motivos. Cuando tienes la conciencia limpia, cuando sabes que haces lo correcto, no le temes a nada. Una conciencia limpia equivale a un certificado de méritos emitido por Dios. Permanece inmaculado ante el tribunal de tu conciencia: entonces serás feliz y contarás con la bendición de Dios.

Si no ganas dinero es porque no te concentras auténticamente en ello; de igual forma, si no eres feliz es porque no te concentras en serlo. La mula que transporta sobre el lomo un saco de oro desconoce el valor de su carga. Del mismo modo, el ser humano está tan absorto en acarrear el fardo de la vida —con la esperanza de obtener algo de felicidad al final del camino—, que no se da cuenta de que lleva dentro de sí la bienaventuranza suprema y eterna del alma. Al buscar la felicidad en las «cosas», acaba ignorando el tesoro de felicidad que ya posee en su interior.

Enfoca tus deberes con la perspectiva adecuada

La doctrina del Yoga no te aconseja que huyas de tus deberes en el mundo, sino que te exhorta a colmarte con el pensamiento de Dios mientras desempeñas tu papel en este mundo, donde Él te ha colocado. Si deseas una vida de reclusión en los bosques o las montañas, impulsado por el convencimiento de que al emanciparte de tus obligaciones encontrarás a Dios, debes contar con la voluntad suficiente para dedicarte a meditar el día entero, día tras día. Ciertamente, tal esfuerzo es loable. Sin embargo, es mucho mejor ser capaz de permanecer en el mundo sin pertenecer a él; es decir, llevar a cabo tus verdaderas obligaciones para beneficio de los demás al tiempo que mantienes la mente en Dios. «Nadie que deseche el trabajo alcanza la perfección. [...] ¡Oh, Arjuna!, permaneciendo inmerso en el yoga, realiza todas las acciones abandonando el apego (a sus frutos)»[3].

Debes enfocar con la perspectiva adecuada tus obligaciones, según su mayor o menor importancia. Y no permitas que un deber contradiga a otro. En las escrituras sánscritas se menciona cierta ley divina que constituye una de las normas más hermosas que le haya sido jamás brindada al mundo: «Si una obligación contradice a otra, no se trata de una verdadera obligación». Si procuras el éxito financiero a costa de la salud, estás eludiendo tu obligación con respecto al cuerpo. Si te hallas tan absorto por la religión que descuidas tus responsabilidades materiales, careces de equilibrio, pues has permitido que un deber contradiga tus obligaciones para con el cuerpo y la familia. Si destinas toda la atención a preocuparte por tu familia y de ese modo pierdes de vista tu compromiso con Dios, entonces aquello no constituye un deber.

Muchas personas se preguntan: «¿Deberíamos primero lograr el éxito material, a fin de cumplir con nuestras obligaciones mundanas, y luego buscar a Dios? ¿O deberíamos tener primero a Dios y luego perseguir el éxito?». Por supuesto: Dios es lo primero. Jamás comiences ni termines el día sin comulgar con Él en la meditación profunda. Hemos de recordar que no podríamos llevar a cabo ninguna de nuestras obligaciones sin el poder que tomamos prestado de Dios. Por lo tanto, es a Él a quien debemos nuestra lealtad primordial. A Dios no le gustará en absoluto que cumplas con tus otros deberes pero le olvides

---

[3] *Bhagavad Guita* III:4 y II:48.

a Él. El ideal consiste en desempeñar tus obligaciones con el único deseo de complacer a Dios.

Hablar de buscar a Dios y la satisfacción material juntos parece una buena idea; pero a menos que medites profundamente y con regularidad a fin de poder anclar tu conciencia en Dios *primero*, el mundo reclamará tu atención y no hallarás tiempo para Él. Sin la conciencia de que Dios se encuentra en tu interior, los deberes materiales suelen tornarse un método de tortura. Sin embargo, si tienes a Dios a tu lado todo el tiempo y atiendes tus obligaciones con la conciencia enfocada en Dios, podrás ser la persona más feliz. «Con el pensamiento absorto en Mí, con todo el ser entregado a Mí, iluminándose mutuamente, proclamando siempre mi nombre, mis devotos se hallan contentos y gozosos»[4]. Si no hubiese contado con el entrenamiento de mi gurú, Swami Sri Yukteswar, que me otorgó esa divina conciencia, habría perdido la esperanza años atrás, mientras procuraba ayudar a la gente y establecer esta obra, y recibía ocasionalmente bofetadas en lugar de colaboración.

Antes, solía yo discutir con Guruji que las organizaciones son como los avisperos. Todos esperan que los complazcas. Sin embargo, he descubierto que si Dios está en primer lugar, la organización espiritual constituye un panal y Dios es la miel que nutre a sus miembros con amor y paz divinos. Si diriges a otras personas con la actitud de quien se cree «el rey», sin demora te derrocarán. Pero si las guías con amor sincero, podrás ser un rey de corazones. Por supuesto, tu amor se refleja más en los corazones verdaderos; y cuando ames a todos imparcialmente, serás capaz de reconocer a aquellos que respondan a ese amor. Jesús hizo alusión a esto al ensalzar la devoción de la mujer que ungió su cabeza con un costoso bálsamo[5], y la «mejor parte» que María había elegido cuando se sentó absorta a sus pies, en lugar de ayudar a su hermana Marta a servir a los demás invitados[6].

---

[4] *Bhagavad Guita* X:9.
[5] *San Mateo* 26:7-13.
[6] *San Lucas* 10:39-42.

El amor divino es insuperable

¡Si tan sólo pudieras tomar conciencia del romance que algunos devotos tienen con Dios! Ninguna otra experiencia es equiparable a ese gozo. Conocí a un santo que se hallaba tan absorto en Dios que su rostro resplandecía con el fulgor de la Divinidad. Le pregunté acerca de su vida familiar, y él me respondió: «Ése es un asunto concluido y del pasado. Ahora no conozco otra vida que la que tengo en Dios».

Al hablarle acerca de mi padre y de lo mucho que había hecho por mí, él me dijo: «Eres ingrato; has olvidado que fue el Padre Celestial quien te dio tu buen padre terrenal. Cuando sentí la llamada de Dios, pensé: "Supongamos que muero; ¿quién cuidará de mi familia? El Único que me ha dado la vida los cuidará". Yo *sabía* que Él lo haría». Y Dios, en efecto, le ayudó, porque él entregó sinceramente su vida sólo a Dios[7].

«Al que está atento a Mí, a ése le prodigo mi atención. Él nunca me pierde de vista, y Yo jamás le pierdo de vista a él»[8]. En cada rincón de la naturaleza, oculto en las flores y asomándose por la rutilante ventana de la Luna, mi Bienamado juega al escondite conmigo. Él me contempla siempre a través de la pantalla de la naturaleza, el velo del engaño.

Jamás ignores al Amante que se encuentra en el fondo de todos los amantes. No permitas que tu corazón palpite con la emoción del mundo, sino con el estremecimiento del amor divino. Ese amor es insuperable. En el instante en que el amor divino posea tu corazón, todo tu cuerpo se aquietará y colmará de gozo: «Cuando el Señor del Universo entró en mi templo corporal, mi corazón se olvidó de latir y todas las células de mi cuerpo dejaron de lado sus obligaciones; quedaron atónitos, escuchando la voz de la Vida Inmortal: el Amante de toda vida,

---

[7] Al devoto que ha liberado su alma de todo deseo y apego mundanos, y se encuentra anclado en el amor supremo por Dios, el Señor le dice: «Abandonando todos los otros *dharmas* (deberes), concéntrate sólo en Mí. Yo te liberaré de todos los pecados (que hayas podido cometer debido al incumplimiento de aquellos deberes menores)» (*Bhagavad Guita* XVIII:66).

[8] Cita del *Bhagavad Guita* VI:30, como frecuentemente la parafraseaba Paramahansaji, quien ha brindado esta traducción literal: «Aquel que me ve en todas partes y contempla todo en Mí nunca me pierde de vista, y Yo jamás le pierdo de vista a él».

la Vida de todas las vidas. Mi corazón, mi cerebro y todas las células de mi ser estaban electrificados, inmortalizados por su Presencia». Así es el amor del Señor.

El pesar que producen el odio y la guerra demuestra que la espiritualidad y la bondad son fuerzas superiores. El odio es destructivo; el amor es la fuerza creadora más grande. Así pues, querido amigo, aléjate de la estupidez del odio y la locura de la guerra, y aprende a amar a Dios. Su amor dispensa un éxito pleno que ninguna otra cosa puede darte. Sólo el amor aportará satisfacción al mundo. Si todas las naciones se amaran las unas a las otras y estuviesen deseosas de ayudarse mutuamente —no por la fuerza y los métodos inadecuados sino mediante el amor y la bondad—, se haría realidad un auténtico y duradero éxito mundial.

¡Piensa en los miles de millones de dólares que unos y otros gastan para matarse en la guerra! ¡Qué vergüenza de humanidad! ¿Dónde conducirá todo eso sino al sufrimiento y la destrucción? La única forma de poner fin a esta desgracia es a través del amor. Mientras una nación fabrique armas más poderosas para la defensa, otras naciones intentarán encontrar métodos aún mejores para protegerse, y los pueblos vivirán constantemente aterrorizados. ¿Por qué no cultivan las naciones el amor y la comprensión, en lugar de promover la aversión y la guerra?

Una religión universal basada en el amor es la solución verdadera. El amor te hará victorioso; te convertirá en un conquistador. Jesús fue uno de los conquistadores más grandiosos que jamás hayan existido, ¿verdad? Él era un conquistador de corazones.

El Poder que sustenta todos los poderes

En primer lugar, sé exitoso con el Señor del Universo. Te encuentras tan enfrascado en las obligaciones materiales que afirmas carecer de tiempo para Dios. Pero supón que Dios dijera que no tiene tiempo para mantener tu corazón latiendo o hacer pensar a tu cerebro. ¿Dónde estarías? Él es el Amor que existe en el fondo de todos los amores, la Razón que se halla en el fondo de todo raciocinio, la Voluntad que impulsa todas las voluntades, el Éxito donde se enraízan todos los éxitos, el Poder que sustenta todos los poderes, la sangre que circula por tus venas, el aliento que anima tus palabras. Si Él retirara su poder, mi voz se acallaría y yo no podría seguir hablando. Si su poder no se expresara a través de nuestro corazón y cerebro, quedaríamos mudos para siempre. Por lo tanto, recuerda: tu deber más importante en la vida es tu deber para con Dios.

La utilidad de buscar a Dios primero

Todas las escrituras enseñan: «Buscad primero el Reino de Dios»[9]. Pero observa cómo las personas desvinculan su vida cotidiana de las doctrinas espirituales sobre las que leen u oyen hablar en la iglesia. Cuando practiques y apliques los principios de la verdad, te darás cuenta de la utilidad de las leyes espirituales, mentales y físicas. Al leer las escrituras superficialmente, no obtienes nada de ellas. Sin embargo, si las lees con concentración, y crees efectivamente en lo que lees, esas verdades se pondrán en acción para ti. Posiblemente desees creer, e incluso pienses que crees; pero si realmente crees, el resultado será instantáneo.

Existen varios grados de creencia. Hay personas que no creen en absoluto; otras desean creer; algunas creen un poquito; y también las hay que sólo creen hasta que su creencia se pone a prueba. Estamos muy seguros de nuestras convicciones excepto cuando son contrariadas; en ese caso, nos sentimos confundidos e inseguros. La fe es una convicción intuitiva, un conocimiento proveniente del alma, que no se puede debilitar ni siquiera ante la presencia de contradicciones.

Hay un propósito práctico en el precepto religioso de buscar a Dios primero: una vez que hayas encontrado al Señor, podrás usar su divino poder para adquirir todo cuanto el sentido común te indique que sea correcto que tengas. Confía en esta ley. Si estás sintonizado con Dios, hallarás el camino hacia el verdadero éxito, el cual implica un equilibrio entre los logros espirituales, mentales, morales y materiales.

Fomenta este pensamiento: «Debo encontrar a Dios». Permite que sea ése el pensamiento predominante durante el día, sobre todo en las pausas entre tus otras obligaciones. Transfiere tu atención hacia las preocupaciones más importantes de la

---

[9] *San Mateo* 6:33.

vida. Se pierde muchísimo tiempo en intereses superficiales. Cuando los estudiantes están conmigo, siempre dirijo su atención hacia Dios. Tal vez comenten: «El océano es hermoso», o «Los jardines son bellísimos»[10]. Yo les replico: «Manténganse en silencio. No sientan que tienen que hablar todo el tiempo. Recójanse en su interior y verán la Hermosura que se encuentra en el fondo de toda belleza».

La mayoría de las personas son como mariposas que revolotean sin propósito alguno. Nunca parecen llegar realmente a ningún sitio ni detenerse más de un instante antes de que una nueva distracción las atraiga. La abeja trabaja y se prepara para los tiempos difíciles; pero la mariposa vive únicamente al día. Cuando llega el invierno, la mariposa desaparece, mientras que la abeja ha almacenado alimento para vivir. Debemos aprender a recolectar y almacenar la miel de la paz y el poder de Dios.

Las personas semejantes a la inquieta mariposa se concentran en las películas y en actividades inútiles. Si tienes a Dios en primer lugar, está bien que vayas al cine de vez en cuando, pero generalmente es una pérdida de tiempo. En las primeras etapas del sendero espiritual, debes buscar lugares tranquilos adonde puedas retirarte con regularidad, permanecer recogido y pensar sin obstáculos en Dios. Cuando estés con otras personas, disfruta sinceramente de su compañía, brindándoles tu amor y atención; sin embargo, reserva también tiempo para estar a solas con Dios. Yo rara vez veo a alguien por las mañanas; esos son mis momentos para el recogimiento. No frecuentes demasiado las relaciones sociales; no hay felicidad en ello. Sé selectivo con tu compañía. Elige a una persona sabia o a buenos amigos que te infundan pensamientos espirituales; y ocupa tu tiempo con Dios.

La meditación erradica las limitaciones mentales

La lectura de libros provechosos es mucho más positiva que emplear el tiempo en necedades. Pero mejor que leer libros es la meditación. Concentra la atención en tu interior. Senti-

---

[10] El *ashram* de *Self-Realization Fellowship* en Encinitas (California) tiene vistas al Océano Pacífico. Sus jardines y los de la Sede Central en Los Ángeles están bellamente cuidados para expresar el reflejo de Dios en la naturaleza.

rás un nuevo poder, una nueva fuerza y una nueva paz, en el cuerpo, la mente y el espíritu. Tu problema al meditar consiste en que no perseveras lo suficiente como para obtener resultados y, por eso, nunca llegas a conocer el poder de una mente concentrada. Si dejas que el agua fangosa repose durante un tiempo prolongado, el lodo se depositará en el fondo y el agua quedará clara. En la meditación, cuando empiece a asentarse el fango de tus pensamientos inquietos, el poder de Dios comenzará a reflejarse en las aguas claras de tu conciencia.

¿Sabes por qué algunas personas nunca son capaces de tener salud o ganar dinero, a pesar de lo mucho que parezcan esforzarse por conseguirlos? En primer lugar, la mayoría de las personas llevan a cabo todas sus actividades con indiferencia, usando sólo aproximadamente el diez por ciento de su atención, de ahí que carezcan de la capacidad de triunfar. Además, puede que su karma, los efectos de sus pasadas acciones erróneas, haya creado en ellos un estado crónico de fracaso. Jamás aceptes las limitaciones del karma. Nunca creas que eres incapaz de hacer algo. Con frecuencia, tu falta de éxito en alguna actividad se debe a que has decidido que no la puedes realizar. Pero cuando convenzas a tu mente de que es todopoderosa, ¡podrás lograr todo cuanto te propongas! Cuando comulgas con Dios, cambias tu condición de ser mortal por la de inmortal, y, al hacerlo, se rompen todas las ataduras que te limitan. Se trata de una maravillosa ley para recordar. En cuanto hayas concentrado tu atención, recibirás el Poder de todos los poderes y con él podrás lograr el éxito espiritual, mental y material. Una y otra vez he empleado ese poder en mi vida; también tú puedes hacerlo. Sé que ese poder de Dios jamás falla. Aunque cualquier otro poder que adquieras tal vez te aporte algún éxito parcial, éste no ha de perdurar. Pero si tu atención se concentra conforme a la guía divina, brillará siempre como una grandiosa luz que te revelará a Dios.

Cuando un problema te frustre —cuando no logres resolverlo y nadie te ayude—, sumérgete en la meditación. Medita hasta que encuentres la solución; comprobarás que siempre llega. Yo he sometido a prueba este principio cientos de veces, y sé que el poder de la atención concentrada jamás fracasa. Éste es el secreto del éxito. Concéntrate, y no te detengas hasta que tu concentración sea perfecta. Luego, esfuérzate por conseguir lo que quieres. Como ser mortal eres limitado, pero en tu condición de hijo de Dios no tienes ningún límite. Conecta con Dios tu concentración; ella lo es todo. Primero, recógete en tu interior; aprende a concentrar la mente y a sentir el poder de Dios. Después, procura el éxito material. Si deseas salud, dirígete primero a Dios y conéctate con la Vida que palpita en el fondo de toda vida; a continuación, aplica las leyes de la salud. Comprobarás que éste es un procedimiento mucho más efectivo que el de confiar solamente en los médicos. Comulga con Dios y, luego, esfuérzate por lograr salud o dinero, o por encontrar a alguien con quien compartir la vida.

Si deseas obtener una respuesta de Dios, has de meditar profundamente. La meditación de cada día debe ser más profunda que la del día anterior. Entonces descubrirás que tan pronto como la atención se concentra, ella elimina toda deficiencia de tu mente, y sientes el poder de Dios fluyendo en ti. Ese poder es capaz de destruir toda semilla de fracaso.

Mantén concentrada tu atención

Cuando comencé en este sendero, sentía mucha inquietud al meditar; pero llegó un momento en que pude sumergirme en la meditación durante 48 horas seguidas, completamente absorto en el éxtasis de Dios. ¡Piensa en ese poder! ¡Concéntrate en ese poder!

Sé cuidadoso con tu tiempo; no lo desperdicies. Tal vez decidiste hacer un viaje relámpago a la ciudad para buscar algo que necesitabas, pero ¡con cuánta facilidad te distraen otras cosas! Antes de darte cuenta, habrás estado paseando durante horas. Al final del día, compruebas la forma en que se dispersó tu atención y cómo perdió su poder para lograr objetivos que mereciesen la pena. La mente se parece a una bolsa de semillas de mostaza. Si derramas esas semillas sobre el suelo, es difícil volver a recogerlas. Tu concentración debe actuar como una aspiradora, que reúne otra vez esas semillas-pensamientos.

Cuando hayas concluido tus deberes al final del día, quédate a solas y permanece en calma. Toma un buen libro y léelo con atención. Luego, medita prolongada y profundamente. Encontrarás mucha más paz y felicidad en esta meditación que en las desasosegadas actividades por las que tu mente se precipita descontroladamente en todas las direcciones. Si piensas que estás meditando cuando, en verdad, tu mente se halla dispersa, te engañas a ti mismo. Mas una vez que aprendes a concentrarte en Dios, nada puede compararse a eso. Ponte a prueba: acude a una comida campestre, visita la ciudad, reúnete con tus amigos; al final del día estarás nervioso e inquieto. Pero si en la soledad de tu hogar cultivas el hábito de dedicar tiempo a la meditación, atraerás gran poder y paz, que permanecerán contigo no sólo mientras meditas sino también durante tus actividades. La soledad es el precio de la grandeza.

Concentrar la atención en el poder de Dios asegura el éxito en cualquier empresa

Los grandes hombres siempre realizan todas sus acciones utilizando el poder de la atención, el cual adquiere su fuerza plena mediante la práctica de la meditación. Cuando usas ese poder divino de la concentración, puedes aplicarlo al logro de cualquier objetivo y alcanzar el éxito. Empléalo para desarrollar el cuerpo, la mente y el alma.

Por lo tanto, amigo, ésta es mi última palabra: concentra tu atención en el Señor y dispondrás de todo el poder que desees, para usarlo libremente de acuerdo con tu voluntad. Si sigues fielmente los métodos científicos de concentración y meditación de *Self-Realization*, comprobarás que no existe una forma más rápida o segura de unirte con Dios.

Cómo acelerar la evolución humana

Búfalo (Nueva York), 29 de mayo de 1927[1]

¿Te das cuenta de cómo empleas tu vida? Muy pocos sabemos cuánto se puede lograr en la vida si la vivimos apropiada, sabia y económicamente. Economicemos, pues, el tiempo; agotamos una existencia tras otra antes de despertar, y por eso no comprendemos el valor inmortal del tiempo que Dios nos ha concedido. Pasamos demasiado tiempo yendo de un lado para otro, pero sin llegar a ninguna parte. Deberíamos detenernos, pensar e intentar comprender lo que la vida puede darnos. La mayoría de las personas no piensan con profundidad en absoluto; sólo comen, duermen, trabajan y mueren.

La esperanza media de vida es de sesenta años, pero ¿sabes cuántos años vives realmente? La mayoría de las personas duermen de seis a diez horas por día; un tercio de sus vidas —entre veinte y veinticinco años— se pierde en la inconsciencia. Así, sólo quedan treinta y cinco o cuarenta años. Se destinan cerca de cinco o diez años a chismorrear, o hablar de naderías, y a la diversión. Eso reduce la cifra a treinta años; y en esos treinta años, ¿qué más haces? Comer y no hacer nada, y, por supuesto, trabajar. El trabajo es necesario para mantener al animal corporal, que demanda la mayor parte de tu tiempo. Examina con seriedad tu vida: ¿te quedan, por ventura, diez años?

Por la mañana, la mayor parte de quienes se hallan aquí presentes se despiertan con la conciencia enfocada en el café y el pan tostado —se «tuestan» con la conciencia del desayuno, sin pensar en Dios para refrescar el espíritu—; luego, corren hacia el

---

[1] Artículo extraído de las notas editadas en uno de los primeros números de la revista *Self-Realization*. Con posterioridad, ciertos fragmentos fueron revisados bajo las directivas de Paramahansaji y se volvieron a imprimir en diversas publicaciones de SRF, incluidos los números subsiguientes de la revista y las *Lecciones de Self-Realization Fellowship*. Esta charla ha sido reconstruida y publicada en su integridad.

trabajo. El día transcurre con prisas, preocupaciones y, al mediodía, café y rosquillas; ¡ni siquiera comen algo apropiado! Llega el anochecer, momento para ver películas o ir a bailar. Regresan tarde, se van a dormir, se levantan por la mañana y comienzan otra vez con la conciencia puesta en el desayuno. Ésta es la forma en que pasan la vida.

El propósito de la vida es crecer en conocimiento y sabiduría

En sesenta años de vida, se necesitan muchas cosas simplemente para mantener el vehículo físico en buenas condiciones; pero ése no es el único objetivo de la vida. No pienses que, a fin de estar bien vestido y alimentado, tienes que poseer millones; no es necesario que lleves una vida compleja sólo para dar de comer y cuidar al animal corporal. El propósito de la vida se extiende mucho más allá. Este mundo constituye una gran escuela en la cual deberíamos procurar, de continuo, un mayor conocimiento y sabiduría.

Formúlate ahora la siguiente pregunta: ¿Cuántos buenos libros he leído en mi vida? Cada día, se publican unos veinticinco libros nuevos en Estados Unidos sobre ética, música, literatura, botánica, lógica, ciencia, las escrituras y las verdades inmortales. ¿Cómo vas a asimilar todo este conocimiento en diez años de vida? Por otro lado, sesenta años no constituye el lapso de vida de todas las personas; sólo los afortunados cuentan con ese plazo. ¿Qué seguridad tienes de que no aparecerá la enfermedad para acortar tu existencia? Y, sin embargo, ¡holgazaneas y juegas a las cartas! No pongo objeciones si, al hacerlo, te mueve un propósito noble; pero ¿vas a malgastar tu tiempo parado en la acera, observando el paso de la multitud o mirando en los escaparates los muchos objetos que no necesitas y quieres comprar? ¿Vas a desperdiciar tu tiempo quedándote al borde del camino?

¿Cómo vas a aprender todas las cosas que deseas aprender? ¿Acaso no ansía tu corazón aprender cuanto merece la pena en este mundo? ¿Cómo será posible para el hombre común lograr toda la sabiduría? ¿Cómo vas a encontrar tiempo para leer sobre Jesús, Aristóteles y todos los grandes poetas? La vida parece irremediablemente corta cuando piensas en eso. Lees unos pocos libros y crees que lo sabes todo. En las ciudades, se cuenta con grandes bibliotecas, pero poca gente acude a ellas. Piensa en todo el conocimiento y sabiduría que los seres humanos han adquirido en la escuela de la vida; ¿cómo, en estos escasos años, lograrás introducirlos en tu cerebro? ¿Es eso posible? Mientras vivas aquí en la Tierra, mientras el poder de los ojos te permita ver las estrellas, mientras disfrutes del sol de Dios y respires Su aire, ansiarás conocimiento.

La mayoría de los seres humanos caminan por la vida con el cráneo vacío. Ellos creen que hay un cerebro allí; lo *creen*, y eso es todo, porque caminan en la vacuidad. «¡Oh, sí!, tengo una magnífica biblioteca en mi casa. Venga, se la mostraré». ¡Magnífica, pero intacta! Música, poesía, ciencia: todo está allí. Con la cantidad de materias que quieres aprender, no debes desperdiciar el tiempo. Durante la mayor parte de tu existencia te sientes muy infeliz, porque no mantienes la mente ocupada en alguna actividad que merezca la pena. Piensa en Platón, Shakespeare, Maeterlinck, el Señor Shankara, y en sus obras. Entiende el privilegio del que gozas. Puedes conversar con todos ellos a voluntad a través de sus maravillosos libros. Y en lugar de hacerlo, ¡te preguntas todo el tiempo cuál será el próximo programa que vayas a ver![2]

De vez en cuando, es bueno entretenerse; pero si dedicas tu vida a pasatiempos inútiles y a chismorrear acerca de los demás —interesado en las faltas ajenas en lugar de reconocer las tuyas propias—, eres tú el que pierde. Tienes mucho que limpiar en tu propia casa.

La esfera de intereses que creas a tu alrededor ¡es tan limitada! Cierta noche, un sastre falleció y fue al cielo. Por la mañana, comenzó a buscar una máquina de coser Singer. Aún no se había desprendido de su pequeño hábito, a pesar de que en el cielo no tenía necesidad de vestimenta; estaba ataviado con atuendos de luz. Tú, al igual que él, pierdes un precioso tiempo en meras trivialidades, cuando los tesoros de Dios se encuentran a tu alrededor, listos para que los recibas.

Llega la sabiduría, llama a tu puerta y, cortésmente, te

---

[2] En las charlas que brindó años después, cuando el entretenimiento televisivo se hallaba en sus inicios, Paramahansaji condenó la facilidad de este medio para usurpar el tiempo y la mente de los televidentes.

solicita: «Déjame entrar»; pero no encuentra respuesta, ni pensamiento, ni reacción alguna por tu parte. Sin embargo, las novelas baratas y ramplonas reclaman tu atención con su burda ordinariez, y tus pensamientos salen corriendo a recibirlas con el corazón abierto. Así desarrollas el gusto por lo inferior. Si cultivas la afición por el queso rancio y descompuesto, perderás el gusto hacia el queso fresco y en buenas condiciones. Conforme desarrolles la afición por cosas inferiores, perderás el gusto por mejores ofrecimientos y pensarás que eres incapaz de actuar de manera diferente debido al acuciante poder de los malos hábitos. Cultiva el buen hábito de utilizar esta vida para perseguir metas que sean más valiosas.

Organiza tu vida. Lee los mejores libros del mundo; no derroches tu tiempo en leer esto y aquello indiscriminadamente. Lee sobre medicina, astronomía, ciencia y las escrituras. Pero hay un campo de conocimiento al que has de dedicarle tu atención prioritaria: debes encontrar tu vocación. Al establecer contacto con la Vibración Cósmica en la meditación[3], serás conducido hacia el objetivo adecuado para ti, hacia el trabajo que deberías realizar. Concéntrate en convertirte en un experto en ese campo. Muchas personas acometen diez actividades distintas sin familiarizarse por completo con ninguna de ellas. Como principiante en el desarrollo de las potencialidades de tu ser, no puedes absorber todo lo referente a numerosas disciplinas; aprende de todo un poco, y apréndelo todo acerca de un tema.

Es posible acelerar la evolución

Aun así, el conocimiento y la sabiduría espiritual son muy vastos. Y a pesar de que la Tierra es sólo una mota de polvo en el universo, nos resulta inmensa. Sin embargo, con el rápido avance del progreso humano, nuestro mundo está tornándose pequeño; día tras día se reduce, debido a los medios de transporte

---

[3] Referencia a la técnica de *Self-Realization Fellowship* para la meditación en Dios como *Om* (véase el Glosario). En la vibración de *Om* se manifiesta en forma inmanente la Conciencia Crística o Inteligencia Universal; por lo tanto, la comunión con *Om* pone a quien medita en contacto con la Fuente Infinita de orientación y sabiduría divinas.

modernos. ¡Dentro de poco tendremos que poner rumbo a otros planetas para que haya un poco de aventura en nuestros viajes! La electricidad llega a cualquier parte en un segundo; ¿por qué no podríamos hacer lo mismo nosotros, si nuestro cuerpo se halla compuesto, en esencia, por ondas electromagnéticas? No obstante, estamos avanzando en numerosos sentidos, realizando las tareas ordinarias con mayor rapidez. La adopción de mejores métodos en materia comercial y de transporte, o la producción en masa mediante grandes maquinarias, ha acelerado la evolución. ¡Piensa cuánto tiempo se ocupaba antaño en tejer las telas a mano! Gracias a la maquinaria moderna, nos hemos ahorrado ese tiempo. Así pues, la evolución de la sociedad se ha acelerado debido a la adopción de métodos cada vez mejores. ¿Por qué no podríamos acelerar también la evolución humana, aprendiendo a entretejer más velozmente nuestras vidas a fin de lograr el éxito en todos los aspectos? ¿De qué manera va el cerebro humano a adquirir, en una vida, todo el conocimiento y la sabiduría? Ésa es mi pregunta.

Cuando conocí a Lutero Burbank, él me mostró un nogal y dijo: «Eliminé más de cien años de su período normal de crecimiento. Hice crecer ese árbol en doce años». ¡Y se podía ver que el árbol ya daba nueces!

Si se puede hacer que el nogal madure en doce años en lugar de ciento cincuenta, también existe esa posibilidad para los seres humanos. En sesenta años de existencia, el ser humano está capacitado para desarrollarse de forma tal que pueda convertirse en un centro de todo conocimiento. Ése es el concepto que quiero fijar en tu mente. He mencionado el hecho de que la maquinaria activó la evolución del mundo. ¿De dónde provino la maquinaria? De la fábrica de la mente humana. Así como el ser humano aceleró la evolución en la sociedad y en los negocios, también puede hacer lo mismo con todos los aspectos de su vida, incluidas las facultades de su vida interior.

Burbank logró además que las almendras tuvieran cáscara blanda, introdujo cambios en el tomate y creó la margarita gigante a partir de bulbos, así como el cactus sin espinas. En tiempos primitivos, los diferentes animales solían comer cactus, y éste desarrolló espinas protectoras. Cuando una forma de vida comienza a lastimar a otra, ésta última produce armas defensivas. Burbank me dijo que, durante los experimentos que llevó a cabo para producir una variedad de cactus sin espinas, iba todos los días al jardín y les hablaba a estas punzantes plantas de la siguiente forma: «Por favor, amado cactus, soy Lutero Burbank, tu amigo. No voy a lastimarte; entonces, ¿por qué revestirte de espinas?». Y así surgió el cactus sin espinas. Mediante las palabras, la atención, la fuerza del pensamiento y el conocimiento de las leyes de la naturaleza puedes imprimir ciertas vibraciones en el protoplasma y, de ese modo, orientar y acelerar en forma consciente el proceso evolutivo.

Cómo incrementar la receptividad del cerebro

El profesor James, de Harvard, afirmó que la mayor parte de nuestros hábitos son hereditarios. Según sostiene la ciencia, la debilidad mental en las personas no tiene solución. Los científicos se dedican a realizar mediciones y creen demasiado en la huella de la herencia. Todavía han de aprender el modo de acelerar la evolución del hombre despertando las células cerebrales. Es posible aumentar la capacidad receptiva de las células nerviosas en tal grado que un ser humano pueda adquirir, en una sola vida, todo el conocimiento que desee.

En materia de educación, existe una enorme diferencia entre los métodos aplicados por los maestros de la India y de Occidente. En Occidente, se insuflan ideas en el cerebro de los niños. «¿Cuántos libros has leído?; ¿cuántos maestros has tenido?». Un hombre volvió de la universidad graduado como doctor en la fabricación de azúcar a partir de diferentes frutas. Se le preguntó si podía obtenerse azúcar de la guayaba. Después de pensarlo concienzudamente, dijo: «No estudié eso. No estaba en mi plan de estudios». Ni se le ocurrió emplear el sentido común.

La sabiduría no se obtiene «insuflando» conocimientos desde el exterior. Es el poder y la capacidad de tu receptividad interior lo que determina cuánto conocimiento verdadero puedes alcanzar y cuán rápidamente. Quien cuenta con el poder de la receptividad lo comprende todo sin demora. Las personas que carecen de receptividad pueden estar expuestas a las mismas experiencias o información y, sin embargo, no ven ni comprenden realmente lo que tienen ante sus ojos. El hombre inteligente vive muy adelantado con respecto al idiota. Tus experiencias te aportarán sabiduría de acuerdo con la amplitud de tu receptividad.

La concentración intensa te hace más receptivo a la sabiduría

¿Cómo puedes incrementar tu receptividad y, así, acelerar tu evolución? Condensando en forma consciente todas tus experiencias por medio del poder de la concentración. Ésta implica reunir la atención y enfocarla en un punto; «condensar» significa emplear esa atención concentrada para hacer con rapidez algo que, de ordinario, requeriría un largo tiempo. A través de la concentración, es posible condensar cada experiencia y cosechar toda la sabiduría que pueda extraerse de ella. Mediante la condensación de cada experiencia individual puedes comprimir todas tus experiencias —y compendiar la sabiduría que contienen— en un plazo más breve y, así, obtener un provecho mucho mayor que si transitaras por la vida sin orden ni concierto.

Te contaré una experiencia de este tipo. Un amigo mío dijo que todo me iba bien como hombre espiritual, pero que yo no sería capaz de tener éxito en los negocios.

—Voy a ganar cinco mil dólares en una actividad comercial para ti, dentro de un período de dos semanas —le respondí.

—Tendrá que demostrármelo —insistió él—; necesito ver para creer.

No corrí a invertir dinero en actividades descabelladas. Hice uso de la concentración, desconecté mi mente de toda perturbación y enfoqué la atención exclusivamente en mi interior. La mayoría de las personas tienen la linterna de su atención orientada todo el tiempo hacia el exterior; debes dirigir el faro mental hacia el interior, para que revele la presencia de la Fuente Divina. (Vivimos en el lado exterior del universo; el lado interior es más tangible y real, porque en él se pueden percibir las leyes sutiles que operan en el seno de todo fenómeno externo. Cada cambio en las actividades comerciales, en el sistema planetario, en nuestro cuerpo físico —todo— está registrado ahí). En general, el ser humano no se concentra; la mente está inquieta y, en ese estado, llega a conclusiones apuradas y corre en pos de algo que no se corresponde con nuestra verdadera naturaleza. Debes obedecer la ley divina. Recuerda:

concéntrate y, luego, pídele al Poder Divino que te ayude.

Así pues, alcancé esa Fuente y, tan pronto como tomé contacto con ella, se me aparecieron muchas casas. Sin embargo, no me senté pasivamente en mi habitación ni dije: «El Padre Celestial abrirá el techo y dejará caer cinco mil dólares en mi regazo, porque le he invocado con una ferviente oración». Compré el periódico del domingo y miré los avisos de bienes raíces, elegí algunas viviendas y le pedí a mi amigo que invirtiera su dinero en ellas.

—Todo esto parece muy poco sólido —dijo él.

—No te preocupes, incrédulo Tomás —le respondí—; no eches a perder el éxito con tus dudas.

Al cabo de dos semanas, el mercado inmobiliario experimentó una notable alza y las casas se encarecieron muchísimo. Mi amigo vendió las propiedades y obtuvo una ganancia neta de cinco mil dólares. Le demostré que el poder de Dios opera a través de la mente dondequiera que lo apliquemos con fe.

La concentración, cuando está guiada por el Poder Divino, no te permite extraviarte en inversiones equivocadas, sino que te encamina directamente hacia el éxito. Si ese poder mental puede aplicarse a los negocios, también será eficaz para otras actividades como, por ejemplo, la música o la escritura. Yo siempre comienzo desde el interior, dejando que salga el conocimiento, y no intentando insuflarlo desde fuera hacia dentro. Todos los instrumentos musicales que uso los aprendí a tocar de esa forma. Tal vez era demasiado orgulloso para pensar en acudir a un maestro. Razoné: «Muy bien, el primer hombre que empezó a hacer música no aprendió de nadie; ¿por qué no puedo yo hacer lo mismo?». (Está muy bien decir eso, pero si te quedas esperando hasta que inventes de nuevo el tranvía ¡te llevará mucho tiempo llegar a tu destino!).

Todas mis preguntas me han sido respondidas; he recibido respuestas directas de Dios, tan rápidas como Él puede darlas. Comienza desde tu interior, no desde afuera. Ésta es la manera en que cualquier persona puede adquirir la experiencia de muchos años en un breve lapso. No tienes que leer todos los libros de la biblioteca, ni es necesario que aprendas todo lo que pueden ofrecerte las escuelas y los profesores. La poesía, la música y todo el conocimiento provienen sin límites de la fuente interna: del alma. En el breve espacio de la vida humana, ¿de qué otra forma encontrarás las respuestas a todos los misterios del cuerpo y a la infinidad de misterios que encierra la sabiduría divina, sino acudiendo a la fuente interior, que es omnisciente?

Cómo un devoto ignorante descubrió que la Divinidad debe buscarse en nuestro interior

Había una vez un devoto hindú que estaba muy intrigado por saber qué escrituras debía leer y qué ídolo debía adorar. (En la India, los ídolos se emplean para ayudar a fijar la mente, concentrándola en un aspecto particular del Espíritu único y sin forma, y se mantienen a cubierto en templos, en señal de respeto, a fin de que los pájaros y las condiciones climáticas no los destruyan). Así pues, el devoto se preguntó: «¿A qué dios adoraré?». Compraba un ídolo y, luego, tenía miedo de que los demás se enojaran. Entonces, compraba otro. Portaba todos sus libros e imágenes sagrados en dos enormes baúles que colgaban de una pértiga apoyada sobre sus hombros. Todos los días, alguien le decía que le convenía adorar a este dios o a aquel otro, y leer este libro sagrado o aquel otro; de manera que los cofres se hacían cada vez más pesados. ¡Comprobó que tendría que adquirir un tercer baúl! Sin embargo, pensó: «No es posible llevar encima tres cofres». Se sentó al borde de un estanque y comenzó a llorar: «Espíritu Infinito, dime qué libro he de leer y a qué ídolo tengo que adorar. En cuanto venero a una deidad, pienso que las demás se están enfadando».

Dio la casualidad de que un santo pasó por ese sendero y, al ver llorar al hombre, le preguntó:

—Hijo, ¿por qué lloras? ¿Qué te sucede?

—Venerable santo, no sé qué libro leer; ¡y mire estos cientos de ídolos! No sé a cuál complacer.

—Cierra los ojos —dijo el santo—, elige cualquier libro y síguelo a lo largo de toda la vida; deja caer los ídolos sobre una roca y rómpelos uno por uno. El que no se quiebre, a ése adorarás.

Entonces, el hombre escogió un libro. La mayor parte de los ídolos estaban hechos de arcilla, y se rompieron todos salvo uno que era de piedra sólida. El santo volvió repentinamente y dijo:

—Olvidé aclararte algo. Ahora que has encontrado a tu dios, regresa a tu hogar. Pero si encuentras a un dios más poderoso que éste, adóralo. Adora siempre al dios más poderoso.

El hombre retornó a casa y, en su pequeño altar, colocó el ídolo de piedra, lo alabó y le ofreció frutas. Cada día, constataba que la fruta había desaparecido, así que pensó: «Ciertamente, el santo me indicó el ídolo adecuado. Puesto que se ha comido las frutas, debe tratarse de un dios viviente».

Un día, urgido por la curiosidad, se propuso observar cómo comía el dios. Entreabrió ligeramente los ojos y, mientras rezaba, vio que un enorme ratón llegaba y se comía la fruta.

—Mira el ídolo de piedra —dijo entonces—: no puede tomar la fruta, pero el ratón sí puede hacerlo; por lo tanto, éste es un dios más poderoso. —Atrapó al ratón por la cola y lo ató al altar.

—Te has vuelto loco —le señaló su esposa.

—No, no me he vuelto loco. Sólo sigo las instrucciones del santo, que me indicó adorar la manifestación de Dios que sea más poderosa. —De manera que dejó a un lado la piedra y, en su lugar, comenzó a venerar al ratón.

Un día, este hombre se encontraba meditando cuando, de repente, oyó un estrépito. Abrió los ojos y comprobó que un gatito estaba comiéndose al ratón. Pensó: «¡Qué interesante! El gatito es más poderoso que el ratón. Por consiguiente, debo reverenciar al gato». Atrapó al felino y lo instaló en el altar. El gato ya no tenía que cazar ratones, pues recibía una ofrenda diaria de leche sin necesidad de realizar actividad alguna por su parte. Día tras día, la meditación del hombre se volvía más profunda, y su gato, más gordo.

Después de cada meditación, el hombre solía beber un tazón de leche que su esposa colocaba ante él. El gato no estaba satisfecho con lo que recibía, así que fijó su atención en el tazón de leche del hombre. Un día, se lo bebió entero y, luego, volvió a acomodarse en el altar. La esposa entró, vio que la leche había desaparecido, miró al gato, que sentado en el altar fingía inocencia, y se dirigió a tomar la escoba. La meditación de su esposo fue interrumpida por el ruido del palo de la escoba al impactar en el gato, que maullaba de dolor. El hombre observó a su esposa castigando al gato y pensó: «¡Qué interesante! Mi mujer es más poderosa que el gatito; por lo tanto, ella es mejor dios que él». Entonces, exigió que su esposa se sentara en el altar. Así lo hizo, y cada día meditaba en ella.

Por supuesto, la esposa seguía cocinando para su marido, el cual, una vez que terminaba de adorarla, comía los alimentos. Un día, sucedió que casi se parte un diente al morder un trocito de carbón que se encontraba en el arroz.

—¿Por qué pusiste carbón en el arroz? ¿Por qué lo hiciste? —le reprochó el hombre a su mujer.

—Maestro, no puse el carbón en el arroz a propósito —replicó la esposa, a modo de disculpa—. Perdóname; estoy a tu servicio.

—¡Qué interesante! —dijo entonces el hombre—. Así que estás a mi servicio; te gusta servirme. Eso indica que yo soy más poderoso que tú. En consecuencia, soy el dios más poderoso. ¡Dios mora en mí! Le he encontrado, dentro de mí.

No hallarás a Dios en ninguna parte a menos que le halles en tu interior. Encuéntrale allí, y también lo harás a tu alrededor, en todo lugar. Si le descubres en el templo de tu alma, le verás consagrado en todos los templos e iglesias, y en todas las almas.

Kriya Yoga: el método científico para acelerar la evolución humana

En esta vida, es imposible leer todos los *Vedas* y las biblias, o seguir la totalidad de los sistemas cuyo objetivo es enseñarnos a vivir conforme a nuestra naturaleza divina. ¿Cómo, entonces, lograrás alcanzar el objetivo de tu evolución? Debes buscar en tu interior, tal como hizo el devoto de la narración precedente.

No puedes poseer toda la sabiduría a menos que tu cerebro haya experimentado una evolución adecuada. Todo depende de cuán receptivos sean tu mente, tus células cerebrales y los sutiles centros astrales de vida y conciencia localizados en la columna vertebral. El cuerpo se transforma cada doce años; por este motivo, a los doce, veinticuatro y treinta y seis años encontramos que se producen cambios característicos en él. Si no existiera la obstrucción de la enfermedad o de otras consecuencias kármicas derivadas del quebrantamiento de las leyes

Cómo acelerar la evolución humana

naturales, con el cambio que conllevan los años y las correspondientes transformaciones del cuerpo se produciría una modificación acorde de la mente. Las enfermedades y el estilo de vida inadecuado retardan esa evolución, pero, por lo general, en doce años el cerebro se desarrolla de tal manera que evidencia un leve refinamiento de la mentalidad.

Si la evolución natural demanda doce años de crecimiento y cambio de tejidos para manifestar patrones mejorados de pensamiento, entonces hacer que el cerebro sea receptivo a toda la sabiduría parece que requeriría esperar casi indefinidamente. A fin de acelerar este proceso de evolución, existe un método que los sabios de la India han enseñado y que consiste en hacer circular corrientes vitales específicas alrededor de la espina dorsal y del cerebro. Mediante la práctica de este método —hacer ascender y descender la corriente alrededor de los seis (doce por polaridad) centros cerebroespinales de naturaleza astral—, puedes obtener el resultado de un año de evolución física común. Es así como muchos santos adquieren, con gran rapidez, un conocimiento espiritual que supera ampliamente al de los teólogos especulativos. Acceder a las cosas que estos santos perciben en forma instantánea requeriría habitualmente años de estudio y experimentación. Hacer girar esta corriente alrededor de los centros de vida y conciencia divinas que se hallan ubicados en la columna vertebral y el cerebro desarrolla la receptividad de dichos centros. En un año de llevar a cabo la mencionada práctica —aunque sólo sea durante veinte minutos por día—, puedes conseguir el resultado de muchos años de evolución natural. Jesucristo no fue a la universidad y, sin embargo, ninguno de los grandes científicos del mundo conoce a Dios y las leyes de la naturaleza como él.[4]

---

[4] La práctica a que se hace referencia es el *Kriya Yoga*. En *Autobiografía de un yogui*, Paramahansaji escribió que el *Kriya* constituye «la misma ciencia que Krishna dio a Arjuna hace miles de años, la cual fue conocida posteriormente por Patanjali, Cristo, San Juan, San Pablo y otros discípulos.

»Los antiguos *rishis* descubrieron que el medio ambiente del hombre, tanto en la tierra como en el cielo, lo impulsa hacia adelante en su sendero natural, en ciclos de doce años. Las escrituras aseguran que el hombre necesita un millón de años de vida de evolución normal y sin enfermedades a fin de perfeccionar su cerebro humano lo suficiente para que éste sea capaz de manifestar la conciencia

El conocimiento empírico nos llega, por lo general, a través del canal de los sentidos; pero éstos no te brindarán más que el conocimiento de los fenómenos, es decir, de las apariencias superficiales de la sustancia real. Cuando, por medio de la concentración y la práctica del método que mencioné antes, todas las refinadas células espinales y cerebrales llegan a sintonizarse con la fuente cósmica, alcanzan entonces un enorme grado de magnetización y se cargan con divino poder inteligente.

Algunas personas sostienen que, al nacer, nuestras células cerebrales ya están configuradas con rasgos fijos y, por lo tanto, no pueden remodelarse. Dicho aserto es falso. Puesto que Dios nos hizo a su imagen, no podemos tener limitaciones. Si sondeamos nuestro interior con la suficiente profundidad, sabremos que es así. Incluso en un débil mental, el poder de Dios se encuentra tan presente como en el más grande de los hombres. El sol brilla con igual intensidad sobre el carbón y el diamante; sin embargo, el carbón es responsable de no reflejar la luz del sol como lo hace el diamante. Toda limitación congénita proviene de las propias transgresiones de una cierta ley que se cometieron en algún momento de una encarnación pasada. Pero lo que se ha hecho puede también deshacerse. Si un débil mental despierta sus células cerebrales —enfocando el faro de la concentración en su interior mediante el método susodicho—, logrará desplegar la inteligencia, anteriormente eclipsada, de la misma forma que una persona inteligente.

Tu cuerpo está compuesto de 27.000.000.000.000 de células.

---

cósmica. [...] Con una alimentación apropiada, luz solar y pensamientos armoniosos, el hombre que sólo es conducido por la Naturaleza y su plan divino alcanzará su identidad con Dios en un millón de años. Se requieren doce años de vida normal y saludable para que se produzcan leves refinamientos en la estructura del cerebro, y un millón de años solares son necesarios a fin de que este órgano se purifique en grado suficiente para que pueda manifestar la conciencia cósmica. [...]

»El *Kriya Yogui* dirige mentalmente su energía vital, haciéndola ascender y descender alrededor de los seis centros espinales (medular, cervical, dorsal, lumbar, sacro y coccígeo), los cuales corresponden a los doce signos astrales del Zodíaco, el Hombre Cósmico simbólico. Con medio minuto que la energía revolucione alrededor del sensitivo cordón de la espina dorsal del hombre, se efectúa un sutil avance en su evolución; ese medio minuto de *Kriya* equivale a un año de desarrollo espiritual natural».

Cada una de ellas es como un ser inteligente[5]. Tienes que educar la inteligencia dormida que se halla en cada célula, a fin de llegar a entender todo cuanto hay que entender en este mundo. Pero jamás has entrenado a esas células. Por este motivo, te encuentras todo el tiempo lleno de melancolía, caprichos pasajeros y sufrimiento proveniente de la falta de comprensión.

El gran método científico para el desarrollo mental y espiritual consiste en magnetizar las células mediante el envío de corriente vital alrededor del cerebro y la espina dorsal, asegurando así el progreso evolutivo de un año de vida saludable y armoniosa. Veinte minutos de esta práctica diaria perfeccionará notablemente tu mentalidad. Cuando hayas revitalizado las células cerebrales, cuando el magnetismo divino las toque, cada célula encefálica se convertirá en un cerebro vibrante; y tú hallarás, dentro de tu ser, miríadas de cerebros despiertos y listos para captar cada ápice de conocimiento. Con estos cerebros despiertos, se despertarán también la multitud de mentalidades celulares del cuerpo y podrás comprender todas las cosas. Estudiarás el vasto libro de la Naturaleza y de la Verdad con veintisiete billones de microscópicos cerebros y mentalidades, todos ellos despiertos y espiritualizados. ¿Por qué conformarte sólo con educar a medias una pequeña parte de tu cerebro?

Puedes lograr todo el conocimiento y todo el éxito en esta vida

Siempre que desees conocer algo, no comiences por los datos, sino más bien recógete en tu interior y concéntrate. Busca la orientación que procede de tu interior. Cuando la mente se encuentre receptiva, considera entonces los datos; empieza a elaborar la cuestión o la solución mental. No te dejes invadir por el desaliento ni digas que no puedes hacerlo.

Todo ser humano es un exponente del Poder Infinito. Debes manifestar ese Poder en todo lo que emprendas. Cuando desees producir algo, no confíes sólo en la fuente externa; recógete

---

[5] Décadas después de que Paramahansa Yogananda ofreciera esta conferencia, los biólogos identificaron la molécula de ADN, que se halla en el núcleo de cada célula. La experimentación ha demostrado que en el ADN de toda célula individual se encuentra la información y la inteligencia para hacer crecer íntegramente un nuevo cuerpo y un nuevo cerebro.

profundamente en tu interior y busca la Fuente Infinita. Todos los métodos para alcanzar el éxito comercial, todas las invenciones, todas las vibraciones musicales, todos los pensamientos y escrituras inspiradores están registrados en los anales de Dios.

En primer lugar, determina cuál es tu objetivo; solicita la ayuda divina para que te guíe hacia la acción correcta por la cual lograrás tu propósito; luego, medita. Posteriormente, actúa de acuerdo con la orientación interna que recibas; entonces conseguirás lo que deseas. Cuando la mente está en calma, ¡con cuánta rapidez, claridad y belleza se percibe todo! El éxito en cualquier empresa se presentará al cabo de poco tiempo, ya que es posible demostrar el Poder Cósmico al aplicar la ley adecuada.

El científico o el hombre de negocios o cualquiera que procure el éxito lograría mejores resultados si se concentrara en incrementar la calidad receptiva de sus células cerebrales, en lugar de confiar solamente en los libros y el estudio académico para progresar. El mundo comienza con libros y métodos externos, pero deberías empezar por aumentar la receptividad de tu intuición. En ti se halla la morada infinita de todo conocimiento. La calma, la concentración y la condensación de experiencias a través de la percepción intuitiva te convertirán en dueño de todo conocimiento. Emprende cada actividad con plena atención, jamás al azar. No trates de hacer demasiadas cosas a un tiempo; lleva a cabo los deberes más importantes de la vida en primer lugar, con sincero entusiasmo y profunda atención. No engullas indiscriminadamente ideas inútiles. ¿Por qué habrías de caminar con los zapatos de un muerto? No te comportes a la manera de un «gramófono intelectual», satisfecho de repetir como un loro las opiniones ajenas que no han sido sometidas a prueba.

¿Dónde estás buscando, amigo mío? Has ofrecido oraciones, pero Dios no ha respondido. Sin embargo, con células cerebrales despiertas —seres inteligentes a quienes has mantenido en la ignorancia— y que vibran merced al gozo de Dios, es posible alcanzar todo el conocimiento en esta vida, experimentar la Eternidad ahora. ¡Despierta!

La prueba de la existencia de Dios

Escrito aproximadamente hacia 1940

En cierta ocasión, alguien me preguntó: «¿Podría darme una explicación que me ayude a creer en la existencia de Dios?».

—Sí —le respondí—. ¿De qué otra forma puedes explicar la innegable inteligencia que subyace a toda la creación, desde el simple átomo hasta el complejo ser humano? —Luego continué con mi exposición de esta manera:

Aquí hay una mesa; sobre ella reposa una jarra de agua. En esta habitación encontramos aire para respirar; afuera tenemos un árbol, el cielo y el cálido sol. Cada uno de estos elementos difiere en su apariencia, pero todos son el resultado de las variaciones de una vibración universal.

¿Cómo es posible que esta única energía cósmica vibratoria se convierta en sólidos, líquidos o gases? ¿A través de qué misteriosos procesos llegan a coordinarse tan armoniosamente estos diferentes grados de vibración que hacen posible la vida humana? En el seno de todas las manifestaciones debe haber una Fuerza Inteligente orientadora que es la causa primordial de la creación entera. Por ejemplo, nos encontramos aquí, en nuestra pequeña Tierra, en algún lugar del espacio, girando alrededor del distante Sol en nuestro universo. Sin la colaboración de la luz y el calor del Sol, la vida sobre la Tierra no podría existir. Tenemos la sensación de hambre, y la Naturaleza satisface nuestra necesidad de alimentos; cuando los ingerimos, un Poder desconocido los transforma en energía y tejidos corporales. Todos los milagros de la vida que damos por sentados constituyen la prueba de la existencia de una omnipresente Inteligencia Divina que anima los procesos de la naturaleza.

Contemplando las flores de la Tierra y las titilantes floraciones de estrellas en los infinitos campos del firmamento, cómo podríamos no preguntarnos: «¿Existe una Belleza oculta detrás de esas estructuras finitas? ¿Hay una Inteligencia en el fondo del intelecto humano?». Es encantador contemplar los capullos de la vida en el jardín de la existencia terrenal. Pero, en alguna parte, existe una fuente de Belleza e Inteligencia que es aun más cautivante; de ella provenimos y en ella nos fundiremos de nuevo.

Todo en el universo está relacionado. Y a través del uso correcto de la inteligencia humana que Dios nos ha concedido, comenzamos a comprender que toda vida está vinculada a una Inteligencia Suprema. En ocasiones, tal vez pensemos que somos marionetas del destino; pero cuando proyectamos nuestra inteligencia más allá de las formas engañosas y limitadas, y examinamos el alcance de nuestra conciencia y percepción mental, advertimos que en nuestro interior existe una chispa del Poder Divino que crea y sustenta toda vida, la cual sólo espera ser avivada.

Las escrituras de cada una de las religiones verdaderas declaran que Dios es todopoderoso, infinito y eterno. A través de las ventanas de las escrituras podemos atisbar el Poder divino en el cual tienen su raíz todas las cosas. Pero nuestra mente, cuya comprensión es finita y se halla condicionada por las leyes de causa y efecto, no puede abarcar la eternidad; por lo tanto, vivimos dentro del limitado círculo de nuestra capacidad mental. Dios Todopoderoso se encuentra tanto dentro como fuera de este círculo.

El *Bhagavad Guita* afirma: «Algunos contemplan el alma con asombro. De igual forma, otros la califican de maravillosa. Hay quienes escuchan que el alma es un prodigio. Y hay otros que, incluso después de haber oído todo sobre el alma, no la comprenden en absoluto»[1].

De incontables maneras, el razonamiento humano nos muestra que Dios es el origen de todas las cosas. Pero no es posible obtener la prueba de la existencia de Dios mediante la sola deducción intelectual. Si deseamos conocer a Dios, que

---

[1] II:29. El Ser interior es el Espíritu que se manifiesta en el hombre como alma inmortal individualizada —un reflejo perfecto de Dios—. Percibir al Ser que mora dentro de nosotros constituye el primer contacto con el Espíritu, el Señor que es, a la vez, inmanente (omnipresente en toda la creación) y trascendente (el Gozoso Absoluto).

es el propósito único de nuestra existencia, debemos aprender a trascender los procesos naturales del pensamiento, porque Él se encuentra más allá del alcance del raciocinio humano. Una mente siempre ocupada con los objetos del deseo y con las perturbaciones emocionales del placer y del dolor no puede captarle por completo.

A fin de lograr un estado más elevado de conciencia y de percepción divina, es necesario retirar la mente de su continua actividad, a través de la meditación. En ese estado de recogimiento, se despierta la sensibilidad espiritual, llamada también «intuición». La intuición es el poder del Espíritu que el alma ha heredado, por medio de la cual se percibe la verdad de manera directa, sin la intervención de ninguna otra facultad. Así como la inmensidad del océano no cabe en una pequeña taza, de igual manera es imposible que el recipiente finito de la inteligencia humana pueda abarcar la sabiduría infinita. Para contener el ilimitado océano de la verdad, es preciso expandir la conciencia humana.

La prueba de la existencia de Dios se percibe en la meditación

Al igual que el agua confinada escapa en todas direcciones cuando se rompen las paredes que la contienen, así también la conciencia del ser humano se libera cuando se derriban los diques de la intolerancia, el egocentrismo y la inquietud. Mediante la práctica de la meditación, la conciencia se expande y se funde en la conciencia gozosa y omnipresente del Espíritu.

El objeto de la meditación es calmar la mente para que, sin distorsión alguna, pueda reflejar la Omnipresencia. La serenidad que se experimenta en la meditación constituye el primer estado positivo de la expansión mental; la bienaventuranza de la unión con Dios es el estado final.

La prueba concluyente de la existencia de Dios te la aportará tu propia experiencia en la meditación. Una vez que le hayas encontrado en la catedral de la meditación silenciosa —en las profundidades de tu alma— le hallarás por doquier.

La duda, la creencia y la fe

Fecha aproximada: principios de la década de 1930

Cada detalle en la creación del Señor posee alguna utilidad específica. Toda materia, por insignificante que parezca, tiene un propósito y un efecto particulares. Este principio también es cierto con respecto a los pensamientos o sentimientos que surgen en nuestra conciencia y, luego, se desvanecen. Apenas sabemos qué efecto nos producen, o dónde radica la utilidad por la cual fueron creados dentro de nosotros. Si piensas en un trozo de cobre, tienes una idea clara de para qué sirve. Pero en el caso de un pensamiento aislado, ¿cuál es su función? Analiza este interrogante. De la misma manera que el mundo se compone de átomos y moléculas, el ser interior —la naturaleza o carácter de una persona— está formado por «átomos y moléculas» de pensamientos. Si deseas comprender la calidad de la luz que ilumina tu ser interior, examina paso a paso el desarrollo de cada pensamiento y, en la balanza de tu juicio, sopesa su utilidad relativa.

Hoy evaluaremos los conceptos de duda, creencia y fe. Éstos constituyen el quid de la polémica en materia de religión. Los grandes maestros exhortan a las personas a creer y tener fe en Dios y en las escrituras, y advierten sobre el potencial devastador de la duda. Pero sin discernimiento, puede que no se entienda la utilidad de este consejo.

Puesto que nada ha sido creado sin que se le destine a algún uso, no estoy de acuerdo con los moralistas de las escrituras que, ante la sola mención de la duda, expresan su más extremo rechazo. En lugar de ello, juzguemos el motivo por el cual llegó al mundo el principio de la duda. ¿En qué casos es ella mala —¡o buena!— para los seres humanos? A menos que analicemos sus fundamentos psicológicos, así como los de la creencia y la fe, no sería razonable adoptar o rechazar estos sentimientos sobre la base de que son beneficiosos o destructivos.

Mediante el análisis, encontramos en el concepto de duda un elemento constructivo y otro destructivo, de acuerdo con su aplicación. No necesito exponer en detalle el segundo, porque sus adversos efectos son ampliamente reconocidos. Debido al peligro que entraña la duda, algunos fanáticos religiosos —en particular los que se aferran obcecadamente a las creencias dogmáticas— recomiendan abstenerse de toda duda en favor de una aceptación ciega. Pero evitar la duda equivale a elegir no pensar.

La duda destructiva es paralizante: inhibe el pensamiento constructivo y la fuerza de voluntad; bloquea la receptividad al beneficioso funcionamiento de las fuerzas superiores y las leyes del universo, así como a la gracia divina, que siempre está dispuesta a ayudarnos; genera inquietud interna y sensación de desesperanza; se resiste al progreso y rechaza ideas, favoreciendo los caprichos de la ignorancia, el prejuicio o la emoción.

Pero consideremos ahora el elemento constructivo de la duda.

Si el hombre no pudiera dudar, sería incapaz de progresar

El predominio de la materia ante nuestros ojos, en la forma de objetos y seres, nos impide percibir la verdad en su conjunto. Poner en duda la supremacía de la materia resulta fundamental para demostrar la existencia de Dios. Si no existe nada más que la materia, es decir, un conglomerado de átomos, entonces, ¿de qué modo esas invisibles partículas se ponen de acuerdo para generar un universo tan organizado, y establecer sus leyes, y gobernarlo? Es imposible que los inanimados átomos se unan y produzcan seres inteligentes. Así, mediante la aplicación del elemento constructivo y progresivo de la duda a los supuestos del materialismo, se reconoció la existencia de Dios como una Conciencia Inteligente que creó este mundo. El elemento constructivo de la duda lo constituye la corriente de pensamiento científico por la cual formulamos preguntas que nos permiten saber qué es verdad. Sin esta posibilidad, si sólo aceptáramos los objetos como aparentan ser, nos transformaríamos en animales. Algunas civilizaciones antiguas sostenían que el Sol, la Luna y las estrellas eran deidades que gobernaban sus vidas. El ser humano superó ese concepto a través del proceso de la duda. Mediante el cuestionamiento constructivo, se descubrió que dicha creencia era inadecuada. Si el hombre no tuviera la posibilidad de dudar, sería incapaz de progresar; el mundo estaría envuelto en la ignorancia. No podríamos distinguir entre la verdad y la mera teoría o los argumentos falaces, a menos que los pusiéramos en duda. Por lo tanto, es correcto aplicar las leyes de la razón.

La duda determina la formulación de una hipótesis. Los científicos toman tal teorema y lo examinan en toda su extensión, con la ayuda del siempre presente e inquisitivo investigador, el Sr. Duda. No se da nada por sentado. La proposición se desarrolla hasta llegar a una conclusión que permita comprobar si el teorema funciona o no. En caso de que no funcione, se desecha o se replantea. Si los científicos permaneciesen satisfechos con el statu quo del conocimiento, la civilización no avanzaría. Esto constituye una gran lección.

Respecto de la religión, los científicos deberían adoptar la misma imparcialidad del elemento constructivo de la duda con la cual abordan su investigación en el campo de la ciencia. Sin embargo, en su afán por desestimar de plano la religión y calificarla de dogma supersticioso, hace ya mucho tiempo que la ciencia está encerrada en el elemento destructivo de la duda. Si el objetivo del conjunto de los trabajadores de la construcción fuera sólo el de demoler todos los edificios defectuosos, en lugar de reconstruirlos o reemplazarlos por estructuras mejores, la situación se tornaría desastrosa. Lo mismo sucede con las personas que pretenden eliminar la moral y la religión, de manera que no perviva ninguna estructura capaz de cobijar los principios divinos que, según puede demostrarse, son esenciales para el bienestar y la felicidad de la existencia humana. Por supuesto, tal vez sea necesario el elemento destructivo de la duda a fin de librarnos de errores que se han mantenido durante mucho tiempo; pero si ese proceso suprime también la verdad, entonces es pernicioso para el género humano.

La duda constructiva nos conduce hacia la verdad

La duda es una energía dinámica que debe utilizarse de manera adecuada para impulsarnos a realizar acciones que impliquen progreso. Aunque a través de la duda constructiva destruyamos algunas de nuestras apreciadas teorías, incluso eso es mejor que seguir ciega e insensatamente a los demás, según el patrón del «ciego que guía a otro ciego». La duda constructiva respecto de los temas divinos nos conducirá hacia la verdad con mayor rapidez que la creencia dogmática. Esta última nos priva de la claridad mental necesaria para percibir correctamente la verdad que ya nos otorgó Dios. El dogmatismo ofusca la capacidad de penetrar en la profundidad de las verdades predicadas por los grandes santos, tales como las expresadas por Jesús en el Nuevo Testamento y por el Señor Krishna en el *Bhagavad Guita*. La religión, al igual que la ciencia, debería someterse a un examen adecuado. Ésta es la forma en que los antiguos *rishis* lograron tomar plena conciencia de Dios: investigaron, encontraron y comprobaron, por sí mismos, esos principios invariables que demuestran y ponen de manifiesto la Realidad Eterna.

Los grandes maestros nos piden que creamos, pero no dicen que deberíamos abstenernos de emplear la duda constructiva para preguntar. Supongamos que aparece algún error en una escritura; tal vez, en lugar de «No robarás», se haya omitido la palabra «no» y el mandamiento se lea como «Robarás». Aceptar a ciegas implica aprobar los errores que pudieran haberse cometido —por ejemplo, un acto fallido del escritor o un error de imprenta.

Aplica el criterio de la razón. Si puedes analizar las ideas con respeto y discernimiento, libre de prejuicios, te será más fácil captar la verdad y distinguir lo que es falso. Dios te ha dotado con la capacidad de comprender; basta con que emplees los instrumentos de tu inteligencia según las leyes que Él ha dictado. Trata a la religión con el mismo espíritu que se aplica a las ciencias. Sin la duda y la investigación, habrá muchas personas que no llegarán a percibir la verdad. Un cuestionamiento razonable destruirá los endebles soportes del fanatismo dogmático y ayudará a construir un firme cimiento de creencias sobre el cual pueda descansar la superestructura de la fe.

La fe comienza con la creencia constructiva

«Creencia» y «fe» son términos que frecuentemente se usan como sinónimos y, por este motivo, no siempre de la forma correcta. La fe es mucho más que la mera creencia, como demostraremos. En la creencia, al igual que en la duda, existe un elemento constructivo y otro destructivo. Aplicada de manera constructiva, la adhesión a creencias válidas conduce a la realización. No es posible comprender las verdades noumenales a través de la mente sensorial. El intelecto es capaz de interpretar los fenómenos a partir de la experiencia sensorial, pero no puede hacer lo mismo con la sustancia, o noúmeno, subyacente; para ello se requiere de iluminación interior. Por eso, el maestro que ha alcanzado la realización le dice al discípulo novicio: «Hasta que seas capaz de entender, cree y sígueme». Eso no significa aceptación ciega. Hay una razón en la creencia constructiva. La razón y el sentimiento confirman que existe alguna verdad en el fondo de cada creencia válida. Si logras acceder a tu inteligencia intrínseca y dotada de discernimiento, podrás llegar a esa verdad, es decir, alcanzarás la comprensión interna de la verdad que sólo se consigue mediante el desarrollo espiritual de los poderes intuitivos de percepción que posee el alma. Hasta entonces, posiblemente haya una contradicción entre el razonamiento del devoto y la realización del maestro. Por este motivo, los verdaderos maestros piden a sus discípulos que crean, que den por sentados ciertos conceptos avalados por su propia experiencia, con la certeza de que, a su debido tiempo, los discípulos podrán comprobar esas verdades por sí mismos. Ése es el principio en que se basa cualquier investigación.

Si un profesor de matemáticas te explica cálculo, pero tú cierras tu mente y afirmas que no le crees porque, de momento, no comprendes esa materia, él no podrá aleccionarte. Primero, tienes que tomar papel y lápiz, y asimilar sus enseñanzas. Luego, si no obtienes los resultados prometidos, tu duda estará justificada. Pero has de tener cuidado antes de pronunciar un juicio; asegúrate de no cometer ningún error al resolver el problema. Como ves, debes comenzar por la creencia.

Los fundamentos de la creencia

La creencia es un estado o hábito mental en el que se deposita confianza en alguna persona, cosa o doctrina —por ejemplo, la persuasión de las verdades religiosas—. La creencia es una convicción, o sentimiento, de la verdad o realidad de aquello en lo que se cree.

Los elementos de la creencia son el asentimiento, el crédito, la seguridad, la confianza, la persuasión, la convicción y la fe.

La creencia, la fe, la persuasión y la convicción están presentes en la idea de asentimiento, bien sea de forma individual o combinada. La diferencia principal entre la creencia y la fe reside en que la primera, por lo general, sugiere poco más que asentimiento intelectual, mientras que la segunda implica confianza total —como en una persona cuya persuasión o creencia han madurado hasta convertirse en fe.

La persuasión es una opinión segura, una idea de la cual nos hemos convencido; por ejemplo: «Estoy persuadido de que es una persona deshonesta». Implica que esta seguridad se ve inducida por los propios sentimientos o deseos, más que por la argumentación o la evidencia.

La convicción representa una creencia fija y asentada, como en el siguiente aserto: «Su persuasión se ha cristalizado en una sensación de certidumbre».

El crédito dota de sustancia a la creencia; antes de aceptar algo como verdad, es preciso considerarlo creíble.

La creencia depende asimismo de la confianza, la cual supone fiarse de una creencia a partir de las pruebas que la sostienen.

En la creencia se encuentran implícitas la voluntad y la imaginación. Sin buena disposición, no podemos creer. Y dado que la creencia constituye una espera incierta que abriga la expectativa de obtener un resultado, involucra también la imaginación. Juan imagina que tendrá éxito en la comercialización del yute; por lo tanto, se dice que él cree en su empresa. Los elementos de la voluntad y la imaginación contenidos en la creencia hacen de ella una fuerza poderosa que puede emplearse para bien o para mal.

Las creencias imprudentes suelen acarrear un desperdicio de energía

La creencia en una persona tramposa, en una actividad comercial que resulta ser un fracaso o en una falsa doctrina suele acarrear un notable desperdicio de energía, pues hace que el ser humano aplique ésta en una dirección equivocada. Mediante dichas creencias imprudentes se logra poco más que experiencias amargas. Un amigo hipócrita puede concitar nuestra confianza en él por largo tiempo; un negocio condenado al fracaso puede persistir de igual forma en nuestra mente, si consideramos que vale la pena sustentarlo; sin embargo, tarde o temprano, dejaremos de creer en ellos, porque la evidencia de los hechos acabará imponiéndose. Por lo tanto, en el ámbito de las cosas materiales, las creencias erróneas suelen implicar un menor desperdicio, dado que ahí nuestra mente se encuentra orientada a la obtención de resultados tangibles.

En contraste, cuando se trata de cuestiones espirituales, nuestra actitud mental es, con frecuencia, vaga y visionaria. Tanto maestros como doctrinas nos exhortan a creer y a tener fe, al tiempo que ofrecen escasas explicaciones o clarificación con respecto a la naturaleza de esta virtud y la forma de poseerla. La aceptación ciega es la regla general y el único recurso para la mayor parte de los fieles. Así pues, la creencia y la fe, en relación con la vida religiosa, son muy poco comprendidas. Su poder dinámico, para la mayoría de los seguidores religiosos, continúa siendo una entidad nebulosa, indefinida e inexplorada: el privilegio de unos pocos elegidos a los cuales Dios ha concedido su gracia. En el caso de muchos otros, la creencia en las cuestiones espirituales se emplea ciegamente, porque las cosas del Espíritu se consideran místicas y ajenas al conocimiento humano.

Si se sostiene una creencia errónea sin someterla al debido examen, evoluciona hasta volverse un dogmatismo tenaz. Cuando una creencia dogmática resulta refutada se transforma en descreimiento. Por otro lado, si creemos en una doctrina auténtica y la seguimos con persistencia, esa creencia se cristaliza, poco a poco, en convicción y fe. Así pues, comprobamos que toda creencia, bien sea falsa o verdadera, es provisional; sólo puede durar un cierto tiempo, porque posteriormente se convierte en dogmatismo, descreimiento o fe.

Las creencias rudimentarias o inmaduras que no se encuentran afianzadas en la verdad pueden clasificarse en tres tipos: a) ciegas, b) estables y fuertes, y c) suscitadas por la curiosidad.

a) La creencia que nace de la emoción o del sentimiento comienza con una «fe» altisonante, como la que se expresa así: «Te seguiré hasta la muerte»; pero las personas que profesan este tipo de creencia terminan abjurando con violencia de ella, en el momento en que han de enfrentarse a las críticas o encuentran oposición.

b) Los seguidores del segundo grupo agregan el elemento de la tenacidad a la creencia ciega. Viven y mueren inmersos en las mismas convicciones viscerales, aunque éstas sean por completo erradas. Esto es apenas algo más que un estado salvaje de existencia, el cual resulta controlado por la superstición.

c) Las personas están un poco más seguras al profesar creencias que comienzan y finalizan en la curiosidad. Cuando descubren que sus indagaciones las han conducido por un camino equivocado, sin demora lo abandonan y con gusto buscan algo nuevo.

Más allá de estas tres categorías, existe la creencia investigadora, que se basa en la aceptación lógica. Ésta siempre se mantiene alerta y lista para indagar sobre cualquier cosa que le interese o le parezca convincente. Sin embargo, esta forma de creencia puede fácilmente transformarse en el hábito de la veleidad y renunciar por capricho no sólo a lo que es erróneo sino, también, a lo que es auténtico.

La génesis de la fe

Lo que se necesita es creencia investigadora, ejercida con sinceridad y respeto, seguida de persistencia en las creencias verdaderas o, al menos, en esas creencias que de continuo manifiestan resultados convincentes. A través de la abertura de la paciencia, gota a gota, penetra el solvente de la verdad y cristaliza esa creencia en una fe sólida. Pero a menos que la creencia esté fundada en la verdad, no sustentará el tipo de convicción que produce el avance hacia la fe.

Si nuestras sinceras convicciones están respaldadas por la verdad, la fe puede manifestarse en muchas áreas de creencia:

- La creencia firme o confianza (en una persona, cosa, doctrina o idea); por ejemplo, la fe en Dios o en la medicina.
- El reconocimiento del carácter supremo de realidades espirituales y principios morales.
- La fe histórica, por ejemplo, en la veracidad y autoridad de los relatos y enseñanzas de las escrituras. O la fe práctica —mediante la aceptación por parte del intelecto, el

afecto y la voluntad— en el favor de Dios que se ofrece al hombre a través de sus divinos emisarios.

- El conjunto de lo que se cree: un sistema de creencias religiosas, como la fe cristiana o la autoridad de los *Vedas*.

El resultado de la fe es una permanente cualidad o estado de fidelidad y lealtad.

Ten una fe intrépida a pesar de los enigmas de la vida

La vida —su esencia y propósito— es un enigma: difícil, pero no insondable. Con nuestro pensamiento progresivo, diariamente resolvemos algunos de sus secretos. Las herramientas minuciosa y científicamente calculadas de esta época moderna son, en verdad, destacables. Los abundantes descubrimientos de la física nos brindan meritoriamente una visión más clara de las formas en que puede mejorarse la vida. Pero a pesar de todos nuestros dispositivos, estrategias e inventos, parece que aún somos juguetes en las manos del destino y tenemos un largo camino que recorrer antes de poder independizarnos del dominio de la naturaleza.

Sin duda alguna, permanecer constantemente a merced de la naturaleza no es libertad. Nuestras mentes entusiastas quedan bruscamente embargadas por una sensación de desamparo cuando somos víctimas de inundaciones, tornados o terremotos; o cuando, aparentemente sin motivo alguno, la enfermedad o los accidentes nos arrebatan a nuestros seres queridos. Entonces nos damos cuenta de que, en verdad, no hemos logrado mucho. Pese a todos los esfuerzos que realicemos por modelar la vida según nuestros designios, siempre habrá en este planeta ciertas condiciones —infinitas y guiadas por una Inteligencia desconocida, no sujetas a nuestra iniciativa— que permanecen fuera de nuestro control. A lo sumo, tan sólo podemos trabajar y efectuar algunas mejoras. Sembramos el trigo y elaboramos la harina, pero ¿quién creó la semilla original? Comemos el pan que amasamos con esa harina, pero ¿quién hizo posible que lo digiramos y asimilemos?

A pesar de todos los esfuerzos humanos, en cada compartimiento de la vida parece haber una inevitable dependencia con respecto a la Divinidad, sin la cual no podríamos subsistir.

Incluso con todas nuestras certidumbres, aun así debemos soportar una existencia incierta, pues no sabemos cuándo nos va a fallar el corazón. De ahí la necesidad de poder confiar, sin temor alguno, en nuestro verdadero Ser inmortal y en la Suprema Deidad, a cuya imagen fue creado ese Ser: una fe que actúe sin egoísmo y que avance feliz, sin miedo ni limitaciones.

Ejercita una entrega absoluta y sin reservas a ese Poder Superior. No importa que hoy adoptes la resolución de que eres libre e indómito, y que mañana puedas contraer la gripe y te encuentres miserablemente enfermo. ¡No desfallezcas! Ordena a tu conciencia que permanezca firme en su fe. La enfermedad no puede contaminar al Ser interior. Los padecimientos que aquejan a tu cuerpo son causados por la ley de los hábitos de mala salud creados por ti mismo y que alojas en tu mente subconsciente. Tales manifestaciones kármicas no refutan la eficacia de la fe ni su poder dinámico.

Mantente aferrado al timón de la fe y haz caso omiso de los embates de las circunstancias adversas. Muéstrate más furibundo que la furia de la adversidad, y más audaz que los peligros que te acechen. Cuanto más grande sea la influencia dinámica que ejerza sobre ti esta fe recién descubierta, en mayor medida se desvanecerán los lazos esclavizantes de la debilidad.

Sin el mandato del Señor, ni un solo corpúsculo de la sangre podría moverse, ni un soplo de aliento entrar por tus fosas nasales. De ahí que la total entrega a Dios sea el criterio para determinar si abrigamos fe. Pero tal entrega no significa ser perezoso, en espera de que Dios lo haga todo por ti; por el contrario, se requiere el mayor de tus esfuerzos para generar el resultado deseado. Es preciso entregarse a Dios por amor y venerar su supremacía. Sean cuales sean los obstáculos que haya de afrontar, yo trabajaré —hasta que se apague mi último aliento de vida— en estado de completo abandono a Dios; pero jamás me entregaría a Él por cobardía o miedo al fracaso.

La fe es siempre segura: es la percepción directa de la verdad

La fe no sólo produce resultados exitosos en la sanación o en otros ámbitos; también es el poder que revela el funcionamiento de las leyes espirituales que subyacen a los llamados «milagros».

«La fe es garantía de lo que se espera; la prueba de lo que no se ve»[1]. Las «imposibilidades» anheladas se harán realidad a través del poder de esa fe, que cree sin ver, que cree aun cuando todas las probabilidades estén en su contra.

La fe es realización pura. No alberga elemento destructivo alguno, como lo hace la creencia. Ésta se puede debilitar o destruir ante la presencia de incertidumbres y evidencias en su contra; pero la fe es siempre segura, porque es la percepción directa de la verdad. Tiempo atrás, se creía que el mundo era plano; sin embargo, gracias al avance de la ciencia, se descubrió que era redondo. Por lo tanto, se trataba sólo de una creencia que había que abandonar. Sin embargo, no podemos contradecir la fe, puesto que es la expresión desarrollada de la infalible intuición que se encuentra dentro de nosotros; la fe nos coloca cara a cara con realidades que jamás hemos visto hasta ese momento. Podemos, por consiguiente, hablar con toda justicia de creencia ciega, pero no de fe ciega.

La percepción de la verdad por parte del alma se expresa a través de la intuición, y el *conocimiento* resultante es fe. La intuición es ese punto en el cual una convicción se transforma de repente en la percepción directa de la verdad contenida en esa creencia. No requiere de intermediarios ni de pruebas provenientes del testimonio de los sentidos o la razón.

Por ejemplo, ¿cómo sabes que existes? Lo sabes porque lo sabes; no tienes duda de ello. Nada en este mundo te haría creer lo contrario. Incluso si estuvieses paralizado y no pudieras verte, sentirías o *experimentarías* tu existencia a través de la percepción del alma.

La fe es el abecé de la intuición. Se trata de un sentimiento profundo de *comprensión* que brota en tu interior. La mayor parte de las personas ha experimentado alguna corazonada que se ha hecho realidad. Ésa es una manifestación de intuición no controlada o en incipiente desarrollo. La inteligencia orientada hacia el mundo exterior interpreta los fenómenos; la fe dirigida hacia el interior interpreta, por su contacto con el noúmeno, las percepciones intuitivas del alma. Todo puede revelarse gracias al poder de la fe.

---

[1] *Hebreos* 11:1.

En la calma, la intuición da origen a la fe

En sánscrito, la palabra fe —*visvas*— es maravillosamente expresiva. La traducción literal más común, «respirar cómodamente, tener confianza, estar libre de miedo», no refleja todo su significado. *Svas*, en sánscrito, hace referencia al movimiento de la respiración, que implica vida y sentimiento, y *vi* significa «opuesto; sin». Es decir, aquel cuya respiración, vida y sentimiento están en calma puede tener una fe que procede de la intuición; por el contrario, las personas emocionalmente inquietas no pueden poseer tal fe. El cultivo de la calma intuitiva requiere el desenvolvimiento de la vida interior. Cuando la intuición se halla suficientemente desarrollada, aporta una comprensión inmediata de la verdad. Esta prodigiosa experiencia está a tu alcance, y la meditación es el camino para obtenerla.

Medita con paciencia y perseverancia. Al lograr un estado de calma cada vez más profundo, entrarás en el reino de la intuición del alma. A través de las épocas, los seres que alcanzaron la iluminación fueron aquellos que recurrieron a ese mundo interior donde se establece la comunión con Dios. Jesús dijo al respecto: «Cuando vayas a orar, entra en tu aposento y, después de cerrar la puerta, ora a tu Padre que está allí, en lo secreto; y tu Padre que ve en lo secreto, te recompensará»[2]. Sumérgete en el Ser, cerrando las puertas de los sentidos, dejando atrás las inquietudes del mundo, y Dios te revelará todas sus maravillas.

En la comunión interna del alma con Dios, la intuición comienza a desplegarse con naturalidad. Al principio, se necesita una especie de confianza provisional. Debes saber que Dios se encuentra contigo y que tú eres su hijo, hecho a su imagen. Entrégate a Él por amor. Esa convicción se transformará poco a poco en fe, por medio de la intuición. Más allá de los sentidos y del intelecto, la intuición se manifiesta en una conciencia calmada, y adopta la forma de un sentimiento que se percibe principalmente a través del corazón. Cuando ese sentimiento aparece en la meditación, recibes, gracias a él, una sensación inequívoca de orientación correcta y de convicción inquebrantable. Cada vez serás más capaz de reconocer y seguir esta

---

[2] *San Mateo* 6:6.

intuición. Eso no significa que debas renunciar a la razón. La razón serena e imparcial también puede conducir a la intuición. Emplea el sentido común; pero recuerda que el razonamiento arrogante o emotivo conduce a errores y equivocaciones.

Rechaza el elemento destructivo de la duda y de la creencia, y aplica el elemento constructivo. Dirígete con paso firme al reino de la fe. Éste es el camino para evolucionar. En la calma de la meditación, tu conciencia podrá concentrarse en la verdad y comprender. En ese estado, se desarrolla la fe; mediante el despliegue de la intuición, recibirás «la prueba de lo que no se ve».

Visiones de la India: el desarrollo del Ser superior

Unir Oriente y Occidente en el aspecto cultural y espiritual mediante un «mutuo intercambio de las más nobles cualidades de ambos» es un ideal por cuya defensa se destacó Paramahansa Yogananda en toda la obra a la que dedicó su vida. El siguiente artículo constituye uno de sus tempranos elogios a su madre patria espiritual, y describe lo que la India posee para ofrecer a Occidente y lo que puede recibir de él. Si bien el transcurso de muchas décadas ha traído consigo cambios en las circunstancias y condiciones de la India y del mundo entero, la premisa fundamental de esta «visión de la India» —que data de la década de los veinte— sigue siendo tanto válida como valiosa para brindar una perspectiva general de la unidad entre Oriente y Occidente. El tema central del mensaje espiritual de la India para el mundo es la importancia de desarrollar nuestro Ser superior; ese tema inspiró las palabras de Paramahansaji en la segunda mitad de este artículo.

La India es un epítome del mundo: una nación con una gran diversidad de climas, religiones, actividades comerciales, expresiones artísticas, gentes, escenarios, etapas de civilización y lenguas.

Su civilización se remonta a miles de años atrás. Sus grandes visionarios, profetas y regentes dejaron testimonios que demuestran la gran antigüedad de la civilización aria en la India[1].

---

[1] El nombre antiguo de la India es *Aryavarta*, que literalmente significa «morada de los arios». La raíz sánscrita de *arya* es «valioso, sagrado, noble». El uso posterior de la palabra *ario* para señalar características físicas y no espirituales está considerado, por parte de algunos etnólogos —incluido el renombrado indólogo Max Müller—, como una interpretación errónea de su significado original.

En *Autobiografía de un yogui*, Paramahansa Yogananda escribió: «No existe, ni en la literatura ni en la tradición de la India, antecedente alguno que pudiera justificar la teoría histórica propagada en Occidente conforme a la cual los antiguos arios "invadieron" este país desde alguna región de Asia o Europa. En vista de lo anterior, es natural que a los eruditos no les haya sido posible

Numerosos viajeros occidentales visitan la India, ven algunos magos callejeros, tragasables o encantadores de serpientes y creen que eso es lo único que este país posee para ofrecer. Pero esos hombres no representan a la verdadera India. Desde tiempos inmemoriales, la vida real y el secreto auténtico de la vitalidad de esta nación residen en su cultura espiritual, la cual la ha convertido en la cuna de las religiones. Si bien Occidente puede enseñar a la India mucho sobre métodos de higiene, modalidades empresariales y desarrollo de recursos —y aunque la India necesita de «misioneros de la industria» como Henry Ford y Thomas Edison—, las naciones occidentales también están sedientas, consciente o inconscientemente, de las enseñanzas espirituales prácticas en las que la India se ha especializado durante siglos.

En las ciudades occidentales, la ciencia ha progresado tanto que, desde el punto de vista físico, el hombre recibe generalmente buenos cuidados, alimentos, ropa y cobijo. Sin embargo, las comodidades físicas y materiales no son suficientes si se carece de serenidad y solaz, tanto mental como espiritual. En cuanto modelo espiritual de todas las religiones, la India ha sido el reformador silente, el gran inspirador de las mentes y almas humanas. Su legado más prominente y enriquecedor para la humanidad lo constituyen las técnicas para el cultivo científico de la dimensión espiritual del ser humano, que sus santos y profetas descubrieron y han ofrecido a través de los siglos.

La India es una tierra de misterios, pero de misterios que se revelan al investigador o buscador comprensivo. Posee las montañas más altas y majestuosas del mundo: la cadena del Himalaya. Darjeeling, en el norte, es la Suiza de la India. Las singulares ruinas de antiguos castillos y los espaciosos palacios de príncipes en Delhi; la vasta extensión del Ganges, santificada a lo largo de los siglos por muchos santos que han meditado junto a sus riberas y han conocido a Dios; las nevadas crestas de las

---

determinar cuál fue el punto de partida de esa invasión imaginaria. El testimonio de los *Vedas* al respecto —expuesto por el profesor Abinas Chandra Das en un inusitado volumen de fácil lectura (titulado *Rig-Vedic India* y publicado en 1921 por la Universidad de Calcuta)— señala a la India como la patria de los hindúes desde tiempos inmemoriales».

cumbres del Himalaya doradas por el sol; los antiguos lugares de peregrinaje y las cuevas de meditación donde los yoguis y los swamis vieron cómo los leños de la ignorancia se consumían en el fuego de la sabiduría de Dios; el Taj Mahal en Agra, el más delicado sueño de arquitectura jamás materializado en mármol con el fin de simbolizar el ideal del amor humano; los oscuros bosques y junglas donde imperan los señoriales tigres; el azul de los cielos indios y su luz resplandeciente; las suntuosas variedades de frutas y vegetales orientales; la gran diversidad de sus gentes: todo ello hace que la India sea diferente, fascinante, romántica, inolvidable.

Una tierra de grandes contrastes

La India es una tierra de grandes contrastes: riquezas indescriptibles y enorme pobreza; la mayor pureza mental, y unas condiciones de vida toscas y simples; autos Rolls Royce y carretas de bueyes; elefantes con alegres gualdrapas y pintorescos carruajes de caballos.

En el norte, encontramos indios de ojos azules y cabellos rubios; en el sur, más caluroso, las pieles son oscuras, bañadas por el sol del trópico. De principio a fin, la India es una tierra de sorpresas, contrastes y extremos. La vida se torna prosaica cuando la atención se centra demasiado en la actividad comercial y en las certidumbres tediosas; por eso, en la India sentimos que la vida es una gran aventura, una experiencia misteriosa y sorprendente.

Puede que la India no posea los rascacielos ni todas las comodidades de la vida moderna que, a veces, debilitan el espíritu; la India tiene sus defectos —al igual que todas las naciones—, pero alberga a numerosos «rascacielos» espirituales, semejantes a Cristo, que desde su modestia podrían enseñar a sus hermanos y hermanas occidentales la manera de cosechar el gozo espiritual pleno en cualquier situación de vida. Estos místicos y profetas científicos —que han conocido la Verdad por su propio esfuerzo y experiencia, en lugar de permanecer satisfechos con creencias ordinarias que no han sido verificadas personalmente— pueden enseñar a los demás cómo desarrollar su intuición y hacer que brote el manantial de paz y satisfacción que se halla oculto bajo el suelo de los misterios. A pesar de que he tenido la ventaja de contar con cierta educación occidental, considero que sólo en la India encontré la auténtica solución a los misterios de la vida.

Visiones de la vitalizante filosofía de la India

Desde tiempos inmemoriales, las grandes mentes de la India se han especializado en el descubrimiento y comprensión de la filosofía y del significado de la vida. Una de las cuestiones filosóficas más discutidas consiste en saber si la finalidad de la vida humana es el servicio o el egoísmo. En cierta ocasión, sostuve una gran controversia con un europeo que ciegamente afirmaba, una y otra vez, que el objetivo de la vida era el servicio, mientras yo argumentaba que dicho objetivo era alcanzar el más elevado de los egoísmos. Le pregunté varias veces qué razones tenía para creer en el «servicio»; pero en lugar de darle a mi discernimiento una respuesta satisfactoria, sólo reiteraba: «El servicio es el propósito de la vida. Es una blasfemia dudarlo».

—¿Es el servicio el propósito de la vida porque las Escrituras lo proclaman así? —le pregunté, al ver que estaba aferrado a su dogma.

—Sí —replicó con vehemencia.

—¿Cree al pie de la letra —le inquirí— en todo lo que figura en las Escrituras? ¿Cree que Jonás fue tragado por una ballena y salió vivo después de varios días? ¿Cómo se lo explica?

—No, no puedo entender cómo lo hizo —contestó mi amigo.

Ésa era la cuestión. Para conocer realmente la verdad de las narraciones bíblicas —y a fin de comprender lo que en las escrituras es erróneo o correcto, literal o metafórico— es preciso usar la razón, el discernimiento y el poder de la verificación intuitiva que se desarrolla por medio de la meditación.

Muchas personas suponen que todo lo que contiene un libro debe de ser cierto. De manera especial, la mayor parte de los estudiosos de las religiones creen que cualquier cosa que revista un carácter de autoridad bíblica se encuentra más allá de todo cuestionamiento. Pero colocarse un atuendo externo no garantiza infalibilidad. Los cronistas de las escrituras también pueden cometer errores o, más tradicionalmente, ocultar verdades tras los velos de las alegorías, las metáforas y las parábolas. A fin de conocer la verdad de una doctrina, debemos vivirla y descubrir si funciona o no; es decir, someterla a la prueba de fuego de la experiencia. Procuremos permanecer en el mundo desprovistos de dogmatismos, y comparar nuestras creencias religiosas con la experiencia y percepción espiritual de los verdaderos maestros. Permitámonos ser iconoclastas con nuestros errores interiores, que necesitan ser abolidos. No debemos dar cobijo a una masa de principios teológicos sin asimilar o, en caso contrario, sufriremos de indigestión teológica crónica.

El ideal de servicio según lo explican los sabios de la India

La ley del servicio a los demás es secundaria y constituye el corolario de la ley del interés propio o instinto de conservación, que podría denominarse «egoísmo». Ningún hombre en su sano juicio emprende jamás acción alguna sin una razón. Las doctrinas e instrucciones religiosas pueden basarse en la superstición ciega o en una experiencia religiosa real. La verdadera interpretación que se oculta tras los preceptos bíblicos «Sirve a tu prójimo» y «Ama a tu prójimo como a ti mismo» consiste en que todos los devotos que deseen expandir los límites de su propio ser han de obedecer la ley del servicio a los demás.

No hay acción que se realice sin estar vinculada a un pensamiento directo o indirecto de naturaleza egoísta; el mero acto de prestar un servicio es indispensable para recibir otro en reciprocidad. Servir a los demás al proporcionarles ayuda financiera, mental o moral supone encontrar una satisfacción propia. Si alguien supiera, más allá de toda duda, que al auxiliar a los demás se perdería su propia alma, ¿efectuaría acaso ese servicio? Si Jesús hubiera percibido que al sacrificar su vida en el altar de la ignorancia del hombre disgustaría a Dios, ¿habría actuado como lo hizo? ¡No! Sabía que, si bien habría de perder el cuerpo, obtendría el favor de su Padre, así como el liberador regocijo de su propia alma. Semejantes hijos inmortales de Dios, y todos los mártires y santos, hacen una buena inversión: entregan el pequeño cuerpo mortal para lograr la vida inmortal. Nada de valor se obtiene sin pagar un precio.

Así pues, ni el mayor acto altruista de servicio a los demás puede realizarse sin pensar primero en uno mismo. Por lo tanto, es lógico afirmar que la motivación de la vida es el egoísmo más elevado, o sea, la actividad que tiende al bien de nuestro

Ser superior —y no el servicio a los demás sin pensar en uno mismo.

El hombre sabe que debe prodigar servicio a los demás; de lo contrario, no podrá recibir, en justicia, el servicio de ellos. Todos los seres son interdependientes en alguna medida. Si los campesinos abandonaran el trabajo agrícola, y los empresarios dejasen de prestar su servicio de transporte y distribución, ni siquiera el renunciante podría mantenerse. En la actualidad, con el incremento de la población y de la riqueza, incluso los bosques se dividen y pasan a ser propiedad de grandes terratenientes, que llenan los árboles con carteles donde se advierte al intruso de que será objeto de acciones legales si se interna en propiedad ajena. Por lo tanto, sería ilógico que el renunciante dijera: «No trabajaré ni ganaré mi sustento; subsistiré a base de las frutas silvestres del bosque». Debe contribuir con algún servicio por el cual tendrá derecho a recibir un sustento material a cambio. Así pues, el servicio prestado y recibido —bien sea por parte del empresario que ofrece sus servicios en el ámbito material, o por el renunciante espiritual que sirve en forma divina[2]— tiene relación con el objetivo de un egoísmo que puede ser de naturaleza inferior o superior.

Tres tipos de egoísmo: nocivo, bueno y sagrado

Sin embargo, deberíamos distinguir claramente los tres tipos de egoísmo: nocivo, bueno y sagrado. El egoísmo nocivo es el que impulsa al ser humano a procurar su propia comodidad por medio de la destrucción del bienestar ajeno. Ser rico a costa de la pérdida de los demás constituye un pecado que se opone a los intereses del Ser superior que reside en el interior de quien sucumbe a dicho egoísmo. Deleitarse hiriendo los sentimientos del prójimo a través de la crítica continua también constituye egoísmo nocivo; este placer malsano no conduce a ningún bien

---

[2] «El aislamiento es necesario para establecer permanentemente la conciencia en el Ser; sin embargo, los maestros retornan luego al mundo para brindar su servicio. Incluso los santos que no se ocupan de prestar sus servicios en forma externa confieren, por medio de sus pensamientos y sagradas vibraciones, mayores beneficios al mundo de los que los hombres no iluminados puedan ofrecer por medio de las más arduas actividades humanitarias». —Paramahansa Yogananda, en *Autobiografía de un yogui*.

perdurable. El egoísmo verdadero y bueno motiva al hombre para que busque su propia comodidad, prosperidad y felicidad al hacer que también los demás adquieran mayor abundancia y dicha. El egoísmo nocivo oculta sus garras destructivas de inevitable sufrimiento bajo una apariencia inocente que promete el logro de la comodidad temporal. Este pernicioso egoísmo nos encierra en un pequeño círculo y excluye al resto de la humanidad. El egoísmo bueno incluye tanto a uno mismo como a todos los demás en el círculo de la hermandad y aporta una abundante cosecha: servicios que otras personas nos devuelven, nuestra propia expansión, comprensión divina, felicidad perdurable y unión con Dios.

Quien se dedique a los negocios debe practicar el buen egoísmo; de este modo, a través de sus acciones y obras sinceras, honestas, íntegras y constructivas, cuida de sus propias necesidades y las de su familia, proporcionando un servicio útil a los demás. Tal individuo es muy superior a la persona que piensa y actúa sólo para ella misma, sin tomar en consideración a aquellos a los que sirve o a quienes dependen de ella para su sustento. Ésta actúa en contra de sus propios y mejores intereses egoístas porque, de acuerdo con la ley de causa y efecto, a su debido tiempo atraerá el sufrimiento. La riqueza de muchos egoístas la heredan los deudos, que con frecuencia la derrochan en erróneos excesos. Ese egoísmo, finalmente, no ayuda ni al dador ni al receptor.

A fin de evitar los escollos del egoísmo nocivo, primero debemos seguir las pautas del buen egoísmo y afianzarnos en ellas. Para eso, hemos de considerar a nuestra familia y a quienes servimos como parte de nosotros mismos. A partir de tal logro, podemos avanzar hacia la práctica del egoísmo sagrado (o del altruismo, como se le llamaría comúnmente) en cuyo marco percibimos el universo como si fuese nuestro propio ser.

El egoísmo sagrado

Sentir las aflicciones de los demás y ayudarlos a liberarse de mayores sufrimientos, procurar la felicidad en el gozo ajeno, tratar en forma continua de eliminar las carencias de un número cada vez mayor de personas: esto significa ser sagradamente egoísta. El hombre que pone en práctica el egoísmo sagrado cuenta todas sus pérdidas terrenales como sacrificios que realizó de manera deliberada y voluntaria para el bien de los demás, y para su propio y supremo provecho final. Un ser humano así vive para amar a sus hermanos, pues sabe que todos ellos son hijos del Dios único. La totalidad de su egoísmo es sagrado porque, cada vez que piensa en él mismo, no repara en su pequeño cuerpo o su mente dotada de entendimiento ordinario, sino en las necesidades de todos los cuerpos y mentes de sus conocidos o de quienes se encuentran al alcance de su influencia. Su «ser» se transforma en el Ser de todos. Se convierte en la mente y el sentimiento de todas las criaturas. De esa manera, cuando lleva a cabo algo para él, sólo puede hacerlo si es bueno para todos. Quien se considera una persona cuyo cuerpo y miembros están constituidos por la humanidad entera y por todas las criaturas descubre, en verdad, que el Espíritu Universal Omnipresente es él mismo[3].

Esa persona no abriga expectativas; sin embargo, ejerciendo su mejor juicio e intuición, continúa ayudándose a sí misma en los demás, prodigando salud, alimento, trabajo, éxito y emancipación espiritual.

Trabajar con egoísmo bueno y sagrado nos pone en contacto con Dios, que reposa en el altar de la bondad que no conoce límites. Quien vive según este principio trabaja a conciencia y sólo para complacer al Dios de Paz que permanentemente nos guía en nuestro interior.

---

[3] «Posee verdadera visión quien percibe al Supremo Señor presente por igual en todas las criaturas, el Imperecedero entre lo perecedero. [...] Cuando un hombre es capaz de concebir que todos los seres existen en el Único Ser —que se ha expandido transformándose en seres sin fin—, se funde en Brahma» (*Bhagavad Guita* XIII:27, 30).

Los milagros del *Raja Yoga*

Compilación de una conferencia y un artículo, con el mismo título, que datan aproximadamente de 1926-27; incluye citas de Autobiografía de un yogui

> Comúnmente se considera que un «milagro» es un efecto o evento no sujeto a una ley o que la trasciende. No obstante, en nuestro meticulosamente organizado universo, todos los eventos tienen lugar bajo alguna ley y pueden ser explicados por medio de cierta ley. Los poderes considerados milagrosos de los grandes maestros son el atributo natural que acompaña su exacto entendimiento de las leyes sutiles que operan en el cosmos interior de la conciencia.
> En verdad, nada puede ser llamado un «milagro» excepto en el profundo sentido de que todo es un milagro. ¿Existe algo más común, o milagroso, que el hecho de que cada uno de nosotros poseamos cuerpos intrincadamente organizados y hayamos sido puestos en un planeta que gira vertiginosamente en el espacio entre las estrellas?
> Autobiografía de un yogui

El *Raja Yoga*, el «Yoga Real», es la ciencia de la comunión con Dios: un método gradual para volver a unir el alma con el Espíritu —al hombre con su Creador—, que desarrollaron los *rishis* de la antigua India y que produce resultados fijos y demostrables . El *Raja Yoga* fue magistralmente sistematizado por el gran sabio Patanjali en sus *Yoga Sutras*, y combina los principios más elevados de todas las demás disciplinas yóguicas: la devoción, la actividad correcta, el autocontrol físico y mental, así como la comunión divina a través de técnicas científicas de concentración y meditación. La meta del sendero, la comunión con Dios, «hace que todo sea posible» porque enseña al mortal cómo transformarse en inmortal.

Occidente se destaca en las ciencias físicas, que nos brindan conocimiento material e inventos. Oriente sobresale en la ciencia espiritual, por medio de la cual el alma se sintoniza con el Infinito. Sin embargo, me doy cuenta de que aquí, en Estados Unidos, las personas todavía carecen de formación en el ámbito de la ciencia espiritual y de las genuinas verdades de Oriente; existen muchas ideas erróneas al respecto.

El verdadero sabio espiritual no es un mago ni un adivino

Mientras me hallaba en Seattle, fui a la oficina de inmigración a fin de solicitar un visado para viajar a Vancouver, British Columbia [Canadá]. En esa ocasión, un funcionario quedó sarcásticamente fascinado con mi turbante de color ocre.

Yo había esperado en la oficina durante cierto tiempo, pero el hombre que estaba sentado al escritorio no hacía ningún intento por atenderme, ni siquiera un gesto para indicar que había advertido mi presencia. Entonces, tamborileé sobre el mostrador para atraer su atención. Este movimiento hizo que finalmente se levantara a regañadientes de su escritorio y me preguntara qué me traía por allí. El funcionario me miró con desdén, fijando sus ojos en mi turbante, y dijo:

—¿Puede usted ver en la bola de cristal, predecir el futuro o tragar espadas? ¿Es usted un encantador de serpientes?

Le aseguré que mi propósito en Estados Unidos no tenía nada que ver con predecir el futuro ni encantar serpientes. Yo no era un faquir; me había dirigido a esa oficina para solicitar un pasaporte a Vancouver. Me indicó que volviera al día siguiente.

Así lo hice, y llevé conmigo un libro que yo había escrito, así como ejemplares de algunos de mis poemas. Sin pronunciar palabra alguna, se los acerqué, y él se sorprendió. Cuando, al corresponder a mi gesto, leyó un par de líneas, y su mirada reflejaba ya la necesidad de ofrecer una disculpa por su apresurada deducción, le miré con una sonrisa en mis labios y dije:

—Estimado funcionario, ¿sabía usted que los hindúes jamás tuvieron una fábrica donde manufacturasen bolas de cristal? La industria del vidrio tiene origen en Occidente. Por eso, es toda una novedad para mí que los hindúes predigan el futuro leyendo en bolas de cristal.

»Respecto de los adivinos, hay un buen número de ellos aquí mismo, en Estados Unidos, al igual que en la India. Pero cuando conoce a un caballero estadounidense, acaso le pregunta:

Edificio administrativo en la Sede Internacional de *Self-Realization Fellowship*, 1996. Desde este emplazamiento de 7,5 hectáreas en la cima de Mount Washington, desde el cual se divisa la ciudad de Los Ángeles, se difunden al mundo entero las enseñanzas de *Kriya Yoga* que Paramahansa Yogananda trajo a Occidente.

Ashram de *Self-Realization Fellowship*, en Encinitas (California), fundado por Sri Yogananda en 1936. En la Ermita (situada en un elevado acantilado que se halla junto al Océano Pacífico), él escribió *Autobiografía de un yogui* y otras obras. En la actualidad, este lugar atrae a visitantes de todo el mundo, quienes llegan para permanecer en el Retiro de SRF ubicado allí o para disfrutar de los hermosos jardines de meditación que están en la cima del acantilado.

(Izquierda) El autor con el presidente de México, Dr. Emilio Portes Gil, gran admirador de Sri Yogananda y sus enseñanzas, en la Ciudad de México, 1929. *(Derecha)* Dando la bienvenida al embajador de la India en Estados Unidos, Binay R. Sen, su esposa, la Sra. Sen, y el cónsul general, M. R. Ahuja; en la Sede Central de SRF, el 4 de marzo de 1952.

Los milagros del Raja Yoga

«¿Es usted adivino?».

No todos los hindúes son videntes. Ellos no creen en adular a una mujer soltera, vaticinando que se casará con un buen marido acaudalado, para luego sacarle tres o cuatro dólares por este pronóstico ficticio. Los hindúes sabios pueden enseñarte cómo resolver los problemas de la vida y modificar tu «fortuna». Tu pobreza u opulencia, tu enfermedad o salud actuales surgen de tus propias acciones pasadas; y tu vida y acciones presentes determinarán tu futuro. Los sabios espirituales son capaces de diagnosticar, basándose en la ciencia, la forma en que la ley de causa y efecto opera en las vidas y acciones humanas. Ellos no creen en el sino —un suceso predestinado carente de causa— ni engañan a la gente con predicciones conjuradas a través de trucos de la imaginación, las palabras equívocas o el fraude. Los verdaderos astrólogos hindúes realizan un estudio científico de la ley de la causalidad que gobierna las acciones humanas. Y no sólo te aclaran tu pasado o predicen tu futuro, sino que te enseñan el arte de evitar un suceso desgraciado o de estimular la cristalización de un acontecimiento deseable que esté siendo atraído hacia ti como resultado de tus malas o buenas acciones pretéritas. Los buenos astrólogos les confían a sus estudiantes sólo lo que va a beneficiarlos, no lo que meramente satisfará una vana curiosidad. Ellos afirman que no tiene sentido revelar el porvenir inexorable a menos que exista una forma de controlar o regular ese destino que nosotros mismos hemos generado. A veces, la ignorancia es sinónimo de dicha.

—Señor —le dije al oficial de inmigración—, no he tenido la singular y peligrosa experiencia de tragar espadas ni de amaestrar cobras, proezas que nuestros diestros magos callejeros a menudo realizan a plena luz del día ante la mirada escudriñadora de la gente. Aunque algunos de ellos poseen poderes fuera de lo común, al mismo tiempo son expertos en el arte de la prestidigitación, y se valen de las ilusiones ópticas para hacer magia. En ese sentido, los magos orientales son superiores a los occidentales. —Luego, con ánimo jocoso, desafié al funcionario—: Yo he visto a ciertos occidentales hipócritas que vestían traje y sombrero, pero jamás relacioné la hipocresía con el hecho de llevar sombrero. ¿Cómo logró usted establecer un vínculo entre el encantamiento de serpientes y mi turbante?

A esas alturas, las prejuiciosas arrugas del funcionario se habían suavizado.

—Lo lamento —me dijo en tono muy amable—. No hay duda de que muchos buenos hindúes que llevan turbante tienen que sufrir la persecución de la opinión pública porque algunos indios con turbante han causado una impresión equivocada en nuestro pueblo.

—Usted no puede pretender —respondí yo— que todos los hindúes abandonen el uso del turbante porque el comportamiento de algunos de ellos diste de ser ejemplar, al igual que yo no voy a exigir que nuestros hermanos occidentales prescindan del sombrero porque determinados individuos que lo utilizan se comporten con hipocresía. Los turistas occidentales visitan la India, ven a los peones pobremente vestidos, observan las actuaciones de los magos o faquires callejeros y piensan que los indios necesitan vestir con levita y corbata para ser civilizados. Las costumbres y particularidades constituyen elementos no esenciales que surgen de ciertas influencias climáticas. El desarrollo auténtico del hombre consiste en cultivar su poder mental.

Así pues, el turista estadounidense que visite la India debe tener cuidado de no concebir equivocadamente a los verdaderos yoguis de ese país. Los auténticos yoguis son muy diferentes de los magos, los tragasables y los que hacen crecer árboles de mango en forma instantánea. Estos últimos son meros profesionales del espectáculo. Los primeros son grandes almas, muy difíciles de reconocer debido a su sencillez y su estilo discreto, sin pretensiones; no obstante, poseen conocimiento divino y poderes milagrosos idénticos a los demostrados por Cristo. Tal como expresó Jesús: «Yo os aseguro: si no cambiáis y os hacéis como los niños, no entraréis en el Reino de los Cielos. Así pues, quien se humille como este niño, ése es el mayor en el Reino de los Cielos»[1]. Es a través de la sencillez y la humildad divinas como podemos lograr un gran poder y una vasta sabiduría.

Los milagros físicos y mentales: la necesidad del *Raja Yoga*

«Toda la creación está gobernada por leyes. Las que se manifiestan en el mundo exterior, descubiertas por los

---

[1] *San Mateo* 18:3-4.

Los milagros del Raja Yoga

> científicos, se denominan leyes naturales. Pero hay leyes más sutiles, que rigen los planos espirituales ocultos y el reino interior de la conciencia; esas leyes pueden conocerse a través de la ciencia del yoga. No es el físico, sino el maestro plenamente realizado, quien comprende la verdadera naturaleza de la materia. Mediante ese conocimiento, Cristo pudo restaurar la oreja del centurión, después de que ésta había sido seccionada por uno de sus discípulos»[2].
>
> Swami Sri Yukteswar, en Autobiografía de un yogui

No existe diferencia entre las leyes físicas y las leyes superiores o milagros producidos por el conocimiento del mecanismo de la mente humana. Los estadounidenses hacen milagros a través del empleo del primer tipo de leyes; los yoguis avanzados realizan milagros mentales. El funcionamiento de la radio y de la cámara de telefotografía sigue siendo un milagro para muchos hindúes, y los milagros que puede llevar a cabo la mente —con tanta frecuencia demostrados por los yoguis de la India— son desconocidos para los estadounidenses. En estos días en que abunda la maravilla de las invenciones constantes, sería prudente que, como mínimo, los norteamericanos investigaran en detalle el descubrimiento, por parte de sus hermanos hindúes, de los milagros espirituales. Éstos no son otra cosa que la operación de las leyes supramentales y cósmicas. Jesús y los sabios de la India saben cómo realizarlos. Para las personas comunes, esas obras parecen milagros, pero en realidad son el resultado del funcionamiento natural de ciertas leyes elevadas y ocultas.

El yoga concilia el poder mental con el cósmico. Los principios del *Raja Yoga* para la concentración eran practicados fácilmente incluso por los rajás o la realeza india, que se hallaban enfrascados en el cumplimiento de sus múltiples deberes de estado. Estos métodos, que otorgan poder sobre el propio destino y son capaces de convertir el fracaso —material, moral, social o espiritual— en éxito, pueden adaptarse igualmente bien a la atareada e inquieta vida de los rajás y maharajás de Occidente, es decir, los millonarios y multimillonarios estadounidenses.

---

[2] «Y uno de ellos hirió al siervo del Sumo Sacerdote y le llevó la oreja derecha. Pero Jesús dijo: "¡Dejad! ¡Basta ya!". Y tocando la oreja, le curó» (*San Lucas* 22:50-51).

La naturaleza humana es la misma en todas partes. Los norteamericanos necesitan equilibrio y fortaleza espiritual tanto como los hindúes. Los estadounidenses hacen que las máquinas trabajen con intensidad para su propio provecho, mientras que los indios tienen que ganarse el sustento realizando su trabajo manualmente. Por lo tanto, en teoría, el hombre de negocios estadounidense tiene más tiempo que el hindú, notoriamente inclinado a lo espiritual, para dedicarse a desarrollar milagros mentales.

En comparación con el logro de habilidades comerciales, la superioridad de adquirir poderes mentales «milagrosos» reside en que éstos no tienen las limitaciones de aquéllas. El sagaz hombre de negocios común puede ser presa del abatimiento a causa de una dura competencia. Cuando su inteligencia empresarial no da más de sí, su fracaso es estrepitoso. Pero el sabio hindú afirma que cuando se agotan los recursos intelectuales, no es preciso que abandonemos nuestros anhelos. Podemos emplear nuestros ilimitados superpoderes para materializar un deseo. Dada la omnipotencia de Dios, el hombre se hace también poderoso al unirse a Él, en forma consciente, a través del *Raja Yoga*.

Tratar de curar enfermedades crónicas, adquirir éxito o lograr paz mental por medios físicos conlleva limitaciones. La ley de causa y efecto lo gobierna todo. Si intentas o has intentado repetidas veces solucionar tus males físicos y mentales, mas aún no lo consigues, debes encontrar en dónde residen tus limitaciones. ¿Por qué depositar la esperanza en que el éxito provenga del uso de una fuerza limitada? Necesitas abrir la puerta de tu interior para adquirir destreza en el uso de los poderes supermilagrosos a través de los cuales es posible desarrollar la vida en su totalidad. De lo contrario, te sentirás como un juguete en manos del destino que tú mismo te has creado.

Observa cuál es el estado mental de gran cantidad de personas. Ellas creen que son muy sabias: todas corren en pos del dinero para satisfacer sus deseos de seguridad y placer. Emplean su vida como si ésta fuera un tren que hubiera de dirigirse con desmesurada velocidad hacia un solo objetivo: dinero y más dinero. Al no utilizar la razón para ver a dónde los va a llevar su rumbo actual, juegan con las ambiciones materiales hasta

Los milagros del Raja Yoga 361

que deben abandonar este mundo con las manos vacías. Una existencia así no tiene gracia ni sentido. ¿Cuál es el propósito de nuestra vida, tanto aquí como en el más allá? Los maestros enseñan el método por el cual toda persona, incluso la más exitosa desde el punto de vista material —con todas sus diversiones, comodidades y riquezas—, puede hacer que su vida sea completa en los planos físico, mental y espiritual.

Compórtate como el dueño de ti mismo; no te dejes gobernar por los hábitos, sino por el libre albedrío y la sabiduría que proviene de la comunión con Dios. Tienes el privilegio y la oportunidad de construir tu propio cielo aquí mismo, y cuentas con todos los medios para hacerlo. Dios te ha brindado el poder de conocerle. En el *Raja Yoga*, Él te ha concedido la ciencia que versa sobre la forma de orientar tu mente hacia la Divinidad, la auténtica ciencia de la oración mediante la cual puedes establecer contacto con Dios y comulgar con Él.

Los milagros que documenta la historia

Relataré algunos auténticos y milagrosos sucesos históricos protagonizados por los yoguis de la India, los cuales muestran que ellos vivieron de un modo mucho más adelantado que el de los tiempos modernos y realizaron milagros que la ciencia material contemporánea se encuentra muy lejos de comprender.

Hace unos setenta años, la santa ciudad de Benarés se hallaba alborotada por los milagros de Swami Trailanga[3]. Tenía doscientos cincuenta años de edad, y se dice que solía permanecer sumergido en el Ganges o flotando sobre su superficie durante dos o tres días consecutivos; podía leer la mente de las personas como si fuera un libro; bebía escudillas enteras de líquidos venenosos sin que le provocasen la muerte y, en apariencia, había realizado todo tipo de milagros, a la manera de Jesucristo. Se cuenta que, en cierta ocasión, por desobedecer las leyes de la ciudad, le encerraron en la cárcel. Al momento siguiente, lo vieron caminando sobre el tejado. Poseía muchos y maravillosos poderes. ¿Puede la ciencia decirnos de alguna otra persona que haya vivido doscientos cincuenta años?

---
[3] Véase *Autobiografía de un yogui,* capítulo 31.

Otro milagro del *Raja Yoga* quedó demostrado cuando Sadhu Haridas permitió que lo sepultaran vivo, bajo tierra, durante seis semanas. La hazaña de Sadhu Haridas se registró para la posteridad en el siglo XIX, en la corte del Príncipe Ranjit Singh —emperador del Punjab—, y contó con la certificación de médicos franceses y de otras nacionalidades europeas. Tras recubrir con cera el cuerpo de Haridas, introducirlo en una bolsa cerrada con costuras y depositarlo luego en un cofre de piedra, el emperador sepultó al sadhu a un par de metros bajo tierra, en el patio real. El lugar se vigiló con celo durante seis semanas. Millones de personas se hallaban esperando noticias sobre la exhumación del sadhu una vez que el plazo hubo transcurrido. Abrieron el cofre de piedra, quitaron el envoltorio de tela y la cera, y unos médicos franceses e ingleses examinaron el cuerpo, dictaminando su muerte. Sin embargo, a los pocos minutos, Sadhu Haridas parpadeó y volvió a la vida. Tronaron los cañones ubicados en las murallas del fuerte del emperador, en Lahore (Punjab, India), para anunciar y proclamar que San Haridas estaba vivo. En cualquier libro de historia general de la India se encontrará registrado este acontecimiento.

Aun en nuestros días existen santos que, de vez en cuando, muestran en público sus milagrosos poderes. Mi madre vio al maestro de mi maestro, Lahiri Mahasaya, inmerso en un prolongado estado de éxtasis durante el cual suspendió todos sus procesos vitales[4]. No obstante, se considera que los grandes yoguis incurren en una degradación espiritual y blasfeman contra las leyes de Dios cuando manifiestan sus poderes meramente para satisfacer el ansia frívola de quienes sólo se hallan movidos por la curiosidad. Me llevó largo tiempo reconocer el poder milagroso de mi maestro, Swami Sri Yukteswar, a pesar de que mantenía yo un estrecho contacto con él.

---

[4] «Ante el asombro de todos los que le trataban, el estado fisiológico habitual de Lahiri Mahasaya exhibía las características sobrehumanas de la suspensión del aliento, la ausencia del sueño, la cesación del pulso y de los latidos del corazón, ojos inmóviles durante horas, y una profunda aura de paz. Ningún visitante se marchaba sin experimentar una elevación espiritual en su ser; todos sabían que habían recibido la silenciosa bendición de un verdadero hombre de Dios» *(Autobiografía de un yogui).*

Los milagros del Raja Yoga

Mi maestro me mostró el infalible poder de Dios

Sri Yukteswar era de naturaleza reservada y positivamente práctica. Nada recordaba en él al absorto y alienado visionario. Sus pies descansaban firmemente sobre la tierra, mientras su cabeza permanecía anclada en el cielo. [...] A mi maestro no le gustaba hablar sobre los reinos suprafísicos. Su única «mágica» aura estaba constituida por una simplicidad absoluta. En su conversación evitaba hacer referencias sorprendentes, y en la acción era siempre expresivo y libre. Otros hablaban de maravillas y milagros, pero no podían realizar uno solo. Sri Yukteswar rara vez mencionaba las leyes sutiles, pero secretamente operaba con ellas a voluntad.

«El hombre que ha alcanzado la unión con Dios no hace ningún milagro sin recibir previamente una sanción interna —decía mi maestro—. Dios no desea que los secretos de su creación sean revelados promiscuamente. Además, cada individuo tiene el inalienable derecho al libre albedrío. Los santos no violan esa independencia».

Autobiografía de un yogui

He visto a mi gurú realizar muchos milagros; y de todas las maravillas que he presenciado, declaro ante el mundo que obtuve mi licenciatura universitaria gracias a su poder milagroso. Durante aquella época de estudiante, yo solía visitarlo y permanecer con él en su *ashram* casi todos los días, absorto en la sabiduría de su presencia y en la práctica de la meditación. Descuidé tanto los estudios que apenas sabía dónde estaban mis libros. Cinco días antes del examen de la universidad, le dije a mi maestro que no iba a presentarme. La dulce expresión de su rostro cambió de repente, y me dijo: «Entonces, toda mi relación contigo cesa en este instante. —Luego, insistió—: Lo único que te pido es que *te presentes* al examen». Él afirmó que yo aprobaría aunque no hubiera estudiado. No sin resistencia, acepté hacerlo, pensando en cumplir tan sólo su petición de «presentarme», y en llenar las hojas destinadas a las respuestas con sus enseñanzas.

A continuación, me pidió —primero con amabilidad y luego con vehemencia— que procurara la ayuda de un cierto amigo mío, Romesh Chandra Dutt, un estudiante destacado. Todas las mañanas de aquellos días que duró mi examen de licenciatura, yo le formulaba a Romesh cualquier pregunta que viniera a mi mente, y trataba de memorizar las respuestas. Romesh me aleccionó en las diversas materias de las que debía examinarme y respondió a todas mis inquietudes. En algunos aspectos, este título de Licenciado en Letras de la Universidad de Calcuta es incluso más difícil de obtener que su equivalente en Harvard, debido a las muchas injusticias y dificultades que jalonan el camino de quienes se presentan a ese examen. Hice lo que mi maestro me indicó; y, por extraño que parezca, me di cuenta de que en mis exámenes figuraban las mismas preguntas que Romesh, sin saberlo, me impulsó a preparar, o para las que me había brindado alguna respuesta en su papel de profesor. Después del primer día, proclamé a los cuatro vientos, con toda convicción, que iba a aprobar el examen; y cuando, en efecto, recibí mi diploma de licenciatura, mi padre y mis amigos, que habían abandonado toda esperanza respecto del éxito de mi vida académica, me dijeron que yo había obrado el milagro. Por este motivo, me complace mencionar el título de Licenciado en Letras, después de mi nombre, en todos mis libros y artículos; ese título me recuerda esta singular experiencia y la bendición que me concedió el poder divino de mi gurú[5]. Cuando le pregunté a mi maestro cómo había sido posible esto, él simplemente respondió que la fe, las obras y el conocimiento de la ley supramental pueden obrar milagros allí donde fracasan los esfuerzos materiales del hombre.

Recuerdo que un amigo mío, al verme tan devoto seguidor de mi maestro y descuidado con mis estudios, se burló de mí y señaló: «Lamento decirte que ni tu gurú ni Dios harán que apruebes los exámenes». Impulsado en parte por mi fe, y en parte por polemizar, repliqué: «¿Por qué no?». Poco podía yo imaginar, en ese momento, que sería testigo de un cumplimiento tan impresionante de mi declaración.

---

[5] Poco después de esta charla, Paramahansaji abandonó gradualmente el uso de su título universitario, al sentir que había cumplido el propósito para el cual Sri Yukteswar le había ayudado a obtenerlo, que era servir de presentación ante un auditorio occidental escéptico: «Algún día irás a Occidente —había dicho Sri Yukteswar—. Su pueblo prestará más atención a la antigua sabiduría de la India, si el extraño instructor hindú posee un grado universitario».

Mi maestro aún vive, en carne y hueso, en la India, y no me atrevo a contar todas las cosas maravillosas que he visto[6]. Esto es lo que puedo decir: en todo el mundo occidental, no he encontrado a una sola persona como él. Aceptaría toda la pobreza, el hambre y las incomodidades de la vida en la India, en vez de la confortable vida estadounidense, a fin de sentarme a los pies de una persona como mi maestro. Con sólo tocar la mano o el pie de un maestro que ha tomado plena conciencia de la Divinidad, el discípulo receptivo queda extasiado en el grandioso espíritu de Dios.

El conocimiento directo de las leyes de la verdad

«El desarrollo espiritual no se mide por el despliegue de poderes externos, sino únicamente por la profundidad de la dicha experimentada en la meditación. [...]

»¡Qué pronto nos hastiamos de los placeres mundanos! El deseo de cosas materiales no tiene límite; el hombre jamás está completamente satisfecho, y persigue una meta tras otra. Ese "algo más" que busca es el Señor, el único que puede proporcionarle el gozo imperecedero. [...]

»Una vez que, por medio del Kriya Yoga, *la mente se purifica de los obstáculos sensorios, la meditación proporciona una doble prueba de Dios. El gozo siempre renovado es una evidencia de su existencia, que nos penetra hasta los átomos. Y también en la meditación uno encuentra su guía instantánea, y su adecuada respuesta a cualquier dificultad».*

Swami Sri Yukteswar, en Autobiografía de un yogui

Los estadounidenses que saben escuchar y aman el auténtico progreso deberían, ahora, profundizar en el mensaje filosófico de la ciencia espiritual de la India y no conformarse meramente con oírlo. Han de aprender la técnica gracias a la cual es posible entender los extraordinarios milagros de la

---

[6] Swami Sri Yukteswar entró en *mahasamadhi,* el abandono definitivo del cuerpo físico realizado en forma consciente por un yogui, el 9 de marzo de 1936. (Véase *mahasamadhi* en el Glosario).

En 1927, Occidente no estaba preparado para las inspiradoras revelaciones que abundan en las vidas de los divinos Yoguis-Cristos de la India, revelaciones que habrían de publicarse veinte años más tarde en *Autobiografía de un yogui,* de Paramahansa Yogananda.

mente y aplicar las leyes superiores para hacer que la vida no sólo sea exitosa desde el punto de vista económico sino, además, dichosa en todo sentido.

El pensamiento y el conocimiento son dos cosas diferentes. Si pones en práctica las lecciones de esta enseñanza del *Raja Yoga* que se imparte en *Yogoda*[7], tendrás algo que jamás has poseído antes en tu vida: la percepción directa de la verdad. Sé que puedo seguir lo que mi gurú y mis paramgurús[8] enseñaron y lograr así dicha percepción, en lugar de sufrir de una «indigestión espiritual» causada por engullir creencias ciegamente, o por tratar de asimilarlas tan sólo desde el plano intelectual. La creencia fundada en el dogma o en el mero conocimiento intelectual no puede servirte de apoyo durante mucho tiempo cuando la evidencia del mundo la contradice. Debes contar con la fuerza del convencimiento que surge de la percepción directa; entonces, ni siquiera los mayores obstáculos lograrán interponerse en tu camino. Puedes probar la verdad que predicaron Cristo y los Grandes Maestros[9]. Será culpa tuya si permites que se te engañe. ¡Busca la sabiduría!

No permanezcas ocioso; ocupa tus horas y energías en hacer algo que valga la pena. Eso es lo que mi maestro me enseñó. Todo su interés residía en propiciar nuestro contacto con Dios. Las personas sacrifican su felicidad a cambio de adquirir pequeños bienes. Dios es el administrador del almacén universal; búscale, y todo el almacén estará abierto para ti. Sólo tu experiencia real de Dios, tu percepción directa de la verdad, podrá llevarte hasta ese estado.

La puerta interior hacia el poder y la dicha divinos

¿Cómo logró Cristo resucitar su cuerpo crucificado? ¿Cómo pudieron Lahiri Mahasaya y Sri Yukteswar realizar sus milagros? La ciencia moderna no tiene aún la respuesta,

---

[7] *Yogoda Satsanga Society* (véase el Glosario) es el nombre por el cual se conoce a la sociedad fundada por Paramahansaji en la India. Él también empleó el término «Yogoda» para referirse a su obra en Estados Unidos, durante los primeros años de ésta.

[8] «Paramgurú» significa «el gurú del propio gurú» (véase el Glosario).

[9] «Si tenéis fe y no vaciláis [...] si aun decís a este monte: "Quítate y arrójate al mar", así se hará» (*San Mateo* 21:21).

a pesar de que, con el advenimiento de la Era Atómica, el alcance de la mente mundial ha sido prodigiosamente ensanchado. La palabra «imposible» se hace cada día menos prominente en el vocabulario del hombre.
Autobiografía de un yogui

El éxito, la riqueza, la curación de enfermedades crónicas, el control de los hábitos... todo puede lograrse. Si has agotado todos los métodos y esfuerzos materiales, no continúes recurriendo en vano a esos impotentes recursos del pasado. Abre la puerta de tu interior, y el vitalizante poder espiritual fluirá a tu ser; toda debilidad y fracaso se desvanecerán. ¿Por qué no tomar conciencia de la ayuda de Dios? Experimenta la calma que surge de la concentración en el Espíritu; la serenidad de la meditación constituye una inagotable reserva de poder divino.

Dios no es parcial. Si obedeces la ley, le encontrarás. Cuando le hallé en mi interior, le hallé en todas las cosas. Ya de pequeño, yo anhelaba a Dios. En cierta ocasión, le escribí una carta. Sí, en verdad lo hice; y la envié por correo dirigida a «Dios en el Cielo». Por cierto, cuando escribimos a alguna persona, esperamos una respuesta; pero al no recibirla, mi espera y expectativa trajeron consigo un mar de lágrimas. Finalmente, la contestación llegó, no con muchas palabras impresas en un papel, sino como una gran visión de luz. ¡Qué maravilla! Tú *puedes* recibir la respuesta de Dios si lo intentas y no claudicas. Plantea tus preguntas con la seriedad y el sentimiento que brotan de tu interior, envíalas a Dios durante la meditación profunda y, con toda seguridad, obtendrás tu respuesta.

Persuadir al Señor para que se nos aproxime es sólo posible a través de la ley, del amor y de la verdadera comunión interior, anhelándole incesantemente hasta que nos llegue Su respuesta. Una vez que el muro externo de la ignorancia se quiebre gracias a la meditación científica, Él te mostrará la puerta que conduce a su presencia. Golpea con fuerza y perseverancia; no te detengas. La puerta se abrirá, y tendrás a tu disposición los infinitos poderes y la dicha de Dios.

Afirma conmigo: «Mi Padre y yo somos Uno; Él está en mí, y yo estoy en Él. La paz, el gozo y la omnipotencia reinan en mí, en el Dios que se encuentra dentro de mí».

La resurrección: cómo renovar y transformar tu cuerpo, mente y espíritu

Conferencia impartida por Paramahansaji a los estudiantes de su Centro situado en Washington D.C., el 7 de abril de 1929[1]

¡El pensamiento no tiene límites! Toda palabra representa un concepto ideal del Infinito, debido a que cada palabra y pensamiento es una manifestación del Infinito. Numerosas ondas de pensamientos se hallan danzando en las olas de la conciencia, pero tras de ellas se encuentra el inmenso e inagotable océano de la Verdad. Las expresiones de nuestro pensamiento son ondas que surgen del océano del entendimiento.

¿Qué significa la resurrección? ¡Vivir de nuevo! ¡Resurgir a una nueva vida! ¿Qué resurge... y cómo se lleva a cabo este proceso? Es preciso que comprendamos en qué sentido resucitar significa vivir de nuevo. Todas las cosas están sometidas a un proceso que las hace transformarse. Los cambios que se originan son perjudiciales o benéficos para el objeto que se modifica. Por ejemplo, si yo tomo un vaso sucio y lo arrojo contra el suelo, sin duda tendrá lugar un cambio, ¿verdad? Pero esta transformación no será benéfica, sino que dañará al objeto en el cual se ha producido la modificación. Pero si, en vez de lo anterior, yo lavo el vaso sucio hasta dejarlo reluciente, habré experimentado un cambio provechoso. *Resurrección significa toda transformación benéfica que le ocurre a un objeto o a un ser humano.*

Se pueden reconstruir los muebles viejos en una carpintería o recurriendo a un tapicero. Se puede restaurar una casa siguiendo

---

[1] Bajo la dirección de Paramahansa Yogananda, extractos de esta charla, así como de otras de sus primeras conferencias y artículos, se incorporaron a la compilación de las *Lecciones de Self-Realization Fellowship.*

La resurrección

las instrucciones de un arquitecto. Pero nosotros nos estamos refiriendo al hecho de renovar el cuerpo humano. En este sentido, su resurrección significa todo cambio que lo haga resurgir. No puedes permanecer estacionario. Es menester avanzar o retroceder. En la vida no es posible permanecer inmóvil, y ésta es una grandiosa e inspiradora verdad. O bien aceptas las transformaciones perjudiciales o las provechosas.

Todo ser humano es una expresión del vasto Espíritu infinito. ¿Acaso no es un motivo para maravillarnos el hecho de que los seres humanos funcionen ininterrumpidamente sin el auxilio de motores, sin alambres y sin una fuente visible que les suministre energía? La máquina humana despierta en la mañana, toma su desayuno, va a trabajar, come, regresa a la oficina, cena, asiste al cine (o quizá tiene una afición a la cual se dedica en casa) y después va a dormir, para luego despertar y volver a repetir los mismos actos, día tras día. Como seres mortales, estamos gobernados por algo que opera de modo semejante al radiocontrol: la energía inteligente, activa y vital que Dios ha dejado en libertad y que se halla sujeta a las leyes creativas de la Naturaleza[2]. Es posible dirigir embarcaciones a través del radiocontrol; de igual forma, estamos guiados por las «radioemisiones» procedentes de las leyes naturales del infinito y omnipresente Espíritu.

Pero lo importante es que no somos autómatas, pues nuestra alma constituye un reflejo del Espíritu. Así como la luz del sol que se refleja sobre una masa de agua en movimiento se convierte en una miríada de diminutos rayos de luz, de manera similar, el Espíritu que resplandece en las ondas vibratorias de la creación se ha reflejado en cada cuerpo y mente humanos en forma de Espíritu individualizado o alma. Ahora bien, aun cuando esta alma es un reflejo del Espíritu, se ha identificado con el cuerpo y ha adoptado todas las limitaciones del cuerpo y de la mente. Sin embargo, a través de los procesos evolutivos, intenta con gran denuedo obtener su propia resurrección para librarse de las distorsiones provocadas por su esclavitud al cuerpo y a la mente. Pero es más fácil decirlo que hacerlo, ¿verdad? Resucitar esa imagen reflejada que es el alma implica separarla de la inquietud de la conciencia corporal, que la mantiene distorsionada,

---

[2] *Prakriti*: la expresión activa del Espíritu en su aspecto de Creador.

y volver a unirla con la inmutable y omnipotente Luz original del Espíritu.

Teoría y práctica

Se cuenta que cuando un cierto carismático predicador[3] se encontró en el Cielo, le dijo a Dios:

—¿No me recuerdas? Yo les hablé de Ti a multitudes de personas reunidas en grandes salones, y las mandé al Cielo en ingentes cantidades.

—Seguramente las enviaste —le respondió Dios—, pero ninguna llegó.

A menudo oramos teóricamente; en ocasiones, llegamos a creer que nos hemos regenerado, liberándonos de nuestros defectos, pero eso sólo ocurre en nuestra imaginación. El testimonio de nuestras palabras y acciones demuestra que la situación es diferente. ¡Renuévate! La resurrección debe verificarse no sólo en teoría sino en la práctica. Incluso la oración teórica es preferible a nada en absoluto, pero, a veces, opera en detrimento de la comprensión práctica.

Estudiemos, en primer lugar, la resurrección mental. Al comienzo de la vida, el alma juega con el instrumento corporal; mas, gradualmente, se vuelve esclava del cuerpo. De aquí que debamos aprender a vivir una vida que se halle por encima del plano físico. El desenvolvimiento mental es producto del desarrollo físico o evolución. Podemos constatar que, según la evolución natural, el alma resurge elevándose hacia el plano del intelecto o al plano de la prosperidad —manifestando las singulares dotes características de los seres humanos—, para ascender luego hacia el plano de la percepción espiritual, la cual otorga un significado a todo desarrollo próspero y a cualquier logro de la inteligencia. Indudablemente, los logros de la inteligencia son útiles, pues todas las cosas buenas pueden ayudarnos. Es así como, siguiendo un proceso gradual, llegamos a comprender la forma de resucitar el cuerpo físico en el Espíritu, que consiste en elevar el nivel espiritual del cuerpo y de la mente a fin de que se conviertan en instrumentos idóneos para la expresión del Espíritu.

---

[3] El evangelista Billy Sunday (William Ashley Sunday, 1862-1935), según se narra en la sátira humorística *Heavenly Discourse*, de Charles Erskine Scott Wood.

La resurrección

La resurrección también significa liberar el alma de la prisión de la ignorancia; elevar el alma y rescatarla del cautiverio de la vida humana. Algunas veces la vida es muy hermosa, pero quienes están apegados a ella son como el ave del paraíso encerrada en una jaula. Le abres la jaula, pero a causa del apego y el hábito, el pájaro permanece allí: no desea escapar. ¿No es una pena que el ave no desee volver a la libertad ilimitada de donde provino? Siente temor. De manera semejante, en la meditación profunda, podemos sentir que estamos emergiendo de la conciencia del cuerpo y nos preguntamos: «¿Me sumergiré en el Infinito y jamás regresaré?». Sentimos miedo de aventurarnos por los cielos de la conciencia ilimitada. Hemos vivido demasiado tiempo identificados con el cuerpo; por eso nos intimida entrar en nuestro infinito hogar de la omnipresencia y tememos resucitar la omnipotencia y omnisciencia de nuestra alma. Hacer resurgir nuestra sabiduría innata de la esclavitud del cuerpo es la resurrección espiritual.

La libertad corporal no es la verdadera libertad

Me referiré ahora a la resurrección del cuerpo y a la manera de promover las transformaciones que perfeccionan el cuerpo y son beneficiosas para ti. Primeramente haré mención de los individuos que caminan por la calle como «muertos vivientes». Numerosas personas piensan que son libres porque pueden pensar y hablar, mover las manos y los pies, y caminar libremente por la calle; mas no lo son. Se hallan en un estado de servidumbre, encadenadas por la Naturaleza y sus hábitos subconscientes, y se comportan como seres que caminan dormidos. Hay diversas formas de servidumbre física. Por ejemplo, si aún no has sido capaz de resurgir de las ligaduras de la enfermedad, todavía te hallas aprisionado tras los barrotes de la materia. Es extremadamente importante que resucites de la enfermedad por medio de una forma correcta de vivir. En pocas palabras: después de muchos años de profundo estudio, aprendí que la salud se expresa al establecer contacto con la Energía Cósmica[4].

---

[4] Se refiere al *prana*, la energía inteligente, más sutil que el átomo, que constituye el principio vital del cosmos físico. La práctica de las técnicas de *Self-Realization Fellowship*, en particular los Ejercicios Energéticos, permite recargar el cuerpo con esta energía cósmica, o *prana* universal (véase el Glosario).

También hace falta comprender el valor de los alimentos. La carne es perjudicial para el organismo; pero asimismo lo es una cena de verduras inadecuadamente cocidas, debido a que las vitaminas se han destruido. Haz resurgir tu mente de los malos hábitos que te conducen a una alimentación errónea.

Las vitaminas son absolutamente necesarias para el desarrollo armonioso de la fuerza física del organismo. Las vitaminas constituyen el cerebro de los alimentos; se reorganizan en el cuerpo para proporcionarle vitalidad. Son las chispas que activan la «pólvora» de las sustancias químicas.

Los higos y las pasas sin conservantes son dulces naturales. Los higos y las uvas pasas a los que se han agregado conservantes semejan momias; se les somete a un tratamiento para que no se deterioren, pero carecen de vida. ¡Puedes incluir esos higos y uvas pasas en tu testamento, y dejarlos en herencia a las generaciones futuras! Los higos secados al sol tienen una vida de sólo tres meses; en los «momificados», los vapores del azufre a que han sido sometidos destruyen todas las vitaminas. ¿Acaso no es lamentable preservar los alimentos eliminando lo mejor de ellos?

Es conveniente cocer los huevos, hasta que queden duros, porque podrían contener gérmenes provenientes de gallinas enfermas.

Si recuerdas estas reglas básicas —abundancia de frutas y verduras frescas, no deterioradas por una cocción incorrecta ni por el almacenaje, e ingerir nueces, cereales integrales y algunos productos lácteos— no incurrirás en ninguna trasgresión a la naturaleza[5]. Después de años de experimentación, he comprobado la efectividad de este sistema, y voy a difundir esta información. La naturaleza no escuchará las excusas de los años que has violado las normas de la salud. Si empleas el sentido común al elegir tus alimentos, y sólo en contadas ocasiones te desvías de la dieta sana, no sufrirás gran daño.

---

[5] Si bien Paramahansa Yogananda recomendó que la dieta diaria incluyera un gran porcentaje de frutas y verduras crudas, él aconsejó también: «Si tu dieta ha consistido principalmente en alimentos cocidos, agrega gradualmente alimentos crudos, hasta que tu organismo se acostumbre al cambio. Al cocinar las verduras, es preferible hacerlo al vapor que hervirlas. Las verduras hervidas en agua deben ingerirse con el caldo en el que se cocieron».

Jamás me sentí mejor en mi vida. A pesar de que algunas veces estuve enfermo en mi juventud, ahora mis músculos son muy fuertes. Por supuesto, *Yogoda* [las técnicas de *Self-Realization Fellowship*], y no sólo el alimento, ha contribuido a ello.

Es preciso ingerir los alimentos apropiados

Hace poco conocí a un hombre de setenta y nueve años de edad, al que llaman Tío Billy Ries, que logró hacer brotar de nuevo el cabello en su cabeza, aun cuando estaba completamente calva. Me dijo que, durante años, había tenido una gran barriga, y los médicos le habían desahuciado a la edad de 25 años. Pero él se resucitó de esa situación. Comenzó a razonar así: «Si existe un Dios, Él no tiene necesidad de enfermarme»; entonces, empezó a pensar que todo aquello se debía a su propia culpa. Como puedes apreciar, estaba resucitando de la enfermedad que había atraído constantemente por medio de sus propios errores. Descubrió que el cuerpo necesita dieciséis elementos químicos. Así que modificó su régimen dietético e incorporó esas sustancias, y recuperó la salud por completo. Ahora, puede dar grandes saltos y midió con éxito su fuerza contra la mía. Somos muy buenos amigos, y le debo mucha información valiosa sobre temas de salud.

Puesto que debes alimentarte, ¿por qué no hacerlo de la forma correcta? Podrías ingerir con frecuencia una comida abundante y, sin embargo, estar muriéndote de hambre. Las comidas consistentes en pan blanco, azúcar y pastelillos pueden satisfacer el apetito, pero en pocos meses matarían a quien con ellas se alimentara. Por ello, debes resurgir del mal hábito de comer erróneamente. La serpiente de cascabel te advierte con su sonido antes de atacar, pero la suculenta grasa y la harina blanca no te dirán nada, pues su aspecto y sabor son muy apetecibles. Todo lo que sea refinado —harina, azúcar y cereales— no siempre es provechoso; a veces, los alimentos no refinados —los cereales integrales y sin descascarar, el azúcar natural de las frutas y la miel— son muy agradables. Todos solíamos comer cereales sin procesar hasta que se impusieron los molinos y comenzaron a refinar los alimentos; ahora, como resultado indirecto, se elimina lo mejor de los granos. El envenenamiento del colon lo ocasiona el pan blanco. No debes permitirte padecer de constipación. El ejercicio para el estómago de *Yogoda* es maravillosamente efectivo para promover una adecuada digestión y eliminación[6].

La sabiduría del ayuno

Además de lo expuesto anteriormente, cada semana debes ayunar un día, bebiendo sólo jugo de naranja, a fin de permitir que los órganos internos descansen. No vas a morir por eso, sino que ¡vas a *vivir*! Una vez al mes, ayuna dos o tres días consecutivos, e ingiere sólo jugo de naranja[7]. La esclavitud a la materia es de tal magnitud que muchos sienten miedo de omitir una de las comidas. Esta actitud refleja evidentemente que no estamos viviendo por el Espíritu de Dios, como exhortó Jesucristo cuando afirmó que deberíamos vivir por la palabra de Dios: «No sólo de pan vive el hombre, sino de toda palabra que sale de la boca de Dios»[8]. Resucita del mal hábito mental que consiste en comer en exceso y ser esclavo del paladar. Al ayunar a base de jugo de naranja, éste «restriega» y limpia todas las células. Al menos una vez al mes deberías hacer una limpieza a fondo de tu cuerpo por medio del ayuno. No permitas que las impurezas se acumulen en tu organismo. Cuando enfermas repentinamente, te apresuras a orar a Dios para que te sane. No permitas que la enfermedad se apodere de ti. La mejor manera de mantener la salud —y la más simple— consiste en ayunar un día por semana tomando sólo jugo de naranja, y durante dos o tres días consecutivos, una vez al mes. Resucita tu alma de la hipnosis causada por los malos hábitos dietéticos.

A fin de llegar a Dios, debes emprender la resurrección en muchos ámbitos. Para elevar el nivel espiritual del cuerpo, no sólo es importante un régimen dietético adecuado, sino moderación en todos los aspectos, así como luz solar y ejercicio.

---

[6] Este ejercicio se encuentra incluido en los Ejercicios Energéticos de Paramahansaji que se describen en las *Lecciones de Self-Realization Fellowship*.

[7] Las personas que gozan de buena salud no deberían experimentar dificultad en ayunar dos o tres días; sin embargo, no deben llevarse a cabo ayunos más prolongados a menos que se cuente con el asesoramiento y la supervisión de un médico competente. La persona que sufra de una dolencia crónica o de un defecto orgánico ha de aplicar las sugerencias dietéticas e higiénicas que se presentan en este artículo sólo bajo la supervisión de un médico.

[8] *San Mateo* 4:4.

La resurrección 375

Resucita de la conciencia de enfermedad

La cuestión que luego se plantea es cómo resucitar de la *identificación* con la enfermedad, de la conciencia de enfermedad. Esto es más importante incluso que intentar emplear la meditación o los medios físicos para lograr la curación. De acuerdo con los experimentos realizados por científicos alemanes, muchas personas se encuentran en mejor estado de salud porque no analizan continuamente su estado físico ni sufren de desaliento mental debido a sus dolencias. Existe una relación estrecha entre la mente y el cuerpo; por eso, resulta de vital importancia destruir la identificación con la enfermedad. En muchas ocasiones, la enfermedad nos ha abandonado, pero nuestra identificación con ella la atrae de nuevo.

Mientras meditaba, ya bien entrada la noche, cierto santo vio que el fantasma de la temible viruela entraba en la aldea donde él vivía.

—¡Deténgase, señor Fantasma! —gritó el santo—. Aléjese. No debe importunar la aldea en la cual yo reverencio a Dios.

—Sólo me llevaré a tres personas —replicó el fantasma—, de acuerdo con mi kármico deber cósmico. —Cuando oyó esta respuesta, el santo, apesadumbrado, asintió con la cabeza.

Al día siguiente, tres personas fallecieron a causa de la viruela. Pero en la jornada posterior, murieron otros, y día tras día más aldeanos cayeron en las garras de la espantosa enfermedad. Pensando que había sido víctima de un gran engaño, el santo se sumió en profunda meditación invocando al fantasma. A su llegada, el santo le reprendió:

—Señor Fantasma, usted me engañó y no dijo la verdad cuando aseguró que mediante la viruela sólo tomaría la vida de tres personas.

—Juro por el Gran Espíritu que dije la verdad —replicó el fantasma.

—Usted prometió llevarse únicamente a tres personas —insistió el santo—, pero muchísima gente ha sucumbido a la enfermedad.

—Sólo me llevé a tres personas —dijo el fantasma—; las demás murieron de miedo.

Debes resucitar tu mente de la conciencia de enfermedad:

tienes que dejar de pensar en la enfermedad. Eres el Espíritu invulnerable; pero ahora el cuerpo rige tu mente. Sin embargo, ésta debe gobernar al cuerpo. Cuando esto acontezca, el cuerpo no aceptará las sugestiones del medio ambiente ni de la herencia. Las formas erróneas de vivir en el plano físico han sido transmitidas de una generación a otra. La enfermedad puede presentarse con frecuencia tan sólo porque has estimulado la conciencia de enfermedad que heredaste de tus antepasados, volviéndote así vulnerable a ella. Recuerda siempre que si el Espíritu llegara a retirar la energía que «radiodirige» e impulsa a la creación, morirías de inmediato, como un pájaro que hubiese sido alcanzado por un disparo; a pesar de todo tu prestigio y tu dinero, no podrías vivir. Debes conceder todo el crédito a Dios, recordando que vives directamente por el Poder Divino que te sostiene. Resucita de la conciencia de enfermedad física. Dios no creó la enfermedad. Resucita de la conciencia de enfermedad que te ha sido transmitida por tus antepasados. No les concedas importancia a las dificultades; sé valiente. Éstas son las verdades que han sido predicadas en la India desde tiempos inmemoriales. ¡La verdad te hará libre!

Consideremos luego la resurrección que nos libra de nuestros hábitos mentales. El gusano de seda teje hilos en torno suyo hasta formar un capullo y, antes de que pueda desarrollar sus alas de mariposa y desprenderse del capullo, el mercader de seda lo atrapa y el gusano encuentra la muerte en la prisión de seda que él mismo creó. Los seres humanos nos comportamos de modo semejante. Antes de que crezcan nuestras alas de espiritualidad, tejemos a nuestro alrededor hilos de temor, preocupación e ignorancia, hasta que la enfermedad y la muerte se presentan para destruirnos. Nos hallamos atrapados en una prisión creada por nosotros mismos. ¿Qué ocasiona semejante destrucción? Nuestros propios pensamientos equivocados, nuestra forma errónea de vivir, carente de discernimiento. Debemos resurgir de los pensamientos de ira y egoísmo y del clamor de una vida inarmoniosa.

«Deja que los muertos entierren a sus muertos»

Muchas personas piensan que se hallan despiertas, pero no es así. En su mayoría, son muertos vivientes. Has oído hablar

La resurrección

de personas que caminan mientras están dormidas y que, en ese estado de sonambulismo, gritan «fuego» o, bien, comienzan a perorar. La mayoría de la gente se comporta de este modo. No me refiero a los alumnos de *Yogoda* ni a los que viven conforme a las verdades espirituales. Jesús aconsejó: «Deja que los muertos entierren a sus muertos»[9], refiriéndose a una persona que iba a ser sepultada bajo el suelo terrenal por otra que ya estaba enterrada en el suelo de la ignorancia. Debes ayudar a revivir a los que se hallan sepultados bajo su estilo de vida erróneo. Y para poder hacerlo, tienes que ser capaz de sonreír desde tu propia alma resucitada. Pero no se trata de mostrar la falsa sonrisa que acompaña a las expresiones de fingida cortesía. Si sonríes cuando Dios sonríe a través del corazón y del alma —y el alma sonríe entonces a través del corazón, y éste lo hace a su vez a través de los ojos—, en ese momento, el Príncipe de las Sonrisas se entroniza bajo el dosel de tu semblante celestial. No permitas que la rebelde hipocresía destruya jamás esa sonrisa. Sonríe aunque las tormentas del sufrimiento rujan a tu alrededor.

Dios sabe que te encuentras inmerso en la oscuridad de la ignorancia que tú mismo has creado y que, debido a eso, te ves azotado por un mar de tribulaciones y no puedes contemplar el Espíritu omnipresente que todo lo penetra. Él sabe que estás a la deriva en la pequeña barca de tu vida y que debes luchar contra las tormentas que se ciernen a tu alrededor. Pero Él también sabe que avanzas hacia Él. Cuando las dificultades se presenten, ora al Padre: «He lanzado mi bote a un mar oscuro, pero he oído tu llamada. Sé que Tú sabes que voy hacia Ti». Debes librar la batalla; aun cuando tus manos parezcan desfallecer, debes luchar y no rendirte nunca. Posteriormente, cuando los nubarrones se disipen y regrese la felicidad y la prosperidad, olvidarás todos tus problemas.

Las dificultades no se presentan con el fin de destruirte, sino para que puedas apreciar más a Dios. Dios no te ha enviado tales problemas; han surgido como consecuencia de las acciones conscientes o inconscientes que, en algún momento y lugar, realizaste en el pasado. Debes reconocer que tú eres el culpable; pero eso no significa que hayas de desarrollar un complejo de

---

[9] *San Lucas* 9:60.

inferioridad. Todo cuanto debes hacer es resucitar tu conciencia de la ignorancia espiritual. Repite siempre: «Padre Celestial, sé que Tú vienes en mi auxilio, y que yo veré tu halo plateado rodeando las oscuras nubes. En este tumultuoso mar de desafíos, Tú eres la Estrella Polar que guía mis náufragos pensamientos».

¿A qué le temes? Eres un ser inmortal. No eres ni hombre ni mujer, como tal vez piensas, sino el alma gozosa y eterna. No identifiques tu naturaleza inmortal con los hábitos humanos, pues éstos son tus enemigos acérrimos. Así como Jesús pudo manifestar su amor y decir, aun en medio de su padecimiento: «Padre, perdónalos porque no saben lo que hacen», tú también debes ser capaz de perdonar al prójimo, incluso en medio de las pruebas más duras, y afirmar: «Mi alma ha resucitado. Mi poder para superar la adversidad es más grande que ésta, porque soy hijo de Dios». Quienes reciben a Dios son los que desarrollan sus poderes mentales mediante la fiel aplicación de las leyes espirituales. Cuando tus poderes mentales se expandan, la copa de tus percepciones divinas se ensanchará lo suficiente como para contener el Océano del Conocimiento. Entonces habrás resucitado.

Dar y olvidar

En la pasada Pascua se celebró la resurrección, en la cual se honra a Jesús, cuya vida constituyó un gran ejemplo. La gente a la que le haces el bien puede darse la vuelta y abofetearte. La expectativa de obtener recompensa por hacer el bien es sinónimo de mezquindad y pequeñez. Es preciso dar y olvidar. Si el prójimo te abofetea, tú piensa sólo que él no sabe hacer nada mejor; pero no lo digas en voz alta. Resucita de las pequeñeces de la vida, esas cosas insignificantes que te perturban.

¿Piensas, acaso, que las circunstancias te han desquiciado, te han perturbado, te han destrozado o te han azotado porque careces de poder? ¡Aleja de ti semejantes pensamientos! Tú posees el poder, pero no lo utilizas; dispones de todo el poder que necesitas. Nada hay superior al poder de la mente. Resucita tu mente de los pequeños hábitos que constantemente te mantienen en la conciencia mundana. Sonríe siempre con la sonrisa eterna de Dios. Sonríe con esa vigorosa sonrisa que refleja una equilibrada intrepidez —esa sonrisa que vale un millón de dólares, y de la cual nadie puede despojarte.

La resurrección

Hace algunos años, mientras viajaba en tren hacia Los Ángeles (California), conocí a un individuo cuyas maneras y apariencia general inmediatamente atrajeron mi atención. Era un hombre de negocios, bien vestido y de aspecto próspero; todo indicaba que había sido bendecido con todas las cosas buenas de la vida y que tenía muchos motivos para ser feliz. Mas, a pesar de todas estas impresiones externas favorables, me sentí afligido por él, ya que irradiaba un profundo abatimiento. Me dije: «¿Qué le ocurre a este hombre? Parece estar sepultado bajo el hábito artificial de la lobreguez. Debo resucitarle».

—¿Es usted feliz? —le pregunté mirándolo directamente.

Intentó desanimarme con una feroz mirada, pero yo no aparté mi vista de sus ojos. Por su forma furibunda de mirarme, razoné que ya me había aniquilado mentalmente, así que no me podría asesinar de nuevo. Finalmente habló:

—¿Es acaso de su incumbencia?

—Sí —le respondí—. Yo resucito a los muertos vivientes.

—Sí, soy feliz —dijo secamente.

—No —insistí yo—. Puedo decirle lo que hay en su mente.

—¿Por qué no habría de ser feliz? —replicó—. Mensualmente deposito cincuenta o sesenta mil dólares en el banco.

«¡Pobre alma!», pensé, comprendiendo que él creía que la felicidad consistía en acumular grandes sumas de dinero en el banco; pero le dije:

—Mañana, tal vez no pueda estar aquí para disfrutar de un solo centavo. ¿Ya abrió su «cuenta bancaria» con Dios?

Mas tarde me invitó a almorzar, pero en su interior había aún hostilidad hacia mí. Luego hablamos de nuevo y se mostró más razonable.

—No confíe en las riquezas —le aconsejé—. Puede morir sin siquiera haber tenido la oportunidad de preparar su testamento. Estas riquezas materiales no son suyas. Abra su «cuenta bancaria» con Dios.

Se mostró interesado y me sugirió:

—Venga a verme en Boston.

—No —le propuse—, venga usted a verme a Los Ángeles.

Pero no tuvo tiempo de hacerlo. Posteriormente, cuando me encontraba en Boston, pregunté por él en el hotel donde me había indicado que se alojaría. El gerente del hotel me dijo: «¿No sabe lo que le ocurrió? Salía de un partido de jockey y fue atropellado por un camión. Nunca recobró el conocimiento». Yo me sentí apesadumbrado. Él había despertado un poco, mas no lo suficiente.

El regazo de la Inmortalidad

Si te encuentras en armonía con el infinito, sabrás que, ya sea que la naturaleza destruya o no tu cuerpo, estás siempre en el regazo de la Inmortalidad, en el seno de la seguridad infinita. Resucita de tu conciencia de los hábitos y pensamientos humanos. Vive, cada segundo, consciente de tu relación con el Infinito. Es lo único perdurable, y lo que existirá por siempre. No lo digo para atemorizarte, sino para acelerar tu comprensión y tus esfuerzos, a fin de que no sepultes tu alma bajo la falsa satisfacción.

Abre tu «cuenta bancaria» con Dios; ésta nunca la perderás. La puedes usar en todos tus viajes, ahora o en la eternidad, tanto si te desplazas en un avión como en un vehículo astral. Debieras decirte: «De estrella en estrella volaré; ya sea que me encuentre en este o en el otro lado de la eternidad, ya sea que irrumpa entre las olas de la vida o salte de átomo en átomo —volando con las luces, girando con las estrellas o danzando con las vidas humanas—, ¡soy inmortal! He resucitado de la conciencia de la muerte».

Resurge de la ira, de la melancolía y del fracaso. Debes tener éxito a fin de saber que eres hijo de Dios. El triunfo no está limitado al aspecto espiritual, sino que ha de expresarse en todas las situaciones. Resucita de la conciencia de enfermedad, de los hábitos mentales y de la debilidad. Que tu sonrisa sea tan poderosa que jamás puedan derrotarla las vicisitudes de las circunstancias.

La resurrección espiritual

Seguidamente tenemos la resurrección espiritual. La resurrección espiritual significa relajación metafísica, o sea, retirar la conciencia del tenaz hábito de identificarse con el cuerpo. En la meditación, al aquietar la agitada mente sensorial, te deshaces de la identificación con tu cuerpo mental; de manera semejante, debes también relajar la fuerza vital de los órganos internos, a fin de desvanecer la conciencia corporal. Mediante ese relajamiento —en el cual dejas de aferrarte a la conciencia

La resurrección

corporal— te liberas, y la naturaleza del alma te es revelada de tal modo que sabes que puedes vivir sin el cuerpo, aunque residas en él; percibes que el alma es independiente. La resurrección no consiste solamente en la transformación que se lleva a cabo después de la muerte. Debes resucitarte a ti mismo en la presente existencia. Así lo haces diariamente al dormir, y esto representa una resurrección inconsciente. El siguiente paso consiste en hacerlo a través de la meditación, lo cual constituye la resurrección consciente. Han existido santos en la India que, estando aparentemente muertos, fueron sepultados; mas, después de varios días de permanecer bajo tierra, volvieron a la vida y recuperaron la conciencia. Ellos han demostrado que la resurrección del cuerpo es posible[10]. San Pablo, San Juan y otros discípulos de Cristo también conocieron la ciencia espiritual para retirar conscientemente la vida del cuerpo durante la meditación, y hacerla regresar a voluntad; así fue como San Pablo declaró: «Muero diariamente»[11]. Subsistir sin necesidad de alimentos es una forma más de resurrección consciente.

La resurrección de Jesucristo es diferente, porque es mucho más elevada. Este tipo de resurrección significa que comprendes la creación, es decir, cómo liberar el alma de la esclavitud que impone la ignorancia —el gran poder de engaño que *maya* posee.

Carecemos de existencia física, excepto en un sentido universal. El cuerpo que tú ves no es sino energía materializada. ¿Cómo podría la energía enfermarse? La enfermedad es una ilusión. Sin embargo, decir simplemente que la enfermedad es una ilusión no basta. Si sueñas que te golpeas la cabeza contra una pared, aunque la cabeza y la pared sean producto de tu sueño, te fracturarás la cabeza oníricamente. Pero despierta y te hallarás sanado de la lesión que experimentabas. *Yogoda* enseña que sólo al armonizarse con el Señor puede uno ver que el universo es Dios, y que el cuerpo humano y todo lo demás son una masa de energía condensada. Y la energía a su vez es una «condensación» de la Conciencia Cósmica o Dios. No debemos llamarla mente, pues la mente es distinta. Decir que todo es mente es incorrecto. La Conciencia Cósmica es la que nos

---

[10] Véase el relato sobre el Sadhu Haridas en la página 362.
[11] *I Corintios* 15:31.

permite ser conscientes de las diversas cosas; ella es la causa de que tengamos conciencia tanto de lo que llamamos materia como del Espíritu.

He explicado claramente en mi libro *Afirmaciones científicas para la curación*[12] por qué motivo no vemos el Espíritu en la materia. Sin embargo, Jesucristo tenía el poder de hacerlo. La resurrección no sólo significa revivir el cuerpo y el alma en otra esfera de existencia, tal como Jesús lo hizo, sino transformar los átomos del cuerpo (además de espiritualizarlos y liberarlos, junto con la mente). La piel, el cabello, los ojos y todo nuestro cuerpo no son otra cosa que la energía y conciencia de Dios condensadas. Cuando Pedro le cortó la oreja al centurión, Jesús la restauró. ¿Cómo ocurrió? Los átomos le obedecieron, porque él *percibía* que estaban controlados por la conciencia de Dios. Los átomos no se subordinan a ti porque no estás armonizado con el poder de la Conciencia Cósmica, la cual controla y sostiene la estructura de esta flor, por ejemplo, para que ésta mantenga su forma. Vives bajo la ilusión de que la materia es una realidad concreta. A través de la meditación, serás capaz de separar el alma de la ilusión del cuerpo sólido. Percibirás que el hilo dorado cósmico que vincula los átomos es la tierna conciencia del Espíritu. Con este hilo, Él une los átomos de tal modo que se conviertan en una flor o en el cuerpo humano. Como un niño que modela con arcilla, Él toma miríadas de electrones y los arroja a la eternidad para que se transformen en estrellas o universos. Imagina cuán pequeños le parecemos a Él; creo que no mayores que bacterias. Sin embargo, a pesar de que somos diminutos, nuestras almas, concebidas a su imagen, ¡son grandiosas!

Una pequeña anécdota sobre la grandeza. Pensamos que nuestros logros son maravillosos, pero Dios no los considera, en absoluto, tan enormes. Un día vi una minúscula hormiga que trepaba por un montecillo nevado de arena. Yo pensé: «Para la hormiga, debe ser como escalar el Himalaya». Sin duda, el montículo le parecía gigantesco a la hormiga, pero no a mí. De igual forma, un millón de nuestros años solares puede que sea sólo un momento en la mente de Dios. Debemos entrenarnos para pensar en términos de grandiosidad: ¡Eternidad! ¡Infinitud!

---

[12] Publicado por *Self-Realization Fellowship*.

La crucifixión de la autosuficiencia

Por último, haz que tu mente resucite de la fe formal, constituida por las creencias que pueden haberte proporcionado cierta satisfacción pero que ya has superado; resurge de las religiones a cuyo amparo viviste con la convicción de que lo sabías todo, cuando en realidad nada sabes. La mayor crucifixión que tu alma sufre es la que proviene de la arrogante autosuficiencia del ego, que te hace pensar cuán maravillosamente grandioso y sabio eres. El alma debe liberarse de la esclavitud que implican esas pequeñeces y limitaciones del cuerpo, y del sufrimiento al cual está sujeto. Cuando piensas en la devastación que supone la enfermedad, crees que se trata de una injusticia impuesta por Dios; pero *debes saber* que eres inmortal, que no te encuentras aquí para que te aplasten las lecciones mortales, sino para aprender y manifestar tu naturaleza inmortal y *sonreír*. Di: «Soy inmortal; he sido enviado a una escuela mortal para aprender y recuperar mi inmortalidad. Pese a sufrir el embate de todos los fuegos purificadores de la Tierra, yo soy el alma y nada puede destruirme. El fuego no puede quemarme; el agua no puede mojarme; la brisa no puede marchitarme; los átomos no pueden hacerme añicos. Soy el inmortal que sueña las lecciones de inmortalidad; mas no para que me avasallen, sino para que me diviertan». En la tierra de los sueños, la enfermedad y la salud son lo mismo, la prosperidad y el fracaso son lo mismo: tan sólo imágenes de un sueño. Pero, naturalmente, un sueño de prosperidad es preferible al de fracaso. Así pues, si has de tener sueños en esta vida, ¿por qué no hacer que sean agradables? Si tienes demasiadas pesadillas, estarás muy ocupado lamentándote y carecerás de tiempo para saber que todo es una fantasía onírica. Mucho mejores son los sueños de salud, prosperidad y sabiduría.

Jamás admitas la derrota

Resucita tu alma de todos los sueños de debilidad. Resucita tu alma en la sabiduría eterna. ¿Cuál es el método? Éste incluye diversos puntos: relajación, autodominio, régimen alimenticio adecuado, fortaleza, una actitud imperturbable de la mente y desligar la conciencia de su identificación con el cuerpo por medio de la práctica regular de los principios científicos de concentración y meditación. Jamás admitas la derrota. Aceptarla es el mayor fracaso. Posees un poder ilimitado y debes cultivar ese gran poder. Eso es todo.

La meditación constituye la manera más elevada de resucitar tu alma del cautiverio del cuerpo y de todas tus aflicciones. Medita a los pies del Infinito. Aprende a saturarte de Él. Tus dificultades pueden ser muy graves, probablemente enormes, mas tú eres tu mayor enemigo. Eres inmortal, tus problemas son transitorios. Éstos son cambiantes, mas tú eres inmutable. Tú puedes poner en acción poderes infinitos y aniquilar las dificultades finitas.

Dos ranas, una grande y otra pequeña, cayeron en un cubo que contenía leche. Las paredes del balde eran lustrosas y lisas, demasiado resbaladizas y empinadas para que las ranitas pudieran salir de él trepando. Ambas luchaban por mantenerse vivas, pero cada vez que asomaban la boca para respirar un poco de oxígeno, volvían a caer. Nadaban en círculos, sin cesar. Después de un rato, la rana grande se dio por vencida y se ahogó. Pero la pequeñita dijo: «La vida es demasiado hermosa. No quiero morir. Seguiré nadando, aunque mis patitas desfallezcan». Dicho esto, continuó batallando durante horas, hasta que, repentinamente, sintió algo sólido bajo sus patas: ¡la leche se había convertido en mantequilla! Y, gracias a eso, la ranita pudo saltar hacia afuera. ¡Así es la vida, y no de otra manera! Si después de combatir las adversidades sin mucha convicción, como hizo la rana grande, abandonas la lucha, mereces sucumbir en brazos de tus problemas. Pero si perseveras en el intento con decisión, superarás las dificultades, porque del Infinito surgirá alguna respuesta que te permitirá vencer los obstáculos. Compórtate como la rana pequeña. A toda costa, continúa esforzándote. ¡Toma la decisión! Resucítate de la debilidad, la ignorancia, la conciencia de enfermedad y, sobre todo, de las flaquezas de los hábitos indeseables que asedian tu vida.

Unidad en el Cristo Infinito

*Sede Internacional de Self-Realization Fellowship,
Los Ángeles (California), 25 de diciembre de 1934*

La evolución avanza en dirección lineal, desde un determinado estado hacia otro superior. Es así como el alma individual progresa de manera ascendente, pasando por formas cada vez más elevadas de la Naturaleza hasta hallar la perfecta expresión en el hombre divino que ha despertado espiritualmente. La influencia que ejerce el cosmos sobre esta evolución natural es cíclica[1]. En la trayectoria ascendente del ciclo se presenta, en primer lugar, el desarrollo material; luego, el intelectual; y, por último, el espiritual. Después, la tendencia general de la vida retorna a los planos intelectual y material. La creación de Dios se encuentra, de este modo, en constante movimiento. Nosotros, los actores de distintas razas, representamos una y otra vez el drama de la vida sobre el escenario del tiempo, y es preciso que comprendamos el propósito: estamos aquí para desempeñar bien nuestro papel, pero sin identificarnos demasiado con él ni quedar atrapados en su trama.

Tenemos una percepción distorsionada de la vida porque vemos con los ojos de la mezquindad y del egoísmo. Si tan sólo pudiéramos ver con los ojos de Dios... Cuando abrimos los ojos internos de la sabiduría del alma, contemplamos la omnipresente Luz Divina. Dentro de esta Luz se halla la conciencia de Cristo, el «Hijo» o reflejo puro de Dios presente en todos los rincones del universo. Esta Conciencia Crística, el Cristo Infinito, es el amor e inteligencia de Dios, que está llamando a la puerta de los cerrados párpados de nuestra alma y nos exhorta a mirar esa Luz interior, pues lo único que necesitamos es verla y, entonces, comprobaremos que toda ignorancia y diferencia se desvanece.

---

[1] Referencia a los ciclos que la Tierra experimenta, también llamados *yugas* (véase el Glosario).

Para quien ha abierto el ojo interior[2], todo es Uno. Jesús se refirió a esta conciencia universal cuando afirmó: «El Padre y yo somos uno»[3]. Krishna habló de manera muy semejante desde ese estado de divina unidad: «Soy la Fuente de todo; la creación entera emerge de Mí. [...] Contempla, unificados en mi Cuerpo Cósmico, todos los mundos [...]. Pero jamás podrás percibirme con tus ojos mortales; te concedo, por lo tanto, visión divina»[4].

Percibir a Dios como la Realidad subyacente es la forma de resolver el problema de quedar atrapados en las engañosas distorsiones de nuestras experiencias materiales. Las estrellas, los planetas, las plantas, los animales y los seres humanos han sido todos puestos en este bellísimo escenario cósmico, y cada uno desempeña el papel que se le ha asignado. Muy pocas personas comprenden el significado de la obra teatral porque no se detienen a reflexionar profundamente acerca de ella. Para quien no ha alcanzado la iluminación, el drama parece a menudo caótico e injusto. Pero Dios, a propósito, no hizo automáticamente pobres —o millonarios— a todos los individuos, porque si cada persona fuese igual a las demás, este drama no podría continuar. La diversidad constituye la base de la Naturaleza, y la evolución de cada ser humano representa un medio de mantener esta diversidad. Gracias a la ley de causa y efecto, de acción y reacción, hacemos de nosotros mismos lo que somos ahora y lo que seremos. El resultado de esta variedad, creada tanto por el hombre como por la Naturaleza, es lo que experimentamos como drama cósmico. Sin embargo, Dios no desea que suframos debido a estas diferencias; es su voluntad que sepamos que, bien sea que nos hallemos representando el papel de rey o el de sirviente, debemos hacer todo lo posible por desempeñarlo bien, sin olvidar que, como almas hechas a imagen de Dios, sólo estamos interpretando un papel transitorio.

Por lo tanto, no importa si fregamos pisos o si somos los líderes de grandes naciones; a menos que comprendamos que únicamente estamos desempeñando un papel en el escenario

---

[2] El ojo único o espiritual, el ojo de la sabiduría o intuición omnisciente del alma. «Si tu ojo es único, todo tu cuerpo estará luminoso» (*San Mateo* 6:22). (Véase *ojo espiritual* en el Glosario).
[3] *San Juan* 10:30.
[4] *Bhagavad Guita* X:8, XI:7, 8.

del tiempo, sufriremos a causa de las dualidades intrínsecas de una conciencia que nos lleva a identificarnos con esas diferentes posiciones sociales y circunstancias. Los actores no se quejan del papel que se les ha asignado, sino que lo interpretan con su máxima pericia, sabiendo que se trata de una representación temporal. ¿Entiendes? Sólo sufrimos cuando nos tomamos la vida demasiado en serio.

Percibe la Vida Única presente en todo

Al tiempo que reconocemos la existencia relativa de las diferencias, no sólo hemos de comprender intelectualmente que la Vida Única se halla presente en todo, sino que debemos percibirla y experimentarla en el plano espiritual. No existe más que una religión de Dios, una Verdad subyacente a los distintos nombres que se dan a cada religión. Ese estado universal de conciencia es muy difícil de lograr a menos que se haya adquirido la realización del Ser, la certeza de que somos almas y de que todas las almas forman parte del Dios Único. Las pequeñas olas, al igual que las grandes, se elevan desde el mismo océano. Así pues, cuando alcances una visión espiritual desapegada y contemples a cada ser humano y a cada religión impersonalmente, comprobarás que todo está hecho de Dios.

Hasta que veas todas las olas de la creación de esta manera, siempre habrá diferencias, que irán acompañadas de problemas y dificultades. Ningún hombre ni profeta alguno será capaz jamás de erradicar todas las desigualdades y divisiones que existen sobre la Tierra. Pero cuando te encuentres en la conciencia de Dios, tales diferencias se desvanecerán y tú afirmarás:

> Dulce es vivir; morir, un sueño,
> al fluir tu canción en mí.
> Dulce es gozar; sufrir, un sueño,
> al fluir tu canción en mí.
> Dulce es la salud; la enfermedad, un sueño,
> al fluir tu canción en mí.
> Dulce es el elogio; la acusación, un sueño,
> al fluir tu canción en mí[5].

---

[5] «Al fluir tu canción en mí», un canto que figura en el libro *Cosmic Chants* de Paramahansa Yogananda.

Ésta es la filosofía más elevada. Nada temas. Incluso si en la tormenta te ves azotado por las olas, aun así permaneces en el regazo del océano. Aférrate siempre al pensamiento de Dios y a su omnipresencia. Mantén la serenidad mental y afirma: «Soy valeroso; estoy hecho de la sustancia de Dios. Soy una chispa del Fuego del Espíritu. Soy un átomo de la Llama Cósmica. Soy una célula del vasto cuerpo universal del Padre. "Mi Padre y yo somos Uno"».

Esfuérzate por vivir como Cristo

Toma conciencia del imponente poder espiritual y la belleza de la vida de Cristo, y esfuérzate por vivir como él. Cristo carecía de nacionalidad y amaba a los seres humanos de todas las razas como a hijos de Dios. Procura sentir esa hermandad con todas las nacionalidades. Jamás experimentaremos la auténtica confraternidad a menos que la sintamos en el corazón; y esto sólo puede lograrse mediante la realización del Ser y el contacto efectivo con Dios en nuestro corazón.

Hallarás que todo te traiciona si tú traicionas a Dios olvidándole. Ya es hora de que tomes conciencia de tu unidad con todo cuanto existe, y para ello debes experimentar tu unidad con Dios. Cultiva ese sentimiento de unidad en tu vasta conciencia expandida, durante la meditación. Y, en ese aspecto, actúa con firmeza: al entrar en el silencio de la meditación, deja afuera el mundo, para que así las minucias de la creación de Dios no distraigan tu atención de Él; no permitas que nada se acerque a ese templo interior. En el santuario de tu corazón debe estar entronizado un solo poder, una sola felicidad, una sola paz: Dios. Cuando logres experimentar eso, encontrarás al Cristo Infinito bautizando tu conciencia en la unidad de la omnipresencia divina.

Tu vida externa también debe ser pura, en palabra, pensamiento y acción. Sé amable con todos; incluso si el más grande pecador se presenta ante ti, considéralo como un hermano, aunque se trate de un hermano dormido en la ignorancia. No hieras a nadie; no juzgues a nadie, sólo a ti mismo. Destruye los estados de ánimo negativos; pisotéalos hasta reducirlos a polvo.

Paramahansa Yogananda, Nueva York, 1926

Yogoda Math, a la orilla del río Ganges, en Dakshineswar, cerca de Calcuta. Este majestuoso *ashram*, adquirido por Paramahansa Yogananda en 1939, constituye la sede central de su obra en la India *(Yogoda Satsanga Society of India)*.

El Santuario del Lago de *Self-Realization Fellowship*, situado en Los Ángeles, fue fundado por Paramahansaji en 1950. Este sereno santuario espiritual, ubicado en un terreno de aproximadamente cuatro hectáreas, con un templo situado en la cima de la colina (inaugurado en 1996), recibe cada año la visita de decenas de miles de personas. Cerca de las torres coronadas con lotos, a la izquierda, se encuentra el monumento a la paz mundial dedicado a la memoria de Mahatma Gandhi, el cual es el único lugar, fuera de la India, que contiene una porción de las cenizas del Mahatma.

Aprende a guiar tus acciones por la voluntad interior de la conciencia

Mi maestro [Swami Sri Yukteswar] solía decirme: «Aprende a comportarte». Eso es lo más difícil de hacer. Tienes que aprender a guiar todas tus acciones por la voluntad interior de tu conciencia armonizada con la voluntad de Dios, y no por la emotividad o los instintos. Cuando conocí a mi gurú, él me pidió: «Permíteme disciplinarte». No quiso decir con esto que debía convertirme en un autómata o seguidor ciego; por el contrario, él me prometió: «Te daré la visión divina». Al sintonizar mi voluntad con la de mi maestro, comprobé que mi voluntad se fortalecía y era guiada por la sabiduría.

La voluntad de Dios se rige por la sabiduría y la justicia. Las personas que se hallan en sintonía con Él no están atadas por las exigencias de los caprichos y de los hábitos, sino que viven en la libertad de Dios, y su voluntad se encuentra gobernada por la sabiduría y la justicia divinas. Por lo tanto, es importante para el novicio espiritual armonizar su voluntad con aquellos que se encuentran en sintonía con Dios. Dicha obediencia no implica la negación de la propia voluntad, pues se precisa cultivar una extraordinaria fuerza de voluntad a fin de armonizarse con la sabiduría. Necesité de todo mi autocontrol para prestar atención al consejo de mi gurú y hacer caso omiso a mis hábitos e instintos previos. El Maestro jamás exigía nada de sus discípulos; cada uno recibía de acuerdo con su diligencia y receptividad. Al seguirlo de todo corazón, logré un completo dominio de mí mismo, una libertad que, tal vez, yo nunca habría encontrado sin su orientación.

Ni Dios ni Satán —ni nadie— puede influenciarte excepto si tú lo permites mediante el uso bueno o malo que hagas de tu voluntad. Emplea el libre albedrío de que Dios te ha dotado para buscarle. Entonces, sin duda encontrarás la libertad. Y recuerda que es sumamente importante rodearte de la mejor compañía, de esas personas que te brindarán inspiración y que robustecerán tu discernimiento y fuerza de voluntad.

Las moscas no diferencian entre la suciedad y la miel, sino que revolotean de la una a la otra. Pero la abeja se siente atraída sólo hacia la dulzura de la miel. De modo similar, hay seres humanos irreflexivos que, al igual que las moscas, no pueden resistir el poder magnético de los deseos materiales, por muy impuros que sean. Es posible que algunas de estas personas, de vez en cuando, muestren interés por Dios y la meditación; pero en cuanto se presenta otra tentación, la vida material las cautiva de nuevo. El devoto es como la abeja: únicamente ama aquello que es hermoso y puro; ve, oye, huele, gusta y toca nada más que lo que es bueno. Él desea la bondad, se siente atraído por ella, y busca en todo momento el dulce néctar de la presencia del Señor en la meditación.

Antes que nada, sé sincero con Dios. Sé humilde mientras intentas aprenderlo todo, mediante la receptividad interna, de los labios de Dios. Desecha de tu vida todo aquello que te aleje de Él. «Y si tu mano te es ocasión de pecado, córtatela»[6]. Elimina todos los impedimentos que se interpongan en tu camino, cualquier cosa que obstruya tu desarrollo espiritual.

Mientras aún haya tiempo, ¡medita!

Confío en que hagas un esfuerzo supremo por meditar. Tu búsqueda de Dios no puede esperar. Deja que todo lo demás espere, pero no mantengas a Dios aguardándote. No te demores más, porque es posible que la edad avanzada y la enfermedad terminen repentinamente con tu vida. Mientras aún haya tiempo, y tengas la oportunidad, ¡medita!

Estoy ofreciéndote el viviente testimonio de Cristo que siento en el gozo de su presencia desde ayer, cuando él vino a mí durante nuestra meditación[7]. Yo siempre he pensado que, debido a su origen oriental, sus ojos eran oscuros; rechazaba el concepto occidental de que tenía los ojos azules. Sin embargo, por extraño que parezca, esta vez lo vi con ojos azules... ¡eran tan hermosos! ¡Jamás había visto unos ojos como ésos! Mientras me hallaba contemplándolos, se volvieron asombrosamente oscuros; y la voz de Cristo dijo: «¿Por qué quieres verme con forma? ¡Contémplame como Infinito!».

Todos los santos que han alcanzado la unión con Dios cuen-

---

[6] *San Marcos* 9:43.

[7] Referencia a la meditación de Navidad de todo el día, que Paramahansaji celebró por primera vez en la Sede Internacional de *Self-Realization Fellowship* en 1931 y que dirigió personalmente durante muchos años; esta tradición espiritual sigue siendo observada anualmente por los miembros de *Self-Realization Fellowship* de todo el mundo.

tan con el poder de adoptar de nuevo las formas que tuvieron en la Tierra. Muy pocas personas perciben la presencia inmanente de los ángeles y de los grandes maestros. Al igual que con una radio puedes sintonizar las canciones que surcan el éter, también es posible entrar en sintonía con los santos, que se encuentran justo detrás del etéreo velo del espacio, si te decides a meditar.

Cuando un gran maestro llega a la Tierra, su presencia es fuente de poder e inspiración, y colma a sus discípulos de gran gozo. Pero una vez que parte, ellos pueden sentirse desconsolados y perdidos si carecen de un poder espiritual propio que los motive. Por esa razón, son necesarias la meditación y la sintonía con la Divinidad, para que los buscadores aprendan a recargarse de inspiración y gozo. Todas las maravillas de Dios se revelarán en la comunión extática de la meditación profunda.

El contacto con Dios no implica perder la conciencia. El éxtasis es el despertar de la conciencia y su expansión desde los límites del cuerpo hasta la infinitud de la Eternidad, donde observas la pequeña burbuja de la vida que danza en el Océano del Infinito.

Sé que sólo soy una figura en la onírica película de Dios, como tú también lo eres. Algún día, cuando dejemos de ser actores en la pantalla de la vida, nos daremos cuenta de que nuestras formas no son sino sombras que se intercalan en el haz cósmico de la omnipresencia de Dios, y que lo único real en este universo es la luz del Cristo Infinito. Enviemos este pensamiento a todas las personas que buscan la felicidad de cualquier manera y desconocen que lo que en verdad buscan es a Dios.

Mi mayor regalo de Navidad para ti es el deseo de que el gozo que Cristo sintió en su alma llegue a ti; y conforme atravieses el portal del nuevo año, pueda ese gozo siempre renovado de Cristo acompañarte cada día.

Una y otra vez, ora en tu alma: «¡Oh, Cristo!, ¡oh, Señor!, ven, limpia el polvo de mi indiferencia. Inunda mi conciencia, ¡oh, Cristo Infinito!, con tu divina conciencia».

* * *

«¡Oh, cuánto gozo!»

Al concluir la reunión de Navidad celebrada en 1934, Paramahansaji abrió su corazón a Dios en oración. Sri Daya Mata, que registró sus palabras taquigráficamente, mencionó en la transcripción: «Fue una oración muy devocional, que conmovió intensamente el alma de todos los asistentes e hizo fluir en ellos lágrimas de intenso anhelo por Dios».

¡Oh, amado Espíritu, Supremo Amor Divino!, tu regazo de amor nos envuelve en la luz omnipresente y el gozo del Cristo Infinito. Ante tu amor, mi amor es insignificante; sólo lo he tomado del Tuyo. ¡Oh, Cristo!, en éxtasis de felicidad, nuestros corazones se unen formando un vasto altar en el cual tu refulgente presencia destella incesantemente.

Padre, Madre, Amigo, Amado Dios, llévate todo cuanto poseo, incluso el cuerpo. Nada importa sino el hecho de que estés conmigo: tu conciencia, tu espíritu y tu amor. No ansío fama, ni nombre, ni organización alguna; sólo tu Presencia por toda la eternidad. Mi único deseo es que tu amor brille por siempre en mi corazón, y que pueda yo despertar tu amor en todos los corazones.

Padre, haz que siempre sintamos tu gozo. ¡Oh, Divino Océano que vibra bajo la ola de mi conciencia!: antes era yo una diminuta olita que se agitaba en la tormenta de la ignorancia; ahora siento, bajo cada partícula de mi ser, la presencia de tu vasto océano de gozo que me sustenta.

¡Oh, cuánto gozo!; ¡oh, cuánta paz!; ¡oh, cuánta dicha proviene de Ti! La fuente de tu gozo brota con ímpetu en nuestras almas y borra toda conciencia de tiempo. ¡Gozo, gozo, gozo! Nos bañamos en la fuente de tu felicidad, en la bienaventuranza de tu Presencia.

¡Oh, Padre, Madre, Amigo, Amado Dios, lo digo de corazón!: Despójame de todo, si es tu voluntad. Permíteme rodar de gozo en el polvo que se encuentra a tus pies. Sólo tu amor predicaré. Hazme hablar únicamente de tu amor. No más sermones; no atraeré a los demás con el encanto de las palabras, sino con el ardiente fervor de mi amor por Ti. Envíame devotos que te amen; es todo lo que anhelo.

¡Oh, Eterno Éxtasis!, ¿dónde está el fin de tu gozo? Gozo inacabable, gozo eterno que me quita el aliento. ¡Oh, bendita Presencia!, ¿cómo puedo hablar?

¡Oh, Dios sagrado!, nuestro Padre, Madre, Amado, eres Tú

la única realidad. Haz de nuestros corazones tu morada. Que jamás nos desviemos de Ti. Condúcenos a tu cálido regazo de inmortalidad, ¡oh Madre!, para beber la leche de la compasiva seguridad que nos prodigas.

Divina Madre, no nos abandones en el pozo de la tentación; fortalece nuestro deseo de anhelarte sólo a Ti. ¡Oh, Espíritu Divino, nuestro Amado sacratísimo, qué inmenso gozo, qué inmensa dicha! Bendícenos siempre, dondequiera que estemos. Enséñanos a beber tu nombre en comunión divina; arrojo al fuego de tu Presencia todos los sermones y libros. Envíame sólo a aquellos que deseen beber de Ti conmigo.

Mi amor camina por la senda dorada que conduce a Ti. ¡Oh, el más Cercano de todo lo cercano y, sin embargo, el más Lejano de lo lejano!, te busqué en todas partes y, de pronto, descubrí que siempre habías estado en mi corazón. Te ofrezco mi amor dentro de mí, fuera de mí y por doquier. ¡Oh, Divino Espíritu!, me prosterno a tus pies; soy el humilde polvo que se encuentra a tus pies.

Padre, Madre, Amigo, Amado Dios, amado mío, recibe mi corazón. Haz que no pierda yo el tiempo en nada. Dondequiera que vaya, dondequiera que pueda yo estar, concédeme el gozo de beber tu nombre con los demás. Es lo único que te pido. Quítame todo, pero no mi amor por Ti. ¡Oh, Espíritu, amado mío, amado mío!, bautízanos con tu amor, para que sintamos en verdad tu amor.

¡Oh Dios!, ¡oh Cristo!, ¡oh Gurú!, ¿qué puedo decir para agradecer tanto gozo? ¡Embriagado estoy con tu gozo! Éxtasis eterno, te reverencio una y otra vez. Tú te hallas en cada uno de mis pensamientos. ¡Qué inmenso gozo viviente y eterna felicidad! ¡Oh, Padre! ¡Oh, Cristo del gozo eterno!

Me inclino ante todos, ante el Cristo Infinito que está presente en todos los aquí reunidos. ¡Oh, Cristo!, concédenos el éxtasis de tu gozo para que éste pueda acompañarnos cada día, a todas horas, en cada instante. ¡Gozo, gozo, gozo!

Sé uno con la Conciencia Crística

24 de diciembre de 1938

La meditación de Navidad, de un día de duración, que se lleva a cabo en la Sede Internacional de *Self-Realization Fellowship* es una ocasión especialmente bendita. Paramahansa Yogananda inició la celebración de estos oficios en 1931 y los dirigió personalmente cada año. Durante dichas meditaciones, sus palabras eran, a veces, una expresión de su propio fervor divino dirigido directamente a Dios; en otras ocasiones, él llamaba al Señor en nombre de los devotos reunidos, o como si fuese uno de ellos; en otros momentos, proporcionaba orientación espiritual a los presentes, en la forma de inspiraciones espontáneas provenientes de un alma que se hallaba en profunda comunión con Dios.

El llamado de la vida y el de la muerte son imperativos, pero *el llamado de Dios es el más importante de todos*. Con la máxima concentración, entrega tu corazón y tu alma a Dios. Olvida toda noción de tiempo. Hoy especialmente debes emplear el poder completo de tu alma para mostrar a Dios que le amas más que a cualquier otra cosa en tu vida. Deseo que ames al Dador de todos los presentes ¡más que a todos sus obsequios! Si ofreces tu adoración de manera continua, con intensidad siempre creciente, hoy verás y sentirás la presencia de Dios como jamás la hayas experimentado antes.

Olvida el tiempo y el espacio, y expande los límites de tu ser. Cólmate de paz y gozo. El gozo es una prueba de la presencia de Dios. Conforme continúes meditando, un gozo intenso se apoderará de tu alma. Siente ese gozo. Siéntete expandido en el espíritu de Cristo. Estamos aquí para adorar al Cristo que moraba en Jesús, así como a Jesús el hombre que manifestó la Conciencia Crística, y a los grandes maestros que son uno en esa conciencia. Dios y Cristo son uno. Todos los maestros liberados, a través de su perfecta sintonía con el Hijo, o Conciencia Crística, están unidos a Dios. Así pues, con la máxima determinación, haz el intento de sentir esa conciencia del Cristo Universal.

Si cavas con el zapapico de la atención, bajo las rocas de la inquietud encontrarás la gema de la Conciencia Crística. Hoy podría ser el día en que alcances el éxito. Tal vez este día sea para ti un glorioso amanecer, en el cual abandones la región de la materia para abrazar el enorme gozo y la extraordinaria libertad que se experimentan en Dios. Únete a mí en espíritu con todo tu poder y tu alma, con todo tu amor, para que podamos sentirnos liberados en Dios. Coloca tus manos, con las palmas unidas, sobre el corazón, y di: «*Pranam*»[1]. Ahora, repite conmigo:

«Ante el gran Dios nos inclinamos. Jesucristo, Bhagavan Krishna, Mahavatar Babaji, Lahiri Mahasaya, Sri Yukteswar, [nuestro Gurú preceptor], santos de todas las religiones, nos inclinamos ante la Conciencia Crística que reside en cada uno de vosotros. *Om, Om, Om.* Padre Celestial, colma nuestros cuerpos con la Conciencia Crística. Inunda nuestras mentes con la Conciencia Crística. Inunda nuestras almas con la Conciencia Crística. Enviamos esta oración al mundo: que el nacimiento de Cristo sea celebrado cada año como nosotros lo celebramos hoy, comulgando con la Conciencia Crística. Dondequiera que vayamos, haz que hablemos acerca de este día, para que el mundo logre observar cada año una Navidad espiritual antes de la Navidad social que se celebra el 25 de diciembre. Cristo perteneció a Dios, pero las festividades pertenecen al mundo; de este modo, a través de la meditación, adoramos a Cristo en espíritu, y mediante las festividades adoramos a Cristo en cuerpo. *Om.* Paz. *Om*».

La meditación no debe consistir en olvidar los pensamientos errantes, sino en ofrecer a Dios una devoción atenta y siempre creciente, que nos permita experimentar el gozo profundo que surge del contacto con el Espíritu. En el silencio interior, implora su presencia una y otra vez, con el mismo anhelo que sientes cuando deseas algo con todas tus fuerzas. Con el más urgente deseo, ora al Señor y dile que quieres que venga a ti. Sean cuales sean tus inquietos y dispersos pensamientos, no les prestes atención. Regresa tu mente a Dios orando constantemente: «Revélate. Ven a mí; ven a mí. ¡Oh, Dios!, tal como te presentaste ante Cristo, revélate a mí. Revélate. Ven a mí». La concentración de

---

[1] Palabra derivada de *pra*, «completo», y *nam*, «salutación» o «reverencia». Este saludo, con las manos en posición de oración, expresa respeto a Dios o a un ser en el cual se manifiesta la Divinidad.

tu mente debe semejar un curso de agua que se hace cada vez más grande conforme se dirige hacia el océano de la presencia de Dios. Incrementa tu fervor incesantemente. «Nos inclinamos ante tus pies de loto de la eternidad, ¡oh, Espíritu! Manifiéstate a mí».

[Siguió un período de meditación. Cuando Paramahansaji reanudó su alocución, la inició con el siguiente relato verídico:]

Un médico materialista buscó en una ocasión a cierto santo, creyendo que podría «aclararle» a ese maestro una serie de nociones sobre ciertos temas. «Cuando encuentre a ese santo —pensaba, mientras se dirigía hacia la ermita del maestro—, le retorceré la oreja y le demostraré que el mundo es real y que Dios es irreal».

Mientras el médico razonaba de esta forma, un discípulo del santo llegó corriendo hacia él y le dijo:

—Mi maestro desea ver al médico que quiere retorcerle la oreja y enseñarle que Dios es irreal.

El facultativo casi se desmaya de la sorpresa. Cuando llegó ante el santo, a quien encontró sentado bajo un árbol, le dijo:

—Por primera vez me siento arrepentido. Considero que fue Dios quien le reveló mi presencia y mis pensamientos. Por favor, dígame si alguna vez encontraré al Dios que habla con usted.

—Dos veces en tu vida —respondió el santo—, si oras fervientemente día y noche.

—Pero mi mente no se aquieta —argumentó el médico.

—No importa cuántas veces se distraiga la mente —respondió el santo—. Si una y otra vez oras a Dios, Él responderá.

Un mes después de este incidente, la esposa del hermano del doctor se enfermó de gravedad. Ella estaba al cuidado de un naturópata que había advertido que la recuperación dependería de que ella comiera uvas frescas. Pero dicha fruta se encontraba fuera de estación. Cuando el médico (su cuñado) se enteró, recordó que el santo le había asegurado que Dios escucharía sus oraciones; entonces, le susurró a su hermano: «Yo conseguiré las uvas».

El doctor envió a un sirviente al mercado, pero allí no había uvas. Así pues, el médico oró para encontrar un modo de obtener un poco de la preciada fruta. Transcurrido el día, oyó a medianoche que llamaban a la puerta. Al abrirla, se encontró allí a un hombre que llevaba un cesto de uvas. Atónito, el médico le interrogó. «Mi amo le envía esta fruta», fue la respuesta del desconocido.

A la mañana siguiente, el amo del sirviente llamó para dar una explicación: «Cuando ya me había ido a dormir, aproximadamente a las diez de la noche, vi con mi visión interna que usted imploraba por las uvas. Mi esposa y yo acabábamos de volver del norte, donde se cultiva esta fruta, y habíamos traído un poco de ella. Una y otra vez se presentaba usted en la visión, gimiendo siempre por causa de esa fruta. Finalmente, apareció una grandiosa Luz, y oí una Voz que me dijo: "Lleva esta fruta al doctor P...". Me levanté, pero en ese instante pensé que lo había imaginado todo, y volví a la cama. No obstante, a pesar de que dormitaba, la Luz y la Voz continuaban importunándome. Después de un rato, me despertó el ruido que hacía mi esposa al moverse. Me dijo que también ella había visto la gran Luz y que había escuchado la Voz que le indicaba enviarle las uvas de inmediato. Por eso, dispuse que mi sirviente se las entregara».

De esa manera, el doctor supo que Dios había enviado las uvas. Entonces, las llevó a la esposa de su hermano, y ella, con la ayuda de la bendita fruta, pronto se recuperó de su enfermedad.

El médico mismo me contó esta experiencia, que cambió su vida.

Sin embargo, no debemos buscar a Dios para vivir tales experiencias. En tanto que exista un deseo por los fenómenos, Dios no vendrá. No permitas que nadie sepa lo que hay en tu corazón, ni lo que siente tu alma. En tu interior tienes que reclamar continuamente su presencia, y Él vendrá. Hoy, más que en cualquier otro día, debes esforzarte para recibirle. Olvida el pasado. Éste puede ser el día más glorioso de tu vida, si haces el intento. Has pasado muchísimo tiempo pensando en los placeres terrenales, pero hoy debes rezar con todo tu corazón; ésta es la mayor oportunidad que hayas tenido jamás de ofrecer las flores de tu devoción a Dios.

Con frecuencia, Dios ha venido cuando menos lo esperaba. En numerosas ocasiones, mientras caminaba por la orilla del océano en Encinitas, Él vino a mí. También San Francisco y los Grandes Maestros me visitaron. Aun ahora, todos ellos se encuentran aquí contigo. El cielo astral se halla detrás de la burda vibración de este mundo. Anoche, el alma querida de Seva Devi[2] vino a mí en una perfecta forma astral y me dijo: «Soy libre. Estaré con usted mañana, en la meditación de Navidad». Para mí, es motivo de gran gozo el hecho de que ella también nos acompañe en verdad y con gran reverencia. La veo tan claramente como me ven a mí quienes se hallan aquí reunidos.

Es preciso que resolvamos los grandes misterios de la vida y de la muerte, los cuales tienen un sólo propósito: hacernos buscar a Dios, con todo el fervor de nuestras almas, hasta que encontremos a nuestro eterno Bienamado.

Sé que extrañaremos a nuestro muy querido San Lynn[3]. En esta ocasión tuvo que permanecer en Kansas City, en contra de su voluntad. Pero él también se encuentra con nosotros, en espíritu, ahora mismo.

Oro para que disfrutes, todos los días de tu vida, la comunión especial con Dios que experimentas hoy. Mi corazón está muy agradecido, y se encuentra abrumado por su divina bondad. Él me ha dado todo cuanto deseé en la vida; pero, sobre todo, Él se ha entregado a mí. ¡Qué inmensa gratitud siento! Aquel que jugaba a las escondidas en mi corazón se encuentra ahora siempre cerca. Él se oculta detrás de la audacia de todas las manifestaciones «reales». Él se encuentra ahí, esperándote. No hay necesidad de atravesar por el sufrimiento. Corre hacia el Señor. El Bienamado te espera; sus brazos están abiertos para recibirte y elevar el nivel espiritual de tu vida y convertirte en un ser inmortal. No existe tigre alguno de muerte o enfermedad que te persiga, salvo en el sueño de la ignorancia.

Sé sincero de todo corazón. No hagas ostentación ante los demás de tu devoción a Dios. Sé sincero. Concéntrate, sé inflexible hoy en tus esfuerzos por meditar, pues el Todopoderoso se encuentra con nosotros.

«Padre, Madre, Amigo, Bienamado Dios, te agradecemos de corazón que, en lugar de que perdamos el tiempo en frivolidades, nos concedas estar aquí para adorarte y mostrarte nuestra gratitud».

---

[2] Devota discípula occidental de Paramahansaji, a quien él había conferido este nombre indio. Ella había fallecido un mes antes, después de una grave enfermedad.

[3] Véase *Rajarsi Janakananda* en el Glosario.

[Siguió un período de meditación].

«¡La voz del corazón es tu voz, oh, Señor! En nuestras expresiones de devoción oímos el eco de tu voz. No busques una excusa, tal como nuestro karma pasado o la inquietud, para castigarnos con tu ausencia. Ven a nosotros, porque somos nada menos que tus hijos. ¡Exigimos tu presencia! Que este día en que comulgamos contigo sea como un faro que ilumine el sendero de la vida, para conducirnos hacia tu vida eterna. Señor, Dios, Padre Celestial, corona este día con la gloria de tu presencia, para que este día contigo pueda destacar al compararlo con los otros 364 días del año que pasamos casi totalmente absortos en la materialidad.

»Bendícenos, ¡oh, Señor!, para que comencemos a amarte tanto que cada día volvamos nuevamente a embriagarnos de Ti, de manera que cuando nos hallemos inquietos debido a las vicisitudes del mundo, aborrezcamos ese estado mental.

»¡Oh, Espíritu Divino! Bendícenos para que vivamos cada día en tu conciencia. Siempre que caigamos en la conciencia material, haznos sentir impacientes por retornar a Ti. Invierte la tendencia de nuestras vidas de manera que, cuando los hábitos indeseables traten de retener nuestra atención en lo material, nuestras mentes vuelen hacia Ti. La inquietud nos invade al preocuparnos por el mundo de la materia, pero estamos en paz cuando nos encontramos contigo. En comunión extática, todos somos uno contigo. Tú eres nuestra vida y nuestro amor, y toda la dulzura que buscamos. Con nuestra más profunda devoción, nos inclinamos ante Ti. Tú eres el Dueño de nuestros corazones. Depende de Ti, Señor, entregarte a nosotros. Aun cuando nuestra devoción no sea suficiente, que aun así te conmueva el romance de nuestra sinceridad y determinación. Muéstrate a todos nosotros.

»Que tu amor brille para siempre en el santuario de nuestra devoción, y que podamos despertar tu amor en todos los corazones. Padre Celestial, no nos abandones en el pozo de la tentación donde hemos caído por haber utilizado erróneamente el poder de raciocinio que nos concediste».

Una y otra vez, sumérgete en tu interior. Una y otra vez, báñate en el gozo celestial de este preciado momento, para que tu vida entera se convierta en una repetición de esta experiencia divina. «Cristo Celestial, sobre todo en este día, invocamos tu presencia y tu conciencia; que tu amor brille en el santuario de nuestra devoción. Padre Celestial, que tu conciencia descienda sobre nosotros, y que con Cristo y los Grandes Maestros podamos ascender en Ti por siempre jamás. *Om, Om, Om*».

[Meditación].

Fue el gran Babaji, en conjunción con Cristo, quien envió la obra de *Self-Realization Fellowship* al mundo. Cristo vino aquí para brindar su conciencia a todos, y a él le duele profundamente ver que la humanidad se ha alejado de adorarle en espíritu. El amor compasivo que Cristo siente por todos los seres humanos es real; la comunión con él es real; y, sin embargo, estas verdades significan poco para la mayoría de las personas, porque se han olvidado del verdadero sentido de la Navidad al celebrar el nacimiento de Cristo en forma fundamentalmente material. ¿Cuál es el propósito de la celebración sino el de experimentar el nacimiento de la Conciencia Crística en nosotros? ¡Comprende lo que esto significa! Es erróneo desviarse del propósito de la Navidad, que es adorar a Cristo en espíritu. Fue Cristo quien me inspiró a llevar a cabo estas prolongadas meditaciones, un día o dos antes de la Navidad. Muchas personas en este país observan ahora esta práctica y espero que, a su debido tiempo, todas las iglesias y familias que honren a Cristo dediquen un día antes de la Navidad al silencio y la meditación.

El silencio es el altar de Dios. No sólo debemos acallar nuestros pensamientos, sino que es preciso comulgar con Cristo, que se encuentra presente en todas partes, dentro y fuera de ti, como una luz resplandeciente. El bebé Cristo nace en la cuna de nuestro corazón. Piensa en ello hoy. Haz de cada día un nuevo nacimiento de la Conciencia Crística en tu vida. Difunde el mensaje por doquier. Espero que cada una de las personas aquí reunidas apoye esta idea en su hogar y en todos los hogares.

Subestimas tu poder. Despierta a aquellas almas que hayan cerrado sus ojos a Dios. La omnisciencia del Señor se encuentra tanto en el sabio como en el hombre que ha cerrado sus ojos a la luz. De ti depende ver ese resplandor en ti mismo, a través de una prolongada y profunda comunión —mediante la expresión continua de tu amor al Todopoderoso.

De la misma forma en que al mirar una película fascinante olvidamos todo lo demás, el amante de Dios olvida todo a excepción del Bienamado. El hombre común no dispone de la devoción suficiente para sentir la presencia de Dios, porque su mente está ocupada en las cosas materiales más que en la Divinidad. Si las películas, el sexo y los placeres terrenales pueden captar nuestra atención durante horas, considera entonces cuán subyugante debe de ser la comunión con Dios, ¡el Ser que más nos puede deleitar en el universo! El problema reside en que la mayoría de las personas no *intenta* conocerle. Cuando le conoces, las horas se deslizan en el mayor éxtasis divino. No importa lo que yo esté haciendo, en nada encuentro gozo a menos que Dios esté conmigo. Y cuando este mundo me hastía, cierro las puertas de los sentidos y comulgo con Dios solamente. Me doy cuenta de que en esta existencia nada es comparable con la felicidad que se experimenta cuando cerramos los ojos al mundo y marchamos incesantemente hacia el bendito reino de Dios.

A mí me parece algo muy simple. Y a ti te parece muy difícil sólo porque crees que en la oscuridad que se encuentra detrás de tus ojos cerrados no existe variedad ni entretenimiento. Toda variedad posible se encuentra allí; no la hallas porque no la esperas. Pero una vez que cruces el umbral de la mente subconsciente, comenzarás a sentir un enorme gozo supraconsciente que embriaga el pensamiento, el cuerpo y el alma. En ese estado, las horas pasan y el devoto se ve libre de la conciencia del mundo.

En muchos rostros, existe una sonrisa orientada al mundo, pero ésta pierde su lustre si detrás de ella no se encuentra la sonrisa de Dios. Puedo ver el final de todo; veo que todos los placeres humanos conducen a callejones sin salida. Dios no desea imponerse a ti; eres tú quien debe buscarle. Él te ha dado el amor que sientes en tu corazón, y tú lo usas erróneamente al atarte a un puñado de otros seres humanos, a quienes consideras como tu círculo íntimo. Al apegarte a los miembros de tu propia y pequeña familia, olvidas que todos te serán arrebatados. Es Dios a quien amas en ellos, y Él te ama a ti a través de todos ellos. Nadie puede amar a Dios si no ama a su familia y amigos; pero aquel que se extravíe en el amor humano perderá a Dios. Es Él quien nos ama en el padre, la madre, los hijos y los amigos. Cuando olvidamos el propósito de este drama, nos castigamos a causa de nuestra propia ignorancia. No te dejes engañar por las metas mundanas. A pesar de ser yo ambicioso respecto a la obra de *Self-Realization Fellowship,* mi corazón está libre y sabe que este drama se está llevando a cabo conforme a la voluntad de Dios.

Sé que Él me ama, y yo le amo. Le amo más que a cualquier otra cosa. No hay absolutamente nada que cautive más mi atención. Me he dado cuenta de que Dios es más tentador que cualquier otra tentación del mundo.

«Día y noche tengo un solo anhelo en mi corazón, ¡oh, Señor! Permíteme hacer lo que tú deseas que yo haga, y que no pretenda yo satisfacer mis ambiciones y deseos. Enséñame a hacer todo lo que tú quieres que yo emprenda para lograr que esta tierra sea perfecta. Que todos mis pensamientos puedan proclamarte; que todas las obras que he realizado puedan recordarles tu existencia a todos».

Así pues, querido mío, medita en la mañana y en la noche. No desperdicies el tiempo. De vez en cuando, puedes permitir que tu mente vague de un lado a otro, pero no consientas que te ate el apego a cosa alguna. Permanece en la soledad y medita. Al principio, tu mente se rebelará contra tu voluntad; pero si eres diligente, finalmente descubrirás que nada te satisface tanto como la meditación. ¡Cuánta libertad encuentro al cerrar los ojos! El gozo de Dios me posee. Es algo real que se encuentra en mi corazón. ¿Qué mayor milagro quieres ver que el milagro del cuerpo humano y el del cuerpo cósmico de la Naturaleza que Dios ha creado? La batería del cuerpo humano no se sustenta por el alimento sino por cada palabra (onda de energía cósmica) que fluye a través del bulbo raquídeo, el cerebro y el corazón, y que procede del Señor, nuestro Creador. Dirígete a la fuente y percibe a Dios, para encontrar en tu interior ese gran Manantial burbujeante de gozo y vida.

Conocí en la India a un santo que permaneció durante dieciocho años en meditación, buscando a Dios, antes de encontrarle. ¡Pero reflexiona sobre cuán inmenso fue lo que logró! Obtuvo a Dios para el resto de su existencia, ¡para la eternidad! Cada día, retírate de todas tus ocupaciones y medita durante cierto tiempo. La noche es el mejor momento para estar con Dios. Jamás vayas a dormir sin haber comulgado con Él. Y constantemente, suceda lo que suceda, dile: «Señor, te quiero a Ti más que a todo lo demás. Quizá me tientes con toda clase de cosas, pero nada deseo sino tu presencia».

Cuando pronuncies estas palabras desde lo más profundo de tu corazón, Dios responderá. Advertirás que no tiene objeto perder tu tiempo rastreando tus defectos o los de otras personas. Sea cual sea la forma en que Satanás intente alejarme del Señor (y ciertamente trata de hacerlo, aun después de haber seguido yo este sendero durante años), sé que cuento con Dios, y que Él siempre está en mi corazón. Mis errores pueden ser numerosos, pero mi amor por Dios ha ahogado mis faltas. En mi corazón sé que soy completamente libre; ni el más mínimo deseo me acecha ahí. Amo a Dios más que a cualquier otra cosa. Y si Él lo desea, estoy dispuesto a fregar pisos a fin de expresarle mi amor.

«Mi cuerpo, mi corazón, mi mente y mi alma te los dedico a Ti, ¡oh, Señor! No me importa qué hagas con mi cuerpo. Durante el corto tiempo que yo permanezca aquí, soy completamente Tuyo, ¡oh, Señor! Que cada músculo dance con tu gozo; que cada corpúsculo de sangre se tiña con la gloria de tu luz. El sabor de la materia es para mí como un veneno, pues ahora bebo tu néctar. Nada es comparable con esta experiencia, ¡oh, Señor! A Ti consagro mi vida, mis pensamientos y mis deseos. Comprobé que mis deseos no eran sino callejones sin salida, que conducían a infinitas desilusiones; pero he aprendido la lección de que al anhelar lo que Tú deseas que yo posea, Amado Dios, me encuentro plenamente satisfecho. Que tu presencia se manifieste a todos los seres, tal como yo te percibo a Ti ... y mucho más, porque Tú eres el entretenimiento sin fin. Revela tu presencia a todos.

»No estamos aquí, ¡oh, Señor!, sólo para orar o para entonar cantos. No estamos aquí para observar mecánicamente este día en honor de Jesús, sino para ofrendar conscientemente la flor de nuestro amor a tus pies de omnipresencia. Recibe el gozo fragante de nuestros corazones. Es muy pequeño, pero todos los gozos y el amor por Ti que florecen en el jardín de nuestros corazones son Tuyos. Recibe lo que te pertenece. Nosotros somos Tuyos. Buenos o malos, somos tus hijos. En virtud de este amor, estás obligado a manifestarte y a expresarte en nosotros. Debes venir a nosotros. Somos por siempre libres en Ti.

»La aurora que danza en los cielos, las montañas, los flamígeros y resplandecientes hornos del Sol y de las estrellas, todos ellos son expresiones de tu gracia y omnipresencia. ¡Oh, Espíritu!, al crecer cada vez más el ardor que nuestros corazones experimentan por Ti, al estremecerse nuestros corazones como un terremoto producido por el anhelo que por Ti sentimos, nuestras almas, encerradas en estos cuerpos terrenales, avanzan raudamente hacia tus orillas de eternidad. Tú eres nuestro. ¿Por qué habrías de ocultarte de nosotros? Bendícenos para que cerremos las puertas de los sentidos y te amemos donde Tú ansías permanecer: en el altar de nuestra alma purificado por las lágrimas. ¡Padre, Madre, Amigo, Amado Dios! Buenos o malos, somos tus hijos; te queremos a Ti. Toda nuestra desesperanza, nuestras debilidades y nuestros malos hábitos no pueden intimidarnos ya más, porque nuestro amor por Ti es mayor. Destruye los injertos de los hábitos que se encuentran en el árbol de nuestra vida eterna. Del árbol de la vida hemos cortado la orquídea de los placeres humanos y la ofrendamos a tus pies. Tú eres el único gozo que procuramos en todas nuestras actividades humanas. Anhelamos el fulgor de tu gloria, la luminosidad de tu ser».

[Meditación].

«Padre, te estamos agradecidos. Que este día resplandezca en nuestras vidas como el faro de tu gracia, de tu gloria y del recuerdo de Ti, a fin de que nos prodigue luz en las tinieblas de esta encarnación. Padre, que tu Luz ilumine este día y nos guíe a través de esta existencia, y de las numerosas vidas futuras, si hemos de retornar a este mundo. Padre, Madre, Amigo, Amado Dios, recibe el dulce fervor de nuestras almas. Acepta la devoción y el amor puros de nuestras almas. ¿Qué más podríamos decir, excepto que te amamos? Manifiesta tu conciencia en nosotros tal como se expresó en Cristo. Recibe nuestro agradecimiento por habernos concedido el gozo y la Conciencia Crística. Te lo agradecemos por toda la eternidad».

Adopta nuevas resoluciones: ¡Conviértete en lo que deseas!

Sede Internacional de Self-Realization Fellowship,
31 de diciembre de 1934

«Padre Celestial, al iniciarse el Año Nuevo, te pedimos ser capaces de contemplar, a través de sus portales abiertos, tu gloria e ideales. Que podamos sentir siempre tu poder, tu vitalidad y tu guía para recorrer, por nuestra voluntad y mediante la constante actividad correcta, el sendero directo que conduce a Ti».

Adopta nuevas determinaciones sobre lo que planeas efectuar y aquello en lo cual deseas convertirte en el año que se inicia. Establece un programa para ti; llévalo a cabo y comprobarás que eres mucho más feliz. Si abandonas tu plan de perfeccionamiento, significará que se ha paralizado tu voluntad. No tienes mayor amigo o enemigo que tú mismo. Si actúas para tu propio bien, alcanzarás tus metas[1]. No existe ley de Dios que te impida ser lo que tú deseas ni lograr lo que anhelas. Ningún contratiempo puede afectarte a menos que tú lo permitas.

Sólo tu voluntad determinará lo que eres capaz de hacer —no tus hábitos pasados, ni tu karma anterior, ni tu horóscopo—. Consultar cartas astrológicas le concede autoridad y poder a tu karma pasado, y debilita tu voluntad. Dios es tu voluntad. Con firme determinación debes impedir que el prejuicio de la duda o el pesimismo se interponga entre tu vida y el poder de tu voluntad. La duda es nefasta, pues paraliza el poder motivador de la esperanza y aniquila la voluntad. Si la fuerza de voluntad se debilita, se habrá estropeado el motor que genera tus logros. La fe puede conseguir cualquier cosa; la duda puede destruirlo todo. Bajo ninguna circunstancia te dejes atrapar por la duda.

---

[1] «Que el hombre eleve el ser (ego) a través del ser; que el ser no se degrade a sí mismo. En verdad, el ser es su propio amigo; y el ser es su propio enemigo» (*Bhagavad Guita* VI:5).

Que nada debilite tu convicción de que eres capaz de convertirte en lo que desees. Nadie obstruirá tu camino a menos que tú mismo lo hagas. A pesar de que mi maestro Swami Sri Yukteswarji me lo decía una y otra vez, para mí era difícil de creer al principio. Pero a medida que puse en acción en mi vida la fuerza de voluntad, descubrí que este don divino era mi salvador. No ejercer la voluntad significa permanecer inerte como una piedra, ser un objeto inanimado, un ser humano inepto.

El poder del pensamiento

Numerosas personas son perezosas física y mentalmente. El pensamiento constructivo, a semejanza de un gran faro oculto, te mostrará infaliblemente el camino hacia el éxito. Siempre encontrarás la forma de lograrlo si reflexionas lo suficiente. Las personas que desisten después de un breve lapso opacan su poder de reflexión. A fin de lograr tu objetivo, debes esforzarte al máximo por emplear el raciocinio hasta que se torne lo suficientemente luminoso como para revelarte el camino hacia tu meta.

El poder de la sugestión es muy fuerte. La capacidad para lograr resultados reside por completo en la mente. Tu cuerpo mismo está prácticamente sostenido por el pensamiento. El alimento es secundario; el principal poder que te sustenta se encuentra en tu mente —en tu conciencia—. Es el pensamiento lo que aporta energía al cuerpo. Cuando el pensamiento queda anulado, el cuerpo se siente débil y comienza a declinar.

El pensamiento de Dios es la esencia de todo; está vivo y no tiene fronteras. Todo proviene de la Inmensidad Infinita. Dios toma un pensamiento de su conciencia y lo convierte en un ser viviente. Emite otro pensamiento y le dice que se convierta en flor, y se transforma en cierto tipo de capullo; otros pensamientos se convierten en montañas o gemas o estrellas.

Desecha todo pensamiento negativo y temor. Recuerda que, como hijo de Dios, has sido dotado con las mismas potencialidades que los seres más excelsos. Por el hecho de ser almas, nadie tiene mayor importancia que otro. Sintoniza tu voluntad a fin de que sea guiada por la sabiduría de Dios, tal como se ha expresado en la sabiduría de los santos. Si tu voluntad se une a la sabiduría, puedes lograr lo que te propongas. El temor inhibe el progreso. Suceda lo que suceda, debes estar preparado para afrontarlo; adquiere la disposición mental necesaria para superar cualquier cambio sin sucumbir a la inercia provocada por el sufrimiento. Enfrentar la muerte misma no debe acobardarte. El temor a la muerte es ridículo, porque mientras no estés muerto, estás vivo; y cuando mueras, ¡ya no habrá nada de lo que preocuparse! Es una experiencia que todos atravesaremos, así que no puede ser tan terrible. Somos olas que se mueven sobre la superficie del mar; y durante un tiempo, tras la muerte, nuestra conciencia se sumerge en el Infinito Único de donde procede. No es algo que haya que lamentar; se trata más bien de un descanso, de una «jubilación» de las fatigas de la vida, de un ascenso que nos lleva a una libertad mayor[2].

Conserva tu ecuanimidad mental en toda circunstancia. En cada situación debes permanecer calmadamente activo y activamente calmado. Desecha toda desilusión, todo desencanto que pueda haber surgido como resultado de pérdidas o sufrimientos. Debes eliminar definitivamente todas estas limitaciones que constriñen el poder del pensamiento y de la voluntad. Las dificultades no se presentan para castigarte sino para que despiertes; es decir, para que te hagas consciente de que formas parte del Espíritu y que detrás de la chispa de tu vida brilla la Llama del Infinito; en el fondo de la trémula luz de tus pensamientos se halla la Gran Luz de Dios; en el fondo de tu raciocinio y discernimiento está la omnisciencia del Espíritu; en el seno de tu amor se encuentra el amor de Dios que todo lo satisface. ¡Si tan sólo pudieras comprenderlo! No te apartes de Dios. Él no creó a ningún ser humano con mayores privilegios que otro. Todos han sido hechos a su imagen, pero no todos reflejan por igual su Luz Divina, debido a los deseos y los malos hábitos. La satisfacción plena no reside en hacer realidad tus deseos, sino en desarrollar las cualidades del alma y esforzarte por realizar tus aspiraciones que sean dignas de mérito. Nada hay que te impida sentir ese gran Poder que sostiene tu vida; son tus malos hábitos los que te hacen creer lo contrario.

---

[2] Véase *astral (mundo)* en el Glosario.

Los malos hábitos son tus peores enemigos

Los malos hábitos son los peores enemigos que puedas tener, porque te castigan y te impulsan a realizar actividades que no deseas, y luego te abandonan para que sufras las consecuencias. Debes desechar los malos hábitos y dejarlos atrás conforme avances en la vida. Cada día debería suponer una transición desde los viejos hábitos hacia hábitos mejores. En este año que está por iniciarse, toma la firme decisión de mantener sólo esos hábitos que te aporten el mayor bien.

La forma más efectiva de liberarte de las tendencias indeseables consiste en no pensar en ellas ni aceptarlas. Jamás admitas que un hábito tiene poder sobre ti. «¿Cómo se me puede obligar a hacer lo que no deseo?». Ese solo pensamiento te ayudará a seguir adelante, aun cuando los hábitos traten de detenerte. Tu mente consciente ha quedado condicionada a pensar que estás autohipnotizado por los malos hábitos. Cuando se presente el pensamiento de que te hallas habituado a fumar o a comer en exceso, de inmediato sentirás que es imperativo que fumes o comas en demasía. Pero cuando te niegues a admitir ese hábito, desaparecerá. Debes desarrollar hábitos que digan «no» a cualquier impulso nocivo, y mantenerte alejado de todo aquello que estimule tendencias perniciosas. No te expongas a tentaciones.

Los malos hábitos te dicen constantemente que no lograrás vencerlos; pero sí puedes. Rechaza categóricamente los hábitos perjudiciales. Decídete a tener éxito. La mente crea todo, es omnipotente; puede controlar la vida y la muerte.

Así pues, permite que éste sea un Año Nuevo de determinaciones. No tenemos derecho a introducir en el nuevo año los sucesos que fenecieron en el año que ha terminado. Eres hijo de Dios. ¿Qué importan los errores pasados que hayas cometido? Eres un ser que ha despertado; nada puede retenerte a menos que lo permitas. Eres el amo de tu propio destino. Eres afortunado porque en Dios no existe la parcialidad; Él te ama tanto como a Jesús y a los grandes santos. Él es Amor Incondicional, porque Él mismo existe en todas las cosas. Dondequiera que el Señor se encuentra, también están allí su amor y devoción. Sé como esas personas que reflejan la presencia de Dios en mayor medida que otras. Tan pronto como desarrolles la transparencia de la receptividad, Él resplandecerá en ti.

La vida se mofa de las obligaciones que te impones

Que esta Tierra no te encadene. Es sólo un lugar donde, durante un tiempo, tienes que representar tu papel. No le confieras a ese papel más importancia de la que merece. Equilibra los deberes materiales y espirituales en tu vida; de ese modo, atraerás la felicidad suprema. Anhela conocer a Dios, pues esta actitud te ayudará a representar mejor tu personaje. Dios no te habría dado el cerebro si no hubiese querido que pensaras y razonaras. No te habría dotado de voluntad si no esperara que la empleases. Pero mientras llevas a cabo tus obligaciones, no generes nuevos deseos. Transfórmate en un excelente actor que sólo busca cumplir la voluntad de Dios. Únicamente al perfeccionar tu actuación en el drama de Dios tendrás derecho a «jubilarte» y regresar a tu Hogar Divino.

La vida es sumamente cruel, pues se mofa de las obligaciones que te has impuesto. Tus compromisos y afanes por satisfacer deseos —incluso los más nobles— se cancelan de inmediato cuando la muerte se presenta. ¿Por qué habrías de darle tanta importancia a la vida? Aun cuando de todas maneras tienes que cumplir con tus obligaciones, no debes olvidar que esta vida es sólo una obra teatral. Y es preciso actuar bien, pero con el pensamiento centrado en Dios. Cumple con tus deberes por el simple hecho de que deseas complacer a Dios. Escapar de tus responsabilidades no te salvará, porque ése no es su plan. Él mismo está dirigiendo eternamente su universo para nuestro beneficio. Nadie podría crear ni lograr cosa alguna a menos que ésta hubiese surgido primeramente en la mente de Dios. Sólo somos sus instrumentos dotados con el poder de efectuar innovaciones y modificaciones para nuestro perfeccionamiento y el de los demás. Emplea la capacidad creativa que Dios te ha concedido; ésa es la base del éxito. Trata de perfeccionar algo que ya haya sido hecho. El ser humano que posee capacidad creativa se encuentra entre los mejores instrumentos de Dios; se perfecciona a sí mismo y mejora aquello que la evolución ha logrado hasta ese momento en su entorno terrenal. Dios actúa a través de tales innovadores entusiastas.

Sé activo y emplea tu fuerza de voluntad y raciocinio, pensando continuamente que en el fondo mismo de tu vida se encuentra la Vida de Dios, y que en tu voluntad también está su Voluntad. Para descubrir cuál es la voluntad de Dios, emplea tu razón; no te limites a sentarte y esperar que las cosas lleguen a ti. Emplea tu voluntad; mas pídele a Dios que te dirija, y ten fe en su guía. De innumerables formas encontrarás orientación consciente a tu alrededor. Ya no tendrás que preocuparte más. Lo único que importa es que hagas cuanto esté a tu alcance por desempeñar del mejor modo posible cualquier papel que se te asigne.

Todos los personajes son necesarios en el drama de Dios

Debes sentirte satisfecho con tu papel. No te quejes de tu destino. En esta vida, todos tienen problemas y creen que los demás no los tienen. Jamás desees estar en el lugar de otra persona a quien consideres que se encuentra en mejor posición que tú. Es preferible no desear nada y pedir al Señor que te otorgue aquello que sea para tu mayor beneficio. Eres parte de la creación del Señor; Él necesita de todos para llevar a cabo este drama. Nunca te compares con otra persona. Tú eres lo que eres. Nadie es como tú, y nadie puede representar tu papel como tú lo haces. De igual forma, no trates de desempeñar el papel de otra persona. Lo importante es cumplir la voluntad de quien te ha enviado; eso es lo que deseas. Mientras interpretas tu papel, piensa en todo momento que Dios trabaja a través de ti.

No te reduzcas a la pequeñez del egoísmo. Incluye a los demás en tus logros y en tu felicidad; de ese modo estarás llevando a cabo la voluntad de Dios. Siempre que pienses en ti, recuerda también a los demás. Cuando busques la paz, piensa en aquellos que la necesiten. Si haces todo cuanto se encuentre a tu alcance para lograr la felicidad del prójimo, sabrás que estás complaciendo al Padre.

Lo único que debe interesarte es vivir armoniosamente, vivir con una gran fuerza de voluntad para cumplir la voluntad del que te ha enviado. Jamás pierdas el valor, y sonríe siempre. Que tu sonrisa surja del corazón y esté en completa armonía con la sonrisa de tu rostro. Si tu cuerpo, mente y alma reflejan la sonrisa que proviene de tu percepción interior de Dios, puedes derramar sonrisas dondequiera que vayas.

El gozo de la meditación es tu mejor compañía

Rodéate siempre de personas que te inspiren y eleven tu nivel espiritual. No permitas que las malas compañías envenenen tus resoluciones ni tu pensamiento positivo. Si no puedes encontrar la compañía que te inspire, la meditación te ayudará a encontrarla. La mejor compañía con que puedes contar es el gozo que procede de la meditación. Duermes seis u ocho horas diarias, y no te parece difícil hacerlo; por el contrario, disfrutas del sueño porque te ofrece una conciencia parcial de tu paz y gozo interiores. Pero cuando meditas, puedes sentir conscientemente el gozo que tan sólo atisbas durante el sueño. Ese gozo es mucho mayor; las horas transcurren sin que lo adviertas. Ese reino de gozo se encuentra detrás de la onírica región de la subsconciencia. Lo que experimentarás en ese estado te llevará a decir: «No soy el ego; tengo sentimiento, pero no soy el sentimiento; razono, pero no soy el intelecto; tengo un cuerpo, pero soy el Espíritu».

Como si fuese una plomada, tu devoción debe adentrarse cada vez más en el mar de la percepción divina. Aquellas personas que en la meditación mantienen abiertos los ojos de su visión interna percibirán la presencia de Dios aquí, en el corazón. Mientras exista una danza demoníaca de inquietud y deseo en el templo corporal, el Padre permanecerá alejado. Pero cuando se le llame con perseverancia y devoción, Él se presentará, tal como una madre responde al insistente llanto de su hijito. En el templo del silencio, Él llega primeramente en forma de paz. Si profundizas, en el templo del *samadhi*, o de la Unidad con Dios, le encontrarás, le tocarás y sentirás su gozo dentro de ti y en la omnipresencia. Sin la percepción interior de Dios, es muy difícil amarle. Pero cuando esa Felicidad suprema inunda tus pensamientos y todo tu ser, no puedes evitar amarle.

La vida está saturada de la invisible Presencia Divina

El cáliz de tu vida está colmado —tanto interior como exteriormente— de la Presencia Divina; pero debido a tu falta de atención, no percibes la inmanencia de Dios. Cuando estás en sintonía con el Señor, puedes recibir al Espíritu, al igual que se sintoniza una radio. Es como si llenaras una botella con agua del mar, le colocaras un tapón y la arrojaras al océano; aunque la botella flota en las aguas, su contenido no se mezcla con el líquido circundante. Pero si abres la botella, el agua que contiene se mezclará con la del mar. Debemos quitar el tapón de la ignorancia antes de entrar en contacto con el Espíritu.

La Infinitud es nuestro Hogar. Sólo estamos pasando una temporada en la posada del cuerpo. Quienes se hallan embriagados con el engaño han olvidado cómo seguir la senda que conduce a Dios. Pero cuando la Divinidad se une al hijo pródigo durante la meditación, ya no se pierde más el tiempo.

Atraviesa los portales del Nuevo Año con renovadas esperanzas. Recuerda que eres hijo de Dios. De ti depende lo que habrás de ser. Enorgullécete de ser hijo de Dios. ¿A qué habrías de temer? Sean cuales sean las experiencias que hayas de afrontar, debes tener la certeza de que es el Señor quien te las envía; y debes conquistar exitosamente esos desafíos de la vida diaria. Ahí reside tu victoria. Obedece la voluntad divina, y nada podrá lastimarte. El Señor te ama sin límites. Piensa que así es, y créelo. *Ten la certeza* de que así es. Y de pronto, un día te darás cuenta de que vives inmortalmente en Dios.

Medita más y abriga la firme convicción de que, independientemente de lo que ocurra, Dios está siempre a tu lado. De ese modo, comprobarás que el velo del engaño se levantará, y tú serás uno con Eso que es Dios. Fue así como encontré mi mayor felicidad en la vida. No ansío nada más ahora porque todo lo tengo en Él. Jamás me desprendería de Eso que constituye la más valiosa de las posesiones.

Éste es mi mensaje de Año Nuevo para ti.

«Sólo tu amor basta»
Una tarde en comunión divina

Oficio del jueves por la tarde celebrado por Paramahansaji en la Sede Internacional de Self-Realization Fellowship (Mount Washington), poco después de regresar de su visita de un año de duración a la India, el 6 de diciembre de 1936

«Amado Dios y grandiosos gurús, que vuestra infinita gracia bendiga esta institución, *Self-Realization Fellowship,* para que permanezca siempre como lo he deseado: conforme a tu divina voluntad.

»Padre Celestial, bendice al hijo de mi corazón, San Lynn. Te agradezco haberme enviado un alma elevada que pudiera considerar mía, y que te represente a Ti y a tu verdad. También te expreso mi gratitud por todas las maravillosas almas que han llegado aquí a consagrar sus vidas, y por todos los que vendrán en tu búsqueda. Manifiesta tu Vida en las suyas. Bendícenos para que, a través de nuestro amor por Ti, hagamos de Mount Washington un paraíso en la Tierra; y que, al servirte a Ti, no deseemos otra gloria que no sea la Tuya, ¡oh, Padre! Que se establezca un paraíso portátil en el corazón de cada uno de los que aquí acudan a buscarte. Mount Washington, tú estás santificado por los seres bienamados que aquí se encuentran. Que este lugar atraiga a los que aman a Dios.

»¡Oh, Supremo Espíritu, Padre, Madre, Amigo, Bienamado Dios!, te ofrecemos nuestra devoción incondicional. Haz que te amemos con el amor de todos los santos. Tú eres la Fuente de cada una de las gotitas de tu manifestación: el Poder que crea las estrellas, la Vitalidad que sustenta toda la creación y todo género de vida, la Belleza que prodiga hermosura a todas las cosas, el Amor que hace que todos los corazones sientan amor. Tú eres la Fuente del gozo siempre renovado, que brota con centelleante esplendor en los templos de las almas de todos tus devotos que meditan. Con el corazón, el alma, la inteligencia, el pensamiento y la devoción, oro para que percibamos tu presencia, y lo exijo como hijo tuyo. Ninguna otra cosa satisfará nuestros corazones.

»Nunca fui tan feliz como ahora, ¡oh, Señor!, porque hay muchísimas almas que te están llamando. No deseo tener poder ni discípulos: sólo busco tu amor, ¡oh, Espíritu! Ninguna otra cosa ocupará mi corazón. No existe lugar para nada más, sino únicamente para Ti. Ya no oraré con palabras, sino con mi amor, mi corazón y mi alma.

»Madre Divina, anoche me preguntaste qué deseaba yo. Nada ansío, excepto que tu amor brille en mi corazón, así como en el de aquellos que me quieren y que te buscan. Nada más.

»Divino Espíritu: bendito sea tu reino que se encuentra en nuestro interior. Con toda la devoción de nuestro ser, te invocamos. Manifiesta tu conciencia en nosotros. No nos abandones en la oscuridad de la tentación en la cual caímos por el mal uso del poder de raciocinio que nos conferiste. Padre, cuando nos fortalezcamos, si es tu voluntad someternos a prueba, hazte más tentador que la tentación misma. En la balanza de mi mente, te comparé con todo lo demás, y me di cuenta de que eres infinitamente más atractivo, más hermoso y más encantador. Nada iguala tu belleza sin par, ante la cual toda otra atracción palidece.

»¡Oh, Príncipe Encantador de almas!, revélate a nosotros. En todos los caminos de nuestra vida, bendice a tus devotos para que no caigamos —ni siquiera por un instante— en el engaño de conformarnos con algo que sea inferior a tu amor en nuestros corazones. Tú eres nuestro verdadero Bienamado. Inmenso gozo, inmensa dicha: gloria eterna. ¿Dónde está el deseo, dónde la separación? Ambos desaparecen ante el fulgor de tu gozo siempre nuevo.

»¡Oh, Espíritu!, ¿qué puede igualar a tu amor? Amado de mi corazón, Amado de todos los corazones, Señor de los señores, Dios de dioses, Padre, Madre, Amigo, Bienamado Dios, tu gloria es inmensa. Eludo todo aquello que no me permita recordarte, y recibo con agrado todo lo que refleje tu rostro. ¡Oh, Espíritu Divino!, Tú me has traído tus devotos. Yo no predicaré con palabras, sino que les prodigaré tu amor con las flores de mi corazón.

»Divino Espíritu, impregna nuestros corazones con tu gloria, colma nuestras almas con tu espíritu. Permanece dentro de nosotros por siempre. Sólo Tú, ¡oh, Espíritu!, sólo Tú. Nos inclinamos ante Ti una y otra vez; ofrendamos nuestro amor a tus pies de rosa. Con tu gozo, ¡oh, Espíritu!, haz que nuestra conciencia se retire hacia el interior. Absorbe en tu gozo cósmico las sensaciones de la carne que nos distraen. No nos engañes con el pequeño cuerpo cuando tu gozo está esperando detrás del velo del silencio. Con tu ayuda, rasgaremos ese velo. No nos engañes más con la ilusión cósmica y cólmanos con tu amor, para que podamos darnos cuenta de que sólo Tú eres el Único a quien buscamos.

»Todas las ambiciones las deposito a tus pies, ¡oh, Dios Todopoderoso! Sólo tu amor basta. Si es tu deseo, toma incluso mi vida en este instante. No ambiciono otra cosa sino a Ti y sólo a Ti. En los corazones de tus devotos, comulgaré contigo. No desperdiciaré el tiempo, sino que emplearé cada momento para saborear tu nombre impreso en la conciencia de todos los corazones que te aman. Eso es lo que anhelo: a Ti, que eres el eterno Tesoro del cielo. ¿Qué otra cosa podría desear que la gloria de tu Espíritu?

»¡Oh, Divino Espíritu!, con mi vida, con mi mente, con toda la sabiduría y la percepción que recibo de Ti y de mi amado Gurú, pronuncio una y otra vez este solemne voto en mi corazón: te ofrezco fidelidad eterna, y a los devotos que te amen les doy todo mi amor. Espíritu, permanece con nosotros, permanece con nosotros. ¡Cuánto gozo, cuánto gozo!; ¡oh, bienaventuranza del Espíritu!, ¡oh, bienaventuranza de tu gloria! ¿De qué otra cosa habré de hablar sino de tu amor? Más aun, colma nuestros corazones con tu amor. Eso es todo lo que deseo.

»¡Oh, Señor Infinito!, Tú eres el cielo ilimitado; yo soy una gota del cielo, cielo solidificado. [Paramahansaji canta:] "El cielo soy, Madre, el cielo soy [...] Mi diminuta gota de cielo, cielo es, cielo es"[1]».

El cielo, espacio infinito, no puede verse limitado ni dañado en forma alguna; somos una gotita de esa Infinitud, un pequeño nido que sirve de cuna para el Espíritu omnipresente.

---

[1] Extracto del canto «El cielo soy», que figura en el libro *Cosmic Chants*, de Paramahansa Yogananda.

[En este punto, Paramahansaji entró en el gozoso estado de *samadhi*. Después de un período de comunión interior, dirigió la palabra a los devotos reunidos:]

Jamás pronuncies el nombre del Señor en vano. Cuando le cantes, siente primero lo que entonas y, luego, exterioriza lo que hayas percibido. El Dios del cielo, el Dios de las nubes y las estrellas, el Dios de dioses, el Dios de los millones de almas que han venido y de las que se han marchado, el Dios de todos los devotos, a ese Señor Eterno le ofrecemos nuestra fidelidad imperecedera. ¿Por qué conversar acerca de Él con la aridez de las palabras y la limitación de los pensamientos? Le percibiremos en el templo de la meditación, donde Él anhela llegar a nosotros.

De la misma forma que el océano se encuentra bajo la ola, el océano del Espíritu se encuentra bajo la ola del cuerpo. En el sueño, no eres el cuerpo, ni lo tienes. Al despertar, te confinas al engaño que proviene de la carne, pero cuando cierras los ojos, puedes sentir que tu conciencia es ilimitada.

Veo este insignificante cuerpo como cielo «solidificado»; y conforme medito, el cuerpo se transforma en el vasto firmamento, desplegado en la infinitud de Dios. «Cielo solidificado» significa fantasía solidificada, imaginación solidificada, como ocurre con las imágenes de un sueño. En el estado onírico ves que la gente nace, ríe y muere, pero al despertar, todo desaparece. De igual modo, el cuerpo es una condensación de la vastedad del espacio. Sin embargo, ésa no es la impresión que tú tienes. Mientras te hallas despierto en la conciencia ordinaria, el cuerpo y sus limitaciones parecen reales; pero, en verdad, estás soñando. Cuando abandones el sueño del engaño y llegue a ti el auténtico despertar que aporta la meditación, te darás cuenta de que tus experiencias terrenales fueron pensamientos solidificados de Dios. La actividad onírica que se origina en el estado de sueño subconsciente se compone de nuestros propios pensamientos solidificados, y nosotros mismos somos pensamientos solidificados en el sueño de Dios. Para escapar de este sueño, debes despertar y descubrir al Señor. Tal despertar es la única realidad. Es lo que yo veo a cada minuto, a cada segundo; esa conciencia permanece siempre conmigo.

«*Sólo tu amor basta*»

Te expreso estas verdades conforme las percibo en mi interior. No deseo ya dar conferencia alguna. La Madre Divina dice: «Sólo bebe mi amor con los devotos». Eso es lo único que deseo hacer, y nada más ansío. Quienes acudan a mí, que vengan con esa actitud.

Algunos de los más grandes maestros de la India hablaban muy poco; enseñaban a sus seguidores a adentrarse en sí mismos y a *sentir* y, luego, les pedían que describieran lo que habían experimentado. La religión moderna, por el contrario, hace hincapié en las emociones o en la exposición intelectual, factores que no proporcionan al buscador una experiencia auténtica de Dios. La sed de Dios es tal que sólo puede satisfacerse con Dios mismo.

En este mundo de cambios permanentes e incertidumbre constante, con frecuencia te sientes muy solo. Dios es el único que jamás te decepcionará. El gozo que te proporciona cualquier otra cosa decae, y entonces deseas algo más. Pero Dios es Eso que, al poseerlo, lo deseas cada vez más.

El único sermón real es el contacto con Dios, ese grandioso poder divino que vibra en toda esta sala y que es tan sagrado. Por este motivo, no ambiciono atraer con mis palabras a buscadores curiosos. Sólo deseo ofrecer el amor del Señor a las almas sedientas que se encuentran por doquier. Las glorias de los maestros deben revivirse. Ellos solían sentarse en los bosques, en estado de comunión divina —sin hablar, sin tratar de hacer prosélitos—, rodeados de almas sinceras atraídas por el magnetismo y el amor de Dios. En los campos y entre los árboles desciende la luz de Dios. ¡Imagina! ¡Qué gozo! ¡Qué gloria! Un lugar de divina comunión; eso es lo que Mount Washington será. Día y noche beberemos su nombre. Así debemos buscarle, sentirle y hablarle, para que quienes lleguen aquí puedan partir hablando de Dios, sintiéndole y cantándole.

¡La Madre Divina vino aquí, y hablé con ella! «¡Oh, Divina Madre!, ninguna otra cosa ansío sino comulgar con tu conciencia, tu gloria y tu poder. Bendícenos a cada uno de nosotros para que podamos sentirte y hablar de Ti desde un estado en que nuestras almas te perciban, al tiempo que laboramos para alejar a los demás de las redes de Satán.

»Padre, Madre, Amigo, Bienamado Dios, despierta en todas las almas el amor que siento. Que no tengan otro deseo, ninguna otra ambición, sino la de recibir y expresar tu gozo, tu sabiduría, tu eterna belleza. En Ti, ¡oh, Señor!, vivimos, nos movemos y mantenemos nuestro ser. Este cuerpo vale la pena si en la tierra de la carne, la mente y el alma sembramos las semillas de tu amor y obtenemos la cosecha de tu felicidad.

»Bendice a San Lynn, una y otra vez, para que él continúe con mi obra cuando haya yo partido. Jamás encontré a nadie más honesto, sincero y humilde. Te ruego que conserve siempre esas cualidades. Dondequiera que se encuentre, estará protegido. Pueda él vivir por medio del amor del Espíritu Divino. Que su vida sea un testimonio de la mía.

»Madre Divina, la luz de tu amor queda eclipsada durante un breve instante por los males del mundo. Pero pondremos de manifiesto tu amor, para que, cual torrente divino y luminoso, pueda aniquilar la oscuridad por siempre jamás. Siento tu grandioso poder. Con los cañones de tu supremacía podemos destruir los males del mundo. Pero, Divina Madre, tu más grandioso poder es el del amor; y ése es el poder que habremos de establecer para eliminar las guerras y los problemas que asedian al mundo. Siento las agonías del mundo, y vendré a la Tierra una y otra vez para salvar a tus hijos.

»Bendícenos, Amado Dios, para que este devoto grupo de mensajeros tuyos podamos recorrer la Tierra a fin de alabarte y difundir tu nombre y tu gloria, buscando siempre no el reconocimiento del hombre sino el Tuyo, ¡oh, Espíritu!

»Solamente deseo estar con aquellos que te aman. Quiero beber tu nombre en compañía de tus devotos. Ven a mí, ¡oh, Bienamado!, Tú, que eres el primer y último amor de mi corazón. Que todos sientan tu amor y tu gloria para que puedan abandonar todos los objetos materiales, todos los sueños fantasiosos, y se colmen de tu amor. ¡De nada puedo hablar, excepto de tu amor y tu gozo! Infunde en nosotros la incesante percepción de tu amor y la urgencia de comulgar contigo *ahora*. Enséñanos a desechar todo aquello que nos aparte de Ti.

»Sólo tú eres eterno y la única Realidad. Todo se llena de vida y poder gracias a Ti. Tú eres mi alimento, mi dormir, mi fuerza, mi gozo. ¡Oh, qué inmensa libertad, qué inmenso gozo! ¡Libera a todos, tal como Tú me has liberado a mí! Bendito eres Tú que me has conferido este gozo».

Ora conmigo, y permite que el anhelo de tu alma palpite en el fondo de tus palabras: «Padre Celestial, Madre, Amigo, Bienamado Dios, te ofrezco los clamores de mi alma. Perdona mis andanzas en el reino de la materia. Permanece conmigo ahora y siempre, para que yo pueda sentir, en todo momento, tu bendita presencia. No tengo que obtenerte, puesto que Tú ya eres mío por toda la eternidad. Sólo bendíceme para que reviva en mí el recuerdo de tu presencia, el recuerdo de que te poseo por siempre. *Om, Om,* Amén».

Sé un conquistador de corazones

*Charla informal dirigida a los residentes del ashram
y a otros miembros en la Sede Internacional de
Self-Realization Fellowship, Los Angeles (California),
el 3 de noviembre de 1938*

Cuando contemplamos la vida desde una perspectiva impersonal, nos damos cuenta de que es maravillosa. La vemos como un espectáculo; cada día, se exhibe una película diferente. No nos gustaría ver el mismo filme una y otra vez; carecería de sentido, y resultaría inútilmente monótono. Si la vida no tuviera sus altibajos, sus victorias y reveses, apenas valdría la pena vivirla. Simplemente, no la tomes demasiado en serio, pues, en caso contrario, te hará sentir sumamente desdichado. Si deseas alcanzar el estado de inmutabilidad e imperturbabilidad del Espíritu, entonces permanece siempre con la mente en calma. «¡Oh, Arjuna! Las relatividades de la existencia han sido superadas, incluso aquí en este mundo, por aquellos que se han establecido en la ecuanimidad. En verdad, ellos están entronizados en el inmaculado y perfectamente equilibrado Espíritu»[1].

Los deseos personales son como un ácido que corroe la paz del alma. En ciertas ocasiones, los acontecimientos se desarrollan sin inconvenientes, y nos sentimos satisfechos del mundo y del lugar que ocupamos en él; pero, luego, llega un momento en que todo parece volverse en nuestra contra. Ésa es una lección que se nos da para fortalecernos, para que despertemos nuestros poderes ocultos. Sin embargo, en lugar de ello, los deseos contrariados provocan enojo. Cuando los deseos se ven frustrados y el paroxismo de la ira se apodera de nosotros, la mente queda obnubilada, olvidamos nuestras responsabilidades y perdemos la capacidad de discernimiento; y al actuar sin distinguir entre lo bueno y lo malo, cosecharemos el error

---

[1] *Bhagavad Guita* V:19.

y la infelicidad[2]. Si nunca te enojas ante los reveses de la vida, o ante quienes los instigan, podrás ver con mayor claridad tu camino a través de cualesquiera acontecimientos que tengan lugar a tu alrededor.

Por este motivo, debes cuidar de tu paz interior más que de cualquier otra cosa. Si eres capaz de conservar la paz interior, has logrado tu victoria suprema. Independientemente de cuál sea tu situación en la vida, jamás te sientas justificado para perder la paz. Cuando ésta te abandona y no puedes pensar con claridad, has perdido la batalla. Si nunca malogras tu paz, te darás cuenta de que la victoria te acompaña siempre, con independencia de cómo se resuelvan tus problemas. Ésa es la forma de conquistar la vida. A nada le tengas miedo; y si hay algo a lo que hayas de temer, que sea sólo a ti mismo. Pero si todo lo haces con sinceridad y amor en tu corazón, no has de temer a nada ni a nadie. A medida que vayas descubriendo el reservorio de paz que yace en tu alma, habrá cada vez menos controversias capaces de perturbar tu vida.

Quien ama a Dios vive en el alma, en su verdadero Ser; todo lo hace para Dios, no para sí mismo; ama a todos porque ve el mundo como el espectáculo cósmico del Señor; nada puede incitarle a decir o hacer algo bajo el influjo de la cólera o del egotismo, sino movido únicamente por el deseo de ayudar a los demás. Ésa es la actitud que has de tener. Debes vivir en esa conciencia. No es algo que se pueda fingir, pues sólo se manifiesta cuando eres capaz de ver a Dios en todos —cuando puedes amar a cada persona como parte de tu amor por Dios.

Con cada uno de los devotos —a los cuales sirvo—, siento el mismo vínculo que cualquiera siente con su familia; tengo la misma sensación de unidad con todo el género humano que la que se suele sentir con los parientes más cercanos. Nadie puede describir ese sentimiento. Cuando llegue, comenzarás a comprender el significado y la belleza de la vida.

---

[2] «La cavilación sobre los objetos percibidos por los sentidos causa apego a ellos. El apego engendra deseo; el deseo engendra ira. La ira engendra la ilusión o engaño; la ilusión engendra pérdida de la memoria (del Ser). La pérdida de la memoria correcta causa la decadencia de la facultad de discernimiento. La consecuencia de esto es la aniquilación (de la vida espiritual)» (*Bhagavad Guita* II:62-63).

Ama a las personas, pero no sus defectos

Si amas a Dios y, por lo tanto, a todas las personas, eso no significa que ames los defectos de que ellas adolecen. Amar a Dios hace que te afiances firmemente en sus divinos principios. Cuando supe con seguridad que yo trabajaba sólo para Dios, me vi liberado del recelo y el temor a que pudiera estar errado en mis convicciones. Estoy dispuesto a que me corrijan siempre que me equivoque; pero si me hallo en lo cierto, esa certeza interior jamás me abandona, porque no nace del sentimiento sino de la verdad; y en ella, permanezco firme.

La felicidad inquebrantable que se experimenta en Dios constituye el fundamento adecuado para todas las actividades, para todo lo que emprendas. El hombre que desea recibir esa segura comprensión de Dios debe ser capaz de postrarse a los pies de todas las personas y, sin embargo, estar preparado también para mantenerse firme en la verdad, anclado en la dicha y la confianza que provienen de Dios.

En el templo del alma se encuentra la más hermosa y perfecta presencia de Dios. Quienes profesan un amor total a Dios y nadan en el océano del amor divino perciben Su maravillosa presencia en todo; pero, al mismo tiempo, pueden ver la ceguera de esas personas cuyos ojos están cerrados por el error y la ignorancia. Así pues, aquel que ama a Dios ve en sus semejantes tanto la luz como la oscuridad. Por ejemplo, ante un magnífico santuario, aquellos que tienen los ojos abiertos aprecian la belleza del templo, pero quienes se hallan con los ojos cerrados no ven el santuario sino la oscuridad. Del mismo modo, las almas elevadas pueden contemplar la gloriosa presencia de Dios en los templos de todas las almas, pero, con esa misma luz, ven a los que están perdidos en la oscuridad porque tienen los ojos cerrados.

Jamás quise convertirme en instructor espiritual. Observé que esa posición, con frecuencia, nos hace creer que sabemos mucho, aunque en realidad sepamos muy poco. Sólo cuando el Maestro [Swami Sri Yukteswar] me dijo: «No habrías recibido esta sabiduría si yo no te la hubiera dado», dediqué mi vida a la enseñanza. Mi maestro me brindó esa verdad y, al mismo tiempo, me alentó a ofrecerla desinteresadamente a los demás.

Para ser instructor espiritual, hay que ser sincero. Cualquier cosa que digas, debes afirmarla desde tu interior. Si eres recto y franco, tu espíritu jamás puede ser sobornado para que se desvíe de los principios de Dios. Eres incapaz de actuar con mala intención, porque no te mueve el egoísmo ni la ira; lo que haces, lo haces con la mayor sinceridad. Compórtate de esa manera —bien sea que enseñes desde el púlpito o mediante el ejemplo que das con tu vida— y observa cómo se transforma tanto tu vida como la de quienes procuras ayudar. Sé sincero y defiende sin miedo la verdad desde este momento en adelante. Dondequiera que vayas, permite que sea el Señor, y no tu ego, el que hable por intermedio de ti. No has de ser taimado en el trato con la gente; sé auténtico; así, todos los que sean sinceros estarán en armonía contigo y te corresponderán en la misma forma. Si te acercas a los demás con amor sincero, dejando de lado todo autoritarismo o enojo, muy pocos te malentenderán. Y que Dios ayude a quienes tergiversen tus intenciones, porque debido a sus propios actos se verán envueltos en situaciones difíciles.

Si amas al Padre de todos, pero abrigas el más leve pensamiento de venganza hacia otra persona o deseas castigar a alguien, te alejarás un millón de kilómetros de Dios. Quien ama al Señor no se atreve a albergar pensamiento alguno de hacer mal a nadie. Sería un error, por supuesto, apoyar ciegamente a cualquiera. Pero el hecho de no respaldar las acciones equivocadas de los demás no significa que se los deba lastimar, en revancha. Un filósofo dijo en cierta ocasión: «La mejor venganza consiste en no parecerse a quien causó el daño». Debemos respetar las opiniones ajenas, así como deseamos que los demás respeten las nuestras; no hay cabida para la descortesía. Tanto en el acuerdo como en el desacuerdo, hemos de comportarnos con gentileza.

Júzgate ante Dios y tu conciencia

Es sencillo ser un maestro cuando predicas con la palabra, pero se requiere de una fuerza colosal para ser un maestro cuando convives con las personas. Todos te ven y te juzgan de acuerdo con su propia opinión. Años atrás, había un jovencito que nos acompañaba en una gira de conferencias desde la costa este hasta Los Ángeles, y que no hacía otra cosa que criticar todo. Antes de cada disertación, yo solía cepillar mi largo cabello; y él siempre me analizaba, sin saber que yo también enfocaba mi cámara mental en él. Después de dos semanas, le dije:

—Me gustaría conversar contigo. ¿Qué has estado escribiendo sobre mí en tus cartas?

—Alguien ha abierto mis cartas —respondió él, tras mirarme atónito.

—Entonces, lo admites —señalé yo—. Como sabía que tú procedías de esa manera, quise darte tema para escribir, así que presté especial atención a mirarme al espejo y exagerar el peinado de mi cabello. —Él se sintió avergonzado.

Lo que tú eres ante Dios y ante tu propia conciencia es lo que en verdad eres. Aun cuando el mundo entero te malentienda, nada pierdes; eres lo que eres. Soportar la crítica constituye una forma muy efectiva de convertirse en una persona mejor. Si bien resulta más sencillo criticar a los demás que encontrar faltas en nosotros, es de la mayor importancia corregirnos primero. Aprendí de mi maestro a analizarme escrupulosamente cuando me criticaban. Si hallaba algún defecto en mí, me enmendaba; y cuando no encontraba nada, sonreía.

La convicción de la verdad constituye el factor primordial en la satisfacción de tu alma; jamás renuncies a este principio ni lo comprometas. No está bien que alguien te critique o contradiga sólo para satisfacer un deseo egoísta de parecer superior o dominante. Las personas inteligentes pueden llegar a un acuerdo sin demora, porque tienen una actitud comprensiva. Mi maestro poseía una sabiduría tan imponente que yo disfrutaba entablando polémicas con él. Si mi entendimiento era incorrecto, él permanecía firme en sus planteamientos. Con el transcurso del tiempo, yo comprendía y lograba ver dónde me hallaba equivocado. Cuando tu visión se encuentra orientada por el Poder Divino, no vacilas en absoluto; siempre sientes que la sabia mano del Espíritu te guía. Ésa es la sintonía que debes mantener en tu vida. Prodiga amor, sé valeroso y sincero; entonces podrás mirar a todos de frente, sabiendo que has hecho todo lo que estaba a tu alcance, con sinceridad. Si deseas demostrar a alguien tu franqueza, permite que tus acciones hablen por ti.

Dios te envía las experiencias que necesitas, a fin de que las aproveches. Si huyes de esas lecciones, todavía tendrás que aprenderlas en algún otro momento y lugar. Cada experiencia es una buena maestra si aprendes de ella, pero se convertirá en una auténtica tirana si desperdicias la oportunidad debido al resentimiento y a la falta de comprensión. Cuando la actitud es correcta, la vida se torna muy simple y fácil.

Sólo las relaciones espirituales perduran

Espero que entiendas mis palabras. Me he entregado por entero a Dios, y lo que Él me dice te lo transmito, pues estoy convencido de que posee valor práctico y es aplicable a todos cuantos considero mis seres queridos. Como he mencionado, no tengo parientes. Cada persona que ama a Dios es de los míos. La compulsión de las relaciones familiares dispuesta por la naturaleza es engañosa; la relación espiritual, en cambio, es duradera, porque Dios es nuestro Padre y nosotros somos sus hijos. Una madre ama a su hijo ahora; pero si ese niño fallece y vuelve a nacer en la casa de al lado, ella no reconocerá a ese pequeño de la misma forma. Sin embargo, la relación espiritual constituye el vínculo más fuerte, porque mantiene su continuidad de una vida a otra.

En última instancia, dado que somos todos hijos de Dios, debemos aprender a amar a nuestros semejantes de todo corazón, por completo y sin parcialidades. Recuerdo cuando mi maestro me preguntó:

—¿Amas a todos por igual?

—Sí —le respondí.

—Todavía no, todavía no —señaló él, sin embargo.

Luego, mi hermano menor vino a estudiar a mi escuela de Ranchi[3], y yo aún poseía esa conciencia de que él era mío. En aquel momento comprendí por qué motivo mi maestro había dicho «Todavía no». Poco a poco, esa conciencia se fue desvaneciendo, y me di cuenta de que mi hermano era sólo una parte de toda la humanidad a la cual yo amaba. No se trata de una actitud insensible o inhumana, sino de amar a todos de la misma manera, al igual que Dios. Entonces, aprendes a hacer por tu prójimo lo que harías por tu propia persona. En otra ocasión, el

---

[3] *Yogoda Satsanga Vidyalaya*, fundada por Paramahansa Yogananda en 1918. (Véase *Escuela de Ranchi* en el Glosario).

Maestro me interrogó:

—¿Amas al mundo entero?

—Amo —contesté únicamente.

—Tu trabajo ha concluido —me dijo, sonriendo.

Al regresar a la India en 1935-36, fue para mí una enorme alegría comprobar que mi amor por mi tierra natal no era restrictivo, sino que sentía el mismo cariño por todas las naciones. Cuando, años atrás, dejé el hogar familiar para seguir este camino, mi padre, que era el ser a quien yo más amaba tras el fallecimiento de mi madre, me dijo:

—¿Quién va a cuidar de tus hermanos y hermanas si yo muero?

—Padre, te quiero más que a nadie en el mundo —respondí yo—; pero es a Aquel que me ha dado un padre como tú a quien yo más amo. No podría haber sentido aprecio por ti, ni tú podrías sentirlo por mí, de no haber sido por Dios. Algún día, cuando yo llegue a ti con la conciencia del Padre palpitante en mi pecho, percibirás con mayor intensidad que fui merecedor de tu cariño.

El amor de Dios es el amor supremo; ningún otro lo supera. El amor que nace del instinto tiene defectos porque posee un componente compulsivo. Por eso le canto a Dios, en su aspecto de Madre Divina, de la siguiente forma: «En el mundo no hay quien me pueda amar. Aquí, Madre, nadie sabe amarme»[4]. Sólo el divino amor de los grandes maestros ha nacido de la sabiduría. Ese amor es infinitamente más elevado que el cariño de los padres o cualquier otra expresión del afecto humano; Jesús entregó su vida por el mundo.

Quienes cuidan de mi alma son Dios y mi gurú. El Maestro siempre actuó como mi guardián, protegiéndome de la ignorancia, movido únicamente por el amor. Él me demostró amor ilimitado a fin de brindarme sabiduría. Puedo contemplar esos ojos en los que no había ninguna otra cosa salvo Amor Supremo.

---

[4] Citado de «¿Dónde hallar amor?», incluido en el libro *Cosmic Chants*, de Paramahansa Yogananda: «En el mundo no hay quien me pueda amar. Aquí, Madre, nadie sabe amarme. ¿Dónde habrá puro amante amor? ¿Dónde habrá verdadero amor? Allí es donde mi alma anhela estar». Publicado por *Self-Realization Fellowship*.

Es Dios quien nos ama a través de nuestros seres queridos; por lo tanto, deberíamos estar más que agradecidos a Aquel que nos concede una buena madre y un buen padre, y buenos amigos, así como un gurú que desea para nosotros sólo nuestro mayor bien. El amor de la madre está cerca de la perfección del amor divino, porque ella nos ama cuando nadie más lo hace, y nos perdona cuando estamos equivocados. Pero la expresión más excelsa del amor de Dios es el amor de un verdadero gurú; él nos ama sin condiciones y, con ese amor sublime, nos instruye y disciplina a fin de que logremos el bienestar perdurable de nuestras almas. Aunque siempre querré mucho a mi madre, el amor que siento por mi maestro es supremo.

El amor verdadero en contraposición al amor egoísta

Haz todo con una actitud de amor —amor por Dios y por el Dios que mora en todos—. Es difícil, para el ser humano común, marcar la diferencia entre el deseo de procurar el bien de los demás y el deseo de satisfacer el amor a sí mismo. Con frecuencia, aquel que es bienintencionado y se preocupa por los otros se deja llevar, sin embargo, por el amor a sí mismo. Cuando el deseo de satisfacer el propio interés se ha desvanecido totalmente de la conciencia, y el único deseo es el de servir a los demás y hacer el mayor bien a todos, hemos llegado a la sabiduría. Es muy difícil arribar a ese estado, pero una vez que desaparece por completo el amor egoísta, entonces se percibe el amor divino.

El amor verdadero consiste en velar de continuo por el progreso del alma. En cuanto satisfaces los malos hábitos y deseos físicos de alguien, dejas de amar a esa alma; lo único que haces es complacer a dicha persona para evitar su animadversión. Que no te importe cuán desagradable sea decirle a un amigo que está equivocado; si lo dices con amor en tu corazón y te mantienes firme en tu actitud, llegará un momento en que esa persona te respetará si estás en lo correcto. Y si te hallas equivocado, aun así sabrá que obraste con sinceridad, movido por el amor. Jamás estés de acuerdo con quien se halle en el error, ni siquiera con tus seres más allegados y queridos. Estar de acuerdo con cualquier maldad equivale a sobornar la rectitud de tu alma sólo para que el malhechor simpatice contigo; y esa conducta redundará posteriormente en resultados desastrosos.

No combatas; no es ésa la forma de convencer a quienes actúan erradamente. La manera de influir en los demás es a través del amor. Di una o dos veces lo que tengas que decir y, luego, aleja de tu mente ese pensamiento. Sé humilde y permanece libre de enojo. Sólo di: «Esperemos y veamos. El tiempo dirá». El tiempo acaba aclarando todo; y si hay un entendimiento cordial entre amigos, no existirán resentimientos del tipo «yo tenía razón y tú estabas equivocado».

Por consiguiente, mi plegaria para ti es que aprendas a ser, de verdad, un buen amigo y un alma amante. Si muestras esa actitud divina, serás un conquistador de corazones. No hay nada que produzca mayor satisfacción que eso. Jamás te encontrarás solo, porque atraerás hacia ti almas sinceras; y aun si te dejan solo, estarás con Dios.

No sabes cuán maravilloso es ese tipo de amor; es sublime. En ocasiones, tienes atisbos de él cuando eres muy feliz y sientes esa unidad con Dios en los demás; eso sucede cuando el amor es mutuo porque Dios es el Padre de todos, independientemente de cuál sea la relación humana que nos vincule.

El apego no puede crear un lazo espiritual; el amor, sí

Hemos sido reunidos aquí para viajar juntos durante algún tiempo. Luego, tenemos que tomar direcciones diversas; pero si contamos con el amor divino en nuestras almas, dondequiera que vayamos nos encontraremos, una vez más, en el reino del Señor. Jamás podemos permanecer lejos; siempre nos atraeremos los unos a los otros nuevamente. El apego no puede crear este lazo espiritual, pero el amor sí puede hacerlo. La naturaleza baila su danza macabra, la danza de la muerte; pero el amor vive más allá de la muerte y de los embates del tiempo. A todos aquellos a los que he amado antes, en esta vida o en vidas pasadas, los quiero de igual forma ahora.

El apego es desastroso, porque es compulsivo y limitador. En cuanto nace un niño, la madre se enamora de él. Ese sentimiento está impreso en la madre por naturaleza; de lo contrario, ella no cuidaría de esa indefensa criatura. La compulsión de amar a los miembros de nuestra familia nos fue dada como la primera lección para aprender a dar amor a todos, sin condiciones. Pero el apego estropea el afecto familiar y todas las formas de relación humana, porque excluye a los demás y es obcecadamente posesivo. Haz a un lado el apego y aprende a brindar amor verdadero y sincero a todas las personas. El amor verdadero es impersonal y se encuentra libre de ataduras. Nuestros ojos rebosan de amor, y experimentamos una mutua y maravillosa cercanía; sentimos que somos uno. De vez en cuando, se percibe lo mismo en la vida ordinaria; pero luego ese sentimiento se ve mutilado fácilmente por la familiaridad y la falta de respeto.

Debemos aprender a amar con pureza a nuestra familia, a nuestros amigos, a nuestro país y a toda la humanidad. El patriotismo es maravilloso, pero si conduce a la agresión, es incorrecto. El egoísmo patriótico es malo. Las naciones deben precaverse del egoísmo. ¿Cuántas de esas naciones han sido destruidas por Dios? La India fue una de las naciones más grandiosas del mundo. Su riqueza y su poder se vieron kármicamente cercenados por la dominación extranjera cuando, bajo la influencia del egoísmo, las clases altas dijeron «Nosotros somos arios», y comenzaron a excluir y degradar al resto de la población mediante las demarcaciones del sistema de castas[5]. Pero la India recuperará su antiguo esplendor gracias a su espiritualidad.

El amor perfecto por la familia, por los amigos, por las naciones y por toda la humanidad es el amor de Dios; en este amor divino, estás imparcialmente listo para vivir y morir por los demás. Ésa es la razón por la cual me intereso por todos los devotos aquí reunidos. Mientras disfrutaba de Dios en Encinitas, Él me hizo sentir que los había descuidado[6]. Es ese sentido del deber espiritual, nacido de mi amor a Dios y a los devotos, el que me ha traído aquí. No tengo otro deseo que el de Dios, y ninguna otra ambición que la de trabajar para el Señor.

Es Él quien nos ha reunido. Poder servir a Dios representa la mayor oportunidad que alguien pueda tener jamás. Cuando nos hayamos ido de esta tierra, muchas almas vendrán y sentirán nuestras vibraciones aquí. Siempre que dejamos buenas

---

[5] Véase *casta* en el Glosario.
[6] Desde su regreso de la India en 1936, Paramahansaji había pasado mucho tiempo en la Ermita de *Self-Realization Fellowship* en Encinitas, donde tuvo la oportunidad de trabajar en sus escritos en relativo aislamiento.

vibraciones en un lugar, legamos una parte de nuestra vida eterna. Shakespeare y Lincoln ya no viven entre nosotros, pero nos han dado una parte inmortal de sus vidas. Y otro tanto sucede con mi maestro y los Paramgurús[7]. Mientras dure el nombre de esta tierra, perdurarán las vibraciones que dejaron las almas elevadas; y cuando este planeta haya desaparecido, ese registro descansará en el regazo del Padre.

De la misma forma, nosotros dejaremos «huellas en las arenas del tiempo»: huellas espirituales de buenas vibraciones, que sentirán quienes nos sucedan. Si incrementamos esas vibraciones merced a nuestro amor por Dios y el servicio a su obra, piensa cuán maravilloso será lo que dejemos tras nosotros.

Cooperando entre todos para alcanzar el bien común

En el seno de una institución, la ley de la libertad es dependiente de las leyes que son comunes a todos. En una comunidad —ya sea una ermita, un centro de meditación, una familia o un negocio— cada individuo debe sacrificar sus deseos personales e intereses individuales en aras del bien común. Cuando se forma parte de un grupo, hay que respetar las normas que rigen la acción conjunta. No se trata de quién es más o menos importante: el ideal es cooperar el uno con el otro y, en este sentido, espero que cada cual cumplirá con las obligaciones que le correspondan. La manera de crear fortaleza y armonía dentro de una institución es desarrollar la capacidad de respetar las leyes comunes a ésta.

El criterio de Dios está escrito en el pergamino de la eternidad y jamás habrá de borrarse, ni siquiera en todas las eras que quedan por venir. En primer lugar, haz el esfuerzo de complacer a Dios y, después, a los demás. Tratar de complacer a nuestros semejantes también complace a Dios, pero tales esfuerzos deben estar acompañados por la sabiduría. Trata de no disgustar a la gente, pero piensa siempre, en primer lugar, en tu deber hacia Dios.

Ser bondadosos y humildes es algo maravilloso. El egoísmo provoca rechazo; la humildad genera atracción. Cuando una persona se comporta con humildad hace resonar un bello acorde en los corazones de los demás. Tal persona tiene la satisfacción de

---

[7] Véase el Glosario.

haberse esforzado al máximo por hacer el bien en la Tierra. El rey y avatar Rama dijo: «Yo soy Rama, cuyo trono se encuentra en el corazón de todos». Aquellos que reinan en los corazones sinceros son los verdaderos reyes. Ninguna persona puede sentir egoísmo si Dios está presente en su corazón. Cuanto mayor sea tu humildad, más fuerte serás en el Espíritu.

A medida que *Self-Realization* continúe avanzando, espero que inquieras siempre en tu corazón: «¿Dónde habrá puro amante amor?». El poder del amor es el más grande de todos los poderes. No hay autoridad que posea un poder mayor. El amor es capaz de conquistar todo y a todos. ¡Hay aquí tanto amor y comprensión! La Hermana Gyanamata[8] y San Lynn son sumamente comprensivos, más de lo que yo haya visto jamás. En silencio y sin que nadie se lo pida, la Hermana deja su cuarto cuando llegan huéspedes, para que éstos puedan tener un lugar donde quedarse, y duerme en la lavandería. Si todos tenemos el amor de Dios en nuestro corazón alcanzaremos algún día —cuando nuestras almas y nuestros pensamientos sean diáfanos como el cristal— esa tierra donde todos los velos de las desavenencias se disipan.

Hemos venido a la Tierra para amarnos los unos a los otros con el amor perfecto de Dios, libres de todo deseo egoísta. Todos tenemos ese sentimiento algunas veces, pero entonces Satanás nos lo arrebata. Satanás es la desarmonía y la incomprensión. Dios es Amor, y el Amor es Dios. Si alguna persona dice cosas poco amables acerca de ti, no te lo tomes demasiado en serio. Que tu respuesta sea, simplemente, brindarle amor. Si alguien no te comprende, mírale a los ojos con amor —un amor nacido del completo entendimiento— y verás cómo esa persona cambia.

«Cualquier cosa que yo haya dicho, nació de mi corazón»

Lo que te digo no son meras palabras, sino lo que siento por todos los devotos. Nada sería para mí más sencillo que

---

[8] Sri Gyanamata («Madre de sabiduría») fue uno de los primeros *sanyasines* (aquellos que toman los votos finales) de la Orden monástica de *Self-Realization Fellowship*. Con frecuencia, Paramahansa Yogananda elogiaba su santidad y estatura espiritual. Su vida e inspiradores consejos espirituales pueden encontrarse en el libro *God Alone: The Life and Letters of a Saint* (publicado por *Self-Realization Fellowship*).

permanecer en silencio, o abandonarlo todo para vivir bajo un árbol en la sola presencia de Dios. Si alguna vez, por ignorancia, te he ofendido en algo, te pido perdón. Mi conciencia está limpia; nada tengo que temer. Cualquier cosa que yo haya dicho, nació de mi corazón. Si sigues adelante complacerás a Dios; y si no lo haces, Dios se sentirá apenado. Pero nada de lo que hagas podría provocarme disgusto hacia ti, porque no albergo deseos personales; mi único deseo es complacer a Dios y servir a todos para su propio bien.

Ora conmigo: «Padre Celestial, danos amor verdadero por los demás y ayúdanos, en especial, a practicar ese amor sinceramente entre nosotros. Permítenos sentir y expresar ese amor para que podamos disfrutar de la eternidad con todas las almas liberadas, porque Tú, ¡oh Dios!, eres ese Amor».

El Señor me ha concedido una visión del mundo entero, en este mismo momento, mientras hablo. Él ha dicho: «Amo a todos y les he dado libertad para que me rechacen o me acepten. Tanto si obedecen mis deseos como si arremeten contra Mí, Yo aún los amo a todos. A pesar de que brindé al mundo mi amor, insensatamente los seres humanos se destruyen entre sí a través del odio, matándose con bombas; y sin embargo, Yo aún los amo a todos. Ellos sentirán mi amor si buscan en los templos de los corazones. Este amor que siento por todas las naciones y civilizaciones, independientemente de las maldades en que hayan incurrido, es el amor que debes tener, a fin de que puedas ser capaz de sentir y entender mi amor por todos». Ése es el mensaje del Señor para ti. Él nos ama a todos, sin tener en cuenta nuestras acciones malas y equivocadas, y a pesar de que le entristece el daño que nos hacemos con ellas. Si hemos de ser verdaderos hijos de Dios, debemos amar incondicionalmente como Él.

Así pues, todo lo que hagas, hazlo por Dios. Mientras vivas, difunde la verdad y el amor; sé como un niño pequeño, carente de miedo, sencillo y bondadoso. Que no te preocupe la conducta de los demás. Hubo un tiempo en el que yo sentía cierto resentimiento, cierto dolor, si alguien rechazaba mi mano cuando la extendía para ayudarle; pero ya no lo siento. Mi corazón está rebosante de amor por Dios y de su inmenso amor por todos.

Cómo acelerar tu progreso espiritual

Ermita de Self-Realization Fellowship, Encinitas (California), 22 de agosto de 1943

Se ha dicho que el sendero que conduce hacia Dios es tan angosto como el filo de una navaja, y que en ocasiones resulta tan incisivo como ésta. Si por propia voluntad transitamos ese estrecho camino con todo el entusiasmo de nuestro corazón, y no nos sobresaltamos ni desistimos ante su capacidad de herirnos, alcanzaremos a Dios. Parece difícil; pero sostengo que el sendero es muy simple si decidimos avanzar hasta el final por amor a Dios. Quienquiera que le ame jamás podrá pensar en dar marcha atrás.

A pesar de que la actitud adecuada hace que el camino sea más simple, eso no significa que no vayamos a encontrar conflictos ni problemas en nuestra ruta; pero tales inconvenientes no logran abatir al verdadero devoto.

Entre las pruebas que tal vez haya que afrontar, se encuentra la duda, que constituye un obstáculo devastador. Hay muchas personas que permanecen atrapadas en la indecisión de la duda, ya sea especulando sobre Dios, o bien preguntándose si en verdad es posible conocerle y, en caso afirmativo, si tienen la capacidad de encontrarle. Con frecuencia, son varias las encarnaciones que se pierden en tales actitudes de indecisión.

Veo cómo los numerosos buscadores de la verdad van y vienen en el sendero, y sucumben a los caminos que proceden del engaño. Contemplo el karma que estas personas crearon en el pasado y, a pesar de que me entristece su falta de decisión, las comprendo. Por este motivo, jamás me entusiasmo demasiado cuando los devotos llegan, y nunca me siento decepcionado por los que se van. Sé con exactitud a dónde conduce el karma de cada persona. Pero no es imprescindible que ese conjunto de tendencias permanezca inalterable. Si hacemos caso a un maestro, podremos modificar ese programa que nosotros mismos hemos creado, seremos capaces de superar el karma.

Si abrigamos dudas sobre la alimentación adecuada, no por ello dejamos de comer. Sin embargo, cuando se titubea respecto a la búsqueda de Dios, algunas personas abandonan su nutrición espiritual como si pudieran vivir sin ella. Y al comportarse de esta forma, sufren. Por lo tanto, cuando la incertidumbre se presente, debe ser abolida con la fe y la voluntad. Aférrate a quien ya ha encontrado a Dios; ésa es la forma segura de alcanzar el éxito en el sendero espiritual.

Un ciego no puede guiar a otro ciego

Muchas son las personas que intentan orientar a otras, pero que no tienen derecho a hacerlo. Un ciego no puede guiar a otro ciego. Nadie será capaz de conducirte a Dios a menos que él mismo le haya encontrado. Las organizaciones se desarrollan alrededor de personalidades carismáticas, pero tienden a desaparecer con dichas personalidades. Todo auténtico gurú carece de ambiciones de nombre o fama; su único deseo es ayudar a los demás a encontrar a Dios.

Busqué por toda la India un genuino maestro. Investigué en libros; viajé de un templo a otro, de un lugar sagrado a otro; pero mis dudas me seguían por todas partes. Sin embargo, cuando encontré a aquel que conocía a Dios —es decir, mi gurú, Sri Yukteswarji—, y contemplé el espíritu divino en sus ojos, la incertidumbre desapareció. A través de su bendición, mi vida entera cambió. Por este motivo hago tanto hincapié en la importancia de seguir a un verdadero gurú y sus enseñanzas. Le dije a mi maestro que yo jamás impartiría enseñanza acerca de Dios a menos que le hubiese percibido. Al seguir a mi gurú incondicionalmente, encontré a Dios.

Cuando aplicas con perseverancia los principios que implica la relación entre gurú y discípulo, el camino espiritual se simplifica y es imposible extraviarse. Sin importar cuán intensamente trate el engaño de alejarte de la vida espiritual, el maestro que ha experimentado a Dios conoce tus problemas y te ayudará a afirmarte de nuevo en la senda. Esto es lo que el gurú hace por ti cuando te encuentras en sintonía con él. Aun cuando te separe de tu gurú una distancia de miles de kilómetros, su ayuda te llegará allá donde estés. Yo siento que mi maestro me acompaña en todo momento, a pesar de que ya no se halla encarnado en este plano terrenal. La forma más sencilla de avanzar en el sendero espiritual consiste en contar con la guía y la gracia de tu gurú.

Dios ya te pertenece

Dios no es Algo que haya de obtenerse, sino que ha de percibirse, puesto que Él ya te pertenece. Yo le digo todo el tiempo: «Señor, ¿por qué te ocultas? No tienes derecho a hacerlo, porque todos son Tuyos y Tú les perteneces a todos, por siempre y para siempre. Entonces, ¿a qué se debe esta aparente separación?». Los buscadores inconstantes excusan su letargo espiritual con la siguiente racionalización: «Mi mente es demasiado inquieta», o «Mi naturaleza es excesivamente sensual», etc. Jamás te concentres en tus defectos, pues al hacerlo te identificas con ellos. Eres tú quien coloca el velo del engaño delante de los ojos de tu sabiduría. Te convertirás en lo que pienses.

Durante el día, te encuentras atado al recuerdo de tus debilidades; sin embargo, cada noche, cuando al dormir olvidas el mundo, también olvidas tus limitaciones. En el estado de sueño profundo, eres Espíritu puro, estás unido a tu Ser Infinito. ¿Por qué no puedes experimentar lo mismo durante el día? Cada noche Dios te muestra tu verdadera identidad. ¿Por qué dudarlo? No eres un conjunto de carne y huesos, en absoluto. Lo sepas o no, tú estás con Dios. Más allá del estado onírico, el verdadero Ser interior se hace manifiesto. «Más allá de los vuelos de la imaginación, etéreo soy»[1]. Tu conciencia se expande en el Espíritu omnipresente. Mantente fiel al pensamiento de que, cada noche, tú estás con el Espíritu; sólo temporalmente le olvidas durante el día.

De todas las cosas que Dios le ha conferido al hombre, podría decirse que su mayor don es el de dormir, porque implica olvidar el sueño mortal —descansar de la conciencia de mortalidad—.

---

[1] Verso de un canto sánscrito compuesto por Swami Shankara, parte del cual se encuentra incluido en el libro *Cosmic Chants*, de Paramahansa Yogananda, bajo el título «No Birth, No Death».

El hombre común no tiene otra vía de escape, pero incluso el ser humano más rudimentario cuenta con una renovación espiritual en el *samadhi*[2] inconsciente que se produce durante el sueño. Sin embargo, en contraste con el *samadhi* consciente, dormir constituye una suerte de narcótico. Yo he experimentado con el sueño; me acercaba a ese estado y, luego, permanecía entre la vigilia y la somnolencia. Y, en ocasiones, duermo muy profundamente y puedo, al mismo tiempo, observarme mientras duermo. A través del control de tales estados de conciencia, han llegado a mí diferentes percepciones de la forma en que operan el alma y el ego.

Esta noche, cuando entres en el estado de sueño profundo, olvidarás todas tus debilidades acumuladas a lo largo de incontables encarnaciones. Te fundirás en el abrazo del Espíritu. Aprende a experimentarlo en forma consciente durante el día; para ello, aférrate a la imperturbable calma interior del sueño profundo. Podrás entonces conocer a Dios, porque en la calma percibes tu unión con el Infinito. La meditación acompañada de la práctica de *Kriya Yoga* te ayudará a fijar tu conciencia en ese estado.

Recupera tu naturaleza divina

No pretendo enfatizar únicamente la meditación; lo que precisas es meditar y mantener tu mente en Dios durante la actividad. La mitad de la batalla se conquista con la meditación, porque el poder del alma que logras al meditar influirá en tus pensamientos y conducta durante la actividad. La meditación profunda les confiere mayor firmeza a tus pensamientos espirituales. Cuanto más profunda y prolongadamente medites con regularidad, en mayor grado advertirás que no existe diferencia entre la actividad y la meditación; es decir, bien sea que estés trabajando o meditando, permanecerás inmerso en la divina conciencia del gozoso Espíritu. Ya no te identificarás con las actividades, las dificultades y las dolencias de un cuerpo mortal, porque experimentarás que eres Espíritu puro.

El cuerpo es un nido de engaños, puesto que nos hace creer que el mundo finito es real. Pero cuando estamos con Dios, esa

---

[2] Véase la nota al pie de la página 18.

realidad aparente desaparece. Es así de simple. En el estado de *samadhi* que surge de la meditación, gozamos conscientemente de la percepción dichosa de Dios como la Realidad Única.

¿Por qué renuncias a tu naturaleza divina? ¿Por qué te disfrazas con todo tipo de malos humores y estados de ánimo nocivos que distorsionan la expresión de lo que en verdad eres? En todo momento, practica la calma imperturbable. Conviértete en el rey, en el monarca absoluto de tu propio reino mental de paz. En el estado de quietud, la mente se halla por completo libre de las agitaciones emocionales. A menos que la mente se encuentre en calma, Dios permanecerá oculto. Por lo tanto, no permitas que nada perturbe ese apacible reino de calma. Noche y día, lleva contigo el gozo de «la paz de Dios, que supera todo entendimiento»[3].

Los estados de ánimo nocivos son tu mayor enemigo. No permitas que se adueñen de ti; destrúyelos, porque constituyen un monumental obstáculo en el sendero de tu progreso. Con el implacable poder de la vigilancia, guárdate del mal humor. Sean cuales sean las pruebas que haya de afrontar, jamás permito que una actitud negativa se apodere de mi conciencia. Y prefiero no permanecer en compañía de alguien cuya disposición de ánimo sea negativa. En todo caso, no le presto atención a su estado emocional, porque es muy contagioso. Si una persona se encuentra habitualmente malhumorada y te acercas a ella, también tú comenzarás a sentirte así. Relaciónate con quienes tienen una disposición positiva y optimista. Si estás con alguien que sonríe, también tú tendrás ganas de sonreír.

Nunca te enfades. Jamás trates de vengarte de nadie. Y no te fijes en los defectos de los demás; en lugar de eso, corrígete. Puede que todo el mundo te maltrate, pero ¿por qué habrías de maltratarte tú a través de una conducta equivocada?

No aceptes las influencias limitadoras

Recuerda que todos tus problemas son sólo injertos que se encuentran en tu conciencia, y no pertenecen a tu alma. Entonces, ¿por qué aceptar su influencia limitadora? ¿Por qué tener miedo o abrigar dudas? ¿Por qué habrías de decir que estás

---

[3] *Filipenses* 4:7.

inquieto o de mal humor, o que no puedes meditar? Esas afirmaciones son falsas, porque contradicen la naturaleza de tu verdadero Ser. En lugar de eso, afirma en tu interior: «Soy hijo de Dios. Estoy con Él; Él está conmigo». Durante los muchos años transcurridos desde mi infancia, aunque quizá mi mente haya experimentado inquietud en alguna ocasión, no puedo recordar una semana o un día —ni siquiera un minuto— en que yo no haya estado en mi interior con Él, noche y día. Ésa es la forma en que debes vivir tu vida. Al principio —y tal vez durante años—, tendrás que realizar un esfuerzo constante; pero luego desaparecerá la necesidad de hacer ese esfuerzo, pues siempre estarás con Dios. El futuro concertista de piano debe practicar continuamente, hasta que, al final, la música se transforma en parte de él. Al igual que el escritor piensa siempre en sus composiciones literarias, o el ingeniero inventor cavila sin cesar sobre la mecánica, el hombre divino piensa constantemente en el Señor. Recordar todo el tiempo a Dios equivale a ser intensamente feliz; nada puede describir ese gozo divino.

Ayer estuve ocupado todo el día en reuniones, y no fue sino hasta muy tarde cuando pude reservarme un tiempo para el silencio. Pero cuando me senté en mi habitación a meditar, mi mente se sumergió de inmediato en Dios. Oré: «Señor, Tú eres mi ser». Y apenas pronuncié esas palabras, el mundo se desvaneció de mi conciencia, y me encontré en completo éxtasis con Dios. Llegará el momento en que tú también tendrás esa experiencia, si haces el esfuerzo necesario.

Dios ya se ha entregado a ti, pero tú no le has aceptado. El hecho de que no realices el esfuerzo necesario para conocerle constituye la causa fundamental de todos los pesares que te aquejan y que tú mismo te has buscado. «Señor, Tú me hiciste un príncipe, pero me aparté, a sabiendas, de mi reino divino; y, al igual que el hijo pródigo, elegí ser un pordiosero».

Por supuesto, yo también culpo a Dios y afirmo que es el principal responsable de nuestras dificultades, ya que Él nos creó. Todos los días le reprendo, diciéndole: «Señor, ¿no has acumulado mucho mal karma por haber creado este problemático mundo?». Pero sé que Él está exento de karma. Y cuando tomes plena conciencia de tu unidad con Él y de que estás hecho a su imagen, tú tampoco tendrás karma. Por este motivo no hago demasiado énfasis en la teoría del karma. Cuanto más te apegues al concepto de la limitación, más atado de pies y manos te hallarás. Jesús dijo: «¿No está escrito en vuestra Ley: "Yo he dicho: dioses sois"?»[4]. La actitud más avanzada consiste en no concentrarse en la idea del pecado, porque se trata de una mentira. Si un príncipe que se halla dormido soñara que es un mendigo y llorase, transido por la angustia, ante la pobreza y el hambre que padece, no le dirías: «¡Mendigo, despierta!», sino: «¡Príncipe, despierta!». De igual forma, ¿por qué debería alguien llamarse «pecador» o señalar a otro como tal? Olvida esa noción. Sean cuales sean los errores que hayas cometido, mantente siempre fiel a la siguiente verdad: «Señor, yo estoy hecho a tu imagen». ¡Tienes en tu interior el poder de ser bueno!

Nada desees sino a Dios

¿De qué sirve lamentar tu suerte? Decide que puedes tener a Dios en esta vida. Hacia Él debes ir, porque en Él está tu hogar. En tanto permanezcas alejado de Dios, no habrá fin para tus problemas físicos, morales, mentales o espirituales. No sabes qué desafíos te aguardan; pero sí que cuentas con suficiente inteligencia como para conocer tu Ser interior y darte cuenta de que debes retornar a Dios, pues de Él provienes.

Es imperativo que tu amor a Dios sea tan grandioso que no desees otra cosa sino a Él. No puedo pensar en pedirle la satisfacción de ningún deseo. A veces, sí pido algo en relación con su obra y, con frecuencia, Él lo concede de inmediato. Pero nunca solicito nada para mí, excepto: «Permanece conmigo siempre. No importa a qué pruebas me sometas; sólo dame la fuerza para afrontarlas estando consciente de Ti. Pero, Señor, jamás me sometas a la prueba de padecer tu ausencia».

A menudo le digo a Dios: «Ya conozco todas tus jugarretas. Has hecho este mundo muy atractivo para los sentidos, a fin de descubrir si te amamos a Ti o a tu creación. Pero yo sólo te quiero a Ti, ¡oh Señor! No existe nadie que pueda ayudarme ni llenar mi corazón excepto Tú y sólo Tú».

Conversa con Dios en esa forma. Él te hará creer que no te responde. Pero cuando menos lo esperes, si le ofreces total amor

---

[4] *San Juan* 10:34.

y confianza, Él te responderá. Incluso cuando creas que Dios se halla lejos de ti, si continúas ansiándole y expresándole tu anhelo —«¿Por qué no viene?»—, Él estará contigo. Recuérdalo siempre. Él vela por ti; Él conoce cada uno de tus pensamientos y cada sentimiento de tu corazón. Mantener la mente repleta de «basura» es una insensatez. Llénala con pensamientos de Dios. Ora para que nunca te falte el recuerdo incesante de Dios. Piensa en Él antes de actuar, mientras lo haces y cuando hayas finalizado tus deberes. «Aquel que me ve en todas partes y contempla todo en Mí nunca me pierde de vista, y Yo jamás le pierdo de vista a él»[5]. Él es el más próximo de cuantos nos son próximos, el más amado de los amados, el más íntimo de los íntimos.

Dios es el factor más importante en tu vida. Aférrate a esta verdad. En tanto tu existencia gire en torno al amor humano, la vida, la belleza, la fama, el dinero o cualquier otra cosa que tú consideres más importante, Él no vendrá a ti.

Fuiste enviado a la Tierra a experimentar el espectáculo cósmico de Dios, para luego retornar a tu morada en Él; pero tú has convertido esta sala cinematográfica en tu hogar. Para mí, éste ya no es mi hogar. A la persona apegada a la materia, quizá le parezca extraño; pero se trata del más maravilloso estado de conciencia. ¿Qué otra cosa podrías desear cuando has establecido tu ser en la felicidad interminable? Al permanecer en ese estado de gozo siempre nuevo, ¿cómo puedes estar de mal humor, o indignado, o albergar deseos de esto o aquello? No tienes tiempo para tales embrollos mundanos. En mi interior, me encuentro ahora desapegado de todo e inmerso en la unidad con Dios. No estoy interesado en nada más, salvo en los que se interesan por Dios. La idea de pertenecer a una congregación religiosa con el objeto de adquirir salud, riqueza o poder es una torpeza. Son ideas que desvían de la meta. Por supuesto, la salud es mejor que la enfermedad, y el éxito es superior al fracaso, pero el propósito de la religión es conducirte a Dios. De un modo u otro debes volver a Él.

La única forma que conocemos de complacer a Dios consiste en desechar todos los deseos, incluso el deseo de salud. En tu interior, sé un perfecto renunciante. Satisface las necesidades

---

[5] *Bhagavad Guita* VI:30.

del cuerpo y de la mente, y lleva a cabo los deberes que Dios te ha encomendado, pero con un desapego carente de todo deseo. No es necesario escapar del mundo; tampoco debes estar absorto en él, porque no podrás entonces permanecer interiormente desapegado. Las personas que, debido a la pereza, olvidan todas sus obligaciones con el pretexto de buscar en reclusión a Dios sólo multiplican sus problemas. Su disposición de ánimo, sus pasiones y debilidades los acompañan adondequiera que se dirijan. Combinar el cumplimiento de nuestras obligaciones y la práctica de la meditación es el método más seguro de conquistar el pequeño ego.

¿Por qué habría Dios de divertirnos con poderes y milagros?

Otro defecto común de los buscadores espirituales inconstantes es que comienzan a creer que su espiritualidad se ha estancado cuando el Señor no les envía demostraciones espectaculares. ¿Por qué habría Dios de divertirnos con poderes y milagros? Si te inclinas hacia ellos, no deseas a Dios, y no podrás encontrarle. Cuando en verdad ansías a Dios, no anhelas nada más... tampoco los poderes. La capacidad de llevar a cabo proezas milagrosas no constituye necesariamente una indicación de que se conoce a Dios. El hombre divino no se interesa por tales aptitudes, porque adora al Poder Único, que es Dios. Cuando conoces a Dios, tal vez no poseas facultades milagrosas, pero, si lo necesitaras, contarías con todo el poder del universo en tus manos. Dios me confirió muchos poderes en esta vida, pero se los devolví; y sólo los uso cuando Él me indica hacerlo.

Circula un relato acerca del místico Madhusudan y su encuentro con Gorakhnath, el santo de Gorakhpur, el lugar donde nací. Cuando oí esa historia, me curé de todo anhelo de poderes milagrosos. Gorakhnath había obtenido los ocho poderes, también llamados *aiswaryas*, que posee el yogui completamente iluminado[6]. Al llegar el momento de desprenderse de su cuerpo

---

[6] En la sección III de sus *Yoga Sutras*, Patanjali describió los *aiswaryas* o *siddhis*, los cuales son poderes divinos que se manifiestan conforme el yogui avanza hacia los estados más elevados de la evolución espiritual; Swami Sri Yukteswar también los describe en el capítulo 4 de *La ciencia sagrada* (publicado por *Self-Realization Fellowship*).

físico, quiso conferir sus poderes a un alma que los mereciera. Los maestros pueden hacerlo, tal como ocurrió cuando el manto que simbolizaba el poder de Elías pasó a Eliseo[7]. Un día, Gorakhnath contempló en una visión a un hombre joven, de alma muy espiritual, que se hallaba de pie cerca del río Ganges, en Benarés. Haciendo uso de su poder de transportarse por medios astrales de un lugar a otro, Gorakhnath apareció ante el joven. Se trataba de Madhusudan, quien levantó la mirada y, al ver al santo, le dijo:

—Le ruego que no se ponga delante de mí, porque obstruye el sol.

—¿No sabes quién soy? —replicó el santo—. Me llamo Gorakhnath.

—Lo sé —dijo el joven—, pero ahora estoy ocupado con mis devociones. —Luego de unos minutos, el devoto interrogó al santo—: ¿Qué desea?

—Poseo ocho poderes —explicó Gorakhnath—, y aquel a quien yo le dé este *chintamani* [una gema mística que concede todos los deseos] también los tendrá. Deseo ofrecértelos a ti.

—Muy bien —dijo Madhusudan—, démelo. —En ese mismo instante, para la gran sorpresa de Gorakhnath, el joven tomó la gema mística y la arrojó tan lejos como pudo en las aguas del Ganges.

—¿Por qué lo hiciste? —preguntó Gorakhnath.

—Son tan sólo engaño, nada más que engaño —respondió el joven—. Esos poderes me fueron concedidos para utilizarlos a mi antojo, ¿no es así? Pues bien, ése es el único uso que tengo para ellos. En comparación con lo que ya poseo, nada son.

El gran Gorakhnath se prosternó ante él y afirmó:

—Me has liberado del último engaño que me alejaba de Dios.

Incluso las almas elevadas se distraen, en ocasiones, del Objetivo. Gorakhnath estaba tan enamorado de sus poderes que no había podido ir más allá de ellos y alcanzar a Dios. Pero cuando, finalmente, renunció al apego que representaba tan querida posesión, logró la unión con Dios. Como ves, el engaño adopta muchas formas; pero el devoto divino es como

---

[7] *II Reyes* 2:9-14.

el sincero y leal Madhusudan de nuestro relato. Cuando amas a Dios, no deseas ninguna otra cosa, porque Él es lo más adorable de cuanto pudieras jamás poseer. El devoto no aceptará ningún sustituto de Dios, pues sabe que Él lo es todo, que está siempre presente y que sólo Él constituye un seguro refugio de las vicisitudes de la vida.

Vive en la Inmutable Realidad

Tiempo atrás, el mundo me parecía muy real; pero ahora lo experimento sólo como una película. Veo a mi madre sentada en Gorakhpur, pelando mangos para mí. La escena es tan nítida como si estuviera sucediendo en este preciso instante, a pesar de que la madre a la que tanto amé ya no se encuentra en este mundo. Todas aquellas tempranas secuencias de mi infancia se presentan ante mí. De la misma forma, el fragmento actual de la película, en donde todos los presentes están aquí sentados conmigo, desaparecerá un día y será reemplazado por nuevas escenas y actores en la cinta cinematográfica del tiempo que continuará creándose. Sin embargo, permanecerá por siempre en los archivos fílmicos del cosmos.

A pesar de vivir en este mundo y contemplarlo como una proyección cinematográfica, con sus constantes entradas y salidas, la mayor parte del tiempo esta película terrenal se encuentra lejos de mi conciencia. Me sumerjo en mi interior, en la Inmutable Realidad, pues ésa es la forma de buscar a Dios. Vive en ese eterno estado de conciencia.

Aunque registres el mundo entero, no hallarás a Dios. Los discursos intelectuales sobre el Creador tampoco te llevarán hasta Él. Pero si le buscas en tu interior, mediante un esfuerzo diario, le encontrarás. El camino hacia Dios no discurre a través del intelecto sino de la intuición. El grado de espiritualidad se mide por lo que experimentas intuitivamente en la comunión de tu alma con Dios. Es muy simple si, en tu interior, siempre repites: «Señor, ¡ven a mí!». ¿Por qué eriges una barrera de duda entre tú y Dios? Si le amas y, desde la intimidad de tu ser, le hablas y *sabes* que Él está contigo, obtendrás resultados mucho más positivos de los que puedes lograr sentándote durante horas en silencio, con el pensamiento ausente, en supuesta meditación, y con la mente vagando por todas partes e incapaz de concentrarse en Dios. Mantén al Señor en tu corazón todo el tiempo, y cuando medites, procura que tu comunión divina sea profunda.

En última instancia, dependes completamente de Dios. No podrías pronunciar una sola palabra sin su poder; Él palpita en tu corazón, piensa a través de tu cerebro y conoce cada uno de tus pensamientos y acciones, incluso antes que tú. ¿Por qué dudas de Él? Conversa directamente con el Señor. Háblale; Él no te decepcionará.

La conversación con Dios requiere silencio

Conversar con la gente requiere una voz audible. Para hablar con Dios, se necesita el silencio. Las personas que charlan demasiado no están con Dios; dedican poco tiempo a pensar en Él. Quienes conversan en su interior con Dios son exteriormente más silenciosos. Sea cual sea el entorno en que se encuentren, son habitualmente más callados. Puesto que el devoto tiene mucho que decirle a Dios, hay poco de lo que quiera hablar con los demás. Cuando quienes tienen mucho que expresarle a Dios efectivamente hablan, sus palabras son de Dios y están colmadas de sabiduría y comprensión.

En el momento en que comienzas a percibir a Dios, no tienes tiempo para actividades triviales, sino que deseas permanecer en tu interior: sólo tú y Dios. Y no deseas desperdiciar ni un precioso instante que puedas dedicarle al Señor. Aun cuando tales devotos estén activos, sus tareas jamás menoscaban su percepción del amor por Dios.

La charla intrascendente ocasiona la pérdida de la devoción por Dios, pues alimenta la inquietud que aleja la mente de Él. Ayer me encontraba sentado cerca de la piscina, aquí en Encinitas. Todo el mundo conversaba a mi alrededor. Sin embargo, yo estaba inmerso en esa Luz Infinita donde el cielo y todas las cosas se fundieron en la radiación divina; yo practiqué el silencio durante todo ese lapso. No se trata de un estado forzado, sino de una calma y paz interiores que se convierten en parte de nuestra propia naturaleza.

Intenta sin cesar mantener tu mente en Dios. Permanece con Él todo el tiempo. Procura sentir su presencia. No desperdicies el tiempo. En este mundo de actividad, las horas del día constituyen el lugar favorito del demonio. La única forma de vencerlo consiste en mantener tu mente centrada en Dios. Y cuando la noche llegue, olvida el mundo y todas las actividades del día, y medita; embelésate con el amor de Dios. Estar con Él es un millón de veces más gozoso y fortalecedor que dormir.

Somos almas, no seres de carne y hueso

Somos almas: Espíritu individualizado; por eso debemos volver a Dios. Es preciso que pensemos que somos almas, no seres de carne y hueso. Hoy en día, cuando veo el retrato de mi padre y mi madre, no puedo creer que mi cuerpo haya nacido de ellos, porque sé que ellos también fueron creados por Dios. El Alfarero creó la arcilla y modeló a mi padre, a mi madre y a mí. ¿Cómo decir, entonces, que mis padres me crearon? Mi Padre, que está en el Cielo, fue el único responsable de mi venida. De igual forma, Shankara dijo: «Ni nacimiento, ni muerte, ni casta tengo. Padre y madre no los tengo. ¡Yo soy Él, yo soy Él; Espíritu Bendito, yo soy Él!». Mis progenitores ya se han marchado, pero en mi conciencia y en la memoria de mi alma ellos permanecen como parte de Dios, tal como yo también lo soy. ¿Cómo podría yo, entonces, limitar ese recuerdo llamándolos «mi madre y mi padre»?

La devoción a los padres sigue en importancia a la adoración a Dios, porque tu verdadero Padre los eligió para que velasen por ti. Pero tu lealtad primordial debes ofrecérsela a Dios, el Padre que se oculta tras tu padre y tu madre. Dios es tu Padre, Dios es tu Madre, Dios es tu Amor Supremo. Con Dios, tanto las relaciones con los padres como otras relaciones humanas son maravillosas; pero sin Dios, constituyen sólo una interacción de las leyes del karma y de la naturaleza durante esta vida. Tales relaciones nada significarían si Dios no hubiese puesto su pensamiento y amor en nuestros corazones.

Si tan sólo supieras cuán hermosa es tu alma y en qué medida has estropeado su expresión en el ego, o cómo has maltratado esa conciencia divina debido a las acciones erróneas, te quedarías atónito. La mayoría de las personas creen que esta vida es sumamente atractiva; no obstante, con el tiempo, se cansan de ella y, al morir, regresan inconscientemente hacia el alma. Mi conciencia hace exactamente lo opuesto. Vivo en el alma ahora y, sin embargo, llevo a cabo mi obra en este mundo. Pero no me permito apegarme a nada, porque veo las desigualdades y la temporalidad de la vida. Observo las crueldades: el pez grande que devora al chico, un animal que vive de la carne de otro, la vida que combate a la vida, los horrores de la pobreza y la enfermedad. Y clamo: «Señor, éste es tu espectáculo. Que así sea. Pero no deseo formar parte de él, excepto para hacer tu voluntad. Tan pronto como pueda, llevaré a cabo tu obra y saldré de esta representación teatral tuya; pero también deseo liberar a otros de este engañoso drama de comedias y pesadillas».

No tomes la vida demasiado en serio, ya que se desvanecerá mucho antes de lo que imaginas. En nuestra infancia, la vida parecía muy hermosa: ¡había tantas cosas que desear, tantas cosas que disfrutar con un mínimo de responsabilidad! Pero ahora veo cómo es la existencia. Todos esos sueños se esfumaron. De la misma forma, este episodio de la vida también desaparecerá. Pero mientras exista para ti, ten sólo un pensamiento: Dios. Si le buscas con ahínco, ¿cómo podrá Él resistirse a tu amor? Háblale constantemente en tu interior; de ese modo, no podrá permanecer alejado de ti.

«Llamo a mi Madre con un clamor que surge del alma; Ella no podrá ya permanecer oculta»[8]. Cierra los ojos, piensa en Dios, y llama a la Madre Divina desde tu alma. Puedes hacerlo en cualquier momento y en cualquier lugar. Sea cual sea la actividad que estés realizando, siempre tienes la posibilidad de conversar mentalmente con Dios: «Señor, te busco. No deseo ninguna otra cosa sino sólo a Ti. Ansío estar contigo en todo momento. Me has hecho a tu imagen, y mi hogar se encuentra contigo. No tienes derecho a mantenerme alejado de Ti. Tal vez haya yo procedido erróneamente, tentado por los engaños de tu obra teatral cósmica; pero dado que Tú eres mi Madre, mi Padre y mi Amigo, sé que no me olvidarás y que me conducirás de regreso a Ti. Quiero ir a Casa. Quiero llegar a Ti».

---

[8] Citado del canto «I Give You My Soul Call», publicado en el libro *Cosmic Chants*, de Paramahansa Yogananda.

Cómo percibir a Dios en la vida diaria

Templo de Self-Realization Fellowship en Hollywood (California), 4 de octubre de 1942

Si sientes una profunda devoción por Dios, puedes pedirle cualquier cosa. Yo le hago cada día nuevas preguntas y Él me responde. El Señor nunca se ofende cuando se le plantea alguna duda sincera. A veces, incluso llego a regañarle por haber empezado esta creación: «¿Quién va a sufrir el karma de todos los males de este drama? Si Tú que eres el Creador estás libre de todo karma, ¿por qué, entonces, nos sometiste a esta desdicha?»[1]. Yo creo que Él se siente muy triste por nosotros. Su deseo sería hacernos retornar a su regazo, pero no puede hacerlo a menos que cuente con nuestra cooperación y esfuerzo propio.

Aunque reprocho a Dios el haber creado la ilusión cósmica, ésta es la situación que hay... y no va a cambiar. Así que, en lugar de culpar a Dios por habernos metido en este enredo, es preferible culparnos a nosotros mismos por haber elegido permanecer aquí. Somos nosotros quienes debemos liberarnos del engaño, y sólo podremos lograrlo mediante la sabiduría. Cuanto más profundamente busques el entendimiento que proviene de Dios, con mayor facilidad recibirás la respuesta divina. El auténtico devoto, aunque se halle inmerso en muchas dudas, jamás pierde su actitud devocional y su determinación.

Incluso los verdaderos devotos piensan a veces que Dios no responde a sus oraciones. Él ciertamente responde de manera silenciosa mediante sus leyes; pero hasta no estar por completo seguro del devoto, no le responderá ni le hablará abiertamente.

---

[1] Se refiere a un sentimiento muy profundo de Paramahansaji relacionado con las tragedias producidas por la terrible Segunda Guerra Mundial, que se libraba en aquellos momentos.

El Señor de los Universos es tan humilde que permanece callado, para no influir en la libre voluntad del devoto de aceptarle o rechazarle. Cuando le conozcas, es indudable que le amarás. ¿Quién podría resistirse al Irresistible? No obstante, si deseas conocerle de verdad, tienes que demostrar que tu amor por Dios es incondicional. Has de tener fe y *saber* que, desde el instante mismo en que comienzas a dirigirle tu oración, Él ya te escucha; entonces Dios se te revelará. Él no puede hacer oídos sordos a tu oración.

Nuestra relación con Dios no es una relación fría e impersonal, como la que existe entre un patrón y su empleado. Somos sus hijos ¡y Él *tiene* que escucharnos! Somos sus hijos y éste es un hecho insoslayable. No somos simplemente sus criaturas, sino una parte de Él mismo. El Señor nos hizo príncipes, pero nosotros hemos decidido convertirnos en esclavos. Aun así, Él desea que seamos príncipes de nuevo, que regresemos a nuestro Reino. No obstante, nadie que haya renunciado a su herencia divina puede recuperarla sin esfuerzo. Es cierto que fuimos creados a su imagen y semejanza, pero, de algún modo, hemos olvidado esa verdad. Tras caer en el engaño de que somos seres mortales, debemos ahora rasgar el velo de ese engaño con la daga de la sabiduría.

Atribuir cualquier realidad al espectáculo externo de la vida expresa falta de auténtico conocimiento, pero Dios nos ha impreso de tal forma su *maya* —la ilusión cósmica que nos hace percibir como real eso que sólo es un juego de luces y sombras— que resulta muy difícil no verse influido por ella. Cuando tienes hambre, es *maya* la que te induce a pensar que vas a morir de inanición a menos que comas. Sin embargo, hay muchas personas que han ayunado durante períodos de hasta 70 días. Yo mismo realicé largos ayunos, y después de treinta días ni siquiera tenía la sensación de hambre. Pero si tu mente cree que no puedes vivir sin alimento, no sobrevivirás a un ayuno largo. Se trata de un engaño frecuente; y su fundamento se encuentra sólo en nuestro pensamiento. Debido a la exigua cantidad de excepciones que se conocen a lo que parece ser una regla, la ciencia declara que los seres humanos no pueden vivir durante mucho tiempo sin comida. Sin embargo, existen casos de personas que han vivido sin comer en absoluto: Teresa

Neumann de Bavaria y Giri Bala de Bengala son dos santas del siglo XX que viven sin comer[2].

De ordinario, también pensamos que es imposible vivir sin respirar; no obstante, cuando en estado de meditación profunda practicamos *Kriya Yoga*, sabemos que podemos lograrlo. Con frecuencia, los santos de Oriente y Occidente han entrado en el estado de suspensión del aliento llamado *samadhi*. La vida mortal es sólo un sistema de sugestiones que nos hace pensar que debemos adaptarnos a un cierto patrón de alimentación y respiración, entre otros condicionamientos. Pero cuando medites y permitas que tu conciencia se retire hacia su fuente —el alma inmortal—, te darás cuenta de que no estás sujeto a esos patrones limitadores. Sabrás entonces que el fuego no puede quemarte, que el agua no puede ahogarte y que tanto la salud como la enfermedad son sueños. En el acaloramiento sensual de nuestros deseos y estados de ánimo, hemos formado una concepción del mundo que no es verdadera. La verdad se expresa en la sabiduría de las grandes almas que nos revela el mundo tal cual es. De no haber sido por el entrenamiento que recibí en ese elevado conocimiento, no hubiera querido permanecer en este mundo.

«Aléjate de este océano de sufrimiento»

La verdad es que sólo los necios se aferran a este mundo. «Necio» es el que vive en la ignorancia, el que considera el mundo como real porque piensa que no existe ningún otro modo de vivir. La falta de conocimiento se asemeja a un eczema: cuanto más trates de obtener alivio cediendo al deseo de rascarte, más te picará; pero cuanta menos atención le prestes, menos te molestará. Por este motivo, en el *Bhagavad Guita*, Krishna le dice a Arjuna: «Aléjate de este océano de sufrimiento»[3]. Vive en el mundo y haz tu trabajo, pero no quedes atrapado y constreñido por sus engaños, o serás su esclavo.

Los que viven en el plano sexual todo el tiempo piensan que no pueden vivir sin sexo. Pero quien se abstiene y transmuta esa

---

[2] Véanse los capítulos 39 y 46 de *Autobiografía de un yogui*, de Paramahansa Yogananda.

[3] Parafraseado de la estrofa XII:7.

energía jamás desea tal actividad instintiva. El tabaquismo representa el mismo engaño. Las personas que nunca han fumado, o que han roto con el hábito, jamás extrañan los cigarrillos.

Dios es la mayor necesidad de tu vida

Si deseas encontrar felicidad duradera, debes dejar de pensar que eres un ser mortal. Practica esta verdad en tu vida diaria. Se trata de una batalla que has de librar a lo largo de toda tu existencia y de las encarnaciones por venir, así que ¡mejor empezar ya! No lo pospongas, con el pretexto de que comenzarás a meditar mañana, porque ese día nunca llegará. Mucho tiempo atrás, pasé todo un año inmerso en esta actitud, y me repetía una y otra vez: «Mañana». Luego, tomé la decisión: «Comenzaré a meditar hoy». Desde entonces, jamás he faltado un solo día a mi cita.

En primer lugar, tienes que determinar en tu mente cuál es la importancia de Dios. Debes percibir en tu interior que Él es la mayor necesidad de tu vida. Primero, practica en la vida diaria la presencia de Dios, haciendo que tus meditaciones sean profundas. Es mejor meditar brevemente y con profundidad que hacerlo durante mucho tiempo pero con la mente vagando de un lado para otro. Si no realizas un esfuerzo por controlar tu mente, ella hará lo que le plazca, independientemente de cuánto tiempo te sientes con el propósito de meditar.

Luego, practica la meditación por períodos largos y con profundidad. Eso es lo que te conduce al reino de Dios. Hasta que no aprendas a practicar la meditación por lapsos prolongados y con profundidad, Dios no se te revelará. Gandhi dedicaba un día por semana al silencio y a la meditación. Todos los santos que han encontrado a Dios buscaron ese silencio. Yo le ofrezco mis noches y mis mañanas a Él. No es posible hacer exactamente lo mismo en el mundo de los negocios, pero, si lo intentas, te sorprenderá cuánto tiempo encuentras para enfocar tu mente en Dios. Nos engañamos y nos degradamos al pensar que podemos esperar hasta mañana para realizar ese gran esfuerzo de estar con Dios.

El engaño se destruye mediante las buenas compañías, la presencia de los santos y la devoción a los mensajeros de Dios. Incluso pensar en los santos te ayudará a eliminar el engaño;

Cómo percibir a Dios en la vida diaria 451

acabar con éste no depende tanto de la relación personal sino, más bien, de la sintonía de pensamiento que mantengamos con el mensajero de Dios. El auténtico gurú no tiene el deseo de ocupar un lugar en los corazones de los demás, sino que aspira a despertar en sus conciencias la conciencia de Dios. Mi maestro [Swami Sri Yukteswar] era así: uno con nosotros; él jamás hacía exhibición de su grandeza. Si alguien en el *ashram* deseaba reconocimiento o un alto puesto de autoridad, el Maestro le daba esa posición. Pero yo anhelaba el espíritu de mi maestro, la conciencia divina que él tenía en su interior; y, como resultado de ello, él se encuentra por siempre presente en mi corazón. Ésa es la sintonía que debes desear con los grandes maestros.

Piensa en Dios mientras cumples con tus deberes

Además de observar períodos de meditación, debes pensar noche y día en Dios. «¡Si acaso, a mi corazón, una sola vez vinieras! [...] Noche y día, noche y día, yo te busco noche y día»[4]. Debemos elevar nuestra conciencia para que incluso las obligaciones más mundanas se realicen con el pensamiento centrado en Dios. Existen dos tipos de deber: el que cumples para ti mismo (y que te mantiene atado) y el que llevas a cabo para Dios. Las obligaciones realizadas como una ofrenda a Dios son tan beneficiosas desde el punto de vista espiritual como la meditación. Dios ama esa actitud devocional que hace tanto de la actividad como del silencio una oblación dirigida a Él. Pero no puedes encontrarle sólo a través de las buenas obras: debes darle también tu más profundo amor. Él quiere que le entregues tu corazón, tu mente y tu alma. Desea saber que le amas. Tienes que buscarle tanto en la actividad como en la meditación. Cuando en tu interior caminas con Dios, y llevas también sobre tus hombros una gran carga de deberes terrenales, Él te ama aún más. Así pues, antes de emprender una acción, mientras la realizas y cuando la hayas terminado, piensa en Él. El *Guita* afirma: «Al que está atento a Mí, a ése le prodigo mi atención. Él nunca me pierde de vista, y Yo jamás le pierdo de vista a él»[5].

---

[4] Citado de «Mi corazón te espera», un canto incluido en el libro *Cosmic Chants*, de Paramahansa Yogananda.

[5] Paráfrasis del *Bhagavad Guita* VI:30.

La meditación se debe practicar a diario. ¡Empieza ya! No mires al futuro. Comienza en este preciso momento a pensar en Dios. Al morar en este pensamiento, te conviertes en un rey. ¿Por qué ser prisionero de estados de ánimo y hábitos de naturaleza mortal? ¿No es cierto que, cuando analizas tu conducta, compruebas que has hecho cosas que no querías hacer? Llevar a cabo nuestras resoluciones implica una batalla constante. Es bueno decidirse a realizar una determinada acción y, luego, continuarla hasta el final. Debes desarrollar una voluntad fuerte, silenciosa y calmada. Jamás abandones tus decisiones positivas.

Cultiva la voluntad de pensar en Dios durante la actividad. Es en extremo importante que esta conducta forme parte de tu vida diaria. No te ejercites en ella durante unos pocos días y luego la eches en el olvido. Practícala tanto como puedas, todos los días. Incluso si caes otra vez en los viejos hábitos, sigue perseverando en el intento. Te volverás espiritualmente fuerte y saludable a su debido tiempo.

Dios responde cuando hacemos el esfuerzo

Dios responde cuando hacemos el esfuerzo; y entonces, sabemos que Él *es*: ya nunca más se tratará de un mito. Él responderá invisiblemente a tus deseos, jugando a las escondidas contigo; y después de eso, vendrá a ti sin rodeos. Tus errores pasados no importan. Pero la persistencia en esos errores es el pecado más grande que puedas cometer contra ti mismo, porque las malas acciones te privan de la auténtica felicidad. Tienes el poder de dañarte o de procurar tu bien. Depende de ti mantener alejadas a las hormigas de la ignorancia que corroen tu vida. Si no decides ser feliz, nadie podrá hacerte feliz. ¡No culpes a Dios por tu desdicha! Y si decides ser feliz, nadie podrá hacerte infeliz. Si Él no nos hubiera dotado de libertad para emplear nuestra propia voluntad, podríamos culparle de nuestros pesares; pero Él nos brindó esa libertad. Somos nosotros quienes hacemos de la vida lo que es.

Puede que te preguntes: «¿Por qué, si dispongo de libre albedrío, las cosas no salen como quisiera?». Se debe a que has debilitado tu voluntad, la conciencia de los poderes divinos que moran en tu interior. Pero si mediante la práctica del autocontrol y de la meditación fortaleces tu voluntad, lograrás que ésta se libere y, entonces, serás el dueño de tu destino. Sin embargo, si descubres que, día tras día, vives una existencia que traiciona los dictados de tu conciencia, jamás serás libre. Debes tomarte el tiempo necesario para realizar las actividades que son positivas para tu bienestar. Nadie te detiene; sólo tú. Te has dejado aprisionar por tus propios estados de ánimo y malos hábitos. Por este motivo, debes entrenar la voluntad para fortalecerla. Mantén la voluntad bajo control llevando a cabo las acciones que mayor bien aportarán a tu vida: pensar más en Dios, meditar más, practicar el autocontrol, y otras que ya te he señalado.

El poder dinámico de los «susurros mentales»

El hábito de susurrarle mentalmente a Dios es la mayor ayuda para tu desarrollo espiritual. Al actuar en esta forma, observarás un cambio en tu interior que te agradará mucho. No importa lo que estés haciendo, Él debería permanecer siempre en tu mente. Cuando deseas ver un determinado espectáculo, o comprar un traje o un auto que has admirado, ¿no es cierto que, independientemente de lo que te encuentres haciendo, estás siempre pensando en cómo obtener esas cosas? Y mientras no satisfagas tus vehementes deseos, tu mente no descansará, sino que permanecerá en constante actividad hasta cumplirlos. Del mismo modo debería esta enfocada tu mente en Dios, noche y día. Transmuta, pues, los deseos triviales en un solo gran deseo de conocerle a Él. Susurra mentalmente en forma continua: «Noche y día, noche y día, yo te busco noche y día».

Los susurros mentales desarrollan la fuerza dinámica necesaria para reestructurar la materia conforme a lo que deseas. ¡Qué poco se comprende lo grande que es el poder de la mente! Cuando tu mente y tu voluntad están sintonizadas con la Voluntad divina, no hace falta que muevas siquiera un solo dedo para crear cambios en el mundo: la ley divina operará para ti. Todos los logros destacados de mi vida los he alcanzado utilizando el poder de la mente sintonizado con la voluntad de Dios. Cuando esta dinamo divina está funcionando, cualquier cosa que deseo se cumple. En el momento en que este nuevo templo nuestro llegó a mi mente, supe que venía acompañado de una fuerza imparable; vi en funcionamiento la gran voluntad de Dios. Si bien la mente mortal no podía esperar de ningún modo que sucedieran ciertos acontecimientos, aun así se produjeron[6].

Cualquier cosa en la que tu mente crea con intensidad se materializará. Jesús dijo: «Yo os aseguro que quien diga a este monte: "Quítate y arrójate al mar" y no vacile en su corazón sino que crea que va a suceder lo que dice, lo obtendrá»[7].

No caigas presa del desaliento pensando que eres un pecador y que Dios jamás vendrá a ti, porque entonces estarás paralizando tu voluntad. El pecado constituye un engaño pasajero; lo que hayas hecho forma parte del pasado, ya no te pertenece. Pero no cometas el mismo error nuevamente.

No aceptes tu mal karma

Niega el karma. Demasiada gente malinterpreta el significado del karma y adopta una actitud fatalista. No tienes que aceptar el karma. Si te digo que hay alguien detrás de ti que se encuentra a punto de hacerte daño porque una vez le golpeaste, y tú dices mansamente: «Bueno, es mi karma», y esperas a que te ataque, ¡por supuesto que recibirás un golpe! ¿Por qué no tratar de apaciguar a esa persona? Si logras calmarla, puede que disminuyas su amargura y elimines su deseo de atacarte.

Cuando tomas plena conciencia de que eres hijo de Dios, ¿qué karma puede afectarte? Dios no tiene karma; y tú tampoco, cuando *sabes* que eres su hijo. Cada día, debes afirmar: «No soy un ser mortal; no soy el cuerpo. Soy hijo de Dios». Eso es practicar la presencia de Dios. Dios se halla libre de karma. Tú estás hecho a su imagen. Por lo tanto, tú también estás libre de karma.

La mejor manera de eliminar tus debilidades es no pensar en ellas; de lo contrario, quedarás abrumado. Haz entrar la luz en tu interior, y sentirás que la oscuridad jamás existió. Ese pensamiento es una de las grandes inspiraciones de mi vida. Si se deja que la luz penetre en una cueva donde las sombras prevalecieron durante miles de años, la oscuridad se desvanecerá de inmediato.

---

[6] Referencia al Templo de *Self-Realization Fellowship* en Hollywood, inaugurado el 30 de agosto de 1942. La construcción se llevó a cabo durante la Segunda Guerra Mundial, época en la que se impusieron medidas restrictivas y escaseaban los materiales para la construcción. Todos los obstáculos, uno por uno, fueron superados.

[7] *San Marcos* 11:23.

Lo mismo sucederá con nuestros defectos y debilidades cuando permitamos que entre en nuestro interior la luz de Dios. La oscuridad de la ignorancia ya no podrá nunca más instalarse ahí.

Ésta es la filosofía de vida con la cual deberíamos vivir; no mañana, sino hoy, en este mismo instante. No puede haber excusa alguna para no pensar en Dios. Día y noche, girando en el fondo de tu mente: ¡Dios! ¡Dios! ¡Dios!, en lugar de dinero, sexo o fama. Ya sea que te encuentres lavando platos, cavando un foso o trabajando en la oficina o en el jardín —cualquiera que sea tu actividad—, interiormente repite: «¡Señor, revélame tu presencia! Tú te hallas aquí mismo. Estás en el sol, en la hierba, en el agua y en esta habitación. Estás en mi corazón».

Y cuando el gran amor de Dios llegue a tu corazón, no extrañarás nada; con independencia de lo que poseas o carezcas en este mundo, te sentirás plenamente satisfecho. El amor divino transmuta todos los deseos materiales, incluso el anhelo de amor humano —esa pasión mortal que, con tanta frecuencia, causa dolor debido a su índole voluble o porque la muerte nos arrebata al ser amado—. Al amar a Dios, jamás volverán a satisfacerte los amores inferiores. En Él encontrarás el amor de todos los corazones, en Él hallarás la plenitud. Todo lo que el mundo te da y luego te arrebata, dejándote sumido en el dolor y la desilusión, lo encontrarás en Dios, de una forma mucho más elevada, y sin ningún pesar asociado.

Cada minuto es precioso

La vida parece una realidad muy tangible, y sin embargo es fugaz. Cada minuto es precioso. Hoy eres; mañana, ya no eres. Cada día, me recuerdo a mí mismo este hecho. Uno a uno, vamos desapareciendo. Otros vendrán, y nosotros nos marcharemos. Pero el cuerpo es tan sólo una vestimenta. ¿Cuántas veces te has cambiado de ropa en esta vida? Y no por eso dirías que *tú* has cambiado. De la misma manera, cuando te desprendes de la vestimenta corporal al sobrevenir la muerte, tú no cambias. Sigues siendo exactamente el mismo, es decir, un alma inmortal, un hijo de Dios. La reencarnación sólo significa mudar la indumentaria mortal. Pero tu ser real es inmutable. Debes concentrarte en tu ser auténtico, no en el cuerpo, que no es más que un atuendo.

En ocasiones pienso que las percepciones sensoriales son los peores enemigos del hombre, porque nos llevan a creer que somos algo que no somos. La sensación de frío nos hace pensar que tenemos frío, y la sensación de calor nos hace pensar que tenemos calor. Si negáramos esas sensaciones en nuestra mente, no sentiríamos ni frío ni calor.

Hace mucho tiempo, en Duxbury, Massachusetts, fui una noche a bañarme en el océano, a la luz de la luna. El Dr. M. W. Lewis y su hijo Bradford me acompañaron. El agua se encontraba muy fría, pero yo recordé que todo está hecho de electricidad; y que la misma energía que «fabrica» el frío produce también el calor, y que el agua misma no es otra cosa que una manifestación de energías eléctricas. Pensaba eso cuando Bradford me miró extrañado; luego, se dirigió a su padre y exclamó: «¡Swamiji[8] tiene luz alrededor de su cuerpo!». La luz de Dios me envolvió cuando me negué a aceptar la sensación de frío y, por el contrario, reafirmé la verdad de que todo está hecho de Electricidad Divina.

Atrapa a Dios en la red del amor incondicional

Pero si hablas demasiado de estas experiencias, te serán arrebatadas. Dios es como un niño pequeño, que no conoce la malicia. Pero si tratas de engañarle en lo más mínimo, Él se irá. Por este motivo es tan difícil de asir. Tienes que atraparlo en la red del amor incondicional. El amor significa anhelo de Dios. Dios aprecia el amor más que la devoción: en ésta hay distancia y temor reverencial, tal vez incluso miedo; en el amor existe unidad y redención.

No desesperes si aún no has sentido amor incondicional por Dios. La salvación es para todos. Si eliges demorarte en este camino de la evolución, tú eres el que pierde. No puedes permanecer quieto; es inevitable avanzar o retroceder. Pero debes redimirte en algún momento. Redimirse implica eliminar la capa de ignorancia que cubre el alma. No puedes ver una pepita

---

[8] En 1935, Sri Yukteswar otorgó a su amado discípulo Yogananda el título espiritual de Paramahansa. Hasta ese momento, se le conocía como Swami Yogananda. El sufijo «ji» denota respeto, y se añade a los nombres y títulos en la India. (Véase *swami* en el Glosario).

de oro si se halla cubierta de barro. Y mientras que el barro de la ignorancia ensucie el alma dorada, no podrás verla; serás incapaz de concebirte como un alma, porque sólo conoces el cuerpo. La forma humana es el barro con que has cubierto tu alma, y por este motivo no sabes lo que eres. Elimina el lodo, olvida el cuerpo mediante la práctica de la meditación, y conocerás tu verdadera identidad. Puesto que eres hijo de Dios, ¿cómo podrías ser otra cosa que perfecto? No obstante, tienes que tomar plena conciencia de tu intrínseca divinidad.

Has de mantener en secreto tu amor por Dios. Y es preciso que guardes silencio con respecto a su divino amor; no debes comentar que Él está contigo. Sé como los grandes maestros que, en su interior, piensan constantemente en la Belleza que hermosea las flores; en la Luz que sustenta al Sol; en la Vida que brilla en todos los ojos y que late en cada corazón; en el Movimiento que camina a través de todos los pies y trabaja a través de todas las manos; en la Mente que opera en todos los cerebros; en el Amor que se encuentra en el fondo de todos los amores.

¡Dios es tan extraordinario, tan maravilloso! Vivir en el reino de la conciencia divina implica contemplar este mundo terrenal —que hace caso omiso de Dios— como una pesadilla y vernos eternamente libres de sus terrores.

Desperdicias un tiempo precioso a diario. Cada pequeño instante que pases con Dios redundará en tu mayor beneficio; y todo lo que logres con el deseo de complacer a Dios en tu corazón permanecerá contigo eternamente. Dios es la libertad que te emancipa de toda congoja; Dios es la riqueza y la salud que ambicionas; Dios es el amor que buscas. El deseo que experimenta el alma por Dios es lo que anima todos los demás anhelos. Los deseos mundanos disfrazan el ansia que siente el alma de reunirse con Dios —con la Dicha Divina—. Sólo Dios puede satisfacer todos los deseos de esta vida y de las encarnaciones pasadas. Esto es lo que he comprobado.

Nada puede compararse con la experiencia de Dios

Así pues, búscale noche y día. Nada puede compararse con la experiencia que lograrás si lo haces. Dios es el Objetivo que persigues. No puedes vivir sin Él. Y todas las cosas que deseas las encontrarás en Él. El Señor juega a las escondidas con sus devotos; pero un día, después de que esta representación teatral haya terminado, Él nos dirá a cada uno de nosotros: «Me escondí de ti por largo tiempo, no para torturarte sino para hacer que nuestro encuentro final fuera fulgurante y hermoso. Después de que permanecieras buscando durante encarnaciones enteras, por fin has llegado a Mí, y con gozo te doy la bienvenida a Casa. Hace mucho tiempo que te espero. Tú no fuiste el único que buscó. A lo largo de todas las experiencias de tu vida, fui Yo —bajo el disfraz de los diferentes amores de la familia y los amigos— quien te persiguió a ti. Estuve pendiente de ti y te esperé con más entusiasmo que el que tú pusiste en buscarme. En muchas ocasiones me olvidaste, pero Yo no podía quitarte de mi pensamiento, hijo mío. Mi bienamado, gracias a tu libre albedrío, por fin has regresado a Mí. Jamás volveremos a separarnos».

Cada ser humano es amado de esta forma por Dios. Él te espera. No le entregues al mundo tu atención. Cumple con tus deberes, pero permanece con Dios. Vale la pena. Cada instante de tu vida debe estar colmado con el pensamiento de Dios. No pierdas el tiempo. Estoy ansioso de volver a Dios, no sólo por mí sino para mostrar a los demás el camino hacia esa Seguridad Eterna. Quiero ir hacia Él, y llevar a otros junto a mí. Por favor, ora conmigo:

«¡Gloria a Ti, Señor del universo, Señor de mi alma! Tú nos amas y nos buscas, incluso cuando no te amamos. ¡Señor del amor, Señor del mundo, toma posesión del templo de nuestras vidas! Sé Tú el único Rey que se siente en el trono de todos nuestros deseos, porque Tú eres la única felicidad, el único gozo. Bendícenos para que te encontremos en el fondo mismo de nuestros pensamientos, todos los días, en cada momento de nuestra existencia. Aparta de nosotros la copa del engaño mortal; pero si hemos de probarla durante algún tiempo, bendícenos para que, con mayor gozo y entusiasmo, saboreemos la Eternidad. *Om. Paz. Om*».

PARAMAHANSA YOGANANDA: UN YOGUI EN LA VIDA Y EN LA MUERTE

Paramahansa Yogananda entró en *mahasamadhi* (el abandono definitivo del cuerpo físico, realizado en forma voluntaria y consciente por un yogui) el 7 de marzo de 1952, en Los Ángeles (California), luego de haber concluido su discurso en un banquete ofrecido en honor de S. E. Binay R. Sen, Embajador de la India.

El gran maestro universal demostró, tanto en la vida como en la muerte, el valor del yoga (conjunto de técnicas científicas utilizadas para alcanzar la comunión con Dios). Semanas después de su deceso, su rostro inmutable resplandecía con el divino fulgor de la incorruptibilidad.

El señor Harry T. Lowe, director del cementerio de Forest Lawn Memorial-Park de Glendale (en el cual reposa provisionalmente el cuerpo del gran maestro), remitió a *Self-Realization Fellowship* una carta certificada ante notario, de la cual se han extractado los párrafos siguientes:

«La ausencia de cualquier signo visible de descomposición en el cuerpo de Paramahansa Yogananda constituye el caso más extraordinario de nuestra experiencia. [...] Incluso veinte días después de su fallecimiento, no se apreciaba en su cuerpo desintegración física alguna. [...] Ningún indicio de moho se observaba en su piel, ni existía desecación visible en sus tejidos. Este estado de perfecta conservación de un cuerpo es, hasta donde podemos colegir de acuerdo con los anales del cementerio, un caso sin precedentes. [...] Cuando se recibió el cuerpo de Yogananda en el cementerio, nuestro personal esperaba observar, a través de la cubierta de vidrio del féretro, las manifestaciones habituales de la descomposición física progresiva. Pero nuestro asombro fue creciendo a medida que transcurrieron los días sin que se produjera ningún cambio visible en el cuerpo bajo observación. El cuerpo de Yogananda se encontraba aparentemente en un estado de extraordinaria inmutabilidad. [...]

»Nunca emanó de él olor alguno a descomposición. [...] El aspecto físico de Yogananda instantes antes de que se colocara en su lugar la cubierta de bronce de su féretro, el 27 de marzo, era exactamente igual al que presentaba el 7 del mismo mes, la noche de su deceso; se veía tan fresco e incorrupto como entonces. No existía razón alguna para afirmar, el 27 de marzo, que su cuerpo hubiera sufrido la más mínima desintegración aparente. Debido a estos motivos, manifestamos nuevamente que el caso de Paramahansa Yogananda es único en nuestra experiencia».

El sello postal que aparece en esta página fue emitido por el gobierno de la India en homenaje a Paramahansa Yogananda al conmemorarse, en 1977, el vigesimoquinto aniversario del *mahasamadhi* del gran maestro. Conjuntamente con el sello, el gobierno de la India publicó también un folleto descriptivo, parte de cuyo texto aparece a continuación:

>«En la vida de Paramahansa Yogananda, el ideal de amor a Dios y servicio a la humanidad se manifestó en su plenitud. [...] Aunque la mayor parte de su existencia transcurrió fuera de la India, podemos contarle entre nuestros grandes santos. Su obra continúa prosperando y refulgiendo cada vez más, atrayendo hacia la senda espiritual a personas de todas las latitudes».

RECURSOS ADICIONALES RELACIONADOS CON LA CIENCIA DE KRIYA YOGA QUE ENSEÑÓ PARAMAHANSA YOGANANDA

Self-Realization Fellowship se halla consagrada a ayudar desinteresadamente a los buscadores de la verdad en el mundo entero. Si desea información acerca de los ciclos de conferencias y clases que se imparten a lo largo del año, los oficios inspirativos y de meditación que se celebran en nuestros templos y centros alrededor del mundo, el calendario de retiros y otras actividades, le invitamos a visitar nuestro sitio web o ponerse en contacto con nuestra sede internacional:

www.yogananda-srf.org

Self-Realization Fellowship
3880 San Rafael Avenue
Los Angeles, CA 90065
(323) 225-2471

LAS LECCIONES
DE SELF-REALIZATION FELLOWSHIP

*Guía e instrucciones personales de Paramahansa Yogananda
sobre las técnicas yóguicas de meditación
y los principios de la vida espiritual*

Si se siente atraído hacia las verdades espirituales descritas en *El viaje a la iluminación*, le invitamos a suscribirse a las *Lecciones de Self-Realizat ion Fellowship*.

Paramahansa Yogananda creó esta serie de lecciones, aptas para su estudio en el hogar, con el fin de brindar a los buscadores sinceros la oportunidad de aprender y practicar las antiguas técnicas yóguicas de meditación presentadas en este libro —incluida la ciencia de *Kriya Yoga*—. Las *Lecciones* ofrecen también los prácticos consejos de Paramahansa Yogananda para lograr un equilibrado bienestar físico, mental y espiritual.

Las *Lecciones de Self-Realization Fellowship* están disponibles mediante una cuota simbólica (destinada a cubrir los gastos de impresión y de envío). A todos los estudiantes se les brinda, de forma gratuita, orientación personal sobre sus prácticas, por parte de monjes y monjas de *Self-Realization Fellowship*.

Para más información...

Hallará una explicación detallada acerca de las *Lecciones de Self-Realization Fellowship* en el folleto gratuito *Un mundo de posibilidades jamás soñadas*. Si desea recibir un ejemplar de dicho folleto y una solicitud de suscripción a las *Lecciones*, le sugerimos visitar nuestro sitio web o ponerse en contacto con nuestra sede internacional.

Publicada también por Self-Realization Fellowship...
AUTOBIOGRAFÍA DE UN YOGUI

La biografía de Paramahansa Yogananda es el fascinante relato de una extraordinaria búsqueda de la verdad, acertadamente entretejido con explicaciones científicas de las leyes sutiles, aunque bien definidas, cuya aplicación permite a los yoguis realizar milagros y alcanzar el dominio de sí mismos. El autor describe con vívidos detalles sus numerosos años de entrenamiento en la India, bajo la guía de Sri Yukteswar, un maestro semejante a Cristo. En capítulos de una rica variedad, plenos de calor humano, narra también sus visitas a extraordinarias personalidades espirituales de Oriente y de Occidente, entre las que se cuentan Mahatma Gandhi, Lutero Burbank, Teresa Newmann (la santa católica estigmatizada) y Rabindranath Tagore.

Como afamada introducción a la ciencia del Yoga, *Autobiografía de un yogui* se ha convertido en una obra clásica en su género, que revela la base científica común a las grandes sendas religiosas tanto de Oriente como de Occidente. Ha sido traducida a más de veinte idiomas y es empleada como libro de texto y de consulta en un gran número de universidades en todo el mundo.

Se encuentra disponible en una edición con encuadernación en cartoné, y también en una edición de bolsillo, que pueden adquirirse en las librerías o directamente en la casa editora, *Self-Realization Fellowship*.

«Un relato excepcional». —***The New York Times***

«Un estudio fascinante expuesto con claridad». —***Newsweek***

«[...] no puede menos que impresionar e interesar a los lectores de Occidente». —***Saturday Review***

«Nunca antes se había escrito, ya sea en inglés u otra lengua europea, algo semejante a esta exposición del Yoga».
—**Columbia University Press**

«Una auténtica revelación [...] escrita con delicioso ingenio e irresistible sinceridad [...] tan fascinante como una novela».
—***News-Sentinel*, Fort Wayne (Indiana)**

«El lector de los tiempos actuales rara vez encontrará un libro tan hermoso, profundo y veraz como *Autobiografía de un yogui* [...] Es una obra pletórica de conocimientos y rica en experiencias personales [...]. Uno de los capítulos más deslumbrantes del libro es el que trata de los misterios de la vida más allá de la muerte». —***La Paz* (Bolivia)**

«Por fin, una descripción no contradictoria e intuitivamente convincente del universo, que abarca desde los mundos que giran en el espacio hasta el más pequeño detalle de la vida humana».
—***Runner's World***

«Una de las obras más importantes sobre el yoga y la filosofía espiritual de Oriente. [...] Un clásico en su género». —***Cuerpomente* (España)**

«Estas páginas revelan, con incomparable fuerza y claridad, una vida fascinante, una personalidad de grandeza sin precedentes que, desde el principio hasta el fin, deja al lector maravillado. [...] Debemos atribuir a esta importante biografía el poder de suscitar una revolución espiritual».
—***Schleswig-Holsteinische Tagespost* (Alemania)**

OTRAS OBRAS DE PARAMAHANSA YOGANANDA

Los libros mencionados a continuación pueden adquirirse en diversas librerías o solicitarse a:
Self-Realization Fellowship
3880 San Rafael Avenue • Los Angeles, California 90065-3219, EE.UU.
Tel.: (323) 225-2471 • Fax: (323) 225-5088
www.yogananda-srf.org

La búsqueda eterna
El volumen I de la antología de charlas y ensayos de Paramahansa Yogananda contiene 57 artículos que cubren numerosos aspectos de sus enseñanzas sobre «el arte de vivir». Explora aspectos poco conocidos y rara vez explicados de temas como la meditación, la vida después de la muerte, la naturaleza de la creación, la salud y la curación, los poderes ilimitados de la mente humana y la búsqueda eterna del ser humano que sólo en Dios encuentra su plena satisfacción.

El Amante Cósmico
Constituye el volumen II de la antología de charlas y ensayos de Paramahansa Yogananda. Entre su amplia variedad de temas, se incluyen los siguientes artículos: *Cómo cultivar el amor divino; Cómo armonizar los métodos físicos, mentales y espirituales de curación; Un mundo sin fronteras; Cómo controlar tu destino; El arte yóguico de superar la conciencia mortal y la muerte; El Amante Cósmico; Cómo encontrar el gozo en la vida.*

El Yoga de Jesús: *Claves para comprender las enseñanzas ocultas de los Evangelios*
Selecciones de una obra profusamente elogiada de Paramahansa Yogananda y publicada en dos volúmenes, *The Second Coming of Christ* [La Segunda Venida de Cristo]. Este conciso libro confirma que Jesús —al igual que los antiguos sabios y maestros de Oriente— no sólo conocía los fundamentos del yoga, sino que enseñó a sus discípulos esta ciencia universal cuya finalidad es alcanzar la unión con Dios. Sri Yogananda muestra que el mensaje de Jesús no promueve las divisiones sectarias; se trata más bien de un sendero unificador por medio del cual los buscadores de todas las religiones tienen la posibilidad de entrar en el reino de Dios.

El Yoga del Bhagavad Guita: *Una introducción a la ciencia universal de la unión con Dios originaria de la India*
Este libro, un recopilación de textos seleccionados de la traducción y comentario del *Bhagavad Guita* (*God Talks With Arjuna* [Dios habla con Arjuna]) que realizó Paramahansa Yogananda —una exhaustiva obra muy elogiada por la crítica—, brinda a los buscadores de la verdad una introducción ideal a las eternas y universales enseñanzas del *Guita*. Por vez primera (en español) se presenta la secuencia completa e ininterrumpida de la traducción original (del sánscrito al inglés) que del *Bhagavad Guita* realizó Paramahansa Yogananda.

Donde brilla la luz: *Sabiduría e inspiración para afrontar los desafíos de la vida*

Gemas de sabiduría ordenadas por temas; una extraordinaria guía que los lectores podrán consultar rápidamente para obtener un tranquilizador sentido de orientación en momentos de incertidumbre o de crisis, o para lograr una renovada conciencia del siempre presente poder de Dios, al que podemos recurrir en nuestra vida diaria.

Vive sin miedo: *Despierta la fuerza interior de tu alma*

Paramahansa Yogananda nos enseña el camino para romper los grilletes del temor y nos revela el modo de vencer nuestros propios impedimentos psicológicos. *Vive sin miedo* es un testimonio de la transformación interior que podemos lograr si sólo abrigamos fe en la divinidad de nuestro verdadero ser: el alma.

Por qué Dios permite el mal y cómo superarlo

Paramahansa Yogananda ofrece fortaleza y solaz para afrontar los períodos de adversidad al esclarecer los misterios de la *lila* o drama de Dios. A través de este libro, el lector llegará a comprender el motivo por el cual la naturaleza de la creación es dual —la interacción divina entre el bien y el mal— y recibirá orientación sobre la forma de superar las más desafiantes circunstancias.

Triunfar en la vida

En este libro extraordinario, Paramahansa Yogananda nos muestra cómo alcanzar las metas superiores de la vida al manifestar el ilimitado potencial que se halla en nuestro interior. Él nos ofrece consejos prácticos para lograr el éxito, describe métodos definidos para crear felicidad perdurable y nos explica cómo podemos sobreponernos a la negatividad y la inercia al poner en acción el poder dinámico de nuestra voluntad.

Susurros de la Eternidad

Selección de oraciones y de las experiencias espirituales que Paramahansa Yogananda alcanzaba en elevados estados de conciencia durante la meditación. Expresadas con ritmo majestuoso y extraordinaria belleza poética, sus palabras revelan la inagotable variedad de la naturaleza de Dios y la infinita dulzura con la que Él responde a aquellos que le buscan.

La ciencia de la religión

En cada ser humano —escribe Paramahansa Yogananda— existe un íntimo e ineludible deseo: superar el sufrimiento y alcanzar la felicidad imperecedera. En esta obra, él explica cómo es posible satisfacer estos anhelos, examinando la efectividad relativa de las diferentes vías que conducen a dicha meta.

La paz interior: *El arte de ser calmadamente activo y activamente calmado*

Una guía práctica e inspiradora que ha sido recopilada de las charlas y escritos de Paramahansa Yogananda, la cual nos muestra cómo podemos permanecer «activamente calmados» al crear la paz interior mediante la meditación, y a estar «calmadamente activos» al concentrarnos en la serenidad y gozo de nuestra naturaleza esencial, a la vez que vivimos una vida dinámica, plena de satisfacciones y espiritualmente equilibrada.

En el santuario del alma: *Cómo orar para obtener la respuesta divina*

Esta recopilación de textos, extraídos de las obras de Paramahansa Yogananda, constituye un inspirador compañero, pleno de devoción, que nos revela cómo hacer de la oración una fuente diaria de amor, fortaleza y consejo.

Cómo conversar con Dios

Al explicar ambos aspectos de la naturaleza de Dios: el trascendente, como Espíritu universal; y el íntimo y personal, como Padre, Madre, Amigo y Amante de todos, Paramahansa Yogananda señala cuán cerca de cada uno de nosotros está el Señor y cómo podemos persuadirle a «romper su silencio» y respondernos de un modo tangible.

Meditaciones metafísicas

Más de 300 meditaciones, oraciones y afirmaciones que elevan el espíritu y pueden ser aplicadas para desarrollar e incrementar la salud y la vitalidad, la creatividad, la confianza en nosotros mismos y la calma, además de ayudarnos a vivir más plenamente en la conciencia de la gozosa presencia de Dios.

Afirmaciones científicas para la curación

Paramahansa Yogananda presenta en esta obra una profunda explicación de la ciencia de las afirmaciones. Expone él con claridad por qué surten efecto las afirmaciones y cómo utilizar el poder de la palabra y del pensamiento, no sólo para lograr la curación sino también para efectuar los cambios deseados en cada aspecto de nuestra vida. El libro incluye además una amplia variedad de afirmaciones.

Máximas de Paramahansa Yogananda

Selección de máximas y sabios consejos que reflejan la sinceridad y amor que Paramahansa Yogananda expresaba al responder a cuantos acudían a solicitarle su guía. Las anécdotas que aparecen en este libro —relatadas por sus discípulos más próximos— proporcionan al lector la oportunidad de participar, en cierto modo, en las situaciones que ellos vivieron con el Maestro.

La ley del éxito

Explica los principios dinámicos que nos permiten alcanzar nuestras metas en la vida y compendia las leyes universales que conducen al éxito y la realización, tanto en el ámbito personal y profesional como en el espiritual.

Dos ranas en apuros: *Un cuento sobre el valor y la esperanza*

Una encantadora parábola basada en una antigua fábula narrada por Paramahansa Yogananda. Este cuento deleitará tanto a niños como adultos con su cautivante relato y con su trasfondo de sabiduría universal, que nos muestra que nada es imposible cuando recurrimos a la fortaleza interior con la que Dios nos ha dotado.

GRABACIONES CON LA VOZ DE PARAMAHANSA YOGANANDA
(Sólo en inglés)

- *Awake in the Cosmic Dream*
- *Be a Smile Millionaire*
- *Beholding the One in All*
- *Follow the Path of Christ, Krishna, and the Masters*
- *In the Glory of the Spirit*
- *One Life Versus Reincarnation*
- *Removing All Sorrow and Suffering*
- *Self-Realization: The Inner and the Outer Path*
- *Songs of My Heart*
- *The Great Light of God*
- *To Make Heaven on Earth*

OTRAS PUBLICACIONES DE SELF-REALIZATION FELLOWSHIP

La ciencia sagrada Swami Sri Yukteswar

El gozo que buscas está en tu interior: Consejos para elevar el nivel espiritual de la vida diaria Sri Daya Mata

Sólo amor: Cómo llevar una vida espiritual en un mundo cambiante Sri Daya Mata

La intuición: Guía del alma para tomar decisiones acertadas Sri Daya Mata

En la quietud del corazón Sri Daya Mata

Mejda: La familia, niñez y juventud de Paramahansa Yogananda Sananda Lal Ghosh

El matrimonio espiritual Hermano Anandamoy

FOLLETO INFORMATIVO GRATUITO:
Un mundo de posibilidades jamás soñadas

Las técnicas científicas de meditación que enseñó Paramahansa Yogananda —entre las que se incluye *Kriya Yoga*—, así como su guía sobre la manera de llevar una vida espiritual equilibrada, se describen en las *Lecciones de Self-Realization Fellowship*. Si desea recibir mayor información al respecto, sírvase solicitar el folleto gratuito *Un mundo de posibilidades jamás soñadas*.

Contamos con un catálogo de las publicaciones y grabaciones de audio y vídeo realizadas por Self-Realization Fellowship, que se encuentra a disposición de quienes lo soliciten.

METAS E IDEALES
de
Self-Realization Fellowship

Según los estableció su fundador, Paramahansa Yogananda
Presidenta: Sri Mrinalini Mata

Divulgar en todas las naciones el conocimiento de técnicas científicas definidas, mediante cuya aplicación el hombre puede alcanzar una experiencia personal y directa de Dios.

Enseñar a los hombres que el propósito de la vida humana consiste en expandir, a través del esfuerzo personal, nuestras limitadas conciencias mortales, hasta que éstas lleguen a identificarse con la Conciencia Divina. Establecer con este objetivo templos de *Self-Realization Fellowship* en todo el mundo, destinados a la comunión con Dios y a estimular a los hombres a erigir templos individuales al Señor, tanto en sus hogares como en sus propios corazones.

Revelar la completa armonía, la unidad básica existente entre las enseñanzas del cristianismo y las del yoga, tal como fueran expresadas originalmente por Jesucristo y por Bhagavan Krishna respectivamente; y demostrar que las verdades contenidas en dichas enseñanzas constituyen los fundamentos científicos comunes a toda religión verdadera.

Destacar la única autopista divina en la cual convergen finalmente las sendas de todas las creencias religiosas verdaderas: la gran vía de la práctica diaria, científica y devocional de la meditación en Dios.

Liberar a la humanidad del triple sufrimiento que la agobia: las enfermedades físicas, las desarmonías mentales y la ignorancia espiritual.

Fomentar la práctica de la «simplicidad en el vivir y nobleza en el pensar»; y difundir un espíritu de confraternidad entre todos los pueblos, a través de la enseñanza del eterno principio que los une: su común filiación divina.

Demostrar la superioridad de la mente sobre el cuerpo y del alma sobre la mente.

Dominar el mal con el bien, el sufrimiento con el gozo, la crueldad con la bondad y la ignorancia con la sabiduría.

Armonizar la ciencia y la religión, a través de la comprensión de la unidad existente entre los principios básicos de ambas.

Promover el entendimiento cultural y espiritual entre Oriente y Occidente, estimulando el mutuo intercambio de las más nobles cualidades de ambos.

Servir a la humanidad, considerándola como nuestro propio Ser universal.

GLOSARIO

alma: Espíritu individualizado. El alma o Ser *(atman)* es la naturaleza verdadera e inmortal del ser humano y de todas las formas de vida; se encuentra sólo temporalmente cubierta por las vestimentas de los cuerpos causal, astral y físico. La naturaleza del alma es el Espíritu: Gozo siempre-existente, siempre-consciente y siempre-renovado.

Arjuna: el discípulo excelso a quien Bhagavan Krishna entregó el mensaje inmortal del *Bhagavad Guita;* uno de los cinco príncipes Pandavas y figura central en la gran epopeya hindú, el *Mahabharata*.

ashram: una ermita espiritual; a menudo, un monasterio.

astral (cuerpo): el cuerpo sutil del ser humano hecho de luz, prana o vitatrones; la segunda de las tres envolturas que revisten sucesivamente al alma: el cuerpo causal, el cuerpo astral y el cuerpo físico. La energía del cuerpo astral vitaliza al cuerpo físico, así como la electricidad ilumina una bombilla. El cuerpo astral consta de 19 elementos: inteligencia, ego, sentimiento y mente (conciencia sensorial); cinco instrumentos de conocimiento (las facultades sensoriales que operan dentro de los órganos físicos de la vista, el oído, el olfato, el gusto y el tacto); cinco instrumentos de acción (las facultades ejecutivas dentro de los instrumentos físicos de procreación, excreción, habla, locomoción y ejercicio de la habilidad manual); y cinco instrumentos de la fuerza vital, que realizan las funciones de circulación, metabolismo, asimilación, cristalización y eliminación.

astral (luz): la luz sutil que emana de los vitatrones (véase *prana*); la esencia estructural del mundo astral. A través de la omnicomprensiva percepción intuitiva del alma, los devotos que alcanzan profundos estados de concentración en la meditación pueden percibir la luz astral, especialmente como el ojo espiritual.

astral (mundo): la esfera sutil de la creación del Señor, un universo de luz y color compuesto de fuerzas más sutiles que las atómicas, es decir, por vibraciones de la energía vital o vitatrones (véase *prana*). Cada ser, cada objeto, cada vibración en el plano material tiene un equivalente astral, pues la «maqueta» del universo material yace en el universo astral (cielo). Cuando tiene lugar la muerte física, el alma humana, revestida de un cuerpo astral de luz, asciende a uno de los planos astrales, superior o inferior, según sus méritos, para continuar su evolución espiritual en la mayor libertad de ese reino sutil. Allí permanece por un tiempo, kármicamente predeterminado, hasta su nuevo nacimiento en un cuerpo físico.

avatar: encarnación divina; del sánscrito *avatara*, cuyas raíces son *ava*, «abajo», y *tri*, «pasar». Aquel que —habiendo alcanzado la unión con el Espíritu— retorna a la Tierra para ayudar a la humanidad.

avidya: literalmente, «no-conocimiento», ignorancia; la manifestación de *maya*, la ilusión cósmica [o engaño cósmico] en el ser humano. Esencialmente, *avidya* es la ignorancia del hombre con respecto a su naturaleza divina y a la realidad única: el Espíritu.

Babaji: (véase *Mahavatar Babaji*).

Bhagavad Guita: «El canto (o la canción) del Señor». Antigua escritura de la India, cuyos dieciocho capítulos forman parte del sexto libro *(Bhishma Parva)* del poema épico *Mahabharata* y consisten en un diálogo entre el avatar, Bhagavan Krishna, y su discípulo Arjuna, en vísperas de la histórica batalla de Kurukshetra. El *Guita* es un profundo tratado sobre la ciencia del Yoga (la unión con Dios); sus eternas enseñanzas conducen a la felicidad y al éxito en la vida diaria. El *Guita* es tanto un hecho histórico como una alegoría: una disertación espiritual sobre la batalla que se libra en el interior del ser humano, entre sus buenas y sus malas tendencias. Dependiendo del contexto, Krishna simboliza al gurú, al alma, o a Dios, mientras que Arjuna representa al devoto que aspira a conocer a Dios. Respecto a esta escritura universal, el Mahatma Gandhi escribió: «Quienes mediten en el *Guita* cosecharán cada día un renovado gozo y una nueva comprensión. No existe, en verdad, un solo conflicto espiritual que el *Guita* no pueda resolver».

Cabe señalar aquí que, a menos que se indique algo diferente, las citas del *Bhagavad Guita* que aparecen en este libro son traducciones de Paramahansa Yogananda, que él mismo hizo directamente del sánscrito a veces en forma literal y a veces en paráfrasis, según fuese el contexto de su charla. La obra que comprende la traducción completa y los comentarios de Paramahansaji se titula *God Talks With Arjuna: The Bhagavad Gita — Royal Science of God-Realization* (publicada por *Self-Realization Fellowship*).

Bhagavan Krishna: un avatar que vivió en la antigua India muchos siglos antes de la era cristiana. En las escrituras hindúes, uno de los significados atribuidos a la palabra *Krishna* es «Espíritu omnisciente». Así pues, *Krishna* —al igual que el término *Cristo*— es un título espiritual que denota la estatura divina del avatar, su unidad con Dios. El título *Bhagavan* significa «Señor». En la época en que pronunció el discurso transcrito en el *Bhagavad Guita*, Bhagavan Krishna era el soberano de un reino en el norte de la India. En su temprana juventud, Krishna vivió como un pastor de vacas que deleitaba a sus compañeros con la música de su flauta. En el desempeño de este papel, a menudo se

Glosario

considera que Krishna representa al alma que toca la flauta de la meditación para guiar a todos los pensamientos descarriados de vuelta al redil de la omnisciencia.

Bhakti Yoga: la vía espiritual para llegar a Dios que enfatiza el amor con entrega total, como el medio más importante para alcanzar la comunión y la unión con Dios. (Véase *Yoga*).

Brahma-Vishnu-Shiva: tres aspectos de la inmanencia de Dios en la creación; representan la función trina de la Inteligencia Crística *(Tat)* que guía las actividades de creación, preservación y disolución de la Naturaleza Cósmica. (Véase *Trinidad*).

Brahman (Brahma): Espíritu Absoluto.

bulbo raquídeo: el principal punto de entrada de la fuerza vital (prana) en el cuerpo; asiento del sexto centro cerebroespinal, cuya función es recibir y dirigir el flujo entrante de energía cósmica. La fuerza vital se almacena en el séptimo centro *(sahasrara)*, ubicado en la parte superior del cerebro, y desde ese reservorio se distribuye a todas las partes del cuerpo. El centro sutil localizado a nivel del bulbo raquídeo es el interruptor principal que controla la entrada, el almacenamiento y la distribución de la fuerza vital.

casta: en su concepción original, no era una condición hereditaria sino una clasificación basada en las aptitudes naturales del ser humano. Éste ha de pasar, en su proceso evolutivo, por cuatro etapas distintas, que los antiguos sabios hindúes denominaron *Sudra, Vaisya, Kshatriya y Brahmin*. El *Sudra* está interesado primordialmente en satisfacer sus necesidades y deseos corporales; el trabajo físico es el que mejor se adapta a este estado de desarrollo. El *Vaisya* ambiciona tanto el lucro mundano como la satisfacción de los sentidos; tiene mayor capacidad creativa que el *Sudra* y busca ocupaciones tales como las de granjero, hombre de negocios, artista, o cualquier otra en la que su energía mental encuentre satisfacción. El *Kshatriya*, después de haber satisfecho a lo largo de muchas vidas los deseos propios de los estados de *Sudra* y *Vaisya*, comienza a buscar el significado de la vida; trata, por lo tanto, de superar sus malos hábitos, controlar sus sentidos y hacer lo que es correcto. Las ocupaciones de los *Kshatriyas* son las de nobles gobernantes, estadistas y guerreros. El *Brahmin* ha conquistado su naturaleza inferior, tiene una afinidad natural por las actividades espirituales y, puesto que conoce a Dios, es capaz de enseñar y ayudar a otros a liberarse.

causal (cuerpo): el hombre, en su condición de alma, es esencialmente un ser revestido de un cuerpo causal. Su cuerpo causal es una idea matriz de los cuerpos astral y físico. El cuerpo causal está compuesto de 35 elementos ideacionales que corresponden a los 19 elementos del cuerpo astral más los 16 elementos materiales básicos del cuerpo físico.

causal (mundo): tras el mundo físico de la materia (átomos, protones, electrones) y el sutil mundo astral de luminosa energía vital (vitatrones), se encuentra el mundo causal, o ideacional, del pensamiento (ideatrones). Después de que el ser humano ha evolucionado lo suficiente para trascender los universos físico y astral, pasa a residir en el universo causal. En la conciencia de los seres causales, los universos físico y astral se reducen a su esencia: pensamiento. Todo lo que el hombre físico pueda hacer en la imaginación, el hombre causal puede hacerlo en realidad, siendo la única limitación el pensamiento mismo. Finalmente, el ser humano se desprende de la última envoltura del alma —su cuerpo causal— para unirse con el Espíritu omnipresente, más allá de todos los reinos vibratorios.

centro crístico: el *Kutastha* o *ajna chakra*, situado a nivel del entrecejo y conectado directamente por polaridad con el bulbo raquídeo; centro de la voluntad y de la concentración, así como de la Conciencia Crística; asiento del ojo espiritual.

chakras: en el Yoga, los siete centros ocultos de vida y conciencia situados en la espina dorsal y en el cerebro, que vitalizan a los cuerpos físico y astral del ser humano. Estos centros son llamados *chakras* («ruedas») porque la energía concentrada en cada uno de ellos es similar al cubo de una rueda del cual parten rayos de luz y energía vital. Enumerados en orden ascendente, estos *chakras* son los siguientes: *muladhara* (el centro coccígeo, ubicado en la base de la espina dorsal), *svadhisthana* (el centro sacro, unos cinco centímetros por encima del *muladhara*), *manipura* (el centro lumbar, en el área opuesta al ombligo), *anahata* (el centro dorsal, en el área opuesta al corazón), *vishuddha* (el centro cervical, en la base del cuello), *ajna* (tradicionalmente localizado a nivel del entrecejo, y en realidad directamente conectado por polaridad con el bulbo raquídeo; véase también *bulbo raquídeo* y *ojo espiritual*) y *sahasrara* (en la parte superior del cerebro).

Los siete centros son salidas o «puertas disimuladas», divinamente planificadas, atravesando las cuales el alma ha descendido al cuerpo y, a través de las cuales, deberá pasar nuevamente cuando ascienda mediante un proceso de meditación. El alma escapa hacia la Conciencia Cósmica subiendo siete peldaños sucesivos. En su ascensión consciente a través de los siete centros cerebro-espinales abiertos o «despiertos», el alma viaja por la autopista que conduce al Infinito: la verdadera senda que el alma sigue en sentido inverso, para volver a unirse con Dios.

Generalmente, los tratados de Yoga consideran *chakras* sólo a los

Glosario

seis centros inferiores, y se refieren por separado al *sahasrara* como el séptimo centro. A todos los siete centros, sin embargo, a menudo se les llama flores de loto, cuyos pétalos se abren —es decir, se vuelven hacia arriba— en el despertar espiritual, a medida que la vida y la conciencia ascienden por la espina dorsal.

chela: palabra hindi que significa «discípulo».

chitta: sentimiento intuitivo; el agregado de conciencia al cual son inherentes *ahamkara* (ego), *buddhi* (intelecto) y *manas* (mente o conciencia sensorial).

Conciencia Cósmica: el Absoluto; el Espíritu que yace más allá de la creación y también el estado de meditación denominado *samadhi*, en que se experimenta la unión con Dios tanto más allá de la creación vibratoria como dentro de ella. (Véase *Trinidad*).

Conciencia Crística: «Cristo», «Conciencia del Cristo» o «Conciencia Crística» es la conciencia de Dios proyectada en forma inmanente en la creación entera. En las escrituras cristianas se le llama «el hijo unigénito», el único y puro reflejo de Dios Padre en la creación. En las escrituras hindúes se le denomina *Kutastha Chaitanya* o *Tat*, la inteligencia cósmica del Espíritu presente en toda la creación. Es la conciencia universal, la unión con Dios, manifestada por Jesús, Krishna y otros avatares. Los grandes santos y los yoguis la conocen como *samadhi*, el estado de meditación en el cual la conciencia se identifica con la inteligencia existente en cada partícula de la creación; ellos sienten el universo entero como su propio cuerpo. (Véase *Trinidad*).

Conciencia de Krishna: Conciencia Crística; *Kutastha Chaitanya*. (Véase *Conciencia Crística*).

conciencia, estados de: en la conciencia mortal, el ser humano experimenta tres estados de conciencia: vigilia, sueño onírico y sueño profundo; pero no es consciente de su alma, la supraconciencia, ni tiene la experiencia personal de Dios. El hombre crístico, en cambio, sí tiene esta experiencia. De igual modo que el hombre mortal es consciente de todo su cuerpo, el hombre crístico es consciente de todo el universo y lo siente como su propio cuerpo. Más allá del estado de la conciencia crística está la conciencia cósmica: la experiencia de la unidad con Dios tanto en su conciencia absoluta —más allá de la creación vibratoria— como en su omnipresencia manifestada en los mundos fenoménicos.

dharma: los principios eternos de justicia que sustentan toda la creación; el deber inherente al ser humano de vivir en armonía con estos principios. (Véase también *Sanatana Dharma*).

diksha: iniciación espiritual; de la raíz verbal sánscrita *diksh*, consagrarse. (Véase también *discípulo* y *Kriya Yoga*).

discípulo: aspirante espiritual que acude a un gurú para que él le lleve hasta Dios y, con este fin, establece una relación espiritual eterna con el gurú. En *Self-Realization Fellowship*, la relación gurú-discípulo se establece mediante *diksha*, es decir, iniciación en *Kriya Yoga*. (Véase también *gurú* y *Kriya Yoga*).

egoísmo: el ego es el principio denominado *ahamkara* (literalmente «yo hago») y es la causa básica de la dualidad o la separación aparente entre el hombre y su Creador. *Ahamkara* somete al ser humano al dominio de *maya*, bajo el cual el sujeto (ego) aparece falsamente como objeto; las criaturas imaginan que son las creadoras. Al eliminar la conciencia del ego, el ser humano despierta a su divina identidad, su unidad con la Vida Única: Dios.

Ejercicios Energéticos: Al igual que un pez está rodeado de agua, el ser humano está rodeado de energía cósmica. Los Ejercicios Energéticos, creados por Paramahansa Yogananda y enseñados en las *Lecciones de Self-Realization Fellowship*, capacitan al ser humano para recargar su cuerpo con esta energía cósmica o prana universal.

elementos (cinco): la Vibración Cósmica, *Om*, estructura toda la creación material —incluido el cuerpo físico humano— por medio de la manifestación de cinco *tattvas* (elementos): tierra, agua, fuego, aire y éter. Éstas son fuerzas estructurales, de naturaleza inteligente y vibratoria. Sin el elemento tierra, no existiría el estado de materia sólida; sin el elemento agua, no existiría el estado líquido; sin el elemento aire, no existiría el estado gaseoso; sin el elemento fuego, no habría calor; y sin el elemento éter, no existiría el sutil trasfondo necesario para proyectar la película del cosmos. En el cuerpo, el prana (la energía cósmica vibratoria) entra a través del bulbo raquídeo y luego se divide en las cinco corrientes elementales mediante la acción de los cinco *chakras* inferiores, es decir, los centros coccígeo (tierra), sacro (agua), lumbar (fuego), dorsal (aire) y cervical (éter). La denominación sánscrita de estos elementos es *prithivi, ap, tej, prana* y *akasha*, respectivamente.

Encinitas (California): población costera del sur de California y sede de una ermita, un *ashram* y un retiro de *Self-Realization Fellowship*, fundados por Paramahansa Yogananda en 1937. Los amplios terrenos y el edificio de la ermita —situada sobre un acantilado con vistas al Océano Pacífico— fueron un regalo que Rajarsi Janakananda *(véase)* le hizo a Paramahansaji.

energía cósmica: (véase *prana*).

Glosario

escuela de Ranchi: *Yogoda Satsanga Vidyalaya*, fundada por Paramahansa Yogananda en 1918, fecha en la que el Maharajá de Kasimbazar le donó su palacio de verano y diez hectáreas de terreno en Ranchi, Bihar, con el fin de que allí funcionara una escuela para niños. La propiedad fue adquirida de modo definitivo cuando Paramahansaji estuvo en la India en 1935-36. Actualmente, más de 2.000 niños asisten a las escuelas de Yogoda en Ranchi, que abarcan desde la escuela de párvulos hasta la enseñanza superior. (Véase *Yogoda Satsanga Society of India*).

Espíritu Santo: (véase *Om* y *Trinidad*).

éter: *akasha* en sánscrito. Aunque no es un factor tomado en consideración en la actual teoría científica sobre la naturaleza del universo material, los sabios de la India se han referido a este elemento durante milenios. Paramahansa Yogananda ha descrito el éter como el trasfondo sobre el cual Dios proyecta la película cósmica de la creación. El espacio confiere dimensión a los objetos, mientras que el éter separa las imágenes. Este «trasfondo», una fuerza creadora que coordina todas las vibraciones espaciales, es un factor que necesariamente se ha de tomar en cuenta cuando se consideran las fuerzas más sutiles —el pensamiento y la energía vital (prana)—, así como la naturaleza del espacio y el origen de las fuerzas materiales y de la materia misma. (Véase *elementos*).

fuerza vital: (véase *prana*).

Guiana Yoga: el sendero que conduce a la unión con Dios, mediante la transmutación de la capacidad discernidora del intelecto en la sabiduría omnisciente del alma.

gunas: los tres atributos de la naturaleza: *tamas, rajas* y *sattva* —obstrucción, actividad y expansión, o masa, energía e inteligencia, respectivamente—. En el ser humano, las tres *gunas* se expresan como ignorancia o inercia, actividad o esfuerzo, y sabiduría.

gurú: maestro espiritual. Aunque la palabra *gurú* con frecuencia se usa en forma incorrecta, para designar a un mero profesor o instructor de cualquier tema, un verdadero gurú es un maestro divinamente iluminado que ha superado toda limitación y realizado su identidad con el Espíritu omnipresente. Tal maestro está singularmente capacitado para guiar a otros en su viaje interior hacia la realización divina.

Cuando un devoto está preparado para buscar a Dios con determinación, el Señor le envía un gurú. Mediante la sabiduría, la inteligencia, la realización espiritual y las enseñanzas de este maestro, Dios guía al discípulo. El discípulo que sigue las enseñanzas y la disciplina del maestro podrá satisfacer el deseo de su alma de recibir el maná de la presencia de Dios. Un verdadero gurú, a quien Dios le ha encomendado ayudar a los buscadores espirituales sinceros, en respuesta al profundo anhelo de sus almas, no es un instructor común: es un vehículo humano, cuyo cuerpo, palabra, mente y espiritualidad Dios utiliza como un canal para atraer y guiar a las almas perdidas de regreso a su hogar de inmortalidad. Un gurú es una encarnación viviente de la verdad contenida en las escrituras; es un agente de salvación designado por Dios en respuesta a la exigencia del devoto de que le libere de la esclavitud de la materia. «El cultivar la compañía del gurú —escribió Swami Sri Yukteswar en *La ciencia sagrada*— es no sólo encontrarse en su presencia física (ya que esto es a veces imposible), sino que significa principalmente mantenerle en nuestros corazones y sintonizarnos e identificarnos con él en principio». (Véase *maestro*).

Gurudeva: «maestro divino». Término sánscrito que denota respeto y se usa habitualmente para dirigirse o referirse al propio preceptor espiritual; a veces se traduce como «maestro».

Gurús de *Self-Realization Fellowship*: los Gurús de *Self-Realization Fellowship (Yogoda Satsanga Society of India)* son Jesucristo, Bhagavan Krishna y una sucesión de excelsos maestros de la era contemporánea: Mahavatar Babaji, Lahiri Mahasaya, Swami Sri Yukteswar y Paramahansa Yogananda. Demostrar la armonía y la unidad esencial que existe entre las enseñanzas de Jesucristo y los preceptos del Yoga enseñados por Bhagavan Krishna constituye parte integrante de la labor encomendada a SRF. A través de sus sublimes enseñanzas y de su divina mediación, todos estos Gurús contribuyen al cumplimiento de la misión de *Self-Realization Fellowship* de ofrecer a toda la humanidad una ciencia espiritual práctica para alcanzar la unión con Dios.

Hatha Yoga: un sistema de técnicas y posturas físicas *(asanas)* que fomenta la salud y la calma mental. (Véase *Yoga*).

ilusión cósmica [o engaño cósmico]: (Véase *maya*).

intuición: facultad omnisciente del alma, que permite al ser humano obtener una percepción directa de la verdad sin la mediación de los sentidos.

ji: sufijo que agregado a los nombres y títulos en la India denota respeto, como por ejemplo: Gandhiji, Paramahansaji, Guruji.

karma: los efectos de la acciones realizadas en el pasado, ya sea en esta vida o en vidas anteriores; del sánscrito *kri*, hacer. La ley del karma —según se expone en las escrituras hindúes— equilibra la relación entre la acción y la reacción, la causa y el efecto, la siembra y la cosecha. En el curso de la justicia natural, todo ser humano —a través de sus propios pensamientos y acciones— se convierte en el arquitecto de su propio destino. Cualesquiera que sean las energías que, sabia o

Glosario

insensatamente, una persona haya puesto en movimiento, éstas habrán de retornar a ella como su punto de partida, cual un círculo que debe completarse inexorablemente. La comprensión del karma, como la ley de la justicia, ayuda a liberar la mente humana de todo resentimiento contra Dios o contra los demás. Cada persona lleva consigo su propio karma, encarnación tras encarnación, hasta que la deuda se salda o es trascendida espiritualmente. (Véase *reencarnación*).

Las acciones acumuladas de los seres humanos dentro de las comunidades, las naciones o el mundo entero, constituyen el karma colectivo, que produce efectos locales o de largo alcance, de acuerdo con el grado y la preponderancia del bien o del mal. Los pensamientos y las acciones de cada individuo, por lo tanto, contribuyen al bien o al mal del mundo y de sus habitantes.

Karma Yoga: sendero que conduce a Dios por medio de la acción y el servicio realizados con desapego. Mediante el servicio desinteresado, la ofrenda a Dios de los frutos de las propias acciones y el considerarle como el único Hacedor, el devoto se libera del ego y conoce a Dios. (Véase *Yoga*).

Krishna: (véase *Bhagavan Krishna*).

Kriya Yoga: sagrada ciencia espiritual que nació en la India hace milenios; comprende ciertas técnicas de meditación cuya práctica regular conduce a la realización de Dios. Como ha explicado Paramahansa Yogananda, la raíz sánscrita de *kriya* es *kri*, que significa hacer, actuar y reaccionar; esa misma raíz se encuentra en la palabra *karma*, el principio natural de causa y efecto. Así pues, *Kriya Yoga* significa «unión (yoga) con el Infinito mediante cierta acción o rito *(kriya)*». *Kriya Yoga* —un tipo de *Raja Yoga* (el «rey» de los sistemas del Yoga o sistema «completo»)— ha sido ensalzado por Krishna en el *Bhagavad Guita* y Patanjali en los *Yoga Sutras*. La ciencia de *Kriya Yoga* fue restablecida en esta era por el Mahavatar Babaji y constituye *diksha* (la iniciación espiritual) impartida por los Gurús de *Self-Realization Fellowship*. Desde el *mahasamadhi* de Paramahansa Yogananda, *diksha* es conferida por la persona asignada como su representante espiritual, el presidente de *Self-Realization Fellowship/Yogoda Satsanga Society of India* (o alguien designado por el presidente). Para recibir *diksha*, los miembros de *Self-Realization Fellowship* deben cumplir con ciertos requisitos espirituales preliminares. Quien ha recibido esta *diksha* es un *Kriya yogui* o *Kriyaban*. (Véase también *gurú* y *discípulo*).

Lahiri Mahasaya: *Lahiri* era el nombre de familia de Shyama Charan Lahiri (1828-1895). *Mahasaya*, un título religioso sánscrito, significa «de mente vasta». Lahiri Mahasaya fue discípulo de Mahavatar Babaji y gurú de Swami Sri Yukteswar (el gurú de Paramahansa Yogananda). Fue un maestro semejante a Cristo, dotado de poderes sobrenaturales, pero también fue un hombre de familia con responsabilidades terrenales. Su misión consistió en dar a conocer un yoga adecuado para el hombre moderno, basado en el equilibrio entre la meditación y el correcto desempeño de los deberes mundanos. Lahiri Mahasaya ha sido llamado *Yogavatar* o «encarnación del Yoga». Él fue el discípulo a quien Babaji reveló la antigua y casi extinguida ciencia de *Kriya Yoga*, encomendándole también la iniciación de los buscadores sinceros. La vida de Lahiri Mahasaya se relata en el libro *Autobiografía de un yogui*.

Laya Yoga: este sistema de yoga, que enseña la absorción de la mente en la percepción de ciertos sonidos astrales, conduce a la unión con Dios en su aspecto de sonido cósmico de *Om*. (Véase *Om* y *Yoga*).

Lecciones de Self-Realization Fellowship: las enseñanzas de Paramahansa Yogananda, presentadas en una extensa serie de lecciones para su estudio en el hogar, se encuentran a disposición de quienes buscan la verdad en todo el mundo. Estas *Lecciones* contienen las técnicas de meditación yoga que enseñó Paramahansa Yogananda e incluyen, para quienes cumplen con ciertos requisitos, la técnica de *Kriya Yoga*. La Sede Internacional de *Self-Realization Fellowship* en Los Ángeles ofrece información sobre las *Lecciones* a quienes la solicitan. (Véase también la página 463).

Lynn, James J. (San Lynn): (véase *Rajarsi Janakananda*).

Madre Divina: el aspecto de Dios que se manifiesta activamente en la creación; la *shakti*, o poder, del Creador trascendente. Otros términos que denotan este aspecto de la Divinidad son la Naturaleza o *Prakriti*, *Om*, el Espíritu Santo, la Vibración Cósmica Inteligente. Este concepto también indica el aspecto «personal» de Dios como la Madre: la personificación del amor y la compasión del Señor.

Las escrituras hindúes enseñan que Dios es a la vez inmanente y trascendente, personal e impersonal. Se le puede buscar ya sea como el Absoluto o como la manifestación de alguna de sus cualidades eternas —el amor, la sabiduría, la bienaventuranza, la luz—; también en la forma de un *ishta* (deidad); o bien, como el Padre Celestial, la Madre, el Amigo.

maestro: aquel que ha alcanzado el autodominio. Paramahansa Yogananda ha señalado: «las características por las que se distingue a un maestro no son de orden físico sino espiritual. [...] La prueba de que alguien es un maestro es proporcionada únicamente por la habilidad del mismo para entrar a voluntad en el estado sin aliento *(sabikalpa samadhi)* y por el logro de la bienaventuranza inmutable *(nirbikalpa samadhi)*». (Véase *samadhi*).

Glosario

Paramahansaji afirma además: «Todas las escrituras proclaman que el Señor creó al hombre a su imagen omnipotente. El ejercer control sobre el universo parece algo sobrenatural, pero en realidad tal poder es natural e inherente a quienes alcanzan "el perfecto recuerdo" de su origen divino. Los hombres de realización divina [...] están libres del principio-ego *(ahamkara)* y del surgimiento de los deseos personales; las acciones de los verdaderos maestros se encuentran, sin esfuerzo alguno, en armonía con *rita*, la rectitud natural. En las palabras de Emerson, todos los grandes seres se convierten "no sólo en seres virtuosos, sino en la Virtud misma; se cumple así el propósito de la creación, y Dios queda complacido"».

mahasamadhi: del sánscrito *maha*, «grande», y *samadhi*. La última meditación, o comunión consciente con Dios, durante la cual un maestro que ha alcanzado la perfección se funde con el *Om* cósmico y abandona el cuerpo físico. Un maestro invariablemente conoce de antemano el momento que Dios ha señalado para que abandone su morada corporal. (Véase *samadhi*).

Mahavatar Babaji: el inmortal *mahavatar* («gran avatar») que, en 1861, confirió la iniciación en *Kriya Yoga* a Lahiri Mahasaya, restituyendo así al mundo la antigua técnica de salvación. Perennemente joven, Babaji ha vivido durante siglos en el Himalaya, otorgando una constante bendición al mundo. Su misión ha sido ayudar a los profetas a llevar a cabo las labores específicas que se les han encomendado. Se le han conferido numerosos títulos que indican su elevada estatura espiritual; sin embargo, el *mahavatar* ha adoptado generalmente el sencillo nombre de Babaji, que procede del sánscrito *baba*, «padre», y *ji*, un sufijo que denota respeto. En *Autobiografía de un yogui* se puede encontrar más información sobre su vida y su misión espiritual. (Véase *avatar*).

mal: la fuerza satánica que encubre la omnipresencia divina en la creación, manifestándose como desarmonías en el ser humano y en la naturaleza. También es un término general aplicado a cualquier cosa que esté en oposición con la ley divina (véase *dharma*) y que, por consiguiente, induzca al ser humano a perder la conciencia de su unidad esencial con Dios y le impida alcanzar la realización divina.

Mantra Yoga: comunión divina alcanzada mediante la repetición, concentrada y devocional, de los sonidos de las palabras raíz que tienen una potencia vibratoria espiritualmente beneficiosa. (Véase *Yoga*).

maya: el poder de engañar inherente a la estructura de la creación, en virtud del cual el Uno adopta la apariencia de muchos. *Maya*, el principio, denota relatividad, contraste, dualidad, inversión, estados opuestos; es el «Satanás» (literalmente, «el adversario» en hebreo) de los profetas del Antiguo Testamento, y el «demonio» que Cristo describió pintorescamente como un «homicida» y un «mentiroso», porque «no hay verdad en él» (*San Juan* 8:44).

Paramahansa Yogananda ha escrito: «La palabra sánscrita *maya* significa "la medidora"; es el poder mágico existente en la creación, mediante el cual lo Inmensurable e Indivisible parece contener limitaciones y divisiones. *Maya* es la Naturaleza misma —los mundos fenoménicos en constante flujo y transición—, la antítesis de la Divinidad Inmutable.

»En el plan y juego *(lila)* de Dios, la única función de Satanás o *maya* es el tratar de alejar al hombre del Espíritu y de la Realidad, empujándole hacia la materia y la irrealidad. "[...] el diablo peca desde el principio. El Hijo de Dios se manifestó para deshacer las obras del diablo" (*I San Juan* 3:8). La manifestación de la Conciencia Crística dentro del hombre mismo destruye sin esfuerzo alguno los engaños u "obras del diablo".

»*Maya* es el velo de la transitoriedad presente en la Naturaleza: el perpetuo devenir de la creación. Cada hombre debe levantar este velo para ver, tras él, al Creador: el ser Inmutable, la Realidad eterna».

meditación: la concentración en Dios. El término es usado en sentido genérico para designar la práctica de cualquier técnica conducente a recoger interiormente la atención y enfocarla en algún aspecto de Dios. En un sentido específico, la meditación se refiere al resultado final de la práctica exitosa de tales técnicas: la experiencia directa de Dios mediante la percepción intuitiva. Ésta es la séptima etapa *(dhyana)* del óctuple sendero del Yoga descrito por Patanjali, la cual se alcanza solamente después de haber logrado un recogimiento interior total, que no es perturbado por impresiones sensoriales provenientes del mundo externo. En el estado más profundo de meditación, se experimenta la octava etapa del sendero del Yoga: el *samadhi,* la comunión o unión con Dios. (Véase también *Yoga*).

mente supraconsciente: la facultad omnisciente del alma de percibir la verdad directamente; intuición.

Mount Washington: lugar donde está ubicada la Sede central e internacional de *Self-Realization Fellowship* en Los Ángeles y, por extensión, nombre frecuentemente usado para referirse a esta Sede. Paramahansa Yogananda adquirió la propiedad de cinco hectáreas en 1925 y la convirtió en un centro de entrenamiento espiritual de la orden monástica de *Self-Realization,* así como también en el centro administrativo para la difusión mundial de la antigua ciencia de *Kriya Yoga.* (Véase también la página 463).

Glosario

ojo espiritual: el ojo único de la intuición y de la percepción omnipresente, ubicado en el centro *(ajna chakra)* crístico *(Kutastha)*, a nivel del entrecejo. El devoto que medita profundamente contempla el ojo espiritual como un anillo de luz dorada que circunda a una esfera de color azul opalescente, en cuyo centro se encuentra una estrella blanca de cinco puntas. Microcósmicamente, estas formas y colores representan, respectivamente: el reino vibratorio de la creación (la Naturaleza Cósmica, el Espíritu Santo), el Hijo o la inteligencia de Dios en la creación (la Conciencia Crística) y el Espíritu sin vibración, más allá de toda la creación vibratoria (Dios el Padre).

El ojo espiritual es la puerta de acceso a los estados supremos de conciencia divina. En la meditación profunda, a medida que la conciencia del devoto se adentra en el ojo espiritual y en los tres reinos allí compendiados, experimenta sucesivamente los siguientes estados: la supraconciencia, es decir, el siempre renovado gozo de la realización del alma, y la unión con Dios como *Om* o Espíritu Santo; la conciencia crística, la unión con la inteligencia universal de Dios presente en toda la creación; y la conciencia cósmica, la unión con la omnipresencia de Dios que se encuentra tanto más allá de la manifestación vibratoria como dentro de ella. (Véase también *conciencia (estados de)*; *supraconciencia*; y *Conciencia Crística*).

Explicando un pasaje de Ezequiel (43:1-2), Paramahansa Yogananda ha escrito: «A través del ojo divino ubicado en la frente («el oriente»), el yogui remonta su conciencia hasta la omnipresencia, escuchando la Palabra u *Om*, el divino sonido de "muchas aguas": las vibraciones de luz que constituyen la única realidad de la creación». En palabras de Ezequiel: «Me condujo luego hacia el pórtico, el pórtico que miraba a oriente, y entonces la gloria del Dios de Israel llegaba de la parte de oriente, con un ruido como el ruido de muchas aguas, y la tierra resplandecía de su gloria».

Jesús también se refirió al ojo espiritual: «Cuando tu ojo es único[1], todo tu cuerpo está iluminado [...]. Mira, pues, que la luz que hay en ti no sea oscuridad» (*San Lucas* 11:34-35).

Om (Aum): la palabra raíz sánscrita, o sonido primordial, que simboliza aquel aspecto de la Divinidad que crea y sostiene todas las cosas; la Vibración Cósmica. El *Om* de los *Vedas* se convirtió en el *Hum* de los

---

[1] El término «único» *(single)* en este versículo de la Biblia ha sido traducido como «sano» o «bueno» en diversas versiones españolas de la misma. Sin embargo, ciñéndonos a la versión inglesa de la Biblia preferida por Paramahansa Yogananda —la versión denominada *The Holy Bible —King James Version—*, hemos traducido el término como «único», pues éste refleja más fielmente su significado en el contexto de las enseñanzas de Paramahansa Yogananda.

tibetanos; en el *Amín* de los musulmanes; y en el *Amén* de los egipcios, griegos, romanos, judíos y cristianos. Las grandes religiones del mundo afirman que todo lo creado se origina en la energía vibratoria cósmica del *Om* o *Amén*, la Palabra (el Verbo) o el Espíritu Santo. «En el principio existía la Palabra y la Palabra estaba junto a Dios, y la Palabra era Dios. [...] Todo se hizo por ella [la Palabra u *Om*] y sin ella no se hizo nada» (*San Juan* 1:1-3).

En hebreo, *Amén* significa *seguro, fiel*. «Así habla el Amén, el Testigo fiel y veraz, el Principio de la creación de Dios» (*Apocalipsis* 3:14). Así como la vibración de un motor produce cierto sonido, así el omnipresente sonido de *Om* da fiel testimonio de la actividad del «Motor Cósmico» que sustenta la vida, y cada partícula de la creación, mediante la energía vibratoria. En las *Lecciones de Self-Realization Fellowship*, Paramahansa Yogananda enseña ciertas técnicas de meditación cuya práctica aporta la experiencia directa de Dios, manifestado como el *Om* o Espíritu Santo. Esa gozosa comunión con el divino Poder invisible («el Paráclito [el Confortador], el Espíritu Santo», *San Juan* 14:26) es la verdadera base científica de la oración.

paramahansa: título espiritual que designa a un maestro. Sólo un verdadero gurú puede conferir este título a un discípulo idóneo. *Paramahansa* significa literalmente «cisne supremo»; en las escrituras hindúes, el cisne o *hansa* simboliza el discernimiento espiritual. Swami Sri Yukteswar le otorgó dicho título a su amado discípulo Yogananda en 1935.

paramgurú: literalmente, «el gurú antecesor»; el gurú del propio gurú. Para los miembros de *Self-Realization Fellowship* (discípulos de Paramahansa Yogananda), el término *paramgurú* se refiere a Sri Yukteswar. En cuanto a Paramahansaji, su *paramgurú* es Lahiri Mahasaya. Mahavatar Babaji es el *param-paramgurú* de Paramahansaji.

Patanjali: antiguo exponente del Yoga, cuyos *Yoga Sutras* compendian los principios del sendero del Yoga, dividiéndolo en ocho pasos: 1) *yama*, la conducta moral; 2) *niyama*, las observancias religiosas; 3) *asana*, la postura correcta para calmar la inquietud corporal; 4) *pranayama*, el control del prana, las sutiles corrientes vitales; 5) *pratyahara*, la interiorización; 6) *dharana*, la concentración; 7) *dhyana*, la meditación; y 8) *samadhi*, la experiencia supraconsciente. (Véase *Yoga*).

prana: chispas de energía inteligente, más sutiles que la energía atómica, que constituyen la vida; en las escrituras hindúes reciben la designación colectiva de *prana*, término que Paramahansa Yogananda tradujo como «vitatrones». En esencia, son pensamientos condensados de Dios, sustancia del mundo astral y principio vital del cosmos físico. En el mundo físico hay dos tipos de prana: 1) la energía vibratoria cósmica omnipresente en el universo, que estructura y sostiene todo cuanto

Glosario

existe; 2) el prana específico o la energía que satura y sustenta cada cuerpo humano a través de cinco corrientes o funciones. La corriente *Prana* realiza la función de cristalización; la corriente *Vyana*, la de circulación; *Samana*, la de asimilación; *Udana*, la del metabolismo; y *Apana*, la de eliminación.

pranam: una forma de saludo usada en la India. Las palmas de las manos se juntan, con la base de las manos a la altura del corazón y las puntas de los dedos tocando la frente. Este gesto es realmente una modificación del *pranam*, literalmente «salutación completa», de la raíz sánscrita *nam*, «saludar o inclinarse», y del prefijo *pra*, «completamente». El *pranam* es el saludo usado generalmente en la India. Delante de renunciantes y de otras personas que son altamente considerados por su espiritualidad, el gesto puede ser acompañado por la palabra pronunciada «*Pranam*».

pranayama: control consciente del prana (la vibración creadora o energía que activa y sostiene la vida en el cuerpo). La ciencia yoga del *pranayama* es la vía directa que permite desconectar conscientemente la mente de las funciones vitales y de las percepciones sensoriales que atan al hombre a la conciencia corporal. El *pranayama* libera así la conciencia del ser humano para que pueda comulgar con Dios. Todas las técnicas científicas que conducen a la unión del alma con el Espíritu pueden clasificarse como Yoga, y el *pranayama* es el mejor método yóguico para alcanzar esta unión divina.

Rajarsi Janakananda (James J. Lynn): amado discípulo de Paramahansa Yogananda y su primer sucesor como presidente y líder espiritual de *Self-Realization Fellowship/Yogoda Satsanga Society of India* hasta su fallecimiento el 20 de febrero de 1955. El Sr. Lynn recibió de Paramahansaji la iniciación en *Kriya Yoga* por primera vez en 1932. Su progreso espiritual fue tan rápido que el Gurú amorosamente lo llamaba «San Lynn», hasta que le confirió el título monástico de Rajarsi Janakananda en 1951.

Raja Yoga: el sendero «regio», o más elevado, que conduce a la unión con Dios. Enseña la meditación científica como el método supremo para alcanzar la realización divina, e incluye los aspectos esenciales y más elevados de todas las demás formas de Yoga. Las enseñanzas de *Raja Yoga* de *Self-Realization Fellowship* proporcionan un esquema de vida que conduce al perfecto desarrollo del cuerpo, de la mente y del alma, basado en la meditación denominada *Kriya Yoga*. (Véase *Yoga*).

realización del Ser *(Self)*: Paramahansa Yogananda definió la realización del Ser de la siguiente manera: «La realización del Ser consiste en saber —física, mental y espiritualmente— que somos uno con la omnipresencia de Dios; que no necesitamos orar para que ésta venga a nosotros, que no solamente estamos próximos a ella en todo momento, sino que la omnipresencia de Dios es nuestra propia omnipresencia, y nuestro ser es y será invariablemente siempre parte de la Divinidad. Lo único que necesitamos hacer es tomar mayor conciencia de ello».

reencarnación: doctrina según la cual los seres humanos se ven forzados por la ley de la evolución a encarnar una y otra vez en vidas progresivamente superiores; la evolución es retardada por las acciones y los deseos errados, y acelerada por los esfuerzos espirituales, hasta que finalmente se alcanza la realización del Ser y la unión con Dios. Habiendo así trascendido las limitaciones e imperfecciones de la conciencia mortal, el alma se libera para siempre de la necesidad compulsiva de reencarnar. «Al vencedor le pondré de columna en el Santuario de mi Dios, y no saldrá fuera ya más» (*Apocalipsis* 3:12).

El concepto de la reencarnación no es exclusivo de la filosofía oriental; numerosas civilizaciones antiguas lo consideraron como una verdad fundamental de la existencia. La iglesia cristiana primitiva aceptaba la doctrina de la reencarnación, la cual fue divulgada por los gnósticos y por numerosos padres de la Iglesia entre quienes se cuentan Clemente de Alejandría, Orígenes y San Jerónimo. No fue sino hasta el Segundo Concilio de Constantinopla, celebrado en el año 553 d. C., que tal doctrina fue retirada oficialmente de las enseñanzas de la iglesia. En la actualidad, numerosos pensadores occidentales están comenzando a adoptar el concepto de la ley del karma y la reencarnación, considerando que éste aporta una excelente y tranquilizadora explicación de las aparentes injusticias de la vida.

respiración: «El aflujo de innumerables corrientes cósmicas al ser humano mediante la respiración produce inquietud en su mente —ha escrito Paramahansa Yogananda—. De este modo, la respiración le liga a los efímeros mundos fenoménicos. Para escapar de los pesares de la transitoriedad y entrar en el bienaventurado reino de la Realidad, el yogui aprende a calmar el aliento por medio de la meditación científica».

rishis: seres excelsos que manifiestan la sabiduría divina; especialmente, los sabios iluminados de la antigua India a quienes les fueron revelados intuitivamente los *Vedas*.

sadhana: sendero de disciplina espiritual. Las instrucciones y prácticas específicas de meditación que el gurú prescribe a sus discípulos, quienes al seguirlas fielmente alcanzarán al final la realización divina.

samadhi: el peldaño más elevado del Óctuple Sendero del Yoga, tal como fue expuesto por el sabio Patanjali. El *samadhi* se alcanza cuando la persona que medita, el proceso de la meditación (por el cual la mente se retira de los sentidos, mediante el recogimiento interior) y el objeto de la meditación (Dios) se vuelven Uno. Paramahansa Yoganana ha explicado que «en los estados iniciales de la comunión con Dios *(sabikalpa samadhi)* la conciencia del devoto se funde con el Espíritu Cósmico; su fuerza vital se retira del cuerpo, el cual aparenta estar "muerto", inmóvil y rígido. El yogui es completamente consciente del estado de animación suspendida en el que permanece su cuerpo. Sin embargo, a medida que progresa hacia estados espirituales más elevados *(nirbikalpa samadhi)*, comulga con Dios sin que exista inmovilidad en su cuerpo y en su estado ordinario de vigilia, e incluso en medio de las apremiantes exigencias de los deberes mundanos». Ambos estados se caracterizan por la unión con la siempre nueva bienaventuranza del Espíritu, pero el estado de *nirbikalpa* lo experimentan sólo los maestros altamente avanzados.

Sanatana Dharma: literalmente «religión eterna». Nombre dado a las enseñanzas védicas en conjunto, las cuales fueron conocidas como hinduismo después de que los griegos denominaran *indos* o *hindúes* a las gentes que vivían a orillas del río Indo. (Véase *dharma*).

San Lynn (James J. Lynn): (véase *Rajarsi Janakananda*).

Satanás: literalmente, en hebreo, «el adversario». Satanás es la fuerza universal, consciente e independiente, que mantiene a todo y a todos engañados con la conciencia no espiritual de finitud y de separación de Dios. Para lograr este resultado, Satanás utiliza las armas de *maya* (ilusión cósmica) y *avidya* (ilusión individual, ignorancia). (Véase *maya*).

Sat-Tat-Om: *Sat*, la Verdad, el Absoluto, la Bienaventuranza; *Tat*, la inteligencia o conciencia universal; *Om*, la vibración cósmica inteligente y creadora, la palabra-símbolo de Dios. (Véase *Om* y *Trinidad*).

Self: (véase *Ser*).

Self-realization: (véase *realización del Ser*).

Self-Realization: modo abreviado de referirse a *Self-Realization Fellowship*, la sociedad fundada por Paramahansa Yogananda, el cual usaba él a menudo en charlas informales, diciendo por ejemplo «las enseñanzas de *Self-Realization*», «el sendero de *Self-Realization*», «la sede central de *Self-Realization* en Los Ángeles», etc.

Self-Realization Fellowship: la sociedad fundada por Paramahansa Yogananda en Estados Unidos en 1920 (y como *Yogoda Satsanga Society of India* en 1917), con la finalidad de difundir a través del mundo, para ayuda y beneficio de la humanidad, los principios espirituales y técnicas de meditación de *Kriya Yoga*. Su sede central e internacional se encuentra en Los Ángeles (California). Paramahansa Yogananda ha explicado que el nombre de *Self-Realization Fellowship* significa «confraternidad con Dios a través de la realización del Ser, y amistad con todas las almas que buscan la verdad». (Véase también «Metas e ideales de *Self-Realization Fellowship*», p. 470).

Self-Realization Magazine: una revista trimestral publicada por *Self-Realization Fellowship* que ofrece principalmente las charlas y escritos de Paramahansa Yogananda; incluye además otros artículos espirituales, informativos y prácticos, sobre temas de interés actual y de valor perdurable.

Ser *(Self)*: con mayúscula, este término denota el *atman* o alma: la divina esencia del hombre, la cual se diferencia de la individualidad del ego o de la personalidad humana. El Ser es el Espíritu individualizado, cuya naturaleza esencial es el gozo siempre existente, siempre consciente, siempre renovado. El Ser, o alma, es el manantial interior del amor, de la sabiduría, de la paz, del valor, de la compasión y de todas las demás cualidades divinas del ser humano.

Shankara, Swami: citado a veces como *Adi* («el primero») *Shankaracharya* (*Shankara* + *acharya*, «maestro»); el filósofo más ilustre de la India. La época en que vivió es incierta; muchos eruditos la sitúan en el siglo VIII o a principios del siglo IX. Él habló de Dios no como una abstracción negativa, sino como Bienaventuranza siempre nueva y positiva, eterna y omnipresente. Shankara reorganizó la antigua Orden de los Swamis y fundó cuatro grandes *maths* (centros monásticos de educación espiritual), cuyos líderes, en sucesión apostólica, llevan el título de Jagadgurú Sri Shankaracharya. El significado de *Jagadgurú* es «maestro mundial».

siddha: literalmente «aquel que ha tenido éxito». Aquel que ha alcanzado la unión con Dios.

Sonido Cósmico: (véase *Om*).

Sri: título de respeto. Cuando se usa delante del nombre de una persona religiosa, significa «santo» o «venerado».

Sri Yukteswar, Swami: Swami Sri Yukteswar Giri (1855-1936), *Guianavatar*, o «Encarnación de la Sabiduría», de la India; gurú de Paramahansa Yogananda y *paramgurú* de los miembros *Kriyabanes* de *Self-Realization Fellowship*. Sri Yukteswarji era discípulo de Lahiri Mahasaya. A petición del gurú de Lahiri Mahasaya, Mahavatar Babaji, escribió *The Holy Science* (*La ciencia sagrada*), un tratado sobre la unidad básica que existe entre las escrituras cristianas e hindúes, y entrenó a Paramahansa Yogananda para su misión espiritual en el

Glosario

ámbito mundial: la difusión de *Kriya Yoga*. Paramahansaji ha descrito con amor la vida de Sri Yukteswarji en *Autobiografía de un yogui*.

supraconciencia: la eternamente gozosa conciencia del alma omnisciente, pura e intuitiva. El término se usa a veces, en un sentido general, para referirse a los diversos estados de *samadhi* experimentados en la meditación; y, en forma específica, para indicar el estado inicial de *samadhi*, en el cual se trasciende la conciencia del ego y se toma plena conciencia del propio Ser como alma, hecha a imagen de Dios. Siguen después los estados superiores de realización: la conciencia crística y la conciencia cósmica.

swami: miembro de la más antigua orden monástica de la India, que fue reorganizada en el siglo VIII, o a principios del siglo IX, por Swami Shankara. Un swami toma los votos formales de celibato y de renuncia a las ataduras y ambiciones mundanas; se dedica a la meditación y a otras prácticas espirituales, así como a servir a la humanidad. Existen diez denominaciones clasificatorias dentro de la venerable orden de los swamis, como por ejemplo: *Giri, Puri, Bharati, Tirtha, Saraswati* y otras. Swami Sri Yukteswar y Paramahansa Yogananda pertenecían a la rama *Giri* («montaña»). El término sánscrito *swami* significa «aquel que es uno con el Ser *(Swa)*».

Técnica de Concentración: la Técnica de Concentración del *Self-Realization Fellowship* (también denominada Técnica de *Hong-So*) que se enseña en las *Lecciones de Self-Realization Fellowship*. Esta técnica ayuda científicamente a retirar la atención de todos los objetos que la distraen y a enfocarla en una sola cosa a la vez. Por consiguiente, es de incalculable valor para la meditación, es decir, para la concentración en Dios. La Técnica de *Hong-So* forma parte integral de la ciencia de *Kriya Yoga*.

Trinidad: cuando el Espíritu manifiesta la creación, se convierte en la Trinidad: el Padre, el Hijo y el Espíritu Santo, o *Sat, Tat, Om*. El Padre *(Sat)* es Dios como el Creador que existe más allá de la creación. El Hijo *(Tat)* es la omnipresente inteligencia de Dios que se encuentra en toda la creación. El Espíritu Santo *(Om)* es el poder vibratorio de Dios que se objetiva o se convierte en la creación.

En la Eternidad se han sucedido muchos ciclos de creación y disolución cósmica (véase *yuga*). En el momento de producirse la disolución cósmica, la Trinidad y todas las demás relatividades de la creación se funden con el Espíritu Absoluto.

Vedanta: literalmente «el final de los *Vedas*»; la filosofía proveniente de los *Upanishads* o última porción de los *Vedas*. Shankara (siglo VIII o principios del IX) fue el principal exponente del Vedanta, que afirma que Dios es la única realidad y que la creación es esencialmente una ilusión o engaño. Como el ser humano es la única criatura capaz de concebir a Dios, el hombre mismo debe ser divino y, por consiguiente, su deber es tomar plena conciencia de su verdadera naturaleza.

Vedas: las cuatro escrituras de los hindúes: *Rig Veda, Sama Veda, Yajur Veda* y *Atharva Veda*. Son esencialmente una literatura compuesta de cantos, rituales y recitaciones para vitalizar y espiritualizar todas las fases de la vida y actividad del ser humano. Entre la vastedad de textos de la India, los *Vedas* (de la raíz sánscrita *vid*, «conocer») son las únicas escrituras que no se atribuyen a ningún autor. El *Rig Veda* señala un origen celestial a los himnos y nos dice que proceden de «los tiempos antiguos», revestidos con un lenguaje nuevo. Se dice que los cuatro *Vedas* —revelados divinamente, de una era a otra, a los *rishis* («seres iluminados»)— poseen *nityatva*, «carácter definitivo para toda la eternidad».

Vibración Cósmica Inteligente: (véase *Om*).

vitatrones: (véase *prana*).

Yoga: del sánscrito *yuj*, «unión». Yoga significa unión del alma individual con el Espíritu, y alude también a los diversos métodos para alcanzar esta meta. Dentro del espectro más amplio de la filosofía hindú, el Yoga es uno de los seis sistemas ortodoxos: *Vedanta, Mimamsa, Sankhya, Vaisesika, Nyaya* y *Yoga*. Existen también varios métodos de yoga: *Hatha Yoga, Mantra Yoga, Laya Yoga, Karma Yoga, Guiana Yoga, Bhakti Yoga* y *Raja Yoga*. El *Raja Yoga*, el Yoga «real» o completo, es el que enseña *Self-Realization Fellowship* y del cual Bhagavan Krishna habla elogiosamente a su discípulo Arjuna en el *Bhagavad Guita*: «El yogui es más grande que los ascetas dedicados a la disciplina corporal, más grande incluso que quienes siguen la senda de la sabiduría o de la acción; ¡sé tú, oh Arjuna, un yogui!» (*Bhagavad Guita* VI:46). El sabio Patanjali, máximo exponente del Yoga, ha delineado ocho pasos precisos mediante los cuales el *Raja yogui* alcanza el *samadhi*, o unión con Dios. Éstos son: 1) *yama*, la conducta moral; 2) *niyama*, las observancias religiosas; 3) *asana*, la postura correcta para calmar la inquietud corporal; 4) *pranayama*, el control del *prana*, las sutiles corrientes vitales; 5) *pratyahara*, el recogimiento interior; 6) *dharana*, la concentración; 7) *dhyana*, la meditación; y 8) *samadhi*, la experiencia supraconsciente.

Yogoda Satsanga Society of India: nombre con el cual se conoce en la India la sociedad fundada por Paramahansa Yogananda. *Yogoda Satsanga* fue fundada por él en 1917. Su sede central, *Yogoda Math*, está situada a la orilla del río Ganges en Dakshineswar, cerca de Calcuta, y tiene una

Glosario

filial *(math)* en Ranchi, Bihar. Además de los centros y grupos de meditación diseminados por toda la India, *Yogoda Satsanga Society* cuenta con veintiuna instituciones educacionales, las cuales abarcan desde la escuela primaria hasta el nivel universitario. *Yogoda*, una palabra creada por Paramahansa Yogananda, se deriva de *yoga*, «unión, armonía, equilibrio», y *da*, «aquello que confiere». *Satsanga* significa «confraternidad divina» o «confraternidad con la Verdad». Para Occidente, Paramahansaji tradujo este nombre al inglés como *Self-Realization Fellowship*.

yogui: aquel que practica el yoga. Cualquiera que practique una técnica científica para alcanzar la unión divina es un yogui. Puede ser tanto una persona casada como soltera, alguien con responsabilidades mundanas o bien que haya tomado votos religiosos.

yuga: un ciclo o subperíodo de la creación, mencionado en los antiguos textos hindúes. Sri Yukteswar describe en *La ciencia sagrada* un Ciclo Equinoccial de 24.000 años y la posición actual de la humanidad dentro del mismo. Este ciclo tiene lugar dentro del ciclo universal mucho más prolongado al que se refieren los textos antiguos, tal como fueron calculados por los antiguos *rishis* y que se indica en el capítulo 16 de *Autobiografía de un yogui:* «El ciclo universal de las escrituras es de 4.300.560.000 años de extensión y mide un Día de la Creación. Esta enorme cifra está basada en una relación entre la duración del año solar y un múltiplo de Pi (3,1416), la relación entre la longitud de la circunferencia y el diámetro del círculo.

»La duración de todo un universo, de acuerdo con los antiguos videntes, es de 314.159.000.000.000 de años solares, o sea una "Edad de Brahma"».